北京文化艺术年鉴（2005）

《北京文化艺术年鉴》编辑部　编

方志出版社

图书在版编目（CIP）数据

北京文化艺术年鉴．2005／《北京文化艺术年鉴》编辑部编．
－北京：方志出版社，2006.3
ISBN 7－80192－721－4

Ⅰ．北… Ⅱ．北… Ⅲ．文化事业－北京市－2005－年鉴
Ⅳ．G127.1－54

中国版本图书馆 CIP 数据核字（2006）第 013728 号

北京文化艺术年鉴（2005）

编　　者：《北京文化艺术年鉴》编辑部
责任编辑：陈　颖　丛　珺

出 版 者：方志出版社
（北京市建国门内大街5号中国社会科学院科研大楼12层）
邮编　100732
网址　http://www.fzph.org
发　　行：方志出版社出版发行部
（010）85195814
经　　销：新华书店总店北京发行所
法律顾问：北京市京诚律师事务所
排　　版：北京中文天地文化艺术有限公司
印　　刷：北京通州丽源印刷厂

开　　本：787×1092　1/16
印　　张：20.75
彩插印张：6
字　　数：750 千
版　　次：2006 年 3 月第 1 版　2006 年 3 月第 1 次印刷
印　　数：0001—1000 册

ISBN 7－80192－721－4/G·12　　定价：150.00 元

中共中央政治局委员、国务院副总理吴仪，中共中央政治局委员、北京市委书记刘淇，观看京剧交响剧诗《梅兰芳》后上台与演员合影

中共中央政治局委员、国务院副总理回良玉，中共中央政治局委员、北京市委书记刘淇步入第七届北京文化年盛装行进表演会场

全国人大常委会副委员长许嘉璐（左四）在人民大会堂召开曲艺座谈会

中共中央政治局委员、北京市委书记刘淇在北京市第七次文代会上做重要讲话

北京市文学艺术界联合会第七次代表大会会场

中共中央政治局委员、北京市委书记刘淇、北京市市长王岐山步入北京市第七次文代会会场

新当选的第七届文联主席金铁霖讲话

7月19日，国家人事部、中国文联联合主办的全国中青年德艺双馨文艺工作者表彰大会在人民大会堂举行

中共中央政治局委员、北京市委书记刘淇，北京市委副书记龙新民，北京市委副书记杜德印，北京市常委、宣传部部长蔡赴朝到北京戏曲艺术职业学院调研

北京市文化局召开的艺术生产工作会

北京市文化局局长降巩民在艺术生产工作会上讲话

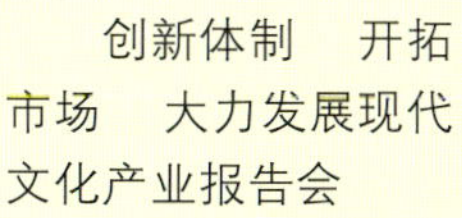

创新体制　开拓市场　大力发展现代文化产业报告会

1月16日，北京儿童艺术剧院股份有限公司成立大会会场

7月7日，中共北京市委副书记龙新民，北京市委常委、宣传部部长蔡赴朝等到北京歌剧舞剧院参加文化体制改革座谈会

8月10日，北京歌舞剧院有限责任公司成立

北京市文化局行政许可受理处揭牌仪式

争创首都规范化服务行业动员大会

北京文化艺术年鉴工作人员培训班

北京市歌舞娱乐场所展演颁奖会场

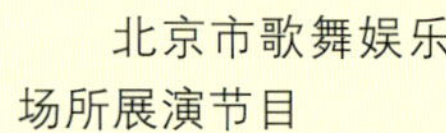

北京市歌舞娱乐场所展演节目

北京市歌舞娱乐场所展演节目

延庆县文化市场法规宣传

10月10日，在故宫午门举行中法文化年开幕式音乐会暨雅尔电子音乐会

北京戏曲艺术职业学院赴法演出

11月1日，多彩北京的问候——中华民族民间艺术展示周活动开幕式在德国法兰克福市政厅举行

匈牙利亚诺什木偶剧院访华交流

出席北京文学节颁奖典礼的领导与部分获奖者合影

北京作家协会庆祝中华人民共和国成立55周年征文评奖会

京津冀三地作家交流会

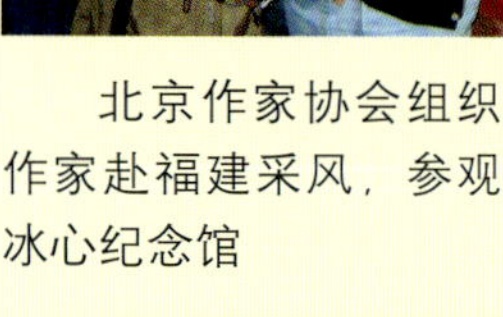

北京作家协会组织作家赴福建采风，参观冰心纪念馆

北京作家协会组织作家赴埃及采风

北京国风诗人端午节大会会场

新风格散文研讨会

法源寺丁香诗会

10月10日，优秀现代戏展演理论研讨会在中华人民共和国文化部召开

北京市艺术研究所、北京京剧院联合召开的京剧交响剧诗《梅兰芳》研讨会

话剧《万家灯火》
北京人民艺术剧院

话剧《北街南院》
北京人民艺术剧院

话剧《合同婚姻》 北京人民艺术剧院

话剧《开市大吉》 北京人民艺术剧院

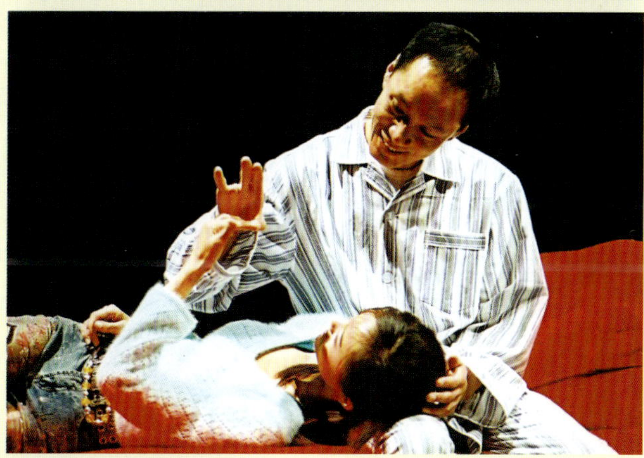

话剧《男人的自白》
北京人民艺术剧院

话剧《情人》 北京人民艺术剧院

《茶馆》500场纪念活动

北京人民艺术剧院首演《雷雨》50周年纪念演出活动

话剧《雷雨》 北京人民艺术剧院

话剧《油漆未干》
北京人民艺术剧院

话剧《黄土谣》
中国人民解放军
总政治部话剧团

儿童剧《红领巾》
北京儿童艺术剧院股份
有限公司

大型魔幻剧《迷宫》
北京儿童艺术剧院股份
有限公司

童话音乐剧《饼干
小子》 中国儿童艺术
剧院

话剧《生死场》 国家话剧院

话剧《厕所》 国家话剧院

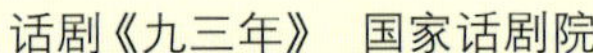
话剧《九三年》 国家话剧院

话剧《普拉东诺夫》 国家话剧院

大型音乐剧《香格里拉》 中国儿童艺术剧院

儿童话剧《走进莎士比亚》 中国儿童艺术剧院

木偶剧《巴巴小象》 中国木偶艺术剧团

木偶剧《绿野仙踪》 中国木偶艺术剧团

木偶剧《南极精灵》 中国木偶艺术剧团

木偶剧《天鹅湖》 中国木偶艺术剧团

北京皮影剧团演员在表演

京剧交响剧诗《梅兰芳》 北京京剧院

京剧《泸水彝山》 中国京剧院

京剧《图兰朵公主》 中国京剧院

京剧交响剧诗《梅兰芳》走进北大校园

中国京剧院——京剧艺术进校园研讨会

10月22日，北京市政协考察北京京剧院

京剧《四美图》吴汝俊饰西施、李崇善饰范蠡

京剧《四美图》吴汝俊饰王昭君、李光饰呼韩邪

京剧《四美图》吴汝俊饰貂蝉、杨赤饰曹操

京剧《四美图》吴汝俊饰杨玉环、王振义饰李隆基

京剧《火烧余洪》刘魁魁饰余洪（金奖） 中国京剧院二团

京剧《金钱豹》孙亮饰金钱豹（金奖） 中国京剧院二团

京剧《盗王坟》张森饰时迁（银奖） 中国京剧院三团

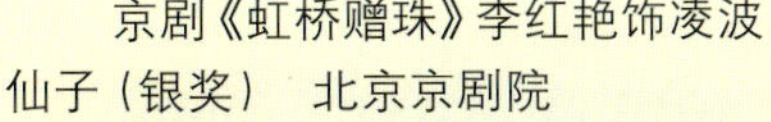

京剧《虹桥赠珠》李红艳饰凌波仙子（银奖） 北京京剧院

京剧《盗仙草》张淑景饰小青（银奖） 北京京剧院

北方昆曲剧院经典剧目岁末展演暨祝贺昆剧艺术家蔡瑶铣从艺50周年新闻发布会

昆曲《西厢记》 北方昆曲剧院

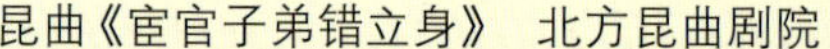

昆曲《宦官子弟错立身》 北方昆曲剧院

北方昆曲剧院经典剧目展演专家座谈会

黄梅戏《青铜之恋》 安徽省铜陵市黄梅戏剧团

花鼓戏《月亮光光》 陕西省商洛市花鼓剧团

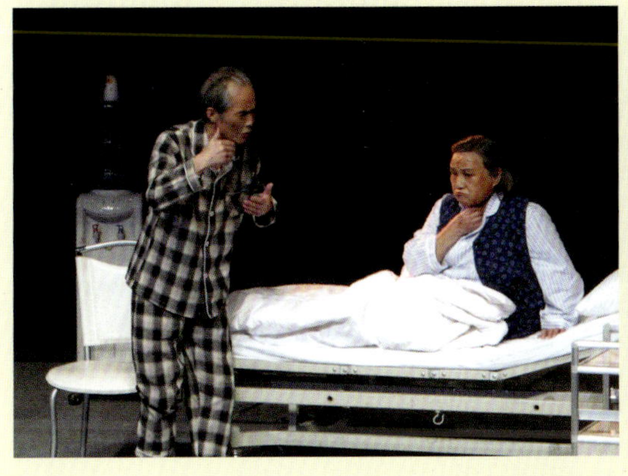

话剧《临时病房》 湖北省话剧团

话剧《打工棚》 云南省话剧团

话剧《平头百姓》 南京市话剧团

彩调剧《追》 广西彩调剧团

桂剧《砸锁》 广西桂林市桂剧团

吉剧《没事找事》 吉林省地方戏曲剧院民间艺术团

山东梆子《山东汉子》 山东省菏泽地方剧院

越剧 《人参风波》
浙江省上虞越剧团

评剧《刘巧儿新传》 中国评剧院

评剧《长霞》 中国评剧院

评剧《大都往事》
中国评剧院

评剧《乐家老铺》 中国评剧院

评剧《狸猫换太子》 中国评剧院

评剧《贫嘴张大民的幸福生活》 中国评剧院

评剧《锯碗丁》 中国评剧院

评剧《啼血杜鹃》 中国评剧院

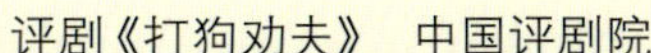

评剧《打狗劝夫》 中国评剧院

评剧“大篷车”深入怀柔山区慰问演出

北京市河北梆子剧团演员在怀柔为村民演唱

河北梆子《村官李天成》 北京市河北梆子剧团

北京燕山情艺术团青年演员慰问门头沟抗日战争时期的老民兵

北京燕山情艺术团青年演员慰问门头沟深山区雷达站通讯兵战士

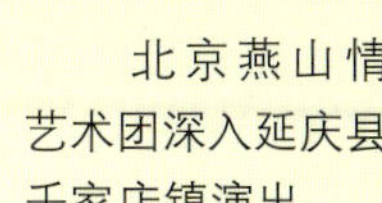

北京燕山情
艺术团深入延庆县
千家店镇演出

豫剧《打金枝》 北京市占奇豫剧团

北京曲剧《正红旗下》 北京曲剧团

8月7日，"侯宝林奖"中华青少年曲艺大赛在北京国安剧场落幕

北京戏曲艺术职业学院曲艺后备人才尖子班在天津演出后合影

北京幽默艺术节活动

中外相声演员在新加坡演出

11月24日，中国曲艺家协会五届四次主席团会议在北京召开

《名家相声小品晚会》 中国广播说唱团

北京曲艺家协会新春联谊会

“周末相声俱乐部”揭牌

4月27日，周末相声俱乐部举行了“相声师徒携手献艺”演出

9月30日，中国杂技"金菊奖"第三届全国魔术比赛颁奖仪式在海淀剧院举行

魔术《花儿为什么这样红》

魔术《锦瑟》　北京杂技魔术师俱乐部

台湾魔术师表演的魔术《约会》

《滚杯造型》 中国杂技团

《花旦——抖空竹》 中国杂技团

1月19日，中国杂技团《十三人顶碗》载誉归来

《单手顶》 北京杂技团

《杯水姣柔》 北京杂技团

12月25日，为纪念毛泽东同志诞辰111周年，中国杂技团演员参加晚会演出

1月10日，市委宣传部部长蔡赴朝视察北京市电影院

7月27日，"东光影城"被评为五星级影院，举行挂牌仪式

朝阳区文化馆组织的民工影院首映式

9月6日，影片《张思德》首映新闻发布会在广安门影院举行。图为演员与观众见面

蔡赴朝、张和平、王学勤等领导看望电影《张思德》部分创作人员

坐落于怀柔区的飞腾影视城拍摄现场

优秀影片送农村活动

装饰一新的石景山区古城电影院

2月28日，北京交响乐团音乐季首场音乐会"春之祭"在中山公园音乐堂举行

10月19日，纪念李德伦大师逝世三周年交响音乐会演出后合影

音乐剧《赤道雨》
海政歌舞团

"红色经典·唱响中国"交响合唱音乐会 中国广播合唱团

大型歌舞晚会"为你祝福" 中国广播电声乐团

大型诗歌朗诵"可爱的中国·革命烈士诗文" 中国电影交响乐团、中国广播合唱团、中国广播电声乐团

11月20日，中国——比利时友好之旅交响音乐会在中山公园音乐堂举行

10月15日，意大利盲人歌唱家安德烈·波切利演唱会在人民大会堂举行

石景山区文化馆金声合唱团参加“2004首届北京合唱比赛”

音乐歌舞剧《一个士兵的日记》 总政歌舞团

舞剧《红色娘子军》 中央芭蕾舞团

第二届北京国际舞蹈演出季

舞蹈《国色天香》 中国歌剧舞剧院

舞蹈《可爱的一朵玫瑰花》胡萨克女子群舞 中央民族歌舞团

舞蹈《江山美人》 东方歌舞团

苗族歌舞《山歌好比春江水》 中央民族歌舞团

大型原生态歌舞集《云南映象》

舞剧《西尔维亚》
中央芭蕾舞团

舞剧《红楼梦》 北京军区战友歌舞团

芭蕾舞《卡门》 加拿大阿尔伯特芭蕾舞团

芭蕾舞《天鹅湖》 古巴国家芭蕾舞团

芭蕾舞《罗密欧与朱丽叶》 白俄罗斯国家大剧院芭蕾舞团

诗体舞剧《四季》 韩国大松舞蹈公司

舞蹈《毕业歌》 北京军区战友文工团

舞剧《原野》 北京舞蹈学院

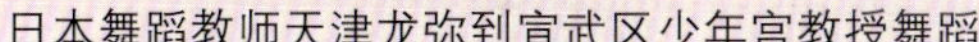

日本舞蹈教师天津龙弥到宣武区少年宫教授舞蹈

舞剧《霸王别姬》 北京军区战友歌舞团、上海东方青春舞蹈团等联合演出

5月18日，全国各画院在北京就画院的定位与发展进行座谈

北京风韵系列作品展·故城寻梦新闻发布会

法国印象派珍品首次在华展出

法国印象派画展在京展出

3月19日，瑞士友人到北京画院进行艺术交流

10月18日，北京画院在怀柔召开艺术交流座谈会

北京画院举办“张培林与北派山水研讨会”

北京画院为中共北京市委作画

3月7日，在全国政协礼堂华宝斋书院举行了“观摩·交流·共进”迎三八女书法家联谊会

11月27日，北京书法家协会在北京画院举办“中国书法传统在日本”报告会

1月13日，参加北京市文联第七次代表大会的书法家代表合影

9月16日，由北京市文联、北京摄影家协会、北京市旅游局举办的"世界奥运城市风采"摄影展在恒基中心开展

西城区举办百场讲座进社区活动

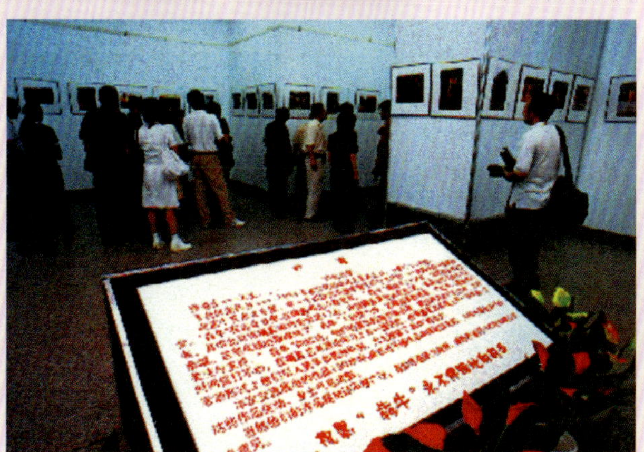

丰台区南苑乡犇牛摄影协会举办百幅作品巡回展

中国国家图书馆

首都图书馆

新落成的昌平图书大楼

朝阳区团结湖社区图书馆揭牌仪式

国家图书馆“文津图书奖”、“文津图书沙龙”启动仪式

国家图书馆建馆95周年庆祝活动

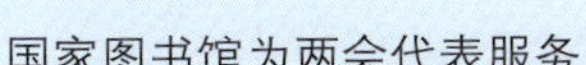

国家图书馆为两会代表服务

国家图书馆举行报告会

文化部图书馆评估小组
在首都图书馆检查工作

在首都图书馆举行的
文化艺术系列讲座

在首都图书馆举行的
北京历史文化科普讲座

北京市少年儿童图书馆组织城乡小朋友共享读书

北京市监狱管理局、首都图书馆举办的"监狱·人文·艺术"服刑人员书法绘画手工艺品展在首都图书馆展出

北京市少年儿童图书馆组织的少年儿童科技活动周

高校图书馆分会成立大会

北京第二实验小学第七届读书节

加拿大艺术家与中国小朋友进行图书交流活动

朝阳女子鼓队在泰国北揽坡行进表演

顺义龙舞在法国巴黎凯旋门前表演

北京宣武秧歌队参加中法文化年在巴黎街头表演

房山狮子队在泰国北揽坡行进表演

《新韵秧歌》 北京市第二中学

6月8日，在北京景山公园举行“大地飞歌——2004年北京市社区（村）文化节暨西城区‘景山合唱节’启动仪式”

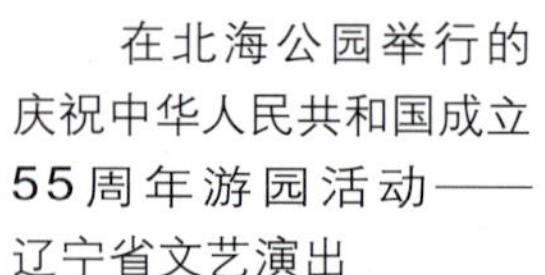

在北海公园举行的庆祝中华人民共和国成立55周年游园活动——辽宁省文艺演出

石景山区创作、表演的小品《难舍》

第三届中国评剧票友大赛北京票友获奖

北京市文化局评选出的"群众文化明星"

群众摄影作品——《人与绿色》

首届"北京新秧歌"电视大赛宣传海报

平谷区农村业余花会队

第四届厂甸庙会

付氏宝三艺术团中幡表演

第18届白云观民俗迎春会

北京民间艺术家在香港国艺节上做内画表演

参加多彩北京问候活动的"哈氏风筝"传人哈亦琦在德国法兰克福，表演绘制风筝

北京民俗博物馆举办的第三届北京民俗文化节

北京民间艺术大师作品展中的"毛猴"

全国高校京剧演唱研讨会在京举行

评剧演员辅导业余票友

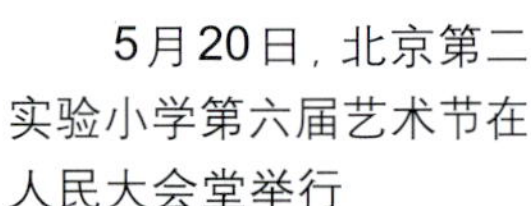

5月20日，北京第二实验小学第六届艺术节在人民大会堂举行

东城区、宣武区少年宫手风琴班交流演出

《北京文化艺术年鉴（2005）》

主　　编　降巩民

顾　　问　鲁　刚

执行主编　徐恒进

特邀编审　赵庚奇　　陈世崇

副 主 编（按姓氏笔画为序）

刘启泰　　吴　扬　　孟连英
秦华生　　梁国海

编辑部主任　张燕鹰

编　　辑（按姓氏笔画为序）

王志明　　王晓燕　　王凌雨　　吕厚龙　　孙　颖　　李　宏
李颖君　　吴赣生　　陈树林　　周　红　　郑明光　　孟张龙
贺雪梅　　郭　涛　　薛晓金

封面设计　杨宇萍

美术编辑　吴赣生

图片摄影及供稿者（按姓氏笔画为序）

丁广泉　丁永利　王　宇　王　梅　长　风　叶　进　刘君良
刘铁林　牟　可　纪　鸣　孙建华　陈　明　杜传宁　沈今声
吴赣生　张　平　张小枫　张康健　张连元　张美才　张永江
张燕鹰　邵　华　杨芳怀　罗　燕　金　梅　庞立平　周志明
胡金喜　耿大鹏　崔　峻　梁燕林　程铁良　焦爱民　喻非卿

图片提供单位：

北京交响乐团　北方昆曲剧院　北京画院
北京京剧院　北京市河北梆子剧团　北京市艺术研究所
北京群众艺术馆　北京人民艺术剧院　北京儿童艺术剧院股份有限公司
北京杂技团　北京市文联　北京民间文艺家协会
北京摄影家协会　北京民间文艺家协会　北京作家协会
北京杂技家协会　北京曲艺家协会　北京市占奇豫剧团
首都图书馆　中国评剧院　中国杂技团
中国木偶艺术剧团　中国儿童艺术剧院　中国京剧院
中国广播艺术团　中国国家图书馆　中国芭蕾舞团
国家话剧院　海政歌舞团　总政歌舞团
北京欧林神韵文化交流有限公司　北京第二实验小学
东城区文化委员会　西城区文化委员会　崇文区文化委员会
宣武区文化委员会　朝阳区文化委员会　海淀区文化委员会
丰台区文化委员会　石景山区文化委员会　通州区文化委员会
顺义区文化委员会　怀柔区文化委员会　平谷区文化委员会
昌平区文化委员会　门头沟区文化委员会　房山区文化委员会
大兴区文化委员会　密云县文化委员会　延庆县文化委员会
燕山文化卫生分局

编 辑 说 明

一、《北京文化艺术年鉴》是一部大型文化艺术类资料工具书和史料文献。在北京市文化局领导和北京市文联配合下，由《北京文化艺术年鉴》编辑部组织编辑。

二、本年鉴以马列主义、毛泽东思想、邓小平理论和“三个代表”重要思想为指导，遵照中国共产党十一届三中全会以来的路线、方针和政策，坚持四项基本原则，实事求是地、科学地反映北京文化艺术的客观情况。

三、本年鉴采用文章和条目两种体裁，以条目体为主，用规范的语体文、记述体，直陈其事，文字力求言简意赅。

四、本年鉴从2005年开始，为配合续修《北京文化艺术志》工作，逐年编纂。当年出版的年鉴，记述上一年度里北京文化艺术界（按照《北京文化艺术志》的编写体例，目前暂不含电视、文物内容，下同）所发生的重大历史事件和新的情况，为领导决策提供可资参考的依据，为文化艺术发展规划提供有价值的资料，为国内外各方面人士了解和研究北京提供最新的信息。

五、本年鉴在以记述北京市属文化艺术企事业单位情况为主的前提下，对中央、部队在京的文化企事业单位的情况也适当记述。

六、本年鉴文字内容包括：法规规章规范性文件目录、大事记、综合、文学、戏剧、曲艺、杂技魔术、电影、音乐、舞蹈、美术、书法、摄影、图书馆、群众文化和区县文情，共16个栏目。

七、本年鉴收有北京市文化局、北京市文学艺术界联合会主要负责人名录，所列均为2004年内所任职务，其中有任免情况的分别予以注明。

八、本年鉴所刊载的文章和条目，来源于各个文化艺术单位提供的资料，均经该类目责任编辑及撰稿人核实编写。

九、本年鉴反映2004年1月1日~12月31日期间北京文化艺术界的情况。凡在这一时限内发生的事情，均直书月、日，不再注明年份。部分内容依据实际情况时限略有前后延伸的，均写明年份。

十、本年鉴索引按笔画、拼音分别排序，检索范围限于条目体内容。

前　言

北京是我们伟大祖国的首都，也是举世闻名的文化名城，有着悠久的文化传统。元杂剧曾在这块土地上发祥，那是我们民族文化的一次激情喷发。1790 年起，四大徽班先后浩荡进京，更是一次历史性的文化会师，其后京剧风靡京城，风靡全国，至今仍然是北京乃至中国的一个重要的文化坐标。北京建都八百多年，各民族文化相互融合，形成了博大深厚、绚丽多彩、风格独特的文化长卷。今天，我们遥望北京历史天空，依然是群星璀璨，光彩夺目。

中华人民共和国成立以后，这块土地获得了新生，在党的阳光下，北京的文化事业和全国的文化事业一样获得飞速发展，文学和其他各种艺术之花在这里盛开，北京是我国的政治中心，也是真正意义上的文化中心。

当然，在前进的道路上，我们有过曲折，有过无奈和叹息，但是历史的脚步谁也不能阻挡，特别是改革开放以后，北京迎来又一个文化发展的春天。我们都还记得，20 世纪 80 年代，伴着思想解放运动，我们的文学艺术是何等的发达和活跃，我们的各个艺术门类都取得了丰硕的成果和收获。其后，随着经济的飞速发展，人民生活的提高，北京的文化艺术事业可谓是蓬勃发展，日新月异。

《北京文化艺术年鉴》(2005)，将带您走进 2004 年的北京文化艺术长廊。您徜徉在这个长廊里，能时时感受到这座城市浓厚而热烈的文化氛围，感受到绚丽而时尚的艺术气息。

这一年，北京的文化体制改革迈开了坚定的步伐，在试点的基础上，文化体制改革全面启动，北京儿童艺术剧院股份有限公司、北京歌舞剧院股份有限公司、北京朝阳区文化馆等单位改制获得了成功的经验。这一年，首都的文艺舞台光华四射，璀璨夺目，一批思想性、艺术性较高的作品相继面世，受到广大观众的好评。对外交流空前活跃，中法文化年及其他各种文化活动成功举办，极大地丰富了首都的文化生活。

这一年，北京的群众文化生龙活虎，文化市场也得到有序管理和发展。随着 2008 年奥运的临近，北京的文化事业正向新的高度迈进。

2004 年，是个难忘的年份，这本年鉴将是一个忠实的向导，带领您感受 2004 年北京文化艺术的方方面面，或许能给您某种帮助和启迪，或许能唤起您许多激情的回忆。

当然，我们也有惶恐和不安。毕竟我们是新手，书中肯定有许多疏漏和不当，如能得到您的批评和教导，那便是我们的心愿！

中英文对照目录
(Contents)

目　　录

法规、规章、规范性文件目录

大　事　记

综　　合

机构

文化艺术市场

文化体制改革

活动

·综合性文化艺术·

·评奖·

·交流·

出版物

文 学

创作

机构

活动

戏　　剧

作品

机构

活动

杂技、魔术

其他

电　影

影片

机构

活动

音　　乐

作品

机构

活动

·会议·

·比赛评奖·

·交流·

·纪念·

·研究与评论·

出版物

·报刊·

·论著·

·音像制品·

舞蹈

演出

交流

·国内·

·国际·

纪念

获奖

研讨

出版物

其他

美 术

作品

机构

活动

·会议、展览·

出版物

书　法

机构

展览

活动

出版物

摄　影

活动

基础建设

出版物

群众文化

机构

民间艺术活动

演出

基层文化活动

培训

展览

评奖

交流

民　保

研究与评论

出版物

其他

区县文情

索　引

法规、规章、规范性文件目录

名　　称	发布日期	实施日期
北京市人民政府印发《北京市关于鼓励和吸引优秀文化体育人才来京创业工作若干暂行规定》的通知	2004 年 2 月 10 日	2004 年 3 月 1 日
北京市鼓励和吸引优秀文化体育人才来京创业工作的若干暂行规定实施办法	2004 年 2 月 10 日	2004 年 3 月 1 日
北京市人民政府办公厅转发《市文化局等部门关于开展网吧等互联网上网服务营业场所专项整治实施意见》的通知	2004 年 3 月 29 日	2004 年 3 月 29 日
北京市文化局、北京市财政局关于重新印发《北京市电影事业发展专项资金使用管理办法的通知》	2004 年 7 月 20 日	2004 年 7 月 20 日
北京市文化局关于北京市文化局行政许可事项和许可程序的通知	2004 年 11 月 1 日	2004 年 11 月 1 日
北京市文化局关于下发区、县文化委员会行政许可事项和许可程序的通知	2004 年 11 月 2 日	2004 年 11 月 2 日

大　事　记

2004 年北京文化艺术大事记

1　月

2003 年 12 月 26 日～2004 年 1 月 10 日，纪念毛泽东同志诞辰 110 周年书画艺术展在毛主席纪念堂举办。

2003 年 12 月 31 日，2004 年北京新年音乐会在人民大会堂举行。

1 月 1 日，中国摄影教育网开通。

1 月 3 日，中共北京市委副书记龙新民，市委常委、宣传部长蔡赴朝，市委宣传部常务副部长王学勤，市委副秘书长陈启刚等领导到北京市儿童艺术剧团调研，听取职工代表对儿艺改革的意见和建议。

1 月 5 日，中国杂技团表演的舞台剧《如梦》在北京天地剧场开演。

1 月 8 日，中共中央政治局常委、全国政协主席贾庆林在海淀剧院观看北京市河北梆子剧团演出的《清风亭》。

1 月 8 日，评剧《刘巧儿新传》在北京戏曲艺术职业学院排演场首演。

1 月 8 日，全国人大常委会副委员长许嘉璐在北京人民大会堂安徽厅邀请曲艺界人士召开座谈会。

1 月 8 日，《东方歌舞团深化改革的总体方案》得到文化部的批复。

1 月 8 日～18 日，“北京百年摄影图片展”在法国巴黎市政厅举办。

1 月 9 日～2 月 3 日，中法文化年北京文化节在巴黎举行。

1 月 10 日，中共北京市委常委、宣传部长蔡赴朝考察全市文化市场工作及多厅影院建设。

1 月 10 日，举行北京市歌舞娱乐场所节目展演颁奖晚会。

1 月 10 日，北京市第 14 届农民艺术节开幕。

1 月 10 日，在第 12 届法国玛希国际马戏节上，中国杂技团的《滚杯》获水晶大奖。

1 月 11 日，话剧《带嗡嗡嗡链锯的皮脸》在北京人艺实验剧场首演。

1 月 12 日，副市长孙安民到娱乐场所进行安全检查。

1 月 13 日～15 日，北京市文学艺术界联合会第七次代表大会在中国职工之家召开。

1 月 14 日，北京市曲剧团在航天部一院礼堂首演北京曲剧《正红旗下》。

1 月 15 日，在第 28 届蒙特卡洛国际马戏节上，中国杂技团的《十三人顶碗》获金小丑奖。

1 月 15 日，2004 年军民迎新春文艺晚会《祖国春光好》在中国剧院举行。

1 月 16 日，北京儿童艺术剧院股份有限公司成立。

1 月 19 日，市文化局在东环影城召开 2004 年农村电影工作会议。

1 月 20 日，副市长孙安民到北京市少儿图书馆、北京画院、东方影城检查安全工作。

1 月 20 日，首届北京舞蹈演出季闭幕演出在人民大会堂举行。

1 月 23 日，中国画画家、美术教育家、中央美术学院教授、清华大学美术学院特聘博士生导师卢沉逝世。

1 月 23 日～25 日，中国评剧院移植剧目《狸猫换太子》在中国评剧院大剧院首演。

1 月，有“逃脱大师”之称的美国魔术师罗伯特·盖勒普在北京展示极限魔幻。

1 月，由中国音像业协会、中国唱片总公司以及部分中央媒体联合主办的第四届中国金唱片奖在京揭晓。

2　月

2 月 3 日，第三届老舍文学奖在中国现代文学馆举行颁奖仪式。

2 月 3 日，“纪念人民艺术家老舍诞辰 105 周年”暨第二届老舍散文奖颁奖仪式在国际艺苑饭店举行。

2月3日，“老舍与北京”研讨会在北京召开。

2月4日，中国指挥家学会在北京成立。

2月5日，诗人臧克家在北京逝世。

2月5日（农历正月十五），密云县密虹公园举办的第二届迎春灯展发生踩死挤伤游人特别重大事故。

2月5日下午，电影《恋爱中的宝贝》在北京举行首映新闻发布会。

2月6日，中共中央政治局常委李长春到北京儿童艺术剧院股份有限公司进行调研。

2月6日~13日，中共北京市委副书记强卫，市委常委、宣传部长蔡赴朝，副市长孙安民等到朝阳区钱柜量贩式KTV、旺市百利音像超市、520上网服务营业场所、东城区保利剧院、东环影城、北京云天彩虹网络上网服务有限公司等文化娱乐场所进行安全检查。市文化局局长降巩民、市公安局副局长杨晓毅、副总队长邹燕平、市消防局副局长王向东、市安全生产监督管理局局长助理姚文杰及有关新闻媒体参加。

2月7日，话剧《莫道桑榆晚》在国家话剧院小剧场公演。

2月10日，“北京市文联第二届文艺评论奖”颁奖仪式在京举行。此次评选涵盖了文学、戏剧、音乐、舞蹈、美术、摄影、书法、电视、杂技、民间文艺10个艺术门类的理论评论作品。

2月10日，北京市人民政府印发《北京市关于鼓励和吸引优秀文化体育人才来京创业工作若干暂行规定》的通知。

2月11日，北京市书法家协会在毛主席纪念堂召开四届理事会主席团第三次会议。

2月11日，全市文化娱乐场所安全大检查工作动员大会在北展剧场召开。副市长孙安民，市文化局、市公安局、市工商局、市消防局等有关部门领导出席。

2月16日~4月12日，中国京剧院推出“2004年新春演出季”活动。

2月20日，中国文化艺术发展促进会榜书艺术研究会在北京成立。

2月24日，电影《暖》在北京举行首映会。

3 月

3月1日，《北京市关于鼓励和吸引优秀文化体育人才来京创业工作若干暂行规定》和《北京市鼓励和吸引优秀文化体育人才来京创业工作的若干暂行规定实施办法》正式实施。

3月5日，《波一音波音》在长安大戏院首演。

3月5日，小剧场话剧《合同婚姻》在人艺小剧场首演。

3月6日，伦敦交响乐团百年庆典音乐会在保利剧院举行。

3月10日，北京杂技家协会第三次会员代表大会闭幕。

3月16日，第21届中国戏剧梅花奖颁奖，北京人艺何冰、北昆魏春荣获得梅花奖。

3月18日，中国职工文化体育协会成立。

3月19日，话剧《金钱燃烧的岁月》在北京人艺实验剧场首演。

3月20日，“周末相声俱乐部”在东城区文化馆小剧场正式挂牌。

3月20日~21日，“2004琵琶艺术研讨会”在北京召开。

3月25日，国家话剧院大型多媒体音乐话剧《琥珀》在保利剧院首演。

3月25日，“全国第十届音乐作品（交响音乐）评奖”活动在北京结束。

3月26日，北京大学曲艺协会成立。

3月29日，中央电视台推出音乐频道。

3月，中国京剧院张火丁戏剧工作室正式挂牌。

3月，国家图书馆设立少年儿童参观接待日。

4 月

4月2日，由中国评剧院和京报集团联合发起的“评剧：永恒的魅力——评剧大篷车”演出活动正式启动。

4月5日，国家图书馆开始向未成年人免费开放。

4月6日，袁熙坤荣获哥伦比亚“骑士勋章”。

4月8日~9日，北京市文化局召开2004年文化市场管理和社会文化工作会。

4月10日，市文化局局长降巩民带队，联合有关新闻媒体对西城区的北京好风景互联网上网服务中心、北京雄鑫网服务中心、东城区北京随缘心雨上网服务公司、北京世界之窗上网服务有限公司、朝阳区的北京瑞石兴业科技开发有限公司网络中心等5家互联网上网服务场所进行检查。

4月10日~11日，中国摄影家协会2004年全国摄影工作会议在北京召开。

4月13日，北京师范大学成立“中国儿童文学研究中心”。

4月16日，儿童话剧《走近莎士比亚》在北京红塔礼堂首演。

4月20日，西城区书法家协会第三届代表大会暨换届大会召开。

4月20日~23日，舞剧《霸王别姬》在北京保利剧院首次演出。

4月21日，美国魔术大师大卫·科波菲尔的

"魔术康复计划"在北京启动。

4月21日，"中国美术家协会网"开通仪式在北京人民大会堂举行。

4月21日，北京人艺话剧《情人》在人艺实验小剧场公演。

4月21日，付氏天桥宝三民俗文化艺术团成立。

4月21日~25日，美国魔术大师大卫·科波菲尔在首都体育馆进行演出。

4月21日~26日，首届中国国际画廊博览会在中国国际科技会展中心举办。

4月22日，"2004年北京春节庙会文化研讨会"召开。

4月22日，第三届"龙音杯"中国民族乐器国际比赛在北京结束。

4月22日~25日，"粟特人在中国——历史、考古、语言的新探索"国际研讨会在国家图书馆举行。

4月23日，话剧《九三年》在海淀剧场首演。

4月24日~29日，"首届北京市外来工歌手大赛"在京举办。

4月26日，全国网吧专项整治统一行动周启动仪式在京举行。

4月27日~5月31日，第二届北京国际戏剧演出季举行。

4月27日，音乐剧《猫》在北京人民大会堂上演。

4月28日，北京作家协会少数民族文学创作委员会成立。

4月28日，话剧《巴黎公社的日子》在北剧场首演。

4月，"爱普生杯"摄影大赛在北京举办。

5 月

5月1日，北海珠城国画院成立。

5月1日，中国煤矿文工团说唱团在民族文化宫大剧院演出荒诞喜剧《慈禧秘事》。

5月1日，京剧交响剧诗《梅兰芳》在长安大戏院首演。

5月1日~10日，首届全国壁画大展在中国美术馆举办。

5月1日~29日，文化部、中共北京市委、北京市人民政府举办"相约北京"广场联欢活动。

5月2日~5日，第二届中国国际画廊博览会在中国国际贸易中心举办。

5月4日，复排评剧《小借年》、《劝爱宝》在中国评剧院小剧场演出。

5月6日，纪录片《茶马古道系列——德拉姆》在纽约"2004年翠贝卡电影节"全球首映。

5月8日，话剧《以红十字的名义》在北京上演。

5月8日，北京人民艺术剧院话剧《油漆未干》在金帆音乐厅首演。

5月9日，北京市文化局党组邀请日本经纪人伊藤寿先生作题为"国际演出的策划与市场运作"的专题报告。

5月9日~14日，第三届海峡两岸摄影艺术联展在首都图书馆举办。

5月10日，经市文化局局长办公会研究决定，将北京市少年儿童图书馆委托首都图书馆管理。

5月14日，首届"中国人民解放军文艺大奖"在北京颁奖。9件优秀文艺作品获奖。

5月15日，中共北京市委书记刘淇，副书记龙新民、杜德印到北京戏曲艺术职业学院，就北京市文化系统基层党组织的建设工作情况进行调研。

5月15日，第11届北京大学生电影节闭幕式暨颁奖典礼在国家奥林匹克体育中心体育馆举行。

5月16日，第三届北京国际钢琴比赛闭幕。

5月18日，第四届"相约北京"钟鼓楼文化广场联欢暨东城区第19届夏日文化广场周末开幕。

5月18日~23日，全国杂技教育工作经验交流会分别在上海、北京召开。

5月20日，北京第二实验小学第六届艺术节在人民大会堂举行。

5月21日~24日，中国爱乐乐团版歌剧《卡门》在保利剧院上演。

5月22日，"国际文化交流第五届赛克勒杯中国书法获奖作品展"在中国美术馆开幕。

5月25日~31日，北京现代音乐节在中央音乐学院举办。

5月26日~6月8日，由中国戏剧家协会主办的第八届中国戏剧节"都宝"杯小剧场演出季在京举行。

5月27日，北京人艺话剧《茶馆》在首都剧场举行第500场演出。

5月28日~30日，美国拉斯维加斯的福克斯"白老虎"兄弟魔术团在北京展览馆剧场举行演出。

5月28日~6月13日，"2004北京首届国际新媒体艺术展暨论坛"在中华世纪坛举行。

5月29日，大型童话魔幻剧《迷宫》在世纪剧院首演。

5月30日，中国歌剧舞剧院在天桥剧场首演原创歌剧《杨贵妃》。

5月30日，《音乐周报》在北京国际艺苑皇冠假日酒店举行创刊25周年纪念活动。

5月30日~31日，莎拉·布莱曼独唱音乐会在首都体育馆演出。

5月30日~6月5日“首届中国民间工艺品博览会”在民族文化宫举办。

5月，大型原生态歌舞集“云南映象”在北京保利剧院首演。

5月，北京市公共图书馆“一卡通”服务工程启动。

5月，首届北京合唱比赛在国家图书馆音乐厅举行。

6　月

6月3日~8日，“图书馆现代化管理馆长研修班”在北京举办。

6月4日，北京画院首次公开招聘签约制画家。

6月7日，中共中央政治局常委李长春在世纪剧院观看北京儿童艺术剧院演出的大型魔幻童话剧《迷宫》。中共北京市委书记刘淇、中宣部部长刘云山，国务委员陈至立及中央和国家有关部门领导吉炳轩、徐光春、孙家正，以及北京市委副书记龙新民、市委宣传部长蔡赴朝、市委秘书长孙政才、副市长孙安民等市领导和市文化局局长降巩民一同观看了演出。

6月7日，第47次市长办公会讨论通过了《北京市体制改革中支持文化产业发展的实施办法》、《北京市在文化体制改革中经营性文化事业单位转制为企业的实施办法》。

6月7日~11日，“首届环境艺术设计大展及设计论坛”在中央美术学院举办。

6月8日，“大地飞歌”——2004年北京市社区（村）文化节暨首届“景山合唱节”启动仪式在景山公园举行。

6月11日，北京大学生京剧协会成立。

6月11日~15日，大型情景魔术晚会“魔法传奇”在北京长安大戏院首演。

6月14日，北京市第六届职工艺术节开幕。

6月15日，北京作家协会主办的“国际华文儿童文学网”开通。

6月15日，作家出版社和北京作家协会联合举办徐坤长篇小说《爱你两周半》研讨会。

6月15日，评剧《乐家老铺》在北京戏曲艺术职业学院排演场首演。

6月17日，中国作家协会创研部和南海出版公司举办梁晓声小说创作回顾研讨会。

6月18日，副市长孙安民到市文化局调研文化工作。

6月18日，话剧《生活秀》在保利剧院首演。

6月18日，中国画研究院美术馆开馆。

6月19日，中国评剧院白派剧团复排的传统评剧《打狗劝夫》在中国评剧院小剧场演出。

6月19日，北京市教委和中国电影集团公司共同主办的“中影校园电影院线”成立。

6月21日，瑞典雕塑家卡尔·米勒的代表作《人与飞马》和《天之骄子》在北京国际雕塑公园落户，这是北京第一次收藏世界级雕塑大师的作品。

6月21日~28日，应日中文化交流协会邀请，中国曲艺家协会访日代表团赴日本进行文化交流访问。

6月22日，北京大学诗歌中心成立。

6月22日~29日，“北京风韵系列作品展·故城寻梦”，在中国美术馆展出。

6月23日，第二届“北京2008”奥林匹克文化节开幕式暨“情舞东方”大型民族歌舞晚会在海淀剧院举行。

6月25日，话剧《花木兰》在北京人民艺术剧院实验小剧场首演。

6月25日，中共北京市委书记刘淇，副书记龙新民，市委秘书长孙政才，市人大副主任田麦久，副市长孙安民，市政协副主席张和平，奥组委副主席蒋效愚，观看“北京风韵系列作品展·故城寻梦”画展。

6月28日，中国作家协会在京召开六届六次主席团会议。

6月29日，文化局在北京会议中心举行北京农村电影“2131工程”流动放映车和放映设备发放仪式。

6月29日，话剧《厕所》在北京天桥剧场首演。

6月30日，北京市文化局行政许可受理处挂牌成立。

7　月

7月2日，中国文化年闭幕活动在法国巴黎凡尔赛宫举行。

7月2日，市少儿图书馆启用新馆。

7月5日~8日，日本、加拿大、韩国绘画及工艺品艺术展在国家博物馆举行。

7月5日~10日，“时代风采——庆祝中华人民共和国成立55周年”北京美术作品展，在中国美术馆展出。

7月7日，市委召开常委会，听取了关于本市文化体制改革试点工作情况的汇报，研究加快推进文化体制改革，大力发展首都文化事业和文化产业。

7月10日，电影《十面埋伏》全球首映庆典在北京工人体育馆举行。

7月12日，相声表演艺术家郭全宝在北京逝世。

7月13日，首届美术出版界美术家作品展，在中国美术馆开幕。

7月15日，“子恺杯”2004年中国漫画大展在中国美术馆开幕。

7月17日~25日，第二届北京市“椿树杯”社区京剧票友邀请赛举行。

7月20日~25日，“纪念董寿平先生诞辰100周年”书画展在中国美术馆举办。

7月21日，北京华艺红星文化发展公司推出的小剧场喜剧《她和他》在北剧场首演。

7月23日~8月23日，“红色中国”摄影展在法国西部城市努瓦尔穆捷举办。

7月25日，惠特尼·休斯顿演唱会在北京奥体中心举办。

7月28日~30日，北京市民族民间文化保护工作培训班举办。

7月~10月，全军文艺调演在京举行。

8 月

8月1日，“曲艺大观苑”在东城区文化馆揭牌。

8月5日，“臧克家杯”首都朗诵艺术大赛在北京举行。

8月6日~22日，中国戏剧家协会和北京戏剧家协会联合主办“2004中国大学生戏剧节”。

8月7日，“侯宝林奖”中华青少年曲艺大赛在北京国安剧场落幕。

8月10日，北京歌剧舞剧院改制为北京歌舞剧院有限责任公司成立大会在北京举行。成立后推出的第一台大型歌舞晚会“祝福你，北京”当晚在保利剧院上演。

8月11日，全国电影工作会议在北京召开。

8月12日，首都文艺界举行纪念邓小平诞辰100周年理论研讨会。

8月12日，王西京将其创作的巨幅国画作品《春潮》捐献给毛主席纪念堂。

8月12日~31日，“样式雷”皇家建筑图档展在国家图书馆展出。

8月13日~20日，“中国百名艺术家纪念邓小平百年诞辰”书画展在中国美术馆举办。

8月14日，第十届北京国际手风琴比赛结束。

8月14日，纪念邓小平诞辰100周年全国大型书法展在中国人民革命军事博物馆开幕。

8月15日~22日，首届中国青少年动漫艺术博览会在中国建筑文化中心举办。

8月17日，全国首届精微艺术文化展在民族文化宫开幕。

8月17~18日，北京琉璃文化研讨会在门头沟区龙泉镇琉璃渠村召开。

8月18日~31日，“纪念邓小平诞辰100周年”书画展在毛主席纪念堂举办。

8月19日，“亲切的关怀　深切的思念——邓小平在北京”图片展在北京开幕。

8月19日~2005年1月8日，第十届全国美术展览在北京等10个展区举行。

8月20日，天桥民俗文化社成立。

8月22日~27日，“庆祝建国五十五周年”摄影展在中华世纪坛举办。

8月24日，中共北京市委常委、宣传部长蔡赴朝到中国评剧院调研。

8月25日，纪念杨沫诞辰90周年暨新版《青春之歌》座谈会在中国现代文学馆举行。

8月27日，副市长孙安民到中国杂技团、北京市国际艺术学校调研。

8月27日，石景山区文联曲艺家协会正式成立。

8月28日，第七届夏衍电影文学奖颁奖典礼在北京举行。

8月29日，“天籁之音”——中国原生态民歌大型公益演唱会在北展剧场开幕。

8月30日，中国美术创作院在北京正式成立。

8月，北京市文联举办了首都文艺界纪念邓小平诞辰100周年理论研讨会。

8月，由中国曲艺家协会、曲艺杂志社主办的“鸿佳杯”首届中国“曲艺”奖征文活动落下帷幕。

8月，“2004中国国际广播影视博览会”在北京举行。

9 月

9月1日~29日，首届“中国国家话剧院国际戏剧季”举办。

9月1日、3日，市文化局协助中宣部文艺局和市委宣传部联合调研组，召开“北京市演出市场票价问题调研”座谈会。

9月4日~6日，第二届国际影视和新媒体论坛暨国际大学生影视和新媒体作品展评活动在中国传媒大学举行。

9月4日~10日，第二届中国人物画展暨纪念蒋兆和诞辰100周年画展，在中国美术馆展出。

9月4日~28日，由北京市文联、北京曲艺家协会等单位联合主办的“笑在金秋——2004北京幽默艺术节”在京举行。

9月5日，中共中央政治局常委、国务院总理温家宝，前往戴爱莲家中看望这位舞蹈家。

9月5日，第三届中国曲艺牡丹奖在山东省淄博市落下帷幕，多名北京选手获奖。

9月6日~27日，北京代表队赢得全国第13届"群星奖"多个奖项。

9月8日，革命历史题材故事影片《张思德》正式上映。

9月9日，国家图书馆举行建馆95周年纪念活动。

9月10日，BTV-10动画频道正式开播。

9月13日，电影《郑培民》在人民大会堂举行首映式。

9月14日，刘开渠诞辰100周年纪念展在中国美术馆开幕。

9月14~16日，第八届"北京放映"活动在中影集团举行。

9月15日晚，在韩国汉城举行的世界文化公展赛上，北京红樱束女子打击乐团获"世界和平奖"。

9月16日，河北梆子《村官李天成》在北京戏曲艺术职业学院排演场首演。

9月16日，"中坤杯·首届艾青诗歌奖"在京颁奖。

9月16日~21日，第11届中国艺术博览会暨首届俄罗斯艺术品博览会在中华世纪坛举办。

9月16日~10月7日，第七届北京国际旅游文化节举办。

9月16日~10月16日，"世界奥运城市风采"和"北京风情舞动巴黎"大型图片摄影展在恒基中心举办。

9月17日，华人女作曲家室内乐新作品音乐会在国家图书馆音乐厅举行。

9月17日，由55位画家联合创作的巨幅国画《新北京盛景图》完成。

9月18日~21日，市文化局举办首届"舞动北京——北京新秧歌"电视大赛。

9月19日，林兆华戏剧工作室推出的话剧《樱桃园》在北剧场首演。

9月19日~24日，首届北京文学节在京举行。

9月20日，北京国际建筑艺术双年展在人民大会堂正式开幕。

9月20日，刘浩一将其创作的大型油画《初春》赠送给全国政协。

9月23日，《新警察故事》在全国上映。

9月25日，"2004世界巨星长城演唱会"在北京居庸关长城举行。

9月25日~26日，由中国评剧院白派剧团复排的评剧传统剧目《锯碗丁》在北京戏曲艺术职业学院排演场上演。

9月25日，中共中央总书记、国家主席、中共中央军委主席胡锦涛在中国剧院观看总政歌舞团演出的大型音乐舞蹈《一个士兵的日记》。

9月26日，北京两剧目获第11届文华大奖。

9月27日，中国评剧院评剧《刘巧儿新传》在唐山举行的第四届中国评剧艺术节上，获优秀剧目奖、编剧奖、导演奖和主要演员奖。

9月27日~10月3日，"2004世界魔术师邀请赛"在北京举办。

9月28日，第14届中国新闻奖在北京揭晓。

9月28日~30日，"金菊奖"第三届全国魔术比赛在北京举行。

9月28日~10月7日，第二届少数民族美术作品展在民族文化宫举办。

9月28日~10月12日，优秀现代戏展演在北京举办。

9月29日，多媒体话剧《终点站——北京》在北京人艺小剧场首演。

9月29日~10月4日，"新中国建国55周年——首届北京国际少年儿童美术大展"在中华世纪坛举办。

9月，武警政治部文工团喜剧《独生子当兵》在国安剧场上演。

9月，北京舞蹈学院举办校庆50周年活动。

9月，"2008的北京"摄影展览在德国法兰克福机场画廊举办。

10　月

10月1日，胡锦涛、吴邦国、温家宝、贾庆林、曾庆红、黄菊、吴官正、李长春、罗干等党和国家领导人参加了北京市各大公园举行的国庆游园联欢活动。

10月1日~5日，第七届北京国际艺术博览会在中国国际贸易中心举办。

10月1日~18日，第六届中国国际民间艺术节在北京、安徽、山西三地举办。

10月3日~8日，第六届世界漫画大会在北京国际会议中心召开。

10月9日，副市长孙安民到市文化局传达胡锦涛同志视察北京时的指示和市委、市政府贯彻胡锦涛同志指示的意见，并对加强文化工作作出指示。

10月10日~11月27日，法国印象派绘画珍品展在中国美术馆举办。

10月12日，袁熙坤获古巴最高文化勋章。

10月14日，新京剧《四美图》在长安大戏院首演。

10月14日，"2004全国都市京剧票友邀请赛"

在北京举行颁奖演出。

10月14日，中法艺术家联袂演出法国经典歌剧《罗密欧与朱丽叶》。

10月15日，市文化局在大兴召开全市区县文委主任贯彻胡锦涛总书记讲话精神、推动基层文化建设座谈会。

10月15日，意大利盲人歌唱家安德烈·波切利演唱会在人民大会堂举行。

10月17日～20日，北京代表队在首届中国北方戏曲票友邀请赛获奖。

10月17日～22日，北京代表队在第七届“和平杯”中国京剧票友邀请赛获奖。

10月19日，小提琴协奏曲《刘三姐》与钢琴协奏曲《长江》首演音乐会在保利剧院演出。

10月20日，威尔第的歌剧《奥菲欧》在保利剧院演出。

10月21日，中国杂协命名表彰颁奖大会在京召开。

10月21日，首届“天桥杯”北京社区鼓曲邀请赛结束。

10月21日～23日，江苏省昆剧院在世纪剧院演出青春版昆曲《牡丹亭》。

10月22日，延庆县曲艺协会成立。

10月22日，版画家、油画家、美术教育家罗工柳逝世。

10月22日，在首届“珠江骏景杯”群众歌咏大赛上，丰台区大红门地区流动人口文化艺术团合唱团首次亮相。

10月23日，戏曲结合实验话剧《弘一法师》在北京人艺实验剧场公演。

10月26日，话剧《出事了，有人扛》在首都剧场公演。

10月27日，现代评剧《啼血杜鹃》在解放军装备技术指挥学院士官系礼堂演出。

10月27日，中国曲艺家协会成立55周年庆祝活动在京举行。

10月28日，相声表演团体“相声求乐苑”成立。

10月29日，中共中央宣传部任命姜昆为中国曲艺家协会分党组书记。

10月29日～31日，第11届北京国际音响（唱片）大展在北京世纪金源大饭店举办。

10月30日，北京曲协在人民大会堂主办了单田芳从艺50周年庆祝活动。

10月31日，中国铁路文工团杂技团新编杂技晚会“超越畅想”在鑫荣剧场开始旅游商演。

10月31日～11月6日，第三届北京电影学院国际学生影视作品展举办。

10月31日～11月7日，北京市文联在德国举办了“多彩北京的问候——中华民族、民间艺术展示周”活动。

10月，市文化局负责组织的群众文化、图书资料、艺术、美术4个专业技术职务的评审工作完成，其中，艺术、美术2个专业高级专业技术资格首次试行社会化评审。

10月，中国作家协会第六届（2001～2003）全国优秀儿童文学奖评奖揭晓，16部（篇）作品榜上有名。

10月，在金狮奖第六届全国杂技比赛中，北京杂技团杂技节目《杯水娇柔》获金奖。

10月，大提琴演奏家马友友荣获年度荣誉艺术家称号。

11 月

11月4日，中国杂技团的《花旦——抖空竹》在第六届中国武汉国际杂技节获金奖。

11月9日，情爱话剧《门背后》在人艺实验剧场首演。

11月10日，《电影企业经营资格准入暂行规定》开始实行。

11月11日，文艺理论家、美学家、雕塑家、艺术教育家王朝闻在北京逝世。

11月12日～14日，中国首届网络相声大赛决赛在北京民族文化宫大剧院举行。

11月14日～17日，市文化局局长降巩民出席在香港召开的第二届亚洲文化合作论坛。

11月16日～19日，在深圳市召开的全国文化系统文化产业工作会议上，北京市长安文化娱乐中心、北京保利文化艺术有限公司、北京儿童艺术剧院股份有限公司、北京麦乐迪餐饮娱乐管理有限公司被命名为全国文化产业示范基地。市文化局局长降巩民代表北京市文化局作了题为“深化体制改革，加强市场建设，推动文化产业发展”的发言。

11月17日～21日，主题为“红粉丝带”的公益性摄影展览在红门画廊举办。

11月17日～22日，长安大戏院举办“评剧周”。

11月18日，西城区曲协“曲艺之家”启动仪式在西城区文化馆举行。

11月18日～21日，河南省歌舞剧院在北京保利剧院演出大型情景交响音乐《木兰诗篇》。

11月19日，话剧《黄土谣》在海淀剧院首次对部队以外公演。

11月24日，中国曲艺家协会五届四次主席团会议在北京召开。

11月24日~29日，在深圳举行的第三届“四进社区”全国文艺汇演中，本市《童话伴我快乐成长》、《棋思》获金奖，小品《月光神话》获银奖。宣武区椿树园社区、海淀区车南里社区、石景山八角社区、朝阳区枣营北里社区四个社区被评为“全国文化先进社区”。

11月25日，“安东尼奥尼回顾展映”在北京电影学院开幕。

11月25日，华索影视数字制作有限公司成立。

11月26日，中国书法院在北京成立。

11月27日~29日，文化遗产与民族服饰学术研讨会，在北京服装学院召开。

11月28日，近8000人在北京城外城家居文化广场3万平方米的南广场共跳踢踏舞，挑战吉尼斯纪录。

11月29日，由国家广电总局和商务部共同颁布的《中外合资、合作广播电视节目制作经营企业管理暂行规定》正式生效。

11月30日，中国文联和中国戏剧家协会在京召开纪念京剧艺术大师梅兰芳、周信芳诞辰110周年座谈会。

11月，经市编办批准，市文化局北京艺术创作中心更名为“北京市大型文化活动办公室”。

11月，首都图书馆完成无障碍设施改造工程。

12　月

12月1日，怀柔区书协第三次会员代表大会在区文化馆召开。

12月1日，中国评剧院的评剧现代戏《长霞》在北京戏曲艺术职业学院排演场首演。

12月3日，中韩电影产业论坛在北京钓鱼台大酒店举行。

12月3日，中国残疾人作家联谊会在北京成立。

12月6日，国家广电总局分别授予9家动画生产单位、4所高等院校为首批“国家动画产业基地”和“国家动画教育研究基地”称号。

12月9日，“翠花”系列话剧第三部《翠花快乐六人行》在长安大戏院正式公演。

12月9日，《天下无贼》在全国上映。

12月12日，话剧《窒息》在北剧场公演。

12月13日，贺岁话剧《暂住证》在北京人艺小剧场公演。

12月15日，北京市第二届舞蹈演出季开幕。

12月18日，“中国大学生数码媒体艺术大赛2004”获奖作品颁奖仪式在北京电影学院举行。

12月19日，“立白杯”2004北京相声小品邀请赛在国安剧场举行颁奖仪式。

12月21日，第二届北京舞蹈季开幕式演出在保利剧院举行。

12月21日，2003~2004年度国家舞台艺术精品工程评选在京揭晓，10部精品剧目获奖。

12月22日，“国家图书馆文津图书奖”启动仪式在国家图书馆文津厅举行。

12月24日，北京人民艺术剧院话剧《开市大吉》在首都剧场公演。

12月24日~26日，美国百老汇音乐剧《芝加哥》在人民大会堂演出。

12月28日，第三届鲁迅文学奖评奖在京揭晓。

12月29日，中央芭蕾舞团为庆祝建团45周年，在人民大会堂举办名为“中国芭蕾节”的新年芭蕾晚会。

12月，在第四届中国京剧艺术节上，北京京剧院的京剧交响剧诗《梅兰芳》和中国京剧院的京剧《泸水彝山》获得金奖。

本　年

本年，中共北京市委宣传部、北京市人事局、北京市文学艺术界联合会共同主办了“北京第二届中青年文艺工作者德艺双馨奖”评奖活动。15人获德艺双馨奖。

本年，北京市文联、北京市文化局、北京市广播电视局、北京市新闻出版局、北京日报报业集团、北京出版社出版集团联合举办北京市庆祝中华人民共和国成立55周年文艺作品征集评奖工作，共430余人获各种奖励。

本年，《李岚清音乐笔谈》出版发行。

本年，颐和园水居村美术馆落成。

本年，“迈入新世纪的人民军队——纪念中华人民共和国成立55周年全军摄影艺术作品展览”在中国革命军事博物馆举办。

本年，国家图书馆外借图书面向全国开放。

本年，中国杂技家协会与北京师范大学艺术与传媒学院合作开办杂技大专班。

年底，中国书协四届五次主席团会议在京召开。

综　合

2004年是北京文化系统贯彻中央精神，改革创新、开拓工作新局面的一年。文化体制改革和文化建设迈出了新的步伐，取得了新的成绩，首都文化工作的新突破、人文奥运目标的具体实现，有了一个良好的开端。

在试点的基础上，文化单位改革全面启动。北京儿童艺术剧院股份有限公司采用与市场接轨的现代艺术生产管理机制，紧紧围绕“儿童”这个内容和受众，将主流文化产品以喜闻乐见的形式呈现给市场。改制后的北京歌舞剧院有限责任公司初现生机，新北歌积极打造两大品牌，开发4个市场。作为全国公益性文化事业单位改革的试点单位，朝阳区文化馆引进竞争机制，借鉴公司化管理模式，打破了单一的政府投入方式，挖掘社会潜力，实施“项目制”、“订货制”，采取“招聘制”等高效灵活的用人机制和分配机制，激发了发展活力，探索出一条用市场化手段办公益性文化事业的路子，并成为文化部批准的首批全国一级文化馆。中国对外文化集团公司和北京歌华文化发展集团公司联合组建“北京歌华中演文化有限公司”，中国对外文化集团公司以现金入股方式购买了北京歌华文化发展集团公司旗下的“歌华太阳文化艺术有限公司”50%的股份。重新组建后的“歌华中演”，将建立产权明晰的现代公司体制，采用全新运作机制。本市还讨论通过了《北京市在文化体制改革中支持文化产业发展的实施办法》。对政府鼓励的新办的报业、出版、发行、广电、电影、放映、演艺等文化试点企业，给予免征3年企业所得税的照顾。

机关的改革也是文化体制改革的重点，改革的方向是实现政府的转型，改变政府职能的越位、缺位和错位，由“权力本位”向“责任本位”和“服务本位”转变。如市文化局改革了行政审批制度，优化文化发展的环境服务。系统地学习了行政许可法，按照依法行政的要求，清理和规范了行政许可事项，改革了行政审批制度，组建了行政许可受理处，将原来分布在5个处室的25个项目集中到一个大厅受理，实行一站式办公，一条龙服务，窗口式办结。变过去的分散办为集中办，变服务对象跑为公务员跑，变多次办为一次办，机关工作人员互动，申办人只需在一个窗口便可办结完毕，受到市有关部门和申办人的好评。

首都文艺舞台色彩缤纷，构成了“新北京”文化的重要内涵。包括中央和部队在内的北京地区的艺术表演团体、外地院团、港澳台的演出团体和个人，以及国外演出团体和个人，全年在京演出1.5万场左右。在京举行的演出、展览、拍卖会、研讨会，受到广泛好评。对外文化交流进一步活跃，北京市向国外及港澳台地区派出演出团。中法文化年和法中文化年成功举办。中法文化年“北京文化周”盛装游行活动，欧洲乃至世界各国媒体对此进行了报道。成功举办“爱尔兰中国文化周”活动；派出中国民乐艺术团赴拉脱维亚参加第41届欧洲文化节；北京市文联赴德举办“多彩北京的问候——中华民族、民间艺术展示周”活动；在法国、埃及等6个国家设立了中国文化中心，举办“魅力北京”讲座和图片展览，借助海外中国文化中心这一窗口，宣传北京，宣传奥运。

2004年首都加强对文化市场的管理力度。市公安局、市教育委员会、市通信管理局、市人民政府新闻办公室等职能部门联合组织开展垃圾电子邮件专项治理工作。本市文化、工商、公安等部门迅速行动，对网吧等互联网上网服务营业场所开展了持续不断的清理整治工作。公安机关坚决打击制黄贩黄等违法犯罪活动，不断加强首都精神文明建设，保护青少年健康成长。

统筹发展，维护和保障弱势群体的文化权益。在整体推进各项文化建设的同时，按照和谐发展的要求，统筹兼顾，维护边远地区、特别是弱势群体的文化利益。积极响应市政府的号召，关心来京务工人员的文化生活，如朝阳区文化馆开设了首家“民工影院”，为参与首都建设的来京务工人员免费放映电影。北京市河北梆子剧团和北京燕山情艺术团合办的京城首家来京务工人员“假日剧场”在“天桥乐”茶园正式启动。

（王晓燕）

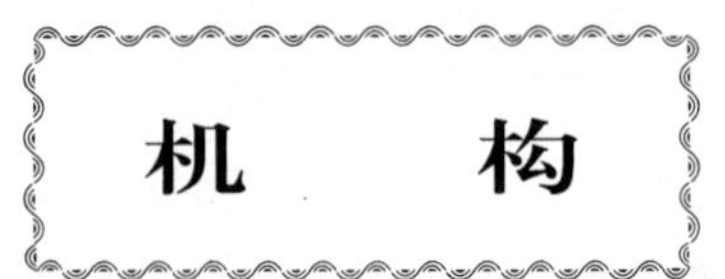

机　　构

【北京市文化局】 北京市文化局是北京市政府的组成部门。主要职能包括：贯彻执行国家有关文化艺术工作的方针政策和法律法规，起草有关文化艺术方面的地方性法规、规章草案；研究拟定本市文化事业发展规划，并组织实施；推动本市文化管理体制改革。管理本市文学、艺术事业，指导艺术创作与生产，推动各门类艺术的发展；管理本市重大文化活动。管理本市文化市场，拟定文化市场的发展规划；负责营业性演出、电影发行放映、美术品市场、文化娱乐市场以及其他有关文化市场的管理；管理本市音像制品放映活动；指导文化市场稽查工作。指导、协调区、县文化工作；管理本市社会文化事业，拟定本市社会文化事业发展规划，并组织实施；管理群众文化事业，指导群众文化活动的开展。贯彻文化经济政策，拟定本市文化产业发展规划，指导、协调文化产业发展；参与规划、指导本市文化设施建设。制定本市文化艺术人才培训规划，培育本市文化艺术人才市场；组织文化艺术科学研究工作。管理本市图书馆事业，指导图书文献资源的建设、开发和利用；组织推动图书馆标准化、现代化建设。管理本市对外文化交流工作和对香港特别行政区、澳门特别行政区以及台湾地区的文化交流工作。承办市政府交办的其他事项。下设办公室、政策法规处、艺术处、社会文化处、文化市场处、外事处（港澳台事务办公室）、文化产业处、人事教育处、计划财务处、文化设施建设处、组织宣传处、机关党委、老干部处、纪检监察处（派驻）。主要领导有：局党组书记、局长降巩民，副局长王珠、李恩杰、王明明，纪检组长安树果。

【北京市文学艺术界联合会】 北京市文学艺术界联合会（简称北京市文联）是北京市各文艺家协会，各区、县文联，市属各局、各产业文联组成的人民团体，是党和政府联系全市文艺家的桥梁和纽带。北京市文联实行团体会员制。北京市各文艺家协会和各区、县文联为本会团体会员；北京市市属各局文联和产业文联在提出申请并经北京市文联主席团批准后，可成为北京市文联团体会员。北京市文联至2004年底有团体会员28个。北京市文联对各文艺家协会负有联络、协调、服务和管理的职责；对各区、县文联及各局文联、产业文联负有联络、协调、服务和业务指导的职责。其经费来自于国家拨款、会员会费和社会捐助等。北京市文联的宗旨是，在中国共产党北京市委员会的领导下，以马克思列宁主义、毛泽东思想和邓小平建设有中国特色社会主义理论为指导，团结北京市文艺界，坚持党的“一个中心，两个基本点”的基本路线，坚持文艺为人民服务、为社会主义服务的方向和百花齐放、百家争鸣的方针，致力于繁荣和发展社会主义的文艺事业，为社会主义精神文明和实现社会主义现代化而努力奋斗。下设办公室、人事保卫部、组织联络部、事业发展部、机关党委，以及北京作家协会、北京美术家协会、北京戏剧家协会、北京书法家协会、北京影视艺术家协会、北京音乐家协会、北京舞蹈家协会、北京摄影家协会、北京曲艺家协会、北京杂技家协会、北京民间文艺家协会。所属事业单位有《北京文学》月刊社、《北京纪事》杂志社、《东方少年》杂志社、机关服务中心、文艺中心管理处、老干部活动站和研究部。1月13日~15日，召开了北京市文学艺术界联合会第七次代表大会，进行了换届选举。原主要领导有：党组书记吕浩材，主席管桦，副主席（以姓氏笔画为序）于长江、于是之、马玉田、王复羊、王学勤、厉声、刘锦云、吕浩材、宋汎、严家炎、李廷芝、李牧、张学津、张和平、林汝为、林连昆、林健、赵金九、段宝林、宣祥鎏、郭全志、浩然、谭利华；现任主要领导有：党组书记吕浩材，主席金铁霖，常务副主席吕浩材，副主席王学勤、王明明、叶用才、刘恒、吕艺生、张学津、李廷芝、李金斗、陈祖芬、林岫、降巩民、赵书、郭启宏、谭利华、濮存昕，驻会副主席陈世崇、陈志强。

（张燕鹰）

文化艺术市场

【文化市场经营单位】 截至年底北京地区共有：艺术表演团体127家，其中，市属11家，区、县属9家，国家文化部属10家，国家其他部委属7家，部队属15家，社会办团67家，其他8家。艺术表演场所79家。演出经纪机构174家。电影放映单位172个。文化娱乐业经营单位2032个，其中，歌舞娱乐场所783个，旱冰场、保龄球馆、台球厅、棋牌室、综合娱乐场所共417个；电子游艺厅58个，网吧774个。其他经营单位1475个，其中，音像制品批发、零售、出租单位1339个，画店、画廊136个。

（程　青）

【市文化局推出歌舞娱乐场所节目展演】 1月10日，北京市歌舞娱乐场所节目展演颁奖晚会在王府井大饭店举行。该项活动是市文化局为促进本市文化娱乐市场的健康有序发展，推出节目在全市歌舞娱乐场所进行展演。此次展演活动的节目由本市歌舞厅、酒吧、餐厅、宾馆饭店等场所演出的歌舞、杂技、魔术、戏曲、曲艺、音乐等形式的健康、快乐、时尚的节目组成。在全市文化行政管理部门的组织和参与下，首先选拔出歌舞、音乐、杂技等120余个节目，从2003年12月16日～30日在北京阳光俱乐部等9个场所进行展演，在此基础上，本着公平、公开、公正的原则，邀请专家评委对参加展演的节目进行打分，评选出最佳主持人奖1名、优秀节目一等奖3个、二等奖7个、三等奖若干及优秀演出单位奖、优秀组织单位奖等，在颁奖晚会上进行了表彰。

（王晓燕）

【7家文化场馆公布免票方案】 4月27日，文化部举行新闻发布会，向社会公布了文化部和国家文物局直属的7家公共文化单位对未成年人和特殊人群的免票方案，从“五一”开始，这7家文化场馆将根据方案实行免费或优惠开放。此次开放的场馆有国家图书馆、故宫博物院、国家博物馆、中国美术馆、恭王府、梅兰芳故居纪念馆和北京鲁迅博物馆。

（贺雪梅）

【新办文化试点企业免征3年所得税】 6月7日，本市召开第47次市长办公会，讨论通过了《北京市在文化体制改革中支持文化产业发展的实施办法》。其中规定：对试点报业、出版、发行、广播、电视、电影等文化集团，符合规定的可给予合并缴纳企业所得税的优惠政策；文化企业因承担公益性职能而使纳税有困难的，可按困难减免程序申请减免经营用土地和房产的城镇土地使用税、房产税；凡符合国家关于高新技术企业和高新技术成果转化项目税收优惠政策规定的，可享受相应税收优惠政策。对政府鼓励的新办的报业、出版、发行、广电、电影、放映、演艺等文化试点企业，给予免征3年企业所得税的照顾。

（贺雪梅）

【中国对外文化集团公司购买歌华太阳股份】 7月28日，中国对外文化集团公司和北京歌华文化发展集团公司有关负责人在组建合同上签字。中国对外文化集团公司以现金入股方式购买了北京歌华文化发展集团公司旗下的“歌华太阳文化艺术有限公司”50%的股份，双方商定将其重新组建为“北京歌华中演文化有限公司”。重新组建后的“歌华中演”，将建立产权明晰的现代公司体制，采用全新运作机制。这项企业重组，是我国中央文化产业集团和首都文化产业集团第一次打破部门与地域界限，以市场为目标结合在一起的重要探索。

（贺雪梅）

【全国人大代表视察北京文化产业情况】 7月30日，部分全国人大北京团代表视察了北京文化产业情况。代表们先后来到作为本市文化产业发展亮点的北京数字电视整体平移试点小区——棕榈泉国际公寓和北京新世纪影院，听取了市文化局、广电局、新闻出版局负责人关于本市文化产业发展情况的汇报并进行了座谈。全国人大常委会副委员长何鲁丽及本市有关领导一同参加了视察。

（贺雪梅）

【保利在全国建成剧场院线联盟】 7月，北京保利紫禁城剧院管理有限公司接手北京中山音乐堂，按照企业化模式对其进行经营管理。这是北京保利影剧院管理有限公司全国剧场联盟建设中的第5家剧场。在运作模式上，保利文化艺术有限公司采取合资控股、合作经营、项目合作、剧场物业管理、咨询顾问、全资管理、连锁加盟等方式。此前，保利文化艺术有限公司分别以这些方式于4月9日与文汇新民联合报业集团签约，共同组建上海东方艺术中心管理有限公司，由北京保利影剧院管理有限公司负责剧场物业管理；5月与市文化局下属的市文化设施运营管理中心合作，共同出资成立了北京保利紫禁城剧院管理有限公司，其中北京保利影剧院管理有限公司控股持有51%的股份；在广东与广东省东莞市文化局合作，对投资6亿元正在建设中的东莞玉兰大剧院，采取分阶段合作的方式，待剧场开业后与东莞市文化局共同经营管理；在珠江三角洲地带，保利集团投资兴建深圳市南山文化广场（包括深圳大剧院），对深圳大剧院进行全方位管理。至此，保利文化艺术有限公司已将京沪粤深四剧院纳入麾下，在全国建成剧场院线联盟，以北京保利剧院为旗舰的、计划打造30家剧场的全国性剧场战略舰队已初具规模。

（贺雪梅）

【宣武区投资建设琉璃厂文化区】 为延续琉璃厂地区的历史文脉，宣武区于9月启动琉璃厂文化区一期改造工程。该工程项目由北京京都文化投资管理公司和广州市瑞华投资有限公司签订合作合同，占地约8.1公顷，建筑面积约17万平方米，投资总额16亿元，对老北师大教学楼、图书馆及师大附小红木楼、吕祖祠、火神庙等一批重点文物古迹进行修缮和复建。

（贺雪梅）

【第七届北京国际音乐节降低票价】 10月14日～11月5日举办的第七届北京国际音乐节实施低票价市场运作宗旨，门票从10元起，除贵宾票外，最高票价由2003年的800元降至300元，最低票价由180元降至10～50元之间，平均票价大约100元人民币。降价幅度达50%～60%。

（贺雪梅）

【演出市场首次尝试“赠票实名制”】 自10月19日起，中演公司对在天桥剧场演出的蒙特卡洛芭蕾舞团的芭蕾舞剧《罗密欧与朱丽叶》首次尝试“赠票实名制”。北京票贩子的猖獗与北京演出市场赠票有着千丝万缕的关系。据粗略统计，上海的赠票率不过10%，而北京往往要达到30%甚至更多。所谓“赠票实名制”是指直接赠出的不是最终的演出票，而是一式两联的“赠票兑换卡”，受赠人持此卡于演出前两个小时到天桥剧场专用窗口，凭编号和本人姓名换领演出票，使票贩子们无法像以往那样提前很多天就能拿到很多赠票来哄抬票价或者贱卖，最多也只有两小时的倒卖时间。

（贺雪梅）

【中国人民大学文化科技园挂牌】

11月8日，中国人民大学文化科技园在京挂牌营运，这是我国第一个以发展繁荣文化产业为主的大学文化科技园，总规划建筑面积约22万平方米。该园吸引了出版、传媒、网络、金融、风险投资等行业的多家机构和各类型高科技公司，力求建成“开放式的知识服务平台”，发展成为人文社会科学成果和文化产业产品的创新基地、文化企业的孵化基地、文化产业创业人才聚集和培养基地以及文化产业辐射基地。人大文化科技园是2003年7月经北京市科委、市教委批准的北京市市级大学科技园。

（贺雪梅）

【新审批演出机构和北京地区演出情况】　新审批在京文艺表演团体7家，已达到127家；新审批演出场所2家，已达到79家；新审批演出经纪机构59家，已达到170家。北京地区艺术表演团体全年演出1.5万场左右。

（贺雪梅）

【盘龙首届大众艺术品拍卖会在京举办】　4月11日，盘龙拍卖公司在宝展饭店举办首届大众艺术品拍卖会，4月9日~10日两天在同一地举办预展活动。书画部分有王雪涛、张伯驹、徐悲鸿、黄胄等人的精品力作。

（贺雪梅）

【德国纳高拍卖公司进京拍卖】

4月16日~18日，德国纳高拍卖公司携中国艺术珍品50余件在北京国际俱乐部饭店举办2004年春季拍卖会“亚洲艺术拍卖会·中国艺术品珍品预展”活动。此次预展为德国拍卖业首次涉足中国拍卖市场，也是首家欧洲拍卖公司把在欧洲的拍卖品放在中国预展。德国纳高拍卖公司创建于1922年，为欧洲著名的艺术品拍卖公司之一。此次北京预展包括中国书画等项目。

（贺雪梅）

【中国嘉德春季拍卖会举行】

5月15日~17日，中国嘉德春季拍卖会在京举行。此次春拍会共推出4000余件拍品，分三个专场，其中有“中国古代书画”专场和“中国近现代书画”专场。

（贺雪梅）

【北京荣宝2004年春季拍卖会】

5月16日，北京荣宝2004年春季艺术品拍卖会在北京举行。本次拍卖会参拍作品不到700件，成交额9107万元，其中书画作品不足500件，成交额8126万元，成交率93.08%，平均每件拍品成交额达16.5万元以上。

（贺雪梅）

【华辰春季拍卖会举行】　5月16日~17日，华辰春季拍卖会在北京嘉里中心饭店举行。本次拍卖会设有6个专场，3600多件拍品，其中有600多件中国书画作品。

（贺雪梅）

【陆俨少画作6930万元创拍卖纪录】　6月26日，中国近现代山水画大师陆俨少的《杜甫诗意百开册》在“2004中国翰海春拍会”上以6930万元人民币成交，大大超越了以往中国书画作品全球拍卖的历史纪录。此前，中国书画拍卖的最高纪录由米芾《研山铭》在2002年以2999万元人民币创造。

（贺雪梅）

【北京青基会举办珍藏艺术品拍卖会】　9月25日，北京青少年科学基金会举办珍藏艺术品拍卖会。此次拍卖的珍藏艺术品包含工艺美术品、绘画作品及书法作品三大部分，均为艺术家专为基金会所做或亲手捐赠。

（贺雪梅）

【中国嘉德国际拍卖公司举办秋季拍卖会】　11月6日~9日，中国嘉德国际拍卖公司在昆仑饭店举办2004秋季拍卖会，这次拍卖会包括书画、油画、雕塑、古籍善本、钱币铜镜、邮品等13个专场，总共6000余件拍品。其中，中国书画部分共推出1360余件作品。

（贺雪梅）

【盘龙秋季拍卖会】　11月9日~14日，“盘龙2004年秋季拍卖会”在北京港澳中心举行。本次拍卖会推出了“中国现当代著名书画家作品”、“中国书画”、“中国书画成扇、扇页及留月馆珍藏作品”和“中国古董珍玩”4个专场，书画作品1150余件，古董珍玩近400件。“中国现当代著名书画家作品”专场的作品由已故国画大师家属、亲友或书画家本人提供。“中国书画专场”作品700余件。“中国书画成扇、扇页及留月馆珍藏作品”参拍的成扇、扇页260余件，留月馆馆藏作品百余幅。

（贺雪梅）

【北京华辰2004年秋拍会举行】

11月14日~15日，北京华辰2004年秋季拍卖会举行。此次拍卖会实现8000万元的总成交，中国书画成交近7成，总成交额6000余万元，其中超过百万元的拍品有5件。

（贺雪梅）

【垃圾电子邮件专项治理工作】

为有效遏制垃圾电子邮件传播，净化互联网环境，根据《公安部、教育部、信息产业部、国务院新闻办关于开展垃圾电子邮件专项治理工作的通知》精神，市公安局、市教育委员会、市通信管理局、市人民政府新闻办公室等职能部门于2月10日在京联合组织召开垃圾电子邮件专项治理工作部署会，拉开本市垃圾电子邮件专项治理工作的序幕。中国电信、中国联通、中国网通、中国铁通、中国移动、中国科学院、清华大学、北京大学、新浪网、搜狐网、网易网、千龙网、人民网、新华网、央视国际等有关单位参加了会议。此次专项治理工作从2月持续至5月，通过为期4个月的专项治理工作，提高电子邮件服务单位对垃圾电子邮件的防范能力，使本市互联网上传播的垃圾电子邮件明显减少，电子邮件服务行业得到进一步规范，逐步建立起政府部门、行业组织和电子邮件服务单位共同参与的垃圾电子邮件专项治理长效工作机制，为互联网的健康发展营造一个良好的环境。

（贺雪梅）

【网吧专项整治工作】 2月19日，全国开展网吧专项整治工作，本市文化、工商、公安等部门迅速行动，对网吧等互联网上网服务营业场所开展了持续不断的清理整治工作。全市文化行政主管部门共出动执法人员14673人次，检查经营场所10286家次，其中网吧5547家次。全市文化部门共警告、处罚违法、违规网吧100家次，罚款80.1万元。

（贺雪梅）

【规范北京市音像市场经营活动】 根据国务院《音像制品管理条例》、文化部《音像制品批发、零售、出租管理办法》和《关于贯彻实施国务院〈音像制品管理条例〉有关工作的通知》，北京市自2003年9月15日~2004年3月15日对北京市行政区域内从事音像制品批发、零售、出租的单位进行重新审核登记工作。通过音像制品经营单位重新审核登记，全市原应重新审核经营单位3116家，通过重新审核的经营单位1988家，未通过的经营单位1125家，比重新审核登记前压减36%。在重新审核登记期间，北京市共新批音像制品经营单位522家。全市有音像制品批发、零售、出租单位共计2510家。其中：音像制品批发单位53家；连锁经营总部5家；音像制品连锁经营门店253家；音像制品零售、出租单位2199家，其中包括网上零售9家。为彻底消除北京音像大厦的安全隐患，改变经营场所小、乱、散、差的局面，市文化局正积极推进建立新的音像批发市场。

（贺雪梅）

【整顿文化娱乐场所】 为确保首都“五一”旅游黄金周期间社会治安秩序，维护文化娱乐场所的正常经营，4月23日，市公安局会同有关部门召开现场会，销毁2004年以来收缴的淫秽盗版光盘13万余张、赌博游艺机1200多台。

（贺雪梅）

【“零度聚阵”举办网吧研讨会】 7月15日，由“零度矩阵”和“联邦软件”牵头，几家业内公司联合举办的“网吧业发展研讨会”在京召开，200余名网吧业主参加了此次研讨会。会议通过对几家成功加盟网吧的实例介绍，倡导中、小网吧提高自身的市场应变能力，积极引进连锁网吧的配套模式和经验，走加盟经营、连锁经营的道路，从而摆脱单店网吧目前艰难的经营状况。北京市文化局、公安局、工商局以及电信管理局有关人士也就网吧目前存在的问题和未来的经营发展方向做了专题演讲。会议现场，联邦软件、京东方、方正科技和盈美高科等IT企业与游戏企业向网吧业主们展示了最新的网吧相关增值产品，并做了演示和技术、服务的讲解。

（王晓燕）

【查处淫秽色情网站】 7月23日，“关于打击淫秽色情网站专项斗争北京地区网站工作部署会”在市公安局召开，来自本市近90家网站的代表参加了会议，这次会议也是本市落实中央关于在全国范围内打击淫秽色情网站专项斗争行动的重要内容。会上，市公安局公共安全信息网络安全监察处的负责人首先介绍了当前互联网上淫秽色情违法犯罪活动的情况。

（贺雪梅）

【六类情形被认定为网吧违法】 7月29日，市高级法院出台了《关于审理整治网吧等互联网上网服务营业场所行政案件的若干意见（试行）》，网吧六类情形被认定为违法，包括：未依法取得“网络文化经营许可证”和营业执照、超出核准登记的经营范围、被吊销“网络文化经营许可证”但尚未到工商行政管理部门办理变更登记或者注销登记、已办理注销登记或者被吊销营业执照或营业执照有效期届满后未按照规定重新办理登记手续以及其他擅自从事或继续从事互联网上网服务经营活动的。

（贺雪梅）

【文化部向未成年人推荐音像制品】 7月，文化部为贯彻落实《中共中央国务院关于进一步加强和改进未成年人思想道德建设的若干意见》精神，为未成年人提供优秀的精神文化产品，特向社会推荐“百部未成年人优秀音像制品”，包括电影、动画、科教、电视剧、音乐等。电影故事片类有《林则徐》、《周恩来》、《国歌》、《三毛流浪记》等34部，动画片类有《丁丁历险记》、《女娲补天》、《木偶奇遇记》、《白雪公主》等35部，科教纪录片类有《万里长城》、《印刷术》、《指南针》、《造纸术》等22部，电视剧类有《自护智多星之人小鬼大》、《水浒传》、《红楼梦》、《中国冰川》等11部，音乐戏剧类有《中华少儿古诗歌曲集》、《俞丽拿：小提琴协奏曲“梁祝”及中国小品》、《闵惠芬二胡精曲选》等10部。

（王晓燕）

【整治非法、违规电子游戏出版物专项行动】 从8月3日开始，为期一个月的整治非法、违规电子游戏出版物专项行动，在市新闻出版局的统一指挥协调下，在全市拉开帷幕。此次专项行动，市、区新闻出版、版权两级政府行政部门以及市工商、市公安、市“扫黄”办联合行动，集中查处五类问题：一是非法出版的含有国家明令禁止内容的境外电子游戏出版物；二是未经新闻出版总署审查批准，擅自出版引进的电子出版物；三是用音像制品版号违法出版的引进版电子游戏出版物；四是一些代理公司、发行公司没有电子出版物引进、出版、发行权，却非法从事境外电子游戏出版物的出版、发行；五是盗版境外的电子游戏出版物。行动将对市场上销售的非法、违规电子游戏出版物予以查缴，对违法问题严重的电子出版物制作公司、代理公司、发行公司从严予以查处。触犯法律的，将移交司法机关依法追究法律责任。

（贺雪梅）

【打击淫秽色情网站专项行动座谈会】 8月10日，市文化局召开落实打击淫秽色情网站专项行动座谈会。文化部文化市场司、市文化局及市各互联网文化单位有关负责人参加了会议。面对网上淫秽色情内容泛滥、网上含有违法内容的音像制品、游戏产品猖獗的现状，市文化局有关负责人建议大力整合文明健康的网络文化资源，提供文明健康的网络文化内容服务；规范网络文化经营行为，净化网络文化环境，以确保责任到位、措施到位、任务到位，把净化网络文化环境、加强和改进未成年人思想道德建设工作不断推向深入，促进互联网文化事业全面、协调、可持续发展。

（贺雪梅）

【6款违法网络游戏和6家网络游戏运营单位被查处】 9月，文化部公布了查处的首批6款违法网络游戏和6家网络游戏运营单位。6款被查处的违法网络游戏为：《虎胆雄心》、《秘密潜入2》、《命令与征服3——将军》、《梦幻麻将馆》、《生化危机》和《Quake3》，这6款游戏中含有危害国家安全，宣扬淫秽、赌博、暴力等违法内容。文化部要求各地文化行政部门对相关网站进行检查，一经发现，立即责令停止提供，并通报有关部门依法查处。同时，文化部还对四家单位未经批准擅自从事网络游戏经营活动进行查处，分别是：北京汉娃娃软件科技有限公司非法提供游戏《佣兵传说》，深圳市金智塔软件科技有限公司非法提供游戏《雅典娜》，上海琦乐信息技术公司非法提供游戏《神甲奇兵》，上海育碧电脑软件有限公司非法提供游戏《无尽的任务》。文化部还加强对非法提供网络游戏“私服”、“外挂”单位的查处力度。

（贺雪梅）

【少年文化网站建立】 10月17日，文化部、财政部共同推出少年文化网站。该站资源以中华优秀文化知识为主，并有大量少年儿童喜欢的健康游艺项目。网站共设八个一级栏目，分别为文史大观、人物星空、五彩缤纷、非常才艺、军事迷彩、科普之窗、开心游戏、咨询信箱等。

（王晓燕）

文化体制改革

【李长春到北京儿童艺术剧院股份有限公司调研】 2月6日，中共中央政治局常委李长春到北京儿童艺术剧院股份有限公司（以下简称“北京儿艺”）调研，与参与北京儿艺改制工作的负责人和演职员工代表座谈。李长春强调，北京儿艺股份制改造很有特点，积累了新鲜经验，在全国具有很好的示范作用。以股份制的形式改造一般院团的途径非常好。改制解决了长期以来束缚文化生产力发展的体制弊端，使文化事业单位转制一步到位；有利于整合社会文化资源，增加对文化的投入；推动了政府职能转变，改变了文化单位政企不分、政事不分的局面。改制过程中，要深入细致地做好思想政治工作，正确处理院团职工关心的问题，妥善处理各种利益关系。改制后的北京儿童艺术剧院股份有限公司要始终坚持先进文化的前进方向，坚持一业为主，多种业态经营，大力扶植优秀儿童戏剧的创作和演出，努力为少年儿童创造一个有利于健康成长的绿色文化空间，更好地满足少年儿童不断增长的精神文化需求。同时，面向市场，开发满足少年儿童精神生活需要的系列文化产品。

（刘启泰）

【市委常委会研究文化体制改革】 7月7日，市委召开常委会，听取了关于市文化体制改革试点工作情况的汇报，研究加快推进文化体制改革，大力发展首都文化事业和文化产业问题。会议强调，在推进试点方案中，国有文化事业单位的重组改制，一定要按照政企分开、政事分开的要求，真正转换经营管理机制，建立现代企业制度，增强自身活力。要加强国有资产监管工作，确保国有文化资产保值增值。会议要求，要抓住举办2008年奥运会的机遇，加快推进文化体制改革，对新出现的文化现象加强管理和引导，制定好全市的文化产业规划。会议还研究了其他有关事项。

（贺雪梅）

【北京市艺术系列高级职称首次试行社会化评审】 11月26日，

2004年度北京市艺术系列高级职称评审工作结束，160人申报了艺术系列高级职称，86人通过了专家评议和答辩。本年度艺术系列高级职称评审工作首次试行了个人自主申报、社会统一评价的社会化评审方式，其主要特点是：一是申报人员无身份、单位限制；二是采取个人自主申报方式，无单位指标名额限制；三是评审实行统一标准，注重业绩情况；四是评审结果不再与待遇挂钩；五是评审结果要在网上进行公示，无疑义的再发证书；六是市文化局只负责评审组织等服务工作，不再参与具体评审工作。

（刘启泰）

【北京儿童艺术剧院股份有限公司成立】 1月16日，北京儿童艺术剧院股份有限公司在北京七色光儿童剧场举行成立大会，它是市文化体制改革的第一个试点单位，其前身是成立于1986年的北京市儿童艺术剧团。新成立的北京儿童艺术剧院股份有限公司由北京青年报社控股，由北京市文化局下属的北京市文化设施运营管理中心、北京市教委下属的北京高校房地产开发总公司、北京电视台下属的北京电视事业开发集团、北京市文化发展中心四家企业共同参股组成，总股本达到4000万元，其中增量部分为2300万元。

（贺雪梅）

【重组后的中国广播民族乐团实施系列改革】 在原中国广播艺术团和中国电影乐团基础上重新组建的中国广播民族乐团进行了一系列改革：对竞岗人员进行拉帘演奏的考核，通过录像对演奏者的表演进行评价，考核分数直接影响演奏座次、岗位津贴、职称评定，并保持每年进行一次这样的考核，以强化乐团的艺术生产机制。2月29日，乐团在保利剧院首次亮相，举办建团后第一场民族交响音乐会，演奏了《新世纪音乐会序曲》、《黄土情》（唢呐与乐队）、《达勃河随想曲》（男女声合唱）、《花梆子》（板胡与乐队）、《十面埋伏》、《步步高》及《雷电波尔卡》等。

（贺雪梅）

【通州“运河之声”演出有限公司挂牌】 3月，通过改制成立的通州区“北京运河之声演出有限公司”挂牌。该公司优化组合区内文化资源，以文化部门控股、企业单位和个人入股的股份制形式组成，设立了演出经营机制，逐步与国内的正式演出团体建立长期的合作关系，成立有利于演出经营的推介联络队伍、宣传广告队伍等，以演出市场和艺术生产为创作取向，为大运河文化在新时期得以弘扬和发展搭建一座崭新的平台。

（贺雪梅）

【中国对外文化集团公司成立】 4月5日，中国对外文化集团公司挂牌，宣布成立。中国对外演出中心和中国对外艺术展览中心转制组建为企业。新组建的中国对外文化集团公司主要成员单位包括19个全资企业、2个控股企业和1个参股企业。中国对外演出中心和中国对外艺术展览中心是文化部直属事业单位，成立于20世纪50年代，主要任务是承办政府间文化交流项目。2000年，两个中心组建为发展运营共同体，对内设机构进行了合并与调整，实现了演出展览业务互动。几十年来，中演、中展坚持发挥国家对外文化交流的主渠道作用，已经逐步成为国内同行业中规模最大、实力最强、国内外市场占有率最高的演出展览中介机构。文化部、中宣部、国务院办公厅、国家发改委、财政部、人事部、劳动和社会保障部、国资委、广电总局、新闻出版总署等有关部门的负责同志出席了挂牌仪式。

（贺雪梅）

【中芭改革年度考核制度】 5月27日，中央芭蕾舞团交响乐队60多名队员在市宣武区少年宫多功能厅里接受团里的年度考核，该团不仅从内部聘请评委打分，而且还从中央音乐学院聘请了专业评委，以保证考核的公开、公正。中芭实施末位淘汰、竞争上岗的年度考核制度，2004年在独奏考核的基础上首次加入了重奏考核，不仅考察队员单独演奏的技艺，也考察其与各声部间合作、协调的能力。

（贺雪梅）

【中国歌舞团首聘外籍演员】 7月9日~11日，由中国歌舞团编排的一场洋溢巴西风情的歌舞晚会——“眩艳舞动”在北京展览馆剧场首次公演。该场歌舞晚会由35名巴西舞蹈演员在中国艺术家指挥下表演，这是中国歌舞团首次全部招聘外籍演员组团演出，在中央直属艺术院团中开创了引进文化外援的先河。

（贺雪梅）

【北京歌舞剧院有限责任公司成立】 8月10日，北京歌舞剧院有限责任公司成立大会在京举行。由北京歌剧舞剧院改制成立的北京歌舞剧院有限责任公司由首都旅游集团控股，北京歌华文化发展集团、北京电视台、北京三奇广告有限公司参股，注册资本6242.32万元。在北京市的文化体制改制试点中，首次吸引了民营资本。中宣部、国家文化部和市有关方面负责人、市文化体制改革试点工作领导小组及其办公室成员、市宣传文化系统有关单位和市属文艺院团负责人、北京歌剧舞剧院演职人员和各股东单位代表约400人参加成立大会。当晚，为庆祝公司成立，该公司在北展剧场举办了一台名为“祝福你，北京”的大型歌舞晚会。北京歌剧舞剧院成立于2002年9月26日，为差额拨款事业单位，其前身北京歌舞团成立于1978年6月28日。

（贺雪梅）

【中信文化传媒集团成立】 10月9日，脱胎于中信文化体育产业有限公司的中信文化传媒集团在北京宣布成立。“中信文化”自2001年2月16日注册成立，经过三年时间的跨越式发展，完成了一系列重大投资，聚集了一大批文化传媒精英和人才，形成了以“中信文化”统辖的一系列公司品牌，成为中国文化、传媒、娱乐领域的知名品牌之一。该公司仅在电影领域就拥有27座跨省影院，在全国35家电影院线中居前10位，一批活跃在中国影视和文学界的知名人士也均与“中信文化”签约，合作发展他们的个人创作室。

（贺雪梅）

【华谊兄弟音乐有限公司成立】 10月31日，在影视圈、音乐界各自负有盛名的华谊兄弟投资有限公司与战国音乐在昆仑饭店举办新闻发布会，共同宣布，两大品牌自即日起缔结联盟，成立“华谊兄弟音乐有限公司”。新成立的华谊兄弟音乐有限公司总投资为3000万元人民币，将涉足唱片制作、发行、艺员经纪、新媒体技术的开发及商务拓展等音乐领域。

（贺雪梅）

活　动

·综合性文化艺术·

【北京市文化局2004年应聘资格考评工作】 2003年12月~2004年4月，为了吸引优秀人才充实市属艺术表演团体、局属各单位，局人事教育处会同局文化艺术人才服务中心组织实施了北京市文化局2004年的应聘资格考评工作。根据市属各剧院团、局直属单位2004年人才需求情况，本次考评开设声乐、民族器乐、戏曲伴奏、钢琴、舞蹈、舞美灯光设计、舞美服装设计、音响设计、美术、影视表演、作曲、戏曲表演、昆曲表演、编剧14个艺术表演专业，以及艺术理论研究、中文编辑教育、外语、计算机、财会、图书馆学、经济管理、新闻、法律9个综合类专业。2004年应聘资格考评工作于2003年12月22日报名开始，至2004年4月26日公布最后一批考生成绩止，历时4个多月。共接收580余名应届大中专毕业生报名信息（其中大本以上学历人员占58.7%），经筛选550人参加考评，实际参加考试人数为450人，其中328人获得合格证书，合格率为72.9%。考评工作安排密集；新增艺术理论研究、舞美服装设计等新专业。

（刘启泰）

【中央军委举行慰问老干部文艺演出】 1月9日，中央军委慰问驻京部队老干部文艺演出在京举行。演出节目包括：舞蹈《新春祝福》、《大漠红柳》、《我和我的祖国》，歌曲《走进春天》、《七律·长征》、《骏马奔驰保边疆》、《神舟飞歌》，小品《地砖》、《招女婿》，二胡双琴演奏《凤凰岭上祝红军》，杂技与舞蹈《天骄》，歌舞《中华腾飞》等。中央军委主席江泽民、中央军委副主席胡锦涛、郭伯雄、曹刚川等出席并观看了演出。

（王晓燕）

【中国文联举办春节大联欢】 1月11日，由中国文联主办的“百花迎春——中国文学艺术界2004年春节大联欢”在北京航空航天大学举行。这是中国文联举办的第二届春节电视文艺晚会。600多名文艺家表演了涵盖戏剧、音乐、电影、电视舞蹈、民间文艺、杂技、曲艺、书法、摄影、美术等艺术门类的文艺节目。全国人大副委员长许嘉璐、全国政协副主席周铁农、张怀西，中宣部、文化部、中国文联、中国作家协会、国家广电总局、新闻出版总署、总政宣传部、全国总工会、全国妇联等有关领导出席联欢会。

（王晓燕）

【军民迎新春文艺晚会】 1月15日，2004年军民迎新春文艺晚会“祖国春光好”在中国剧院举行。该晚会由全国双拥工作领导小组、民政部、广播电影电视总局、解放军总政治部联合举办。主要节目包括：歌舞《飞奔吧，祖国》、《踏歌起舞》、《战士的春天》、《祖国春光好》，表演唱《俺连那点事》、《探花谣》，音舞快板《鸟语花香》，音乐快板《天网神兵》，音乐剧《青春如歌》，小品《保险》、《今夜“神舟”飞过》，蹬技《春花烂漫》等。胡锦涛、江泽民、吴邦国、温家宝、贾庆林、曾庆红、黄菊、吴官正、李长春、罗干等党和国家领导人及部队部分领导出席观看了演出。

（王晓燕）

【首都春节联欢文艺晚会】 1月18日，首都春节联欢文艺晚会在人民大会堂举行。来自首都和部队文艺团体以及地方舞蹈团、杂技团的演员参加了表演。演出节目有舞蹈《鼓舞东方》，歌曲《我和我的祖国》、《茉莉花》、《我是中国人》，杂技《面包圈》等。曾庆红、李长春、刘淇等出席了晚会。

（王晓燕）

【北京举行系列节日演出活动】 1月，北京举行庆元旦系列演出活动，包括：莫斯科音乐剧院芭蕾舞团的舞剧《巴黎圣母院》、欧洲舞蹈史诗剧《火舞》、黎巴嫩大型歌舞剧《一千零一夜》、新编大型民族舞剧《红楼梦》、民族舞蹈诗《扎花女》、土耳其的“舞之王”舞蹈团的舞蹈、“美丽壮锦”舞蹈晚会以及杂技、话剧、戏剧等节目。

（王晓燕）

【服刑人员首次展出书画手工艺作品】 3月26日~4月1日，“监狱、人文、艺术——服刑人员书画手工艺作品展”在首都图书馆展出，这次展览是首都监狱系统第一次向社会公开展出本市服刑人员的书法、绘画、工艺美术作品。本次展出的200余件展品，分别是从1999年的“艺术之光”、2000年支持北京申奥，及2003年“金秋艺术节”三次活动的获奖作品中挑选出来的。展品中有书法、国画、油画、布艺、石雕、模型、剪纸、木刻、刺绣等。烫画《百骏图》长达三米多，2000年9月江泽民主席致萨马兰奇的一封信被制成巨幅绒工艺品，未成年犯管教所的四名服刑人员用毛线织出宽幅挂图《梅花香自苦寒来》。这些出自服刑人员之手的展品散发着浓厚的大墙气息，并洋溢着艺术魅力，展现了服刑人员崇尚文明、积极向上、弃恶扬善、自新自强的改造风貌，是首都监狱教育改造罪犯成果的集中展现。

（孟张龙）

【“六一”国际儿童节联欢会举行】

6月1日，“六一”国际儿童节联欢晚会“和祖国一起飞”在中央电视台举行。该晚会由国务院妇女儿童工作委员会、全国妇联、共青团中央、全国少工委与中央电视台联合主办，中央电视台一套节目和少儿频道进行了现场直播。李长春、刘云山、何鲁丽、顾秀莲、陈至立、刘延东、郝建秀等观看了演出。

（王晓燕）

【古代北方草原文化展在京举行】

6月12日~8月28日，“成吉思汗——中国古代北方草原游牧文化大展”在中华世纪坛举办。此次展出的300多件（套）草原游牧文化文物的精品展示了古代匈奴、鲜卑、突厥、契丹和蒙古等民族的风俗风貌。

（王晓燕）

【奥林匹克文化节开幕式暨民族歌舞晚会举行】　6月23日，第二届“北京2008”奥林匹克文化节开幕式暨“情舞东方”大型民族歌舞晚会在海淀剧院举行。整台晚会共分“远方来客”、“鼓舞东方”、“云中之恋”、“火焰柔情”、“丛林刀锋”、“月光情思”、“碧波孔雀”、“绿野天籁”、“神秘面纱”、“香格里拉”、“雪域雄鹰”、“阳光大地”12个部分。晚会将中华民族的红色歌舞与绿色奥运主题有机地契合在一起。舞蹈部分还融入了奥运会的体育竞技项目，如艺术体操等，在舞美设计和服装造型方面也注入了“奥运符号”。中共中央政治局委员、北京市委书记、北京奥组委主席刘淇，国家体育总局局长、中国奥委会主席、北京奥组委执行主席袁伟民，中国残疾人联合会主席、北京奥组委执行主席邓朴方等，与近千名首都各界群众代表参加了文化节开幕式晚会。

（王晓燕）

【北京首届青少年艺术周举行】

7月23日~28日，北京首届青少年艺术周在中华世纪坛举行。艺术周现场向青少年展示了机械自动化、独特的美术创作方法、“消音室”、“宇宙的奥秘”、“倾斜小屋”等项目。

（王晓燕）

【北京艺术院校举行迎奥运文艺汇演】　7月，首都艺术院校迎奥运大型文艺汇演在昌平工程兵机械士官学校举行。本次汇演由北京电影学院、中央音乐学院、中国音乐学院、北京舞蹈学院和中国戏曲学院等首都艺术院校和昌平区委区政府联合举办。几所艺术院校分别演出了歌伴舞《红旗飘飘》、器乐演奏《红色的回忆》、《走进新时代》，群舞《踏歌》、现代京剧《智斗》等具有学校代表性的节目。

（王晓燕）

【北京市庆祝中华人民共和国成立55周年文艺作品征集评奖活动】

7月~10月，由北京市文联、北京市文化局、北京市广播电视局、北京市新闻出版局、北京日报报业集团、北京出版社出版集团联合举办北京市庆祝中华人民共和国成立55周年文艺作品征集评奖活动，共收到参评作品2000余件，经过专业征集评奖委员会和总征集评奖委员会两级审定，评选出12个文艺门类优秀奖60名、佳作奖140名，荣誉奖230余名。

（市文联）

【全军文艺会演举行】　7月~10月，第八届全军文艺会演部分节目在北京举办。该活动由解放军总政治部主办，全军和武警部队的专业文艺团体和艺术院校参加。此次推出40台话剧、歌剧、舞剧、音乐剧、歌舞、杂技、曲艺、小品、音乐会等节目。并选调优秀剧目、节目参加“国庆55周年展演”。

（王晓燕）

【文艺晚会“小平你好”举行】

8月20日，纪念邓小平诞辰100周年文艺晚会“小平你好”在人民大会堂举行。该晚会由中宣部、文化部、广电总局、解放军总政治部、中国文联、北京市政府共同举办。整台晚会分为序幕、“烽火岁月”、“春潮澎湃”、“大地深情”和“走在春风里”五部分，来自全国各地文艺团体的1600多名文艺工作者参加了演出。胡锦涛、江泽民、吴邦国、温家宝、贾庆林、曾庆红、黄菊、吴官正、李长春、罗干等党和国家领导人同6000余名首都各界人士观看了演出。

（王晓燕）

【首都学生艺术节演出季举办】

9月~12月，首届首都学生艺术节演出季在京举行。演出季活动是在北京市学生艺术节、学生合唱节、大学生艺术展演等传统活动基础上举办的。本届演出季利用双休日、节假日以及各种纪念日，将学生艺术节等几个传统活动中的精品节目搬上舞台，在校园、剧场、文化广场、社区演出50多场。

（王晓燕）

【中国广播艺术团举办艺术周】

9月13日~19日，重组后的中国

广播艺术团在北京保利剧院举办艺术周。该艺术周推出主题为“青春中国”、“梦系红楼”、“世纪故事”、“明春曲”、“永远经典难忘的歌”、“百年辉煌”和“名家相声小品晚会”7台晚会。

（王晓燕）

【统一战线国庆文艺晚会】 9月26日，统一战线专题文艺晚会“我和我的祖国”在西京宾馆举行。晚会形式包括舞蹈、独唱、合唱、诗朗诵等，来自大陆、香港和台湾的演员参加了此次演出。何鲁丽、成思危、傅铁山、刘延东、丁光训、罗豪才、张克辉、黄孟复、张怀西、王光英、万国权等，以及各民主党派中央、全国工商联负责人、无党派人士和民族宗教界人士，统战系统各单位共1200多人观看了演出。

（王晓燕）

【国庆文艺晚会】 9月30日，庆祝中华人民共和国成立55周年文艺晚会“五星红旗迎风飘扬”在人民大会堂举行。晚会展现了中华人民共和国成立55周年，特别是改革开放26年来的实践和成就。晚会分“序幕”、“战旗，英雄为你添光彩”、“中国，永远收获着希望”、“祖国，慈祥的母亲”、“祖国，我为你干杯”、“心中飘扬的五星红旗”6章。党和国家领导人胡锦涛、吴邦国、温家宝、贾庆林、曾庆红、黄菊、吴官正、李长春、罗干等观看演出。

（王晓燕）

【党和国家领导人参加国庆游园观看文艺节目】 10月1日，北京市各大公园举行国庆游园联欢活动，党和国家领导人参加了游园联欢，与群众一起观看了文艺节目。胡锦涛在中山公园观看了“树立和落实科学发展观”、“祖国好，京城美”及西藏自治区的“藏族人民把歌唱”等展览，并与群众一起观看了文艺节目。吴邦国、黄菊来到劳动人民文化宫，参观了新疆维吾尔自治区举办的“新疆是个好地方”展览，观看了“嫦娥工程”造型、少儿书法及钩花表演。温家宝、吴官正到北海公园参观了“振兴东北老工业基地”、“美丽的草原我的家”、“科技教育的春天”等专题展览，欣赏了少儿绘画表演，观看了歌舞演出。贾庆林、李长春来到天坛公园，他们与群众一起进行了抖空竹、踢毽子、玩柔力球等健身活动，参观了“全面提高对外开放水平”、“腾飞的珠江三角洲”、“塞上明珠更绚丽”等专题展览。曾庆红、罗干到中华民族园观看了“走新型工业化道路”、“全面繁荣农村经济”、“壮乡今朝更美好”三个专题展览，欣赏了少数民族群众性文娱活动表演。

（王晓燕）

【第七届北京国际艺博会举行】 10月1日～5日，第七届北京国际艺术博览会在中国国际贸易中心举行。艺博会由中华海外联谊会、欧美同学会、台湾会馆和北京海外联谊会联合主办，北京紫禁城文化发展有限公司协办。国内各地及日本、韩国、俄罗斯、意大利、美国等十几个国家和地区的300多个艺术家、画廊和艺术机构的万余件艺术品参展。展览分中国当代油画主题展、中国绘画艺术精品展、国际现代艺术作品展、海外优秀华人艺术家作品展、故宫博物院珍藏艺术品仿真复制品展五部分。

（王晓燕）

【全国产业美术书法摄影展在京举行】 10月13日，以反映祖国新貌、展示工人生活为主题的“辉煌55——庆祝中华人民共和国成立55周年全国产业（企业）美术书法摄影精品展览”在京举行。展览由中国文联、中国美协、中国书协、中国摄协联合举办，有全国铁路、石油、煤炭、石化、电力、冶金、林业、有色金属、建筑、金融、民航、通信12个产业、行业参与。主办单位有关负责人以及参展产业、行业的负责人及获奖作者出席了开幕式。

（王晓燕）

【北京市中小学生艺术节举办】 11月22日～12月24日，第八届北京市中小学生艺术节在朝阳区青少年活动中心举办。此次活动由朝阳区教委主办，朝阳区青少年活动中心活动部承办。艺术节包括器乐、舞蹈、声乐、京昆、曲艺、书法、绘画、篆刻、摄影等多项赛事。

（王晓燕）

【百名将军书画摄影展在京举行】 12月11日，由中国孙子兵法研究会发起的“爱我中华·庆澳门回归五周年百名将军书画摄影展”在北京中国革命军事博物馆举行。参展的书法、美术、摄影、篆刻作品有160余件，出自中央军委、各总部、各军兵种和各大军区116名将军之手，年龄最大的已届90岁。军事科学院原百科部副部长、中国摄影家协会主席邵华少将，特级女飞行员乐喜翠少将等4位女将军也有作品参展。

（王晓燕）

【市文化局召开艺术生产工作会】 1月12日，市文化局年度艺术生产工作会议召开，来自北京10家艺术院团的负责人一一介绍了本年的艺术生产计划。会议上，各艺术院团尤其强调市场，根据对各自市场的分析把握，研究制定相应的市场营销策略。

（贺雪梅）

【北京市文联召开第七次代表大会】 1月12日～15日，北京市文联在中国职工之家召开第七次代表大会，大会通过了第六届理事会工作报告，修改了协会章程，选举产生了新一届理事会、主席团，金铁霖当选本届文联主席。市委书记刘淇出席开幕式并讲话。

（市文联）

【文化部召开音像制品出口会议】 2月7日，由文化部文化市场司举办的音像制品出口座谈会在京召开。部分音像出版发行单位负责人参加了会议。

（王晓燕）

【北京市文化局召开局属单位、剧场法人代表安全工作会议】　2月20日，北京市文化局在中山公园音乐堂召开局属单位、剧场法人代表及市文化局机关有关处室负责人参加的安全保卫工作大会。会议传达了北京市消防局召开的关于全国“两会”消防安全保卫工作会议精神，布置了贯彻落实《中共北京市委、北京市人民政府关于在全市开展安全月活动的决定》在文化局系统开展“安全月”活动的具体工作方案和全国“两会”期间的安全工作。会上，局长降巩民讲话，强调文化局各单位要牢固树立首都安全意识，认真吸取密云县密虹公园特别重大突发安全事故的经验教训，坚定不移地把人民群众的身体健康和生命安全放在第一位；要树立安全工作主体意识，抓好安全责任制落实；要切实加强演出等大型文化活动的安全保卫工作；要立足长远，建立健全长效的内部安全管理机制；要认真按照市委、市政府的要求，认真研究，结合本单位实际，精心组织，抓好落实，把“安全月”活动工作做得扎扎实实。会上下发了《北京市文化局2004年安全保卫工作要点》、《北京市文化局关于在局系统消防安全重点单位建立、健全消防档案的通知》、《北京市文化局关于做好全国“两会”期间安全工作的通知》等文件。

（刘启泰）

【北京重点引进文化体育人才】　3月1日，《北京市鼓励和吸引优秀文化和体育人才来京创业工作的若干暂行规定》和《北京市鼓励和吸引优秀文化和体育人才来京创业工作的若干暂行规定实施办法》正式实施。本市大力引进的文化体育人才主要包括：国内外文化艺术名人名家和民族传统艺术专家、体育明星；业绩、能力突出，获得同行业公认的国际、国家、省部级重大奖项的专业人才；曾供职于世界知名的文化艺术传媒和体育团队，从事专业活动，并取得突出成绩的海内外人才；有很深专业造诣，业内公认的制作策划、编辑出版和体育科研人才；熟悉文化体育产业，有良好开发创意及项目，通晓国际文化体育市场运作惯例和资本运营规则的优秀文化体育经营管理人才；综合素质高、发展潜力大、有良好前景和培养前途的优秀中青年人才。

（王晓燕）

【北京地区参加全国艺术创作工作会议】　3月23日，2004年全国艺术创作工作会议在武汉召开。此次会议的主旨是：坚持一切从实际出发的原则，以求真务实的精神，认真分析和审视当前全国艺术创作和生产及国家舞台艺术精品工程的状况；探讨在市场经济条件下舞台艺术创作繁荣发展的基本规律；研究如何以国家舞台艺术精品工程为龙头，带动全国艺术创作沿着良性循环的轨迹前进，为繁荣我国文化事业奠定坚实的基础。北京地区派人参加了本次会议。

（王晓燕）

【北京收藏家协会成立】　3月，北京收藏家协会成立并召开了第一次会员大会。协会建立火花烟标、票证、徽章、体育藏品、书画、古玩、邮品、钱币、综合文化藏品9个专业委员会，致力于开展有组织的私人收藏展示交流活动、收藏鉴赏知识的培训与普及、加强民间收藏的协作与沟通，建立一个真正服务于民间收藏的体系。协会首批会员120余名。

（王晓燕）

【北京艺术家参加德艺双馨报告会】　4月13日，由文化部举办的题为“坚持先进文化前进方向，走德艺双馨之路”报告会在京召开。北京艺术家孙毓敏等参加报告会，讲述他们的成才之路，以及对德艺双馨的理解和认识。

（王晓燕）

【中国音像协会召开理事会】　4月17日，中国音像协会分销工作委员会在京召开会议。会议讨论通过“分销工作委员会”工作条例及近期工作计划，并商讨如何应对我国入世后即将开放的音像分销市场的变化，如何打击盗版、维护自身利益以及推广中国音像业“明星分销品牌”等事宜。选举了理事和常任理事、理事长和副理事长。“分销工作委员会”由单位会员组成，通过推荐选举产生理事、常务理事和理事长。发起单位有北京牡丹四星音像公司、上海亚美音像连锁经营有限公司、山东爱书人音像图书（集团）有限公司等20余家音像连锁和大型销售企业。

（王晓燕）

【北京市文化局召开2004年文化市场管理和社会文化工作会】　4月8日~9日，北京市文化局召开2004年文化市场管理和社会文化工作会。市文化局领导，各区县文委主管文化市场和社会文化工作领导及业务部门负责人参加会议。会上，市文化局部署了2004年文化市场工作要点，有关部门介绍了北京市吸引优秀文化人才的政策和文化体制改革试点工作情况。大会表彰了2003年群众文艺创作中获奖单位及个人和2003年文化行政执法责任制先进单位。局长降巩民就“文化主管部门如何做好职能转变”为题讲话。会议进行了讨论。

（刘启泰）

【北京举办文艺创作骨干“三项学习教育”培训班】　4月20日~22日，市委宣传部在市委党校举办了北京市文艺创作骨干“三项学习教育”（“三个代表”重要思想、马克思主义立场观点方法、职业精神和职业道德学习教育）培训班。来自首都各文艺单位的32

名中青年作家、艺术家和文化管理工作者参加了培训。培训期间，学员们自学了江泽民《论“三个代表”》和《〈胡锦涛同志在“三个代表”重要思想理论研讨会上的讲话〉学习读本》等著作，听了文化部部长孙家正《关于文化发展的三个问题》讲话录音，以及中国社会科学院研究员张西明《关于文化产业发展的若干问题》和市广电局局长赵东鸣、市文化局局长降巩民的报告，参观了中关村高科技园区，并进行了研讨交流。

（王晓燕）

【市文化局邀请日本经纪人伊藤寿作报告】　5月9日，北京市文化局党组邀请日本著名经纪人伊藤寿在首都图书馆报告厅作了题为“国际演出的策划与市场运作”的专题报告。伊藤寿自1989年起担任日本歌舞伎大师坂东玉三郎的经纪人，成功地将一大批日本歌舞伎、现代剧和电影作品推向市场。2002年起，伊藤寿开始策划、制作国际性戏剧、音乐的公演活动，在日本演艺界经纪人中享有较高声誉。本次受邀来京，伊藤寿以“国际演出的策划与市场运作”为题，介绍了自己在国际演出运作和策划中的经验及体会。伊藤寿先生的报告主要分为三个部分，即涉外演出文案的制作，美、法、日等国演出季和音乐节的特点，文化产品出口中政府的作用。市文化局和直属单位领导出席报告会。报告会还邀请了全市各社办文艺表演团体和演出场所、演出经纪机构的主要负责人参加。

（刘启泰）

【中国艺术教育促进会换届】
6月29日，中国艺术教育促进会换届会议在京举行。会议产生了新一届理事和新一届领导班子。柳斌当选为会长，于平、王次炤、王国宾、王耀华、李顺兴、张会军、吴雁泽、杨贵仁、杨瑞敏、杨立青、徐翔、潘公凯等任副会长。此外，本届促进会还聘请了10位艺术界资深专家担任顾问。

（王晓燕）

【市文化局召开基层文化工作会】
10月2日，中共中央总书记、国家主席、中央军委主席胡锦涛到本市顺义区的乡村和宣武区、朝阳区的街道社区视察工作并发表了重要讲话，对广大基层干部提出了5点希望，其中第三点希望是切实推动基层文化建设，深入细致地开展思想政治工作，广泛开展群众性精神文明创建活动，不断满足群众日益增长的精神文化需要。15日，市文化局召开基层文化工作会议，来自全市18个区县文化委员会的代表围绕“贯彻总书记讲话精神，推动基层文化建设”的主题进行了交流。代表们表示，除了抓具体活动，重点还要抓政策的制定，创造长效机制，以保证基层文化工作的持续发展。

（贺雪梅）

【文化部全国文化先进县复查工作小组到北京市复查】　10月13日～14日，根据《文化部关于开展全国文化先进县、全国文化工作先进集体复查工作的通知》（文人函［2004］879号）和《全国文化先进县、全国文化工作先进集体复查暂行办法》（文人发［2004］16号）文件精神，文化部全国文化先进县复查工作小组对北京市自1991年荣获全国文化先进县称号的11个区县进行了复查。13日，文化部复查小组在首都图书馆会议室听取了市文化局自查、复查工作汇报。14日，该复查小组到北京市2001年荣获全国文化先进县的昌平区进行了实地复查。在听取了昌平区委、区政府、区文委汇报后，又考察了昌平区南邵镇、北七家乡和海鶄村等乡镇、村级文化服务中心。文化部复查小组对北京市全国文化先进县的建设工作和复查工作给予了肯定。

（刘启泰）

【中国少儿文艺基金会召开理事年会】　11月3日～4日，中国少年儿童文化艺术基金会在京召开理事年会。会议表示要为促进和繁荣少儿文艺事业办好事、办实事，募集专项基金，资助开展全国各地的少儿文艺事业，用文艺形式陶冶少儿情操。会议对中国少年儿童基金会章程进行了修改。

（王晓燕）

【首期文化艺术管理研究生课程班举办】　11月19日，由文化部人事司、艺术司委托中国对外演出公司和中国人民大学合作举办的文化艺术管理研究生课程研修班结业典礼在人民大学举行。来自全国文化行政事业机关、艺术表演团体和文化企业单位的64名学员在人民大学进行了为期两年的研修学习。这是国内举办的第一个文化艺术管理研究方向的研究生课程研修班。

（王晓燕）

【首届中国智慧产业大会在京举行】　11月20日～22日，由中国文化企业促进会、中国文化报社、中国智慧产业协会等6家联合主办的首届中国智慧产业大会在人民大会堂举行。智慧产业是为社会提供智慧、知识和精神文化产品的各个行业的总称，是第三产业中科技含量、知识和信息含量最大的产业，具体涵盖教育产业、科技产业、文化产业、体育产业、咨询业、培训业、策划业、软件开发、网络服务、商标专利、新闻出版、影视演播、娱乐业、设计业、文博艺术产业、旅游产业等。会议授予北京歌华集团、中国对外文化集团公司、中国经营报社等单位“中国文化产业十大品牌”称号，授予王璞、彭剑锋等“中国十大咨询师”称号。会议交流了国内外智慧产业的发展经验，预测了该产业未来发展前景，对我国智慧产业的热点、难点进行了探讨。来自全国智慧产业界的近200人参加了会议。

（王晓燕）

·评　奖·

【网民评选“年度杰出文化人物”】　1月，由网络文明组委会、光明日报社、中国网主办，《文汇报》、《南方日报》、《中国文化报》、人民网协办的“2003年度杰出文化人物评选”揭晓。获奖的是：中国作家协会主席巴金，中国作家协会副主席王蒙，北京故宫博物院文物专家王世襄，导演张艺谋，中国曲艺家协会副主席夏雨田，上海盛大网络公司总经理陈天桥，中国文联副主席冯骥才，用艺术抗击非典的画家群体（华君武、黄永玉、靳尚谊等），东方歌舞团团长田军利，保护窖藏国家青铜器的王宁贤等5位农民。

（王晓燕）

【市文联第二届文艺评论奖揭晓】　2月10日，“北京市文联第二届文艺评论奖”颁奖仪式在京举行。评选涵盖了文学、戏剧、音乐、舞蹈、美术、摄影、书法、电视、杂技、民间文艺10个艺术门类的理论评论作品。评选出一等奖5篇，有谢冕的《论中国新诗》、戴嘉枋的《论京剧“样板戏”的音乐改革》、张颐武的《弥乱阅读：对“七十年代作家”的再思考》、解玺璋的《表演与作秀：评鲁迅的被舞台化》和周华斌的《假面与脸谱》。曹文轩、宋宝珍等10篇论文获二等奖，还有23篇论文获三等奖。

（王晓燕）

【青春北京演艺竞技大赛】　4月~6月，“青春飞跃无限——巨库杯青春北京演艺竞技大赛”在京举办。5000多名具有演艺技能的北京青少年参赛，参赛的节目包括小品、歌舞、国标舞、音乐武术以及自己制作的MIDI、自己配乐的音乐剧和戏剧组合等。大赛由北京儿艺、北京电视台、巨库新青年时尚卖场、启明东方公关公司等联合主办。

（王晓燕）

【首届解放军文艺奖颁奖】　5月14日，首届“中国人民解放军文艺大奖”颁奖在北京举行。9件优秀文艺作品获奖，分别是：电影《惊涛骇浪》、电视剧《突出重围》、话剧《虎踞钟山》、油画《西部年代》、歌曲《走进新时代》、舞剧《红梅赞》、长篇纪实文学《远东朝鲜战争》、杂技《芭蕾对手顶——东方的天鹅》和小品《种子》。中央书记处书记、中央军委委员、总政治部主任徐才厚等为获奖单位和创作人员颁奖。

（王晓燕）

【美国世界艺术家协会为中国艺术家颁奖】　5月，美国世界艺术家协会为中国艺术家颁奖仪式在北京举行。这是该协会首次在美国本土以外进行颁奖活动。中国的16位艺术家获得了不同的奖项。工艺美术大师韩美林获得“艺术大师奖”；表演艺术家谢芳、斯琴高娃获得了“终身成就奖”；歌唱家刘秉义、李光曦、耿莲凤、卞小贞，演员王姬，书画家吴欢、王绪亮，雕刻家王家范，作曲家三宝，音乐剧制作人李盾，电影导演杨亚洲分别获得“杰出贡献奖”。仪式上，还向已故的艺术大师吴祖光和新凤霞追授了“艺术大师奖”。协会秘书长瑞克表示，以后该协会每年都要来中国颁奖。

（王晓燕）

【30位文艺工作者获德艺双馨称号】　7月19日，全国中青年德艺双馨文艺工作者表彰大会在人民大会堂举行。此次评选活动由人事部和中国文联联合举办。于魁智、濮存昕等30位来自戏剧、电影、电视、音乐、舞蹈、美术、摄影、书法、曲艺、杂技以及民间艺术等艺术门类的文艺工作者被授予“全国中青年德艺双馨文艺工作者”称号，这是我国首次向优秀文艺界人士正式颁发这一光荣称号。

（王晓燕）

【北京两剧目获第11届文华大奖】　9月26日，第11届文华奖在浙江绍兴揭晓。文华奖是由文化部主办的专业舞台艺术政府最高奖，评奖范围包括上一年度的所有舞台艺术精品。其中总政歌剧团创作的歌剧《我心飞翔》和中国京剧院的京剧《图兰朵公主》获文华大奖，北方昆曲剧院创作演出的昆曲《宦门子弟错立身》和北京人民艺术剧院演出的《北街南院》获文华新剧目奖。北京人艺朱旭和濮存昕、北昆柯军获表演奖，北昆于少非获舞台美术奖，人艺任鸣等获导演奖。

（王晓燕）

【北京选手在国际华人诗书画艺术展上获奖】　10月，由中国画研究院、文化部文化艺术人才中心、文化部艺术服务中心联合主办，中国诗书画研究院承办的国际华人诗书画艺术大展评选揭晓。此次大展历时两年，收到来自40多个国家和地区共5万件作品，评选出822件作品。北京选手唐双宁、孙轶青、欧阳中石、黄苗子、马萧萧、沈鹏、娄师白、王天游、官布、力群、冯今松、韦江凡、汤文选、莫文征、高洪波、刘征、屠岸、李瑛、王恩宇、石英、雷霆、严阵、寇宗鄂、绿原等获得特别荣誉奖；周杰、杜月涛等100多人分获银奖、铜奖、优秀奖及特邀作品奖。

（王晓燕）

【第三届国家音像制品奖揭晓】　10月，第三届“国家音像制品奖”在京揭晓。电化教育音像出版社出版的《身边的科学》、中国唱片总公司出版的《独领风骚——毛泽东》等20种制品获国家奖；《抗击SARS——校园保卫战》等24种制品获提名奖。颁奖大会于11月举行。

（王晓燕）

【本市4单位获文化产业示范基地称号】　11月16日~19日，文化部在深圳市召开了全国文化系统文化产业工作会议。这是文化部正式召开第一次全国性的文化产业工作会议。会议上，孙家正部长发表了讲话，孟晓驷副部长作了工作报告。深圳、北京、四川、浙江4个省、市、特区的文化厅（局）在大会上发言。北京市文化局局长降巩民作了题为“深化体制改革，加强市场建设，推动文化产业发展”的典型发言。文化部于11月10日印发了《文化部关于命名文化产业示范基地的决定》，在全国命名42个文化产业示范基地。北京市有4家文化经营单位榜上有名，它们是：北京市长安文化娱乐中心、北京保利文化艺术有限公司、北京儿童艺术剧院股份有限公司、北京麦乐迪餐饮娱乐管理有限公司。会议上，举行了文化产业示范基地授牌仪式。国有文化企业江苏省文化产业集团有限公司、民营文化企业北京麦乐迪餐饮娱乐管理有限公司，作为首批文化产业示范基地的代表，在大会上作了典型发言。

（刘启泰）

【10位老艺术家获终身成就奖】 12月10日，第三届造型表演艺术奖颁奖仪式在京举行。文化部为10位老艺术家颁发艺术终身成就奖。获此荣誉的10位老艺术家是：书画鉴定家徐邦达、漫画家廖冰兄、摄影家邹健东、连环画画家贺友直、雕塑家刘焕章、中国画画家方增先、油画家詹建俊、豫剧表演艺术家马金凤、舞蹈家梁伦、京剧表演艺术家杜近芳。

（王晓燕）

【国家舞台艺术精品工程评选揭晓】 12月21日，由文化部、财政部主办的2003～2004年度国家舞台艺术精品工程评选结果在京揭晓。获得“十大精品剧目”称号的有：舞剧《大梦敦煌》、话剧《父亲》、儿童剧《一二三，起步走》、歌剧《八桂大歌》、话剧《虎踞钟山》、梨园戏《董生与李氏》、舞剧《大红灯笼高高挂》、京剧《膏药章》、川剧《变脸》、话剧《万家灯火》。并有8部剧本入选优秀剧本。另外，还有6台初选剧目因具有较大提升潜力，将滚动进入下一年度精品工程初选剧目行列。

（王晓燕）

【北京两企业获年度十佳文化产业奖】 12月，2004中国文化产业论坛在北京人民大会堂举行。会上评选出“2004年中国文化产业十佳企业”。北京希肯国际文化艺术（集团）公司、北京中信传媒有限公司榜上有名。

（王晓燕）

【集成志书工作受到文化部表彰】 12月，文化部在北京召开“第四届全国民族民间文艺集成志书工作会议暨表彰会”，对近年来为“中国民族民间文艺集成志书”编纂工作作出贡献的集体和个人进行表彰。北京市文联等25个单位获“组织工作集体奖”；12个单位获“组织工作优秀集体奖”；《中国谚语集成·北京卷》、《中国歌谣集成·北京卷》等67部集成志书获“编纂成果集体奖”；周述曾、于文青、董梦知等127人获“特殊贡献个人奖”。在会议期间召开的“文艺集成志书学术研讨会”上，崔长武、李宏撰写的《集成志书是抢救与保护传统文化的基础建设》获全国艺术科学规划领导小组颁发的优秀论文奖。

（张燕鹰）

【石景山文化市场执法队等受文化部表彰】 11月，文化部下发了《文化部关于表彰全国文化市场行政执法先进集体和个人的决定》。北京市石景山文化市场综合执法队等68家单位获“全国文化市场行政执法先进集体”荣誉称号，99人获“全国文化市场行政执法先进个人”称号。

（王晓燕）

·交　流·

【北京文化节在巴黎举行】 在中法建交40周年之际，1月9日～2月3日，中法文化年北京文化节在巴黎举行。其间，北京文化节举办“北京百年展现巴黎摄影展”、“北京风情舞动巴黎”、“北京电视连线巴黎”、“北京藏书陈展巴黎”、“北京经贸携手巴黎”、“北京—巴黎汽车拉力赛”等一系列活动，内容涉及历史、文化、体育、经贸洽谈等多个方面。北京市组成了由专业演员、群众演员和旅游者构成、27个单位参加的720人代表团，参加单位中既有中央和本市专业文艺演出团体，又有从外省市选调的文艺团体；参加人员中，有专业演员、业余演员，有工人、农民、中小学生和普通旅游者。此次北京文化节是北京历史上规模最大、参加人数最多、活动时间最长、项目最丰富和参与面最广泛的一次对外文化交流活动。

（贺雪梅）

【北京、巴黎联合举办中国春节大游行】 1月24日，北京市人民政府和巴黎市政府联合在巴黎举行“中国春节大游行”。约7000名来自北京及外地的演员及普通百姓和旅居法国巴黎的华侨及华人一起，在巴黎香榭丽舍大街参加了中国春节大游行。由北京代表团和当地华侨、华人组成的18个表演方队进行了京剧表演、中华舞龙、舞狮、中华武术、高车杂技、抖空竹、红扇舞、北京新秧歌、紫禁城服饰等特具中国和北京民族文化特色的文化表演。

（贺雪梅）

【“相约北京”广场联欢活动举行】 4月30日～5月4日，第四届“相约北京”暨第二届北京国际戏剧演出季广场联欢活动在龙潭公园举行。该活动由文化部、市委市政府、国家广播电影电视总局主办，国家对外演出公司、市文化局承办。文化部副部长赵维绥、市委副书记龙新民、副市长范伯元，毛里求斯、南非、埃及、埃塞俄比亚、博茨瓦纳、乌克兰等驻华使节和近千名市民参加了开幕式。此次联欢活动设定非洲为主宾洲，活动中有南非Drumstruck鼓乐、埃及国家艺术研究院舞蹈团、埃塞俄比亚国家剧院歌舞团、坦桑尼亚国民服务队艺术团、博茨瓦纳艺术团、加拿大托马斯·海曼乐队、日本乐队、法国TOURE KUNDA乐队、乌克兰和平鸽乐队、荷兰海特国际剧院歌舞团等进行演出。

（贺雪梅）

【爱尔兰主题国艺术节举办】 5月9日，第四届“相约北京”联欢活动暨第二届北京国际戏剧演出季的内容之一——爱尔兰主题国艺术节在北京保利剧院开幕。开幕式演出由大河之舞精华巡演团和埃尔顿乐队担当。

（贺雪梅）

【埃及文化周在京举行】 5月14日，第一届埃及文化周暨埃及综合艺术展——造型艺术和传统工艺展览在北京中国美术馆开幕。此次埃及文化周分别在北京、天津、广州、上海、苏州、杭州、大连、深圳8个城市同时举办，内容包括开罗交响乐团演奏埃及名曲和世界名曲、埃及现代舞剧团表演《雕塑家之梦》、《伊长鲁斯的崩溃》等经典节目，在北京和杭州举办的电影周上，有《甜蜜睡梦》、《嬉笑、游戏、努力和爱情》、《拯救柏拉图》等10多部优秀影片。“发展埃中文化产业”研讨会是本届文化周的重要内容之一，来自文化、新闻、影视制作、遗产保护、印刷、出版和旅游等领域的埃及专家，在论坛上介绍了埃及在上述领域的经验，与中国专家交流探讨了如何通过切实可行的项目，发展两国的文化产业。

（贺雪梅）

【巴西文化艺术展在京举办】 5月25日～8月24日，巴西大型文化艺术展“亚马逊——原生传统展”在京举行。展览由中国故宫博物院和巴西联络促进会主办，分“古老亚马逊”、“土著亚马逊”两部分，共展出亚马逊原住民在不同历史时期制作的饰物、器具、劳动工具、面具等344件。国家主席胡锦涛和巴西总统卢拉为展览发了贺词。

（贺雪梅）

【威尼斯时尚艺术与工艺品展在京举办】 6月8日～7月31日，威尼斯时尚艺术与工艺品展在国家博物馆举办。该展集中了235件总价值约7000万元人民币的意大利众多博物馆藏精美文物，并配以大量技术历史图片和有关工匠生活、工作流程、加工设备、店铺陈设和徽章的绘画、图案和版画。同时展出的还有工匠的工具、机器铁器、服装、珍贵面料、鞋子、花边、帽子和眼镜等。

（王晓燕）

【叙利亚文化周在京举办】 6月22日～28日，由中华人民共和国文化部和阿拉伯叙利亚共和国文化部共同主办，中国对外文化集团中展公司承办的“叙利亚文化周暨叙利亚综合艺术展”在北京炎黄艺术馆举办。展览展品大都是已故叙利亚名家的作品以及叙利亚在华艺术家的作品，从创作题材、表现技法、画面构图、艺术造型等方面体现出地域特征和民族特征。本次展览是根据中、叙两国政府文化交流执行计划，为配合叙利亚总统访华而举办的一次重要艺术活动，也是与2003年在叙举办的“中国穆斯林绘画展”相应的交流项目。

（贺雪梅）

【人大附中艺术团赴法演出】 6月，人大附中艺术团一行130余人受文化部委派及法国昂热市大卫中学的邀请，赴法进行了为期14天的访问交流演出活动。在法期间，先后进行了6场演出。其中，6月2日在巴黎联合国教科文总部进行的专场演出既是2004中法文化年的项目之一，又是联合国教科文总部举办的中国文化周的开幕专场音乐会。

（贺雪梅）

【中法文化年举行系列活动】 7月2日，中国文化年闭幕活动在法国巴黎凡尔赛宫举行，中法有关领导人和几千名中法宾客参加了闭幕式活动。中法两国互办文化年活动是1999年和2000年中法两国领导人从推动两国全面伙伴关系的战略角度出发倡导确定的。2001年4月中法两国签署了关于中法互设文化中心和互办文化年的《会谈纪要》。双方商定，2003年10月～2004年7月，中国在法国举办文化年；2004年秋季～2005年7月，法国在中国举办文化年。其间，中国文化年以“古老、多彩和现代的中国”为主题开展了370多个各类交流项目，涉及文学艺术、教育、科技、广播电视、图书出版、青年、体育、民族、宗教、建筑、环保、旅游等方面，北京、上海、广州、重庆和武汉等城市分别在巴黎、马赛、里昂、图鲁兹和波尔多等城市举办文化周活动，向法国公众展示中华文化，约200万名法国各地民众参加“中国文化年”活动，欧洲乃至世界各国媒体对“中国文化年”进行了大量报道。法国文化年则以“人文与革新、浪漫与创新的法国”为主题，在中国举办画展、歌剧和舞剧、音乐会、电影周等文化活动，共计项目100多个。

（贺雪梅）

【日、加、韩绘画及工艺品展在京举行】 7月5日～8日，日本、加拿大、韩国绘画及工艺品艺术展在国家博物馆举行。展览由中国人民对外友好协会和加拿大全球文化交流协会联合主办。展出了日、加、韩104位艺术家的132件作品，内容包括绘画、雕塑、摄影等。其中日本方面参展作者81位，作品98幅；加拿大方面参展作者17位，作品19幅；韩国方面参展作者6位，作品15幅。

（王晓燕）

【刚果王国艺术展在京举行】

7月6日～10月9日，“刚果王国的艺术：从古仪式到现代艺术之探究”展览在国家博物馆展出。这是在中国首次举办非洲古宗教仪式的艺术展，同时也是首次以“刚果王国的艺术”为主旨的展览。共展出300多件展品，其中，大部分可追溯至18或19世纪。展览共分10个部分，内容涵括刚果的自然环境、文化、生命起源等。独立部分专门讲述刚果王国的艺术及刚果艺术对全世界的影响。

（王晓燕）

【京张“燕山情”文艺演出举行】

8月22日，在国务院确定京张对口支援合作10周年之际，作为系列活动之一的“燕山情——携手相伴，共创明天”北京·张家口“心连心”大型文艺演出在张家口市举行，共同纪念京张对口支援合作10周年。演出由北京市委宣传部、张家口市委市政府主办，北京电视台、张家口市委宣传部、张家口市文化局、张家口市广播电视局共同承办。京张两地演员和台湾艺人表演了文艺节目。

（贺雪梅）

【绍兴文化周在京举行】 8月，“北京—绍兴文化周”在京举行。由浙江绍剧团演出的大型绍剧猴剧《真假悟空》为文化周拉开帷幕。

（王晓燕）

【中国艺术团访朝】 在中朝建交55周年、由中共中央政治局常委李长春率领中国党政代表团访问朝鲜之际，由东方歌舞团、中央民族乐团、上海歌舞团、中国杂技团、武汉杂技团和海政歌舞团组成的中国艺术团100余人于9月8日抵达朝鲜，进行为期一周的访问演出。中国艺术团在平壤共演出3场，赢得了朝鲜领导人和平壤观众的高度赞赏。朝鲜劳动党总书记、国防委员会委员长金正日等朝方领导人与李长春一起观看了演出，朝鲜电视台进行了转播。

（贺雪梅）

【“羲皇故里”风情艺术展在京举办】 10月22日～26日，由甘肃省天水市北道区推出的“羲皇故里”风情艺术展在北京中国画研究院美术馆举办。北道区是甘肃省的“东大门”，是中国历史文化名城天水市的旅游商贸中心，有陇上“小江南”之称。风情艺术展包括书画、摄影、根雕、陶艺、雕塑和皮影等400余种作品，展示北道秀美山川、风土民俗以及北道人民在西部大开发中蓬勃向上的精神风貌。

（王晓燕）

【中国文化节亮相俄罗斯】 在中俄建交55周年之际，由中国文化部及俄罗斯联邦文化和电影署举办的中国文化节，10月27日在莫斯科国家大剧院开幕，中国云南艺术团和贵州侗族大歌艺术团、北京京剧院等参加了表演。本届中国文化节持续至11月5日。中国艺术家还赴圣彼得堡、弗拉基米尔、科斯特罗马和哈巴罗夫斯克等地进行了演出。

（贺雪梅）

【中华民族、民间艺术展示周在德国举办】 10月31日～11月7日，“多彩北京的问候——中华民族、民间艺术展示周”在德国举办，中国代表团在法兰克福机场及卡塞尔市、罗滕堡市、丁克斯堡市和佛益瓦根市共举行7次展览、8次展示活动、11场演出，受到德国人民的喜爱，达到了宣传北京、宣传2008年北京奥运、弘扬中华民族传统文化的目的。

（市文联）

【情系首都·感知河南——中原文化北京行】 10月，“情系首都·感知河南——中原文化北京行”在京举行。活动包括“河南当代书画名家作品展”、“豫京书法家座谈会”、“豫京美术家座谈会”、“弘扬红旗渠精神座谈会”、“大型广场旅游文化活动”、“中原崛起话河南座谈会”以及“魅力河南”图片展等内容。

（王晓燕）

【中国艺术家献艺巴西】 为庆祝中巴建交30周年，增强中巴两国文化和媒体的交流与合作，“感知中国——中国文化巴西之旅”系列活动“交响音乐会、大型电视歌舞晚会”于11月10日在巴西著名城市里约热内卢举行。活动由国务院新闻办公室主办，中国中央电视台协办，北京派格太合环球文化传媒投资有限公司承办。其中来自北京的音乐、歌舞、杂技、戏剧等表演艺术家和其他省市的表演艺术家一起，与巴西优秀的交响乐团、桑巴歌舞及民歌艺术家等近300位演员同台演出。

（贺雪梅）

【山西文化艺术周在京举行】

12月3日～10日，“华夏文明看山西”文化艺术周在京举行。艺术周举行了主题为“步历史遗韵，寻文明根脉，看中国山西”的系列文化活动，包括话剧《立秋》、舞剧《一把酸枣》、民间交响乐《华夏之根》、山西古代壁画精品展、平遥国际摄影大展、赵树理文学奖评奖等。

（王晓燕）

【“歌华”与意大利文化遗产部建立合作关系】 12月5日，北京歌华文化发展集团与意大利文化遗产部就中华世纪坛世界艺术馆的建设签订了长期合作框架协议。意大利文化遗产部部长乌尔巴尼、副部长布鲁耶蒂和北京市委常委、宣传部长蔡赴朝参加了签字仪式。中华世纪坛世界艺术馆将由世界艺术基本陈列、各项专题特别展览和数字艺术馆三部分组成。该馆作为中国第一座世界艺术馆，将专门向观众介绍世界艺术的杰出成就。此次意大利文化遗产部与北京歌华文化发展集团合作，主要为2006年10月开馆的中华世纪坛世界艺术馆的“世界艺术”基本陈列做准备。“世界艺术”基本陈列将以史纲性形式集中展示世界艺术史上有代表性的艺术成就，包括两河流域、古代埃及、古代希腊、古代罗马、古代印度和玛雅等部分。此次与意大利文化遗产部签订的协议，就是为其中的古代埃及、古代罗马和两河流域等部分筹借展品。

（贺雪梅）

·纪　念·

【柳倩逝世】　5月12日，著名诗人、学者、剧作家、书法家柳倩在京病逝，终年93岁。柳倩，1911年生，四川荣县人，原名刘智明，曾用名樊庄、凌翔等。主要代表作有诗集《震撼大地的一月间》、《生命的微痕》、《自己的歌》，歌曲《保卫祖国》、《抗战》、《火海中的孤军》、《打铁歌》、《祖国的孩子们》（柳倩词），编改京剧《孔雀东南飞》、《吕后篡国》，著作集《柳倩草书千字文》、《柳倩诗词选》、《大西北行》、《川汉纪游》、《陇上行》、《抹不掉的伤痕》、《锦绣中华》等。

（王晓燕）

【纪念齐良迟座谈会在京举办】　5月，北京文史研究馆、北京齐白石艺术研究会相继举行座谈会，纪念书画家、篆刻家、诗人齐良迟逝世一周年。与会者从不同的角度，追思了齐良迟爱党、爱国、爱民的事迹。在京的文史专家、书画家共70多人参加了座谈会。

（王晓燕）

【北京市文联举办纪念邓小平研讨会】　8月，北京市文联举办了“首都文艺界纪念邓小平诞辰100周年理论研讨会”，来自文学、舞蹈、音乐等11个艺术门类的30多名理论家和文艺家代表参加了研讨会。与会者畅谈了邓小平文艺理论对新时期文艺事业的繁荣与发展的贡献；并运用邓小平理论，针对当前文艺界出现的不良现象提出了批评、建议和意见，呼吁文艺家“要正确对待历史”、“以人为本”、“三贴近”，创作出群众喜闻乐见、无愧于时代的作品；还在发展文化产业、建构中国式“项目工作坊制”以及民间文艺促进“人文奥运”建设等方面提出了建议。

（王晓燕）

【中国企业文化促进会庆祝建会10周年】　10月6日，中国企业文化促进会建会10周年庆典暨全国会员代表大会在京举行。会议总结了我国10年来企业文化建设领域取得的成就，肯定了中国企业文化促进会作为组织、协调、规划、推动全国企业文化建设事业管理机构的地位和作用，明确了新时期全国企业文化建设工作的方针、政策。

（王晓燕）

【国际文化交流中心庆祝成立20周年】　10月22日，中国国际文化交流中心庆祝成立20周年暨第四届理事大会在京召开。王兆国当选为第四届理事会理事长。

（王晓燕）

【王朝闻逝世】　11月11日，文艺理论家、美学家、雕塑家、艺术教育家王朝闻在京病逝，终年96岁。王朝闻，1909年生，四川合江人。主要代表作有雕塑《刘胡兰像》、《民兵》，专著《新艺术创作论》、《面向生活》、《论艺术的技巧》、《论凤姐》、《审美心态》、《王朝闻曲艺文选》、《王朝闻学术论著自选集》等，主编《美学概论》、《中国民间美术全集》、《中国美术史》等。

（王晓燕）

【文艺界纪念毛泽东诞辰110周年】　12月23日~24日，由文化部艺术服务中心、中国国际书画艺术研究会主办，中国诗书画研究院承办的“纪念毛泽东诞辰110周年全国书画名家大型笔会”、“纪念毛泽东诞辰110周年文艺界联合演唱会”、“纪念毛泽东诞辰110周年诗词学术研讨会”、“纪念毛泽东诞辰110周年书法学术研讨会”在京举行。党政军要人、艺术界、新闻界、企业界及毛泽东的亲属出席了会议。

（王晓燕）

·研究与评论·

【网络游戏界研讨诚信权威】　4月23日，由《中国消费者报》主办的“诚信·维权——2004年中国网络游戏企业健康发展与消费者权益保护研讨会”在京举行。中国消费者协会、中国出版工作者协会游戏工作委员会、中国互联网协会、中国软件行业协会游戏软件分会的有关领导、专家以及盛大等国内20多家知名网络游戏企业代表围绕网络虚拟世界中的威权这一中心问题进行了探讨和交流。与会各界人士普遍认为网络虚拟世界中也存在侵权现象，也需要维权，虚拟财产的属性界定应该更为详细具体。由于网络游戏在我国起步不久，相关法规、行业标准和管理经验还很缺乏，在目前立法条件不很完备的情况下，应当在调查、总结和研究已有案件的基础上充分积累理性经验。针对目前运营商服务质量难以监管、玩家权益保护尚未落实的现状，营造一个公平的游戏环境已经成为网络游戏运营商的首要责任。

（贺雪梅）

【首师大举办“艺术与科学高层论坛”】　5月17日，由首都师范大学主办、首师大中国书法文化研究所和数学系承办的“艺术与科学高层论坛”在该校举行。与会学者探讨了素质教育与人文、艺术和科学的关系。数学家王元、杨乐，物理学家欧阳钟灿、书法家欧阳钟石、首师大校长许祥源以及该校部分学者教授出席了会议。

（王晓燕）

【埃中文化产业研讨会举行】 5月18日～19日，由中国和埃及两国文化部主办、中国对外文化集团承办的“埃及文化周暨埃中文化产业研讨会”在京举行。埃及文化部副部长、埃及驻华大使以及该政府选派的部分专家、学者，介绍了埃及在发展文物旅游经济、文化遗产保护、文化产业投资以及知识产权方面的成功经验，两国专家、学者还就中埃双方文化产业的未来发展与合作进行探讨。

（王晓燕）

【“2004北京国际文化论坛”举行】 5月21日～22日，“2004北京国际文化论坛”在京举行。该论坛由文化部部长孙家正和贝塔斯曼基金会执行董事会副主席莉兹·摩恩共同倡议，并由中国对外文化交流协会和贝塔斯曼基金会联合主办。本论坛分为三个议程：“全球化时代的中欧文化”、“跨国公司与多样性——在中国和欧洲寻求文化均衡”、“文化外交：如何架起中国和欧洲之间的桥梁”。参与论坛的文化、商业和政治领域的人士围绕这三个议程，就中欧文化在经济全球化进程中的改变与发展，在中国和欧洲两地都从事业务的跨国公司肩负着怎样的文化和企业社会责任，媒体的世界性影响对中国文化是否产生均一化影响，为促进相互理解和凸显共同点如何制定中欧文化交流合作项目等议题进行了主题发言和研讨。

（王晓燕）

【中国艺术研究院举办学术论坛】 6月23日，中国艺术研究院举办第三期高层学术论坛。艺研院中国文化研究所所长刘梦溪研究员作了题为“百年中国：文化传统的流失与重建”的学术讲座。

（王晓燕）

【中国文化设施与经营管理论坛举行】 6月25日～28日，由文化部文化设施建设管理中心和《中国文化报》联合主办，《中国文化报》所属北京市远东文化经济开发总公司承办的首届中国文化设施建设与经营管理论坛在京举行。本届论坛以科学发展观为指导，以促进文化事业改革发展为主题，以探讨文化设施建成后经营管理的难点及对策为内容。来自上海市群众艺术馆、河北省艺术中心、广州天河电影城、杭州剧院及韩国佳思公司等国内外众多文化单位的代表参加了论坛。文化部文化设施建设管理中心主任张二虎、北京歌华文化发展集团副总经理李丹阳、北京长安文化娱乐中心主任郭玉河等到会发表演讲。北京大学等单位的有关专家还用现场咨询的方式回答了文化设施建设、管理与经营等方面的问题。

（王晓燕）

【“中国文化企业走出去研讨会”召开】 6月29日，由文化部外联局和北京市文化局共同主办的“中国企业文化走出去研讨会”在京举行。与会代表就中国文化企业如何才能走出去并在国际市场站稳脚跟等问题进行了研讨。中宣部、文化部、广电总局、新闻出版总署、全国部分省市文化厅局的领导以及在“走出去”方面做得比较成功的文化企业参加了会议。

（王晓燕）

【“世界文化开放2004中国论坛”召开】 6月，由中国国际交流促进会和世界文化开放（WCO）共同举办的“世界文化开放2004中国论坛”在京举行。世界文化开放（简称WCO），是指在世界范围内倡导多元化、多样性文化，倡导以人为本的国际文化组织。中国国际交流促进会会长柴泽民在会上发表专题讲话，赞赏WCO宗旨，并表示将共同参与WCO的建设，推荐中国的个人和团体参与活动、竞赛和WCO奖的中国候选人等。

（王晓燕）

【“邓小平文艺理论研讨会”举办】 8月6日，由中国艺术研究院主办、该院马克思主义文艺理论研究所承办的“邓小平文艺理论与中国特色社会主义文化建设”研讨会在中国艺术研究院召开。与会专家学者阐述了邓小平文艺理论的丰富内涵，探讨了邓小平文艺理论与马列主义文论和毛泽东文艺思想之间继承与发展的辩证关系，回顾了邓小平文艺理论与改革开放以来中国当代文艺创作和文艺批评的历程、与中国特色社会主义文化建设成就的关系，研讨了邓小平文艺理论与新世纪小康社会主义文化建设的有关理论问题和实践问题。黄楠森、童庆炳、张炯、陆贵山、王文章、曲润海、章柏青等40多位专家学者出席研讨会并发言。

（王晓燕）

【“2004文化高峰论坛”在京举行】 9月3日～5日，由语言学家许嘉璐、国学家季羡林、哲学家任继愈、科学家杨振宁和文学家王蒙发起的“2004文化高峰论坛”在京举行。论坛的主题是“全球化与中国文化”。来自国内外文艺界、社会科学界、传媒界、科技界的代表以报告、演讲或书面发言的形式，讨论并交流了对全球化与中国文化的理解和认识。闭幕式上，70多位学者签署并以中英两种文本发表《甲申文化宣言》。

（王晓燕）

【“毛泽东文艺思想研讨会”举办】 9月，由北京市文艺学会和市社科院文学所共同举办的“毛泽东文艺思想研讨会”在京召开。40多位北京地区的文艺理论工作者出席了会议。会议收到了《唯物史观与文艺创作思想》、《毛泽东民族文艺观》、《艺术辩证法的诗意体现》、《毛泽东的美学思想三题》等关于毛泽东文艺思想研究的论文。

（王晓燕）

【“2004中国文化产业论坛”在京举行】 10月26日～28日，由中国作家出版集团、文艺报社等单位联合主办的“2004 中国文化产业论坛”在北京举行。本届论坛的主题是“文化强市：品牌打造与科学发展”。九届全国政协副主席王文元等有关领导出席了会议并讲话。论坛开设了“市长论坛”、“企业论坛”、“国际论坛”三个单元，来自中宣部、文化部、国家发改委、财政部、广电总局、新闻出版总署、旅游局等有关部门的负责同志、文化产业专家、国际传媒集团代表，以主题报告会、专题研讨会、自由对话等形式，针对当前文化产业发展和文化品牌经营中的政策重点、建设难点和关注热点等问题，进行讲解阐述，并和与会代表开展了互动交流。

（贺雪梅）

【降巩民应邀出席亚洲文化合作论坛】　11 月 14 日 ~17 日，第二届亚洲文化合作论坛在香港举行。北京市文化局局长降巩民应邀出席论坛，并在该论坛举行的“国家各省区市、港澳特区文化单位领导会议”上，作了题为“加入世界贸易组织条件下文化建设的策略选择”的发言。发言针对当前经济全球化日益加剧和我国加入世界贸易组织后，不仅会在经济领域而且必将在文化领域实行更加开放的政策的客观形势，从政府职能的视角出发，提出了建立完善的政策支持体系、实施科学的发展策略、促进文化产业发展和文化建设繁荣的主张。该论坛以“创意亚洲”为主题，旨在促进交流与合作，开拓亚洲文化产业市场。新加坡、泰国、韩国、日本等亚洲多国的文化部长和有关专家学者，中国文化部部长孙家正和国内 20 余个省市文化厅（局）领导及专家学者出席了此次论坛。

（刘启泰）

出 版 物

【《中国艺术百科辞典》出版】
5 月，《中国艺术百科辞典》出版。该书由红学家冯其庸主编。正文部分约 500 万字，收词约 2.5 万条，收录图片约 1400 余幅。辞典按照分卷内容编排，包括绘画、书法、雕塑、音乐、舞蹈、工艺美术、服饰、建筑园林、家具、杂技、戏曲、曲艺、摄影、话剧、电影、电视 16 卷。各卷内容均分为 4 部分：名词术语、作品、著述、人物。

（王晓燕）

【《艺术专业高考宝典》出版】
7 月，中国文联出版社、中国文联音像出版公司出版发行《艺术专业高考宝典》。该书包括 60 万字，75 分钟的 VCD，分为音乐、舞蹈、戏剧影视、播音主持、动画、录音、艺术设计、摄影 8 卷。作者分别来自中国音乐学院、中央戏剧学院等 12 所院校。该书还收录了全国艺术院校、综合院校的艺术系、师范类院校艺术专业最新专业考题，国家主管部门对于艺术专业考试、录取等方面的最新规定，以及特长生录取、奖助学金、加分办法、免试入学条件等。

（王晓燕）

【《文化设施图典》出版】
11 月，文化艺术出版社出版《中国新时期优秀文化设施图典》，文化部部长孙家正为该书作序。该书由文化部设施管理中心和《中国文化报》联合编纂，收录近万字，3000 幅图片，分上下两卷对全国各类文化设施进行了集中展示和介绍，反映了改革开放以来从中央到地方文化设施建设取得的成果，还有国内知名设计单位和成果介绍及国外部分著名文化设施的参考资料。

（王晓燕）

文　学

2004年北京市文化系统坚持邓小平理论和“三个代表”重要思想，认真贯彻党的十六届四中全会的重要精神，在文学领域取得了丰硕成果。

在创作上，小说创作方面有陈祖芬的“视听小说”《你知道我在等你吗》，刘庆邦的长篇小说《平原上的歌谣》，徐小斌的长篇历史小说《德龄公主》，刘一达的“京味儿”系列小说，毕淑敏的中篇小说《女工》；散文创作方面有吴祖光的回忆录《一辈子》、《乔羽文集》、《柴福善散文精选》，熊育群的《罗马的时光游戏》等作品；报告文学创作方面有《老舍茶馆》等；儿童文学创作方面有《新童谣》系列等；电影文学剧本有刘恒的《张思德》等。这些作品的发表在读者中产生了广泛影响，受到各方面的好评。

在研究方面，举办了优秀作家的作品研讨会，如徐坤的长篇小说《爱你两周半》研讨会、徐小斌创作研讨会、“老舍与北京”研讨会等。还积极进行了文学交流活动，如组织了京津冀作家年度文学交流会、“全球化时代的文学研究”国际学术讨论会等。

在纪念活动方面，北京市文学界举办了“纪念邓小平诞辰100周年”、“纪念老舍诞辰105周年”、“纪念《在延安文艺座谈会上的讲话》发表62周年”等活动。

在活动方面，北京作家协会举办了首届“北京文学节”等大型活动。北京市文学艺术界联合会召开了第七次代表大会等会议。极大地繁荣了首都文学事业。

在评奖方面，2004年度北京市的文学评奖有：第四届北京市文学艺术奖，第三届老舍文学奖，北京市庆祝中华人民共和国成立55周年征文评奖，中国作家协会第三届鲁迅文学奖，人民文学出版社第三届“春天文学奖”，中国文联和北京市文联的第二届文艺评论奖，首届北京文学节设立的“终身成就奖”、“文学创新奖”、“北京作家最喜爱的海外华语作家奖”等文学奖项。

北京作家协会开通了“国际华文儿童文学网”及成人网站“国际华文网”，为北京市的文学发展创造了崭新的平台。

（王凌雨）

创　作

·小　说·

【陈祖芬推出“视听小说”】

3月初，北京作家协会驻会作家、副主席陈祖芬的第一部长篇小说《你知道我在等你吗》在人民文学出版社出版。作者说希望年轻人能从阅读该书中找到快乐和纯真。她把正在进行的故事和想象的故事交叠在一起，穿插了《灰姑娘》、《天鹅湖》、《哈姆雷特》、《白雪公主》等经典作品的场面，以及施特劳斯的几部乐曲。将芭蕾、音乐、话剧、音乐剧、时装表演等艺术元素尽收其中。以期使读者阅读时产生视听的立体享受。

（王凌雨）

【徐小斌长篇小说《德龄公主》】

1月，人民文学出版社出版了徐小斌的长篇历史小说《德龄公主》。作者采用鲜活生动的京味儿语言，为读者打造了一个历史童话中的公主故事：20世纪初，清朝驻法公使的女儿，漂亮聪慧的德龄公主进入皇宫。在这里公主窥见了一个没落王朝衰亡的挣扎，亲历了中国封建君主制被社会变革思潮冲击的剧烈震荡；同时这位中西合璧的公主，带来了中西文化的碰撞，引发了一幕幕出人意料的悲喜剧。

（王凌雨）

【《回报者文丛》再推力作】

1月，由昆仑出版社出版、冠名《回报者文丛》的三部书（徐坤的《北京以北》、裘山山的《一路有树》和孙惠芬的《城乡之间》）内容分别由图文自述和中短篇小说两部分组成。关于作家自述部分，通过作者的视角叙述生活，由此看到作者的经验、作者在世界上的漂泊、作者的记忆和梦想、作者的书写活动……在中短篇小说选择上，既有作家自荐，又有经过评论家和广大读者问卷式调查推荐。

（王凌雨）

【姜戎《狼图腾》】　4月，由长江文艺出版社出版。30多年前，作为一名北京知青，作者到内蒙古边境的额仑草原插队长达11年。在草原，他钻过狼洞，掏过狼崽，养过小狼，与狼战斗过，也与狼缠绵过。并与他亲爱的小狼共同患难，经历了青年时代痛苦的精神"游牧"。蒙古狼带他穿过了历史的千年迷雾，径直来到谜团的中心。狼的狡黠和智慧、狼的军事才能和顽强不屈的性格，草原人对狼的爱和恨，使姜戎与狼结下了不解之缘。有关狼的种种细节，均使作者沉迷于其中，从而进行了30余年的研究与思索，写出了这部有关人与自然、人性与狼性、狼道与天道的长篇小说。本书由几十个有机连贯的"狼故事"一气呵成，情节紧张激烈而又新奇神秘。姜戎，58岁，北京人。1967年赴内蒙古额仑草原插队，1978年返城，1979年考入中国社会科学院的研究生院。

（王凌雨）

【《夜郎自大》长篇小说丛书】
由文学评论家孟繁华主编的《夜郎自大》长篇小说丛书于5月召开的全国书市隆重推出。首批推出8部作品，包括关仁山的《权力交锋》、衣向东的《在阳光下晾晒》、荆歌的《慌乱》、欧阳黔森的《非爱时间》、王伶、褚远亮的《月上昆仑》、薛燕平的《让我靠近》、张人捷的《恨有多久》和陶纯的《芳香弥漫》。这些作者几乎都是鲁迅文学院中青年高级作家研讨班的学员。

（王凌雨）

【吴祖光回忆录《一辈子》】
7月，由常君实主编的吴祖光回忆录《一辈子》，由中国文联出版社出版。吴祖光是我国著名学者、戏剧家、书法家，生于1917年，逝世于2003年。他少年时有"神童"之美誉，19岁时就以剧作名扬海内外。吴祖光一生著述颇丰，有戏剧、散文、政论和书法集50余部，主要代表作有《风雪夜归人》、《闯江湖》、《花为媒》、《三打陶三春》和《吴祖光选集》6卷本等。《一辈子》由吴祖光生前撰写的文章结集而成，反映了吴祖光曲折的人生经历与卓越的艺术才华。

（王凌雨）

【徐贵祥军旅长篇小说《明天战争》】　"八一"前夕，人民文学出版社出版了徐贵祥的长篇小说《明天战争》。作品从中国陆军在未来战争中同世界军事格局对接的端口展开。主人公岑立昊是一名务实的军官，有着强烈的忧患意识，在军事训练改革中屡败屡战。他潜心研究世界新军事革命前沿信息，以我军陆军数字化建设的独特见解和领导科技练兵的实践，带出一支"不战而屈人之兵"的信息化地面作战部队。作者徐贵祥是一位被评论家誉为"正面强攻军事文学"的实力派作家。

（王凌雨）

【毕淑敏新作小说《女工》】
9月，由海峡文艺出版社出版。作者毕淑敏为北京作家协会副主席。在《女工》一书中毕淑敏以时代的大变迁为背景，描写了主人公浦小提——一个养猪工人的女儿从小学到中学，经历了"文化大革命"，分配在工厂做普通女工，随后经历婚姻失败，最后下岗在家，无奈之下做起家庭服务员的故事。小说刻画了一位内心善良而坚强，对待生活和命运从容隐忍的女性。

（王凌雨）

【刘庆邦长篇小说《平原上的歌谣》】　上海文艺出版社出版。作者刘庆邦为北京作家协会驻会作家、副主席。主人公魏明月是以作者的母亲为原型塑造的一位可歌可泣的伟大母亲。小说着重描写了三年自然灾害时期华北平原农村的一个平凡的女性魏明月，在丈夫死后，独自带着6个未成年的孩子，在极端艰苦的条件下，历尽艰难，终于把他们都培养成人的辛酸历程。

（王凌雨）

【刘一达"京味儿"系列作品】
刘一达的"京味儿"系列作品：《老根儿人家儿》、《老铺底子》、《有鼻子有眼儿》，1月由北京出版社出版。《老根儿人家》通过"纪晓岚和他的后人"、"谭门七代梨园人"、"宅门如海说吴家"等故事叙说了扎根京城上百年的宅门世家的往事今情，描绘了胡同奇人的传奇人生。《老铺底子》说的是有800年历史的古都京城，数不尽的物华天宝，看不够的玩意儿绝活。大栅栏曾经的繁华盛景；东安市场、全聚德等京城老字号百年的风风雨雨，记录了历史风云和名人足迹的老会馆，承载了普通人喜怒哀乐的老玩意儿……这些都是老北京城厚实的家底，从中折射出北京人的精气神儿。《有鼻子有眼儿》从"谁是真正的北京人"、"四合院文化过时了吗"到"拆迁热了收藏"、"北京人的鸟文化"等等，关注的是北京城的"街面众生"，说道的是所有"北京人"操心的大事小情。

（王凌雨）

【孟广顺长篇小说《河魂》】
8月，由中国文联出版社出版的长篇小说《河魂》是青年作家孟广顺为纪念抗日战争胜利60周年而创作的作品，小说采用特殊手法，集传统文化、佛道易玄、天文地理和民俗情爱为一体，紧扣故事发展和人物沉浮，描写和映射了抗日战争那段特殊的历史。

（王凌雨）

【《周而复文集》出版】　10月，22卷本《周而复文集》由文化艺术出版社出版。这套文集由孙家正任主编并作序，按照作品分类和时间顺序，收录了周而复自1934年以来的作品。以《上海的早晨》、《伟人周恩来》、《长城万里图》而蜚声文坛的周而复是一位多产作家，创作涉及小说、诗歌、散文、戏剧、报告文学、杂文、文艺评论、书法等，出版作品共计1200万字。

（王凌雨）

·诗　歌·

【《李国超诗集》】 1月，由光明日报出版社出版。诗集共收录作者创作的古体诗140多首。

（王凌雨）

【《老舍幽默诗文集》】 1月，人民文学出版社出版。《老舍幽默诗文集》中的作品是从《老舍文集》中挑选的161篇诗文，大多数文章写于20世纪30年代到60年代。1934年4月，老舍先生自己编辑了一本《老舍幽默诗文集》，由上海时代图书公司印行，收录了35篇诗文，仅印了一版就绝迹了。10年后老舍先生甚至表示："除了已经绝版的一本幽默诗文集，我的杂文，永远不拟汇印。"因此，此后的四五十年中，老舍先生的幽默小文虽创作颇丰，但都未结集出版。1982年《老舍幽默诗文集》在香港出版了10万字的中文繁体本，增至40篇，由漫画家方成做了插图。1983年，湖南人民出版社出版了《老舍幽默文集》，收录了65篇短文而没有收入诗歌。1992年海南出版社出版了126篇、23万字的《老舍幽默诗文集》。

（王凌雨）

【《乔羽文集》】 3月，全面反映乔羽歌词创作成就的《乔羽文集》由新华出版社出版。共收集乔羽各类作品290篇。其中的"诗词卷"收入乔羽一生具有代表性的词作216首；"文章卷"收入序言、随笔、随感、讲话、书信等各类文章74篇。这些文章涉及对当代歌词艺术的评论和总结。

（王凌雨）

【曹云鹏诗集《夕阳情》】 6月，由长征出版社出版。共辑录了300首诗，分为"夕阳情"、"黍谷情"、"一世情"等8部分。

（王凌雨）

【长诗《百年小平》】 7月，诗人庄永春历时两年创作完成的万行抒情长诗《百年小平》由作家出版社推出。这部作品以小平生平经历为主线，其思想理论为轴心，用纯诗化的语言、大框架的结构大跨度地展现了邓小平光辉而伟大的一生。

（王凌雨）

【《小平您好——纪念邓小平百年诞辰诗歌集》】 7月，由上海画报出版社出版。共收录诗歌100首，歌曲、歌词10首。体裁包括新诗、儿歌、旧体诗词和歌曲等。全书共分五大部分，从各个方面、不同角度颂扬、讴歌了中国人民的儿子——邓小平同志的光辉形象。本书由郝铁川、吴贻弓、周渝生任顾问，迟志刚任主编，全书约15万字。

（王凌雨）

·散　文·

【毕淑敏《心灵7游戏》】 5月，由北京十月文艺出版社出版。是一本心理学读物。在书中，毕淑敏设计了7个精巧的小游戏，以做游戏的方式走进自己的心灵世界，梳理过去，探索自我，思考人生重大问题，从中获得保持心理健康和心灵活力的启示。

（王凌雨）

【熊育群《罗马的时光游戏》】 7月，由中国青年出版社出版。作者几乎踏遍欧洲，作品集散文、随笔、摄影、诗歌、游记、纪实以及小说中想象的文本，是一本有关艺术灵魂的新游记。

（王凌雨）

【《红舞台下的凡人邓小平》】 由记者余玮、吴志菲夫妇历时半年撰写的《红舞台下的凡人邓小平》一书，8月由人民出版社推出。亲情与真情、友情与乡情、遭际与人际、养生与爱好、个性与情趣、智慧与品质……儿女人情，喜怒哀乐，尽在其中。作者通过一个平民的视角表现出政坛下的伟人、红墙外的凡人平凡而不失传奇的一面。透过一行行饱含深情的文字，可以感受到平民政治家邓小平特有的魅力、风范与本色。书中还配发了有关邓小平的精彩图片100幅。

（王凌雨）

【《柴福善散文精选》】 柴福善是京郊平谷的散文作家，他的散文集《柴福善散文精选（上、下）》，11月由民族出版社出版。该书分《核桃树下的王蒙》和《秦时明月》两部分。作者在第一部分主要写了王蒙、浩然、林斤澜、刘恒等作家，以及爷爷、父母亲、堂兄弟等亲友；第二部分主要是一些游记散文和生活小品文。

（王凌雨）

【《永远的邓小平——卓琳等人访谈录》】 6月，由中央文献出版社研究室编撰，四川人民出版社出版。通过邓小平夫人卓琳及其子女、亲友和工作人员的讲述，再现了邓小平作为儿子、丈夫、父亲的一个个鲜为人知的故事，展示了他的伟人情怀和人格魅力。卓琳为本书亲笔题字："永远怀念邓小平同志"。

（王凌雨）

·报告文学·

【《老舍茶馆》】 10月21日，北京老舍茶馆与读图时代有限公司推出《老舍茶馆》。全书记述了企业创始人尹盛喜先生带领员工奋发拼搏的发展历程以及为传承优秀民族文化所作出的努力，也反映了企业新一代管理团队与时俱进、不断改革创新的种种举措。

（王凌雨）

【《燕赵名村周各庄》】 纪实文学集《燕赵名村周各庄》由中国文史出版社出版，共收入知名作家、教授撰写的16篇纪实文学，全面描绘了河北廊坊周各庄的创业历程及周各庄人的心灵发展史。

（王凌雨）

·儿童文学·

【北京《新童谣》】 2月，北京少年儿童出版社将征集的部分优秀新童谣及传统童谣结集出版，包括《新童谣幼儿版》、《新童谣小学版》、《传统童谣精选》三本。这些童谣题材广泛，内容丰富，有爱国题材的《祖国是大家的妈妈》，有爱北京的《北京好》，有迎奥运的《迎接奥运忙》，有讲美德的《人人从我做起来》等，形式新颖，图文并茂，为未成年人所喜闻乐见。

（王凌雨）

·文学剧本·

【刘恒电影文学剧本《张思德》】 编剧为刘恒。抗日战争后期的延安正处在热火朝天的大生产运动中。毛泽东的勤务兵张思德为人憨厚朴实，工作任劳任怨，从不计较个人的得失，一心一意为着革命的利益和解放全中国的伟大事业而默默奉献。1944年，为解决中央机关冬季取暖问题，他带领一班人到安塞县烧木炭。在一次烧炭中炭窑突然崩塌，张思德不幸牺牲。毛泽东主席在他的追悼会上深情地说，我们的队伍里到处是这样的人，普通、平常，像清凉山上的草一样，我们不注意到他们，往往也听不到他们的声音，可正是这些人支撑了我们的事业。毛主席的这篇讲演发表时以“为人民服务”为题，这篇文章也成为共产党人行为准则和毛泽东思想的具体体现，在60年后的今天，重温这段历史和这篇文章仍具有深刻的现实意义。

（王凌雨）

·其 他·

【《宋庆龄书信集（续编）》】 5月29日，由宋庆龄基金会、中国福利会、上海宋庆龄陵园管理处联合编辑，人民出版社出版。与1999年出版的《宋庆龄书信集》上、下卷相比，《续编》收录的416件书信大部分是宋庆龄晚年写给挚友的私人信件，更加真切、率直地表达了她的思想和情感，从侧面折射出她的一生；同时这些信件约四分之一写于“文化大革命”期间，这对于宋庆龄在“文化大革命”十年这一特殊历史时期的研究将提供重要帮助。

（王凌雨）

机 构

·教育、研究·

【中国社科院“文学理论研究中心”成立】 1月9日，中国社会科学院“文学理论研究中心”宣布成立。该中心成立后，将以让世界了解中国，与国际文学理论和批评界进行平等对话为己任，在发展自身学术研究的同时，促进国际学术交流，为中外文学理论界的相互了解提供条件。

（王凌雨）

【“中国儿童文学研究中心”成立】 4月13日，北京师范大学“中国儿童文学研究中心”宣布成立，我国第一位儿童文学博士生导师王泉根担任中心主任。北师大在20世纪50年代初期创立了我国第一个儿童文学教研室，著名学者、作家穆木天担任首任主任，儿童文学家陈伯吹担任教授。中国儿童文学研究中心将把加强儿童文学的社会化推广与应用、提升儿童文学学科应有的学科地位、加强中外儿童文学与海峡两岸儿童文学的交流以及科幻文学研究等作为今后一个时期内的重心，同时将积极投入“当代西方儿童文学新论丛书”、“科幻文学学科体系建设丛书”的研究著译工作。由该中心承担的教育部社科规划项目、计120万字的《中国新时期儿童文学研究》也已出版。

（王凌雨）

·社 团·

【西城文学艺术界联合会成立】 1月9号，西城文学艺术界联合会举行成立大会。书法家刘炳森担任名誉主席。舒乙、李燕、吴江、笑林等来自文学、戏曲、音乐、美术等艺术领域的近百名艺术家出席了大会。会议选举产生了组织机构和理事成员。

（王凌雨）

【北京作家协会少数民族文学创作委员会成立】 4月28日～29日，北京作家协会在怀柔召开了少数民族文学创作委员会成立大会。赵大年、郭雪波、杨盛龙、关纪新、赵京梅、钟晶晶等满、回、蒙古、侗、土家、苗族的21位少数民族作家出席会议。郭雪波、赵晏彪、曹革成等8人担任委员会委员。郭雪波担任委员会主任。

（王凌雨）

【北京大学诗歌中心成立】 6月22日，北京大学诗歌中心成立大会在北大英杰交流中心举行。傅璇琮、袁行霈、谢冕、孙玉石、温儒敏等几十位学者，臧棣、西川、王家新、孙文波、姜涛、西渡等一百多位诗人及诗歌爱好者齐聚一堂，共同庆祝北大诗歌中心的成立，由前辈学者、诗人林庚担任主任。北大诗歌中心下设“古代诗歌与诗学研究所”、“新诗研究所”，还拟组建民歌民谣、外国诗歌、比较诗学等领域的研究机构。

（王凌雨）

【中国残疾人作家联谊会成立】 12月3日是第13个“国际残疾人日”，来自全国各地的50余位残疾人作家代表参加了在京举行的中国残疾人作家联谊会成立大会。中国残联主席邓朴方、中国作家协会书记处书记田滋茂等领导出席会议。大会推举北京作家协会副主席史铁生为联谊会会长。据统计，至2004年底已加入全国市级以上作家协会的残疾人作家共有319位。

（王凌雨）

【“青青草”文学社】 “青青草”文学社是北京作家协会儿童文学创作委员会与西城区青少年图书馆2001年创办的一个面对青少年的文学团体，也是北京儿童文学作家活动的基地，2004年组织了大量活动，其中文学讲座和专题讲座20场，文学夏令营及采风3次，组织了爱祖国、爱北京、爱西城征文活动，共有5000人次参加了各项文学活动。

（王凌雨）

【“中华少年写作园”授牌仪式在北大举行】 4月26日，“中华少年写作园”授牌仪式在北京大学国际会议中心举行，中宣部、教育部等单位领导与全国30多家重点中学的校长、教师参加了授牌仪式。在会上，清华附中、北大附中、首师大附中等20所重点中学被授予“中华少年写作园”称号。

（王凌雨）

·文学馆、博物馆·

【曹雪芹纪念馆建馆20周年】 4月22日，黄叶村曹雪芹纪念馆建馆20周年纪念大会在北京植物园举行。冯其庸、傅庚辰、张庆善、孙玉明等出席大会。黄叶村曹雪芹纪念馆建于1983年，1984年4月22日开馆，是国内第一家曹雪芹纪念馆。建馆20年来，经过了3次修建，4次布展，共350余万人次到此参观。曹雪芹晚年生活在北京卧佛寺、樱桃沟一带。1971年，现纪念馆所在地曾发现相传与曹雪芹有关的对联。后人根据曹雪芹的朋友敦诚、敦敏、张宜泉等人诗中的意境，在曹雪芹生活、写作的环境里，建立了这所纪念馆。

（王凌雨）

【北京作家协会推出国际华文儿童文学网和国际华文作家网】 6月15日，北京作家协会主办的“国际华文儿童文学网”站开通，9月1日“国际华文作家网”开通。儿童网配合北京文学节举办了首届网络儿童文学征文大赛。征文共收到各类儿童文学作品5000多件，作品点击率达9万人次。9月25日在首届“北京文学节”闭幕式上举行了颁奖典礼，成人组一等奖空缺，山东云狐的《穿越时空的古鸭》和四川孙泽贤的《大海》获得学生组一等奖。

（王凌雨）

【军旅力作《贺龙大传》等赠国图】 11月，武警部队国家一级作家、政府特殊津贴享受者刘秉荣，向国家图书馆赠送了《贺龙大传》等40余部著作，总字数2500万字。武警部队副政委隋绳武、贺龙女儿贺捷生、中国通俗文艺研究会会长陈钧等出席了赠书仪式。刘秉荣从事文学创作40年。近20年来，他以主要精力描写红军、颂扬老一辈革命家，进行红色文学创作，先后出版了《贺龙大传》、《红一方面军纪实》、《红二方面军纪实》、《红四方面军纪实》、《沧海横流》、《红海忠魂》、《魂飘重霄九》、《洪湖曲》、《菜刀记》、《贺龙姐弟》等一批作品。

（王凌雨）

【现代文学馆网站开通】 3月，现代文学馆网站 www.wxg.org.cn 开通。由中国现代文学馆与北京中科软件有限公司共同制作的全结构式网上文学馆，共设17个大栏目，其中包括：文学馆简介、巴金论文学馆、报道剪报、文学大事记、咨询服务、文学馆游览、义务讲座、研究丛刊、馆藏目录、文学馆动态、专家介绍、文学馆珍藏、文学馆建筑艺术等。

（王凌雨）

活　　动

·大型活动·

【北京市文学艺术界联合会第七次代表大会】 北京市文学艺术界联合会第七次代表大会1月13日～15日召开。中国作家协会党组书记金炳华，市委副书记、代市长王岐山，市委副书记、市人大常委会主任于均波，中国文联党组副书记覃志刚，市委副书记龙新民等出席大会会见代表。过去的六年，首都的文学艺术事业不断发展，取得了喜人的成绩，在文学、戏剧、音乐、舞蹈、曲艺、杂技、电影、电视、美术、书法、摄影、民间文艺领域创作出一大批富有时代精神和首都文化特色的优秀作品。首都文艺队伍继续发展壮大，11个文艺家协会会员总数已发展到13495人。刘淇在讲话中代表市委、市政府向大会表示热烈的祝贺，向出席大会的各位作家、艺术家代表致以诚挚的问候！他说，首都文艺界坚持以邓小平理论和“三个代表”重要思想为指导，认真贯彻执行党的文艺工作的路线、方针、政策，振奋精神、奋力开拓，各方面工作都取得了巨大的成就，创作出一大批体现时代精神、具有艺术感染力、在全国产生较大影响、深受人民群众喜爱的文学艺术作品，丰富了人民群众的精神文化生活，为首都人民争得了荣誉。市文联充分发挥了党和政府联系广大文艺工作者的桥梁和纽带作用。他希望市文联更加紧密地团结广大文艺工作者，运用更加丰富多彩的文化产品，把全市人民的意志和力量都凝聚到实现“新北京、新奥运”的目标上来。大会期间，来自全市的近300名文艺工作者，回顾了过去六年北京市的文艺工作，审议通过了《北京市文联第六届理事会的工作报告》，修订了《北京市文学艺术界联合会章程》，并就如何繁荣首都文艺创作、推动文艺事业发展等问题献计献策。大会选举产生了北京市文联新一届领导机构。金铁霖为主席，吕浩材为常务副主席，王学勤、王明明、叶用才、刘恒、吕艺生、张学津、李廷芝、李金斗、陈祖芬、林岫、降巩民、赵书、郭启宏、谭利华、濮存昕为副主席，陈世崇、陈志强为驻会副主席。

（王凌雨）

【第三届法源寺丁香诗会】　4月10日下午，由北京作家协会与宣武区牛街社区等单位主办的第三届丁香诗会在法源寺内举行。在北京的百位诗人、作家与牛街地区的广大居民们在一片丁香花海中吟诗作画。法源寺始建于唐贞观十九年（645年），距今已有1400年的历史。每年春季花开，寺僧必备素斋，邀集文人名士赏花吟诗，当年赫赫有名的纪晓岚、黄景仁、龚自珍，名噪一时的宣南诗社，都曾在寺内留下足迹与诗篇。

（王凌雨）

【中国诗歌万里行启程】　由中国诗歌学会主办，以弘扬民族文化、传递诗歌精神为主题的“中国诗歌万里行”活动4月28日在北京拉开序幕。为增进诗人与民众的联系，促进诗歌事业的发展，“中国诗歌万里行”将作为一项长期宏大的诗歌工程，以市场化、产品化、产业化、集约化的形式，最终实现打造一个品牌、创造十个基地、走进一百个城市、扶持一千个诗社、培养一万名作者的目标。中国作家协会书记处书记、“中国诗歌万里行”活动组委会主任吉狄马加、中国诗歌学会秘书长张同吾等人出席了在中国作家协会举办的新闻发布会。

（王凌雨）

【北京通州区运河文库工程启动】

《运河文库》丛书是通州区委、区政府、区文化委员会弘扬运河文化、打造特色品牌、兴办运河文化产业的一项重要工程。自2001年出版第一辑10部作品后，2004年4月又出版了《运河文库》第三辑10本书，反映了通州区作者的文学创作水平。

（王凌雨）

【臧克家杯首都朗诵艺术大赛】

北京朗诵艺术团、《北京娱乐信报》、北京市通信公司8月5日～8月21日联合举办臧克家杯首都朗诵艺术大赛。表演艺术家朱琳、周正，朗诵艺术家殷之光，著名节目主持人李瑞英、罗京等担当评委，大赛不收参赛者任何费用。此次朗诵大赛面向全市报名，参赛选手限定为18～50周岁，参赛内容为古今中外的优秀文学作品，题材不限，体裁以诗歌、散文为主，比赛分初赛、决赛两个阶段进行。

（王凌雨）

【第三届小作家夏令营】　8月，中国作家协会校园文学杂志社发起了中国校园文学第三届小作家夏令营。来自全国各地的300多名热爱文学的中小学生参加了夏令营。营员参观了现代文学馆，观看了天安门广场升旗仪式，召开了文学讲座及小作家即兴创作大赛。

（王凌雨）

【首届“北京文学节”】　由北京作家协会主办，《北京文学》月刊社等单位协办的首届“北京文学节”自9月19日开幕到24日结束。这是中国内地举办的第一个文学节。北京文学节共由四个部分组成：“全城文学讲坛”，即由30名知名作家、评论家在北京各大院校和各区县的文化场所进行30场大型文学演讲；“全城影展”，即在北京各区放映根据文学名著改编的电影，以更形象、更直接的方式普及文学经典；设立“终身成就奖”、“文学创新奖”、“北京作家最喜爱的海外华语作家奖”三项文学大奖。王蒙获“终身成就奖”，刘恒获“文学创新奖”，白先勇获“北京作家最喜爱的海外华语作家奖”；还有“首届儿童文学网络大赛”，以作家协会主办的华文儿童文学网站为平台，进行了为期两个月的华文儿童文学网络征文大赛，吸引了5000余人次投稿，4万余网友关注。“北京文学节闭幕式”暨颁奖典礼于9月25日（即鲁迅诞辰123周年纪念日）在首都剧场举行，中国作家协会党组书记、副主席金炳华，北京市市委常委、宣传部长蔡赴朝，北京市文联、北京作家协会领导吕浩材、陈世崇、李青等参加颁奖典礼，典礼仪式由著名作家赵大年、毕淑敏主持。

（王凌雨）

【第二届《儿童文学》小说擂台赛】　10月25日上午，《儿童文学》杂志社和山东天鸿书业公司在京举行发布会，宣布第二届“《儿童文学》小说擂台赛”启动。第二届擂台赛从即日起开始征稿，所征之稿将于2005年1月开始在《儿童文学》杂志社刊登。和第一届擂台赛不同的是，本次征稿对象将突破年龄限制，而不再局限于中青年。此外，本届擂台赛还将首次分设读者大奖、编辑大奖、专家大奖三类奖项。

（王凌雨）

·会　议·

【小作家协会第一次全国代表大会召开】　3月26日中国小作家协会在北京钓鱼台国宾馆召开了第一次全国代表大会。在开幕典礼上，80余名来自全国各地的小作家代表与大作家们座谈儿童文学创作。社会各个方面的领导、作家、主席团成员、导师团代表出席了代表大会。中国小作家协会是由国家民政部批准成立、中国少年儿童报刊工作者协会管理并委托《儿童文学》杂志社主办的、非赢利性文学少年的群众组织。协会自2003年10月成立以来，已吸收会员2000余名，建立地方活动基地16个，开设了自己的网站（www.zgxzjxh.com），建立了主席团、导师团。

（王凌雨）

【我国首届儿童文学博士生毕业】 5月，我国培养的首届3位儿童文学博士生王林、金莉莉、张嘉骅在北京师范大学通过博士学位论文答辩，成为我国第一批儿童文学博士。2001年北京师范大学在我国率先招收中国现当代文学专业儿童文学研究方向博士生，导师为儿童文学理论家王泉根教授。

（王凌雨）

【中国作家协会召开六届六次主席团会议】 6月28日，中国作家协会召开六届六次主席团会议，认真学习贯彻胡锦涛总书记等中央领导同志在全国加强和改进未成年人思想道德建设工作会议上的重要讲话，并对在文学界深入开展“三项学习教育”活动进行了部署。会议推举张健同志为中国作家协会第六届书记处书记。王巨才同志因超过规定任职年龄，不再担任书记处书记职务。会议根据《中国作家协会章程》第二十五条关于全国委员会团体委员变更的有关规定，同意由中国煤矿作家协会的许传播同志替补李士翘同志、中国矿业作家协会的常江同志替补文乐然同志为中国作家协会第六届全国委员会委员。

（王凌雨）

【北京市写作学会召开第四届会员代表大会】 北京市写作学会7月在京召开了第四届代表大会。选举产生了新一届学会理事会、常务理事会。会议一致选举著名作家肖复兴为会长，原会长浩然为名誉会长。

（王凌雨）

【中华诗词学会全国会员代表大会】 12月8日，中华诗词学会第二次全国会员代表大会在全国政协常委会会议厅召开。乔石、朱镕基、李瑞环同志分别致辞和题词祝贺。中国作家协会党组书记、副主席金炳华，中宣部文艺局局长杨志今到会祝贺并讲话。中华诗词协会会长孙轶青发表讲话。中华诗词协会成立于1987年5月31日，至2004年有会员一万余人。其所属月刊《中华诗词》在国内外公开发行，是全国发行量最大的诗歌刊物。

（王凌雨）

·评　奖·

【“2003年度中华文学人物”揭晓】 1月6日，由中国当代文学研究会、《中华文学选刊》杂志、《南方文坛》杂志和《南方都市报》、等共同主办的“2003年度中华文学人物”评选正式揭晓，这一由众多媒体读书版记者提出初选名单，11位文学界人士最后投票决定的评选结果是：文学先生：巴金；文学女士：杨绛；最具活力作家：韩东；进步最大作家：麦加；人气最旺作家：贾平凹；最具潜质青年作家：邵丽；最有影视缘作家：刘震云；最富争议作家：余秋雨；最被看好的网络作家：慕容雪村。

（王凌雨）

【“新浪万卷杯”中国文学原创大赛揭晓】 1月6日，由新浪网主办，北京电视台、《南方都市报》、《北京娱乐信报》等媒体共同参与的“新浪万卷杯”中国文学原创大赛举行颁奖仪式，安昌河、铸剑、阿闻等分获短篇小说、中篇小说和长篇小说奖，段战江等获散文奖。张抗抗、刘震云、海岩、白烨、贺绍俊等文学界人士担任评委并到现场为获奖者颁奖。大赛自2003年11月28日开始至12月22日截稿，共收到参赛作品18517篇。

（王凌雨）

【第三届老舍文学奖】 2月3日是老舍先生诞辰105周年纪念日，由北京市文联、北京老舍文艺基金会主办，北京作家协会、北京戏剧家协会、《北京文学》月刊社协办的第三届老舍文学奖在中国现代文学馆举行了颁奖仪式。全国人大常委会副委员长何鲁丽，中国作家协会党组书记金炳华，中共北京市委常委、宣传部长蔡赴朝，北京市文联领导吕浩材、陈世崇、黎晶等出席。本届评奖委员会共评出6部获奖作品。阎连科的《受活》获长篇小说优秀奖；曾哲的《香歌潭》、程青的《十周岁》获中篇小说优秀奖；兰晓龙的《爱尔纳·突击》获戏剧剧本优秀奖；尉然的《李大筐的脚和李小筐的爱情》、毛银鹏的《故人西辞》获新人佳作优秀奖。此外，获得提名奖的作品还有，刘庆邦的《平原上的歌谣》获长篇小说提名奖；毕淑敏的《女工》、衣向东的《过滤的阳光》、刘连枢的《半个月亮掉下来》、徐坤的《年轻的朋友来相会》获中篇小说提名奖；王新纪的《刘巧儿新传》获戏剧剧本提名奖；吕不的《如厕记》、张栏的《改变直线的三个小时》、刘春的《好人如何，罪人又如何》获新人佳作提名奖。

（王凌雨）

【第二届老舍散文奖颁奖】 2月3日，由北京老舍文艺基金会和《北京文学》月刊社联合举办的“第二届老舍散文奖”举行颁奖仪式。全国人大常委会、中国作家协会、北京市委市政府有关领导以及首都文学艺术界百余人出席了颁奖活动。“新人辈出”和“书写北京的人文历史”是该界老舍散文奖的两大特色。鲍柯扬的《走进思想的竹林》、徐虹的《北京断章》、唐师曾的《从石河看内战》等10篇作品分别获一、二、三等奖。

（王凌雨）

【北京市文联第二届文艺评论奖揭晓】 北京市文联第二届文艺评论奖揭晓。2月10日，该奖项的颁奖仪式在国际艺苑皇冠假日酒店举行。中国文联理论研究室副主任夏潮，北京市委宣传部常务副部长、北京市文联副主席王学勤，北京市文联党组书记、常务副主席吕浩材，北京市文联党组副书记、驻会副主席陈世崇，北京市文联党组副书记黎晶等出席了颁奖活动。本次评奖是继北京市文联2001年首届文艺评论奖之后的第二届，涵盖了文学、戏剧、音乐、舞蹈、美术、摄影、书法、电视、杂技、民间文艺10个艺术门类的理论评论作品。评委会集中了吴秉杰、汪毓和、于平、常祥霖、丁道希、陈履生、傅谨等文学艺术理论方面的专家。评委会对文联所属的文艺家协会、研究部、报刊社所推荐的38篇理论评论文章，进行了评议和投票，选出一等奖5篇，其中包括：谢冕的《论中国新诗》，戴嘉枋的《论京剧“样板戏”的音乐改革》，张颐武的《迷乱阅读：对“七十年代作家”的再思考》，解玺璋的《表演与作秀：评鲁迅的被舞台化》和周华斌的《假面与脸谱》。曹文轩、宋宝珍等10篇论文获二等奖，还有23篇论文获三等奖。

（王凌雨）

【《诗刊》2003年度优秀作品奖颁奖】　2月，被誉为中国年度诗歌奖最高荣誉的《诗刊》年度作品奖揭晓。李瑛的组诗《垂落的眼泪》、李双的组诗《李双的诗》、雷抒雁的组诗《杂花生树》荣登榜首。

（王凌雨）

【“布老虎散文奖”首次颁奖】
民间散文奖项“布老虎散文奖”2月在北京颁奖。这是一项以鼓励散文革新为宗旨的散文奖项，奖励富有勇敢的实验精神的散文作家，每年颁发一次，获奖作品从每年由春风文艺出版社出版的《布老虎散文》中产生。首次颁发的2003年度“布老虎散文”奖授予张锐锋（《算术题》）和格致（《转身》）两位作家。

（王凌雨）

【2003年度中国小说排行榜揭晓】
由中国小说学会主办的“2003年度中国小说排行榜”3月7日在山东济南揭晓，26部小说榜上有名。此次评选分长篇、中篇和短篇小说三类。6部上榜的长篇小说为：阎连科的《受活》、范稳的《水乳大地》等；10部上榜的中篇小说包括，须一瓜的《淡绿色的月亮》、巴桥的《阿瑶》、李洱的《龙凤呈祥》等；10部上榜的短篇小说是：铁凝的《逃跑》、莫言的《木匠和狗》等。中国小说学会是中国目前唯一的小说研究专业性民间学术团体，致力于中国当代小说创作的跟踪和研究。年度全国小说排行榜是这一学会2000年为推动中国小说创作发起的。

（王凌雨）

【第三届“春天文学奖”】　4月6日，由人民文学出版社和作家王蒙共同出资创办的旨在奖励30岁以下的文学新人的第三届“春天文学奖”颁奖。王蒙、周大新、曹文轩、林白等作家评论家出席了颁奖会，宁夏西海固东乡族的青年作家了一容和现居北京的四川女作家周瑾凭借小说《向日葵》和《被世俗绑架》而同时获奖。

（王凌雨）

【2003年度“中国作家大红鹰集团杯”文学奖获奖作品揭晓】
2003年度“中国作家大红鹰集团杯”文学奖评选4月16日结束。评委会主任高洪波、副主任杨匡满共同主持了会议。“中国作家大红鹰集团杯文学奖”获奖作品中，长篇小说为范稳的《水乳大地》、孙春平的《蟹之谣》、赵德发的《震惊》，中篇小说为龙一的《没有英雄的日子》、云杉的《追我魂魄》。“中国作家大红鹰集团杯文学奖·友刊最佳作品奖”获奖作品中，纪实文学为邓贤的《中国知青终结》，短篇小说为魏微的《化妆》。

（王凌雨）

【第二届“华语文学传媒大奖”】
第二届“华语文学传媒大奖”颁奖典礼4月18日在中国现代文学馆举行。莫言获华语文学传媒大奖2003年度杰出成就奖、韩东获2003年度小说家奖、王小妮获2003年度诗人奖、余光中获2003年度散文家奖、王尧获2003年度文学评论家奖、须一瓜获2003年度最具潜力新人奖。华语文学传媒大奖是由《南方都市报》出资设立的国内第一个由大众传媒创设的文学大奖。

（王凌雨）

【第二届“中华铁人文学奖”颁奖】　由李瑞环题写奖名、以铁人王进喜命名的第二届“中华铁人文学奖”颁奖大会于5月21日在人民大会堂举行。“中华铁人文学奖”是我国石油石化海洋石油行业最高级别的文学大奖。该奖由中国石油、中国石化和海洋石油三大集团公司协办，中华文学基金会和铁人文学专项基金管理委员会共同主办。第二届评奖共有22部作品获奖，24部作品获提名奖，4位作家获荣誉奖。获奖作品是在1999年8月～2003年12月期间创作发表、出版的有关石油石化题材的大量文学作品中评选产生的精品。这些作品大部分出自石油石化海洋石油一线工人作家之手，体现了“石油人写、写石油人”的鲜明特色。获奖作品包括长篇、中篇、短篇小说，报告文学以及散文诗歌和剧本。

（王凌雨）

【“新诗界国际诗歌奖”颁奖】
6月22日，中国内地第一个具有国际性的诗歌奖项——首届“新诗界国际诗歌奖”颁奖典礼在北京中国现代文学馆举行。中国诗人牛汉、加拿大籍华裔诗人洛夫、瑞典诗人特朗斯特罗姆获得“北斗星奖”，西川、王小妮、于坚获得

“启明星奖”。“新诗界国际诗歌奖”是中国内地设立的第一个国际性的诗歌奖项，由北京大学新诗研究中心、清华大学文学研究所、中国人民大学现代诗学研究所、中国现代文学馆、文化部华夏文化促进会等学术机构联合发起并创立。今后将每两年举办一次，每次设“北斗星奖”和“启明星奖”各3名，候选对象皆为健在诗人。其中“北斗星奖”为终身成就奖，获奖对象为1位中国内地诗人、1位港澳台及海外华语诗人和1位外国诗人；“启明星奖”则只颁给卓有建树，且潜质深厚的中国内地诗人。

（王凌雨）

【第七届夏衍电影文学奖颁奖】 8月28日，第七届“夏衍电影文学奖”颁奖典礼在北京展览馆举行。第十届中国电影“华表奖”同台颁发。角逐本届夏衍电影文学奖的参评剧本共有413部，30部入围剧本进入终评，10部作品获得优秀剧本一、二、三等奖。优秀剧本一等奖：《我的法兰西岁月》（编剧：赵葆华）；优秀剧本二等奖：《我要做个好孩子》（编剧：张之路）、《一轮明月》（编剧：杨捷、武华、于洪洋）；优秀剧本三等奖：《李宗仁归来》（编剧：梁国伟）、《金蝴蝶结儿》（编剧：烈娃）、《鸳鸯板》（编剧：王承友、李平分、黄宏）、《电影年代》（编剧：小江、程青松）、《迷魂》（编剧：曹桑）、《美丽上海》（编剧：彭小莲）；少年儿童题材优秀剧本奖：《女生日记》（编剧：王群、王宁）；青年优秀剧本奖：《天堂与地狱》（编剧：王强）。

（王凌雨）

【2004年上半年中国文学排行榜揭晓】 8月，有着10年历史，由《北京文学》发轫评选的当代中国文学最新作品（2004年上半年）排行榜在北京揭晓，上榜的作品有：中篇小说《马嘶岭血案》（陈应松）、《忠臣逆子》（袁劲梅）、《想像一个歌手》（蒋韵）、《甩鞭》（葛水平）、《食堂》（邓宏顺）；短篇小说《阿拉伯树胶》（铁凝）、《白水青菜》（潘向黎）、《一条悲哀的狗》（李国文）、《阿回》（巫昂）、《符号》（陈笑黎）；报告文学《写中国人民的故事——关于和平岁月死难烈士家人们的报告》（罗盘）、《欲说还羞性教育》（曲兰）、《我只养你到十八岁》（吴必雯）、《窃心大盗——青少年网恋调查》（祁建）、《天下婚姻》（黄传会）；散文随笔《塬下的日子》（陈忠实）、《新闻部长萨哈夫》（朱增泉）、《中西风马牛——欧洲讲学启示录》（之二、之四，吴迪）、《孤树与林木》（詹克明）、《1976》（路也）等。

（王凌雨）

【“中坤杯·首届艾青诗歌奖”颁奖】 由中国诗歌学会主办的“中坤杯·首届艾青诗歌奖”9月16日在人民大会堂颁奖。诗歌评奖范围是2001年～2002年用汉字出版的新诗作品。经各省市自治区作家协会、诗歌社团、出版社推荐和诗人自荐，至2004年6月截止时，共收到诗歌作品集131部，最终评出苗强的诗集《沉重的睡眠》等6部获奖作品。

（王凌雨）

【第四届“北京市文学艺术奖”评选工作启动】 10月，第四届“北京市文学艺术奖”的评选工作启动。“北京市文学艺术奖”是北京市文学艺术界最高奖项。奖项设立于1998年，每两年评选一次，由市委、市政府对优秀作品进行表彰奖励。入选的文学作品有：《天高地厚》（长篇，北京十月文艺出版社）；《猎原》（长篇，北京十月文艺出版社）；《到城里去》（中篇，《十月》杂志社）；《迷蒙之季》（中篇，《十月》杂志社）；《女工》（中篇，北京作家协会、《北京文学》月刊社）；《年轻的朋友来相会》（中篇，北京作家协会）；《爱犬颗勒》（短篇，《十月》杂志社）等。

（王凌雨）

【中国作家协会第六届全国优秀儿童文学奖揭晓】 10月，中国作家协会主办的第六届（2001～2003）全国优秀儿童文学奖评奖揭晓，16部（篇）作品榜上有名。其中，北京作家协会合同制作家曹文轩的长篇小说《细米》和金波的童话《乌丢丢的奇遇》获得全国优秀儿童文学奖。

（王凌雨）

【《人民文学》颁发诗歌散文奖】

“萧山杯”新世纪散文奖、“德意杯”首届青春中国诗歌大赛颁奖会，11月19日在人民大会堂举行。中国作家协会党组副书记、书记处书记张健，中国作家出版集团党委副书记艾克拜尔·米吉提，《人民文学》主编韩作荣等以及在京的部分作家、诗人、评论家参加了颁奖会。李国文、南帆、朝阳获新世纪散文家奖，陈忠实的《原下的日子》、谢冕的《悲喜人生》等10位作家10篇散文获优秀散文奖。来自河北的诗人殷常青和来自浙江的诗人江一郎获得一等奖，小米、马累等14名诗人分获二、三等奖。

（王凌雨）

【2004年“长篇小说年度奖”北京开奖】 由人民文学出版社《当代》杂志社主办，新浪网协办的“长篇小说年度奖”12月23日在北京开奖，白烨、陈晓明、李敬泽、张颐武、孟繁华、阎晶明、雷达7位评委在媒体和公众的监督下，对10部候选作品现场评议，记名投票，当众唱票。最后，《英格力士》获2004年长篇小说年度最佳奖（专家）。《狼图腾》、《水乳大地》、《国家干部》获2004年长篇小说年度优秀奖（专家）。《狼图腾》、《中国式离婚》、《石榴树上结樱桃》分别以687票、647

票、338票获2004年长篇小说年度优秀奖（读者）。

（王凌雨）

【第三届鲁迅文学奖评奖】 由中国作家协会主办的第三届鲁迅文学奖评奖于12月28日揭晓。《玉米》（毕飞宇）等4篇作品获全国优秀中篇小说奖，《上边》（王祥夫）等4篇作品获全国优秀短篇小说奖，《宝山》（李春雷）等5部作品获全国优秀报告文学奖，《野诗全集》（老乡）等5部诗集获全国优秀诗歌奖，《贾平凹长篇散文精选》（贾平凹）等5部散文杂文集获全国优秀散文杂文奖，《难度·长度·速度·限度——关于长篇小说文体问题的思考》（吴义勤）等4部（篇）作品获全国优秀理论评论奖，《神曲》（田德望译）等2部作品获全国优秀文学翻译奖。

（王凌雨）

【北京市庆祝中华人民共和国成立55周年征文评奖】 北京作家协会驻会及合同制作家共有15人获北京市庆祝中华人民共和国成立55周年征文奖，其中徐坤的中篇小说《年轻的朋友来相会》、刘庆邦的短篇小说《遍地白花》、毕淑敏的短篇小说《藏红花》、白连春的诗歌《白连春诗九首》获优秀奖，张承志等11人获佳作奖；在第三届老舍文学奖评奖中，阎连科的《受活》获优秀长篇小说奖，曾哲的《香歌潭》、程青的《十周岁》获优秀中篇小说奖，衣向东等5人获提名奖。

（王凌雨）

【《我们仨》获台湾地区《中国时报》“2003开卷好书奖”】 著名作家杨绛所著的《我们仨》在台湾地区《中国时报》“2003开卷好书奖”中获十大好书（中文创作类）第一名。92岁高龄的杨绛，以平和笔调记录了她与钱钟书先生及女儿钱媛相守63年的人生经历。书中同时收录了三人往来的文字、书信及图画。

（王凌雨）

·交　流·

【我国作家参加“第24届法国图书沙龙”】 3月18日～24日，我国作为“主宾国”参加在法国巴黎举办的“第24届法国图书沙龙”，沙龙的主题是“中国文学”，中国作家代表团、中国出版代表团共百余人出席沙龙。作家代表团包括陈建功、阿来、刘醒龙、王安忆、铁凝、方方、戴来等近40位中国实力派作家。他们中大部分人的作品出版过法文版。他们与法国作家及媒体进行了多场次的文学交流。每位作家还参加1个小时的读者见面活动及著作介绍会。

（王凌雨）

【京津冀作家举办年度文学交流】 6月8日～10日，北京、天津、河北三省市作家协会及文学院组织所属作家在天津举办了一次大型的文学交流活动。在为期两天的活动中，40多位作家展开了各种形式的交流与讨论，对当今文学走向、全球化背景下的地域特征的留存与差异、小说技术与时下小说状况等多种问题均有涉及，并提出许多相当精彩的见解。

（王凌雨）

【“全球化时代的文学研究”国际学术研讨会在京召开】 由北京师范大学文艺学研究中心、文学院，美国加州大学（戴维斯校区）东亚学系比较文学研究中心主办的“全球化时代的文学研究”国际学术研讨会6月27日在北京召开，50余位中外学者参加了此次会议。与会学者就社会人文科学如何适应时代的变化，马克思关于经济基础与上层建筑的作用与反作用的观点没有过时等问题进行了深入的研讨。

（王凌雨）

【北美洛杉矶华文作家协会代表团与在京作家相聚】 10月10日，北美洛杉矶华文作协代表团一行20人抵达北京，在中国作家协会与作家进行座谈交流。中国作家协会党组成员、书记处书记田滋茂代表中国作家协会在座谈会上致欢迎词，参加这次座谈交流的有陈立钢、金坚范、吴泰昌、何建明、白描、叶延滨、阎晶明等。北美洛杉矶华文作协代表团在北京、成都等地进行了为期14天的访问交流。

（王凌雨）

【《儿童文学》杂志社举办海峡两岸儿童文学座谈会】 10月20日，《儿童文学》杂志社在中国少年儿童出版总社多功能厅，举办了“海峡两岸儿童文学创作交流座谈会”。儿童文学作家、评论家、学者马景贤、桂文亚、林文宝、张子樟、金波、金本、星河、王林、徐德霞、杨福庆等出席并发言。与会者讨论交流了海峡两岸儿童文学界20年来的创作成果与现状，展望了未来发展趋势，探讨了进一步合作交流的可能性和具体措施。

（王凌雨）

【中外专家研讨中国中古文学】 2004年，由首都师范大学发起的中国中古文学国际学术研讨会在京召开。来自中国内地、港澳台地区，以及日、美、韩、德、捷克等国家的学者130多人出席了会议，提交论文百余篇。中国中古文学指汉朝至唐代的中国文学，这个时代是中国封建社会的鼎盛时代，不仅创造了中华民族高度的物质文明，也创造了高度的精神文明。与会学者就中国中古文学的特征、各类文体、研究现状以及发展前景等问题展开了深入、广泛的讨论。

（王凌雨）

·纪　念·

【臧克家辞世】 中国现、当代杰出诗人，著名作家、编辑家，忠诚的爱国主义者，中国共产党的亲密朋友，中国作家协会名誉副主席，中国诗歌学会会长，中国民主同盟盟员臧克家先生因病于2月5日在北京逝世。1905年10月8日出生于山东诸城的臧克家，在五四运动和新文化运动的兴起中登上文坛。他的作品以凝练的诗句描写了旧中国农民忍辱负重的悲苦生活，揭露了帝国主义的罪恶和伪善的面目。这一时期他创作的《难民》、《老马》、《罪恶的黑手》等作品，被称为中国现代诗史上的经典之作。抗日战争和解放战争时期，臧克家积极投身抗日爱国和反内战、促和平的进步运动，创作了大量政治抒情诗和政治讽刺诗，产生了广泛的社会影响。中华人民共和国成立后，他创作的《有的人——纪念鲁迅有感》、《毛主席向着黄河笑》等名篇脍炙人口，多次被选入中学语文课本。他和周振甫合著的《毛泽东诗词讲解》，对毛泽东诗词的传播和普及起了重要作用。改革开放以来，臧克家又迎来了创作的春天。创作并出版了《忆向阳》、《落照红》、《臧克家旧体诗稿》等诗集，《怀人集》、《诗与生活》等散文集，《克家论诗》、《臧克家古典诗文欣赏集》等论文集，对中国新诗创作进行了艺术上的探索和创新，是中国新诗从诞生到发展繁荣的见证人。臧克家曾任中国作家协会书记处书记、顾问，《诗刊》主编，中国文联委员、荣誉委员，全国人民代表大会第二、三届代表，中国人民政治协商会议全国委员会第五、六届委员，第七、八届常务委员，中国毛泽东诗词研究会名誉会长等职。他为中国新诗的发展、文学事业的繁荣，为坚持和完善中国共产党领导的多党合作和政治协商制度，都作出了杰出的贡献。

（王凌雨）

【纪念老舍诞辰105周年系列活动】 2月，老舍先生诞辰105周年之际，老舍纪念馆举办了一系列活动纪念老舍先生。这些活动包括“追寻老舍作品外文译者”、“老舍作品国外译本展”、“老舍个性化邮票发行”、“老舍作品扑克珍藏版发行”、“捐献仪式”、“老舍戏剧作品展”、“大学生《茶馆》演出”等。翻译过老舍作品的外国友人、研究老舍和老舍文学的资深专家、演出过老舍话剧的知名演员以及文艺界的许多朋友都先后到老舍纪念馆参加了这些活动，其中还有许多人被聘为老舍纪念馆的“荣誉馆员”。

（王凌雨）

【世界诗歌日北京诗人点灯笼】
在3月21日“世界诗歌日”之际，由中国作家协会诗刊社发起的“春天送你一首诗”大型公益活动启动。本次活动启动仪式是以诗人点燃一百盏灯笼的行为艺术方式进行的。每个灯笼都有一米高，灯笼上是诗人们对春天的祝福。“春天送你一首诗”活动2004年的主会场设在河南省鹤壁市，分会场则达36个，有改革开放的前沿地带深圳、中国历史文化名城赣州、著名藏书楼“天一阁”所在地宁波等。为此诗刊社不但加印了几万册当期《春天送你一首诗》特刊，还另外印制了3万套共计36万张诗歌卡片，全国有近20万人参与这次大型诗歌公益活动。

（王凌雨）

【中国作家协会举行座谈会纪念《在延安文艺座谈会上的讲话》发表62周年】 5月22日，中国作家协会在京召开首都文学界纪念《在延安文艺座谈会上的讲话》发表62周年座谈会。延安时期的老作家朱子奇，中国作家协会党组书记、副主席金炳华，中国作家协会党组副书记张健，中宣部文艺局局长杨志今等出席座谈会。与会同志认为，毛泽东同志《在延安文艺座谈会上的讲话》指引一代又一代文学工作者与人民同心、与时代同行；一批又一批高扬民族精神、极富艺术感染力的优秀作品相继涌现、催人奋进。与会者呼吁制止当前乱改“红色经典”的歪风。座谈会由中国作家协会党组成员、书记处书记高洪波主持。中国作家协会有关领导吉狄马加等出席座谈会，首都文学界作家、评论家及鲁迅文学院高级研讨班部分学员共70余人参加了座谈会。

（王凌雨）

【文化界纪念林徽因百年诞辰】
6月10日是我国现代文化史上的杰出女性，著名建筑学家、文学家林徽因的百年诞辰。在她生前任教的清华大学，来自建筑学界和文学界的诸位院士、学者，林徽因的亲人和年轻的大学生们举行纪念会，以缅怀她生前的杰出成就。清华大学建筑学院编辑出版了文集，以林徽因在建筑学和造型艺术领域的成就为主题，并取梁思成在林徽因墓碑上用的称谓“建筑师林徽因”作为书名，以资纪念。

（王凌雨）

【2004首届中国北京·国风诗人端午节大会纪念屈原】 由中国萧军研究会文学艺术创作委员会和北京市宣武区文化馆主办，《新闻风》编辑部和北京市宣武区作家协会承办的“2004首届中国北京·国风诗人端午节大会”，6月20日～22日在宣武区举行。贺敬之、魏巍、吉狄马加、乔羽、徐放、石祥、刘征、屠岸、仲兆军、周克玉、赵大年、苗得雨等来自全国各地的100多位诗人参加了大会。此次诗人大会旨在弘扬民族精神，加强全国诗人学者间的沟通与交流。大会以展示中国诗歌的创作成果、研讨中国诗词现代化和新诗民族化走向为主题，举办大型的理论专题研讨和盛大的诗歌朗诵会。大会还进行了优秀作品颁奖和在会诗人作品的评奖活动。

（王凌雨）

【“永远的思念”诗歌朗诵演唱会举办】 由北京娱乐信报社、北京朗诵艺术团联合举办的为纪念邓小平同志诞辰100周年“永远的思念”专题诗歌朗诵演唱会于6月29日在北京朝阳区文化馆举行。首都老中青文艺工作者朱琳、周正、殷之光等演员怀着对小平同志的崇敬和怀念之情，朗诵和演唱了诗人们的新作《永久的思念》、《中国上空的太阳》、《告慰小平》、《中国在崛起》、《老人与海》等，以及歌曲《春天的故事》、《我深深地爱着你》、《我用歌声拥抱祖国》、《走进新时代》等。此次朗诵演唱会由崔恩卿任总监制，殷之光任总策划。

（王凌雨）

【纪念邓小平诞辰100周年诗歌朗诵会举行】 由中国作家协会主办的纪念邓小平诞辰100周年诗歌朗诵会8月15日在北京朝阳区文化馆举行。中国作家协会党组书记、副主席金炳华等、北京市朝阳区有关领导以及首都文学界400余人观看了演出。朗诵会所选的诗歌，既有诗人流沙河、程步涛、庄永春、赵恺、王迩宾等创作的《老人与海》、《春天——写给邓小平同志》、《诗碑与雕塑》、《致船长——怀念邓小平同志》、《重写香港》等力作，也有张慧谋、李曙白、南山牛、张庞等作家和诗人新近创作的《小平画像前的三个外省民工》、《在餐桌上说起小平》、《小平呵，我一定努力种好粮食》、《看一位伟人打牌》等优秀诗作。

（王凌雨）

【纪念老舍先生诞辰105周年“永远的老舍——老舍作品专题朗诵会”】 9月4日为纪念老舍先生诞辰105周年，由中国现代文学馆、北京朗诵艺术团、北京娱乐信报社联合主办的“永远的老舍——老舍作品专题朗诵会”在中国现代文学馆举行。朗诵会上，虹云、冯福生、曹灿朗诵了《正红旗下》、《我这一辈子》、《骆驼祥子》片段，周正朗诵了《想北平》，林中华朗诵了《我热爱新北京》，殷之光朗诵了《狗》。杨青、雷瑞琴、洪流、杜宁林、郑健康、李莉等也朗诵了老舍的小说、散文、小品文。

（王凌雨）

【诗刊社等团体纪念智利诗人聂鲁达诞辰100周年】 9月27日晚，诗刊社与北京大学西语系、北京大学诗歌研究中心、北京朝阳区文化馆、北京世纪文景文化传播公司在朝阳区文化馆联合举办了纪念酒会和朗诵会，纪念智利诗人巴勃罗·聂鲁达诞辰100周年。文学界人士屠岸、食指、崔道怡等参加了这次朗诵会。朗诵会上，朗诵艺术家们朗诵了聂鲁达的《颂歌的住宅》、《在我的祖国正是春天》、《向中国致敬》等十余首作品和长诗片段，编辑家崔道怡满怀激情地朗诵了聂鲁达的长诗《马楚·比楚高峰》。聂鲁达生前曾两次来到中国，我国诗人艾青1950年应邀到智利访问，与聂鲁达有很深的交往。

（王凌雨）

【中国作家协会纪念丁玲百年诞辰】 中国作家协会10月9日在中国现代文学馆举行座谈会，纪念著名作家丁玲诞辰100周年。中共中央政治局常委李长春，中共中央政治局委员、书记处书记、中宣部部长刘云山发来贺信。中宣部副部长李从军，中国作家协会党组副书记、书记处书记张健等参加座谈会。首都文化界及丁玲的亲友、家乡代表200多人参加了座谈会。与会人士纷纷表达对丁玲的缅怀。大家表示，要继承发扬丁玲同志对党和祖国的热爱之情，坚持先进文化的前进方向，把更多更好的精神食粮奉献给人民。“丁玲生平与创作展”同日在中国现代文学馆开幕。

（王凌雨）

【贺敬之诗歌朗诵会举行】 为纪念著名诗人贺敬之诞辰80周年和从事文学创作65周年，“贺敬之文学生涯65周年诗歌朗诵会”12月8日在北京国家图书馆举行。中国作家协会领导金炳华、翟泰丰、高洪波、吉狄马加、张胜友、田滋茂等出席。晚会在曹灿朗诵的《贺敬之是一首诗》中拉开了帷幕。王昆、孟于、李元华演唱了歌剧《白毛女》；朱琳朗诵了《三门峡——梳妆台》；殷之光朗诵了《雷锋之歌》；牟云朗诵了《桂林山水歌》。晚会在大合唱《不会忘记，也不该忘记》中结束。朗诵会由中国人口文化促进会、中国大众文学学会和中国社会主义文艺学会主办。

（王凌雨）

【《21世纪文学之星丛书（十年精选卷）》首发】 12月21日，被誉为“文学希望工程”的“21世纪文学之星”十周年纪念会在京举行。《21世纪文学之星丛书（2004年卷）》及《21世纪文学之星丛书（十年精选卷）》也于当日首发。《21世纪文学之星丛书》由中国作家协会、中华文学基金会主办，是为发现、扶植文学新人而创办的一项具有跨世纪意义的文学工程。他以年卷的形式，为青年作者出版第一本文学专著。“21世纪文学之星”自1994年启动以来，10年间已为全国各地的82位青年作者出版了81本专著，其中包括小说、诗歌、散文、评论等多种门类，《21世纪文学之星丛书（2004年卷）》包括《幸福的轮子》、《浪漫季节》、《窗口的男人》、《去小姨家》、《飘雪的阳光》等8种图书。《21世纪文学之星丛书（十年精选卷）》则是各年度专集的精选。为了保护和树立“21世纪文学之星”的品牌形象，“21世纪文学之星”目前已经作为文字商标在国家商标局注册。纪念会由中国作家协会、中华文学基金会和共青团中央联合举办。团中央书记处常务书记赵勇出席会议并讲话。

（王凌雨）

·研究与评论·

【《历代蒙古族文学作品选编》首发式暨研讨会在京举行】 由内

蒙古赤锋市昭乌达译书社，历时10年编译的《历代蒙古族文学作品选编》出齐。1月7日，中国作家协会和赤锋市人民政府在北京人民大会堂联合举行了该套书的首发式暨研讨会。原全国人大常委会副委员长布赫，中国作家协会党组书记、副主席金炳华，中国少数民族理论研究会会长伍精华，中国作家协会名誉副主席翟泰丰，中国作家协会党组成员、副主席陈建功，中国作家协会党组成员、书记处书记张胜友以及中国社科院少数民族文学所、内蒙古作家协会、赤锋市有关领导、作家、评论家100多人出席了会议。会议由中国作家协会党组成员、书记处书记吉狄马加主持。《历代蒙古族文学作品选编》系那顺德力格尔主编，分别由作家出版社和中国对外翻译出版公司出版，包括《苍狼文丛——北中国情谣、马背上的柔情、黄金家族的守望》、《新时期蒙古族文学丛书——静谧的秋夜、母亲的歌声、遥远的草原》、《白鹿文丛——戈壁胡杨、雪中之花、远处的星光》等3套9部作品集，约300多万字。这套书时间上贯通古今，地域上跨越海内外，内容上纵横广致，艺术上兼容并蓄，共收入了上迄元代、下至当代的340余名作家的580篇（部）代表作。既有小说、诗歌、散文、随笔，又有报告文学、文艺评论、戏剧、电视和电影剧本。其中有黄金家族的史诗《成吉思汗的训词》、历史传说《满都海斯琴夫人》，也有近、当代蒙古族著名作家的佳作。

（王凌雨）

【《革命百里洲》在京研讨】　报告文学作家赵瑜近五年深入荆楚，明察暗访，与胡世全合作写出了兼有田野调查和纪实文学之长的新作《革命百里洲》。1月，中国青年出版社举行了作品研讨会。百里洲是湖北省枝江市的一个小镇，地处长江中游，四面环水。这个地理位置相对封闭，演绎出地方独特的历史传奇。水旱灾害、社会动荡、战乱频仍，给江村农人带来无尽的创痛。这部新作以个案视角客观地审视了中国近现代历史的长流。本书是赵瑜计划中的“中国乡村三部曲”的第一部。与会评论家认为这部作品极有特点，此类作品在当代中国文学和历史著作中还不多见。

（王凌雨）

【“老舍与北京”研讨会】　2月3日，北京市文联、北京老舍文艺基金会、北京老舍研究会、北京娱乐信报社联合召开了“老舍与北京”座谈会。北京市委宣传部常务副部长、北京市文联副主席王学勤，北京市文联党组书记吕浩材，老舍的女儿、北京老舍纪念馆馆长舒济，北京市老舍研究会副会长兼秘书长高玉琨，作家赵大年、孔庆东等30余人出席了座谈会。吕浩材介绍了老舍与北京市文联的深厚渊源，老舍先生是市文联第一、二、三届的主席，是市文联的奠基人，1951年北京市人民政府授予他“人民艺术家”的荣誉称号。王学勤说，老舍作为人民艺术家，“老舍学”也将随着我们的研究而延伸，逐渐建立起来。座谈会上舒济深情地回忆起老舍出生和成长地“小羊圈胡同8号”，她说：“父亲去世后，我们经常到那里走一走。就像父亲作品里所说的，胡同太小了，一不留神就走过去了。胡同是葫芦形的，父亲说我们就住在葫芦肚子里。我希望它能保留下来，它太破旧了，但更有文化价值了。”北京市文联党组副书记兼北京娱乐信报社社长崔恩卿主持了座谈会。

（王凌雨）

【2003年文学回顾研讨会】　由中国作家协会理论批评委员会与上海《社会科学报》主办的“2003年文学回顾研讨会”，2月7日在北京中国作家协会召开。来自京沪的著名文学理论评论工作者和文艺报刊的负责人约30余人，就过去一年里的文学创作、文学理论和文学批评的诸多新收获、新现象、新趋势、新问题进行了探讨。中国作家协会党组书记、副主席金炳华到会讲话。研讨会由中国作家协会副主席张炯主持。与会者一致认为，2003年的文坛，总体上处在一个健康的轨道上向前发展。尤其在文学的各类文体的创作中，关注现实生活、为广大民众代言、书写时代巨大变化的厚重之作时有出现，这是值得欣慰的。2003年的中国文学，尚未根本摆脱所谓“边缘化”困境。要解决这个问题，唯一的途径就是广大作家要充满激情地投身到人民的历史创造之中，直面时代的矛盾与冲突，关心人民的生活与命运。只有这样，中国文学才会得到人民的尊重。与会专家还注意到，2003年的文学状况也凸显作家如何用正确的历史观、价值观、思想观、文化观在认识、分析、把握、评价、表现现实方面暴露出的问题。呼吁文艺评论界，不要参与对不良甚至有错误作品的炒作，搞人情评论、金钱评论。另外，强调了培养优秀的理论评论人才与培养优秀作家同样重要。

（王凌雨）

【《世界在爱情中成长》研讨会】

著名军旅诗人、作家亦村的长篇小说《世界在爱情中成长》作品研讨会于2月举行。该小说以南方某一庞大家族一个世纪的恩恩怨怨、兴衰荣辱为背景，折射出历史之光照耀下真实的人类灵魂搏斗、精神追求。研讨会上，美学家张法认为：“它是一座文学的路标——当进入小说的时候，可以感受到一个当代文学的整体幻想在晃荡”；文学评论家王一川认为：“它好比一幅幅相互缠绕、相互交织的拼贴画，在这部小说中，战争、政治、性别、爱情、权力等多重主题一一呈现出来”。

（王凌雨）

【《鲁藜诗文集》出版座谈会】 由中国作家协会创作研究部、作家出版社、中华文学基金会、天津市作家协会、天津市解放区文学研究会联合主办的《鲁藜诗文集》出版座谈会于2月举行。作家、诗人、评论家等于什刹海畔的“作家之家”文采阁聚会一堂，畅谈鲁藜诗文的艺术特色和历史影响。文学爱好者所熟悉的《泥土》一诗，就是鲁藜先生的名作，文字不多，意蕴深厚。“老是把自己当作珍珠，就时时有怕被埋没的痛苦。把自己当作泥土吧，让众人把你踩成一条道路。”诗人鲁藜早在学生时代就投身抗日救亡运动，初涉文坛，就写下大量抗日诗篇，皖南事变后又赶赴延安。胡风先生曾经评价说，鲁藜“被一种生活战斗的欲求驱使着唱出了歌声”。

（王凌雨）

【刘焕鲁长篇小说《国魅》研讨会】 中国作家协会创作研究部、山东省作家协会与荣宝斋出版社3月10日联合召开山东作家刘焕鲁长篇小说新作《国魅》研讨会，中国作家协会党组成员、书记处书记高洪波、吉狄马加、张胜友，作家、评论家阎纲、贺绍俊、王兆山、黄家钢、周明、张颐武、何西来、王必胜、陈晓明等40余位，以及在京新闻媒体应邀出席。研讨会由中国作家协会创作研究部主任雷达、山东省作家协会副主席王兆山、荣宝斋出版社总编辑张延平共同主持。与会评论家认为，《国魅》是近年来长篇小说中一部史料性较强、文化含量较高、审美视角独特的作品。作者依靠丰厚的生活积累和文化素养，以及近年从事散文创作的经验，涉足瓷文化领域，将古老的瓷艺与20世纪30年代的社会人生，在历史和审美的层面融为一体，描绘出一幅瓷艺与人生的画卷。

（王凌雨）

【老村《骚土》研讨会】 3月12日，由书海出版社主办的老村长篇小说《骚土》研讨会在中国作家协会召开。来自山西和在京的评论家、作家及媒体记者30余人参加了会议。评论家认为，《骚土》以陕西关中地区鲜活生动的方言谱写了对于生命和土地的激情，是当代小说创作中，真正以乡土化语言完成乡土化题材的为数不多的一部特色之作。浓烈的语言特色和浓重的苦难意识，使整个小说读来如饮浓酽的苦茶，让人兴奋和震撼。与会者指出，《骚土》写出了黄土地的坚韧之魂，有一种特别的深厚苍凉之美，是作者注入了心血的一部力作。评论家还就作者努力将俗的方言土语和雅的诗词曲赋融为一体，显示出的自觉而积极的文体追求，进行了研讨。

（王凌雨）

【《聂绀弩全集》出版座谈会】 3月18日，中国现代文学馆举行了纪念聂绀弩百年诞辰暨《聂绀弩全集》出版座谈会。全国人大常委会副委员长许嘉璐，全国政协副主席周铁农，中国作家协会党组书记、副主席金炳华，民革中央副主席朱培康以及首都文化界、文艺界人士共70余人参加了座谈会，以纪念这位文学界前辈。聂绀弩是中国现代著名作家、诗人、古典文学研究专家，在杂文、旧体诗创作和古典文学研究方面成就尤为卓著。他一生创作了30余部著作，并有大量诗文、译作散见于各种报刊。全集共10卷300万字，收录了包括杂文、散文、小说、剧本、旧体诗词、新诗、古典小说论、语言文字论、书信、序跋及部分档案材料在内的迄今存世并有文献印证的几乎全部创作。与会者深切缅怀了聂绀弩这位一生以摧毁封建主义旧文化、继承和弘扬五四新文化精神为己任的文化战士的业绩，追忆他在坎坷艰难的人生历程中以超凡的毅力和不懈的追求取得的令人景仰的文学成就，追思他丰富独特的文化个性和独立不倚的人格特质。

（王凌雨）

【范稳长篇小说《水乳大地》作品研讨会】 长篇小说《水乳大地》作品研讨会于3月20日举行，研讨会由中国作家协会创研部、云南省文联、人民文学出版社、《中国作家》杂志社联合举办。中国作家协会党组副书记王巨才，中国作家协会党组成员、书记处书记高洪波、吉狄马加，云南省文联党组成员、文联副主席刘鸿渝，人民文学出版社社长刘玉山，人民文学出版社总编辑管士光，《中国作家》杂志副主编杨志广等领导和文学评论家雷达等参加了研讨会。与会人员认为，人民文学出版社2004年初出版的范稳的长篇小说《水乳大地》反映了西藏东部地区多元文化从冲突到融合的过程，是近年来难得的一部有分量的长篇小说，在作者沉淀多年的笔力下，澜沧江边这个神奇峡谷的百年历史紧张而又舒展地呈现出来，组成了一幅文化、信仰与生命强力碰撞的瑰丽画面。《水乳大地》的结构有其区别于传统文学的一面，但它还是非常符合中国读者的传统阅读习惯的。很多人对小说投射出来的那种似曾相识、疏远已久的豪迈、浪漫的生存状态，表现出来了很高的热情。中共云南省委副书记、中国作家协会副主席丹增为研讨会的召开发来了贺电。

（王凌雨）

【刘晓刚长篇小说《活成你自己》研讨会】 3月23日，北京著名文学评论家雷达、何西来、崔道怡、白烨、孟繁华、李建军、老村、阎晶明、赵勇等聚集文采阁，研讨长篇小说《活成你自己》。花城出版社出版的刘晓刚的长篇小说《活成你自己》叙述了革命家父亲与洋买办儿子的故事，通过对父子两人形象的深刻勾画，通过不同历史条件下不同生活经历和不同生存环境的对比，凸显了跨度达半个世纪的两代人对真正“信仰”的漫漫求索，对人文理性精神的执著追求，对生存意义的痛苦思考。与会评论家认为，《活成你自己》在小说结构上进行了大胆的创新，将父与子两个截然不同的故事交替叙述，贯穿始终。在强调一种“复调”式对话效果，使现实与历史两重声部合奏出两代人不同的人生信仰与理想追求的同时，也赋予了该作品以艺术与历史的“间离”感，引发了读者对小说主题的深长思索。《活成你自己》与以往一些作品中父亲的专制、粗暴与陈腐形象不同，作品中的儿子却对父亲无比思念，充满挚爱。在小说创作的美学意义上，这是对古典主义英雄的呼唤，是精神抗拒物质诱惑的呐喊，是剪不断的血脉相连。为读者提供了一种新的审美观。

（王凌雨）

【张时允《为你而来》研讨会】 群众出版社出版了少年张时允的长篇小说《为你而来》，并于3月26日召开研讨会。与会评论家谈到，《为你而来》一书的作者张时允是一名即将参加高考的高三学生。该书最初创作于初中二年级时。2002年初，步入高中生活的作者再次拿起笔对原书进行了较大的改动，并于2003年4月完成该书的创作。作为一名正处在青春期的清纯少年，作者用清新的笔法、优美且带点诙谐的学生们约定俗成的语言把自己的所见、所闻和所思以及少年淡淡的忧伤记录下来，用自己真实的情感和略显稚嫩的笔法为人们描述了当代中学生的成长过程和心路历程。有评论家并不赞成少年写作，但他们认为，《为你而来》确实提供了从一个中学生的角度所揭示的社会的问题，值得同龄人，也值得成年人思考。

（王凌雨）

【戈阳青诗歌研讨会】 戈阳青新诗歌集《浩世微尘》已由作家出版社出版。3月，由作家出版社、中国作家协会诗刊社、现代文学馆在京主办了研讨会，与会的专家、诗人充分肯定了这位诗坛新人的创新精神和取得的可喜成绩。

（王凌雨）

【余文法的《梦之旅》研讨】 中国诗歌学会举办的余文法诗集《梦之旅》研讨会于3月在现代文学馆举办。余文法是高级工程师，酷爱诗歌艺术。先后出版了四部诗集。来自中国作家协会领导及诗评界等五十多人参加了研讨。诗中记录了五大洲五十多个国家的屐痕履迹、风情胜景。

（王凌雨）

【南枫诗歌在京研讨】 由诗刊社主办的南枫诗歌研讨会于3月在中国作家协会举办，诗人诗评家等五十多人参加。南枫在工作之余，一直致力于文学创作，尝试在诗歌领域中有新的意境。

（王凌雨）

【李永新诗歌作品研讨会在京举行】 李永新诗集《秋色为谁欢呼》已由中国文联出版社出版。3月，中国作家协会诗刊社在北京人民大会堂举行研讨会，邀请专家、评论家、诗人等四十余人参加。李永新是全国劳模、六届全国人大代表，他在繁忙的工作之余坚持诗歌创作三十余年。评论家指出，他的创作继承了民歌民谣和《诗经》的优良传统，又积极创新。

（王凌雨）

【许世旭散文研讨会在京举行】 3月，现代文学馆和中国散文学会共同举办了韩国作家许世旭先生的散文讨论会。许先生在台湾获得中国文学硕士、博士学位，能用韩语、汉语写作。他用韩文撰写的学术著作有《中国古代文学史》、《中国近代文学史》、《中国现代文学史》等二十余种，并出版了多种诗文集。由天津百花文艺出版社出版的散文集《移动的故乡》，是他“投入中国散文界四十多年的结晶”，得到与会者的好评。

（王凌雨）

【布赫诗歌研讨会在京举行】 由中国作家协会举办的布赫诗歌研讨会4月12日在中国现代文学馆举行。翟泰丰、杨晶、乌杰、赵志宏、邵华、陈建功、邓友梅、张锲、高洪波、张胜友、施勇祥等领导和作家、评论家近200人出席会议。全国人大常委会副委员长司马义·艾买提、何鲁丽和赵南起等到会表示祝贺。布赫同志是久经风雨的革命家，又是一位成就颇丰的著名诗人。曾先后出版了《布赫文集》、《布赫诗集》、《布赫文艺论文集》、《诗海纪行》等著作。这次由内蒙古人民出版社出版的《布赫全集（修订本）》，收录了布赫同志从1947年到2003年创作的诗歌，集中体现了他多年的诗歌创作成就。中国作家协会党组书记、副主席金炳华同志在讲话中说，布赫同志的诗，是一位革命家心路历程的生动记录，是他理想追求与奋斗历程的深情表达，也是中国革命、建设和改革几十年的见证。它给人以美的享受，给人以信心和力量。布赫同志以其人品和文品赢得广大读者的爱戴和尊敬。会上，中共内蒙古自治区党委常委、宣传部长张国民和作家、评论家代表何西来、张同吾、包明德、扎拉嘎明、特·赛音巴雅尔、郑伯农、丁国成、杨金亭、范咏戈先后发言，对布赫同志在文学创作上的成就给予高度评价。

（王凌雨）

【满都麦作品研讨会】 蒙古族作家满都麦作品研讨会4月13日在中国现代文学馆举行。中国作家协会党组成员、副主席、书记处书记陈建功，中国作家协会党组成员、书记处书记吉狄马加，中共内蒙古自治区党委常委、宣传部长张国民，以及雷达、柳萌、葛笑政、杨志广、何镇邦、查干、特·赛音巴雅尔、季红真等作家、评论家出席。满都麦现任内蒙古乌兰察布盟文联主席，20世纪70年代开始小说创作，发表中、短篇小说200余篇，近200万字。三次获索龙嘎奖。80年代中期，以《元火》、《祭火》、《马嘶·狗吠·人泣》为代表的"满都麦先锋系列"小说影响文坛。满都麦作品的两大主题是文化和生态。1999年发表在《中国作家》的《三重祈祷》是其代表作。苦难、承担、神性和无边的诗意，形成这个作品的警人之处。研讨会上，大家就满都麦小说的思想内容、文化内涵、叙述特色、语言风格等进行了广泛而深入的探讨，大家还谈到，满都麦的一个重要特色是一直坚持母语创作，他的作品拥有稳定的翻译家和研究者。这为今后更好地将少数民族文学创作成功翻译成汉语、展现中华民族文学创作多样性提供了借鉴。

（王凌雨）

【"身体写作与消费时代的文化症状"研讨会在北京召开】　4月6日，由首都师范大学文学院举办的"身体写作与消费时代的文化症状"研讨会在北京召开。在研讨会上，童庆炳从文学图书的印数谈到了文学的消费问题与文艺学的对象问题；钱中文认为引进西方消费主义理论应当持慎重态度，当前文学作品中的躯体描写有的有其深刻性，有的仅仅是时尚，有的甚至有"腐烂气息"；左东翎追述了"身体写作"的历史与起源；朱大可分析了"身体写作"的"狂欢逻辑"、市场逻辑、反叛逻辑、女权逻辑；张颐武则认为身体的解放包含着无限的可能！中国的消费革命造成了中国的和平堀起；陶东风指出写作在一定意义上一定是身体化的，即使是对于身体没有任何描写的文学也是一种文化的症候，是一种有意味的不在场。会上，一些代表也就许多新的文学现象提请关注，如文学版图是否正在缩小，个人声音中的社会历史人生的含义是否深厚，作者和读者的年轻化将对创作和批评提出哪些新的要求，文学创作和批评受制于资本控制到达何种程度，人性化处理在哪些方面走向了扭曲，市场呼唤真情之作的需求如何变为创作者自觉的追求，文学发展在哪些方面引起了诸如书写风格的变化，网络文学写作和阅读正在以何种速度发展。

（王凌雨）

【斯妤作品研讨会】　4月15日，中国作家协会创联部和中国青年出版总社联合主办的"斯妤作品研讨会"在中国现代文学馆举行。中国作家协会党组书记、副主席金炳华，中国作家协会党组成员、副主席、书记处书记陈建功，中国作家协会党组成员、书记处书记高洪波以及首都部分评论家、作家和媒体记者出席。斯妤自20世纪80年代登上文坛以来，著有散文集、小说集20余部。代表作有散文集《斯妤散文精选》、小说集《出售哈欠的女人》和长篇小说《竖琴的影子》等。她曾获鲁迅文学奖、庄重文文学奖，并两度获当代女性文学创作奖。中国青年出版社出版了3卷本的《斯妤散文精华》，汇集了作者20余年来的创作精品。金炳华代表中国作家协会对斯妤在文学创作上所取得的可喜成就表示祝贺。他说，真挚美好的思想感情、深刻独特的人生思考，使斯妤的散文作品富有特色，使她成为新时期女性散文的代表性作家。90年代以来，她又创作了许多优秀的长中短篇小说，显示她多方面的艺术才华和深厚的生活积累。健康、真诚、积极向上的情感是斯妤创作中始终不变的基调。这一点对当前的文学创作，包括女性文学创作都具有非常好的启示意义和借鉴价值。与会评论家和作家认为，斯妤是一个将个性化的写作与普遍价值结合得较好的作家，她的许多散文既纯情，又生动。她的创作后期风格突变，深化了对人性的探索。范咏戈、顾骧、乔良、周明、秦晋、贺绍俊、吴秉杰、李师东、阎晶明、王干、孟繁华、白烨、陈晓明、张颐武、李建军等出席研讨会并发言。

（王凌雨）

【京穗两地作家研讨杨黎光新作】　4月，来自京穗两地的作家、评论家聚集在人民大会堂，就报告文学作家杨黎光的长篇报告文学新作《瘟疫，人类的影子——"非典"溯源》展开研讨。研讨会由中国作家协会创研部、广东省作家协会和人民文学出版社联合举办。作家杨黎光深入非典第一线，通过深入广泛的采访，获得了大量第一手素材，同时查阅了数以百万字的有关人类与瘟疫搏斗的历史科学文献，历时8个月写成该作。作者进一步从科学的角度出发，对非典现象进行历史的深度开掘与理性的科学思辨。他认为，病毒对人类文明产生着深刻的影响，非典的出现是人类文明进程中必然要付出的代价之一，人类与非典等类未知病毒的斗争将会长期进行下去。

（王凌雨）

【《砺剑人生》研讨会举行】　由解放军出版社、中国诗歌学会、第二炮兵司令部直工部联合主办的朱坤岭将军诗词《砺剑人生》首发式暨研讨会4月在京举行。该书收录的200首格律诗词是从朱坤岭将军数百首诗词中筛选的，主要反映解放后，特别是党的十一届三中全会以来伟大祖国日新月异的发展变化和军队革命化、现代化、正规化建设的辉煌成绩，抒发了作者热爱生活，投身军队"三化"建设的豪情壮志和坚定信念。

（王凌雨）

【宋祖德诗歌研讨会在京举办】　由中国诗歌学会主办的"宋祖德诗歌研讨会"4月在中国作家协会举行。张锲、吉狄马加、李瑛、屠岸、祁人以及严阵、叶延滨、石英、张同吾等首都文学新闻界60余人出席了研讨会。青年诗人宋祖德在从商之余仍热衷于诗歌创作，近年来，他的诗集《路》、《爱的力量》、《我是一片云》、《爱的行程》等先后由花城出版社出版，在诗坛引起广泛关注。与会学者认为，正是宋祖德独特的创业史和人生经历，使他遍尝生活的酸甜苦辣，历经人生的各种艰辛，也因此造就了他的诗歌。

（王凌雨）

【麦家作品研讨会在京举行】 4月，《人民文学》杂志社、北京共和联动图书公司联合举办“智性与激情的写作——麦家作品研讨会”。来自北京、上海、广州的批评家们就近年来引人注目的小说家麦家的创作进行研讨。中国作家协会党组成员、副主席、书记处书记陈建功，中国作家协会党组成员、书记处书记吉狄马加，《人民文学》主编程树榛，常务副主编韩作荣，共和联动图书公司董事长张小波，《人民文学》副主编肖复兴、李敬泽，以及批评家、作家陈晓明、孟繁华、张颐武、朱大可、白烨、贺绍俊、白描、吴秉杰、陶东风、谢有顺、阎晶明、冯敏、邱华栋、张懿翎及北京传媒界人士出席了研讨会。青年作家麦家是《人民文学》多年推举的小说家，是《南方都市报》华语文学传媒奖新人奖的候选人。他用10年时间创作的第一部长篇小说《解密》，被中国小说学会评为“2002年中国长篇小说排行榜”第一名，近50家报纸连载，是近年来少见的一部既受到较高的专业评价，又让大众喜欢的文学作品。他最新推出的长篇小说《暗算》引起读者和文学评论界的再次关注。

（王凌雨）

【《中华儿女》研讨“邓小平五度辉煌”】 由邓小平生前题写刊名的大型人物纪实刊物《中华儿女》举行了“邓小平五度辉煌”系列文章研讨暨邓小平诞辰100周年纪念活动。自4月份起，《中华儿女》推出由著名党史专家彭程撰写的系列文章《解读邓小平革命生涯的五度辉煌》，分期连载，恰逢8月小平同志诞辰月，该杂志又特别制作了《纪念邓小平百年诞辰专号》。

（王凌雨）

【郑敏诗歌研讨会】 5月15日，“郑敏诗歌创作与诗歌理论研讨会”在首都师范大学举行。研讨会由中国当代文学研究会等主办。著名的“九叶派诗人”，诗坛“世纪之树”84岁的郑敏参加活动。与会的诗人和学者有谢冕、刘象愚、张同吾、牛汉、屠岸、吴思敬、赵敏俐、王光明、蓝棣之、朱先树、刘士杰、林莽、唐晓渡、程光炜、王家新、西川等。

（王凌雨）

【万伯翱体育散文研讨会】 “万伯翱体育散文研讨会”5月25日在人民日报社举行。此次研讨会由中国散文学会和人民日报社体育部联合举办。原全国人大常委会副委员长王光英，人民日报社副总编辑梁衡，中国作家协会名誉副主席邓友梅、张锲，中国作家协会党组成员，书记处书记张胜友以及京城文艺界知名人士王铁成、邓榕、苏叔阳、石英等参加了研讨会。万伯翱，现任国家体育总局人力资源开发中心主任，中国作家协会会员。2004年4月新增订版20余万字的《元戎百姓共垂杆》是万伯翱钓鱼运动散文专集。特殊的家庭背景和环境，使万伯翱能有机会零距离地接触、观察国家领导人、将帅、部长、名人以及普通渔人们的日常生活和休闲时光，耳濡目染，最终为自己的散文找到一个特别的“焦点”——体育散文。他用独特的“垂钓散文”艺术地宣泄心灵深处的情感，从“钓”这个独特的角度着墨，向读者展示伟人丰富而富有人情味的情感及精神，从而使读者感受到领袖、名家及渔人的风范，体味人与自然的和谐交融。他的散文，既开掘了散文创作的一个新领域，又表现了散文思考生活的多样性。与会人员认为：万伯翱“体育散文”是“小处写伟人，闲笔寓大意”。

（王凌雨）

【“评说改编‘红色经典’”座谈会】 为纪念毛泽东同志《在延安文艺座谈会上的讲话》发表62周年，由中国文联、中国戏剧家协会、中国电影家协会、中国电视家协会共同举办的“评说改编‘红色经典’座谈会”，5月26日在京举行。来自首都的作家、评论家、影视制作人、老一代电影表演艺术家共40人参加了会议。与会人员针对近年来一些影视剧在对革命历史题材的优秀作品进行改编过程中出现的“戏说”现象，以及对革命英雄人物的所谓“人性化”再创造提出了批评和质疑，对某些电视连续剧为扩大容量，随意稀释原著，加入过多的“感情戏”的低俗做法表示了极大的反感。大家认为，“红色经典”真实地记载了“中国人民站起来了”那一段艰苦卓绝的战斗历程，表现了中国人民在一个历史时期的伟大英雄壮举，它对高扬爱国主义和英雄主义精神、弘扬主旋律、培养人们的高尚情操都起着不可低估的作用。今天，我们已经进入了呼唤“红色经典”的时代，我们更要认真学习《讲话》精神，尊重马克思主义唯物史观，在改编过程中要做到尊重原著的时代背景、尊重原著的人物塑造、尊重原著的艺术风格，要用高尚的思想内容和完美的艺术形式打动人，而不是用低级趣味吸引人，真正使改编的“红色经典”达到爱国主义与英雄主义、历史真实与艺术真实的有机统一。

（王凌雨）

【长篇报告文学《生死关头》研讨会】 6月6日，王霞长篇报告文学《生死关头》研讨会在全国政协礼堂召开，该书由华艺出版社出版发行。中国作家协会党组成员、书记处书记张胜友，总政艺术局副局长汪守德以及在京的作家评论家周明、蒋巍、李炳银、丁临一、巴根、王宏甲等出席了研讨会。武警部队女作家王霞十下天津，真实生动客观地再现了2003年春为抗击非典，驻天津的武警部队官兵，尤其是广大医务工作者舍生忘死的感人故事。讴歌了武警部队将士在这场没有硝烟的战争中出生入死、挺身救难的革命英雄主义精神，和他们面对困难委屈时的大气从容的人性光辉。

（王凌雨）

【刘忠华长篇纪实诗《春悸》研讨会】 作家出版社推出了刘忠华创作的反映抗击非典的长篇纪实诗《春悸》。《文艺报》和重庆市作家协会主办的研讨会6月8日在中国作家协会举行。刘忠华是中共重庆市渝北区委副书记，自始至终参加了2003年重庆市抗击非典的全过程。与会者认为，《春悸》用诗歌的形式铭记2003年抗击非典的那个春天的创伤和苦难，科学地总结了历史的、现实的、社会的、人生的经验教训。《春悸》对和平、人道、文明的呼唤，对美好的渴求，对真理的倡扬，都体现了诗歌创作的积极倾向。

（王凌雨）

【徐坤长篇小说《爱你两周半》研讨会召开】 女作家徐坤长篇新作《爱你两周半》5月由作家出版社出版。6月15日作家出版社和北京作家协会联合举办女作家徐坤的长篇小说新作《爱你两周半》研讨会。作家出版社、北京作家协会的有关领导以及杨匡汉、雷达、谢有顺等评论家到会并发表了自己的看法。与会的评论家认为，《爱你两周半》是徐坤创作的又一突破。徐坤小说叙事的根本特征在于她敢于把现实经验直接引入小说，把现实与虚构最大可能地混淆，用现实的传奇性与神奇性来替换虚构。《爱你两周半》通过对非常时期的想象和虚构，展示了一个青年作家对世情世风的了解和揭示，同时也冒险地捍卫了她的信念和不肯出让的基本价值观。徐坤现为中国社会科学院文学博士、北京作家协会协驻会作家、北京作家协会理事。1993年开始发表小说，出版小说散文300多万字，部分作品被翻译成英、德、日文，并获《中国作家》、《人民文学》、《小说选刊》、《小说月报》评选的优秀小说奖，获首届“冯牧文学奖”、首届女性文学成就奖、第二届“鲁迅文学奖”、第九届庄重文文学奖。

（王凌雨）

【长篇小说《天路》研讨会】 军旅女作家李健健长篇小说《天路》研讨会6月16日在北京中国现代文学馆召开。中国作家协会党组成员、书记处书记吉狄马加，作家、评论家阎纲、舒乙等参加并发言。与会作家、评论家一致认为，《天路》是一部寻找精神家园的心灵记录，它生动而深刻地展示了当代军人平凡而高贵的灵魂，同时也以真实笔触刻画了他们内心的种种矛盾、惶惑和痛苦。书中有浓郁的浪漫主义和理想主义色彩。评论家们指出，这部精神探索性质的作品，没有欲望化的描写。小说语言的诗化使小说呈现散文化倾向。

（王凌雨）

【梁晓声小说创作回顾研讨会举行】 6月17日，中国作家协会创研部和南海出版公司在中国作家协会举行“梁晓声小说创作回顾研讨会”。出席研讨会的有中国作家协会党组书记、副主席金炳华以及作家、评论家等30多人。中国作家协会创研部主任雷达主持会议。金炳华在发言中说，梁晓声是活跃在我国当代文坛的一位著名作家。他从20世纪70年代初发表作品，创作成就是多方面的。他在长中短篇小说、电影电视文学剧本、散文随笔以及文学评论、社会时事评论等方面，都取得了可嘉的成就。梁晓声的创作体现了当代中国作家强烈的社会责任感和历史使命感；他的创作风格的鲜明特点是执著的现实主义追求，并努力使自己的作品贴近实际、贴近生活、贴近群众。与会评论家认为，从《今夜有暴风雪》、《这是一片神奇的土地》到《毕业生》，梁晓声一直恪守着“为平民写作、为平民代言”的信条。其早期作品，代表了知青文学的最高水平。20世纪90年代，梁晓声的创作转向了杂文随笔和中篇小说。他创作的《疲惫的人》、《表弟》、《顺嫂》、《冉之父》、《学者之死》、《钳工王》、《荒弃的家园》等一批作品，体现了作者强烈的人道主义精神和博大的人文关怀，也体现了作者深刻的洞察力和认识力。

（王凌雨）

【姚文仓诗歌作品研讨会】 6月，中国诗歌学会、甘肃省作家协会举办“姚文仓诗歌作品研讨会”。姚文仓几十年来创作格律诗数百首。他曾任中共甘肃省委常委、宣传部长，1998年开始任甘肃省人大常委会副主任，相继出版《跬步集》、《行吟集》、《姚文仓诗选》。中国作家协会党组书记、副主席金炳华以及作家评论家等60人出席研讨会。金炳华发表讲话说，姚文仓以传统的艺术形式谱写了崭新的时代之歌，他的作品感情真挚、贴近生活、视野开阔、意境优美，立足甘肃面向全国，热情讴歌改革开放的崭新风貌，表现中国各族人民锐意进取的时代精神。他的作品多有访古寻踪和寄情山水之作，富有较深厚的文化内涵。

（王凌雨）

【长篇小说《天啸》研讨会在京举行】 7月5日，由第二炮兵部队青年作家陈可非尽10余年生活积累创作的40万字长篇小说《天啸》作品研讨会在北京举行。中国作家协会副主席李存葆等专家学者参加了会议。第二炮兵政治部主任张孝忠中将、副主任邓天生少将出席并讲话。研讨会上，专家学者们围绕《天啸》的思想内涵、艺术风格以及军事题材文学创作的新走向，各抒己见，畅所欲言。以中国导弹部队40年间成长发展构架的宏阔的艺术空间，令人心动的三代导弹军人可歌可泣的献身精神，个性鲜明、性格迥异的当代军人形象，跌宕起伏又榫卯相扣的故事情节，是长篇小说《天啸》的几大特点。

（王凌雨）

【《孙犁全集》出版座谈会在京召开】 在孙犁先生逝世两周年之际，人民文学出版社推出了《孙犁全集》。7月9日，由中国作家协会、天津日报报业集团、天津市孙犁研究会、人民文学出版社联合举办的《孙犁全集》出版座谈会召开。金炳华在讲话中首先对全集的出版表示祝贺。他说，孙犁先生是从延安鲁艺成长起来的作家，他始终把中国人民的生活、斗争和美好的心灵作为自己创作的重要题材和主题。他的作品，以深邃的思想、清新的文体和炉火纯青的艺术风格，在国内外产生广泛影响。与会者认为，在孙犁先生身上，经典性与大众性、乡土性与中国性、主流性与边缘性都得到了很好的统一。

（王凌雨）

【方政诗歌作品研讨会召开】 7月23日，由诗刊社主办的方政诗歌作品研讨会在中国作家协会召开。中国作家协会副主席张炯、中国作家协会党组成员、书记处书记吉狄马加以及诗人、诗评家共40余人参加会议，诗刊社副主编李小雨主持研讨会。吉狄马加在发言中说，方政自20世纪80年代在《诗刊》发表作品以来，已有大量的诗歌问世，出版数部诗集，获多种奖项。他提出的“新格律诗”理论和他的创作实践已引起诗歌界的注意。与会诗评家认为，在处理好继承与创新的关系上，方政认为以纵向的继承为主，横向的借鉴为辅，遵循现代格律诗的美学原则，赋予每首诗一个新的有“意味”的形式，他在诗的艺术表现形式上是有所突破的。

（王凌雨）

【《当代石油工人之歌》作品研讨会在京召开】 由中国石化集团公司、中华全国总工会宣教部、中国音乐家协会联合举办的《当代石油工人之歌》作品研讨会于7月举行。《当代石油工人之歌》由牟书令作词、臧云飞作曲、阎维文演唱。与会人士认为，二十世纪六七十年代，一首《石油工人之歌》激励了几代石油人艰苦创业，为国奉献；而今，一曲《当代石油工人之歌》，既有对老一代石油人艰苦创业时期“我为祖国献石油”的英雄气概的深情颂扬，又有当代石油工人意气风发为全面建设小康社会再展雄风的豪迈情怀。

（王凌雨）

【报告文学《哀泪笑洒》出版座谈会】 由中国作家出版社、《文艺报》、北京华百年传媒投资有限公司共同主办的自传体长篇报告文学《哀泪笑洒》出版座谈会于8月4日举行。中国作家协会主席团成员王巨才等出席会议并讲话。《哀泪笑洒》是喜剧美学家、文艺评论家、翻译家陈孝英继出版了50余部著作之后创作的一部自传体长篇报告文学。作者通过对自己在“文化大革命”前17年、10年浩劫、改革开放20年的沉浮起落和心路历程的描写，将一位新中国培养出来的知识分子在半个世纪的精神炼狱中所经历的心灵挣扎史、扭曲史和搏击史剖析示人，充溢着发人深省的哲理性思考。评论家阎纲、白烨、李建军、刘茵、杜高、朱汉生、权海帆、路海波、伍振国等分别畅谈了阅读《哀泪笑洒》的体会。应邀出席的嘉宾有漫画家方成、歌唱家李元华、影视演员谢金天。

（王凌雨）

【首都文艺界纪念邓小平诞辰100周年理论研讨会举行】 8月12日，文学、戏剧、舞蹈、美术、书法、音乐、摄影、杂技、影视、曲艺、民间文艺11个文学艺术门类的17位艺术家、文艺理论家、学者参加了由北京市文联主办的为期两天的首都文艺界纪念邓小平诞辰100周年理论研讨会。研讨会由市文联驻会副主席陈世崇主持。会上，与会者缅怀了邓小平同志的丰功伟绩，特别是感谢改革开放为文学艺术家们带来了艺术上的新生；同时认真学习了邓小平文艺思想，结合自身的文艺实践，探讨了邓小平文艺思想对当前与未来的文艺创作实践和理论建设的指导作用。与会者认为，邓小平文艺理论最重要的特点就是实践性强，学好、运用好邓小平文艺思想对文艺创作实践有着重要意义。

（王凌雨）

【解放军出版社“八一”推出系列优秀图书】 8月22日是邓小平同志诞辰100周年纪念日。解放军出版社出版系列图书《邓小平大战略》、《邓小平百年百事》、《邓小平轶事》、《邓小平十次历险纪实》、《邓小平八次南巡纪实（修订版）》等。《邓小平大战略》由军事科学院战争理论和战略部撰写，全面论述了邓小平新时期的战略思维、战略谋划和战略决策，“十大战略”的理论框架，构建了邓小平大战略思想主要理论体系，客观全面地反映出邓小平谋划中国发展的“大棋局”，并且进一步阐释了邓小平大战略的深刻内涵和现实意义。《邓小平百年百事》从邓小平丰富而又辉煌的革命生涯中精选了100件事。《邓小平轶事》从小平同志一生中选取一些小故事，从各个不同侧面来展现小平同志的平凡与伟大的人生历程。很多内容属于首次披露。《邓小平十次历险纪实》记录了邓小平同志十次出生入死的经历。反映新军事变革的作品有《世界新军事变革新论(修订版)》等一批图书，从不同侧面反映了我军光荣历史。军事文学领域有长篇小说《一路格桑花》等作品。

（王凌雨）

【纪念杨沫诞辰90周年暨新版《青春之歌》座谈会】　由中国作家协会主办，中国现代文学馆、北京市文联和北京出版集团承办的“纪念杨沫诞辰90周年暨新版《青春之歌》座谈会”，于8月25日在中国现代文学馆举行。中国作家协会党组成员、副主席、中国现代文学馆馆长陈建功代表中国作家协会致辞，赞颂她的《青春之歌》在成书的环境中，尽管有“左”的路线的干扰，但杨沫直面心灵与人生的勇气，仍然使作品闪烁着真诚的光芒。正因为它体现了作家的创作个体与人民群众利益的统一、作家的个人感悟与家国之痛的统一、作家的个人艺术追求与亿万读者审美期待的统一、作家个人创造力与民族文化根基的统一，所以《青春之歌》既属于一个特定的时代，也属于更为永恒的时空。陈建功最后介绍，杨沫在遗嘱中将《青春之歌》的版权、16万元稿费以及一批珍贵手稿、文物捐赠给中国现代文学馆，其高洁的人品和文品，将永远为文学界铭记。杨沫(1914—1996)，女，1914年生于北京。13岁考入北京西山温泉女子中学，后在北京当过家庭教师、书店店员。1936年入党，后到晋察冀边区参加抗战活动。1942年后陆续担任《黎明报》、《晋察冀日报》、《人民日报》的编辑和副刊主编。1952年在中央电影局剧本创作所任编剧，1963年到中国作家协会北京分会任专业作家。曾任北京作家协会副主席、北京市文联主席。她1934年开始发表作品，1950年发表描写抗日战争的中篇小说《苇塘纪事》，1958年出版了她的代表作、优秀长篇小说《青春之歌》，近年又出版了长篇小说《东方欲晓》。

（王凌雨）

【《崔璇文集》座谈会召开】　中国解放区文学研究会、延安文艺学会等单位8月在中国现代文学馆联合举办《崔璇文集》座谈会暨金肇野、崔璇手稿捐赠仪式。魏巍等作家、评论家出席。崔璇的《白洋淀三部曲》(《芦苇萧萧》、《荷叶涛涛》、《蒲草青青》)被称为描写中华儿女打击日寇侵略者的悲壮之歌。其重要作品还有长篇小说《山杜鹃》以及短篇小说《迎接朝霞》等。老作家魏巍在发言中说，崔璇大器晚成，她的成功在于亲历了战争年代，真正同群众浴血奋战，其作品体现了文学要“源于生活，高于生活”的真理。

（王凌雨）

【回族作家李士杰作品研讨会】　9月15日，《民族文学》杂志社和北京作家协会少数民族创作委员会共同召开了李士杰作品研讨会。李士杰是北京回族作家，他创作了小说《政协委员》、《政协委员和他们的提案》。中国作家协会党组成员、书记处书记吉狄马加以及北京作家协会副秘书长王升山，作家、评论家赵大年及新闻界人士30余人参加了研讨会。吉狄马加在发言中首先肯定了李士杰对生活的热情关注，他指出：作家的写作水平固然重要，而作家贴近生活、关注现实的精神更为可贵，因为我们的作品首先应该反映时代。生活是创作的源泉，只有遵循“三贴近”的原则，作家才可能写出无愧于时代和生活的好作品。研讨会上，大家除了对李士杰作品给予热情评论外，还赞扬了李士杰在创作之余做了大量的公益事业。研讨会由《民族文学》杂志社副主编李霄明主持。

（王凌雨）

【熊正良作品研讨会】　熊正良作品研讨会9月在华夏出版社召开，雷达、白烨等出席了研讨会。大家就熊正良的创作成就及华夏出版社这次推出的熊正良小说新作《我们卑微的灵魂》、《别看我的脸》进行了座谈。熊正良是江西省作家协会副主席，其创作近年来颇有成绩。《我们卑微的灵魂》，以小人物的生存状况为线索，反映时代变迁对人们灵魂世界造成的影响。《别看我的脸》是熊正良用三年时间精心打造的长篇力作，以南方某市画家徐阳在商品社会的离奇遭遇，展示了一幅生动的时代风俗画。

（王凌雨）

【张振金《中国当代散文史》研讨会召开】　10月22日，中国散文学会、人民文学出版社联合召开了张振金著的《中国当代散文史》研讨会。张炯等参加了会议。这部40多万字的插图本《中国当代散文史》于2003年3月由人民文学出版社出版。与会者认为，该书的特点在于，用动态的史识，以散文创作思潮的嬗变和演进为脉络，探索散文发展的自在规律，即把散文放置于具体历史文化环境中去考察，揭示其生成原因和发展规律；从审美的高度剖析作家个性、风格特色及其在历史上的地位。

（王凌雨）

【舒乙散文集《大爱无边》研讨】

11月5日，舒乙散文集《大爱无边》研讨会在中国现代文学馆举行。《大爱无边》是全国政协委员、原中国现代文学馆馆长舒乙的第15部作品集，收录了他最近4年来写的111篇散文。全书共25万字，分为5个专题：写人、写地、写馆、写情和写书。刘济民、弥松颐、姚珠珠、邓友梅、雷抒雁等数十位文艺界知名人士参加研讨会。大家一致认为，《大爱无边》文字质朴真挚、通俗鲜活，对人和事的描写不是泛泛而谈，而是着力寻找事物的独特之处和闪光点，使得这本书不光有可读性，还有相当深刻的启示性。

（王凌雨）

【中国作协理论批评委员会回顾2004年文学理论与批评】 11月6日，中国作家协会理论与批评委员会在北京召开了“2004年文学理论与批评回顾”研讨会。为了回顾和总结2004年中国文学理论与批评的最新成就以及存在的问题，研讨和展望进一步推进文学理论研究与批评的途径和方法，与会批评家就各自关注和研究的问题进行了交流。与会者认为，研究文学理论与批评问题，主要是参考文本，但是在当今社会，更要结合社会实际。因为大的环境会影响到文学艺术，影响到价值观、历史观。所以，研究文学理论与批评首先要关注现实社会这个大环境。出席研讨会的有常务副主任郑伯农、秘书长吴秉杰以及部分在京委员、专家学者。

（王凌雨）

【柴福善散文创作研讨会举行】 11月6日，民族出版社就柴福善散文集《核桃树下的王蒙》、《秦时明月》在京举行研讨会，首都部分评论家、作家及民族出版社、北京作家协会有关领导出席。与会者对柴福善的平民化写作姿态和成就给予了高度评价。柴福善自幼生长在京郊农村，长期从事基层文学、文化组织工作，积累了深厚的创作资源。他真实地书写农村的现状，善于发现和发掘世世代代与土地打交道的庄稼人的内心世界，记录活生生的生活情状，他笔下的乡村、家庭、亲朋，凝聚和表现了浓厚的乡土气息和生活气息。在这一根本之上，柴福善的写作向两个方向作了延伸：一是写他与一些作家的交往，不拘所写作家地位高低，一概传神入化；一是与众不同、立足个人真实感受的游历，顽强地保存着个人发现的目光。

（王凌雨）

【《教育能改变什么》专家讨论会举行】 11月21日，山东教育出版社出版的成长小说《教育能改变什么》专家讨论会举行。北京的文学界、教育界的专家学者以及热心读者参加了讨论。与会者认为，该书是教育类图书中创新的一种，以文学的方式讲述教育方面的重要问题，具有启发和寓言意义。

（王凌雨）

【“走近‘80后’”研讨会】 11月22日，中国当代文学研究会与北京语言文化大学联合主办了“走近‘80后’研讨会”。彭扬、杨哲等9位“80后”作者与代表评论界的曹文轩、梁晓声、白烨等人，进行了长达一天的对话。曹文轩指出，在不少“80后”作品中，秋意太重，满纸苍凉。梁晓声发言表示赞同曹文轩的观点，他说“过早地走进人生的秋季，是伤害一个人的写作才华的”。对此，不少“80后”作者在发言中强调，作品被关注的是已经成为市场宠儿的小部分“80后”作者，很多“80后”的创作是不被了解的。所以，不能用“秋意写作”对他们整体的写作进行评价。“80后”作者之一彭扬表示，他认为自己的写作是阳光写作。评论家白烨就此表示，“80后”写作有很多值得探讨的问题被出版的商业化掩盖了。他说“80后”约有上千位经常发表作品的作者，“对这样一个庞大的写作群体，确实不能简单地概括他们的特点”。

（王凌雨）

【长篇小说《雕像》研讨会举行】 11月，由作家出版社、海南省作家协会主办的王庆辉长篇小说《雕像》研讨会在京举行。《人民文学》杂志社副主编李敬泽主持会议。王庆辉是金融界人士，也是具有现代意识的小说家。他创作的长篇小说《雕像》以浓厚的古典主义情怀，叙述了一个远古时期英雄美人的浪漫故事，深刻思考了战争、艺术与人性等问题，在奉献给读者一个美丽悲壮的故事的同时，表现出作家对人类未来的美好憧憬。与会评论家称这是近年来最重要的浪漫主义小说之一，也是当代长篇小说创新的重要成果。

（王凌雨）

【徐小斌创作研讨会举行】 11月，人民文学出版社举办的徐小斌创作研讨会在京举行。会议由潘凯雄主持。林斤澜、陈建功、高洪波、雷达、胡平、李青、何西来、李敬泽、白烨等出席会议。作家徐小斌近年来致力于长篇小说的创作，先后有《敦煌遗梦》、《羽蛇》、《德龄公主》问世。与会者认为，《羽蛇》中作家坚持探索精神和理性的高扬，开掘人物生命意识，而《德龄公主》则更富日常化的写作特色，通过20世纪初驻法公使的女儿德龄公主，见证了一个没落王朝最后的衰败，描画出中西文化碰撞、交融的历史。

（王凌雨）

【贺敬之文学生涯65周年研讨会举行】 在贺敬之从事文学生涯65周年和《贺敬之文集》出版之际，中国作家协会于12月15日在北京中国现代文学馆举行研讨会，回顾和总结这位著名诗人、作家、诗歌理论家和文艺界的老领导65年来在文学创作上取得的成就。中共中央政治局委员、书记处书记、中宣部部长刘云山致信祝贺。中宣部副部长李从军，中国作家协会党组书记、副主席金炳华等出席会议并讲话。贺敬之1924年生于山东枣庄，抗日战争期间开始文学创作，曾创作歌词《南泥湾》、歌剧《白毛女》（合作）及《雷锋之歌》、《桂林山水歌》等诗歌多篇。其中歌剧《白毛女》曾获得1951

年斯大林文学奖。贺敬之曾担任文化部副部长、中宣部副部长、文化部代部长等职。翟泰丰等作家学者在研讨会上发了言。

（王凌雨）

【翁礼华财经文化散文研讨会召开】 12月17日，翁礼华散文集《纵横捭阖——中国财税文化透视》研讨会在北京召开。中国作家协会办公厅主任陈崎嵘代表中国作家协会党组书记、副主席金炳华宣读贺信。金炳华在贺信中谈到，翁礼华积数十年财经工作的经历，把对财经文化的理性思索与散文创作的艺术叙述有机地结合起来。集知识性、思想性、趣味性和文学性于一体，有着鲜明的时代特征和社会责任感。

（王凌雨）

【孙朝成诗词研讨会】 《新国风》编辑部和北京宣武作家协会举行孙朝成诗词研讨会，对其具有传统风格的亲情友情、游历感怀、感时受事方面内容的诗词进行了探讨，与会者的话题还涉及到当今诗词创作的一些问题。

（王凌雨）

【长篇小说《水旱码头》研讨会举行】 由吕梁市委宣传部和文化艺术出版社共同主办的长篇小说《水旱码头》研讨会于10月25日在北京举行。长篇小说《水旱码头》的作者刘维颖同志在吕梁市文联工作，出版过两部长篇小说及多部随笔散文。他用四年的时间创作完成了这部反映晋商生涯的长篇力作，力图将最具地域文化特色的民俗风情融入叙事之中，在末世文化与地域风情相交织中，抒写古镇人的奋斗史、情爱史，发掘、彰显晋商赖以生存和发展的精神。

（王凌雨）

出 版 物

·报 刊·

【《中国现代文学研究丛刊》出满百期】 6月21日，钱谷融、王景山、樊骏、舒乙、林非、钱理群、乐黛云、孙郁、刘勇、汪晖等新老编委20余人欢聚北京，庆祝《中国现代文学研究丛刊》出满百期。《中国现代文学研究丛刊》创刊于1979年底，它是目前国内唯一一家专门研究中国现代文学的纯学术刊物。《丛刊》25年的办刊历史真切地反映了这门学科的发展历程，并为学科研究培养了人才。新老编委们回顾《丛刊》20多年来所经历的风风雨雨时，深切缅怀曾经先后担任主编的王瑶先生和杨犁先生的学术风范和实干精神，始终保持唐弢先生为《丛刊》所总结的“持重”的风格，始终坚持严谨加慎思明辨的办刊路子。大家还衷心希望《丛刊》不断地发现新人和培植新人，拓宽学科领域，永葆青春。

（王凌雨）

【《新国风》创刊五周年】 11月7日，一群诗歌爱好者在北京举行《新国风》创刊五周年座谈会。《新国风》及《新乐府》、《中国诗》联合月刊坚持“打造民族文学品牌，肩负继承创新重任”的宗旨，5年来，先后出版了45期，发表了3000多人次6000余首（篇）表现中华民族奋发精神、反映中国人民现实生活、抒发中国诗人气概情怀、弘扬中国诗歌艺术特色的作品。

（王凌雨）

【《传记文学》关注时代潮涌】 《传记文学》杂志是由中国艺术研究院主办、文化艺术出版社《传记文学》杂志社编辑出版、在国内外公开发行的传记类大型月刊。自1984年创刊至今已有20年的历史。《传记文学》杂志的主要栏目有风云人物、热点聚焦、文苑撷英、文化名人、艺海弄潮、历史回眸、岁月屐痕、体坛经纬、传记书摘等，以图文并茂的形式，展示知名人物的辉煌与风采，关注时代潮涌，根据时代的发展和读者阅读兴趣的变化，努力奉献给读者一片文化绿洲。

（王凌雨）

【刘恒任《北京文学》主编】 54年前，由老舍担任第一任主编的《北京文艺》（现为《北京文学》），如今由作家刘恒接过了新一届主编接力棒。刘恒原在《北京文学》当过8年编辑，现为北京作家协会驻会作家、北京作家协会主席。他曾创作了中篇小说《伏羲伏羲》、《天知地知》、《白涡》，短篇小说《狗日的粮食》，长篇小说《苍河白日梦》；电影剧本《本命年》、《秋菊打官司》，电视剧剧本《贫嘴张大民的幸福生活》、《少年天子》等脍炙人口的作品，2004年又创作了电影剧本《张思德》。

（王凌雨）

·论 著·

【《2003中国文情报告》】 由中国社会科学院文学所、中国作家协会和一些文学编辑共同编写、中国社科文献出版社出版的《2003年中国文情报告》，首次承担了总结本年度文学领域状况的使命。作为第一本文学蓝皮书的《2003年中国文情报告》，将2003年全年的文学发展纳入“市场背景下的长篇小说”、“回归平实的中短篇小说”、“活跃的剧场与失衡的生态”、“在低迷中成长的网络文学”等10个专题进行概括描述和简要评说，并在“作家身影与文学声音”栏目下，收录了2003年值得关注的作家访谈和文学言论。并附录2003

年文学大事记、2003年文学评奖要目、2003年文学图书排行和2003年小说专家排行等信息资料等。

（王凌雨）

【《中国古代文学史电子史料库》通过鉴定】 国内最大的文学专题数据库《中国古代文学史电子史料库》研制完成，日前在首都师范大学通过专家鉴定。《中国古代文学电子史料库》是国内迄今为止规模最大的中国古代文学作品全文数据库，共收入从先秦到清代的中国文学典籍600多部，总字数达1.5亿字。全部采用新式标点，配有数千幅相关图片。不仅具有智能检索、多功能查询、复印、打印等功能，还配有背景音乐和多种附表。该成果的完成和投入使用，在一定程度上满足了学生对古籍阅读的需要和老师教学的需要，既弥补了教学资料的不足，又提高了学习的效率。

（王凌雨）

【《北京市优秀长篇小说专项出版资金管理办法实施细则（试行）》出台】 为进一步繁荣北京市优秀长篇小说的创作和出版，由北京市委宣传部、北京市新闻出版局、北京市文联（作协）和北京出版社出版集团四方联手，出资200万元设立的北京市优秀长篇小说专项出版资金已经启动。《北京市优秀长篇小说专项出版资金管理办法实施细则（试行）》的颁布标志着该项资金正式投入使用。资金实施细则规定专项出版资金分为4年使用，每年将资助3～5部优秀长篇小说的出版。凡弘扬主旋律、关注时代、题旨深刻，能够体现先进文化的前进方向，振奋民族精神，达到思想性、艺术性、可读性三性统一的优秀作品，将得到资助。申请资助的作者应具有较强创作实力和较高艺术追求。申报的作品必须从未发表或出版过，武侠、言情、警匪等通俗类小说，不在资助之列。该资金将在优秀长篇小说的稿酬、创作补贴、宣传推介等方面予以重点支持。资金的使用由出资四方单位负责人组成的管理委员会负责审批。日常工作由北京市新闻出版局图书出版管理处负责。

（王凌雨）

[附录]

2004年北京作家协会会员作品集结出版统计表

作　者	作品名称	出版单位	形　式	字　数(字)
孙幼军	《怪老头儿前传》	春风文艺出版社	童话	12万
	《小济公传》	春风文艺出版社	传奇	30万
霍　达	《搏浪天涯》	北京出版社	报告文学	60万
吴林泉	《假小子》	山西人民出版社	小说	28万
孟皋卿	《天安门前留个影》	中国文联出版社	诗、散文集	33.6万
	《大森林的孩子》	中国文联出版社	小说集	28.3万
	《太行人家》	中国文联出版社	长篇小说	33.6万
严家炎	《人生的驿站》	黑龙江人民出版社	随笔集	15.6万
陈祖芬	《你知道我在等你吗》	人民文学出版社	小说	20万
	《别在这时候想我》	中央编译出版社	随笔集	22万
	《走进宁波》	中央编译出版社	报告文学	20万
许德楠	《论“诗史”的定位及其他》	学苑出版社	专著	30万
巴　荒	《阳光与荒原的诱惑》	中国人大出版社	散文集	20万
	《废墟与辉煌》	文汇出版社	散文集	20万
王德祥	《临窗暇思》	中国戏剧出版社	诗集	
	《斜阳，无限好》	中国戏剧出版社	诗集	
李思孝	《东京寓居录》	五洲文明出版社	散文集	20万
金　波	《花瓣儿鱼》	中国福利会出版社	童话	5万
	《无声的阳光》	希望出版社	诗集	18万
曹革成	《四季蛮荒》	时代文艺出版社	小说	42万
	《我的婶婶萧红》	时代文艺出版社	传记	18万
柴福善	《柴福善散文精选》2卷	民族出版社	散文集	58万
徐小斌	《德龄公主》	人民文学出版社	长篇小说	35万

续表

作　者	作品名称	出版单位	形　式	字　数(字)
马　克	《独白》	华艺出版社	诗集	13 万
王梓夫	《感悟生命》	广西师范大学出版社	散文集	
郑建山	《大运河的传说》	文化艺术出版社	民间故事	13 万
夏培卓	《硅谷女总裁》	作家出版社	报告文学	16 万
孟广臣	《烽火长城》	文物出版社	散文集	10 万
徐　坤	《爱你两周半》	作家出版社	长篇小说	15 万
	《北京以北》	昆仑出版社	小说集	35 万
	《橡树旅馆》	中国文联出版社	小说集	22 万
张宝玺	《出山三天的美女》	中国和平出版社	长篇小说	15 万
余　飘	《毛泽东文艺思想与中国当代著名文艺家》	中央文献出版社	专著	20 万
马　镇	《大漠无情》	中国文联出版公司	报告文学	17 万
杨　子	《红色天网》	上海文艺出版社	长篇小说	25 万
徐苏林	《黑色心志——高学历人群犯罪实录》	知识出版社	纪实文学	22 万
	《脂粉脸谱——都市女性犯罪实录》	知识出版社	纪实文学	22 万
杨晓升	《只有一个孩子——中国独生子女意外伤害悲情报告》	华艺出版社	报告文学	27 万
隋　岩	《当代中国电视文化格局》	北京大学出版社	专著	17 万
吴　霜	《吴霜在说》	文化艺术出版社	散文集	22 万
张之路	《极限幻觉》	湖北少年儿童出版社	科幻小说	10 万
	《傻鸭子欧巴儿》	春风文艺出版社	童话	7 万
果瑞卿	《果瑞卿文集》	中国文联出版公司	散文集	19 万
	《果瑞卿诗集》	中国文联出版公司	诗集	10 万
张　军	《自然的呼吸》	中国文联出版社	散文集	15 万
梁　彬	《何正文将军》	作家出版社	传记	34 万
倪维中	《贝洛童话》	连环画出版社	翻译	8 万
	《偷帽子的人》	浙江少年儿童出版社	翻译	8 万
	《巴黎圣母院》	浙江少年儿童出版社	翻译	17 万
王文平	《乡井》	作家出版社	小说集	30 万
何镇邦	《文化履痕》	兰州大学出版社	散文集	17 万
周大新	《银饰》	文化艺术出版社	小说集	25 万
梁仲华	《远游集》	中国戏剧出版社	诗集	30 万
聪　聪	《彩虹那端》	中国青年出版社	诗集	
顾绍俊	《铁凝评传》	郑州大学出版社	专著	23 万
海　岩	《河流如血》	人民文学出版社	长篇小说	33 万
	《煽》	作家出版社	杂文集	5 万
胡庆林	《吟啸诗词集》	山西旅游出版社	诗集	
方孜行	《法在你我身边》	人民日报出版社	杂文集	18 万
	《北京交响》	人民日报出版社	散文集	16 万
高国镜	《昨日诗花今灿烂》	中国文联出版社	诗集	28 万
阎　安	《地狱之火》	花山文艺出版社	小说	12 万
	《你是我的宠物》	民族出版社	小说	15 万
	《青涩的奇迹》	民族出版社	小说	15 万
陈一夫	《金融街》	春风文艺出版	长篇小说	36 万
	《资本魔方》	春风文艺出版社	长篇小说	33 万
崔墨卿	《诗里乾坤》	文物出版社	诗集	

续表

作　者	作品名称	出版单位	形　式	字　数(字)
魏淑文	《非常对话》	中国广播电视出版社	小说集	17 万
张宝星	《爱情深呼吸》	中国文联出版社	诗集	30 万
何双及	《人生张力》	北京出版社	杂文集	15 万
张宝瑞	《夜香》	大众文艺出版社	长篇小说	24 万
	《一幅梅花图》	大众文艺出版社	长篇小说	20 万
	《绿色尸体》	大众文艺出版社	长篇小说	23 万
	《阁楼鬼影》	大众文艺出版社	长篇小说	22 万
	《张宝瑞诗选》	国际文化出版公司	诗集	
	《宝瑞真言》	北岳文艺出版社	自传	20 万
黎　晶	《只会种儿子》	知识产权出版社	小说集	15 万
衣向东	《牟氏庄园》	十月文艺出版社	长篇小说	30 万
	《在阳光下晾晒》	贵州人民出版社	长篇小说	18 万
张宪年	《再审九命奇冤》	文化艺术出版社	长篇小说	25 万
刘建斌	《俚语言情》	北京文物出版社	散文集	12 万
解玺璋	《速读中国现当代文学大师与名家丛书——张恨水卷》	蓝天出版社	评传	10 万
冯连才	《寻觅》	作家出版社	诗集	
张亚新	《文人的理想品格：从陶渊明到苏轼》	济南出版社	专著	22 万
郑　重	《东方生死恋》	大众文艺出版社	科幻小说	16 万
韩春鸣	《激战灵山》	中国文联出版社	小说	14 万
	《天涯芳草》	文物出版社	散文集	10 万
毕淑敏	《心灵 7 游戏》	十月文艺出版社	科普	10 万
	《女工》	海峡文艺出版社	小说	6 万
程　青	《十周岁》	十月文艺出版社	小说集	15 万
韩小惠	《我在我思》	河南文艺出版社	散文集	18 万
宁　肯	《沉默之门》	十月文艺出版社	长篇小说	22 万
王　芜	《消息树》	云南人民出版社	长篇小说	21 万
刘庆邦	《平原上的歌谣》	上海文艺出版社	长篇小说	26 万
邱华栋	《前面有什么》	中国文联出版社	长篇小说	18 万
凸　凹	《玉碎》	新世界出版社	长篇小说	30 万
	《双簧》	中国和平出版社	长篇小说	18 万
星　河	《展翅逃亡》	湖北少年儿童出版社	科幻小说	12 万
	《校园超速度》	中国少年儿童出版社	科幻小说	12 万
	《飞船上的夏令营》	山东教育出版社	科幻小说	12 万
星　竹	《婚介所》	花山文艺出版社	长篇小说	19 万
阎连科	《受活》	春风文艺出版社	长篇小说	30 万
杨　鹏	《未来鼠世界》	广西师大出版社	科幻小说	15 万
	《耳朵里的大侦探》	山西人民出版社	科幻小说	30 万
	《校园三剑客》(6 本)	香港星出版社	科幻小说	40 万
曾　哲	《峡谷囚徒》	云南人民出版社	长篇小说	18 万
祝　勇	《提问者祝勇》	花城出版社	散文集	15 万
	《祝勇序跋》	古吴轩出版社	散文集	8 万
庄之明	《一个作家眼中的世界》	海峡文艺出版社	游记	16 万
崔金生	《崔金生中短篇小说集》	人民日报出版社	小说集	26 万

（王凌雨）

戏　　剧

2004年，北京戏剧舞台多姿多彩。在戏剧作品方面，北京地区的戏剧表演团体新创编了大量剧目。话剧有《以红十字的名义》、《波—音波音》、《生活秀》、《黄土谣》、《花木兰》、《合同婚姻》、《慈禧秘事》、《弘一法师》、《炮兵家园》、《终点站——北京》、《开市大吉》、《出事了，有人扛》、《窒息》、《暂住证》、《门背后》、《琥珀》、《他和她》、《翠花快乐六人行》、《独生子当兵》、《厕所》等；儿童剧有《迷宫》、《走近莎士比亚》等；木偶剧有《南极精灵》、《彼得与狼·动物狂欢节》等；京剧有《梅兰芳》、《四美图》等；评剧有《刘巧儿新传》、《大都往事》、《乐家老铺》、《啼血杜鹃》、《长霞》等；曲剧有《正红旗下》。改编的剧目有河北梆子《村官李天成》，评剧《狸猫换太子》。复排的话剧有《李白》，评剧有《锯碗丁》、《打狗劝夫》、《小借年》、《朱痕记》、《杨三姐告状》等。上演的国外话剧有《带嗡嗡嗡链锯的皮脸》、《金钱燃烧的岁月》、《九三年》、《巴黎公社的日子》、《涅克拉索夫》、《情人》、《楼梯的故事》、《油漆未干》、《樱桃园》、《普拉东诺夫》、《莫道桑榆晚》等。保留剧目仍然具有旺盛的生命力，人艺的《茶馆》演出了第500场，《雷雨》也出现了第三版。这些剧目从题材方面看，既有现代的，也有历史的，还有国外题材的，内容丰富。表现形式有传统的手法，更有前卫的，多种多样。

在戏剧活动方面，在日常的演出和旅游演出之外，综合的、专题的，国内的、国际的，戏剧节、戏剧演出季，接连不断。在国家舞台艺术精品工程、京剧节、评剧节等诸多奖项的角逐中，北京地区的戏剧表演团体，摘金夺银。少儿京剧专场、百人剧场、各种流派的专场演出，个人专场演出，以及纪念演出，异彩纷呈。

戏剧表演团体的改革，以北京儿童艺术剧院为代表，逐步深入展开；市场化意识在演出经营过程中所起的作用越来越大。演出团体不断增加，出现了北京地区有史以来的第一个豫剧团，成立了以演员个人冠名的戏剧工作室。与上述情况相对应，各类研讨会相继召开。

戏剧受众的层面更加多样化。戏剧表演团体到校园演出，戏剧专家学者到校园开办讲座，培养了新的观众群体。而中断了50多年的“堂会戏”重现京城，观赏者也不乏其人。演出场所越来越多，除了原有的长安大戏院、首都剧场、民族宫大剧场、保利剧院、北京市工人俱乐部等，还增加了朝阳区文化馆新建的9个小剧场。演出场所的增加，为戏剧表演团体的演出提供了更大的展示空间。

“二为”（是指文艺要为人民服务，为社会主义服务）方针继续得到贯彻执行。“燕山情”坚持送戏下乡，“评剧大篷车”则不满足于到郊区农村演出，还把农民、外地民工接到剧场看戏。

2004年，北京与国内外的戏剧交流演出频繁。北京地区戏剧表演团体到国外和国内其他省市演出的同时，大量的国内外戏剧表演团体也纷纷亮相北京。北京作为中国国际文化交流中心的作用日益彰显。

（张燕鹰）

作　　品

·话　剧·

【《带嗡嗡嗡链锯的皮脸》】　1月11日，由林兆华担任总执导的德国话剧《带嗡嗡嗡链锯的皮脸》在北京人艺实验剧场上演。这是一出当代德国话剧，公演以来很受欧洲青年观众的瞩目，并在柏林获得多个戏剧奖项。该剧讲述一个在现实生活中失意的男人，每天躲在自己的封闭寓所中。有一天他想让自己和女友无聊而窘迫的生活有个彻底的改变，于是，他照着电影上的样子，为自己买了一张面具皮脸和一把电锯。可是，被炒了鱿鱼的女友提前回家，打乱了男人精心设计的游戏，导致一系列事情的发生：争吵、邻居的误会、恶作剧，以及最终残酷的结局。《皮脸》截取了一对年轻恋人在大都市中的一个生活片段，讲述了一个令人惊心动魄的事件，反映了当前物化世界中诸多令人心神不宁的现实。剧作者赫尔穆特·克劳瑟尔是德国当代有代表性的剧作家。承办本次演出的林兆华戏剧工作室一向鼓励中外戏剧交流和新生的戏剧力量登台亮相，林兆华亲自上阵担任总导演，并为《皮脸》一剧组织了年轻而有实力的主创阵容，青年作家关山担任导演，主演是吴军、杨青、夏力薪和余皑磊等。

（薛晓金）

【《莫道桑榆晚》】 2月7日，《莫道桑榆晚》在国家话剧院小剧场公演。该剧讲述的是在一座都市的养老院里发生的故事，是一台描写老年人独特生活情境和精神面貌的话剧。展示了黄昏恋、母子关系、炒股经商、著书立说等发生在我国当代老年人生活中的新鲜事儿。编剧巧妙地以一只小猫作为戏剧冲突的线索，围绕其去留和生死，老人们与医护人员之间产生了必然的冲突……最终，善良的老人们与管理人员和谐相处，人们再度找回人生乐趣。《莫道桑榆晚》原名《养老院的故事》，由日本著名剧作家渡边鹤编剧，中国剧作家兰宁远在其日本原作基础上，对该剧进一步修改和完善，使剧情更加贴近中国老年人的生活。制作人刘铁钢，导演吴晓江，主要演员是黄小立、王鹰等。

（薛晓金）

【《楼梯的故事》】 2月28日，中央戏剧学院表演系2000级毕业大戏《楼梯的故事》在中戏逸夫剧场上演。该剧是“西班牙现代话剧之父”安东尼奥·布埃罗·巴耶豪的作品，导演任鸣。15名毕业生参加了演出。剧作表现的是西班牙内战时期平民阶层的生活与爱情，没有离奇曲折的戏剧冲突，但却真实地透视出当时社会的政治和经济状况，以及西班牙内战对人们心态的影响。全剧仅以一段可以旋转的楼梯作为场景，时间跨度达30年，直到年轻人变得儿孙绕膝，而他们的孙辈依然做着同他们年轻时一样的梦。年轻人为爱情而烦恼，老一辈的人则为生活的压力而忧心忡忡。

（薛晓金）

【《合同婚姻》】 3月5日，小剧场话剧《合同婚姻》在人艺小剧场首演。由中年作家潘军的中篇小说改编的《合同婚姻》，通过一位离异的中年男人与他的女友间的一场虚拟的“合同婚姻”，呈现了都市中知识分子、白领、海归、成功商人等群体的感情生活。导演任鸣，出演该剧主要角色的是人艺演员吴刚、王刚、丛林、王茜华、吴姗姗、史兰芽等。

（薛晓金）

【《波一音波音》】 《波一音波音》讲述了一段当代情感故事：住在香港某高档住宅区的台湾青年罗航是一位成功的建筑设计师，他利用不同国际航空公司的“时间差”，同时和三个空姐谈着恋爱。一日，由于波音新机型提速飞行、天气恶化等种种原因，三位空姐阴错阳差地同时抵达了香港，同时回到了家中，而恰在此时，罗航的老同学乔梁也不期而至，聪明的罗航面对突如其来的变故将如何应对呢……该剧自推出以来，先后被25个国家用不同语言搬上舞台，演出总场次达15000余场。剧中男主人公罗航由朱时茂出演，乔梁由秦焰扮演。三位空姐扮演者是金莉莉、李梅和师春玲。导演魏晓平。该剧3月5日在长安大戏院首演。

（薛晓金）

【《金钱燃烧的岁月》】 3月19日，话剧《金钱燃烧的岁月》在北京人艺实验剧场首演。该剧是由专业制作人褚江川、导演林荫宇及中央戏剧学院成教学院2004届毕业生联袂制作演出的毕业汇报戏。《金钱燃烧的岁月》改编自瑞士著名剧作家迪伦马特的《弗兰克五世》，讲述了银行总裁弗兰克五世去世了，银行的职员们都在盘算着如何掏空银行的所有资金远走高飞。但随着职员们的相继消失，人们发现一切都是弗兰克五世设计的圈套。该剧用一种介乎探索与写实之间的艺术表现方式阐述严肃的道德问题。

（薛晓金）

【《琥珀》】 3月25日，由国家话剧院打造的大型多媒体音乐话剧《琥珀》在保利剧院首演。该剧作为国家话剧院本年度的开场大戏，由孟京辉执导，电影“金鸡奖”最佳男女演员奖获得者刘烨和袁泉担任主角，并邀请到台湾著名音乐家姚谦担任音乐制作。以爱情为主题的《琥珀》借用现代感强的舞台布景以及象征主义的场景，力图讲述现代人的爱情在社会里的存活状况。刘烨和袁泉饰演的男女主人公高辕和沈小优做着对纯粹爱情的梦想，却被现代都市生活打乱了寻觅真爱的脚步。爱情的复杂、爱的根源和是非，在戏中通过演员表演和忧伤情歌而被呈现，审视着现代人对爱情的判断和信仰。

（薛晓金）

【《走近莎士比亚》】 由中国儿童艺术剧院推出的儿童话剧《走近莎士比亚》，4月16日在北京红塔礼堂首演。该剧旨在普及人类经典的戏剧文明，以生活化、贴近当代的方式培养热爱经典戏剧的中学生。该剧通过中学生类类与莎士比亚妙趣横生的超时空对话，再现了《第十二夜》、《哈姆雷特》、《威尼斯商人》三个收录在中学生课本里莎翁名作的经典片段，在将近两个小时的演出中，让孩子们了解莎士比亚的生平、创作历程及作品的风格特征。《走近莎士比亚》的整体风格鲜明、独特，该剧的现代部分融入了迪斯科等现代舞蹈元素，而在古典部分中则是原汁原味的莎翁戏剧表演。其间穿插了当下的时尚用语，受到小观众的欢迎。

（薛晓金）

【《情人》】 4月21日，北京人艺推出的英国剧作家品特的名剧《情人》在人艺实验小剧场公演。剧中表现一对结婚十年、已对婚后生活无比厌倦的夫妇，互相扮演起了情人。丈夫西装革履地走出家门，去办公室办公；妻子换上了性感的衣裙；丈夫很快又回来了，变为身着牛仔服、行为热烈的"情夫"。他们像两个真正的情人一样，在香烟和欲望中间纵情狂欢。到了晚上，他们又变回了中产阶级的夫妻，在沉闷的房间里，诉说白天和"情人"的幽会。这个游戏可以调剂他们的婚姻，又可以彼此保持忠贞，但这个"两全其美"的计划却在他们彼此的嫉妒中坍塌了。当丈夫和妻子相对时，他们失去了一对夫妻应有的尊重和爱慕，他们疯狂地嫉妒着自己扮演的"情人"，在真实的婚姻中，他们自己似乎已经没有了价值。该剧导演是人艺青年导演徐昂，主演杨婷、王斑。

（薛晓金）

【《九三年》】 国家话剧院根据法国作家雨果的最后一部小说《九三年》改编的同名话剧于4月23日在海淀剧场首演。该剧表现了1793年法国大革命时期各派激烈的政治斗争。白军（保王党军队）首领是前贵族朗德纳克侯爵；共和国军方面有两个领袖：一个是神父希穆尔登，另一个领袖是远征司令郭文。溃败的白军被蓝军层层围困在城堡中，朗德纳克从暗道逃跑，临走前白军放火烧毁城堡，图书馆中仍关着三个作为人质的小孩。即将躲进森林的朗德纳克听见小孩母亲凄厉的呼救声，毅然从暗道返回城堡，救出那三个孩子。希穆尔登逮捕了朗德纳克，郭文却将之释放了，把自己关进狱中。第二天，希穆尔登将郭文送上断头台后，开枪自杀。该剧导演汪遵熹，编剧曹路生。舞美设计王绍林。主演任程伟、何瑜、郭涛、赵寰宇等。这部法国大革命的史诗也是国家话剧院成立以来演出规模最大、舞台人数最多的一出戏。

（薛晓金）

【《巴黎公社的日子》】 北京电影学院表演系的毕业戏——德国表现主义戏剧大师布莱希特的名剧《巴黎公社的日子》于4月28日在北剧场首演。这部话剧是布莱希特1948年的作品，描写的是100多年前，法国无产阶级成立的巴黎公社时期老百姓的原始欲望和生活。该剧导演赵宁宇是中央戏剧学院的导演学博士。他遵从布莱希特体系的创作原则，同时加入了不同风格流派戏剧的创作元素。黑色和红色的主色调，大量群体场面的使用，质朴热烈的表演风格和沉郁悲壮的音乐，力图使布莱希特"史诗剧"的艺术主张得到表现，同时使人们思考巴黎公社起义的成功与失败。

（薛晓金）

【《慈禧秘事》】 5月1日，中国煤矿文工团说唱团在民族文化宫大剧院推出荒诞喜剧《慈禧秘事》。该剧描述了慈禧需资金修缮颐和园，李莲英借筹资之名牟取私利，召集古今中外历史人物，共谋生财歪道，演绎了一场借古讽今的荒诞故事。剧情从纪晓岚酒吧、和珅大酒楼和刘罗锅足疗中心逐一展开，以李莲英集资串起一个个小品故事，嘲讽当今社会流弊。表演中融入歌舞、声乐、相声、小品、川剧变脸、杂技魔术等，轻松欢快，幽默诙谐。该剧由李六乙任总导演，李绪良担任执行导演，瞿弦和任艺术总监。全剧集中了一批著名笑星，慈禧和李莲英由武小青、石小杰扮演。此外，相声名家王谦祥、李增瑞也在剧中"包袱"不断，喜剧演员李绪良的小品既串联在剧中，又可独立成章。魔术师王利民还在剧中"大变活人"。

（薛晓金）

【《油漆未干》】 5月8日，北京人民艺术剧院为纪念欧阳予倩诞辰115周年排演的话剧《油漆未干》在金帆音乐厅首演。导演任鸣。该剧曾三度搬上中国舞台，其原著作者是法国人勒内·福舒瓦。故事在哈医生一家庸常的生活中层开，而生活因这里曾寄居过的无名画家而不再平静。由于画家死后作品身价倍增，造假画的、艺术商贩蜂拥到画家生前寄居的哈医生家中"掘矿探宝"。该剧戏剧冲突环环相扣，人性的美与丑都被放大而毛孔毕现。全剧仅有9个角色，李洪涛扮演哈医生。主要演员还有吴珊珊、杨桂香、张永强、王刚等。

（薛晓金）

【《以红十字的名义》】 5月8日是中国红十字会成立100周年的纪念日。当天，大型话剧《以红十字的名义》在北京上演。中国红十字会会长彭珮云，中国红十字会党组书记江亦曼，中共北京市委副书记龙新民，副市长、北京市红十字会会长孙安民等到场祝贺演出成功。该剧是我国第一部以红十字工作为中心、以捐献造血干细胞为题材的戏剧作品，通过宣传捐献造血干细胞的科学道理，呼唤善良正直的人们对公益事业的热爱和支持，激发人们对救死扶伤、实行人道主义的强烈责任感。

（薛晓金）

【《迷宫》】 5月29日，《迷宫》在世纪剧院首演，这是北京儿童艺术剧院成立股份有限公司改制后推出的第一部大型儿童剧。编剧史航，导演孟京辉，作曲三宝，来自香港的詹瑞文任戏剧指导，主要演员由北京儿艺专业演员王思懿等担纲。另外，何炅、金海心、美眉组合及凤凰卫视主持人许戈辉等友情出演剧中角色。故事发生在一个废物迷宫里，以主人公果冻掉进了地板下的迷宫里为背景，果冻急着要回家，可是回不去了。于是，在果冻与废物迷宫中的没头脑、不高兴，以及鼹鼠先生和壁虎先生之间发生了种种纠葛。永乐票务公司以115万元独家买断首轮六场演出权。

（薛晓金）

【《涅克拉索夫》】 2001级导演系6月8日在中央戏剧学院逸夫剧场推出毕业戏——法国文学家萨特的代表作《涅克拉索夫》。该剧是萨特境遇戏剧的代表作之一，是一出闹剧性讽刺剧，在北京是第一次上演。剧情描写了一个骗子冒充一个叛逃的前苏联部长，在法国地区选举的前夕向报界透露耸人听闻的秘密的故事。该剧的总导演由丁茹茹担任。

（薛晓金）

【《生活秀》】 改编自池莉小说《生活秀》的同名话剧于6月18日在保利剧院首演。剧情讲述来双扬16岁起便担起了养家糊口的重担，以在街上卖鸭脖子为生，辛苦地拉扯弟、妹长大，自己的感情生活也一直饱受挫折，但她也不愿伤害苦苦追求自己的卓雄洲。哥嫂非但不帮她还为房子跟她争抢。弟弟来双久从小目睹姐姐苦难的生活，沉浸在自己的精神世界里，最后进了戒毒所。来双扬不甘平庸生活，努力出人头地，最后与卓雄洲终成眷侣。来双扬想让弟弟过上正常的生活，为他找了个漂亮勤快的农村女孩九妹，经营“久久饭店”，但双久最终还是无法面对生活。该剧由田沁鑫导演，王姬饰演来双扬，蔡国庆、剧雪、刘信义担任主要角色。舞美设计罗江涛。该剧是保利剧院制作推出的第一部原创舞台剧。

（薛晓金）

【《花木兰》】 6月25日，在北京人民艺术剧院实验小剧场，李六乙戏剧工作室继排演新戏剧《穆桂英》之后，推出“巾帼英雄三部曲”的第二部《花木兰》。在李六乙的剧本中，淡化了花木兰代父从军的故事，重点表现花木兰女扮男装、屡立战功十余年之后其内心深处的复杂变化。大战得胜后，木兰毫无得胜的喜悦，女扮男装、离开粉黛红衫十余年，驰骋疆场，面对鲜血杀戮十余载，成为“男人”十余年。她已然忘却自己是女人，可女人的天性却在心中暗流涌动。顺着血泊流去的方向，木兰寻迹而去，在殷红的溪水中，她看见了自己的面容。木兰开始在一个流动的水世界中寻找自己。在寻找的过程中花父、张冠、李戴三个或真实或虚构的人物徐徐而至，与花木兰展开对话。该剧导演李六乙，音乐郭文景、舞美设计严龙、灯光设计易立明。中国评剧院青年女演员英子饰演花木兰，其他角色由京剧花脸陈霖苍、刘金泉、孙路阳，小生江其虎等饰演。

（薛晓金）

【《厕所》】 6月29日，《厕所》在北京天桥剧场首轮公演。剧情讲述发生在20世纪70、80、90年代三个时期的北京。看守厕所的史爷，青春美丽的丹丹，小偷佛爷，自由撰稿人胖子，包工头三丫儿，外交部厕所画家张老，同性恋英子，前卫的靓靓……从简陋的灰砖公厕，到收费厕所，再到五星级厕所……小小一个厕所，世间百态，尽在其间。该剧以三个时代的北京厕所为主线，借用了《茶馆》的结构，试图解释人要有尊严。编剧过士行称它为“蹲着的《茶馆》”。《厕所》是过士行“尊严三部曲”的第一部。该剧导演林兆华，舞美设计严龙，灯光设计韩江。主要演员有赵亮、陶虹等。

（薛晓金）

【《她和他》】 7月21日，北京华艺红星文化发展公司推出的小剧场喜剧《她和他》在北剧场公演。该剧将中国传统的东北二人转《马寡妇开店》与法国爱情喜剧《心心相印》相结合，在同一个空间述说两种不同的道德体系下，在理想与现实两种不同的状态中人们对于爱情的渴望。整部剧结构分为上下两部分，一边是二人转里顾盼两依依，欲说还休的马氏和狄仁杰，初相遇情愫暗生，但谁也没有勇气捅破那层窗户纸；一边是法国，间休时仅在长椅上沉湎于幻想，美梦破灭就仓皇逃离却没有勇气面对现实的她和他。两个故事相通的主题和相似的形式，通过舞美的巧妙设计被有机地结合起来。本次剧组的主创人员除了从东北请来的二人转名角关晓平、于苗苗外，大部分都是中央戏剧学院的毕业生。

（薛晓金）

【第三版《雷雨》】 从7月22日开始，北京人艺的第三版《雷雨》在首都剧场公演。今年是中国戏剧大师曹禺的经典剧本《雷雨》发表70周年，也是北京人艺首演《雷雨》50周年。到2004年为止一共演出过三个版本。第一个版本是由苏民、朱琳等老艺术家演出的以阶级斗争为主要思想内容的《雷雨》。第二版《雷雨》排于1989年，由濮存昕等担纲演出，是中青年观众最熟悉的一版。第三版《雷雨》排于2004年2月2日。在第三版中，只有繁漪的扮演者龚丽君没有更换，其他全部为新演员。这一版的《雷雨》抛弃了以往的“阶级斗争”思路，把视角放在了繁漪身上，全剧都在突出繁漪这个精神抑郁却又追求自由生活的封建家庭女性。由顾威任导演，杨立新、龚丽君、夏立言、于震、白荟等主演。《雷雨》是中国戏剧史上的不倒经典。故事从富家少爷周萍与女佣四凤的无望恋情讲起，牵出周萍与继母繁漪的畸恋，再引出四凤之母侍萍被周萍之父周朴园始乱终弃的往事，最后揭破原来周萍与四凤是兄妹乱伦。其间还穿插了资本家与工人之间的矛盾斗争，反映了一个时代的历史情况。

（薛晓金）

【《炮兵家园》】 9月17日，解放军艺术学院戏剧系排演的《炮兵家园》在京演出。剧中塑造了一批对军营充满热情和理想的现代军人形象。小个子团长赵铁刚立志要建造全军一流炮团的豪情壮志、团政委陆建军对军队现代化建设的那份渴望、五班长一心为连队着想的敬业精神，都为该剧追寻炮兵精神家园的主题提供了艺术形象的支撑。面对市场经济大潮的冲击，追求物质的享受越来越多地占据着一些人的心灵空间。然而，担负着特殊历史使命的军人却仍旧以崇高的精神家园来支撑他们的心灵世界。该剧就是以强烈的军人责任感捕捉到了这一时代主题。该剧由黄献国根据他的同名长篇小说改编，导演姜命夏。

（薛晓金）

【《樱桃园》】 9月19日，林兆华戏剧工作室推出的《樱桃园》在北剧场首演。导演林兆华。《樱桃园》是契诃夫的绝笔，描写19世纪末20世纪初，俄国资本主义迅速发展、贵族庄园彻底崩溃的情景。《樱桃园》的演员多来自林兆华高等戏剧研修班。蒋雯丽扮演女主人公柳苞芙·安德列耶夫娜。舞美设计易立明将舞台空间压缩，加高观众席，使观众能够在高处俯瞰着狭小空间中挣扎的无助的人们。

（薛晓金）

【《终点站——北京》】 9月29日，多媒体话剧《终点站——北京》在北京人艺小剧场首演。该剧描述新世纪年轻一代的生存状态及心理愿望，公务舱内一群北京新新时尚人物：渲染全球化经济的海归派美籍华裔商人、热爱法拉利的炒股暴发户、名声大噪的酷族抢手美女作家、患有时尚癖的女白领和北漂的三陪小姐。他们的生活空间是从纽约的世贸中心到上海的金茂大厦，从东京的银座现代商场到北京的东北三环的夜总会酒吧和Loft派对，他们的一天是从星巴克牛奶咖啡的下午三点钟开始，到Soho豪宅里最后一口海洛因的第二天早上八点钟结束。剧本激烈的台词由演员表演释放出来后产生令人怪异的感觉，剧中人物用一种似乎畸形的集体力量去渲染金钱、名誉、投机、乱伦、性欲。表现了在真理空缺和意义虚无的终点站，生存危机必须由每个人自己承担，野兽一般的生存竞争渗入到人的内心，加深了人的寂寞。该剧导演曹克非与编剧曹克远是姐弟，朱金石为《终点站》设计的舞台打破了以往"三面观"舞台的观演方式，将观众置于舞台中央，演员在四周进行表演。该剧主要演员有宗平、杜华南等人。

（薛晓金）

【《独生子当兵》】 9月，武警政治部文工团喜剧《独生子当兵》在国安剧场上演。该剧通过对刚入伍的独生子们荒谬言行的描写以及新兵教导大队指导员、班长以情以理模范带兵过程的叙述，展现了新时期警营的战友情、同志爱。剧中男主角、以铁嘴钢牙著称的新战士任友友，从小由妈妈、姥姥带大，性格有些女性化的新战士刘顺顺，入伍前在外打工、有点圆滑的新战士赵小康，憨厚善良的新兵班长韩中和，每个人物既个性鲜明，又鲜活丰满，给观众留下深刻的印象。编剧王宝社。

（薛晓金）

【《弘一法师》】 10月23日，戏曲结合实验话剧《弘一法师》在北京人艺实验剧场公演。《弘一法师》不拘泥于史实，力求再现心理真实，以弘一法师临终前的心理返照为原点，通过再现他一生中几个重要的转折点，引发出他对艺术和女性的感悟，动情而不妄情，最终以真性灵面对佛与众生。弥留之际，遗下了"悲欣交集"四个字。该剧在话剧表演的基础上，溶入戏曲表演的某些特质。不以冲突取胜，而是靠语言推动剧情发展。编剧和导演红袖，弘一法师的扮演者是周龙。王瑾、董汶亮等参加了演出。

（薛晓金）

【《出事了，有人扛》】 10月26日，首部以交通安全为题材的话剧《出事了，有人扛》在首都剧场公演。该剧剧情围绕一名出租车司机肇事逃逸所引发的一连串情节展开，不仅宣传了道路交通安全法，同时讴歌了交通民警严格执法、热情服务、无私奉献的崇高精神，鞭挞了交通肇事逃逸这一严重违法行为，倡导交通文明，揭示了交通肇事者的心理矛盾，展示了交通肇事对受害家庭的深重打击……全剧号召所有交通参与者都要遵法守法，共同营造良好的交通环境。

（薛晓金）

【《门背后》】 11月9日，情爱话剧《门背后》在人艺实验剧场开始上演。该剧根据流行作家石康的小说《在一起》、《晃晃悠悠》、《一塌糊涂》和棉棉的《糖》改编，《门背后》展现了关于情感、性爱和谎言的三段故事，表现了一个男人生命中三个不同阶段对女人、爱情和性关系的看法。这三次"一夜情"中有纯真的女孩、有被包养的女人，也有男女在发生关系前后的心理变化。在舞台表演过程中，该剧还穿插了多媒体影像，歌手羽凡参与演出。编剧、导演果然，主演张鲁一、瑶淼、周月、刘雅男等。

（薛晓金）

【《黄土谣》】 由总政话剧团排演的农村现实题材话剧《黄土谣》于11月19日在海淀剧院首次对部队以外公演，这是总政话剧团第一次排演农村题材作品，也是他们第一次走向社会大舞台。该剧讲述凤凰岭党支部书记宋老秋在弥留之际，把三个儿子叫到身边，他交给儿子的不是"遗产"，而是集资办厂欠村民们的18万元债。该剧通过一个普通农村家庭的遭遇，折射出中国传统社会的精神选择及其蕴含的伦理道德与价值观念。这是根据一个真实的故事改编的，编剧孟冰、导演胡宗琪带领主创人员深入生活，排练长达五个月，八易其稿。翟万臣、魏积安任主演。

（薛晓金）

【《翠花快乐六人行》】 12月9日，“翠花”系列话剧第三部《翠花快乐六人行》在长安大戏院正式公演。该剧以三个“同居”的男孩为线索，引出了招聘保姆和“投资”大米贸易的闹剧。剧中三个男孩一个是普通小职员，一个是海归MBA，另一个则是保安，和他们配戏的三个女孩是女房东翠花格格、傍大款的女“海龟”翠花芭比和南方来的小保姆翠花小妹。该剧延续了前两版“翠花”的“广告设计”。2004年的“翠花”汇集了脑黑金补品、娃娃哭饮料、目标是没有牙的牙膏、治疗不孕症的猩猩医院等“广告”片段。“翠花”的“广告”极尽戏谑，演员表演肢体夸张、语言出其不意，赢得观众的阵阵笑声。演出还穿插了魔术表演。该剧制片人陈鹏，导演刘艳，编剧刘艳、高桥，乔瑜岩、郭鹏、王蔚、阎庆元、闻洋、秦越等参与演出，并有明星阿朵加盟。

（薛晓金）

【《窒息》】 12月12日，话剧《窒息》在北剧场公演。这部定位于“惊悚”的话剧讲述的是某国有一个一年一度的大百科智力问答游戏，奖金数目巨大。该国有6个亲密无间的大四学生，分别从事着政治经济、哲学、物理、艺术、宗教和心理学的学习。为了追求金钱利益，他们一起参加了这个疯狂而又充满诱惑的游戏。由于他们对自己的专业十分精通，因而在回答问题的过程中连连闯关。但是在最后面临胜利的关头，由于宗教的一个低级失误，他们失去了巨额奖金。当天晚上，宗教死了，他的妹妹心理学也进了精神病院。

一年后剩下的四个人又重新聚集在一起，重新参加这个奖金翻了十倍的游戏，但是游戏的过程与结果与前一年惊人得相似，哲学和政治经济在回答错误之后相继死去。活着的人开始互相猜疑，因为凶手也许就在他们中间……在舞台样式上，《窒息》以人物的心理时空构成自由的变幻流程，几位主人公自由地在“阴阳两界”之间闪现。导演苏彭成、陈亮，男女主演分别由雷佳和吴涵伊担任。舞美设计谭泽恩。

（薛晓金）

【《暂住证》】 12月13日，贺岁话剧《暂住证》在北京人艺小剧场公演。《暂住证》表现了“北漂”一族在大城市之中焦灼的生存状态和苦乐生活。剧作取材于普通人的日常生活，巧妙地运用各种艺术技巧表现人们日常琐碎的生活细节。该剧的编导兼主演胡磊和张蒂沙来自北京现代舞团，他们在剧中将现代舞舞蹈语汇与话剧语汇相融合，综合现代舞艺术富于创意、新潮热烈的表现手法，注入舞台写实、象征的多种表现元素，表现戏剧连贯的情节和人物细腻的情感。其中，演出之前还有一段独立的序曲部分，由歌手胡矿与北京六大高校剧社共同创作。

（薛晓金）

【《开市大吉》】 12月24日，北京人民艺术剧院的《开市大吉》作为贺岁大戏在首都剧场公演。该剧是何冀平在1999年为纪念老舍诞辰100周年，根据老舍同名小说创作改编的一台话剧。该剧由香港话剧团搬上舞台后，受到广泛好评。此次，由北京人艺搬上首都舞台，被称为是“人艺另一种风格的开创”。导演顾威。剧中描写了小镇无州的三教九流、各色人等在民众医院“开市大吉”的锣鼓声中粉墨登场，各路“神仙”大显其能，这里有整天瞎话连篇，为达目的不择手段的大话王；生活西化、满嘴洋文、言必称“美国精神”的“洋鬼子”乔治；肝火旺，急于出人头地的“一刀邱”；满脑子陈腐旧套，老把“义和团”挂在嘴边的老邱；风情万种的美凤；小人乍富的暴发户阔汪和惺惺作态的穆凤珍女士。他们整天为自己的利欲忙活着、算计着……剧中人物刻画入木三分，语言幽默讽刺。主要演员有李光复、米铁增、张志忠等。

（薛晓金）

【复排《李白》】 12月25日，北京人艺2004年最后一出大剧场话剧《李白》在首都剧场上演。扮演李白的是濮存昕，其他演员基本上都是刚进人艺的新演员。这是相隔12年后北京人艺第一次复排《李白》。原剧编剧郭启宏，此次复排对原剧本没有太大的改动。复排导演苏民。话剧选取的是安史之乱的时候，李白满怀报国热忱入了永王幕府的一段经历。后来，永王谋反身亡，李白受到牵连，获罪流放夜郎，一路冷雨凄风来到白帝城，因郭子仪大元帅作保遇赦，轻舟直放当涂，到了当涂，暮年的李白又做出惊人壮举，请缨从军。

（薛晓金）

·京　剧·

【京剧交响剧诗《梅兰芳》】 5月1日，京剧交响剧诗《梅兰芳》在长安大戏院首演。该剧是北京京剧院新创作的剧目。作品分为“散花”、“别姬”、“祭江”、“蓄须”、“醉酒”五个乐章，用诗化的语言配以交响乐，艺术地再现了抗日战争时期梅兰芳的“蓄须留志”。作品在表现手法上运用了亦真亦幻的舞台区间，在同一舞台场景中，同时塑造生活中的梅兰芳和舞台上的梅兰芳。该剧总策划张和平，总顾问梅葆玖、梅绍武，编剧盛和煜，导演陈薪伊，唱腔设计朱绍玉，作曲朱绍玉、杨乃林，指挥胡炳旭，舞美设计刘杏林，灯光设计邢辛，人物造型、服装设计李锐丁，配器杨乃林、温中甲、徐小明，导演助理徐春兰，总监制徐恒进，监制汪丽娅，出品人王玉珍、赵洪涛，制作人周铁林、陆翱、张德才、侯莹，宣传策划初小玲、贾薇，国联北京交响乐团伴奏，中国交响乐团合唱团伴唱。于魁智饰演生活中的梅兰芳，胡文阁饰演舞台上的梅兰芳，李胜素饰演梅兰芳夫人福芝芳，赵葆秀饰演梅兰芳岳母，李岩饰演杨小楼，陈俊杰饰演齐如山，朱强饰演齐白石，石维坚饰演泰戈尔，孟广禄饰演褚民谊，李宏图饰演松井。

（张燕鹰）

【新京剧《四美图》】 10月14日，新京剧《四美图》在长安大戏院首演。该剧是由旅日京胡演奏家吴汝俊自编自导自演的新京剧。作品将西施、王昭君、貂蝉、杨玉环四个中国古代美女集中于一个舞台。结构上分成四个折子戏的舞台形式，每折表现一个中国古代女性，都有独立主题。音乐在京剧唱腔的基础上，融入了昆曲、鼓曲和民歌等元素。表演上每一折侧重点不同：以古典舞展现西施、范蠡之间的悲欢离合，用民间舞蹈演绎王昭君与呼韩邪单于的故事，运用现代舞、芭蕾舞体现貂蝉和吕布、董卓、曹操、关羽等人的故事，杨玉环和李隆基的故事则采用了宫廷舞蹈的形式。该剧由长安大戏院、《新剧本》杂志社和文化部戏曲艺术中心联合推出，张永和、王珏编剧，王大元作曲，西施、王昭君、貂蝉和杨玉环，均由吴汝俊一人饰演，李光饰演吕布、李崇善饰演范蠡、刘学钦饰演关羽、孙桂元饰演勾践、李长春饰演董卓、杨赤饰演曹操、寇春华演高力士、司马辛演伯嚭、王振义演李隆基。

（张燕鹰）

·评　剧·

【评剧《刘巧儿新传》】 1月8日，评剧《刘巧儿新传》在北京戏曲艺术职业学院排演场首演。该剧是北京市文化局、北京市人口计生委、中国评剧院联合推出的大型现代评剧。刘巧儿的丈夫赵柱儿牺牲在朝鲜战场。暗恋刘巧儿的于老栓一直帮助她。为感谢于老栓，刘巧儿想让孙子赵宝成与于老栓的孙女百玲结合。但宝成在追求事业的过程中，赢得了城里姑娘马阳阳的芳心。宝成爹丧偶后，与当年王寿昌的后代方婶子谈起了恋爱。曾经争取自由婚姻的刘巧儿却反对儿孙们的感情选择，儿孙们百般痛苦。在于老栓的劝说下，刘巧儿终于醒悟，成全了儿孙们的婚事。该剧总策划张和平、邓行舟，总监制降巩民、杨显平、徐恒进，监制汪丽雅、李燕宝，出品人吴一平、张汨、刘成宝，编剧隋程雁、王新纪，剧本统筹王珏，导演杨晓彦，作曲中国评剧院音乐工作室，舞美设计马维力，服装设计马书敏，灯光设计张志强，造型设计艾淑云，道具设计孟岩，技术指导齐宁。谷文月、张秀云饰刘巧儿，李妮饰马阳阳，孙路阳饰赵宝成，李春梅饰于百玲，马惠民饰于老栓，赵震饰宝成爹，刚毅饰刘福根，茹桂林饰方婶子。

（张燕鹰）

【评剧《狸猫换太子》】 1月23日～25日，中国评剧院根据同名京剧移植的评剧剧目《狸猫换太子》（共三本）在中国评剧院大剧院演出。该剧叙述宋帝赵恒下诏，先生子者立为皇后。为了争夺皇后之位，刘妃与太监郭槐串通，以狸猫调换李妃所生之子，并将李妃打入冷宫。丫环寇珠与三宫总监陈琳将太子救出，送至八贤王府上养育。后来寇珠、陈琳相继被害，李妃流落民间。太子即位后，包拯审理此案，李妃母子团聚。该剧导演李金铭，中国评剧院音乐工作室作曲，舞美设计于跃刚，灯光设计李明，服装设计李英杰，造型设计艾淑云。宋丽饰寇珠（一本）、李后（二、三本），张超群饰陈琳，邹海群饰赵恒（二本）、包公（三本），赵丹红饰刘妃，周连生饰郭槐，于海泉、杨犇饰八贤王，郑岚饰李后（一本），郭鹭饰太子，王淑茜饰寇珠，高靖泽饰赵祯，阎博帝饰范中华，涂振龙饰大臭子，喻小慧饰二妞子，王婧饰小豆子，毛宗铭饰秦凤（一本）、包兴（三本）。

（张燕鹰）

【复排评剧《小借年》、《劝爱宝》】 5月4日，复排评剧《小借年》、《劝爱宝》在中国评剧院小剧场演出。《小借年》、《劝爱宝》是中国评剧院白派剧团复排的传统评剧剧目。总策划吴一平，舞台监督李慕喜、魏群英、李振彪，复排导演李金铭，鼓师郑和祥，琴师王志强，舞美、灯光李振彪。王冠丽饰张二婶，恒红饰爱宝嫂子、爱宝娘，翟少春饰爱宝，孟素洁饰爱姐，魏群英饰爱宝妻，刘军饰王汉喜，曾革饰爱宝爹。

《劝爱宝》剧照

（张燕鹰）

【评剧《乐家老铺》】 6月15日，评剧《乐家老铺》在北京戏曲艺术职业学院排演场首演。《乐家老铺》是中国评剧院为纪念同仁堂创建335周年编演的剧目。故事描写解放战争时期，中共北平地下党组织将部分经费存放在乐家老铺。乐柏年和夫人陈玉珊帮助张友鹏转移金库，女儿乐小珊的男友孙浩是潜伏在乐家的特务，出卖了他们。乐柏年和张友鹏被捕。为了营救丈夫，陈玉珊卖掉了镇宅之宝，张友鹏也被地下党营救出狱。该剧总策划田大方，策划陆建国、金永年，制作人吴一平，监制刘胜利，编剧张帆，导演李树盛、齐建波，宣传策划张海燕、孙民，音乐总监刘文田，舞美设计吴穹，唱腔音乐黄兆龙、林媛、戴锡英，灯光设计李聪，服装设计彭丁煌，技术指导齐宁，音乐设计鲍家瑞，造型设计艾淑云，道具设计孟岩，舞美监制黄德水。刘萍饰陈玉珊，王全友饰乐柏年，李金铭饰张友鹏，孙路阳饰杨冠标，王平饰乐小珊，郑祥振饰孙浩，杜志刚饰老陈，逯安斌饰田查柜，齐天一饰赵妈，徐志国饰黄家才。

（张燕鹰）

【复排评剧《打狗劝夫》】 6月19日，中国评剧院白派剧团复排的传统评剧剧目《打狗劝夫》在中国评剧院小剧场演出。总策划吴一平，舞台监督李慕喜、魏群英、李振彪，复排导演李梓森，鼓师郑和祥，琴师王志强，舞美、灯光李振彪。王冠丽饰张氏，恒红饰桑氏，庚琪饰赵连壁，刘军饰赵连芳，孟素洁饰丫环，曾革饰车三，翟少春饰王二。

（张燕鹰）

【复排评剧《锯碗丁》】 9月25日、26日，由中国评剧院白派剧团复排的评剧传统剧目《锯碗丁》在北京戏曲艺术职业学院排演场上演。该剧描述自幼丧母的铃儿与阿玛相依为命，18岁时嫁给一个姓丁的锯碗人家，受尽婆婆和大姑子、小姑子的折磨，自尽身亡。这出戏曾在1943年由喜彩莲首演于北京；中国评剧院成立后，小白玉霜演出了此剧。此次复排导演德少良，鼓师郑和祥，琴师王志强，唱腔整理刘保义，音乐配器宋允青，舞台监督魏群英、李振彪。王冠丽饰铃儿，花砚茹饰婆婆，德少良饰阿玛，恒红饰姑姑，魏群英饰大狼，孟素洁饰二虎，刘军饰全子，翟少春饰丁少玉，王颖饰伊浩然。

（张燕鹰）

【评剧《啼血杜鹃》】 10月27日，现代评剧《啼血杜鹃》在解放军装备技术指挥学院士官系礼堂演出。该剧是北京市科学技术协会、北京反邪教协会、北京市昌平区防范和处理邪教问题办公室、中国评剧院、北京市昌平区文化委员会联合创作的反对邪教的剧目。作品内容是：北山出现塌陷，山脚下的靠山村受到威胁，村干部与科技工作者全力防止出现滑坡。而运输司机赵大明受邪教骨干分子小诸葛蛊惑，幻想在出现滑坡时能飞上天去。村支书赵连海，工程师王枫，村民王长福，母亲、妻子和女儿小华等人百般劝解无效。为救大明，妻子杜鹃跌下山崖。赵大明最后翻然悔悟。该剧总策划梁士强、吴一平，创作统筹刘侗，宣传统筹康莉、孙民，演出统筹康莉、杨东英，出品人梁士强、吴一平，监制宋丽，总监制孙爱萍、孙东兴，编剧孙民，导演齐宁、齐建波，唱腔设计黄兆龙，音乐配器王大力、张京生、刘冬然，舞美设计邵振平，灯光设计张彤，服装设计李英杰，造型设计瑞剑荣，道具设计孟岩。宋丽、马月（B组）饰杜鹃，邹海群饰赵大明，齐建波、于海全（B组）饰赵连海，杨奔饰小诸葛，苏纯飞、刘云丽（B组）饰赵大娘，张超群饰王枫，王婧饰小华，阎博帝饰王长福（村民），李慧饰长福婶。

（张燕鹰）

【评剧《长霞》】 12月1日，大型当代评剧《长霞》在北京戏曲艺术职业学院排演场首演。作品描写河南省登封市公安局长任长霞上任之初，整顿警风警纪，从一桩冤案入手，打击黑社会势力，执法为民事迹。具有黑社会性质的陈多团伙，作恶多端。任长霞抓捕了陈多的爪牙王大鹏，同时收养了他的幼儿。王大鹏被感动，揭发了陈多，最后陈多团伙被一网打尽。该剧监制荣华，出品人吴一平，制作人齐建波、刘胜利，编剧张芳、刘侗，导演张平，音乐设计刘文田、戴锡英，配器戴锡英、吴咏新、刘燕群，舞美设计王千桂，灯光设计郑长青、张志强，音响设计鲍家瑞，服装设计李英杰，造型设计艾淑云，道具设计孟岩，技术指导韩剑光。高闯饰任长霞，茹桂林饰赵大娘，李金铭饰卫春晓，孙路阳饰汪大鹏，赵震饰陈多。

（张燕鹰）

【复排评剧《朱痕记》】 《朱痕记》是中国评剧院白派剧团复排的传统评剧剧目。总策划吴一平，舞台监督李慕喜、魏群英、李振彪，复排导演李金铭，鼓师郑和祥，琴师王志强，舞美、灯光李振彪。王冠丽饰赵锦堂，张文鹏饰朱春登，恒红饰朱母，庚琪饰宋成，魏群英饰宋氏，蔡长旭饰朱春科，翟少春饰小差人，曾革饰老差人，崔斌饰李仁，刘军饰朱英元。

（张燕鹰）

·河北梆子·

【《村官李天成》】 9月16日，根据同名豫剧改编的河北梆子《村官李天成》，在北京戏曲艺术职业学院排演场首演。该剧由北京市河北梆子剧团、北京燕山情艺术团创作并演出。作品通过西李庄在兴办乡镇企业过程中遇到的困难和矛盾冲突，描写了村党支部书记李天成带领群众脱贫致富，走共同富裕道路的故事。改编王新纪，导演徐春兰，作曲姬君超、王亚勋，配器王宝成，舞美设计罗江涛，灯光设计张林、乔檀，服装设计石翠亭，出品人王亚勋，制作人鲁庭新。王英会饰李天成，刘玉玲、彭艳琴饰刘惠敏，王洪玲、刘凤香饰丁秀莲，李二娥、高德敏饰喜鹊婶，丁立树饰老根爷，隗和国饰金锁，张四刚饰李德望，金民合饰铁锤，任喜涛饰三娃，刘建平饰菜贩子。

（张燕鹰）

·北京曲剧·

【《正红旗下》】 1月14日，为纪念老舍诞辰105周年，北京市曲剧团在航天部一院礼堂首演了根据老舍同名小说和李龙云话剧本改编的曲剧《正红旗下》。作品描写了淳朴、善良、勤劳的老舍父亲、母亲、大姐、二姐；专横跋扈、不明事理的舒家姑母和大姐的婆婆；精明能干的福海表哥，忠厚守旧的老王掌柜，无耻的多老大，刚烈正直的多二爷，还有查老二、索老四等晚清八旗子弟等在清王朝没落时期生活和战争中的众生相，同时展示了100多年前皇城根下中下层旗人的存活状态，以及清末旗人过小年、闹新年、办洗三、庆满月等民俗风情。该剧总监制张春茂，编剧王新纪、李龙云，导演顾威、张绍荣，作曲戴颐生，舞美设计岑宝山，灯光设计李聪，服装设计景春春，造型设计王惠玲，编舞徐叔坚，指挥苏杰。孙宁饰老舍的父亲、甄莹饰老舍的母亲、于蕾饰老舍的二姐、卢雪文饰老舍的大姐、张绍荣饰老舍的大姐夫、王晓莉饰大姐的婆婆、许承璋饰大姐的公公、孟宪荣饰老舍的姑母、赵国来饰老舍的表哥、秦世臣饰老舍的舅舅、仇玉仙饰老舍的舅妈、邹正饰索老四、吴盈饰索太太、李永德饰查老二、洪宗义饰多老大、赵洪春饰多老二、苏志敏饰白姥姥、王皓饰老王掌柜、盛国生饰老王掌柜的儿子、张雨时饰说书先生。

（张燕鹰）

·木偶剧·

【《南极精灵》】　新编科普木偶剧《南极精灵》5月17日在中国木偶剧院首演，该剧讲述的是小企鹅杰克、小信天翁尼克和小海豹咕噜咕噜在风暴中漂浮在浮冰上历险的故事。使观众通过艺术的形式，了解极地海洋动物知识，激发青少年对科学考察的兴趣。该剧与前两届科技周期间推出的科普偶型剧《七彩湖》和《太空动物园》一起，构成“海、陆、空”科普木偶剧三部曲。

（薛晓金）

【《彼得与狼·动物狂欢节》】　5月29日～30日，中山公园音乐堂与中国木偶艺术剧团首次联手，推出“开心儿童节——大型木偶音乐故事：彼得与狼·动物狂欢节”。英国指挥家尼克·史密斯执棒北京新空气室内乐团，演奏《彼得与狼》、《动物狂欢节》；王子斌执导的中国木偶艺术剧团采用偶型、提线木偶、杖头木偶、荧光木偶等表演技法，让音乐更立体、更生动。交响童话《彼得与狼》讲述了淘气的小彼得在动物们的帮助下，制伏大灰狼的故事，作曲普罗科菲耶夫。法国作曲家圣桑的作品《动物狂欢节》是另一部古典音乐的入门经典，乐曲以两架钢琴作为主角，通过小型乐队的演出刻画了狮子、乌龟、袋鼠、大象、水族馆、钢琴家等14个音乐形象。此次推出的“木偶音乐故事”不但开创了交响乐队与木偶同台演出的先例，也是将古典音乐趣味化的全新尝试。

（薛晓金）

机　构

【张火丁戏剧工作室成立】　3月，中国京剧院张火丁戏剧工作室正式挂牌。这是中国京剧界第一个以演员个人名义命名的戏剧工作室，是中国京剧院为探索新的办团、运行机制，以及出人出戏，面向市场进行的尝试。该工作室由10人组成，“程（砚秋）派”演员张火丁担任主演，主任由原中国京剧院三团业务副团长李金平担任。

张火丁戏剧工作室成立节目单

（张燕鹰）

【北京崔永平皮影艺术博物馆成立】　3月3日，经北京市文物局博物馆资格评审委员会专家的实地考察及北京市文物局局长办公会的审核，北京崔永平皮影艺术博物馆成立。该馆是由原北京市皮影剧团团长崔永平夫妇出资主办的一家民办博物馆。馆址位于北京市通州区马驹桥金桥花园住宅区内。展出场地是由位于楼房一层的三套住房改造而成，面积约250平方米。该博物馆藏品1万余件，有河北、山东、四川、陕西等地明、清和民国时期的皮影作品，以及崔永平自己设计制作的部分作品。展览内容包括皮影制作工艺介绍，皮影艺术展示，皮影历史资料，皮影剧本、演出道具，以及皮影戏现场表演等。

（张燕鹰）

【中国戏剧文学学会选出新的领导机构】　7月9日，中国戏剧文学学会通过会员投票方式，选出了第三届理事会。名誉会长：王蕴明、林克欢、郭启宏、耿可贵、戴英禄；顾问：刁成志、习志淦、方掬芬、方洪友、王汝贵、王仲德、刘云程、严福昌、张云凤、李放、杜高、邹忆青、郑振怀、荆桦、赵明普、钟景辉、徐棻、顾颂恩、黄维钧、寒声、游默、游本昌、翟剑萍、蔡曙鹏、颜振奋；会长：魏明伦；常务副会长：曾献平；副会长：王笑林、孙德民、张平、张先、张健钟、李龙云、李东兴、李远强、杜家福、杨利民、肖媄鹿、陈欲航、郑怀兴、姚远、常剑钧、黄心武、温大勇、燕燕；秘书长：杨雪英；副秘书长：李勇、邹小平。中国戏剧文学学会是由全国各民族的舞台剧、电视剧、广播剧的作家、评论家、研究家、教育家、翻译家、编辑出版家、经营管理家和戏剧文学工作者自愿组成的学术团体。

（张燕鹰）

【朝阳文化馆新建9个“小剧场”】 7月20日，北京朝阳区文化馆新建成了9个小剧场。长期以来，北京的剧场主要集中在东城区。针对这种情况，国家话剧院和朝阳文化馆合作，在该馆内修建了9个崭新的小剧场。其中最大的能容纳500多人，其他8个各能容纳200人左右。9个剧场分为主题性演出场所，有实验小剧场、独角戏剧场、校园剧场、梨园剧场、咖啡剧场、黑匣子剧场和在馆前广场上搭建的帐篷剧场等。

（薛晓金）

【北大艺术学系举办戏剧高研班】 7月，由北京大学艺术学系和戏剧导演林兆华联合创办的戏剧高等研修班正式开学。北大艺术学系主任及北京哲学学会会长叶朗先生、林兆华导演、北京人艺导演李六乙等出席了开学典礼。此次双方的合作，将以林兆华为主导进行教学工作。

（薛晓金）

【梅兰芳纪念馆重新开放】 9月，为纪念梅兰芳诞辰110周年，梅兰芳纪念馆修葺一新，重新开放。该纪念馆坐落于北京市西城区护国寺街，原为梅兰芳的一处故居。1984年被列为北京市文物保护单位，1986年10月正式对外开放。重新开放后的梅兰芳纪念馆分为4个展室：第一展室为梅兰芳生平图片展；第二展室为书画作品展，包括中外名人馈赠给梅兰芳的作品和梅兰芳本人的书画作品；第三展室为文物资料展，有梅兰芳使用过的戏装、道具等；第四展室为梅兰芳晚年居所，包括起居室、书房、会客室和卧室等。此次重新开放还展出了梅兰芳收藏的44幅清宫戏曲人物画。

（张燕鹰）

【北京市占奇豫剧团成立】 10月17日，北京市占奇豫剧团正式挂牌成立。该团是由河南籍民营企业家、北京占奇梨园文化传播有限公司、北京烙馍村餐厅戏院董事长杨占奇策划发起并投资建立的民营戏曲剧团，也是在北京成立的第一个豫剧表演团体。该团以演出豫剧为主，兼演河南曲剧、越调等河南地方戏曲剧种。该团以演出现代戏为主，并能演出《穆桂英挂帅》、《大祭桩》、《秦雪梅》、《对花枪》、《花打朝》等传统大戏及部分折子戏。豫剧演员牛淑贤为该团艺术总监。该团目前已与河南省多家豫剧团的60多位演员签约，其中包括国家一级演员方素珍、楚淑珍和赵小梅，还聘请了马金凤、王希玲等老一辈豫剧演员担任该团顾问。

（张燕鹰）

【崇文区工人文化宫大剧场更名为红剧场】 12月，崇文区工人文化宫大剧场更名为红剧场。天创国际演艺制作交流有限公司斥资上千万元，对崇文区工人文化宫大剧场进行改造，目的是效仿欧美一些国家长年在一个剧场只演出同一台节目，使剧场与节目融为一体的演出模式。改造后的剧场外观为红色网格状现代建筑，剧场内部为红色软椅，故名“红剧场”。该剧场于12月3日开始上演的第一台节目是展示中华武功、杂技和舞蹈的功夫剧《功夫传奇》，该剧设计运营周期为6年。

（张燕鹰）

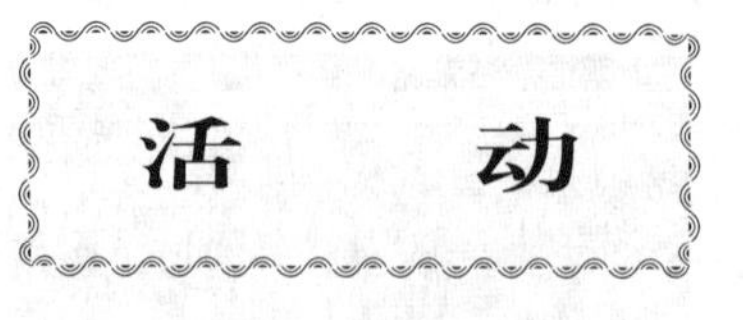

活　　动

·演出、会议·

【贾庆林观看河北梆子《清风亭》】 1月8日，中共中央政治局常委、全国政协主席贾庆林在海淀剧院观看了北京市河北梆子剧团表演的经典剧目《清风亭》。市委书记刘淇，市委副书记龙新民，市委常委、宣传部长蔡赴朝一同观看了演出。演出结束后，贾庆林等领导同志走上舞台，与演员亲切握手，祝贺演出成功。

（张燕鹰）

【京、津、沪京剧名人名段演唱会】 1月10日，“同方之夜——京、津、沪京剧名人名段演唱会”在海淀剧院举行。来自北京的有谭元寿、梅葆玖、李世济、叶少兰、李维康、耿其昌、杨春霞、于魁智、李胜素、赵葆秀、袁慧琴，来自天津的邓沐玮、赵秀君、张克、李佩红，以及来自上海的王佩瑜、史敏、李军等参加了演出。这台以弘扬京剧艺术为目的，以推出精品来带动中关村地区文化事业发展为宗旨的演唱会，是由中国文联演艺中心策划并邀请同方科技股份有限公司、中央电视台戏曲频道参与联合主办，由清华同方房地产开发有限公司和中国文联百花文化艺术有限公司联合承办。整台节目由中央电视台白燕升和鞠萍主持，中央电视台通过戏曲频道“空中大舞台”向全国进行直播。

（张燕鹰）

【新春京剧大型交响音乐会】 2月9日～11日，“名角贺岁——新春京剧大型交响音乐会”在北京中山公园音乐堂举行。京剧演员吕慧敏、吕欣、黄炳强、李红梅、王蓉蓉、刁丽、邓沐玮、李岩、李欣、杨春霞、赵葆秀、曲素英、钱浩梁、李世济等参加了演出。这台节目由中国京剧院、中山公园音乐堂和北京文艺演出有限公司联合策划并主办，中国歌剧舞剧院交响乐队和中国京剧院乐队联合伴奏，指挥刘凤德，琴师李祖铭。

（张燕鹰）

【中国京剧院“2004年新春演出季”】 2月16日～4月12日，中国京剧院为了让开热点，变市场淡季为演出旺季，推出“2004年新春演出季”。该院在演出季期间，与长安大戏院、北京太阳歌华联手，同《北京娱乐信报》、北京文艺台和搜狐网站等媒体协作，以长安大戏院和保利剧院为演出基地，演出了《大·探·二》、《杨门女将》、《四郎探母》等优秀传统剧目和近年推出的《张协状元》、《泸水彝山》、《乌纱记》、《春闺梦》、《中国公主图兰朵》等大戏。该院的于魁智、张火丁、张建国、李胜素、李海燕、刁丽、江其虎、邓敏、袁慧琴、李岩等30余名中青年演员参加了演出，院外的梅葆玖、孟广禄、杨赤、邓沐玮、奚中路等也加盟了演出季的活动。

（张燕鹰）

【燕守平个人京胡演奏会】　2月28日，燕守平在长安大戏院举行个人京胡演奏会。演奏的曲目有经过重新配器编曲的《夜深沉》、《梅花新调》等传统京胡曲律，以及《杜鹃山》、《战太平》等剧目。参加演奏会伴唱的有李维康、耿其昌、于魁智、李胜素、杨春霞、赵葆秀、孟广禄、王蓉蓉、杜镇杰、李宏图、李佩红，中央歌剧舞剧院的大型交响乐队加盟演出，指挥胡炳旭。

（张燕鹰）

【北京儿艺20万元征剧本】　2月，北京儿童艺术剧院股份有限公司拿出20万元面向全国征集儿童剧剧本精品。此次征集活动聘请国内9位著名的剧作家、编剧、导演组成评审团，5月8日活动揭晓，241部应征剧本中评出5个入围奖和18个鼓励奖，大奖空缺。获入围奖的剧本是《小兔快跑》、《小香咕和“帕拉帕拉”花》、《飞呀飞》、《快乐王子》和《款猫》。

（薛晓金）

【驻华使节观看京剧《图兰朵公主》】　3月15日，中华人民共和国文化部在北京保利剧院为各国驻华使节举办大型京剧《图兰朵公主》专场演出。108个国家和国际组织的82位大使、130位外交官及亲属368人应邀出席。普契尼创作的歌剧《图兰朵》曾被改编为话剧、舞剧、川剧、豫剧等多种形式，搬演于中国舞台。此次中国京剧院创作的《图兰朵公主》是以京剧形式演绎异域故事，邓敏饰演图兰朵公主。文化部部长孙家正和部分中央国家机关的领导陪同观看。

（张燕鹰）

【2004少儿京剧专场演出】　3月20日～12月26日，北京戏曲艺术职业学院进行了少儿京剧专场演出。少儿京剧专场演出是该院为普及京剧艺术，为在校学生提供演出锻炼机会而推出的一项举措，周末举办。2004年共进行了28场演出，演出了《生死恨》、《宇宙锋》、《锁麟囊》、《望江亭》、《空城计》、《搜孤救孤》、《目连救母》、《女杀四门》、《钓金龟》等大小剧目80多个。

（杨嘉和）

【“评剧大篷车”】　4月2日，由中国评剧院和京报集团联合发起的“评剧：永恒的魅力——评剧大篷车”演出活动正式启动。此次活动主要演出剧目有《狸猫换太子》、《打金枝》、《秦香莲》、《花为媒》和一些折子戏。活动组织者本着“走出去，请进来”的经营理念，为城市居民和郊区农民提供娱乐服务，特意开出两辆“评剧大篷车”，邀请“京报”读者，尤其是京郊农民、社区居民和大中小学生，到剧场感受评剧艺术。演出除在中国评剧院小剧场活动外，还到北京郊区进行了演出。

（张燕鹰）

【中戏成教学院举办2004毕业演出季】　4月5日～5月31日，中戏成教学院推出毕业演出季，该演出包括：中戏成教学院10个表导演专科班在该学院黑匣子的毕业剧目演出，以及表演系专升本班级在中央戏剧学院逸夫剧场的演出《大马戏团》和《谁的木箱》。参加此次演出的中央戏剧学院成教学院学生均为该学院应届毕业生。以上两部话剧的导演银国春老师、韩学军老师都是中央戏剧学院教授。

（薛晓金）

【国家话剧院开展“精品戏剧进校园”活动】　国家话剧院的精品话剧《哥本哈根》4月9日晚在北京师范大学“北国剧场”拉开了为期一周的“精品戏剧进校园”活动序幕。该活动是由国家话剧院、北京师范大学团委、北师大艺术传媒学院联合发起的。话剧《哥本哈根》是英国剧作家迈克·弗雷恩根据历史事件创作的一出优秀话剧。该剧借现代科学史上的“哥本哈根之谜”，来解科学与道德、责任与良知、科学家与人类命运等人文哲理之谜，进而延伸到对人类终极关怀的探讨。4月11日晚，诺贝尔物理学奖得主杨振宁和著名应用数学家林家翘观看了话剧演出，并与学生、演员座谈。

（薛晓金）

【第二届北京国际戏剧演出季举行】　4月27日～5月31日，第二届北京国际戏剧季举行。戏剧季以《猫》为开篇之作，戏剧季的闭幕式是莎拉·布莱曼演唱会。共有30余个国外艺术团献艺首都舞台。作为东道主的北京演出了人艺经典话剧《雷雨》，同时还制作了大型京剧交响剧诗《梅兰芳》。此外，昆曲《牡丹亭》、《琵琶记》、越剧《何文秀》、川剧《白蛇传》、《望娘滩》、花鼓戏《秋天的花鼓》、黄梅戏《孔雀东南飞》等在戏剧季上也得到集中展示。

（薛晓金）

【广德楼演出皮影】　5月1日，广德楼戏园邀请河北皮影艺人来京表演皮影戏。广德楼始建于清代中期，以演出戏曲为主，是北京最古老的的戏园之一。20世纪50年代改为曲艺演出场所，曾改称前门曲艺厅、前门小剧场，2000年重新修建。此次邀请的皮影艺人的年龄都在60岁上下。年龄最长的刘宝，68岁，能一人操持四件打击乐。这些艺人此次演出的剧目有《保龙山》、《力杀四门》、《猴王战大鹏》、《三贬樊梨花》、《侠女刺秦》等。广德楼戏园还特意请来皮影制作大师邵青的弟子杨明忠现场雕刻皮影助兴。

（张燕鹰）

【李长春观看豫剧《村官李天成》】 5月16日，中共中央政治局常委李长春在长安大戏院观看河南省豫剧三团演出的豫剧现代戏《村官李天成》，并与剧组主创人员进行了座谈。李长春指出，该剧生动体现了“三个代表”重要思想，体现了党的十六大和十六届三中全会精神，体现了中央1号文件的要求，是一部弘扬主旋律的力作。实践证明，只要我们坚持贴近实际、贴近生活、贴近群众，就一定能够创作出弘扬时代精神、思想性、艺术性、观赏性相统一，富有吸引力和感染力的优秀作品，赢得群众，占领市场。文化部部长孙家正、中国文联党组书记李树文、中宣部副部长李从军、中共北京市委副书记龙新民、中共河南省委副书记王全书及河南省文化厅厅长郭俊民等陪同观看了演出。

（张燕鹰）

【昆曲被列为世界遗产三周年纪念演出】 5月18日～19日，为纪念昆曲被联合国教科文组织列入“人类口头和非物质遗产代表作”名录三周年，北方昆曲剧院在长安大戏院演出昆剧《牡丹亭》和《琵琶记》。《牡丹亭》由魏春荣和邵峥主演，《琵琶记》由王振义和董萍主演。

（张燕鹰）

【第八届中国戏剧节小剧场演出季举行】 5月26日～6月8日，由中国戏剧家协会主办的第八届中国戏剧节“都宝”杯小剧场演出季在京举行，人艺小剧场、人艺实验剧场以及北剧场同时上演了来自全国各地的14台小剧场精品。包括：《哥本哈根》（中国国家话剧院）、《男人的自白》（北京人民艺术剧院）、《阎惜娇》（北京京剧院）、《临时病房》（湖北省话剧院）、《眉尺间》（哈尔滨话剧院）、《祝福》（中国戏曲学院）、《院子里有棵橄榄树》（广东省话剧院）、《他人》（吉林省艺术学院）、《人在屋檐下》（江苏省话剧院）、《我的第一次》（南京市话剧院）、《古玛河》（新疆石河子豫剧团）、《带陌生女人回家》（抚顺市歌舞话剧院）、《天上人间》（北京守望星途演出公司）、《军号响了》（天津人民艺术剧院）。《临时病房》在北剧场作为首演剧目，拉开此次小剧场演出季的帷幕。演出季评出了优秀剧目奖、剧目奖以及编剧、导演、表演、音乐、舞美等多个单项奖。

（薛晓金）

【人艺《茶馆》迎来500场】 5月27日，北京人艺已经演了45年的话剧《茶馆》在首都剧场演出第500场。1992年7月16日，《茶馆》进行了第374场演出，那是以于是之、林连昆、郑榕为主要演员的老版《茶馆》的告别演出。1999年，导演林兆华推出了人艺的新版《茶馆》，挑起大梁的是梁冠华、濮存昕、杨立新、冯远征、何冰等一代中青年演员，这个班底也就是《茶馆》第500场的班底。

（薛晓金）

【京剧传统折子戏演出月】 8月4日～12日，中国京剧院与北京长安大戏院联合推出“京剧传统折子戏演出月”。中国京剧院二团的孙亮、刘魁魁、李磊、黄桦、王好强等近20名青年演员演出了《金钱豹》、《挑滑车》、《战马超》、《三打祝家庄》等剧目，共9场、18出戏。武生、刀马旦、花旦、老旦每个行当各有千秋。杨燕毅、甄建华、陈仲健等演员助演了部分剧目。

（张燕鹰）

【2004中国大学生戏剧节举行】 由中国戏剧家协会与北京戏剧家协会联合主办的2004中国大学生戏剧节，于8月6日～22日在北京举行。在半个多月的时间内，来自13个省市、28所高校的31台剧目，分别在北京人艺小剧场、国家话剧院小剧场以及北剧场三个剧场进行了演出。主要剧目有《陈涉世家》、《热血》、《罗慕罗斯大帝》、《大梦》等。为了给各个剧组和观众提供一个直接的交流平台，戏剧节的每个剧目演出之后都举行了“演后谈”。

（薛晓金）

【国家话剧院举行首届国际戏剧演出季】 经文化部批准，从2004年开始，“中国国家话剧院国际戏剧季”正式启动。以后每两年在北京举办一次。首届国际戏剧季的主题词为“永远的契诃夫”。戏剧季从9月1日开幕至9月29日结束，国家话剧院、以色列卡美尔剧院、俄罗斯国立青年艺术剧院、林兆华戏剧工作室、加拿大史密斯·吉尔莫剧院等五个戏剧团体分别在首都剧场、天桥剧场、东方先锋小剧场、海淀影剧院、北剧场，用汉语、希伯莱语、俄语及英语四国语言，先后演出了《普拉东诺夫》（中）、《樱桃园》（俄、中）、《安魂曲》（以）和《契诃夫短篇》（加），共计演出34场，有近万人次的观众观看了演出。戏剧季期间，话剧院举办了“契诃夫剧本朗读会”和“演出团体开放式排练”；召开了题为“契诃夫的世界性与现代性”的学术讲座和研讨会；中央戏剧学院推出了“契诃夫主题舞台美术展”；北京图书馆举办了“契诃夫戏剧的现代性”专题讲座等系列活动。

（薛晓金）

【《普拉东诺夫》在京演出】 9月1日，“首届国际戏剧季：永远的契诃夫”的开幕大戏——《普拉多诺夫》，在天桥剧场演出。作为契诃夫的处女作，《普》剧此次的演出是百年来首次登上中国的舞台。该剧是“契诃夫与戏剧痛苦交往的开端”，它以一个贵族庄园的衰落为线索，描写了形形色色的地主、商人等人物，塑造了以普拉东诺夫为代表的一群无事可做、在忧郁和争吵中打发日子的知识分子形象。该剧的剧本由道明翻译，导演是中国国家话剧院的王晓鹰。该剧还集中了国家话剧院果静临、周玲、师春玲等一批优秀演员。《普拉东诺夫》是一部非常庞大的戏剧，共15万字，曾经上演的剧本也都只有原著的三分之一，只是各个导演删节的内容不同，所以这是一出非常考验导演功力的作品。

（薛晓金）

【杜镇杰个人演唱会】　9月25日，北京京剧院老生演员杜镇杰在长安大戏院举办个人演唱会。演唱的剧目有《文昭关》、《碰碑》、《空城计》、《智取威虎山》、《沙家浜》、《宰相刘罗锅》等戏的选段。王蓉蓉、李宏图、赵葆秀、孟广禄、陈俊杰等为其助演，胡炳旭指挥的北京国联交响乐队为其伴奏。

（张燕鹰）

【优秀现代戏展演】　9月28日～10月12日，为庆祝中华人民共和国成立55周年，由中华人民共和国文化部、北京市人民政府、中国人民解放军总政治部宣传部主办的“优秀现代戏展演”在北京举办。参加展演的剧目有：北京京剧院的京剧交响剧诗《梅兰芳》、中国评剧院的评剧《刘巧儿新传》、云南省话剧团的话剧《打工棚》、总政话剧团的话剧《黄土谣》、山西省商洛市花鼓剧团的花鼓戏《月亮光光》、山东菏泽地方剧院的山东梆子《山东汉子》、吉林省地方戏曲剧院民间艺术团的《没事找事》、浙江省上虞市越剧团的越剧《人参风波》、广西彩调剧团的彩调戏《追》、广西桂林市桂剧团的桂剧《砸锁》、海政歌舞团电视艺术中心的音乐剧《赤道雨》、国家话剧院的话剧《生死场》、总政歌剧团的歌剧《我心飞翔》、南京市话剧团的话剧《平头百姓》、北京市儿童艺术剧院股份有限公司的儿童剧《红领巾》、安徽铜陵市黄梅戏剧团的黄梅戏《青铜之恋》、宁夏话剧团的话剧《农机站长》和湖北省话剧团的话剧《临时病房》，共15台，18个剧目。分别在长安大戏院、中国评剧大剧院、中国戏曲学院排演场、八一剧场、民族宫大剧院、海军礼堂、中央戏剧学院礼堂、天桥剧场、七色光儿童艺术剧院、北京人艺实验剧场，以及北京京郊大篷车演出。这是自1964年全国京剧现代戏会演以来规模最大的全国性现代戏展演。展演期间还举行了“现代戏理论研讨会”。

（张燕鹰）

【北京市曲剧团实行民主管理】
10月21日，北京市曲剧团召开全体职工大会。北京市文化局党组成员、副局长李恩杰出席了会议并就曲剧团班子调整情况、剧团改革发展情况做了讲话。市文化局组宣处副处长李萍代表局党组宣布，市文化局聘任凌金玉为北京市曲剧团团长，派任陈伟功同志担任曲剧团党总支书记。大会还表决通过了《北京市曲剧团民主管理委员会章程》，并根据《章程》的规定，选举出7名民主管理委员会成员。

（张燕鹰）

【长安大戏院推出评剧周】　11月17日～22日，长安大戏院邀请刚刚在唐山结束的第四届中国评剧艺术节演出中的《刘姥姥》、《戚继光》、《妈妈》等剧目，举办了“评剧周”。河北省丰润县评剧团演出的“红楼戏”《刘姥姥》，是为董玉梅量身打造的老旦戏；《戚继光》是河北省迁安县洪影评剧团演出的新编历史剧，塑造了在积重难返的社会中艰难跋涉的人物形象，杨继勉饰戚继光；《妈妈》是河北省廊坊市评剧团演出的戏曲报告剧，讲述了一位勤劳的母亲历尽艰辛抚育儿女成才的感人故事，小筱俊亭饰妈妈。

（张燕鹰）

【贾庆林出席京剧音配像二期工程新闻发布会】　11月26日，文化部等单位在全国政协礼堂举行《中国京剧音配像精粹》二期工程新闻发布会，中共中央政治局常委、全国政协主席贾庆林出席并表示祝贺。《中国京剧音配像精粹》第一期工程，共录制京剧355部，制作光盘总计582张，时间总长度达500多个小时。从2002年9月开始，进行二期工程的录制工作，已录制剧目66部，制作光盘104张。会上，贾庆林、李瑞环向中国国家图书馆、中央电视台等单位的代表赠送了《精粹》二期工程的第一批光盘。

（张燕鹰）

【北大举办昆曲系列讲座】　11月27日，叶锦添、林兆华、余秋雨在北大百年讲堂举办“《长生殿》——不只是昆曲”名人系列讲座。担任昆曲《长生殿》的舞美及服装造型设计的叶锦添指出，昆曲《长生殿》使他有机会回归中国传统，形式上怎样并不重要，关键是要把中国文化放在心里。林兆华认为，在表演上中国戏曲和说唱艺术精髓比欧洲的表演艺术要丰富得多，自由得多，“似”与“不似”之间的那种状态，以及中国戏曲舞台的空间感给了他很大启发。余秋雨认为，昆曲是中国文化泛型之一，其诗化风格和雅俗共赏，以及“拆卸”型结构，保留了中国传统艺术的魅力。不能期望凭借声、光、色的“伪现代”手法达到现代审美效果。

（张燕鹰）

【蔡瑶铣从艺50周年纪念活动】
12月19日～23日，北方昆曲剧

院举办的“经典剧目岁末展演暨祝贺昆曲艺术家蔡瑶铣从艺50周年”活动在京举行。蔡瑶铣11岁考入上海戏曲学校学习昆曲，50年来塑造了一系列鲜活的舞台艺术形象。此次演出分别在民族宫大剧院和全国政协礼堂举办，剧目有：马少波改编的《西厢记》，时弢改编的《牡丹亭》，郭汉城、谭志湘改编的《琵琶记》，以及《宦门子弟错立身》，前三个剧目都是由蔡瑶铣首演的。此次上演的剧目由蔡瑶铣和她的学生北方昆曲剧院演员王振义、魏春荣、邵峥、董萍，以及江苏昆剧演员柯军等分别担任主演。

（张燕鹰）

【诗化戏曲《仲夏夜之梦》上演】 12月22日，中国戏曲学院成教部自编、自导、自演的根据莎士比亚同名喜剧改编的诗化戏曲《仲夏夜之梦》在中国戏曲学院大剧场上演。编剧邵宏超。作品以东方戏曲的形式演绎西方戏剧，追求东西方文化的融合。该剧在舞台呈现上，以中国传统的龙、凤形象，寓意莎士比亚戏剧中凡间与仙界的爱情。全剧共8场，由3场话剧与5场戏曲交叉演出，还出现了戏曲演员与话剧演员同台表演的场面。

（张燕鹰）

【“北京红馆演艺工场”推出“堂会服务”】 2004年，北京红馆演艺工场推出堂会演出，为京城百姓的婚庆、寿宴生日等提供上门服务。目前推出的是相声，11月29日，家住东铁匠营的黄先生成为红馆演艺工场“堂会”项目的第一位买单人。

（张燕鹰）

·评　奖·

【第五届话剧金狮奖揭晓】 2月10日，第五届中国话剧金狮奖在北京人民大会堂颁奖，中国话剧艺术领域的艺术家、评论家和专家学者400余人参加颁奖会，109位成绩卓著的话剧工作者获奖。中国话剧金狮奖是经中宣部、文化部批准的全国话剧艺术常设性奖项，是对长期坚守话剧阵地并取得优秀成绩的话剧工作者的肯定和奖励。自1989年设立以来，先后有431位优秀话剧工作者荣膺此奖。第五届话剧金狮奖共评出获奖者109名，其中邵均林等11人获得金狮编剧奖，吴晓江等12人获金狮导演奖，吕凉等63人获金狮表演奖，吴穹等11人获金狮舞台美术设计奖，方掬芬等12位老艺术家获金狮荣誉奖。

（薛晓金）

【评剧《贫嘴张大民的幸福生活》获北京市“五个一工程”奖】 2月，在中共北京市委宣传部、北京市人事局主办的北京市第九届“五个一工程”奖的评选中，中国评剧院演出的评剧《贫嘴张大民的幸福生活》获北京市“五个一工程”入选作品奖。

（张燕鹰）

【第21届戏剧梅花奖揭晓】 3月16日，第21届中国戏剧梅花奖在北京人民大会堂揭晓。25位中青年演员榜上有名，其中北方昆曲剧院的魏春荣、中国京剧院的袁慧琴、中国人民解放军总政治部歌剧团的戴玉强等23人首次获得梅花奖，北京人民艺术剧院的何冰等2人获“二度梅”。此次获奖演员代表了17个剧种、涵盖了15个省、直辖市。

（张燕鹰）

【“蚁力神杯”戏曲、戏剧比赛】 4月26日～29日，由职业艺术院校参加的“蚁力神杯”戏曲、戏剧大赛在中国戏曲学院举行。本次比赛分为戏曲、戏剧两部分，全国24个省市区的70余所艺校选送了参赛剧目，51个戏曲节目、19个戏剧节目、100余名选手进入决赛。在戏曲青年组比赛中，中国戏曲学院附中的张晨等8人获得主角一等奖；9人获主角二等奖，4人获配角二等奖；6人获主角三等奖，3人获配角三等奖；6人获主角优秀奖，2人获配角优秀奖。在戏曲少年组的比赛中，北京戏曲艺术职业学院的王文端等7人获主角一等奖；9人获主角二等奖，1人获配角二等奖；北京戏曲艺术职业学院的王鑫等6人获主角三等奖，2人获配角三等奖；6人获主角优秀奖，2人获配角优秀奖。《法场忏悔》获优秀戏曲音乐创作奖，《“非典”情缘》获得优秀新剧目创作奖，《假意真情》等10部作品获新剧目创作奖。在戏剧青年组比赛中，2人获主角一等奖，2人获配角一等奖；4人获主角二等奖，3人获配角二等奖；6人获主角三等奖，4人获配角三等奖；7人获主角优秀奖，1人获配角优秀奖。

（张燕鹰）

【《刘巧儿新传》第四届中国评剧艺术节获奖】 中国评剧院参加了9月17日～26日在唐山举行的第四届中国评剧艺术节，剧目为《刘巧儿新传》、《大都往事》。本届评剧节共有全国各地22个评剧院团的23个剧目，演出46场。观众有4万多人次。中国评剧院一团演出的《刘巧儿新传》等6台剧目获优秀剧目奖，25名演员获优秀表演奖。在《刘巧儿新传》中饰演刘巧儿的谷文月、饰演于老栓的马惠民、饰演赵宝成的孙路阳获优秀表演奖，饰演马阳阳的李妮和饰演于百灵的李春梅获表演奖，隋程雁、王新纪获优秀编剧奖，刘文田、黄兆龙、杨宗祥、戴希英、林媛获优秀音乐创作奖。同时，中国评剧院李永志因担任河北省石家庄市评剧一团《月嫂》一剧的导演而获第四届中国评剧艺术节优秀导演奖。

（张燕鹰）

【第二届中国戏曲演唱红梅大赛】 12月16日，由中国戏剧家协会主办的第二届“中国戏曲红梅大赛”决赛在北京结束。本届赛事的参与者从上届的2000余人增加至3000余人，参加决赛的剧种达到33个。经过5天决赛，来自中央直属、北京、解放军以及其他地区，共24个省级地区或单位的45名选手荣获本届大赛金奖，81名选手获得银奖。北京军区政治部战友文工团的京剧演员丁晓君等3人获金奖并被授予本届大赛“红梅之星”称号；北京京剧院演员张立媛、中国评剧院演员孙路阳、张秀云、北京戏曲艺术职业学院的刘铮、中国京剧院演员宋怡、中国戏曲学院研究生班的谭正岩等43人获演唱金奖；2人获器乐演奏金奖。北京京剧院的常秋月，中国评剧院的王全友、王平、王亚民、李春梅，北京市河北梆子剧团的刘凤香，中国戏曲学院的张尧，中国戏曲学院附属中学的郭霄、刘泳渤，中国煤矿文联的张彩霞、李纯正，北京市占奇豫剧团的姚军良、苗青，北京师范学院艺术与传媒学院的章尔琴，北京广汉戏剧艺术中心冯桂琴等78人获演唱银奖；3人获器乐演奏银奖。12月17日，在全国政协礼堂举行了本届大赛的颁奖晚会。

（张燕鹰）

【《万家灯火》入选国家舞台艺术精品剧目】　12月21日由文化部、财政部主办的2003～2004年度国家舞台艺术精品工程评选结果揭晓，北京人民艺术剧院话剧《万家灯火》获2003～2004年度国家舞台艺术精品工程十大精品剧目，北京儿童艺术剧院股份有限公司儿童剧《红领巾》入选2003～2004年度国家舞台艺术精品工程精品提名剧目。

（薛晓金）

【《梅兰芳》获第四届中国京剧艺术节金奖】　12月，在上海举办的第四届中国京剧艺术节上，北京京剧院编演的京剧交响剧诗《梅兰芳》，以其艺术上的大胆创新、独树一帜和令人耳目一新的剧诗风格，夺得本届京剧艺术节的金奖。同时，该剧还获得了5个单项奖：陈薪伊获优秀导演奖，朱绍玉获优秀音乐创作奖，李锐丁获优秀舞美奖，于魁智、孟广禄、赵葆秀获优秀表演奖，李胜素、李岩获表演奖。

（张燕鹰）

【《泸水彝山》获第四届中国京剧艺术节金奖】　12月，在第四届中国京剧艺术节上，中国京剧院演出的《泸水彝山》获得金奖。该剧是根据河南越调《七擒孟获》改编的大型京剧。作品通过诸葛亮多次擒得孟获，而又多次将其礼送的情节，终于使孟获理解了诸葛亮的良苦用心，发出了“彝汉从此不再战”肺腑之言。该剧艺术顾问曾庆淮，出品人吴江，编剧吴江、吕慧军、高牧坤，导演高牧坤，副导演常贵祥，唱腔设计续正泰，音乐设计朱世杰、李金平，舞美设计苗培茹，灯光设计沙晓岚、何其跃，服装设计彭丁煌，舞蹈编导高琛、甘露，总监制宋关林，监制刘彤、王宇，鼓师李金平，琴师刘铁山、张顺翔、周佑军，舞台监督尹松涛、王旭东、刘海生，舞美监制周家祥，灯光设计助理李竞成，化妆指导莽珊珊，化妆王凡。张建国饰诸葛亮，邓敏饰祝融，袁慧琴饰孟齐，顾谦饰孟获，高琛饰关索，景琏琏饰魏延，张森饰祝来，王旭东饰赵云，郭振龙饰马谡，颜世奇饰马岱，黄占生饰洞主甲，俞雷、田永刚饰军士，尹松涛饰木鹿大王。

（张燕鹰）

【北京演员武戏擂台赛上获奖】
12月，在上海举办的第四届中国京剧艺术节武戏擂台赛上，中国京剧院、北京京剧院夺得多项奖牌。中国京剧院刘魁魁主演的《火烧余洪》、孙亮主演的《金钱豹》获个人金奖；北京京剧院张淑景主演的《盗库银》，李红艳主演的《虹桥赠珠》获得个人银奖；年金鹏主演的《火神阻路》获个人铜奖；《盗库银》还获得集体优秀表演奖。

（张燕鹰）

【《北京曲剧五十年》获奖】　12月，由北京市艺术研究所编撰，崔长武、薛晓金主编的《北京曲剧五十年》一书，获得中共北京市委、北京市政府颁发的“北京市第八届哲学社会科学优秀成果”二等奖。该书是一部北京曲剧专著，2002年由中国民族摄影艺术出版社出版。

（张燕鹰）

·交　流·

【中国儿艺赴江西上饶演出】
2003年12月30日～2004年1月4日，中国儿童艺术剧院“文化三下乡”慰问团，奉中宣部、文化部派遣，深入到革命老区上饶慰问演出。慰问团一行35人，在剧院院长欧阳逸冰的率领下，分别在上饶市、上饶县、驻饶部队、弋阳县漆工镇、婺源县江湾镇进行了正式演出，同时，他们还深入到学校、干休所、敬老院慰问演出。共演出13场，观众逾万人。该慰问团是此次文化部派往全国各地的4个“三下乡”慰问团之一。

（薛晓金）

【京剧进入维也纳金色大厅】
1月7日，京剧出现在奥地利维也纳的金色大厅演出的中国新春音乐会上。该场音乐会由彭家鹏指挥，奥地利国家音乐家交响乐团演奏。李胜素演唱了京剧《杜鹃山》选段“乱云飞”；于魁智演唱了京剧《智取威虎山》选段“打虎上山”。这是京剧第一次在维也纳金色大厅的新春音乐会上演唱。

（张燕鹰）

【台湾艺术家在京演出《地下铁》】
1月14日～18日，台湾创作社剧团根据几米畅销绘本《地下铁》

改编成的同名音乐舞台剧，作为2004年贺岁舞台剧在长安大戏院上演。创作型歌手陈绮贞、新生代潜质演员范植伟、黄心心及个性女演员吴恩琪都在剧中担任主要角色。这部以几米的《地下铁》绘本为视觉基础发展，综合戏剧、舞台装置、音乐、舞蹈的舞台剧全称是“几米《地下铁》：一个音乐的旅程”。

（薛晓金）

【豫剧《七品芝麻官》来京演出】 1月27日、28日，河南省鹤壁市豫剧团在民族文化宫大剧院演出了豫剧《七品芝麻官》。此次演出由牛得草的学生金不换担纲主演。

（张燕鹰）

【谭门三代献艺香港艺术节】 在2月3日~3月7日举行的第32届香港艺术节期间，北京京剧院的谭元寿、谭孝增、谭正岩祖孙三代，以及谭孝增夫人阎桂祥在香港文化中心大剧院上演了《小商河》、《桑园寄子》、《定军山》等谭（鑫培）派文武老生戏。这是谭派三代人第一次在香港一起演出。

（张燕鹰）

【“中国少年京剧团”出访波黑】 2月5日~18日，根据两国文化交流协定，由北京戏曲艺术职业学院院长孙毓敏带队的“中国少年京剧团”一行9人，在波黑首都萨拉热窝参加了庆祝该城举办冬奥会20周年的纪念活动，并到其他6个城市进行了巡回演出。

（杨嘉和）

【新京剧《武则天》赴日本演出】 2月22日~3月9日，新京剧《武则天》在日本福冈、熊本、大阪、京都、名古屋、东京等城市进行了12场演出。该剧领衔主演、总体设计兼导演吴汝俊，总顾问野田毅，总设计吴汝俊，总监制徐恒进、吴江，出品人吴汝俊、赵洪涛，监制赵洪涛、山内羲一，总导演许玉琢，文学创意吴汝俊、张永和，编剧张永和、吴汝俊，特别主演李崇善、李长春、张丽雯、寇春华、刘学钦、司辛，演员闫淑华、王响伟，执行导演司辛，音乐设计吴汝俊，作曲王大元，音乐总监朱维英，主题歌独唱吴汝俊，京胡演奏、作曲吴汝俊，配器设计朱维英、张建民、马骏，美术设计吴汝俊、李文培，服装设计蓝玲、张颖，舞蹈编导孟嘉，灯光设计中川羲彦，音乐助理陈小满。

（张燕鹰）

【中国京剧院赴海南岛演出】 3月，刘长瑜带队的中国京剧院一团赴海南省，参加由海南兆南房地产开发有限公司主办，海南中视文化传播股份有限公司承办的“兆南·绿岛家园”——中国现代京剧“红色经典”演出。该团在海口人大会堂演出了《智取威虎山》、《海港》、《杜鹃山》、《红灯记》、《沙家浜》、《奇袭白虎团》和《红色娘子军》等剧种的经典唱段。

（张燕鹰）

【《卖火柴的小女孩》来京演出】 4月17日~5月7日，上海木偶剧团的《卖火柴的小女孩》在中国木偶剧院上演。海派木偶剧在创新上的尝试，让孩子们大开眼界。在内容上，为了突出全剧的教育性，编导们安排“安徒生”以“讲故事人”的身份直接入戏。形式上，演员们身穿连体黑衣，直接在舞台上操纵木偶，演出时，从两侧打出的光照亮了木偶，隐蔽了演员。该剧2003年获得第二届全国木偶皮影大赛综合性金奖。

（薛晓金）

【王佩瑜余派经典剧目专场演出】 4月22日~24日，“余音三日——王佩瑜余派经典剧目专场演出”在北京民族宫大剧院举办。演出既有《失空斩》、《击鼓骂曹》、《洪羊洞》等余（叔岩）派经典剧目，还有现存的余叔岩“十八张半”唱片中的精彩唱段。此次为她助演的演员有高明博、熊明霞、徐孟珂、迟小秋等。

（张燕鹰）

【《培尔金特》来京演出】 4月30日~5月3日，挪威易卜生剧院携易卜生名剧《培尔金特》亮相京城，在世纪剧院上演。该剧是“第二届北京国际戏剧演出季”的重头戏。同时，正值中挪建交50周年，此次演出成为中挪文化交流史上的一大盛事。挪威易卜生剧院对易卜生的一生及其作品内涵有着深刻的体会，是诠释易卜生作品最好的演出团体。这次《培尔金特》在中国的演出，是该剧团最新的一个演出版本，加入了音乐、舞蹈等多种艺术元素，具有全新的舞台视觉。

（薛晓金）

【日本歌舞伎来京演出】 日本歌舞伎于5月12日~14日在保利剧院演出。歌舞伎是日本四大古典戏剧之一（日本四大古典戏剧为能乐、狂言、歌舞伎和文乐），地位类似于中国京剧。此次进京的是近松座歌舞伎，他们带来的《藤娘》和《太刀盗人》是作为北京第二届国际戏剧季的重点项目公演的。

（薛晓金）

【爱尔兰人在京演出《等待戈多》】 5月13~15日，来自《等待戈多》作者塞缪尔·贝克特故乡的爱尔兰Gate剧院在首都剧场为北京观众奉献一台原汁原味的《等待戈多》。《等待戈多》是荒诞派戏剧的代表作。该剧由爱斯特拉刚和佛拉季米尔的对话组成。他们一直在等待一位叫戈多的神秘人士的到来，此人不断送来各种信息，表示马上要到，但是直到最后也没有出现。他们设想了种种站不住脚的假设，认为他们的存在一定有某种意义，他们希望戈多能带来解释。《等待戈多》诞生50多年来，不断被世界各国的艺术家搬上舞台，曾经有无数的艺术家用各种感性的、理性的、荒诞的、哲理的手法来诠释这出戏，北京人艺也曾在

20 世纪 90 年代初搬演此剧。爱尔兰 Gate 剧院在世界各地上演过数百场《等待戈多》，他们的演出也被媒体一致评为是本世纪最为权威的版本。

（薛晓金）

【豫剧《村官李天成》来京演出】

5 月 16 日、17 日，河南省豫剧三团、濮阳市豫剧团在长安大戏院演出豫剧《村官李天成》。该剧以"三农"问题为切入点，塑造了一个带领群众跨越小农经济藩篱、闯市场脱贫致富的基层干部形象。主人公李天成的形象体现了农村党的基层干部与时俱进的时代品格和崇高的精神境界。该剧编剧姚金成、张芳、韩尔德，导演张平、李雁，主要演员有贾文龙、汪荃珍、李云、杨红霞、李书奇、陈利珉、张月婷、刘文卉、陈清华、刘宪培。

（张燕鹰）

【《兵心依旧》来京演出】　5 月 20 日，话剧《兵心依旧》在京演出。《兵心依旧》是南京军区政治部前线话剧团继《虎踞钟山》、《厄尔尼诺报告》后推出的又一部作品。全剧讲述的是几个曾经在战场上生死相依的战友，10 年后，他们先后从部队复员转业。由军旅而地方，由战场而商场。他们有过矛盾甚至激烈的碰撞，但最终又走到一起，以军人为人民服务的奉献精神和永不言败的战斗信念，在商场和事业中取得了新的成功。该剧编剧为邵钧林、郑方南、殷习华，潘西平等执导。剧中有 7 位国家一级演员，男主角陈之江由高兰村扮演。该剧首演于 2001 年 4 月 30 日，三年来先后为军队和华东地区观众演出 81 场，观众达 14 万人次。2002 年，参加全军新剧目展演获优秀剧目奖，表演一等奖，剧本获 2003 年第三届中国戏剧文学奖银奖。2004 年获文华奖。

（薛晓金）

【花鼓戏《秋天的花鼓》来京演出】　5 月 21 日、22 日，湖南省花鼓戏剧院的花鼓戏《秋天的花鼓》在长安大戏院演出。这是一出表现当代基层剧团生存状态的现代戏。《秋》剧根据彭东明的小说《秋天》改编。一个面临生存困境的县剧团，被接到贫困的山区去演出，在演出费没有着落的情况下，一场不小的波澜发生了。然而，乡亲们的真诚与热情，使演员们深受感动，决定为村民们解困义演，并从中获取了精神力量和艺术生存的启示。该剧是一台以剧团表现剧团，以花鼓戏艺术塑造花鼓戏艺人的抒情生活喜剧。该剧文学编辑胡安娜，导演黄天博，作曲欧阳觉文、陈耀，主演有龙兰湘、曹汝龙、黄满斌、刘少华、蔡政武、王亮贤、旷涓、马秋红、杨波、张桦、张蓓。

（张燕鹰）

【中国出席国际剧协第 30 届世界代表大会】　5 月 29 日～6 月 4 日，中国戏剧家协会派出以秘书长廖奔为团长的四人代表团参加了在墨西哥举办的"羽蛇神 2004 国际剧协第 30 届世界代表大会"。

（薛晓金）

【话剧《院子里有棵橄榄树》来京演出】　6 月 8 日，作为第八届中国戏剧节小剧场演出季的参演剧目，广东省话剧院的小剧场话剧《院子里有棵橄榄树》在北京人民艺术剧院小剧场演出。该剧编剧赖汉衍，导演查丽芳，舞美皮阳，主要演员滕英、李苗、李仁义、张琳、赵珺。

（张燕鹰）

【史诗话剧《白门柳》来京演出】

6 月 10 日，广州话剧团的史诗剧《白门柳》在北京保利剧院首演，受到北京观众好评。该剧根据刘斯奋同名小说改编，台词铿锵有力，衬托出该剧的深厚历史内涵。韩再芬和杜源出演两位主角——25 岁的青楼才女柳如是与 60 岁的文坛泰斗钱谦益。

（薛晓金）

【北京《鸟人》亮相巴黎戏剧节】

6 月 12 日下午，创立于 1680 年的法兰西喜剧院的演员们在巴黎卢浮宫金字塔内的小剧场里朗读表演了中国话剧院编剧过士行的《鸟人》一剧剧本。法国戏剧界人士和戏剧爱好者共 100 多人观赏了朗读表演。此次过士行的《鸟人》剧本是在巴黎夏季风戏剧节上与法国、德国、英国三个剧本一起参加朗读表演的。巴黎夏季风戏剧节系由欧洲现代创作之家和法兰西喜剧院为推介高水平戏剧作品、促进现代戏剧创作而共同发起的一项活动。为了保证朗读演出的质量，组委会特地邀请曾在北京执导该剧演出的导演林兆华和剧本作者过士行先期来法对此剧的排演工作进行讲解和指导。在历时一个半小时的演出过程中，全场观众被北京"鸟人"们的幽默和法国演员们的精彩表演深深吸引，不时发出阵阵笑声。演出结束之后，过士行和林兆华参加了与法国戏剧界及戏剧爱好者的座谈对话，介绍了有关该剧创作及演出的一些背景情况及剧作者的其他作品。

（薛晓金）

【4 台上海话剧来京展演】　6 月 24 日～7 月 10 日，上海话剧艺术中心携带李龙云根据老舍同名遗作改编的《正红旗下》、赵耀民根据王安忆同名小说改编的《长恨歌》，以及根据百老汇名剧《Butterflies are free》改编的《蝴蝶是自由的》和魏晓平翻译、导演并主演的法国喜剧《艺术?》等 4 台话剧，分别在长安大戏院、首都剧场、中国儿童艺术剧院进行了演出。

（张燕鹰）

【天津张派青衣北京专场演唱】

6 月 27 日，北京湖广会馆票房"赓扬集"举办了天津京剧院张（君秋）派再传弟子姜亦珊个人专场演唱会。姜亦珊师从张派青衣薛亚萍，曾在 2001 年青年京剧演员大赛中获得最佳表演奖。此次她为戏迷朋友演唱了《秦香莲》、《祭塔》、《西厢记》、《春秋配》、《状元媒》、《望江亭》、《诗文会》、《刘兰芝》、《女起解》、《玉堂春》、《坐宫》、《二进宫》等剧中的张派名段，演出邀请了邓沐玮、李鸣岩、谭孝增等人助演。

（张燕鹰）

【《茶馆》赴台湾演出】 7月1日晚，来自祖国大陆的经典名剧《茶馆》，在台北市“国父纪念馆”上演。这是《茶馆》的第503场演出，也是在祖国宝岛的第一次亮相。能够容纳近2600名观众的场地几乎座无虚席，演出获得成功。《茶馆》在台北连演了8天，使更多的台湾民众欣赏到“永久的《茶馆》”的永久的魅力。

（薛晓金）

【匈牙利木偶剧《亚诺什勇士》来京演出】 在中匈建交55周年之际，中国木偶艺术剧院首次诚邀匈牙利布达佩斯木偶剧团，于7月3日、4日在中国木偶艺术剧院演出了4场匈牙利经典木偶名剧《亚诺什勇士》。《亚诺什勇士》是根据1849年在自由斗争中英勇献身的著名诗人裴多菲·山多尔的长篇叙事史诗改编而成的。讲述的是依露仕卡和亚诺什的故事，他们都是不幸的孤儿，彼此非常相爱。依露仕卡的继母是一个邪恶的女巫，她用魔法把亚诺什从天上救下来的牛群都运走了。亚诺什别无选择，只有逃走。分别的时候依露仕卡送给了亚诺什一朵白玫瑰，当她遇难时，这朵玫瑰就会变成红色。亚诺什经过多次磨难，终于战胜了女巫，在仙女国见到依露仕卡，找到了他们的爱。该剧在匈牙利广泛流行，受到了各地小观众的热烈欢迎和业内同仁的一致肯定。

（薛晓金）

【《梅兰芳》赴蓉城演出】 7月7日、8日，北京京剧院排演的大型京剧交响剧诗《梅兰芳》在四川成都可容纳1400人的锦城艺术馆上演。该剧是应成都长富文化传播有限公司的邀请赴蓉进行商业演出的。这是该剧5月推出以来，首次赴外地公演。

（张燕鹰）

【绍剧《真假悟空》来京演出】 7月27日，浙江绍剧团在北京保利剧院演出了大型绍剧猴戏《真假悟空》。作品对《西游记》原作有较大改动，删去了原作上天宫下地狱直至到西天辨别真假的情节，突出了孙悟空降妖伏魔的主题。该剧既有斥资600万元的豪华版，也有适合农村演出的简装版和草台版。导演陈伟龙，艺术指导六龄童，刘建扬饰真悟空，章劼饰假猴王，赵秀治饰唐僧，姚柏青饰猪八戒。

（张燕鹰）

【黄梅戏《请让我做你的新娘》来京演出】 7月30日、31日，湖北省黄梅县黄梅戏剧院的黄梅戏《请让我做你的新娘》在长安大戏院演出。该剧讲述的是孤女小慧横遭车祸，被车主刘铭收养。因为误解，刘铭与恋人丁玲玲分手了。10年过去了，小慧向刘铭提出了结婚的请求。刘铭震惊了……该剧导演丁素华，周红年饰刘铭、王慧君饰小慧、王玉珍饰丁玲玲。

（张燕鹰）

【温岭民间剧团进京演出】 8月10日，浙江温岭越剧二团在中央戏剧学院实验剧场演出了越剧《皇帝告状》。主要演员：陈欣（饰皇帝），周雪春（饰张布兰）。该剧2003年在长沙举行的第七届中国映山红民间戏剧节上获演出金奖。此次来京演出是作为第七届“映山红”民间戏剧节优秀剧目，在北京参加展演。

（张燕鹰）

【《他没有两个老婆》来京演出】 8月26日~29日，天津人艺排演的《他没有两个老婆》在天桥剧场演出。该剧由台湾著名剧团“表演工作坊”推出，丁乃筝编剧。丁乃筝和著名导演赖声川共同导演的戏谑喜剧《千禧年我们说相声》曾经在北京引起了巨大的轰动。此次天津人艺特别请来台湾导演丁乃筝重排《他没有两个老婆》。复排该剧一是作为“庆祝天津建卫600周年中外文化艺术精品系列展演”的重要组成部分，二是要在天津、上海、北京、广州等几十个城市进行巡演。天津人艺的著名演员刘景范、张艳秋、朱逸萱等在该剧中担纲主演。

（薛晓金）

【奥运接旗仪式展现京剧风采】 8月29日，在希腊雅典奥运闭幕式的接旗仪式上，根据张艺谋总导演的全盘设想和要求，展示中华民族悠久灿烂的文明，北京戏曲艺术职业学院戏曲表演系的学生进行了京剧表演。

（杨嘉和）

【京剧《洛神赋》赴西班牙演出】 8月，受西班牙欧洲艺术节组委会的邀请，北京京剧院梅兰芳剧团《洛神赋》剧组一行88人，在西班牙桑坦德尔、佩雷拉达两个城市进行了三场演出。该剧基本上保留了在国内演出时的样本，但对交代故事背景的念白进行了删减。董圆圆饰甄宓，叶少兰饰曹植，计镇华饰曹丕，罗长德饰曹操。

（张燕鹰）

【评剧《警钟》来京演出】 9月3日~6日，河北省永清县评剧团创作演出的现代评剧《警钟》在中国评剧大剧院演出。该剧取材于曾经震惊全国的“新中国反腐败第一大案——刘青山、张子善贪污案”，以现代评戏再现了刘青山、张子善从人民功臣蜕变为腐败分子的过程。该剧由张德福担任艺术指导，导演刚立民，黄兆龙担任作曲。

（张燕鹰）

【北昆赴德国演出】 9月21日，

应德国音乐研究协会邀请，在第八届国际音乐学术会议（9月16日～21日）期间，北方昆曲剧院在德国魏玛演出了昆曲《牡丹亭·游园》、《百花赠剑》、《琵琶记·南浦》、《窦娥冤·辩冤》，主要演员有魏春荣、杨凤一、王振义、董萍、海军等。德国格廷根大学布兰根教授促成了该团的此次演出。

（张燕鹰）

【加拿大版《契诃夫短篇》来京演出】 9月23日，加拿大史密斯·吉尔摩剧院的《契诃夫短篇》在国家话剧院小剧场演出，这也是国家话剧院首届国际戏剧演出季中最后一台演出的剧目。《契诃夫短篇》根据契诃夫的短篇小说《在列车上》、《套中人》、《喀希坦卡》、《困》和《洛希尔的提琴》改编而成，描述了四名旅客登上列车，准备横越俄罗斯冰天雪地的荒野展开的故事。全剧演员仅一男三女，道具也只有四只箱子。舞台上，演员不仅一人要扮演几个角色，还要自己制造声音效果。其舞台道具假定性的运用，与中国戏曲有异曲同工之处。凭着独特的形体表演和黑色幽默，该剧于2000年获得三项“杜拉·莫沃·摩尔大奖”，包括杰出演员奖、杰出导演奖和优秀剧作奖。

（薛晓金）

【《北街南院》赴杭州演出】 北京人民艺术剧院的话剧《北街南院》9月23日、24日在杭州大剧院演出。该剧创作于2003年，表现北京SARS逞虐期间发生在北街南院的故事，在共同克服和战胜SARS过程中，人与人在靠拢，心与心在沟通，表现出真情和相互关爱。这次演出是参加在杭州举行的第七届中国艺术节。北京人艺以朱旭、吕中、濮存昕、何冰、龚丽君、吴刚、岳秀清等全部主力阵容出演的《北街南院》成为了“七艺节”开幕以来最具观众缘的剧目。早在《北街南院》剧组尚未从北京动身时，就已从杭州组委会传来两场演出票已售罄的消息。

（薛晓金）

【话剧《梅家小院》来京演出】

9月28日，由宁夏话剧团自编自演的话剧《梅家小院》在北京大学上演。随着情节不断展开，北大学子们被深深吸引。这台话剧以反映宁夏南部山区孩子求学艰辛为主题，塑造了一个名叫梅久香的国税局女干部形象。她在丈夫下岗、家境并不富裕的情况下，为了山区苦孩子能正常读书，她腾出自家小院的5间平房让山里娃居住，她倾其所有帮助他们，让这些山里娃考上清华、北大等重点院校。《梅家小院》自上演以来，仅在宁夏境内就演出200多场。该演出是为庆祝中华人民共和国成立55周年而在京举办的“宁夏文化周”的一部分。

（薛晓金）

【黄梅戏《青铜之恋》来京演出】

10月11日，被称作“现代都市黄梅歌谣”的黄梅戏《青铜之恋》在北京长安大戏院演出。该剧由安徽省铜陵市黄梅戏剧团已在上海等地演出近30场。该剧在内容上不同于传统的黄梅戏，反映的是当代工人的生活与爱情。表现形式上采取了散文化的叙事结构，并在传统黄梅戏曲调基础上，将电子音乐、咏叹调、爵士乐等音乐元素融入其中。该剧导演方红林，作曲徐志远，舞蹈创作信洪海，主演李恋、鲍晓霞。

（张燕鹰）

【吕剧《梨花雨》来京演出】 10月17日，应国家民委邀请，由山东省邹平县吕剧团创作的大型现代吕剧《梨花雨》在民族文化宫大剧院演出。该剧根据阳信县刘庙回民中学汉族青年教师营新刚为民族教育事业呕心沥血、无私奉献，最终倒在讲台上的感人事迹改编而成。编剧王新生，导演孙洪林、胡福祥。

（张燕鹰）

【中国戏曲绝技绝活赴香港演出】

10月21日～23日，第三届“中国戏曲绝技绝活展演”在香港地区举行。全国8个剧种的演员展示了中国戏曲生旦净丑行的精彩技巧。北京军区战友京剧团王东华展示了《杀四门》中720度的旋子和把子功；该团武旦杨姐一与中国京剧院的武旦黄桦表演了《水漫金山》中的双枪花、双鞭功、舞水绸、打出手等绝技。

（张燕鹰）

【青春版昆曲《牡丹亭》来京演出】 10月21日～23日，江苏省昆剧院在世纪剧院演出青春版昆曲《牡丹亭》。该剧是将明代汤显祖的55折昆曲《牡丹亭》缩编为27折，分为上（《梦中情》）、中（《人鬼情》）、下（《人间情》）三本。台湾作家白先勇担任策划、制作人和剧本整理，总导演汪世瑜，昆曲艺术总监汪世瑜、张继青，舞美总监王童，服装设计王童、曾咏霓，灯光设计林克华，舞台设计林克华、任永新，俞玖林饰演柳梦梅，沈丰英饰演杜丽娘。

（张燕鹰）

【木偶剧《华山小子》进京展演】

天津儿艺改编自《宝莲灯》的大型神话木偶剧《华山小子》于10月30日～11月28日每个周末在中国木偶剧院演出。《华山小子》讲述的是传说中的少年英雄华山小子沉香，夺神灯、战魔王、救圣母的故事。该剧曾获得全国第二届木偶皮影大赛金狮奖的编剧、导演、舞美设计、表演四项金奖。该剧以孩子们的精神需求为创作核心，将真善美、勇敢、真诚、友情等美好情操融入到动人的故事中去。

（薛晓金）

【台湾京剧来京演出】 11月2日～4日，应中华文化联谊会的邀请，台湾国光剧团在长安大戏院分别演出了京剧《天地一秀才——阎罗梦》和《王熙凤大闹宁国府》。2日、3日演出的《天地一秀才——阎罗梦》是一出京剧新编戏，编剧陈亚先，演出本修编王安祈，导演李小平，主演分别由国光剧团的唐文华和上海京剧院的安平担纲。4日演出的《王熙凤大闹宁国府》，是童芷苓晚年演出过的剧目，该剧由陈西汀编剧，导演李小平，国光剧团演员魏海敏和上海京剧院王小砖主演。在北京期间，国光剧团艺术总监王安祈，以及陈亚先、李小平、魏海敏、唐文华等在北京大学、中国戏曲学院举办了讲座。

（张燕鹰）

【日本独角戏《语·演·歌》来京演出】 11月5日~7日，日本表演艺术家宗田千惠子在中戏实验剧场演出了由她独创的《语·演·歌》。该剧是宗田千惠子开创的“独角戏”，是日本新生戏剧形式的代表作品。在这次北京的表演中，宗田千惠子表演了《斗笠三部曲》、《邂逅》等四部作品。其中《戏说杨贵妃》是专门为中国创作的作品。这个表演片段再现了杨贵妃生前从荣华到远渡东瀛的过程。宗田千惠子曾把《语·演·歌》带到美国、英国、加拿大、埃及、巴西、韩国等多个国家，受到各国观众的欢迎。

（薛晓金）

【中国京剧院赴以色列演出】 11月10日~14日，应以色列邀请，中国京剧院院长吴江率中国京剧院三团一行60多人，在可容纳1600多人的特拉维夫歌剧院进行了演出。演出剧目除了《杨门女将》、《大闹天宫》等大戏外，还在与瑞雄市交响乐团合作的京剧交响音乐会上演唱了《贵妃醉酒》、《智取威虎山》、《杜鹃山》等剧的选段。此次演出也是以色列特拉维夫歌剧院建院20周年庆祝活动的一部分。

（张燕鹰）

【《立秋》在京首演】 12月3日，著名导演艺术家陈颙生命最后的绝唱《立秋》在北京剧场首演。该剧是由山西省话剧院创作的一部大型历史话剧，以有几百年历史的晋商故事为题材，讲述了民国初年，时局动荡之时，丰德票号马洪翰家族，面对前途未卜的命运，两种不同的应对态度之间展开了一场较量，总经理马洪翰决心恪守祖训、誓死保卫丰德票号；而副总经理许凌翔则主张顺应潮流，抓住机遇，将丰德票号融入现代银行的轨道。由此产生一系列矛盾将故事情节推上一个个高潮。编剧姚宝瑄、卫中，导演陈颙，继任导演查明哲，舞美设计毛金钢，主要演员董怀玉、张治中、高菊梅、张晶、庞艳、黎凤来、于广等。

（薛晓金）

【《秋天的二人转》进京演出】 12月9日~12日，一台把二人转和话剧结合起来的《秋天的二人转》在北京演出。该剧由哈尔滨话剧院演员表演，讲述一个收废品的男人与二人转女演员的爱情故事。编剧杨利民还因此获得文华编剧奖，该剧在北京演出之前已经在全国20多个城市巡演过，其中还包括江浙沪一带的南方城市，取得了良好的票房，而且在第七届中国艺术节上获第11届“文华新剧目奖”。

（薛晓金）

【昆曲《长生殿》连台本来京演出】 12月11日~13日，苏州昆剧院在保利剧院演出了连台本昆曲《长生殿》。《长生殿》原本共50折，全部演出将在20个小时以上。此次由顾笃璜重新进行梳理，演出其中的28折，久未上演的《闻乐》、《冥追》、《神诉》、《尸解》等折目重现舞台。台湾设计师叶锦添担任服装造型，对戏曲服装进行了大胆创新。王芳饰演杨贵妃、赵文林饰演唐明皇。

（张燕鹰）

【民间戏剧节优秀剧目来京展演】 2004年，湖南省浏阳花鼓戏剧团现代戏《书记有本难念的经》、浙江省温岭市越剧二团改编的传统戏《皇帝告状》、河南省漯河汇通豫剧团的新编现代戏《白发娘亲》、安徽省池州市九华山黄梅戏剧团的新编历史故事剧《魂断杏花村》、河南省禹州市中天矿业豫剧团的传统剧目《五世请缨》和新编现代戏《青山情》等曾经参加第七届中国“映山红”民间戏剧节展演的6台优秀剧目，在中央戏剧学院实验剧场演出。

（张燕鹰）

·纪　念·

【首都艺术家怀念英若诚】 1月9日，在北京人民艺术剧院举行了悼念英若诚活动，剧院领导、演职员及英若诚的家人近百人参加了追思会。表演、导演艺术家，翻译家和艺术教育家英若诚因病医治无效，于2003年12月27日在北京逝世，享年74岁。

（薛晓金）

【京二胡演奏家张似云逝世】 1月14日，京二胡演奏家张似云在美国纽约逝世，终年87岁。

（张燕鹰）

【中国戏曲学院为4位老校长雕像揭幕】 3月5日，田汉、王瑶卿、萧长华、史若虚四位中国戏校前任校长的雕像揭幕仪式在中国戏曲学院举行。历届校长、副校长，以及部分老教授和历届毕业生代表一起，参加了雕像的揭幕式典礼。中国戏曲学院院长杜长胜在揭幕仪式上发表了讲话。

（张燕鹰）

【评剧音乐家贺飞逝世】 3月5日，评剧音乐家贺飞因病逝世，终年83岁。贺飞原名贺苏保，1921年生于山西。1938年投入抗日救亡的文艺工作，曾与马可共同创作了民族歌剧《小二黑结婚》。1953年起从事评剧音乐工作，参加了几十个评剧剧目的音乐创作，重点对评剧男声唱腔进行了改造，促进了评剧花脸、老生的发展。代表作品有《秦香莲》、《朱痕记》等。

（张燕鹰）

【评剧表演艺术家马泰逝世】 3月6日，评剧表演艺术家马泰病逝，终年69岁。马泰是中国评剧院生行演员，生于1935年，祖籍北京，回族。1953年考入中央电影学校（今北京电影学院），1954年调入中国评剧院，曾任中国评剧院副院长，代表剧目有《夺印》、《金沙江畔》、《野火春风斗古城》、《向阳商店》等。

（张燕鹰）

【吴祖光、新凤霞夫妇合葬】 4月11日，已故剧作家吴祖光和评剧表演艺术家新凤霞夫妇在万佛华侨陵园合葬。新凤霞于1998年去世，吴祖光于2003年去世，其子吴欢为他们进行了合葬。

（张燕鹰）

【话剧导演陈颙逝世】 中国国家话剧院一级导演陈颙应邀赴山西导演话剧《立秋》，参加省委宣传部主持召开的座谈会期间，突发心脏病，经抢救无效，于4月18日在太原因公殉职，享年75岁。陈颙（曾用名：郭圣如）1945年起从事部队宣传文艺工作，曾在中国戏曲研究院、北京人民艺术剧院、中国儿童艺术剧院、中国青年艺术剧院任导演，其代表作品有《李双双》、《伽利略传》（与黄佐临合作）、《费加罗的婚礼》、《关汉卿》、《街上流行红裙子》、《高加索灰阑记》、《三毛钱歌剧》、《钦差大臣》等。

（薛晓金）

【纪念欧阳予倩诞辰115周年】 为纪念我国话剧运动的奠基人之一、戏剧家、戏剧教育家欧阳予倩诞辰115周年，北京人艺特别选择了欧阳予倩在20世纪初翻译的剧本《油漆未干》，由北京人艺副院长、导演任鸣执导，于5月8日～23日在金帆音乐厅演出。北京京剧院于12月26日在湖南省浏阳市新建成的欧阳予倩大剧院上演《雏凤凌空》等剧目。

（薛晓金）

【纪念契诃夫逝世百年】 7月15日是契诃夫逝世100周年纪念日。为纪念这位俄罗斯19世纪伟大的现实主义文学家、戏剧家，国家话剧院推出了“国际戏剧季——永远的契诃夫”，并于这一天在国家话剧院小剧场以剧本朗诵会形式举行了契诃夫名剧《普拉东诺夫》的新闻发布会。

（薛晓金）

【国务院追授常香玉“人民艺术家”荣誉称号】 7月27日，国务院追授豫剧大师常香玉“人民艺术家”荣誉称号的仪式，在人民大会堂举行。国务委员陈至立代表国务院向常香玉同志家属颁发荣誉证书并讲了话。文化部部长孙家正主持追授仪式，人事部部长张柏林宣读了《国务院关于追授常香玉同志“人民艺术家”荣誉称号的决定》。河南省和有关方面负责人出席了仪式。

（张燕鹰）

【京剧老生演员朱金琴逝世】 9月7日，北京京剧院老生演员朱金琴因病逝世，终年83岁。朱金琴1921年生于北京，出身梨园世家，其祖父朱文英、父亲朱桂芳都是京剧武旦演员。幼年入中华戏曲专科学校，出科后曾搭各戏班演戏。1952年加入张君秋的北京京剧三团，1956年并入北京京剧团，晚年参加《中国京剧音配像精粹》工作。他一生主要在剧中担任配角，常与张君秋、赵燕侠等配演。擅演剧目主要有《玉堂春》、《凤还巢》、《白蛇传》、《定军山》、《捉放曹》、《搜孤救孤》等。

（张燕鹰）

【富连成社创办100周年座谈会】 12月20日，由中国文联、中国剧协举办的“富连成社创办100周年座谈会”在全国政协礼堂召开。富连成是专门培养京剧演员的科班。初名“喜连成”，1904年由吉林商人牛子厚出资创建，后易名“富连成”，叶春善、叶龙章父子先后担任社长，1948年停办，共培养了近800名学生，是中国京剧艺术教育发展史上办学时间最长、培养人才最多、影响最大的科班。富连成社弟子谭元寿，富连成社总教习萧长华的后代萧润增等先后发言，回忆了富连成社的发展历程，以及在京剧艺术发展史上的作用。中国艺术研究院、中国戏曲学院、北京市艺术研究所的京剧专家、学者90余人参加了会议。

（张燕鹰）

·研究与评论·

【当代戏曲表演艺术家系列研究工程启动】 2月14日，中国艺术研究院戏曲研究所正式启动当代戏曲表演艺术家系列研究工程，同时召开韩再芬表演艺术研讨会。当代戏曲表演艺术家系列研究工程的研究对象是当代各个剧种的代表人物。中国艺术研究院常务副院长王文章指出：这一工程的启动为戏曲的生存开辟出一条道路来。当代戏曲表演艺术家系列研究工程的第一个课题是韩再芬表演艺术。与会专家学者讨论的问题涉及《徽州女人》的特色与成就、《公司》的得与失、韩再芬的表演特点、剧种建设、推进戏曲商业化进程、戏曲的当代性等问题。

（张燕鹰）

【胡可从事戏剧活动65周年学术研讨会】 2月28日，中国少数民族戏剧学会、中国话剧艺术研究会等在京联合举办“著名剧作家胡可同志从事戏剧活动65周年学术研讨会”。欧阳山尊、魏巍等戏剧家、文学艺术家50多人参加了会议。与会者就胡可创作的民族风格、创作思路、创作道路及戏剧活动等进行了理论总结和回顾。

（薛晓金）

【中日文明戏学术研讨会举行】 3月27日～28日，中国话剧理论与历史研究会、日本“文明戏研究小组”在京联合召开了“中日文明戏学术研讨会”，目的在于联合中日学术力量，通过学术发现和审慎考证，追溯中国话剧的源头和初始形态。

（薛晓金）

【张庚学术思想研讨会】 3月29日～30日，中国艺术研究院、中国戏剧家协会、中国戏曲学会共同主办的“张庚学术思想研讨会”在中国艺术研究院召开。张庚是当代中国戏剧理论家、教育家和戏剧史家，提出话剧民族化与戏曲现代化的主张，并对中国戏曲“剧诗”说进行了理论概括。他领导并主持编纂的《中国戏曲通史》、《中国戏曲通论》以及《中国戏曲志》等，建构了中国戏曲理论的基本框架。会议就张庚戏剧美学思想、张庚与20世纪戏曲研究、张庚与中国戏曲表演体系研究、张庚戏曲史学研究和张庚戏曲方志学研究等议题进行了探讨。来自北京、上海、武汉等全国各地的近百名专家学者参加了研讨会。

（张燕鹰）

【京剧交响剧诗《梅兰芳》研讨会】 5月12日，北京市艺术研究所和北京京剧院邀请在京的部分戏剧界专家召开了“京剧《梅兰芳》研讨会”。与会专家学者高度评价了《梅兰芳》一剧在表现形式方面进行的成功尝试，并就该剧在题材的选择、结构的处理、导演手法的运用、中西艺术形式的交融、人物的塑造和演员的表演，以及文本的得失等方面进行了深入地研讨。认为用剧诗这种形式表现梅兰芳是一种较好的方式，交响乐在剧中起到了烘托气氛的作用。尤其是亦真亦幻的舞台呈现，创造了一种全新的戏曲表演样式。专家们认为，它不仅适用于京剧，对其他戏曲剧种的表演也必将产生深远的影响。

（张燕鹰）

【白先勇谈青春版昆曲《牡丹亭》】 6月19日，台湾作家白先勇在北京三联韬奋图书中心，向读者宣传即将在北京上演青春版昆曲《牡丹亭》。该剧先后在台湾、香港和苏州大学演出，引起强烈反响。他认为中国昆曲与中国书法、绘画、音乐、舞蹈融为一体，是中国传统文化的集大成者。一直以“昆曲义工”自称的白先勇强调：昆曲的传承一是要培养年轻观众，二是要培养年轻演员，青春版《牡丹亭》正是在这两方面进行探索的产物。

（张燕鹰）

【话剧《厕所》座谈会】 7月6日，中国国家话剧院在剧院一楼会议室召开了话剧《厕所》的座谈会，与会者有傅谨、解玺璋、童道明、傅维伯、刘彦君、黎继德等人，专家们一致肯定了《厕所》是一次严肃的艺术创作。

（薛晓金）

【话剧《黄土谣》专家研讨会】 7月30日，由中国戏剧家协会主办，《剧本》杂志社、总政话剧团承办的“话剧《黄土谣》专家研讨会”在八一剧场召开。与会的领导、专家有廖奔、钟艺兵、童道明、王安葵、傅谨、王晓鹰等。

（薛晓金）

【现代戏理论研讨会】 10月9日，由国家文化部、北京市人民政府、解放军总政治部宣传部联合主办的现代戏理论研讨会在文化部召开。会议就现代戏的题材、表现手法、人物形象的塑造、音乐在创作中的作用、现代戏和政治的关系、内容与形式的关系、创作与演出实践的关系、现代戏的“现实性”与“超越性”之间的关系、现代戏如何出精品、现代戏创作的思维方式、地方戏表现现代生活、如何运用现代艺术手段反映现代生活、现代戏如何表现不同类型的人物、在表现现代生活的同时如何保持戏曲特征、现代题材话剧创作的指导思想与倾向、现代戏对戏曲现代化的推进作用、现代戏的演出方式和服务对象、剧本在现代戏创作中的作用、现代戏如何进入戏曲教育体系、现代戏发展过程中存在的不足，以及如何面对这些不足等问题，进行了广泛的探讨。刘厚生、郭汉城等来自全国各地的几十位戏剧专家学者参加了研讨会。

（张燕鹰）

【纪念梅兰芳、周信芳诞辰110周年座谈会】 11月30日，中国文联和中国戏剧家协会在京召开纪念京剧艺术大师梅兰芳、周信芳诞辰110周年座谈会。戏曲演员、戏曲研究者，以及梅兰芳、周信芳合作者、弟子学生、亲属等80余人缅怀梅周的思想品德、艺术造诣和人格魅力。与会人士认为，梅兰芳创立的“梅派”、周信芳创立的“麒派”在中国京剧发展史上起到了承前启后的作用，影响深远，为后人留下了丰厚的精神和艺术遗产，当代艺术工作者应当学习大师的高尚品格和艺术创造精神，争做德艺双馨的优秀戏剧工作者。全国政协副主席王选出席了座谈会。

（张燕鹰）

出版物

【《程派唱腔琴谱集》】 1月，人民音乐出版社出版了由万瑞兴、王志明编著的《程派唱腔琴谱集》。该书采用程砚秋及其传人的唱腔与京胡伴奏的双行谱，记录了《窦娥冤》、《荒山泪》、《三击掌》、《贺后骂殿》、《武家坡》、《鸳鸯冢》、《汾河湾》、《龙凤呈祥》等20余出程派经典剧目和由程派传人主演的新编剧目《白蛇传》的唱腔和伴奏曲谱。

（张燕鹰）

【《中国戏曲观众学》】 2月，刘景亮、谭静波著的《中国戏曲观众学》由中国戏剧出版社出版。全书共分八章。作者认为：目前戏曲行业自生能力下降，戏曲团体陷入困境。剧场效果的取得，除了创作者和剧目的问题，很重要的因素是观众接受的问题。作者从中国戏曲观众的特点入手，力图以接受美学为起点，借助经济学、传播学的研究成果，通过对中国戏曲的各种观众进行分析，以期达到为戏曲创作演出人员提供了解观众，并引导观众进入戏曲剧场的目的。

（张燕鹰）

【《天下第一楼》】 3月，何冀平剧作选《天下第一楼》由北京十月文艺出版社出版，该书是何冀平的自选集，除《天下第一楼》外，其他5部剧作《德龄与慈禧》、《开市大吉》、《烟雨红船》、《明月何曾是两乡》、《还魂香》是她近年来在香港创作、演出的主要剧目。

（薛晓金）

【《中国昆曲精选剧目曲谱大成》】 9月22日，由全国政协京昆室牵头组织整理编辑出版的《中国昆曲精选剧目曲谱大成》在全国政协机关举行了首发式。该书收集了《十五贯》、《牡丹亭》、《琵琶记》、《蔡文姬》等70部半个多世纪以来昆曲优秀精选剧目的演出本。首发式上举行了该书的捐赠仪式，中宣部、文化部、国家图书馆等19家单位接受了捐赠。

（张燕鹰）

【《中国戏曲文化史》】 10月，刘文峰著述的《中国戏曲文化史》由中国戏剧出版社出版。全书共分九章，分别从戏曲文化的渊源、北曲杂剧、南戏传奇、近代地方戏、戏曲的舞台艺术、五四新文化运动对戏曲的影响、戏曲的演出场所、戏曲与民俗及民间艺术，以及中国戏曲在港澳台及海外的传播等方面，比较详尽地论述了中国戏曲文化的历史。

（张燕鹰）

【《二十世纪中国戏剧导论》】 12月，傅谨著述的《二十世纪中国戏剧导论》由中国社会科学出版社出版。该书共分理论基石、现实语境、历史回顾和个案分析四编。作者认为：20世纪中国戏剧由一个基本封闭的系统变为一个相对开放的系统，促使其变化的核心动力由内部转移到与外部世界的交往和冲突。但其内在的发展动力并未消失，其发展逻辑也未中断，研究中国戏剧仍应从其本体出发。20世纪中国戏剧的现代性不能仅仅以话剧为代表，与现代性相关的问题有很多。作者试图从理论、现实，以及历史方面寻找答案，并对若干现实存在的现象进行了剖析。

（张燕鹰）

【《插图中国话剧史》】 2004年，中央戏剧学院戏剧文学系副教授郭富民编写的《插图中国话剧史》由济南出版社出版。此著结合戏剧文学史与话剧运动史，讲述了话剧植入本土、生成并壮大的过程。书中配有图片200多幅。

（薛晓金）

【音像版《江姐》】 9月，上海扬子江音像制品有限公司出版了由中国京剧院程派演员张火丁领衔主演的音像版京剧《江姐》。

（张燕鹰）

【《梅兰芳老唱片全集》】 2004年，为纪念梅兰芳诞辰110周年，中国唱片上海公司编辑出版了经典套装CD——《梅兰芳老唱片全集》。《全集》共12张CD，包括百代、高亭、胜利、蓓开、长城、大中华，以及日本蓄音器公司等梅兰芳中华人民共和国成立前的全部录音。分为传统青衣戏、传统花衫戏、新编古装戏、新编历史戏、昆曲吹腔戏、反串小生戏及《生死恨》全剧7个部分，各部分唱段均按录制时间的先后进行编排。还包括一本介绍梅兰芳艺术的图书，内有梅兰芳舞台生活的百余幅剧照，以及梅葆玖、吴迎合写的《梅兰芳演唱艺术的继承及发展》一文和《梅兰芳老唱片年表》。

（张燕鹰）

【《河北梆子表演艺术家王玉磬名演名段演唱集》】 2004年，中国唱片总公司出版了《河北梆子表演艺术家王玉磬名演名段演唱集》套装碟。包括王玉磬生平简历、艺术成就、60多年艺术生涯中各个时期主演的《太白醉写》、《辕门斩子》、《苏武牧羊》、《赵氏孤儿》等优秀传统剧目代表作，以及名家评价等，共7张CD，1张DVD。

（张燕鹰）

其　他

【孙毓敏收徒】 1月9日，北京戏曲艺术职业学院院长孙毓敏收徒刘晓燕拜师仪式在北京举行。刘晓燕是河南省平顶山青年豫剧演员，为提高自己的表演艺术水平，转易多师，曾获得第七届映山红戏剧节表演一等奖。在孙毓敏的弟子中，除京剧演员外，还有陇剧、楚剧演员。参加拜师会的有王金璐、李金鸿、景荣庆、刘雪涛等。

（张燕鹰）

【杜近芳、李长春、尹培玺收徒】 2月12日，中国京剧院旦行演员杜近芳收徒邓敏，净行演员李长春收徒魏积军，北京戏曲艺术职业学院老生教师尹培玺收徒黄炳强的拜师会，在北京新大都饭店举行。邓敏、魏积军、黄炳强都是中国京剧院年轻演员。中国京剧院院长吴江、副院长赵书成、院长助理宋关林，以及王金璐、刘曾复等出席了拜师会。

（张燕鹰）

【姜凤山收徒】 3月18日，姜凤山收徒于兰拜师会在北京举行。京胡演奏家姜凤山从事京剧艺术事业已70余年，曾为京剧表演艺术家梅兰芳、尚小云、梅葆玖等伴奏。于兰毕业于哈尔滨艺术学校，曾从事影视表演，现就读于中国戏曲学院研究生班。

（张燕鹰）

【谢锐青收徒】 3月28日，谢锐青收徒李爱仙、于萍拜师会在北京老舍茶馆举行。谢锐青曾师从王瑶卿、尚小云，获得过世界青年联欢节金质奖章，多年从事教学工作，现任中国戏曲学院教授。李爱仙、于萍都是中国戏曲学院年轻教师。杜近芳等参加了拜师会。

（张燕鹰）

【央视戏曲频道改版】 8月2日，中央电视台戏曲频道进行了栏目调整，将原来14个栏目改为10个栏目。保留的《CCTV空中剧院》栏目，以播出京剧优秀青年演员和研究生班毕业生主演的经典剧目为主，增加了播放前的剧目及演员介绍和播放后的艺术评论，并增加了播出次数。为突出观众互动，新打造了1个《梨园擂台》栏目，鼓励票友参与。《九州大戏台》和《戏曲直播》两个栏目合并为《九州大戏台》，并分为京剧版、地方戏版和影视剧版3个板块。《戏曲采风》、《九州戏苑》、《锦绣梨园》3个栏目整合为《戏曲采风》1个栏目。

（张燕鹰）

【梅葆玖收徒】 8月21日，梅葆玖收川剧演员刘萍为徒的拜师仪式在北京举行。这是梅葆玖所收的第一个地方戏曲剧种弟子。刘萍主演过《杜十娘》、《文成公主》、《中国公主图兰朵》、《江姐》等川剧，现为四川文化传播有限公司总经理，刘萍川剧艺术团团长，第18届中国戏曲梅花奖获奖者，国家一级演员。

（张燕鹰）

曲　　艺

2004年，伴随着市场经济的发展，北京的曲艺艺术也随之产生了新的变化和发展，党和政府对曲艺艺术的现状极其关注。

1月，全国人大常委会副委员长许嘉璐，在北京人民大会堂安徽厅邀请在京曲艺界人士召开座谈会，就曲艺艺术现状、抢救民间说唱艺术遗产、著作权保护、曲艺志书集成编纂工作、完善文化市场体制等问题进行了座谈。关于曲艺繁荣问题，许嘉璐在讲话中主要谈到，一要加强对现有从事曲艺工作的同志和接班人的扶持，创作和演出一些经得住一段时间历史考验的作品；二要呼吁和争取国家财政的支持。理论研究要加强，如何吸引年轻人从事艺术理论研究也有一个观念问题。此次会议是中华人民共和国成立以来全国人大首次就曲艺艺术专门召开的调研座谈会，体现了党和政府对曲艺事业的关怀。另外，全国人大也正在拟定《中华人民共和国民族民间文化保护法》，以保护过去和现在的民族民间文化。

为抢救与保护我国优秀的民族民间传统文化，振兴与发展曲艺艺术，一些曲艺界的人士，于大力呼吁曲艺演出要回归剧场的同时，在东城区工人俱乐部成立了“周末相声俱乐部”。周末相声俱乐部汇聚了京津等地的相声名家，采用了对观众收取20元低票价和对演员支付100~200元演出劳务报酬的运作模式，得到观众的认可。自2003年10月成立以来一年多的时间里，已有100多位演员来这里演出，共演出新老相声200多段，观众达2万多人，极大地活跃了北京曲艺的演出市场，丰富了人民群众的文化生活。周末相声俱乐部成功举办之后，北京曲艺家协会、周末相声俱乐部、东城区文化馆又联合推出了综合性的曲艺演出形式——“曲艺大观苑”，除相声之外，加入了京韵大鼓、梅花大鼓、乐亭大鼓、单弦、快板、评书等十几种曲艺形式，使更多的曲艺品种得以展示。受周末相声俱乐部的启发和影响，其他的曲艺演出也纷纷回到舞台，评书表演进入什刹海畔银锭桥一带的书茶馆，“相声求乐苑”在中国评剧大剧院正式公演。此外，还有中戏首届相声大专班毕业的学生，自发组织了“新生代相声喜剧创演坊”，活跃在农村、学校、工厂和剧场。这类演出实行低票价的运作方式，贴近百姓生活，适合百姓消费水平，旨在弘扬北京的曲艺艺术，通过良好的市场运作，使曲艺艺术走上良性循环的道路。

本年度，各协会、新闻媒体以及相关政府部门，举办了多项曲艺赛事，北京选手在比赛中均有不俗表现。与以往不同的是，为适应市场经济规律，大赛均采取了由政府部门牵头主办，企业冠名赞助协办的新的运作模式，赛事分为评奖和大奖赛。在评奖活动中，北京曲艺名家袁阔成、关学曾获第四届中国金唱片演员奖；冯巩、姜昆被授予“全国中青年德艺双馨文艺工作者”称号；相声表演艺术家常宝华获得台湾第11届全球中华文化艺术薪传奖；在第三届中国曲艺牡丹奖评选中，北京参评的相声《卖枕头》、对口快板《新一代，老一代》获曲艺文学奖；相声《卖枕头》，小品《巡堤》、《石记婚介公司》，梅花大鼓《诗人与茶》获曲艺表演奖。在曲艺比赛中，北京参赛选手的《娘家人》、《酒的研究》、《儿子梦》在“华翔杯”全国相声小品邀请赛上获相声节目一等奖，《咨询热线》、《罗圈账》在“立白杯”2004北京相声小品邀请赛上，获得相声专业组一等奖。

后备人才的培养是传承曲艺艺术的重要保证，在这方面，北京曲艺家协会与北京电视台青少部共同主办了由曲艺培训基地小学员担纲演出的“2004少儿曲艺贺新春”文艺晚会，北京曲协、北京电视台青少年节目中心、《北京娱乐信报》联合举办了“尖尖角”北京少儿曲艺比赛。此外，北京曲协还与台湾亚视文化公司合作，录制了数十段北京少儿表演的曲艺节目，增进了海峡两岸的少儿文化艺术交流，扩大了北京曲艺艺术在海外的影响。在专业曲艺人才的培养方面，特别是鼓曲演员的培养也引起了政府和有关部门的重视。在北京市委和市政府领导的支持下，北京市曲艺团与北京戏曲职业学校联合招收了“曲艺后备人才尖子班”，培养鼓曲新人。这一举措在一定程度上起到了抢救与保护我国优秀的民族民间传统文化的作用，使濒临危机的北京鼓曲艺术得以传承发展。后备人才班聘请了鼓曲界的老艺术家和专家授课，并根据学员的自身特点与各自所学专业的不同，分别进行对口辅导。学员们经过一年多的学习，业务有了明显的提高。在汇报演出中，他们的演唱博得了观众的一致好评。

随着我国地位在国际上的提升，北京曲艺艺术的对外交流日益频繁。3月，中国煤矿文工团相声表演艺术家丁广泉应新加坡新风相声学会、直落布兰雅民众俱乐部及新加坡宗乡会馆联合总会的邀请，携在我国留学和工作的一批“洋弟子”，赴新加坡进行交流演出。6月，应日中文化交流协会邀请，中国曲艺家协会访日代表团一行9人赴日本进行文化交流访问。8月，中国曲艺家协会、文化部侨联、中国艺术研究院曲艺研究所联合主办了“侯宝林奖”中华青少年曲艺大赛，该项赛事除国内的参赛选手之外，还包括香港、台湾以及马来西亚、新加坡等地的演艺人员，是中华人民共和国成立以来第一次联合全国以及东南亚地区的华裔青少年参与的曲艺大赛。这些访问演出和曲艺比赛对于推广汉语以及弘扬中华民族民间文化都起到了良好的作用和影响。在国内，北京大学曲艺协会、石景山区文联曲艺家协会、延庆县曲艺协会、西城区曲艺家协会、西城区曲协“曲艺之家”纷纷成立，这些组织的成立，增进了地方之间曲艺艺术的交流，促进了曲艺艺术的发展，为开展群众性的曲艺活动打下了良好的基础。在人才交流方面，北京市以及在京的产业系统的曲艺演出团体，为适应文化体制改革的需要，增强在文化市场的竞争能力，积极采取各种方式，先后从天津、河北、东北等地吸收和引进了一批优秀的曲艺人才，为北京的曲艺发展增添了活力。

（李　宏）

【“周末相声俱乐部”挂牌】
“周末相声俱乐部”于2003年10月成立，开办数月来，得到了社会各界的大力支持，受到了京城百姓的热烈欢迎。2004年3月20日，周末相声俱乐部在东城区文化馆小剧场正式挂牌，京城曲艺工作者和相声界人士出席了揭幕仪式，相声表演艺术家马季为俱乐部题写了牌匾并发表了热情洋溢的讲话。

（李　宏）

【北京大学曲艺协会成立】　3月26日，在北京大学校领导的关怀和社会各界友人的协助以及汪景寿教授的大力支持下，酝酿半年之久的北京大学曲艺协会组建成立。出席成立大会的有中国文联副主席、中国曲艺家协会主席刘兰芳，北京市文联副主席、北京曲艺家协会主席李金斗，相声表演艺术家丁广泉、常佩业，单弦表演艺术家张蕴华，以及北大教授汪景寿等众多中外老师和同学。清华大学、中医药大学等高校的曲艺社团也派代表出席了成立大会。

（李　宏）

【“曲艺大观苑”揭牌】　8月1日晚，中国曲艺家协会、北京市文联、北京曲艺家协会负责人在东城区文化馆为“曲艺大观苑”揭牌。“曲艺大观苑”的创办，源自“周末相声俱乐部”的成功举办与启示。观众在饱享相声乐趣之余，提出丰富演出内容、增加节目形式的要求。为此，北京曲艺家协会、周末相声俱乐部、东城区文化馆联合推出“曲艺大观苑”，暂定每月一期，在每月的最后一个周末举行。曲艺大观苑是一种综合性的曲艺演出形式，京韵大鼓、梅花大鼓、乐亭大鼓、单弦、相声、快板、评书等十几种曲艺形式交替演出，京津各大曲艺流派传人、名家轮流登台献艺，并由著名相声演员“攒底”助演。曲艺大观苑与周末相声俱乐部一样，采用对观众收取20元的票价和对演员支付100～200元的演出劳务报酬标准。揭牌仪式后，举行了“曲艺大观苑”的首场演出。众多曲艺名家联袂献艺，赢得京城百姓的喝彩与掌声。

（李　宏）

【石景山区文联曲协成立】　8月27日，石景山区文联曲艺家协会正式成立。这是本市18个区县中，第一个成立的区级曲艺协会。石景山区有众多的曲艺团体和曲艺爱好者，良好的环境奠定了曲艺生存的基础，协会的成立将更加促进曲艺的发展。

（李　宏）

【相声表演团体“求乐苑”成立】
9月中旬，受周末相声俱乐部的启发和影响，名为“相声求乐苑”的相声表演团体经过一个多月的筹备工作，于10月28日在中国评剧大剧院正式落户。“求乐苑”定在每周五演出，演员阵容以贾冀光任团长的北京金五环艺术团为主，同时邀请了京津两地的曲艺名家加盟演出。

（李　宏）

【延庆县曲艺协会成立】　10月22日，延庆县曲艺协会在延庆县老干部局活动中心举行了成立大会。中国曲艺家协会、北京曲艺家协会、中国曲协快板艺术委员会以及延庆县委、文委、文联的有关领导出席了成立大会。

（李　宏）

【姜昆任中国曲协分党组书记】
10月29日，中共中央宣传部任命姜昆为中国曲艺家协会分党组书记，刘兰芳不再担任中国曲艺家协会分党组书记职务。

（李　宏）

【西城区曲协“曲艺之家”启动】

11 月 18 日下午，西城区曲协“曲艺之家”启动仪式在西城区文化馆举行。出席启动仪式的有北京曲艺家协会、西城区文联、西城区文化馆负责人以及曲艺界人士多人。曲艺之家举办的原则是为会员及曲艺爱好者免费提供一个展示、交流、研讨曲艺艺术的场所。

（李　宏）

·演出、会议·

【许嘉璐邀请曲艺界人士座谈】

1 月 8 日，全国人大常委会副委员长许嘉璐在北京人民大会堂安徽厅邀请曲艺界人士召开座谈会。中国曲协在京部分主席团成员以及协会机关各部室 20 余人出席了会议。会议就曲艺艺术现状、抢救民间说唱艺术遗产、著作权保护、曲艺志书集成编纂工作、完善文化市场体制等问题进行了发言。此次会议是中华人民共和国成立以来全国人大首次就曲艺艺术专门召开的调研座谈会，体现了党和政府对曲艺事业的关怀。

（李　宏）

【“贺岁相声小品晚会”公演】

1 月11 日，由中国戏剧家协会主办的 2004 年“贺岁相声小品晚会”在民族文化宫大剧院进行了首演，演员阵容由姜昆、李金斗、郭达、郭冬临等明星组成，节目内容有部分是春节联欢晚会的入选作品，提前在剧场公演，吸引了众多的观众前来观看。

（李　宏）

【少儿曲艺贺新春】 1 月24 日，北京曲艺家协会与北京电视台青少部共同主办了“2004 少儿曲艺贺新春”电视文艺晚会，由曲协培训基地的优秀学员担纲主演，知名曲艺艺术家同台助兴演出。晚会在北京电视台多次播出，收视率名列青少儿节目前茅。

（李　宏）

【中国曲协举行新春联谊会】

2 月5 日，中国曲艺家协会在北京金台饭店举行 2004 年曲艺界新春联谊会，中国文联、中国曲协、中宣部文艺局负责人和曲艺界人士 200 多人欢聚一堂，共庆元宵佳节。

（李　宏）

【北京曲协召开新春联谊会】

2 月8 日，北京曲艺家协会 2004 年新春联谊会在北京市文化局小礼堂举行。北京曲协领导和曲艺界人士共度新春。

（李　宏）

【周末相声俱乐部召开座谈会】

3 月 18 日，在北京东城区文化馆举行了由北京曲艺家协会主办的周末相声俱乐部座谈会。北京市文联、北京曲协、东城区文化委员会、东城区文化馆等单位的有关领导和专家以及观众代表 40 多人出席了座谈会。周末相声俱乐部于 2003 年 10 月 3 日创办，至 2004 年 3 月已举办了 24 期，以高质量的演出，低廉的票价吸引了京城的百姓。既丰富了百姓的文化生活，又锻炼了年轻相声演员的表演技能。

（李　宏）

【周末相声俱乐部举办讲习班】

3 月 21 日～26 日，周末相声俱乐部举办了第一期相声创作讲习班，近 30 名学员和相声业余作者参加了讲习班，常宝华、王金宝等诸多的相声名家作了专题讲课。在讲习班结束时，拟定成立“相声创作沙龙”，于每月的第一个周六下午，作家、演员、业余作者在一起研讨关于相声的创作问题。

（李　宏）

【曲艺演出走进月明楼】 4 月 8 日，位于什刹海畔银锭桥以北鸦儿胡同内的月明楼正式开张。新建的月明楼既是酒楼又是茶楼，还是以表演评书为主的曲艺演出场所。评书表演艺术家连阔如之女连丽如每周二到周日的晚 7 点 45 分～9 点15 分在这里表演评书。此外，北京联合大学业余曲艺团的大学生们，每周六、周日的下午 2 点 30 分～4 点 30 分也在这里表演包括相声、大鼓、单弦在内的各种曲艺节目。

（李宏）

【“爷俩逗您乐”相声晚会公演】

4 月 29 日～30 日，在民族文化宫大剧院上演了两场名为“爷俩逗您乐”的相声晚会。苏文茂、赵世忠、李国盛、李金斗、李伟建等相声演员携自己的弟子同台演出。

（李　宏）

【北京书协举办喜剧专场】 5 月 1 日晚，北京书法家协会在民族文化宫礼堂举办了一场由中国煤矿文工团说唱团演出的荒诞喜剧《慈禧秘事》，整场演出由相声、小品、歌舞、杂技等艺术形式组成，北京市文联、北京娱乐信报社、北京市委党校、北京书法家协会领导以及各界人士 800 余人观看了演出。

（李　宏）

【相声俱乐部救助患病学子】

5 月2 日，周末相声俱乐部加演了一场相声专场。与平时演出有着不同意义的是，这场演出的收入全部捐给了一位身患重病的学子。2004 年 1 月，北京某大学的一名在读学生被查出患有重病，高昂的治疗费用使本来经济就不宽裕的家庭背上了沉重的包袱。当周末相声俱乐部的曲艺家们得知这一消息后，主动联系他的家人，并以义演的方式，将所得全部收入捐助给患病学子。李金斗、宋德全等 20 余位相声名家和青年相声演员一致表示：此场演出不但不要一分钱，还要以最精彩的演出、最好的节目回报观众。

（李　宏）

【鼓曲新人亮相京城】　5月3日下午，北京湖广会馆大戏楼里坐满了京津两地的曲艺名家和曲艺爱好者，大家饶有兴致地欣赏了一场由北京市曲艺团、北京戏曲职业学校联合招收的“曲艺后备人才尖子班”学员的汇报演出。后备人才班学制两年，共有7名学员，有的从小酷爱曲艺演唱，有的具备戏曲表演功底，有的是中国北方曲艺学校和中央民族大学音乐学院毕业生。这也是北京市曲艺团在21年的断代后，在北京市委和市政府领导的支持下，于2003年开始的新一轮后备人才班的接力。曲艺团领导和有关专家根据学员的基础和自身条件，聘请了“琴书泰斗”关学曾，“梅花歌后”花五宝，西河大鼓表演艺术家孙亚君，河南坠子表演艺术家马玉萍，京韵大鼓表演艺术家陆倚琴、种玉杰，单弦表演艺术家张蕴华授课。在汇报演出中，陈美美的西河大鼓《闹天宫》、张曦文的京韵大鼓《连环计》、杨娇的河南坠子《双锁山》、李想的京韵大鼓《剑阁闻铃》、王树才的北京琴书《鞭打芦花》、郝元的单弦《金山寺》、杨菲的梅花大鼓《半屏山》，演唱得声情并茂，韵味十足，让观众们看到了师生共同努力的成就，更让观众们欣喜地看到了北京市曲艺团的鼓曲艺术后继有人。

（李　宏）

【曲艺演员奉献爱心】　7月6日，由中国人权发展基金会主办的“百位名人公益情——捐助西部下岗职工子女入学活动”在东城区文化馆正式启动。相声表演艺术家李金斗被聘为中国人权发展基金会公益事业形象大使。相声界演员李国盛、宋德全、李建华、刘洪沂、孟凡贵等人也纷纷为此次活动捐献了名人字画、珍藏瓷器、石经拓片以及2008年奥运会纪念银币等物品，并将当天演出的门票收入1万元全部捐献。

（李　宏）

【侯宝林生平与艺术成就展举办】　7月7日，展示一代相声大师侯宝林60年艺术生涯的题为“让笑声洒满人间——侯宝林生平与艺术成就展”在西城区图书馆免费对市民开放，展览日期为9天。

（李　宏）

【二炮文工团演出曲艺晚会】　7月27日晚，中国人民解放军第二炮兵政治部文工团为迎接全军第八届文艺会演，庆祝中国人民解放军建军77周年，历时一年精心打造的一台曲艺小品晚会——“瞧咱火箭兵”在二炮机关礼堂上演。晚会上展示了当代导弹兵的精神风貌，集中反映了中国导弹部队在军事变革的历史大潮中，跨越式发展的辉煌成就。晚会由相声《藏龙卧虎》、《聊天》，小品《一座大山三个兵》、《清明时节》、《女兵公开日记》，音乐快板《军鞋光荣榜》，评书《军嫂的故事》等八个节目组成。演员潘长江、买红妹、魏兰柱等人参加了演出。

（李　宏）

【武警文工团演出曲艺晚会】　8月5日晚，中国人民解放军武警文工团在国安剧院演出了一场题为“卫士写真集”的曲艺晚会。这是武警文工团为参加第八届全军文艺会演专门创作排练的一台曲艺晚会，整台晚会由对口快板、评书、相声、评弹等十个节目组成。

（李　宏）

【“百姓书场”进社区】　8月16日傍晚，“百姓书场”在北京市朝阳区麦子店的枣营北里社区服务中心里又开书了，领衔演出的是中国曲艺家协会主席、评书表演艺术家刘兰芳。2004年，刘兰芳当选为朝阳区人大代表。在一次社区活动中，她向居民承诺：一定要在社区里开个书场，给居民们表演自己拿手的评书段子，让曲艺走进社区。“百姓书场”于4月25日开始，每月一场。此次已是第三场演出了，除了刘兰芳为大家表演评书外，还特邀了北京市曲艺团的鼓曲演员种玉杰、张蕴华、王玉兰，北京风雷京剧团的京剧表演艺术家李梦熊和中国快板书委员会的快板书表演艺术家王印权等。他们精湛的表演为百姓的社区文化生活平添了更多的欢乐。观众们与自己喜爱的艺术家仅数米之遥，台上台下融为一体，这里的居民说：“咱再也不用守着电视和收音机听曲艺了！”

（李　宏）

【“群星之夜”相声晚会举办】　8月27日晚，由石景山文联曲艺家协会举办的“群星之夜”相声晚会在民族文化宫大剧院拉开帷幕。为庆祝石景山文联曲艺家协会成立，全国各地的曲艺名家汇聚一堂，其中有北京的李金斗、李建华；部队的常宝华、王佩元；天津的常宝丰、苏文茂、李伯祥、杜国芝；黑龙江的师胜杰等相声名家登台表演。

（李　宏）

【北京幽默艺术节落幕】　9月4日~9月28日，由北京市文联、北京曲艺家协会等单位联合主办的“笑在金秋2004北京幽默艺术节”历时24天，在北京航天指挥控制中心落幕。本届艺术节以曲艺演出为主，先后举办了“笑在军营”、“笑在社区”、“欢乐的四合院”、“笑星与观众面对面”、“大学生说相声”、“首都文艺界与航天人喜迎国庆、欢度中秋”、“欢乐校园”、“金色时光”等系列演出活动，共计演出20场。这次活动遵循了“贴近实际、贴近生活、贴近群众”的宗旨和原则，其特点为周期长、范围广、内容丰富、形式多样。艺术节还与媒体合作，通过北京电视台先后录制播出了“金色时光”、“欢乐校园”等专题片，并在首都的各大报纸上对艺术节的活动进行了多篇报道。

（李　宏）

【快板艺术委员会召开年会】 9月8日，中国曲艺家协会快板艺术委员会在山东省龙口市召开年会。会议就快板艺术委员会自1997年成立以来所做的工作以及今后的任务进行了研讨，并增补王双福、董怀义为副会长，丁广泉、孙宝敏、王文长为副秘书长。

（李　宏）

【中国曲协举办曲艺发展趋势论坛】 9月13日~14日，由中国曲艺家协会、甘肃省文联主办，《曲艺》杂志社、甘肃省曲艺家协会协办的当代中国曲艺发展趋势论坛在甘肃省兰州市举行，北京以及其他省市的曲艺理论家就曲艺发展趋势的若干问题进行了认真的研讨。

（李　宏）

【曲艺家看守所里演曲艺】 9月23日，北京曲艺家协会组织了18位艺术家，来到西城区看守所，表演了曲艺、歌曲等节目，慰问战斗在司法战线上的广大指战员和工作人员。

（李　宏）

【周末相声俱乐部为盲人专场演出】 10月15日下午，为庆祝国际盲人节，由北京市残联、北京市盲人协会、东城区文委、东城区文化馆与周末相声俱乐部联合举办了相声专场演出。

（李　宏）

【《明春曲》在人民大会堂公演】 10月1日至2日，大型六幕七场相声剧《明春曲》首次在人民大会堂公演。相声演员姜昆、李建华、刘亚津、刘全刚、戴志诚、郑健等在剧中饰演角色。

（李　宏）

【中国曲协庆祝成立55周年】 10月27日上午，中国曲艺家协会成立55周年庆祝活动在北京金台饭店隆重举行。全国人大常委会副委员长许嘉璐、全国政协副主席周铁农发来贺信。中国文联主席周巍峙，中国文联、中国曲协的其他领导以及曲艺工作者和有关方面人士150余人出席了中国曲协成立55周年座谈会。

（李　宏）

【王玉兰举办个人鼓曲演唱会】 10月29日晚，北京市曲艺团梅花大鼓演员王玉兰在长安大戏院举办了个人鼓曲演唱会。王玉兰是第三届中国曲艺牡丹奖“曲艺表演奖”的获得者，素有梅花才女之称。演唱会演出的曲目有梅花大鼓《梅花赞》、《黛玉悲秋》、《王二姐思夫》；对唱单弦《打渔杀家》（张蕴华助演）；西河大鼓《玲珑塔》（马增蕙助演）；京韵大鼓《大西厢》、双唱梅花大鼓《湘子上寿》（种玉杰助演）。晚会特邀北京人民艺术剧院话剧导演任鸣担任总导演。

（李　宏）

【天桥举行鼓曲票友邀请赛】 10月，由北京曲艺家协会、北京群众艺术馆、宣武区文化委员会和天桥街道办事处共同举办的首届“北京市社区鼓曲票友邀请赛”在天桥乐茶园举行，此次参加比赛的曲种包括京韵大鼓、梅花大鼓、西河大鼓、单弦、京东大鼓、奉调大鼓、北京琴书等10余种表演形式，40多位业余鼓曲爱好者参加了比赛。

（李　宏）

【周末相声俱乐部庆周年举行晚会】 10月，周末相声俱乐部为庆祝成立一周年举办了两场相声晚会。一场演出传统相声；一场演出新编相声，观众争先观看，场场爆满。

（李　宏）

【“五音大鼓”论证会召开】 11月16日，密云县文化委员会在当地召开了“五音大鼓”专家论证会。北京曲艺家协会、中国音乐学院研究部、中国艺术研究院音乐研究所等单位的9位专家学者参加了会议。会议一致认为“五音大鼓”是一种古老的民间艺术曲种，具有很高的艺术价值和研究价值，是我国重要的民间文化遗产之一。

（李　宏）

【中国曲协召开主席团会议】 11月24日，中国曲艺家协会五届四次主席团会议在北京紫檀博物馆召开。会议对建立中国曲艺专业委员会等问题以及其他工作进行了讨论，通过了刘兰芳所作的2004年中国曲艺家协会工作总结以及姜昆提出的中国曲艺家协会2005年工作设想，同意建立中国曲艺专业委员会及其设立原则、人员组成、工作职责的设想，公开征集中国曲艺家协会会标、中国曲艺牡丹奖标牌标识，并将《曲艺》杂志自2005年更名为《中国曲艺》杂志。

（李　宏）

【相声电影召开新闻推广会】 11月25日，在新时代大酒店召开了相声电影《笑里逃生》的新闻媒体推广会。这部以相声剧为卖点的影片汇集了郝爱民、李嘉存等相声演员，女主角由台湾艺人王思懿出演。

（李　宏）

·评　奖·

【第四届中国金唱片奖揭晓】 1月，由中国音像业协会、中国唱片总公司以及部分中央媒体联合主办的第四届中国金唱片奖的评选活动，根据“市场销售好、艺术成就高、社会影响大”的标准，共评出十大类30多个奖项。此次评选范围为1995年~2003年8月底我国内地出版的文艺类录音制品，其中曲艺类获奖作品为《中国传统相声》和《中国曲艺名家名段珍藏版》，北京曲艺名家袁阔成、关学曾获演员奖。

（李　宏）

【刘兰芳被授予全国三八红旗手称号】 3月3日晚上，题为“巾帼风采”的全国三八红旗手颁奖典礼暨中外妇女庆“三八”文艺晚会在北京世纪剧院举行。国务委员陈至立，全国人大常委会副委员长何鲁丽、顾秀莲、乌云其木格，全国政协副主席刘延东、郝建秀等出席了晚会。全国妇联授予10名女性为三八红旗手标兵，1000位同志为全国三八红旗手，500个单位为全国三八红旗集体荣誉称号。其中，中国文联副主席、中国曲协主席刘兰芳被授予全国三八红旗手称号。

（李　宏）

【“尖尖角”北京少儿曲艺比赛举办】　5月22日，由北京曲艺家协会、北京电视台青少节目中心、《北京娱乐信报》联合主办的“尖尖角”北京少儿曲艺比赛举行颁奖晚会。此次比赛自4月开始筹办，参赛选手100多人，参赛节目100余个，节目包括了鼓曲、快板、相声、双簧、评书等曲种。经过4月24日、25日两天的初赛，62个节目进入决赛。通过5月15日、16日的决赛，共产生18个一等奖，28个二等奖，15个三等奖，10个萌芽奖。此外，还评选出作品一等奖4个，二等奖6个，三等奖10个以及纪念奖若干。

（李　宏）

【冯巩、姜昆获德艺双馨称号】
7月19日由国家人事部、中国文联联合主办的全国中青年德艺双馨文艺工作者表彰大会在北京人民大会堂隆重举行，中共中央政治局委员、书记处书记、中宣部长刘云山接见了来自全国各地11个艺术门类的300多名代表并作了重要讲话。这次共有30位文艺工作者被授予“全国中青年德艺双馨文艺工作者”称号，曲艺界的冯巩、姜昆获此殊荣。

（李　宏）

【“侯宝林奖”中华青少年曲艺大赛落幕】　8月7日，由中国曲艺家协会、文化部侨联、中国艺术研究院曲艺研究所联合主办，北京准点广告有限公司、北京卓越时尚传媒有限公司、北京宝贝唱片有限公司承办，中央人民广播电台文艺中心、北京鲲鹏网景科技发展有限公司协办的“侯宝林奖”中华青少年曲艺大赛在北京国安剧场落幕。“侯宝林奖”中华青少年曲艺大赛是中华人民共和国成立以来第一次联合全国以及海外华裔青少年参与的曲艺大赛，大赛自2004年5月筹备启动，分设青年专业组、青年业余组、少年组和儿童组，6月15日~7月15日在全国各分赛区初赛，8月在北京进行复赛和决赛。大赛经过初评，有30多个曲种的248个节目参加了半决赛，之后有50个节目进入了决赛。大赛评出了金、银、铜奖。此外，为促进曲艺的发展，大赛还设立了优秀奖、新苗奖、新人奖、园丁奖、作品奖和组织奖。全国人大常委会副委员长许嘉璐为本次大赛题词：“生活产生曲艺，人民需要曲艺。曲艺需要人才，时代造就人才。”

（李　宏）

【首届中国《曲艺》奖落幕】
8月，由中国曲艺家协会曲艺杂志社主办的“鸿佳杯”首届中国《曲艺》奖征文活动落下帷幕。“鸿佳杯”首届中国《曲艺》奖征文活动设立文学奖和评论奖，两个奖项分别评出一、二、三等奖以及优秀奖若干名。此次活动自3月20日起发出征文启事后，先后收到了全国28个省、直辖市、自治区以及中直、解放军的171位作者的283篇稿件，作品涵盖了全国近50个曲种。最后评选出文学奖和评论奖的各类奖项。

（李　宏）

【北京选手获中国曲艺牡丹奖】
9月5日晚，由中国文联、中国曲艺家协会主办，淄博市人民政府承办的第三届中国曲艺牡丹奖在山东省淄博市隆重举行。此次共评选出曲艺表演奖15个，曲艺文学奖10个，曲艺理论奖3个，曲艺音乐奖3个。中国铁路文工团赵伟洲创作的相声《卖枕头》，北京塘萍创作的对口快板《新一代，老一代》获曲艺文学奖；赵伟洲表演的相声《卖枕头》，黄宏表演的小品《巡堤》，王玉兰表演的梅花大鼓《诗人与茶》，石小杰表演的小品《石记婚介公司》获曲艺表演奖。全国政协副主席周铁农以及中国文联、中国曲协、山东省和淄博市的领导同志出席了颁奖晚会。

（李　宏）

【“华翔杯”全国相声小品邀请赛举行】　9月23日~25日，由中国曲艺家协会、山西省委宣传部主办，侯马市人民政府承办，山西侯马华翔集团协办的全国相声小品邀请赛在侯马市举行。北京参赛演员李伟建、武宾表演的《娘家人》，宋德全、王玉表演的《酒的研究》，贾仑、连春建表演的《儿子梦》获相声节目一等奖。

（李　宏）

【全国少数民族曲艺展演】　10月19日~21日，由中国文联、国家民委、广西壮族自治区人民政府、中国曲艺家协会联合主办，广西民委、广西文联承办的第二届全国少数民族曲艺展演在广西壮族自治区首府南宁隆重举行。参加展演的有来自全国13个省市自治区直辖市15个民族的49个节目，组成了4台各具特色的少数民族曲艺节目。经过评委会的评选，有10个节目获一等奖；20个节目获二等奖；19个节目获三等奖。中国文联、国家民委、广西壮族自治区人民政府、中国曲艺家协会的有关领导出席观看了展演并向获奖单位和演员颁奖。

（李　宏）

【中国首届网络相声大赛揭晓】
11月12日~14日，由中华曲艺学会、中国广播艺术团、昆朋网城联合主办的中国首届网络相声大赛决赛在北京民族文化宫大剧院举行。大赛共收到参赛作品1200余篇，经过初评，有100余篇作品进入复赛，近30篇作品进入决赛。最终有9篇作品分获特别奖和一、二、三等奖，18篇作品获优秀奖。

（李　宏）

【常宝华获台湾艺术薪传奖】　相声表演艺术家常宝华获得台湾第11届全球中华文化艺术薪传奖。12月14日，其关门弟子冯翊纲、宋少卿从台湾将奖杯送到北京。全球中华文化艺术薪传奖是台湾民间最重要的文化艺术奖，旨在奖励和表彰对传承中华民族传统文化作出突出贡献的文化名人，常宝华是曲艺界获得此奖的第一人。

（李　宏）

【“立白杯”相声小品邀请赛颁奖】　12月19日，由中国文联、北京市委宣传部联合主办的“立白杯”2004北京相声小品邀请赛在国安剧场落下帷幕并举行了颁奖仪式。这次邀请赛参与面广，共收到来自全国各地的参赛作品4300余件。经过初赛、复赛的激烈竞争，共有36部作品入围，经过12月14日~17日的6场决赛，评选出各类奖项。《咨询热线》、《罗圈账》获得相声专业组一等奖；《舞相声》获得相声业余组一等奖。《安全感》、《一座大山三个兵》获得小品专业组一等奖；《相约梨花园》获得小品业余组一等奖。

（李　宏）

【北京曲艺工作者受表彰】　12月27日~29日，中国曲艺家协会在南京召开工作会议暨德艺双馨会员表彰会。中国文联、中国曲协、江苏省委宣传部、江苏省文联等有关方面的领导出席了会议。会议总结了中国曲协2004年的工作，包括北京的李金斗、钟玉杰、贾德丰、石小杰在内的全国47名曲艺工作者被授予德艺双馨会员先进个人荣誉称号；北京的“周末相声俱乐部”被授予德艺双馨先进集体荣誉称号。

（李　宏）

·交　流·

【丁广泉率“洋弟子”赴新加坡交流演出】　3月4日~7日，中国煤矿文工团相声表演艺术家丁广泉应新加坡新风相声学会、直落布兰雅民众俱乐部及新加坡宗乡会馆联合总会的邀请，携加拿大的大山、南斯拉夫的卡尔罗、非洲贝宁的莫里斯、爱尔兰的黄漠涵、法国的李霁霞及双语节目主持人依泥等“洋弟子”，赴新加坡进行交流演出。此次演出共7场，主演场地设在可容纳900名观众的新加坡大会堂。“四海之内皆笑声——笑的约会”被列为2004年华族文化节周末六个精彩节目之一，门票两周前就被抢购一空。此外，“丁广泉笑的约会演出团”还接受了新加坡电视台《早安你好》栏目的采访，并与电视观众见面。在淡宾尼区域图书馆、武吉巴督购物中心、中巴鲁公园、滨海艺术中心图书馆等地和观众见面并表演了部分节目，受到了观众极大的欢迎。很多观众因为买不到大会堂的演出票，便提前两个多小时在这些地方排队等候入场观看演出。不同国籍、不同肤色的世界各国演员在一起用汉语说相声，上演了一台完整的中外相声专场。演出中观众笑声不断，演员们不得不经常等待观众的笑声结束，才能继续演出。原定每场演出是1小时45分钟，但每场演出都在2个小时以上。中国驻新加坡大使馆大使张久恒、新加坡总理公署部部长兼财政部长、西海岸集选区国会议员林勋强观看了演出，并在接见全体演职员时高度评价了节目产生的良好影响。此次演出，包括在马来西亚的一场演出，总计接待观众9000余人次。

（李　宏）

【相声演员杨义加盟北京市曲艺团】　为增强文化市场的竞争力，适应文化体制改革的需要，北京市曲艺团积极采取各种方式吸收和引进人才，在北京市委和市政府等有关部门的大力支持下，曾多次在全国性相声比赛中获得大奖的青年相声演员杨义，已正式调入北京市曲艺团。在4月17日北京市曲艺团举行的欢迎会上，北京市委宣传部、北京市文化局和中国曲艺家协会有关部门的领导以及曲艺界众多知名人士到会祝贺并讲话。杨义表示，今后要凭借北京市曲艺团的平台，多说相声，说好相声，继续努力，不负厚望。与会者在深情寄语杨议的同时，也衷心祝愿北京市曲艺团再创辉煌。当晚在周末相声俱乐部，李金斗、李国盛、刘洪沂等相声演员携徒弟前来助兴演出，杨义则是第一次以北京人的身份登台亮相，他和搭档杨进明的出色表演受到了京城百姓的热烈欢迎。

（李　宏）

【中国曲协赴基层采风】　4月26日，以中国曲艺家协会主席刘兰芳为团长的中国曲协采风团一行20余人冒雨驱车来到河北省沧州市。采风团不仅深入基层采风，还为当地的群众带去了精彩的演出。此次采风活动是为了纪念毛泽东《在延安文艺座谈会上的讲话》发表62周年举办的系列活动之一，其目的一是深入生活，挖掘创作素材；二是贴近百姓，为人民群众服务。

（李　宏）

【旅游市场推销曲艺】　4月29日，在国际饭店举行的“假日旅游消费市场文化产品推荐会”上，相声演员杨义与其搭档表演了相声、小品，并对艺术产品进行了推销。推荐会上，杨义所在的北京歌舞剧院有限责任公司与贵宾楼、建国饭店、京伦饭店等多家酒店当场签署了演出服务的框架合作协议。

（李　宏）

【中国曲协赴日本访问】　6月21日~28日，应日中文化交流协会邀请，中国曲艺家协会访日代表团一行9人赴日本进行文化交流访问。此次是中国曲协自1987年以来第三次派团访问日本。在此期间，访问团应邀来到早稻田大学介绍了中国曲艺的渊源与现状，展示了我国的评书、京韵大鼓、苏州评弹、广西文场、湖北小曲等曲种，观摩了日本类似我国单口相声的说唱艺术——“落语”，并进行了学术交流。另外，访问团还应我国驻日使馆的邀请，为使馆的工作人员和家属进行了专场慰问演出。

（李　宏）

·纪　念·

【北京曲协主办单田芳从艺庆典】

10月30日，北京曲艺家协会在人民大会堂三层礼堂为曲艺名家单田芳主办了从艺50周年的庆祝活动。单田芳原为辽宁省鞍山市评书表演艺术家，因长期在中央和北京的电台、电视台录制评书节目而定居北京。为扩大北京曲协在全社会的影响，吸收杰出人才并促进曲艺发展，加强协会的凝聚力，北京曲协主办了此次活动并聘请单田芳为北京曲协的名誉主席。

（李　宏）

【中国曲协为周末相声俱乐部赠匾】　11月6日，正值周末相声俱乐部成立一周年之际，中国曲艺家协会赠送了题为“相声之家，娱乐大众”的牌匾。中国曲艺家协会主席刘兰芳出席了赠匾仪式并讲了话。

（李　宏）

【北京曲艺家赴无锡演出】　11月26日，由中国曲艺家协会、无锡市“建设平安无锡，创建最安全工区”活动领导小组、无锡市政法委员会联合主办的“平安无锡”专题晚会在无锡市体育中心体育馆举行。刘兰芳、李金斗等15位曲艺表演艺术家和青年曲艺演员为3000多名战斗在无锡基层的政法干警和治安干部进行了慰问演出。

（李　宏）

【中国曲协理事王铁虎逝世】

2月9日，中国曲艺家协会理事、解放军艺术学院训练部副部长、国家一级编剧王铁虎因病医治无效在北京逝世，享年54岁。王铁虎曾任沈阳军区杂技团曲艺队副队长，后调入解放军艺术学院。他创作的相声、对口快板、小品等多次获得“解放军文艺奖”、“文华奖”，出版有《王铁虎军旅曲艺小品集》。

（李　宏）

【相声表演艺术家郭全宝逝世】

7月12日，相声表演艺术家、中国广播艺术团国家一级演员郭全宝在北京逝世，享年82岁。郭全宝生于1922年4月26日，1930年在北京的“隆音佳乐”票房随王少云学习京剧丑角，后与侯宝林、白全福等人在北京天桥等地表演滑稽剧。11岁拜于俊波为师学习相声，同时学习快板、双簧等。1954年参加中国广播艺术团说唱团，曾先后与侯宝林、刘宝瑞、马季、郝爱民等合作，表演了百余段传统和新编相声作品。他还参加了电影《游园惊梦》、艺术片《笑的研究》、纪录片《柜台语言艺术》的拍摄。他在培养新人方面也付出了辛勤的努力。50多年的舞台艺术实践，使他形成了擅长表演单口、捧逗俱佳的艺术风格，曾先后出访日本、新加坡等国家和中国香港地区。

（李　宏）

·研究与评论·

【国家领导人谈曲艺的发展】

1月8日下午，全国人大常委会副委员长许嘉璐在北京人民大会堂邀请在京曲艺界人士座谈。《曲艺》杂志社全文发表了许嘉璐在座谈会上的讲话，文章题目为《曲艺迎来新高潮》。许嘉璐在讲话中主要谈到了传统文化与现代艺术形式的结合，人大正在拟定《中华人民共和国民族民间文化保护法》，保护过去和现在的民族民间文化。关于曲艺繁荣问题，一要加强对现有从事曲艺工作的同志和接班人的扶持，创作和演出一些经得住一段时间历史考验的作品；二要呼吁和争取国家财政的支持。理论研究要加强，研究艺术的规律要靠研究所，老的研究人员都退休了，如何吸引年轻人接班也有一个观念问题。总之，一个是钱，一个是观念，这两个是互动的。

（李　宏）

【《侯宝林逸事》】　《曲艺》杂志第1～12期连载了薛宝琨的文章《侯宝林逸事》。侯宝林是我国著名的相声大师，他自幼家境贫寒，11岁学习京剧，20岁拜师学习相声。中华人民共和国成立后，他矢志相声革新，努力整理改编与创演新相声，在纯洁相声语言、提高相声格调等方面作出了重大贡献。1955年参加中央广播说唱团，在电台、电视台录制了200余段相声。1979年离开舞台后，专门从事曲艺理论研究工作，与人合作出版了一批曲艺理论著作。《侯宝林逸事》从侯宝林在“文化大革命”时期开始写起，直到这位相声大师离开人世，讲述了许多鲜为人知的故事。

（李　宏）

【相声的“新生代”】　2月24日，《北京日报》刊登了题为《相声新生代市场里面问冷暖》的调研文章。其中介绍了中戏首届相声大专班的学生们自2003年毕业后，除一小部分原来就在地方专业团体的人毕业后回到原地，其他30多名学生无一人进入专业院团从事相声事业。由于现有的专业相声院团本来就没几家，而且多数都不太景气，对于这些初出茅庐还没有什么名气的新人来说，要找到一家接收单位谈何容易？特别是各个院团都在搞体制改革，剧团的自负盈亏已是大势所趋。于是“漂”在北京的几名毕业生自组了“新生代相声喜剧创演坊”，首部作品便是相声剧《饱暖生闲事》。为了听取观众的反映，他们先后到农村、学校、工厂等地送戏上门。没有人认识，他们就主动去推销，有时甚至是分文不取的义务演出。直到他们受到邀请，进入保利剧院演出。

（李 宏）

【访谈评书名家袁阔成】 《曲艺》杂志社2期发表了评书表演艺术家袁阔成的访谈文章，题目为《今世柳敬亭》。袁阔成是我国著名的评书表演艺术家，他出身评书世家，功底深厚，以表演《三国演义》蜚声大江南北，20世纪50年代开始说新书，成功地塑造了《烈火金刚》中的肖飞，《红岩》中的江姐、许云峰等栩栩如生的英雄人物。他谈到评书是一种说表并重的艺术形式，随着时代的发展，要使这门艺术具有前途和生命力，还需要业内人士的长期努力和不断的探索。袁阔成在谈到对年轻评书演员的希望时说，现在的中青年演员主要是缺乏交流，应该创造条件去让他们交流经验和总结教训，要博览群书，交高人，要不断陶冶性情，加强修养，对作品要一丝不苟，要负责任。

（李 宏）

【曲艺界两会代表委员谈曲艺】 在全国人大十届二次会议和全国政协十届二次会议召开之际，《曲艺》杂志社在第3期发表了曲艺界的两会代表委员的感言，他们就曲艺中亟待解决的问题提出了自己的看法，并积极提交议案，建言献策，努力开创新时期曲艺工作的新局面。

（李 宏）

【《曲艺文化急需保护》】 4月6日，《文化报》发表了吴文科题为《曲艺文化急需保护》的文章。作者在文章中分析了曲艺的现状，提出了一些亟待解决的问题和相应措施，呼吁全社会包括各级政府和民间力量，共同努力，集思广益，采取各种切实有效的措施来保护曲艺文化繁荣和发展。

（李 宏）

【访谈相声名家李金斗】 《曲艺》杂志社4期发表了题为《相声是我的唯一》的访谈文章。李金斗是广大观众熟知的相声演员，除了说相声之外，他还担任了北京市文联副主席、北京曲艺家协会主席、周末相声俱乐部主席等职务。在访谈中他谈到振兴北京曲艺艺术的问题，并提出了“团结、团结、再团结，服务、服务、再服务，振兴、振兴、再振兴”的宗旨和努力目标。在谈到个人时他说，没有严肃的人生态度，没有自身的艰苦努力，就不会得到观众由衷的笑声和掌声。如果我说的相声能让您开怀大笑，那是我最大的快乐！

（李 宏）

【访谈曲艺名家黄宏】 《曲艺》杂志社5期刊登了黄宏的访谈文章，题为《把艺术当成事业干》。黄宏是一名部队曲艺工作者，同时还涉足小品和影视表演。他谈到曲艺艺术要注重格调，在艺术创作上要摒弃商品经济所带来的负面影响，要把思想性、艺术性、观赏性结合起来，不要为眼前的利益失去艺术家的道德良心。在艺术发展上，传统的艺术形式固然好，但要不断地进行大胆创新，曲艺如果不注重人员更新、观念更新、文化更新，就会逐渐被社会淘汰。

（李 宏）

【《中国曲协历程略述》】 《曲艺》杂志自第6期至第11期连载了罗扬的文章，题目为《中国曲协历程略述》。作者对中国曲艺家协会自1949年7月成立至今，55年的发展历程和经验教训进行了全面的回忆和分析总结。

（李 宏）

【访谈相声名家马季】 《曲艺》杂志第9期刊登了相声表演艺术家马季的人物访谈，题目为《我这辈子和相声分不开》。马季是中华人民共和国成立以后培养的相声表演艺术家，是继相声大师侯宝林之后的杰出代表人物之一，在从事相声艺术期间，创作和表演了一大批脍炙人口的相声精品。在访谈中，马季讲述了相声的表演技巧和语言特色，同时也谈到了相声的从业人员文化素质严重偏低，在培养人才方面也存在很多问题亟待解决。

（李 宏）

【周末相声俱乐部研讨会举行】 《曲艺》杂志第10期刊登了题为《周末相声俱乐部为什么这样“火”?》的文章。文章的内容是针对引人注目的“周末相声俱乐部现象”，由北京曲艺家协会、《北京娱乐信报》、北京文艺台在北京东城区文化馆召开座谈会，邀请有关单位的领导、相声演员、评论家和观众代表进行座谈和研讨，与会者在给予了充分肯定的前提下，也提出了很多中肯的建设性意见。

（李 宏）

【相声的“洋教头”】 11月19日，《北京日报》刊登了题为《丁广泉甘当相声另类人》的文章。文章介绍和评论了中国煤矿文工团相声演员丁广泉自1989年与外国留学生合作演出至今已经收了70多个国家的80多名“洋弟子”，15年来坚持教外国人说相声，尽管自己也曾受到过误解，被人说成是不务正业，也曾有过失落，但他坚持下来了，直至得到了社会的认可。虽然和徒弟们在一起演出时一直甘当绿叶，但他却为传播了中国的传统文化而感到欣慰和快乐。

（李 宏）

出版物

【《陈连升综合文选》出版】 3月，《陈连升综合文选》由吉林摄影出版社出版发行。该书由众多篇章组成，其中包括作品篇、改编整理篇、获奖篇、评论篇、曲坛人物篇、短讯报道篇、作品讨论会随笔和策划篇。

（李　宏）

【《中国曲协五十五年（1949～2004）》纪念册出版】 10月27日，在中国曲艺家协会成立55周年庆祝活动座谈会上，由中国曲协编辑出版的纪念册进行了首发。

（李　宏）

【《一户侯说》出版】 10月，相声艺术大师侯宝林之女撰写的《一户侯说》由北京燕山出版社出版发行。该书内容包括《侯宝林自传》、《侯宝林逸事》、《侯宝林最后的日子》、《侯宝林年表》四个部分，向读者展示了侯宝林精彩而坎坷的人生。

（李　宏）

杂技、魔术

2004年，北京杂技业的新节目持续出新，引进节目质量高，本土观众逐步回归，特别是2004年几场国外魔术师的演出赚足了人气。

美国著名的逃脱大师罗伯特·盖勒普1月来北京表演生死脱逃的魔术和4月的美国魔术大师大卫·科波菲尔来京演出，观众反应热烈，市场运作成功。

10月初，中国杂协主办的2004年世界魔术大师邀请赛在首都体育馆上演，取得了商业运作和社会影响的双赢。

6月，中国杂技团和北京长安舞台艺术有限公司合作出品的大型情景魔术晚会“魔法传奇”高调上演，晚会由中国杂技团一级演员、蒙特卡洛国际魔术比赛“金魔棒”获得者李宁主演。这场总投资800万元的魔术晚会，是国内魔术演出史上资金规模最大的一次，同时晚会邀请电影导演冯小刚任艺术总监，从香港请来魔术导演和舞台美编，著名编舞高度任舞蹈导演，首创了魔术跨艺术门类、跨区域的合作。

本年度，美国拉斯维加斯的福克斯兄弟白虎魔术团，用珍稀动物白老虎变魔术显得尤其独特。中国自己的马戏团春节在地坛庙会、“十一”在北京朝阳公园也开始演出，组织者希望通过节日演出带动人们对马戏的热爱，使两演出地点的马戏演出形成品牌。

以四川德阳杂技团主打的朝阳剧场2004年新推出了《龙腾》，该节目表演风格直白凝练，用灯光、布景、音乐、道具之间的有机衔接快速调动观众的兴奋点，这台晚会由于观众人数的增加，已由每天一场演出变为两场。

2004年初，中国杂技团和中国对外演出公司合作推出了情节杂技晚会《如梦》在天地剧场上演，它以一个小女孩的杂技梦为引线，编织了一个似幻似真的、充满乐趣的杂技王国，晚会在灯光、布景和音乐的运用上更加巧妙和到位，杂技技巧颇为高超，显示了中国杂技团的综合实力。中国铁路文工团杂技团在鑫荣剧场推出了名为“超越畅想”的杂技晚会，该晚会以回顾北京古老文明，迎接2008年奥运会为线索，用杂技手法表达了超越现在、畅想未来的意念。

2004年，北京的杂技表演团体在国际、国内比赛中频频获奖。

国际方面，1月10日，中国杂技团的《滚杯》获得法国玛希国际杂技节的最高奖“水晶奖”；15日，中国杂技团的《十三人顶碗》在蒙特卡洛国际马戏节上获得最高奖“金小丑”奖，这个奖被誉为是杂技界的“奥斯卡”，也是中国杂技团多年来取得的最高荣誉，该节目由著名编舞张继刚执导，融合了魔术、舞蹈等元素，既有中国特点又有现代艺术的特征。这个节目在12月的德国商演中获得巨大成功，是每场演出的压轴节目，深受观众喜爱。11月，在武汉举行的国际杂技节上，中国杂技团的《花旦—抖空竹》获得金奖，该节目融京剧元素于杂技技巧中，并将两个艺术门类重新解构而成。

国内方面，9月底，“金菊奖”第三届全国杂技比赛在海淀剧场举行，通过初选、复赛的12个节目进行了决赛，空政文工团沈娟的《花儿为什么这样红》和北京171中学学生杨露璐的《锦瑟》获得金奖；10月初在广州举行的“金狮奖”第六届全国杂技比赛中，北京杂技团的《杯水娇柔》（五人滚杯）获金奖，中国铁路文工团杂技团的《球技—手技》、《抖空竹》、《晃梯顶技》获铜奖。

2004年，杂技高级人才培养谱新篇。中国杂协和北京师范大学艺术和传媒学院联合举办杂技大专班继续招生，2003年通过了北京市成人高校入学考试的第一批学员在北师大杂技大专班上课。这是中国杂技界进行高等教育的开始。5月，中国杂协组织的“全国杂技教育工作经验交流会”分别在北京、上海召开。代表们在北京参观了北京市国际艺术学校。

2004年，杂技理论和研究方面的成果突出。主要集中在如何提高杂技教育水平、节目的创新、市场开发和发展方面。资深人士研究认为，中国杂技的市场营销状况不容乐观，由于没有独立的海外营销体系，中国杂技的好节目不能及时销售，节目大多通过中间商为外国杂技演出团体提供单体节目和原料式的人工，总体收益很低。此外，行业严重缺乏既懂杂技又懂营销的人才，营销和生产严重脱节已使得中国杂技形成了产销不符的恶性循环。再之，行业内单兵作战，没有形成联合舰队式的资源整合，同样削弱了中国杂技的竞争力。杂技行业观念的更新、管理体制的改变已迫在眉睫。

研究人员认为，中国杂技的未来发展依赖于继续保持以中国杂技“巧、难、细腻”为特色的核心竞争力，同时进行可持续发展的战略。不断提高创新能力，加强与非艺术行业的协同能力，勇于竞争，在竞争中强化核心能力，并以此为支撑点不断发展。

3月10日，北京杂技家协会第三次会员代表大会闭幕。北京市杂协正式更名为北京杂协，并确立英文缩写标识为BAA。此次会议首次吸收了多个来自中央直属单位、军队、武警系统、非杂技专业的艺术家和演员加入协会。正式确定了北京杂协服务于“大北京”的宗旨。

（周　红）

节　目

【中国杂技团天地剧场演出《如梦》】　1月5日，中国杂技团表演的舞台剧《如梦》在北京天地剧场开演。这是由中国对外演出公司与中国杂技团合作推出的一台常年项目，目的是为中外游客提供一台高水准的、充满技巧和诗意的节目，它将传统杂技与现代服装、舞美、音乐、故事情节融为一体，旨在开拓国际演出市场。市委、市政府、文化部、外交部、国务院新闻办公室等有关领导与近千名外国驻京使节、记者、留学生等一起观看了演出。该剧全年共演出360场。

（周　红）

【俄罗斯国家大马戏团亮相工体】　1月19日、20日，俄罗斯国家大马戏团在北京工人体育馆演出，这次演出由北京索有文化传播公司举办。演出节目多为在世界上获奖的经典节目，其中包括《空中飞人》、《空中技巧》、《七彩气泡》以及众多动物明星表演的驯兽节目等。

（周　红）

【“逃脱大师”罗伯特来京展示极限魔幻】　有“逃脱大师”之称的美国魔术师罗伯特·盖勒普于1月19日、20日在北京首都体育馆演出。演出内容由“舞台幻术”和“致命逃脱”两大部分组成，其演出风格朴实无华、洒脱自由，与观众有很强的亲和力。为满足观众要求，罗伯特·盖勒普于1月24日（正月初三）加演了一场“死亡极限逃脱”。

（周　红）

【“欢乐马戏”在地坛庙会上演】　1月22日～28日（正月初一至初七）大型马戏晚会“欢乐马戏总动员”在地坛庙会上开演。这是一台利用我国传统杂技及马戏为表现手段，融合现代舞台技术和包装手段为一体的大型原创马戏节目，是首次在京城庙会上演出的一种新的表演方式。晚会由北京天创国际文化公司主办，该公司希望常年在北京的各节庆中上演“欢乐马戏”。

（周　红）

【中央电视台播出《魔术训练营》】　2004年春节期间，国内首个魔术竞技类娱乐节目《欢乐英雄》之《魔术训练营》在中央二套亮相。它一反以往仅把镜头对准舞台的做法，选择从后台记录魔术，展示大量近景魔术的训练和表演过程，节目瞄准国际魔术界的流行，让以前难登大雅之堂的近距离手法魔术登上舞台。节目特请两名海外归来的非职业魔术师作为魔术教练，节目取景于街头、俱乐部和餐厅等外景，连续7天对魔术训练进行记录和转播，吸引了大批好奇的观众。

（周　红）

【美国福克斯“白老虎兄弟”魔术团北展剧场演出】　5月28日～30日，美国拉斯维加斯的福克斯“白老虎”兄弟魔术团在北京展览馆剧场举行了5场演出。白老虎是世界珍稀动物，而福克斯兄弟也是目前世界上唯一一对能用白老虎进行魔术表演的魔术师。此次“白老虎兄弟”魔术团带来了猛兽节目《移人换豹》等全新魔术节目。演出由北京索有文化传播公司主办。

（周　红）

【“狗世界剧院”在京演出《灰姑娘》】　5月31日～6月1日，世界巡演的“狗世界剧院”在北京展览馆剧场演出了保留剧目《灰姑娘》，40名演员和40只狗明星同台讲述了这个古老而亲切的故事。

（周　红）

【情景魔术晚会“魔法传奇”北京首演】　6月11日～15日，中国杂技团演员、国际魔术大奖赛金牌得主李宁主演的大型情景魔术晚会“魔法传奇”在长安大戏院进行。该晚会由李宁工作室、中国杂技团与北京长安舞台艺术有限公司共同策划，也是两家单位按照市场规则的首度合作。晚会的总投资达400万元人民币，堪称国内魔术演出史上的一座里程碑。晚会的总监为著名电影导演冯小刚，导演是香港魔术导演谭永铨，舞蹈导演高度，舞美和灯光设计均是来自香港的何应丰和罗德贤，由众多不同行外人士合作制作此次演出在国内杂技演出史上还是第一次。

（周　红）

【杂技类综艺舞台剧《英雄天地间》在京热身演出】　7月22

日～25日，杂技综艺舞台剧《英雄天地间》在天桥剧场举行，演出是赴欧洲巡演的提前热身。该剧突破了单一杂技的表现方式，融技巧、舞蹈、武术等其他艺术门类于一体，更具观赏性。该剧已由欧洲最大的中国演出推介商荷兰星辰公司订购欧洲巡演200场。此剧由成都军区战旗杂技团团长李西安导演，武汉杂技团演出，中演环球艺术制作有限公司全球代理，旨在国际商演。

（周　红）

【北京魔术节目《扇舞新韵》在澳洲表演】 9月5日，由中国文化部、中央电视台和上海东方电视台联合主办的“金秋庆典”大型综艺晚会在澳大利亚悉尼市政剧院隆重开幕。来自北京军区政治部战友文工团的赵育莹所表演的魔术《扇舞新韵》赢得了强烈反响。《英国时报》等多家报刊报道了她的演出并极尽赞誉之语。该节目2002年曾获“金菊奖”第二届全国魔术大赛金奖。

（周　红）

【“快乐马戏总动员”朝阳公园首次“演习”】 9月28日～10月7日，“快乐马戏总动员”在朝阳公园户外露天剧场上演。这是一台集驯兽、马术、杂技、魔术、滑稽等表演形式为一体，具有较高艺术水准和极强欣赏价值的大型户外马戏综艺节目。担任演出的是吴桥“勇进”马戏杂技团，该团由前中国马戏团和吴桥马戏团联手组建。活动由北京中兴发文化发展有限公司等主办。主办方力争将该节目在朝阳公园做成知名品牌。

（周　红）

【“超越畅想”杂技晚会鑫荣剧场商演】 中国铁路文工团杂技团新编的杂技晚会“超越畅想”于10月31日在鑫荣剧场开始旅游商演。该晚会是集体创作，由“前门情思”、“荷塘月色”、“奥运情结”和“超越畅想”四幕组成。晚会策划关亮东、李敬伟，主编主导金阳，技术编导王德生。该剧全年演出75场。

（周　红）

【《十三人顶碗》德国三城市商演】

12月1日起，中国杂技团的《十三人顶碗》在德国进行了为期40天的商业演出。演出执行三个不同的合同，演出地点涉及慕尼黑、海尔布隆和威尔登。在慕尼黑的演出是进行德国每年一次的电视节目“马戏上的明星”的电视录像，此节目在圣诞、新年期间向全欧洲播放。在海尔布隆市的演出是典型的圣诞节演出，《顶碗》演出了37场。在威尔登的演出是为配合该地区每年一次的“体育狂欢”，该活动已举办21年。《顶碗》的德国商演总收入3.55万欧元，约人民币38万元，观众近8万人次，在每一演出地都受到观众欢迎。

（周　红）

【创新的“歌舞杂技”纪念毛泽东诞辰】 12月25日晚，“纪念毛泽东同志诞辰111周年——金玲专场文艺演出”在北京全国政协礼堂拉开帷幕，演出由中国杂技团演员、多次在国内外获得大奖的杂技艺术家金玲女士担纲，这是她近年来探索将杂技与歌舞融合，具有鲜明创新特色的一台杂技晚会，也是杂技与其他艺术门类嫁接的很好尝试。晚会由中国传统文化促进会等主办，北京华夏天子文化艺术交流中心承办。

（周　红）

机　构

【中国杂协和北师大合办杂技大专班】 2004年初，我国第一个杂技方向的文化艺术管理大专班正式开课，该班由中国杂技家协会与北京师范大学艺术与传媒学院合作开办。学员必须通过北京市成人高考的入学考试，第一批学员共有20名。大专班开设艺术概论、艺术管理、杂技创作等20余门专业和公共课程，涉及舞蹈、心理学、外语、计算机等门类。该班的开办旨在培育具有政治文化修养、专业知识和艺术理论素养的杂技艺术管理人才、编导人才和教学人才，逐步提高杂技界的文化水平。

（周　红）

【朝阳剧场杂技天天加演一场】

5月底开始，朝阳剧场的杂技演出由每天1场增加到2场，此举是为了满足不断增加的观众人数的需要。1986年，朝阳剧场就有了杂技专场演出，其中90%为外籍观众。剧场已先后接待了来自120多个国家和地区的观众，年接待20多万人。为了更好地呈现中国的杂技艺术，朝阳剧场派人遍访全国各地的知名杂技团，每年都参加中国吴桥杂技节，从中挑选优秀节目。根据观众需求，剧场把演出节目定在10个左右，演出时间为70分钟。

（周　红）

【中国杂协召开年度工作会议】

2月19日～21日，中国杂技在广东番禺召开了中国杂协2004年工作会议。中杂党组书记林建总结了中国杂协2003年工作。会议明确了2004年的工作方向和具体工作内容。中国杂协主席团成员，各省、自治区、直辖市杂技家协会秘书长，部分杂技团团长以及中国杂协机关工作人员共60余人参加了会议。

（周　红）

【北京市委表彰中国杂技团连获大奖】 2月26日，在北京市文化精品工程暨“三下乡”表彰大会上，中国杂技团因2004年来在国际杂技、魔术大赛上连获金奖而受到表彰。市委书记刘淇、市长王岐山等市领导与获奖代表亲切座谈，市委副书记龙新民主持座谈会。

（周　红）

【“中杂”50万元重奖演员】 3月初，中国杂技团举行隆重的表彰奖励大会。第28届蒙特卡洛国际马戏节上勇夺“金小丑”奖和第12届法国玛希国际马戏节上荣获“水晶大奖”的15位演员和他们的老师，分别获得1万元～5万元不等的奖励。

（周　红）

【北京杂协第三次会员代表大会闭幕】 3月10日，北京杂技家协会第三次会员代表大会闭幕。北京市杂协正式更名为北京杂协，并确立英文缩写标识为BAA。此次会议吸收了多个来自中央直属单位、军队、武警系统的艺术家和演员加入协会。中国铁路文工团杂技团、中国广播说唱团、海军政治部歌舞团、空军政治部歌舞团、北京军区战友歌舞团、北京武警政治部文工团的演员第一次被吸纳为杂协代表。中国杂技团团长李恩杰当选为新一届北京杂协主席。

（周　红）

【蒙古国家杂技院领导访问北京市国际艺术学校】 3月22日，蒙古国家杂技院团长一行5人在中国杂协领导陪同下来北京市国际艺术学校参观。北京市国际艺术学校常务副校长王跃芬接待了来宾并着重介绍了该校的发展前景和留学生在校学习情况，随后，客人参观了学校的教育和教学设施。

（周　红）

【魔术大师大卫的“魔术康复计划”在北京启动】 4月21日，美国魔术大师大卫·科波菲尔在北京康复研究中心宣布，他创建的“魔术康复计划”正式落户中国。这也是他中国巡演的一个重要内容。大卫的“魔术康复计划”只是教给残障人士学习一些最简单的魔术，通过魔术学习，锻炼人体功能，帮助患者提高大脑与手配合的灵活性、协调性，改善他们的视觉和认知能力，给患者身心带来愉悦。

该计划至2004年已实行20多年，被美国职业病理疗协会所接纳，在世界上30多个国家的1000多所医院实施，大卫认为“这项工作可能成为我最伟大的魔术”。

（周　红）

【大卫·科波菲尔再次来京演出】 4月21日～25日，美国魔术大师大卫·科波菲尔在首都体育馆进行了7场演出。这是他在中国巡演的一部分，演出内容包括《飞翔的沙发》、《死亡电锯》、《风扇》、《徒手纸牌》等，整场演出将剧情、舞蹈、语言、幽默等各种表演元素融为一体。此次的中国巡演同前两次相比，创造了演出规模最大、观众人数最多、制作最复杂的“三最纪录”。

（周　红）

【北京杂协开展“献爱心，魔术助残”活动】 由北京杂协魔术师俱乐部组织，为期一周的“献爱心，魔术助残”活动于5月12日在全市范围内展开。参加这次公益活动的有李宁、王志伟、提日立、牛玉明等数十位魔术师，他们分别在市残疾人中心、丰台培智中心学校、二龙路社区、工人体育场北门与东城区基督教青年会为残疾朋友表演、传授魔术。活动现场热烈而感人。此次活动为配合全国第14个助残日，北京杂协已经和中国残疾人康复研究中心、市残联、市残疾人活动中心达成共识，要把魔术助残活动作为一项事业长期进行下去。活动受到社会广泛关注，中央电视台、北京电视台、《北京晚报》等媒体对活动进行了跟踪报道。

（周　红）

【全国杂技教育工作经验交流会在京、沪召开】 5月18日～23日，全国杂技教育工作经验交流会分别在上海、北京召开。中杂协主席夏菊花、常务副主席林建，其他9名中杂协领导和38个来自全国各地杂协、杂技团、杂技学校和艺术学校的115名代表出席了此次会议。会议代表在北京期间参观了北京市国际艺术学校并观摩了该校的教学和训练。交流会的一个亮点是观摩北师大艺术和传媒学院杂技大专班，此班是中国杂协和北师大艺术和传媒学院合作办学的成果。与会代表一致认为提高杂技界的整体文化水平是提高中国杂技竞争能力的关键。本次交流会是中国杂协成立以来规模最大的一次杂技教育工作交流会，中央电视台、北京电视台等多家媒体对大会进行了关注和报道。

（周　红）

【全国杂技教育大会代表在京观摩教学训练】 5月21日，全国杂技教育经验交流大会的百余名代表及中直系统领导250余人来到北京市国际艺术学校，共同观摩了该校的各专业教学训练，并参观了学校的教学设备。此次交流会由中国杂协组织。中直工委副书记赵凯、中国文联党委副书记甘英烈、北京市副市长孙安民、中杂协主席夏菊花、北京市文化局局长降巩民、文化局副局长原国际艺术学校校长李恩杰出席了此次活动。

（周　红）

【中国杂技团在乌兹别克斯坦友谊演出】 为配合胡锦涛主席访问欧亚四国，6月11日～14日，中国艺术代表团一行49人（其中中国杂技团36人），进行了乌兹别克斯坦中国文化日的演出活动。中国杂技团分别在塔什干市和撒马尔罕市的中国文化日上演出，节目包括《花盘》、《地圈》、《顶碗》等8个节目，演员的高超技艺受到高度赞扬。北京市文化局副局长李恩杰任此次中国艺术代表团团长，中国杂技团常务副团长孙力力任副团长。

（周 红）

【孙安民副市长到中国杂技团调研】 8月27日上午，北京市副市长孙安民到中国杂技团、北京市国际艺术学校进行调研。孙市长观看了学生们的基本功表演，参观了杂技系的教学和训练情况，并题词："出人才、创品牌、独占杂技鳌头"。北京市文化局局长降巩民、副局长李恩杰，文化局相关处室领导陪同。

（周 红）

【电视连续剧《魔术奇缘》在京开拍】 8月，20集电视连续剧《魔术奇缘》在北京开拍，这是中国第一部以神秘魔术为题材的电视剧。此剧由北京天中映画文化艺术有限公司和北京星天娱乐文化发展有限公司联合斥资筹拍。影视演员苏有朋、安七炫、林心如、寇振海扮演主要角色。

（周 红）

【"中杂"精品杂技走进北京大学】 9月17日～18日，一台由近年来中国杂技团获得金奖的优秀节目组成的"精品杂技晚会"在北京大学百年大讲堂演出两场，此次演出虽然是商业运作，但主办方为了能让大学生们观看到高水平的精品晚会，采用了最低10元、最高60元的票价。

（周 红）

【2004世界魔术师邀请赛在京举办】 9月27日～10月3日，"2004北京世界魔术大师邀请赛"在首都体育馆举行。来自瑞士、荷兰、乌克兰、西班牙、意大利、英国和美国7个国家的8位世界顶级魔术师参加了邀请赛。大赛邀请了5名国内外魔术界著名的权威人士担任评委。参赛节目均为原创，包括瑞士皮特·马韦表演的节目《梦幻飞行》、英国马克·泰乐的《空手变伞》、《荧光变幻》和《变牌》、荷兰海尔·库伯的《黑火》、乌克兰维克多·维依克的《少女悬浮》、西班牙约克的《剑传纸箱》、荷兰马赛欧的《换人术》、意大利迈诺克的《魔幻魔术师》及美国西尔敏·希斯特的《滑稽魔术》等。演出的高水准和实惠的票价使邀请赛场场爆满。此次邀请赛由中国杂技家协会、北京市委宣传部和北京市对外文化交流协会联合主办，北京鑫金凤凰艺术团等单位承办，北京首旅集团等十几个单位协办。

（周 红）

【中国杂协命名表彰颁奖大会在京召开】 10月21日，中国杂技家协会在人民大会堂隆重召开"中国杂协命名表彰颁奖大会"。中杂党组书记林建代表中国杂协宣布：河北省吴桥县和河南省周口市被命名为"中国杂技之乡"；孙力力、安宁等6人被授予中国杂技金菊奖终身成就奖；杨宝林等50人被授予中国杂协德艺双馨会员称号。全国人大常委会副委员长何鲁丽、原全国人大常委会副委员长王光英、中华民族文化促进会主席高占祥、中国文联党组副书记覃志刚等领导出席了大会。

（周 红）

【美国电影学会董事长参观北京市国际艺术学校】 11月20日上午，美国电影学会董事长、TAG表演公司董事长史蒂夫奥斯丁、美国电影学会副董事长、美国中央密苏里大学理事会首席董事长迈克韦伯一行，参观了北京市国际艺术学校并观看了学生的汇报演出。北京市国际艺术学校校长张珠、党委书记王跃芬，副校长孙力力接待了来宾，并就教育、留学、演出、培训等领域的合作达成初步意向。

（周 红）

·奖 项·

【"中杂"《滚杯》赢得法国水晶大奖】 在1月10日结束的第12届法国玛希国际马戏节上，中国杂技团的《滚杯》获得本次马戏节的最高奖项水晶大奖。来自俄罗斯、法国、瑞典、捷克等15个国家的20余个节目参赛。中国杂技团的《滚杯》和《顶技》两个节目参加了比赛，《顶技》获第三名。

（周 红）

【"中杂"《十三人顶碗》获金小丑奖】 在1月15日举行的第28届蒙特卡洛国际马戏节上，中国杂技团的《十三人顶碗》以总排名第一的成绩，获得本届马戏节的最高奖项——金小丑奖。这是中国参加蒙特卡洛国际马戏节以来，首次在没有中国评委参评的情况下获得该奖。来自21个国家187名演员的32个节目角逐"金小丑"奖。除"金小丑"奖，《十三人顶碗》还同时荣获由青少年投票产生的"国际少年评委会特别奖"。

（周 红）

【北京杂技节目获"文艺作品征集评奖活动"奖项】 7月，北京市庆祝中华人民共和国成立55周年文艺作品征集评奖活动启动，北京杂协经过初评和12月份的终评，最终选出杂技佳作奖1个，杂技优秀奖2个和荣誉奖11个（含6个魔术节目）。此活动由北京市文联、北京市文化局、北京市广播电视局、北京市新闻出版局、北京日报报业集团和北京出版社出版集团联合主办。

（周 红）

【"金菊奖"第三届全国魔术比赛在京举办】 9月28日～30日，"金菊奖"第三届全国魔术比赛在海淀剧院举行。本届比赛是从全国各省市（包括港澳台）选送的节目中评出12个节目来京参加比赛。在魔术比赛期间举办了全国历届魔术金奖节目展演。经过决赛，北京杂协选送的空政文工团青年魔术演员沈娟表演的《花儿为什么这样红》和北京171中学学生杨露璐表演的《锦瑟》获得金奖。此次比赛由中国文联、中国杂协、北京市文联共同主办，中国杂协魔术委员会、北京杂技共同承办。本届大赛规模宏大、内容丰富、社会影响力超过以往各届。

（周　红）

【荷兰魔术师马赛欧在京获魔术“金龙奖”】 在9月27～10月3日的2004北京世界魔术邀请赛上，荷兰青年魔术师马赛欧战胜了多名国际顶级魔术大师，以作品《换人术》最终赢得了本次大赛最高奖，也是唯一金奖“金龙奖”。1999年，16岁的马赛欧获得荷兰青少年魔术比赛冠军。之后连年获奖，特别是在幻术方面有极高的荣誉，被称作“幻术王子”。

（周　红）

【金狮奖第六届全国杂技比赛揭晓】 10月1日～7日，金狮奖第六届全国杂技比赛在广州举行，共有40个团体的69个杂技节目进入决赛。四年一度的金狮奖堪称全国的“杂技奥运会”，金狮奖的获奖节目在国际杂技演出市场上享受免检待遇。大赛还邀请了近10个国家50多个知名演出商前来观摩比赛。

（周　红）

【“北杂”节目“金狮奖第六届全国杂技比赛”获金奖】 10月初，在广州举行的“金狮奖第六届全国杂技比赛”中，北京杂技团的杂技节目《杯水娇柔》（五人滚杯）获金奖。表演者全志等。

（周　红）

【“铁杂”节目“金狮奖第六届全国杂技比赛”获铜奖】 10月初，在广州举行的“金狮奖第六届全国杂技比赛”中，中国铁路文工团杂技团的《魔方》获得银奖，同时该团的《球技—手技》（表演者赵晗龙等8人）、《抖空竹》（表演者谢盼等14人）、《晃梯顶技》（表演者张志毅等15人）获得铜奖。

（周　红）

【“中杂”《花旦——抖空竹》获武汉国际杂技节金奖】 第六届中国武汉国际杂技节于11月4日结束。中国杂技团创排的新节目《花旦——抖空竹》以总分第一获得金奖头奖。该节目根据“空竹”节目的特性，融入京剧中“旦角”的元素重新解构而成。

（周　红）

【李宁获北京市中青年文艺工作者德艺双馨奖】 12月，中国杂技团一级演员，国际魔术大奖获得者李宁受到“北京第二届中青年文艺工作者德艺双馨奖”的表彰。该奖励由中共北京市委宣传部、北京市人事局和北京市文联共同决定，旨在激励中青年文艺工作者成为有真才实学的文艺家，为繁荣北京的文艺事业作贡献。其他14名来自不同文艺行业的同志也得到这个表彰。

（周　红）

·探　索·

【杂技界呼吁发展高等教育】 在5月17日～23日的全国杂技教育工作经验交流会上，与会代表对中国杂协与北京师范大学的杂技大专班的合作都表现出由衷的喜悦，但同时指出，杂技高等教育还需加强。文章指出，过去国内杂技界传承靠“师传徒、父传子”，后来靠杂技团的“团带班”（团内办学员班）。目前国内杂技中专学校也仅有几所。从事人员文化水平低，文化课重视不够，没有统一的教学大纲和教材。这些给杂技的高等教育带来困难。

（周　红）

【情景魔术“魔法传奇”座谈会在京举行】 6月7日上午，北京杂协组织专家对李宁魔术专场晚会“魔法传奇”进行座谈研讨，北京市文化局副局长、北京市杂协主席李恩杰，北京文联党组副书记索谦、北京杂协副主席、著名魔术师杨宝林等魔术界专家和老艺术家参加了座谈研讨。晚会合作方之一北京长安舞台艺术有限公司有关人员也参加了座谈。会上，李恩杰首先介绍了制作晚会的指导思想和实施的基本过程，希望通过晚会推动中国杂技团魔术的发展。与会同志对晚会推出表示祝贺，认为中国杂技团整合各方面资源搞这样一台晚会在魔术界是一件大事。同时，大家也希望李宁今后更加注重综合素质的提高，通过演出不断积累舞台经验，要善于在演出中调动观众的情绪，加强与观众的交流。与会人员还提出了许多建设性意见，认为舞蹈、戏剧的元素冲淡了魔术的效果，魔术表演的细节方面应更加完善。

（周　红）

【沈娟获第四届中国文联文艺评论奖二等奖】 11月2日，在中国文联主办的第四届中国文联文艺评论奖颁奖仪式上，中国文联推荐的、空军政治部文工团的魔术演员沈娟的《浅谈传统杂技的艺术定位》获评论类二等奖，沈娟分别是“金菊奖”第三届全国魔术比赛金奖、2003年香港第一届亚洲魔术大会比赛金奖获得者。

（周　红）

【《四川德阳杂技团几番进京演出的背后》】 作者晓文。文章提到，外宾到北京观光，“登长城、吃烤鸭、看杂技”成为三件首选之事。朝阳剧场成为“看杂技”的首选之地，也成为各杂技团向往的演出市场，他们竞相投标于此。10年前的德阳杂技团是从一家七口的“背篓”杂技马戏班发展起来的民营杂技团，如今拥有固定资产2000多万元，团长周晓衡认为，德阳杂技团闯市场的优势是“优质低价”。作者认为，所谓“优质”是指德阳杂技团从1995年至今几次进京演出，演出节目不断创新，演出整体质量年年提高。创新来自借力，德阳杂技团几年中分别请上海杂技团、广州战士杂技团、成都战旗杂技团的编导参与创作。使得节目定位准确，风格热烈。所谓“低价”是指“五自”方针在首位，即“自制道具、自做饭菜、自带卧室、自己搬运和自练苦功”。作者认为，这“五自”是德阳杂技团“优质低价”闯市场的“魂”之所系。

（周 红）

【《杂技教育的回顾与探索》】 作者周大明。文章通过对杂技教育的历史回顾和杂技教育的基本特点，提出了杂技教育的未来发展。作者认为，在我国，杂技教育多数时代是处于封闭、分散的状态和实践的层面上，而现代教育的平等性正在给杂技教育带来一场革命。文章提出，杂技教育的基本特点是：1. 它不是一种普通的大众教育，而是一种生计教育；2. 它不是一种趋同化的社会教育，而是典型的个性教育；3. 它不仅是既定的技艺教育，更是无限开放的艺术教育。文章提出了杂技教育未来的发展方向：1. 加强技能训练的科学化、系统化，向更高阶段发展；2. 在技能训练的基础上，加强艺术意识和艺术表现力的教育；3. 在注重专业教育的同时，实现以人的可持续发展为目标的教育现代化。

（周 红）

【北师大杂技大专班首批学员撰文感言】 中国杂协和北师大联合办学的杂技大专班的部分首批学员在中国杂协主办的双月刊《杂技与魔术》刊登文章，畅谈学习心得。许芮在题为《杂技发展高等教育的新尝试》的文章中充分肯定了大专班给学生们带来的益处，对知识的渴求让学员们对学习不敢有丝毫怠慢。《借鉴与汲取》的作者黄茜茜以学习“云南花鼓灯”和“东北秧歌”为例，探讨了杂技和舞蹈之间可借鉴和吸取的地方。通过对芭蕾舞和现代舞的观摩学习，体会到艺术最本质的东西是创新精神。蔡荣华在《寻求艺术长远发展之路》中提到，大学学习对于文化水平低的杂技教师来讲是个必要但却是艰难的选择，艺无止境，杂技演员的艺术生命很短暂，他们只有通过不断学习，才能为自己在舞台上的持久发展和未来的生存多铺一条路。

（周 红）

【《探索杂技规范化教学的新途径》】 作者贺谊芳。本文主要介绍了北京市国际艺术学校成立5年来所形成的一套有效的杂技规范化教学体系。文章从四个方面介绍了该体系的构成。第一，从教学基础管理入手为规范化教学提供保障。制定了杂技专业的第一部教学大纲，提高了教师规范化教学的意识。第二，从提高杂技教师素质入手为规范化教学打下基础。明确要求教师进行教学理念的更新。第三，积极探索有效方式促进规范教学的实效。学校组织大规模的基本功统一标准考试，通过考学生来考老师。第四，针对杂技专业教学的特点实行统分结合的教学方法。所谓统分结合，即基本功实行统一教学；节目课教学实行按任务和学生特点的分组教学；对创新节目采取目标责任制的办法。与此同时，针对杂技专业中文化课教学的薄弱，学校采取了学分制管理，即不达到文化课的规定学分，专业毕业也不授予毕业证书，大大带动了学生学习文化课的积极性。

（周 红）

【《论中国杂技的可持续发展》】 文章作者郑杰、郑健清。作者借鉴宏观经济学的可持续发展理论在微观经济学的企业个体中的运用作为理论依据，对中国杂技行业中存在的近眼前利益、忽视长远发展的现象予以调整。文章指出：“实现中国杂技可持续发展，关键在于找到可持续发展的支撑点”。作者认为此支撑点含有3种能力：1. 核心能力。文章认为：“中国杂技核心能力的培养来源于国内市场，服务于海内外”。通过国内市场的演练提高竞争能力。2. 创新能力。作者认为不断创新可以领先于同行业，增强长期竞争力，推动行业更快速发展。3. 协同能力。作者指出，杂技界不仅要加强国内杂技同行之间、杂技与其他文化门类的协作，还要加强与外部资源，如金融界的协同能力。

（周 红）

【《强化杂技审美的舞蹈设计》】 作者于平。文章指出杂技和舞蹈对身体技能的运用有所不同，但有互补性，在舞蹈业内称为“编舞”的舞蹈设计，其在杂技艺术中的作用不是“编舞”，而是全方位、多层次的人体动态设计。正是对人体动态设计的需要，杂技审美向舞蹈设计开放了门户。舞蹈设计如何强化杂技审美？作者认为有5个层面可以切入。1. 对杂技艺术的人体动态呈现进行造型修饰。2. 根据杂技中人体动态连续呈现时的“变得规律”进行人体动态的“主题变奏”。3. 与人体动态“主题变奏”相关的是动态人体的空间位移（舞移）和空间分布（舞群），因此，对空间位移和分布的设计是对“主题变奏”的深化和拓展。4. 舞群是舞台上的独立视觉单位，处理好舞群之间的关系是强化杂技审美更深层次上的舞蹈设计。5.“意向化”和“情节化”的舞蹈设计是使杂技摆脱单纯演“技”而由技到艺、由技通道的重要路径。

（周 红）

【《中国杂技现状与市场营销》】 作者李延年。文章中提到中国是一个杂技大国，但不是杂技强国。最重要的原因是除了受体制羁绊外，在世界杂技领域内没有自己的营销机构，没有形成联合舰队共同应对市场。此外，文章补充了三点影响中国杂技在海外的竞争力的因素：1. 销售领域明显落后生产领域。演出营销网络零散而各自独立，无法产生规模效益，使得国内很多优秀的杂技艺术产品难以及时顺利地被导入市场。2. 杂技产业人才的缺乏是多方位的。普遍缺乏好的编导人才。尤其缺少既懂杂技艺术，又擅长现代企业制度管理的营销人才。营销方面的滞后，严重影响杂技艺术的生产，多年来已形成恶性循环。3. 传统的体制已远不适应今天的需要，思维观念的创新、方式方法的创新、内容与形式的创新、体制制度的创新应该成为中国杂技发展的指导思想。

（周　红）

【《国产魔术为何卖不出好价》】 作者黄小驹。文章转引国内魔术界几位著名人士的观点。中国杂协魔术艺委会副主任王立民认为，中国的经济水平比较低导致了魔术在观众消费、资金投入、技术含量和舞台视觉等方面的低水平；而北京杂协副主席杨宝林则认为，我国的魔术师应该学习国外魔术师的创新精神。武警文工团青年魔术师徐凤美认为中国魔术没有发挥出自己的特点，魔术师的表现力还不到位；中国杂协研究院傅起凤认为，国内不少魔术师忽视了魔术的内在情节，无法达到一个更高境界，同时她还指出，国内魔术表演的道具有的过于简陋，影响观赏效果。

（周　红）

【《中国魔术到底缺什么?》】 作者孙璐。文章对比国外魔术在中国创下的“票房奇迹”，谈及中国魔术，第一，缺少新鲜感。由于魔术在中国缺乏关注，所以一直处于小打小闹的杂耍状态中，目前中国还没有真正意义上的大型魔术。第二，只有小技，没有艺。魔术是三分技、七分艺的特殊艺术。中国的魔术刚刚进入市场化，几乎谈不上上商业化运作。而不把魔术当艺术，恐怕是当前中国魔术在市场上打不开局面的一个原因。

（周　红）

【《浅谈魔术艺术的交流平台》】 文章作者王志伟，曾在美国生活多年，他参照国外魔术界的一些做法，对我国魔术的发展提出了建议。文章提到3点。1. 在国外，魔术行业协会在魔术商业运作中起到重要的作用，为魔术爱好者、业余和职业魔术师提供了必要的交流和互动平台。2. 国外的魔术艺术讲座分三种，但均在行业协会或协会所属俱乐部内进行。3. 中国魔术师要多研究魔术心理学，魔术节目要有主线，过程合理、引导观众以攻心为上，如此才可取得观众与演出者交流的效果。

（周　红）

【《玛希和蒙特卡洛马戏节观感》】 作者汪丽娅。文章根据作者随中国杂技团参加玛希和蒙特卡洛马戏节比赛的感想，提出了中国杂技发展中可借鉴的思路。首先，节目评分以创新为主。除了原创性，现代杂技艺术大胆吸取其他艺术，在交融中实现超越，创新的边缘化特色突出。同时节目的艺术品位也很重要并具有导向性。其次，赛场市场化运作。具体体现在：1. 社会需求是演出的推动力，两个马戏节均受观众追捧。2. 演出市场的培育贵在坚持。两个马戏节无特殊原因年年举办。3. 成熟的市场经济为发展杂技市场提供了良好的大环境。赛场的各种配套均商业化运作，降低了成本。4. 与赛事相关的开发推动了文化产业。各种与赛事有关的衍生物和服务项目为赛事带来了周边的经济收益。再次，赛场即卖场。演出商在两个赛场云集，场内看节目，场外谈生意。

（周　红）

【《法国、摩纳哥各马戏节的特色分析》】 作者宓鲁，文化部驻法国、摩纳哥的文化官员，多年来为中国杂技在法国、摩纳哥赛场上得奖付出了很大努力。本文主要介绍了法国玛希马戏节和明日国际杂技节、摩纳哥蒙特卡洛马戏节和“初登舞台”国际杂技节的不同特点。作者认为，法国玛希马戏节的最高奖项是“水晶”奖，风格相对比较注重传统；而法国明日国际杂技节由于在巴黎举办，其风格更注重创新，是艺术创新的风向标。摩纳哥蒙特卡洛马戏节的最高奖项是“金小丑”奖，风格也偏重传统。而摩纳哥的“初登舞台”国际杂技节的最高奖项是“金K”奖，我国多派出儿童演员参赛。

（周　红）

【《中国杂技团精品艺术成果巡礼》】 作者黄介农。文章回顾了中国杂技团在2001～2004年三年内连获三个国际顶级赛事金奖的具体细节以及2004年推出的杂技旅游专场《如梦》所获得的市场业绩，指出这些成果的取得是中国杂技团全力改革、认真扎实地推行艺术精品建设的结果。文章认为，该团在人事管理上引进了新的创作和业务教学人员；在财务管理上坚持业务考核与工作挂钩；在市场开发方面采用股份制运作，而所有的管理举措都是在探索杂技产品生产和营销的新路子，为弘扬中国杂技艺术不断进取。（注：三个国际顶级赛事是指：1. 摩纳哥蒙特卡洛国际杂技节的“金小丑”奖；2. 法国“未来”国际杂技节金奖首奖“法兰西共和国总统奖”；3. 摩纳哥蒙特卡洛国际魔术节的“金魔棒”奖。）

（周　红）

其　他

【北京晚报社组织慰问秦鸣晓】 5月19日，秦鸣晓在排练魔术时意外被割破腹部。20日，《北京晚报》的记者和读者代表携花篮前往医院慰问秦鸣晓，祝他早日康复。

（周　红）

【魔术师李宁坦言其节目《死亡钉床》危险】 5月19日，由于魔术大师秦鸣晓排练中意外受伤，引起了不少观众对魔术师李宁的晚会“魔法传奇”的担忧。李宁认为，从事魔术的人经常会遇到一些危险，有的时候需要这样去刺激观众。“魔法传奇”中有一个节目《死亡钉床》就很危险，因为道具床上有40多个20厘米长的铁钉子。他会努力认真仔细排练，将危险系数降到最低。

（周　红）

【美国福克斯兄弟魔术团的老虎咬伤该团女演员】 5月29日晚，来京演出的美国福克斯兄弟魔术团的一名14岁女演员，在北展剧场开演前1小时在后台被该团的一只老虎咬伤，当即被送往医院救治。随后的几场演出正常进行。

（周　红）

【弓刀世家张少杰收徒】 11月初，中国杂技团演员、弓刀世家张少杰将来自锦州的韩向阳收为徒弟。这是张家三代第一次收外姓弟子。拜师仪式按杂技界传统的方式进行。张少杰的祖父是名震北京天桥的“大刀张宝忠”，解放后，张少杰与父亲张英杰一起把弓刀艺术推向全国并享誉国际杂坛。

（周　红）

电　　影

2004年，国家的宏观政策促进了电影事业发展。广电总局和商务部先后联合发布《电影企业经营资格准入暂行规定》和《中外合资、合作广播电视节目制作经营企业管理规定》，明确规定国家对电影制作、发行、放映、进出口经营资格实行许可制度，对国内电影企业的制作、发行、放映、进出口业务及境外企业参与经营电影制作、放映业务的资格准入管理提出了明确的要求。通过降低准入门槛、扩大合作领域的方式，吸收借鉴国外资金、技术和经验，大力推进我国广播影视产业的发展。两个规定前所未有地明确了社会资本可用以成立电影制片公司和电影技术公司，明确外资可以通过合资、合作方式成立电影制片、电影技术和广播影视节目制作公司。

为了加强对未成年人的教育，电影局颁发了《关于资助儿童题材、农村题材影片的实施细则》，每年计划对儿童题材以及农村题材影片的拍摄进行资助，以进一步鼓励摄制出更多的适合未成年人成长和市场需求的优秀作品。

为推动国产原创动画产业的发展，广电总局确定，在上海美术电影制片厂、中央电视台中国国际电视总公司、三辰卡通集团、中国电影集团公司、湖南金鹰卡通有限公司、杭州高新技术开发区动画产业园、常州影视动画产业有限公司、上海炫动卡通卫视传媒娱乐有限公司、南方动画节目联合制作中心等9家单位建立首批国家动画产业基地；在中国传媒大学、北京电影学院、吉林艺术学院动画学院、中国美术学院等4所高等院校建立首批国家动画教学研究基地。

北京市加强影片的发行、放映管理，加大对农村电影放映投资，努力推进“2131工程”（即21世纪初，实现每村每月放映一场电影）。

2004年，优秀影片百花齐放，国产优秀电影成绩喜人。国内外的各类影片纷纷亮相北京，故事片、科教片、纪录片、动画片色彩纷呈，极大地丰富了人们的精神文化生活。主旋律影片注重观赏性，大批既叫好又叫座的影片不断涌现，《小平您好》、《邓小平·1928》、《郑培民》、《张思德》、《台湾往事》等深受观众喜爱。以张艺谋、冯小刚等为主力的电影人仍具有巨大的市场号召力，《十面埋伏》成为2004年度的票房冠军，贺岁片《天下无贼》在年底又掀起了观影的高潮。《电影往事》、《看车人的七月》、《一封陌生女人的来信》、《上学路上》、《黑脸琵鹭》、《天地英雄》、《冬至》等一大批影片在国内外的各类电影节上获奖。

国际交流日趋频繁。埃及、英国、爱尔兰、澳大利亚、新西兰、韩国、奥地利等国先后在北京举办电影周，2004北京国际纪录片展、2004北京国际科教电影电视展、国际影视和新媒体论坛、2004中国国际广播影视博览会、北京电影学院国际学生影视作品展，以及《后天》、《特洛伊》、《蜘蛛侠2》、《亚瑟王》、《烈火雄心》、《史酷比》等大片及时同步上映。这些展演和商演活动，既便于更多地了解、认识和学习外国优秀的电影文化，也为中国的电影文化进一步走向世界，提供了很好的借鉴。

（郭　涛）

影　　片

【《阳光天井》】 1月15日，由黄宏、江珊等主演的温情喜剧故事片《阳光天井》在北京举行首映礼，这是喜剧明星黄宏继《25个孩子一个爹》后执导的又一部力作。该片是由中国电影集团公司全额投资拍摄的贺岁影片。影片围绕着单亲家庭中8岁女孩妞妞的成长生活展开，黄宏与爱女黄豆豆分别饰演父亲、女儿，“一个宝贝女儿，两位欢喜冤家，三代至爱亲朋，四方明星大腕”，共同演绎了这部都市温情喜剧。影片除了主演江珊、朱旭、陈建斌的鼎力加盟外，还有倪萍、朱军、周涛、蒋梅、牛莉、魏积安、英达、王思懿、雷恪生、蔡国庆等友情出演。

（郭　涛）

【《台湾往事》】 3月20日，影片《台湾往事》首映式在北京举行。该剧编剧张克辉、黄丹，导演郑洞天，主演蒋雯丽、郑振瑶、冯汉元、王雪菁、小林龙夫、崔林。影片由中国电影集团公司北京电影制片厂、国家广播电影电视总局电影卫星频道节目制作中心、北京电影学院青年电影制片厂和北京紫禁城影业有限公司联合出品。《台湾往事》的男主人公叫阿文，出生于日据时期台湾的一个普通医生家庭。影片以阿文的成长经历为主线，展现了一幅生动细腻的台湾乡土生活长卷，并借着直至上个世纪80年代阿文一家的悲欢离合，寄托和表达了结束两岸隔绝、实现祖国统一的由衷期盼。《台湾往事》的原著编剧是全国政协副主席、台盟中央主席张克辉。出生、生活在台湾，但因两岸隔绝而被迫与台湾家人分离的张克辉就是阿文的原型。影片中日据时期台湾的社会状况、台湾同胞反抗日本残暴统治的不屈精神，以及剧中人凄楚的经历都深深地吸引住观众。

（郭　涛）

【《十面埋伏》】　7月10日，由北京新画面影业有限公司、精英集团（2003）企业有限公司联合摄制，李冯、张艺谋、王斌编剧，张艺谋执导，章子怡、金城武与刘德华等联袂主演的《十面埋伏》，在北京工人体育馆举行了首映仪式，电影主创人员，歌唱家凯瑟琳·巴特尔、李宗盛、张信哲、童安格、陈慧琳、阿杜、韩红、朴树、刀郎、S. H. E. 与女子十二乐坊等都亲临现场。故事讲述的是中国唐朝大中十三年，奉天县刘捕头、金捕头奉命于十日之内，将飞刀门新任帮主缉拿归案。刘捕头怀疑新店牡丹坊的舞伎小妹是飞刀门前帮主柳云飞的女儿，逐用计将她押入天牢。二人设下圈套：由金捕头化名随风大侠，乘夜劫狱，救出小妹；借此骗取小妹的信任，查出飞刀门的巢穴，以期一举剿灭。随风依计救走小妹。逃亡路上，小妹对随风渐生情愫；随风与小妹朝夕相对，亦被她的出尘气质吸引。而刘捕头也喜欢小妹，三人不得不面对一道解不开的难题。最后，刘捕头杀死小妹。随风与小妹明明有爱，但内心深处，总是充满“十面埋伏”。《十面埋伏》是2004年票房收入最高的一部国产影片。

（郭　涛）

【《小平您好》】　8月9日，为纪念邓小平同志诞辰100周年，由徐海婴任总编导、中共中央文献研究室、中央电视台、中央新闻电影制片厂等联合摄制的大型文献纪录电影《小平您好》在北京举行首映式。影片以邓小平的经历和历史风云为背景，通过细节来叙述他的个性风采和情感世界。编创人员从半个多世纪积累的数万尺胶片中，撷取了大量珍贵的镜头，让观众感受一代伟人的智慧胆识，聆听老人的心声，品味领袖生活的朴实无华。

（郭　涛）

【《邓小平·1928》】　8月19日，为纪念邓小平同志诞辰100周年，由李歇浦导演，安荣生、秦岚、刘劲主演，中影集团和上影集团公司联合发行的影片《邓小平·1928》在北京中影电影院举行了隆重的首映仪式。影片着重选取了1928年白色恐怖背景下，年仅24岁、时任中共中央秘书长的邓小平临危受命，在艰难的环境里奋斗的故事，展现了邓小平大无畏的革命精神，沉着冷静的革命智慧，忠诚坚定的信念品格。

（郭　涛）

【《张思德》】　由尹力导演，吴军、唐国强、邹爽主演，中国电影集团公司北京电影制片厂、北京紫禁城影业有限责任公司出品，中共北京市委宣传部、中国电影集团公司第一制片分公司、北京紫禁城影业有限责任公司、北京新影联影业有限责任公司联合摄制的《张思德》，9月5日在人民大会堂首映。影片讲述的是毛泽东的勤务兵张思德为解决中央机关冬季取暖问题，1944年带领一班人到安塞县烧木炭，在一次烧炭中炭窑突然崩塌，张思德不幸牺牲。张思德为人憨厚朴实，工作任劳任怨，从不计较个人的得失，一心一意为着革命的利益和解放全中国的伟大事业而默默地奉献。影片通过描写一个普通战士在延安的革命生活，向现代人再现了延安时期斗志昂扬、激情彭湃的红色年代，以及红色年代所蕴涵的伟大精神——为人民服务！

（郭　涛）

【《天下无贼》】　12月6日，冯小刚导演，刘德华、刘若英、李冰冰、王宝强主演，葛优、傅彪、徐帆客串的贺岁喜剧片《天下无贼》上映，由华谊兄弟太合影视投资有限公司、寰亚电影有限公司、北京紫禁城影业公司出品发行。影片讲述的是男贼王薄（刘德华扮演）和女贼王丽（刘若英扮演）是一对扒窃搭档，也是一对浪迹天涯的亡命恋人。他们在一列火车上遇到了一个名叫傻根（王宝强扮演）的农民，他刚刚从城市里挣了一笔钱要回老家盖房子娶媳妇。傻根不相信天下有贼，王薄最初想对他下手，后来却被他的淳朴所打动，决定和王丽保护傻根，圆他一个天下无贼的梦想，并由此与另一个扒窃团伙（葛优扮演其头目）引发了一系列的明争暗斗……

（郭　涛）

【《郑培民》】　《郑培民》是赵备芬编剧，郑洞天导演，修宗迪、姚安濂、黄梅莹主演的故事片，由潇湘电影集团、中国电影集团联合出品。影片记述刚刚出任湘西自治州州委书记的郑培民，在全州最贫困的乡村火龙坪村村民期盼的目光中郑重许下承诺，一定要帮助火龙坪村修建一条连通山外世界的公路，让山里的世界和山外的世界息息相通。从此郑培民的生命就和这条山路、这块土地联系在了一起。山路难修，资金、环境样样令人棘手，郑培民披星戴月、身体力行地为山路奔波。而更难料的还是人事的变化。路还没修好，郑培民就要调走了。这未完成的使命，只有寄托在刚刚提拔上来的县委书记陈方平身上。身份变化后的陈方平，为搞政绩工程，私自挪用修路款，使得好不容易修了一半的山路被迫停工。郑培民知道后大发雷霆，建议州委撤了陈方平的职，而山民知道后，却冒着大雨来为陈方平求情。陈方平终于明白了手中的权力是从何而来，亲自出任公路总指挥，和群众战斗在修路第一线。公路快竣工时，人们想起了郑培民，他们热切地希望郑培民能来参加公路的竣工仪式，而这个时候郑培民已经远赴北京参加十六大的筹备工作。

（郭　涛）

【《看车人的七月》】　《看车人的七月》编剧、导演安战军，主演范伟、陈小艺、赵君，中国电影集团公司、北京电影制片厂出品。家庭离异的看车人杜红军（范伟饰），想与美丽的花店店主小宋（陈小艺饰）结婚。杜红军的儿子小于思念远方的妈妈，一直反对爸爸的专制和再婚。但杜红军还是对新生活充满憧憬。家具也买了，照片也照了，欢天喜地时，迎头一棒：小宋前夫刘三（赵君饰）从监狱里出来了，反悔了当初的离婚协议。于是，老杜的悲惨生活开始了：抢妻、抄家、砸车，眼瞅着辛辛苦苦挣下的微薄家业就要被恶霸似的“前夫”折腾得难以为继了，在炎热漫长的7月里，痛苦与希望交织，爱与恨碰撞。终于，杜红军在儿子16岁生日那天，酿成了一个无法挽回的结局。

（郭　涛）

【《美人草》】　《美人草》由李樯编剧，吕乐导演，刘烨、舒淇主演，保利华亿公司（北京博纳文化交流有限公司）出品。故事梗概：1974年夏天，云南昆明知青叶星雨在探亲之后返回兵团连队的路上邂逅了让她一生难以忘怀的男人——大江对面的北京知青刘思蒙。叶星雨青梅竹马的男朋友袁定国（房斌饰）是她所在连队的排长。在红春坪的集市上袁定国和好友林山等人与刘思蒙发生了激烈的武装冲突，袁定国和林山都被打伤。伤感而多情的叶星雨成为两个团知青武斗的导火索。为了平息流血冲突，叶星雨过江找刘思蒙谈判，却陷入了一场感情的旋涡。叶星雨将自己在袁定国面前保留了多年的初夜交给了刘思蒙。然而幸福的天平并没有向两颗相恋的心倾斜。如果说叶星雨的命运在袁定国手中，不如说是被掌握在时代手里。当暴力被平息的时候，人的心也已经死去……

（郭　涛）

【《疑案忠魂》】　《疑案忠魂》由安战军导演，刘威、戈治均、吴辰君主演，中国电影集团公司北京电影制片厂出品。该片以一桩“疑案”为背景，讲述刑侦队长马红旗和队员小唐历尽艰辛抓住了一个大毒贩，就在派出所拘押当晚，没想到毒贩逃了，两人因此背上了“渎职”的罪名。一时间小镇流言四起，同伴受歧视，家人被牵连，全局上下蒙羞。他们身为警察，饱受了精神上的巨大侮辱，不堪重压的小唐想过一死了之，马红旗凭着一个坚强的信念支撑着，因为我们是警察，决不能让警徽蒙尘。凭着一些点滴的线索和多年办案的经验，他们踏上了为荣誉而战的旅途，远赴绝域，直到黄土茫茫的陕北高原抓捕罪犯。

（郭　涛）

【《孔雀》】　由李樯编剧，顾长卫导演的处女作《孔雀》正式通过了国家广电总局电影局的审查。《孔雀》讲述生活在二十世纪七八十年代北方小城市里的一个五口之家，一段时期内各人发生的故事。主线人物是家庭中的姐姐（张静初饰）、哥哥（冯瓅饰）和弟弟（吕玉来饰）。姐姐二十出头，是个清瘦的女孩，有一种清教徒似的气质，但内心刚烈执拗，可以为了梦想狠下任何心；哥哥二十三四岁，小时候得病落下轻微脑疾，但认为他笨的人，往往还不如他心底里透着明白；弟弟十七八岁，敏感、忧郁，内心过于丰富，以至于人累得有些慵懒，这样的孩子，未来捉摸不定……《孔雀》分段落分别描述了三个年轻人各自的一段生命历程与生命状态，呈现出来的是或明朗或冲动或懵懂的理想追求，以及理想幻灭、神经抽搐、精神萎靡，以至日子平淡、尘埃落定的过程。

（郭　涛）

【《来不及爱你》】　中影集团公司出品、吴兵导演、李倩和刘德凯主演的《来不及爱你》是一部描绘两代人情感沟通的都市亲情剧：一个父女相依的单亲家庭，得了不治之症的父亲隐瞒了病情且倾尽全力为女儿打点将来，女儿不堪承受这样的爱，直到父亲离世后才追悔莫及。

（郭　涛）

【《女生日记》】　《女生日记》是根据杨红樱创作的同名畅销儿童文学作品改编、由石建都导演的一部时尚、阳光的儿童片，主要讲述了美丽的成长过程。电视主持人何炅在影片中饰演舒老师。片中女主角冉冉由杨紫饰演。

（郭　涛）

【《哥哥树》】　由杜十鸥编剧，郑旭导演，李乐、元亮、孙俪主演，北京璟霖影视文化发展有限公司出品的《哥哥树》，是广电总局电影局批准立项的首部反映青少年保护生态环境的故事片。影片讲述了北方干旱地区一个小学生小谷子为保护与哥哥亲手栽下的小树（哥哥不幸在抗洪抢险中牺牲），经历千辛万苦找水浇树的感人故事。不仅体现了兄弟情深，并且通过小谷子找水救树的经历，呼吁全社会来关注目前日益恶化的生存条件和保护生态环境的紧迫性、重要性。

（郭　涛）

机　构

【第一家民营汽车影院加入新影联院线】　2月15日，我国首家民营汽车电影院——枫花园汽车电影院正式加入北京新影联院线。这也是2003年12月保利文化与北大华亿合作成立中国保利华亿传媒集团，实现文化产业界国企首次牵手民营企业之后，又一次有意义的合作。枫花园汽车电影院位于燕莎桥东侧1500米，建于1999年，当初投资400万元。它是北京也是全国首家汽车电影院。加入新影联之后，汽车电影院将与其他一轮影院同步播映国产及进口大片。

（郭　涛）

【全国首家校园电影院线成立】　6月20日，由北京市教委和中国电影集团公司共同主办的“中影校园电影院线”成立。这是中华人民共和国成立以来第一次专为全国少年儿童成立的电影院线。在北京师范大学附中举行的挂牌仪式上，有关部门领导向首批加入“中影校园电影院线”的北京地区22所学校校长授牌，还放映了院线成立后的首部校园电影《我们手拉手》。

（郭　涛）

【京城第二家五星级影城挂牌】　7月27日，位于京城东部商业中心区的影联东环影城正式挂牌成为五星级影院。这是北京新影联院线首家获得批准的五星级影城，也是北京第二家五星级影院。星级影院评定是由权威部门对影院硬件装备、服务质量进行综合评价的分级体系，五星级是该系统的最高级别。目前，全国五星级影院共7家，北京为华星影城和影联东环影城。同日，由著名导演田壮壮担任制片，刘亦菲、陈柏霖主演，中影与北京紫禁城三联影视联合发行的影片《五月之恋》在新影联东环影城举行媒体见面会，刘亦菲、陈柏霖应邀为影联东环影城进行了五星揭幕。

（郭　涛）

【BTV－10动画频道举行开播仪式】　9月9日，国家广电总局、中共北京市委宣传部、北京广播影视集团有关领导参加了BTV－10动画频道开播仪式。这是北京电视台的第十个专业频道，也是全国第一个开播的专门播出动画节目的上星频道，9月10正式播出。和少儿频道不同的是，动画频道将是一个专业化频道，播出的动画片中既有儿童动画片，也有成人动画片。在节目内容上，动画频道以优秀的国产动画片为主。

（郭　涛）

【朝阳区文化馆开设全市首家“民工影院”】　11月18日，朝阳文化馆在全市率先开设全市首家“民工影院”。“民工影院”是朝阳区文化馆影院以定期专场的形式，每周为首都各行各业的来京务工人员免费放映电影一至两次。朝阳区文化馆年底还开办放映培训班，对来京务工人员进行专业培训，为明年“民工影院”下工地流动放映作准备。

（郭　涛）

【北京电影学院国际学生影视作品展】　11月1日~6日，为期一周的第三届北京电影学院国际学生影视作品展开展。40多名中外入围作品的学生导演、国内20多所院校前来观摩影展的教师、同学以及北京电影学院800多名师生参加了这一盛典。组委会主席、导演谢飞主持了开幕仪式。该影展是近两年国际上规模最大、最富影响力的学生影视作品赛事之一。来自30多个国家和地区的120多所影视院校或者综合大学下属的影视学院的470多部学生作品参加了本次大赛，共有95部作品入围，其中国外61部，国内34部。

（郭　涛）

·放映、会议·

【《玉观音》公映】　1月1日，改编自作家海岩同名畅销小说、由香港著名女导演许鞍华执导、赵薇和谢霆锋领衔主演的电影《玉观音》在北京公映。该片由北京诚成影联影视策划有限责任公司、中国电影集团公司以及世纪英雄电影投资有限公司投巨资联合制作，世纪环球电影院线发展有限公司代理发行。

（郭　涛）

【动画片《梁山伯与祝英台》公映】　1月16日，由中影公司投资制作的动画片《梁山伯与祝英台》首轮在北京公映。该片动画制作精良，将一个大家耳熟能详的故事以动画重新改编，由萧亚轩、刘若英、吴宗宪等人配音。在这部梁山伯与祝英台的动画电影中，导演特别加入几个新的片段，如安排剧中有学校话剧演出，让祝英台提早以女装现身、主动亲吻梁山伯等，表现出祝英台更积极、更具现代精神的个性，也为老故事注入更多新鲜感。

（郭　涛）

【40位编剧联名签字发表维权声明】　2月4日，在北京电影编剧联谊会上，电影编剧学会会长王兴东，代表中国电影文学学会发表维护电影编剧权益的七点声明，陆柱国、李平分、王浙滨等40位电影编剧当场签名支持。《中国电影文学学会维护电影编剧权益的声明》中指出，缺少好剧本始终是缠绕着

中国影视业发展的一个危机，剧本是影视产品的根本，编剧是剧本的创造者和著作权人。但是，多年来编剧的权益受到多方侵害。很多剧本却得不到报酬，没经许可剧本被倒卖他人，不与编剧打招呼胡乱改本，不经同意随意加人挤占编剧署名，各种电影海报及其他宣传有意无意忽视和抹杀编剧的署名权等等，这些现象严重地损害电影编剧的权益。编剧是个体智力劳动者，为此，中国编剧学会依据《著作权法》赋予著作权人及其权利发表了声明，包括：维护编剧的“署名权”、维护“保护作品完整权和修改权”、维护剧本著作权使用支付报酬及合同的公平权、维护影视剧本的“改编权”、维护编剧享有影片的荣誉权和不受歧视的权益等。

（郭　涛）

【资助儿童题材、农村题材影片新细则出台】　2月6日，国家广电总局电影局对资助儿童题材、农村题材影片制定了实施细则，以进一步鼓励摄制出更多的适合市场需求的优秀作品。《关于资助儿童题材、农村题材影片的实施细则》主要包括：每年计划资助儿童题材影片10部，农村题材影片10部，每部影片的资助金额待影片投放市场后，视综合得分而定，原则上不超过80万元。用数字技术摄制的影片原则上不超过40万元，凡拥有电影摄制许可证的单位（含申请单片许可证），拟申请部分资金摄制儿童题材、农村题材影片，先将不少于1000字左右的故事梗概报电影局艺术处立项，立项确认后填写资助申请表交电影局规划处备案，每年年终或适当的时候，由电影局统计每部影片的得分情况，由高到低排列，并经电影局局务会议参照分值决定每部影片的资助额，每年儿童题材、农村题材影片各取总分高的前十部影片予以资助等八项内容。

（郭　涛）

【《大城小事》北京首映】　2月11日，在情人节档期上映的影片《大城小事》在北京举行了亚洲首映式。两位男女主演黎明、王菲以及导演叶伟信都出席了首映式。

（郭　涛）

【《危情雪夜》上映】　中国式的“惊险救援”影片《危情雪夜》2月20日在北京上映。影片由陈国星执导，吴越、陶泽如、马伊俐、何冰、高明等新老演员联合出演。它以某海滨城市大面积停电为背景，讲述了在城市陷入危机的关键时刻，从政府官员到普通百姓同心协力解救深陷困境的人们，并共同渡过难关的故事。《危情雪夜》不强调危难，而强调救助；不刻意表现奇观，而表现紧张惊险的心理感受；不突出个体英雄，而突出集体智慧；不提供宣泄的快感，而提供安全的抚慰感。表述的是它所诞生时代的权威：有秩序，甘苦与共，所有的危机和患难都能够克服。

（郭　涛）

【《大汉风》开启中国数字电影新纪元】　2月21日，数字电影《大汉风——破釜沉舟》在中国电影集团举行了首映式。本片主演胡军、杨恭如、吴倩莲、肖荣生等参加了首映式。《破釜沉舟》是系列数字电影《大汉风》的第一部。该系列影片投资近4000万元，由21部影片组成，全方位表现楚汉相争这段历史。首部《破釜沉舟》的剧名来自于《史记·项羽本纪》，故事表现的是秦军围赵于巨鹿，项羽率军前去救援。因为两军的实力对比是3万人对20万人，项羽为了激励部队奋勇杀敌，在部队渡过黄河后，命手下沉船破釜，身上只带三天的口粮，以逼迫他们勇往直前。没有退路的楚军在项羽的率领下，以一当十，终于战胜秦军，项羽也因为此战奠定了此后称霸天下的基础。

（郭　涛）

【《关爱明天》首映】　2月22日，首部青少年安全教育电影《关爱明天》在北京人民大会堂举行首映式。该片以“认识社会、拒绝诱惑、远离危险、防范侵害”为主题，以学生通讯社的小记者唐颖为主人公，围绕她的亲身经历和采访活动中发生、接触到的故事，深入浅出地介绍了20种涉及青少年生活和学习方面常见的安全隐患。

（郭　涛）

【《暖》首映】　2月24日，《暖》在北京首映。这是该片在东京国际电影节获得金麒麟奖后，首次公开放映。导演霍建起带着演员郭晓东、李佳，出席了首映式，就影片内容进行了探讨。该片于2月27日起在北京6家影院公映。

（郭　涛）

【首部现代皮影戏电影上映】　2月25日，由唐山市皮影剧团出演、北京孙明强影视文化传播有限公司出品的中国首部现代皮影戏电影《小康路上》摄制完成。这是一部农村题材的现代戏，讲述了一位名叫周国良的乡长，以一个共产党员的高度责任感，带领乡亲们克服重重困难，最后走上小康之路的故事。制片人孙明强、导演毛王月为了拯救这门传统民间艺术，并将它推向世界，第一次将这门濒临绝境的艺术搬上了银幕。在充分吸取皮影戏艺术精髓的基础上，《小康路上》利用高科技的电影手段，使皮影戏的“平面艺术”，变成卡通化、艺术化、戏曲化的立体现代艺术。同时，影片还突破了以往皮影戏只讲述神话传说、历史故事的局限，遵循“贴近实际、贴近生活、贴近群众”的创作原则，将视线投向现实生活，而且是农村生活，用皮影这种古老的艺术形式反映新时期干群间的关系，表现当代农民迈向小康之路的喜怒哀乐。

（郭　涛）

【《芳芳郁金香》首映】　2月27日，法国娱乐片《芳芳郁金香》

在北京和平饭店举行首映新闻发布会，《芳芳郁金香》导演热拉尔·克瓦兹克、男主角樊尚·佩雷等出席。该片是由法国陈氏传媒与中国电影集团通力合作第一部直接进入中国进口分账发行市场的欧洲大片。影片主要讲述的是，法国路易十五时期，史称“花边战争时代”，芳芳是一个很招女人喜欢的青年，因惹上不少风流债而需逃避逼婚。波西米亚女郎阿德丽娜预言他命中注定要迎娶路易十五的女儿。芳芳报名参军，在路上意外打退劫匪搭救了昂丽叶特公主。为了向公主求爱，他悄悄潜入了王宫，不幸被士兵发现，被国王判处死刑。阿德丽娜去劝说路易十五释放芳芳，不料却遭遇危险。关键时刻，芳芳得到上天眷顾，意外获得了自由。芳芳去解救阿德丽娜途，中，无意窥探到了敌人的阴谋……

（郭　涛）

【“3·15”电影界发表声明严防盗版】　3月15日，中国电影制片人协会、中国电影发行放映协会、中国城市影院发展协会、中国电影发行公司和华夏电影发行有限责任公司联合发表了反盗版声明。声明呼吁，在完善立法、加强执法力度的同时，电影业自身必须加强行业自律，全体电影从业人员必须团结一致，依法经营，健全制度，规范市场秩序，狠狠打击一切盗版行为。经反复商议，他们郑重倡议全行业统一行动：1. 院线公司、放映单位须加强自律，拒绝走私、盗版拷贝，不以录像、影碟形式盗放国产、进口影片；2. 除部分不进影院上映的影片外，作为行规，制片方和发行方必须与音像出版方以合同形式保证在影片正式上映日之后至少半个月内不发行音像制品；3. 影片上映前，制片方必须与发行方、院线方以合同形式确保汇总准确的票房收入、分账比例和正版音像制品发行的滞后期；4. 制片方、发行方、院线方和音像出版方应共同采取措施，防止和打击盗版，对盗版的制造者和批发、分销商，联合提出诉讼，共同承担取证成本并按各自损失提出依法赔偿的金额；5. 为杜绝盗版源头，制片方或发行方应与洗印厂以合同形式确保洗印环节中不发生盗版，同时，应逐个在拷贝上打印密码并经公证等。声明还包括违规后的处罚办法。

（郭　涛）

【《心动岁月》召开新闻发布会】

4月2日，由广春兰导演的《心动岁月》在国家广电总局放映厅召开新闻发布会。会上，作为制片方代表的史东明简单地介绍了《心动岁月》在总人口60万人却只有一张银幕的瑞金放映时收到的良好的效果。影片讲述了1934年在长征途中，江西籍红军医院女护士英子不幸被白匪冲散，流落在藏区。藏族青年洛杰不顾敌人的威胁，收留了英子。每时每刻都在想着回部队的英子，在失望的悲痛中留在了草原，与洛杰生活在一起，用自己的医学知识为藏民治病。她按照刘大夫的嘱托把红军医院向工人借款的借据藏进一个黄铜火柴盒内，贴身保管，视若生命。1949年，英子遇到了进山剿匪的解放军，在一次营救藏民的战斗中，英子为了掩护解放军和群众，同敌人拼死搏斗，壮烈牺牲。编剧白建国介绍，这个故事基本是真实的。影片中的黄铜火柴盒是本片女主人公英子的原型——一位江西籍的“藏族老妈妈”亲手交给他的，这件珍贵的文物曾在中国革命博物馆展出。

（郭　涛）

【“送片入校”活动】　4月6日，由团市委、市教委、市少工委联合主办，北京市青年宫、北京市电影公司等承办的“贯彻落实《中共中央国务院关于进一步加强和改进未成年人思想道德建设的若干意见》——送片入校”活动启动仪式在北京市宏志中学举行。国家广电总局、团中央、市委宣传部、市教委、市文化局、市广电局等有关部门的领导以及北京宏志中学的600余名师生参加了启动仪式。“送片入校”活动充分利用学校的礼堂、多功能厅、阶梯教室、食堂大厅或操场等放映场所和设施，采取集体组织、上门放映的形式，为学生提供服务。2004年举办单位共推荐主题健康、积极向上、适合中小学生观看的影片100余部，与近200所学校建立了联系，到近100所学校勘察放映场地，已在60余所学校放映了近100场次，3万多名学生在校园观看了影片。另外，还为西藏中学、工读学校、宏志中学等10所特殊教育、打工子弟和贫困山区学校放映了10余场免费电影。

（郭　涛）

【第11届北京大学生电影节举办】

4月18日~5月15日第11届北京大学生电影节在北京举办。4月18日开幕式暨新闻发布会在中华世纪坛世纪大厅举行。本届电影节突出迎接中国电影百年华诞的气氛和“数字电影”主题。北京大学生电影节是经国家广电总局、国家教育部和北京市委批准，由北京师范大学、北京市广电局主办，北京师范大学艺术与传媒学院、电影频道节目中心、中国电影资料馆、北京电视台影视中心、中国电影报社、北京市电影公司、北京新影联影业有限责任公司、中国电影基金会、北京影视艺术家协会、北京市学生联合会等十家单位联合承办的一项文化活动，坚持“青春激情、学术品位、文化意识”，“大学生办，大学生看，大学生评”。直接参与电影节的高校达50所，大学生参与人数近20万人。电影节期间，《暖》、《台湾往事》、《走近毛泽东》、《心动岁月》、《警察有约》、《天地英雄》、《惊心动魄》、《跆拳道》、《来不及爱你》、《爱情在线》、《恋爱中的宝贝》、《一百万》、《阳光天井》、《38度》、《惊蛰》、《手机》、《看车人的七月》、《小康路上》、《极地彩虹》、《夺子》、《紫蝴蝶》、《冬至》、《我爱天上人间》、《来了》等25部影片相继在北京师范大学、北京大学、清华大学、北京理工大学等主会场和中国人民大学、中国政法大学、北京邮电大学、北京外国语大学、中央戏剧学院、北京广播学院等高校放映，并角逐最佳故事片奖、最佳导演奖、最佳观赏效果奖、最佳艺术创新奖、最佳男演员奖、最佳女演员奖、最佳处女作奖和第四次“中国电影杰出贡献奖”等奖项。活动增加了历史观念和国际视野，本届电影节除了举行优秀国产电影展映与评奖外，还举办“百年中国电影史重构”、“数字电影”、“商业化背景下的电影艺术性研究”等主题学术研讨会和优秀电视电影展评及研讨。

（郭　涛）

【《女生日记》首创“约片放映”】　由石建都导演的儿童片《女生日记》因被民营茂志电影发行公司买断发行权而广受关注。4月该片在北京以“约片放映”的发行方式首先进入电影市场。《女生日记》的“约片放映”即“走进校园，以场订片”，根据学校的要求确定影片的拷贝数，以最小的投入获得最大的利益，这是电影发行方式的新尝试。

（郭　涛）

【第三届“北京电影学院动漫节”闭幕】　5月13日，为期三天的第三届“北京电影学院动漫节”闭幕。第三届“北京电影学院动漫节”既不是最豪华的也不是最大型的，但是其播放本国优秀动画短篇以及推行不同风格动漫的活动安排，还是为动漫节的发展方向提供了新的启示。

（郭　涛）

【数字纪录片《茶马古道——德拉姆》上映】　5月20日，讲述云南滇西北怒江流域原住民生活现状的纪录片《茶马古道——德拉姆》在北京上映。这部中国第五代导演田壮壮的新作自1999年着手准备，历时5年时间拍摄。该片讲述从滇西北丙中洛，到西藏茶瓦龙的怒江流域马帮和原住民的生活状况。影片刻画了怒江流域一个完整的社会群体，片中的全部主角都是当地生活艰苦却平和安详的居民。这部由日本NHK电视台投资制作的中国第一部高清晰度数字纪录片，代表着当今世界上影像科技的最先进技术。

（郭　涛）

【民营影视公司用电影抢救民间艺术】　由北京孙明强影视文化传播有限公司、呼和浩特市商业银行联合摄制的主旋律电影艺术片《乌兰牧骑》5月中旬在内蒙古大草原上拍摄。孙明强影视公司作为一家民营机构，一直将镜头对准民间艺术，在完成了首部皮影电影《小康路上》后，又派出一支拍摄队伍长年跟随乌兰牧骑，将乌兰牧骑搬上银幕，用镜头保留下原生态的民族文化。乌兰牧骑是20世纪50年代诞生于内蒙古草原的一支民间文艺队伍，开始时只有9名队员，4件乐器，2辆勒勒车，乌兰牧骑在大草原上不断发展壮大，至2004年已经有46支乌兰牧骑活跃在广大农村牧区。周恩来同志曾经在百忙中先后12次接见乌兰牧骑队员。成名后的乌兰牧骑应邀在全国各地巡演，出访20多个国家和地区。乌兰牧骑从民间寻找创作源泉和灵感，保留下来大量已经消失了的民族文化精髓。该片以电影形式记载乌兰牧骑成长壮大的艰难旅程，镜头跟随乌兰牧骑走过春夏秋冬，全部采用实景拍摄。

（郭　涛）

【纪录片《布达拉宫》公映】　历时5年、运用实拍手法完成的大型电影纪录片《布达拉宫》，5月28日在华星国际影城举行首映式，来自北京雍和宫的高僧为近百名僧俗影迷摸顶赐福。一些幸运的观众还得到了喇嘛赠送的精美护身符。这部纪录片是迄今为止我国唯一一部反映中国的世界文化与自然遗产的电影纪录片。长达90分钟的影片运用实拍的手法，通过一位在布达拉宫生活了60多年的喇嘛的独特视角，以自述的方式反映了布达拉宫上千年的风云变幻和西藏的独特人文景观。由中央电视台、中视传媒股份公司、珠海联邦制药有限公司联合摄制的这部影片，以这位13岁就在布达拉宫生活的喇嘛60年来的经历为主线，巧妙地串联起布达拉宫的建筑历史和西藏的社会变迁，雪域的独特人文景观，向观众展示了一段充满人性化的历史。据有关人士称，如此大规模对布达拉宫的殿堂和壁画进行详尽的拍摄记录，尚属首次。

（郭　涛）

【《后天》公映】　5月28日，好莱坞的畅销片种，灾难片的代表之作——《后天》在北京上映。这是继《黑客帝国3》之后，内地影市第二次与全球“零时差”同步上映的热门影片。电影的开篇是平静安宁的城市生活，连续几天的暴雨让习惯了坏天气的美国人不为所动。然而此时气候突变的种种迹象已悄悄呈现：观测站发现大西洋洋流温度奇异变化；飞机遭遇怪异气流袭击；卫星云图异常……一场大灾难迫在眉睫。导演几乎调动起所有灾难片可见的洪水、飓风、暴风雪等因素，与过去电影中出现过的相比，它们此时的猛烈程度超乎想象：飓风能把洛杉矶撕得粉碎；洪水淹没整个纽约，停泊在港口的巨轮“驶入”街道；两秒钟内，气温下降几十度，直升机因突然冰冻坠落，地球提前进入“冰川时代”。罗兰德·艾默里奇这位曾经执导过《爱国者》、《独立日》和《哥斯拉》等灾难片的导演，在本片中再次描写人类文明社会的大灾难。

（郭　涛）

【青年宫“六一”举办儿童电影周】 北京青年宫在“六一”期间举办儿童电影周，从5月29日开始至6月6日结束，安排了《真情三人行》、《巨星总动员》、《迁徙的鸟》三部适合家长与儿童一起观看的亲子影片。除电影外，青年宫在6月1日当天还为小朋友准备了“少儿中外名曲音乐会”等活动。

（郭　涛）

【《灿烂的季节》首映】 由长春电影制片厂拍摄的以“代理妈妈”作原型的影片《灿烂的季节》，“六一”前夕在北京首映。影片由长影著名导演宋江波执导，空政话剧团演员剧雪以其含蓄、真挚的表演，生动地再现了妈妈对孩子母爱如天的情感，该片成功塑造了一位既体现中华民族传统美德，又有着鲜明时代感的母亲形象。整个影片人物感情细腻真挚，故事情节催人泪下，是思想性、艺术性和观赏性俱佳的好影片，也是近年国产影片中难得的一部表现社会关心未成年人成长的作品。

（郭　涛）

【2004年北京科普电影周】 由北京市文化局、北京市科协、北京市科委主办，北京新影联影业公司承办的2004年科普电影周分成5月和10月两个阶段进行，第一阶段的科普周活动于5月中旬开始在门头沟等远郊区县和广大农村地区全面展开，利用科普影片宣传农业科技创新，倡导健康文明的生活观念和生活方式，活动具有积极的意义。第二阶段的活动在新影联院线遍布城郊区的各影院全面展开，除了各远郊区县的影院外，新影联院线的胜利、新东安、东方新世纪、时代广场、大华、青年宫、五道口、影协、紫光、地址、广安门、西宫、东环、红楼、东工、木偶、中华、东创等影院也加入了此次展映活动。10月26日下午，北京市文化局、市科协、市科委有关领导出席了在胜利电影院举办的科普电影周开幕活动。此次展映活动映出的科普影片在强调科学性、通俗性的基础上，更加强调人文精神和娱乐性，充分体现了寓教于乐的活动精神。参展影片包括纪实风格影片《可可西里》、法国影片《虎兄虎弟》，以及《酗酒的危害》、《无效婚姻》、《婚育新风》、《预防脑中风》、《赡养老人与遗产》、《咱也学学打官司》、《森林防火》等影片。

（郭　涛）

【《真情三人行》首映】 6月3日影片《真情三人行》在北京首映，来自北京西城外语学校的部分学生观看了这部影片。影片中，阳阳失去了母亲，父亲也身患绝症，在老师等人帮助下，他自强自立，最终度过困境。影片展现的父子情、师生情深深感动了小观众们。

（郭　涛）

【《法官妈妈》进校园】 6月4日，由北京市教育委员会主办，北京青年宫、北京市电影公司、北京新影联影业有限责任公司承办的“送片入校”活动启动，根据城区中小学校的教学安排，放映队深入校园，电影《法官妈妈》与城区的中小学生见面。北京紫禁城影业有限责任公司出品的影片《法官妈妈》，以少年犯罪法庭女法官尚秀云为原型，由奚美娟主演，讲述女法官为挽救少年犯张帅所付出的母亲一样的严厉和爱，并获得第25届百花奖最佳故事片奖。在影片公映之初，为了市场推销，也为了向社会各界介绍“全国十佳优秀法官”尚秀云的先进事迹，专门举行了“尚秀云先进事迹报告会”。

（郭　涛）

【《特洛伊》首映】 6月9日，美国华纳兄弟公司投资1.8亿美元制作的影片《特洛伊》在北京举行首映式，12日开始在内地各院线与观众见面。影片改编自流传了近3000年的古希腊《荷马史诗》。本片导演沃尔夫冈·彼得森此前执导过《完美风暴》、《空军一号》、《恐怖地带》、《火线阻击》等影片，获得过多项奥斯卡提名。主要演员有布拉德·皮特、奥拉多·布鲁姆等当红影星。海伦由德国演员戴安娜·克鲁格饰演。

（郭　涛）

【《疑案忠魂》新闻发布会在公安部礼堂举行】 6月17日下午，由公安部政治部、中国电影集团联合召开的电影《疑案忠魂》首映式暨新闻发布会在公安部礼堂举行。首映式结束后，举行了演职人员与观众见面会。导演安战军、主演刘威（饰马红旗）、戈治均（饰所长）、吴辰君（饰马红旗的妻子）等主创人员也谈了创作、演出体会。公安部党委委员、政治部主任孙明山，公安部党委委员、部长助理刘德，国家广电总局电影事业管理局局长童刚，中国电影集团董事长杨步亭和中宣部文艺局有关负责同志出席了新闻发布会并致辞。

（郭　涛）

【石景山区首届青少年公益电影节开幕】 6月19日，在石景山区古城电影院中国儿童电影片厂与石景山团区委联合举办了本市第一个区域性青少年电影节——石景山区第一届“日东升”青少年公益电影节。团中央权益部部长胡增印，中国电影集团公司总经理助理史东明，中国儿童电影制片厂副厂长黄军，石景山区常委、宣传部长杨永安及开幕影片导演石建都等出席了开幕式。这次电影节也是中国儿童电影制片厂关于“教育、影视一体化”工程的重要组成部分。此次电影节的门票全部由中国儿童电影制片厂与石景山团区委联合赠票，赠票坚持主要照顾家庭贫困青少年、外来务工家庭青少年和单亲家庭子女、残疾青少年等四类人群。开幕式影片《少女日记》的导演石建都及影片主要演员出席了电影节开幕式，并就一些电影制作和青少年成长的问题与青少年观众进行了亲切的交流。

（郭 涛）

【《我们手拉手》首映】 6月24日，由郦虹导演，全国少工委、深圳电影制片厂等联合拍摄的故事片《我们手拉手》在北京小学举行首映式。影片以纪实的风格再现了深圳特区和革命老区井冈山的孩子们通过“手拉手”活动，共同成长、共同进步的故事。“手拉手”活动发起于20世纪90年代初期，是共青团、少先队组织长期开展的道德实践活动，涌现出许多感人的事迹。影片的情节是这样的：徐伶、徐俐是革命老区井冈山霞溪乡的一对双胞胎姐妹。徐伶含泪辍学，双胞胎姐妹换穿校服轮着听课。和她们通信多年的深圳实验中学的谭慧，怎么也不会想到天底下还有这样的事情。她的同学不仅要啥有啥，而且还有人玩出了花钱雇人冒充爸爸去开家长会的把戏……这就是老区和特区之间的差距，是不得不正视的现实。为了让孩子们了解社会，每当霞溪中学的学生放农忙假时，深圳实验中学的孩子们就来到井冈山，住进和自己通信的小伙伴家里，和他们同吃同住同劳动。青山绿水牛羊叫的全新体验让特区来的孩子们兴奋，而炊烟袅袅下的贫困生活也让他们在震惊中受到了教育。重病的谭慧和同学们一道节省所有的钱帮助徐俐重新走进了校门；生怕吃苦极不情愿参加这次活动的于远大，在与井冈山小伙伴黑豆的交往中，一天天长大了；谭慧、于远大他们的到来，也使霞溪中学的学生们改变了对城市的看法以及自己的理想……春节的深圳大街，井冈山孩子们应邀和于远大他们一起，憧憬着美好的未来。

（郭 涛）

【北京市“2131工程”举行流动放映车、放映设备发放仪式】 6月29日，市文化局在北京会议中心举行北京市农村电影“2131工程”流动放映车、放映设备发放仪式。在北京市18个区县中，有放映任务的区县13个，共有乡镇197个。2004年，北京市文化局投资440万元，为13个郊区县共配备流动放映车26辆，16毫米放映机73套，35毫米放映机18套。另外，还投资160万元购买电影拷贝和用于农村电影放映奖励。农村电影放映“2131工程”是具有公益性的农村基层文化建设项目，是贯彻“三个代表”重要思想、落实中央关于解决“三农”问题的重要举措，主要由国家广电总局、文化部、国家发改委实施，目的在于从根本上解决我国农村广大群众长期“看电影难”的问题。

（郭 涛）

【《自娱自乐》举行首映式】 7月1日，影片《自娱自乐》在海淀剧院举行了盛大的首映式。包括导演李欣，主演尊龙、李玟、夏雨在内的主创均到场。李亚鹏、梅婷、老狼、汪峰及《自娱自乐》主题曲的演唱者王婧也出席了其后的红地毯仪式。

（郭 涛）

【两部委下发文件打击盗版的《十面埋伏》音像制品】 7月7日，为整顿和规范电影音像市场秩序，文化部文化市场司、广电总局电影局联合下发《关于立即组织查缴〈十面埋伏〉以及粗口歌、哈狗帮、摇头丸等违法音像制品的通知》，通知中指出，由北京新画面影业有限公司、精英集团企业有限公司共同出品的电影《十面埋伏》于7月16日在全国影院上映，《十面埋伏》的音像制品于9月15日后发行，此前音像市场上出现的《十面埋伏》的音像制品均属违法音像制品。各影院、录像放映厅等不得发行、播映电影《十面埋伏》盗版拷贝和音像制品。各地文化行政部门对《十面埋伏》违法音像制品必须露头就打，坚决收缴，从严处罚。

（郭 涛）

【《柔道龙虎榜》首映】 由杜琪峰导演，古天乐、郭富城、梁家辉、应采儿主演的电影《柔道龙虎榜》7月8日在京举行首映式。《柔道龙虎榜》讲述的是柔道界的故事：风头一时的柔道高手司徒宝（古天乐饰），数年前突然放弃柔道，从事歌厅经理兼任乐队领班。同时，新产生的柔道大赛得主东尼（郭富城饰）千方百计找寻当年叱咤柔道界的司徒宝一较高下。而柔道比赛三连霸的刚（梁家辉饰）得到消息后，也重出江湖，以雪当年之耻。

（郭 涛）

【电影贴片广告有章可循】 7月8日，国家广电总局与国家工商行政管理总局联合下发通知，明确提出了电影贴片广告的发布主体，要求广告内容要真实合法，要保护广大电影观众对广告映出时间的知情权，电影制片、发行、放映三方对贴片广告收益要合理分配，同时各级电影行政主管部门和工商行政管理部门也将加强电影贴片广告的市场监管力度，对违法违规的行为依法进行查处。

（郭 涛）

【八一厂演职员参观延安精神展】 7月14日，八一电影制片厂的田华、古月、卢奇、祝新运、金鑫、岳红、宋业明等一批老中青演员、导演，在八一电影制片厂领导的带领下，观看了“延安精神永放光芒”展览。八一厂和延安有着源远流长的关系，它的前身是八路军延安电影团。在半个多世纪里，八一厂拍摄了一大批直接歌颂延安精神的影视作品，如《巍巍昆仑》、《我们是八路军》、《东方红》、《中国革命之歌》等。此次前来参观展览的演创人员中，既有解放前参加革命工作的老一辈文艺工作者，也有执导了电视剧《延安颂》等一批影视作品的新一代文艺工作者。

（郭　涛）

【广电总局文化部等六部门通知要求做好少年儿童电影工作】 7月28日，为了贯彻落实《中共中央国务院关于进一步加强和改进未成年人思想道德建设的若干意见》，广电总局、文化部、教育部、财政部、共青团中央、全国妇联联合下发《关于进一步做好少年儿童电影工作的通知》，对各地有关部门进一步做好少年儿童电影工作，继续推动中小学影视教育持续、健康发展提出明确要求。通知要求：一、充分认识少年儿童电影工作的作用和地位。二、更新观念，创新机制，探索少年儿童电影发展新思路。三、加强少儿影片创作，为广大少年儿童提供丰富的精神食粮。四、努力做好少年儿童影片发行放映工作。五、继续做好优秀影片推荐工作。六、充分发挥共青团和少先队组织在少年儿童电影工作中的重要作用。七、采取多种形式，妥善解决中小学生观看电影的费用问题。八、各地电影、文化、教育、财政部门和共青团、少工委、妇联要把组织好广大少年儿童观看优秀影片，作为一项加强社会主义精神文明建设的重要工作来抓。

（郭　涛）

【《五月之恋》首映】 7月28日，在北京一家新挂牌的五星级影院东环影城，举行了电影《五月之恋》的首映式。该片由焦雄屏监制，徐小明导演，五月天组合、陈柏霖、刘亦菲主演。导演徐小明及两位主演陈柏霖、刘亦菲出席了首映礼，曾表示非常愿意出席的五月天组合因为档期问题未能如愿。

（郭　涛）

【《蜘蛛侠2》上映】 8月5日，斥资3亿美元拍摄的《蜘蛛侠2》正式在北京公映。2002年夏天，《蜘蛛侠》第一次来到中国，由托比·默奎尔饰演的“蜘蛛侠”以除暴安良、伸张正义的英雄形象深入人心。《蜘蛛侠2》承接了《蜘蛛侠》的故事脉络，并在此基础上增添了更多新鲜刺激的元素。比绿色恶魔更为凶残、更为强大的“章鱼博士”成为续集中蜘蛛侠的头号死敌，两人在地铁内狭路相逢的搏斗以及惊险刺激的钟楼大战成为续集中的精彩段落。而蜘蛛侠与玛丽的爱情结局也成为人们继续关注的焦点，个人幸福与社会责任之间的两难选择为蜘蛛侠的双重人物性格提供了更大的表现张力。

（郭　涛）

【《史瑞克2》北京首映】 由美国“梦工场”打造的三维动画片、搞怪又搞笑、集各种幽默元素于一体的“全球最卖座的3D动画片”《史瑞克2》8月7日在北京举行了首映，为影片主人公史瑞克配音的演员王学兵也与媒体见面。

（郭　涛）

【《千机变2——花都大战》举行首映礼】 8月8日，华语影片《千机变2——花都大战》在北京举行了盛大的全球首映礼。导演梁柏坚，主演房祖明、TWINS、吴彦祖、甄子丹、范冰冰、瞿颖等均参加了此次首映礼。

（郭　涛）

【全国电影工作会议召开】 8月11日，全国电影工作会议在北京召开，广电总局电影局局长童刚亲自主持会议，广电总局副总局长赵实出席并向获得国产影片考核成绩优秀的18家单位颁发了共300万元的重奖。这次获奖的18家单位分成四类：一类是进口影片全国发行公司，得奖者只有中影公司1家；二类是国产片票房达300万元以上的院线公司，其中分为一二两等奖，北京的新影联、上海的联合、中影的星美、华影南方和浙江时代5家院线获得一等奖，奖金10万元，广州的珠江院线等获得二等奖，奖金8万元；三类是考核分值在85分以上的电影公司，由新疆和西藏两家电影公司获奖；四类是放映国产片票房达150万元以上的影院，共31家获奖，其中一等奖为上海的永华和环艺、北京的华星、四川的王府井和广州的天河5家影城，奖金8万元；广州的市一宫和中华影城等名列二等奖。

（郭　涛）

【《我的法兰西岁月》公映】 8月20日，共青团中央、国家广电总局、中共广东省委在北京举行电影《我的法兰西岁月》首映式暨首映座谈会。影片是第一部再现青少年邓小平形象的影片，这部影片反映了小平同志青年时代赴法勤工俭学的生活经历和成为一名共产主义战士的历程。

（郭　涛）

【《六壮士》首映】 8月23日，汇集了郑伊健、杜汶泽、李克勤、许志安、林子祥、谭俊彦六大男星的《六壮士》在北京举行了盛大的首映式，除了片中六位男星全部到齐助阵外，监制郑丹瑞、新锐女导演黄真真以及两位“陪衬绿叶的鲜花”卢巧音和林嘉欣全部到场。曾导演惊世骇俗的女性纪录片《女人那话儿》和青年偶像电影《六楼后座》等影片的导演黄真真，这一次又将镜头对准了男性，以六壮士寻死为噱头，用笑中带泪的黑色幽默方式展现了现代男人哭笑不得、进退两难、生不如死的辛酸一面。

（郭　涛）

【2004中国国际广播影视博览会召开】 由国家广播电影电视总局和中国广播电影电视集团共同举办的2004中国国际广播影视博览会（简称广博会），8月24日在北京正式拉开帷幕。来自海内外的800多位社会各界和广播影视业同仁参加了24日晚在中央电视台举办的开幕式音乐会。广博会组委会主席、中宣部副部长、国家广播电影电视总局局长徐光春在开幕式上致辞。2004年广博会为期5天，主

要由六大主体部分组成，分别为：2004中国国际影视节目展，第13届北京国际广播影视设备展，2004中国广播影视发展论坛，第24届中国电视剧“飞天奖”颁奖，第十届中国电影“华表奖”颁奖，“DV2004：我们的影像故事”DV作品征集及评选活动。广博会的成功举办，将为海内外广播影视界提供交流平台、架设沟通的桥梁，促进国内外广播影视领域的相互交流与合作，在拓展国际合作和交流的发展空间、开辟学习借鉴先进科技的新渠道方面发挥积极的作用。

（郭　涛）

【《车神》公映】　8月26日，作为中法文化交流年引进的《车神》在北京与观众见面。萨迦莫尔·斯蒂文纳扮演的男主角米歇尔·瓦扬是个赛车天才，他的理想就是取得勒芒24小时拉力挑战赛冠军。维斯的父亲米歇尔含恨退出赛车界，比赛中，维斯采用各种阴险手段给米歇尔制造险情，加上赛事本身的挑战和危险，该片带给观众强烈的视听感受。女主角朱丽·伍德的扮演者戴安娜·克鲁格，曾出演《特洛伊》中的海伦，她在《车神》中的表演受到业界一致好评。《车神》在法国著名的F1赛道——勒芒赛道实地拍摄，全部采用真实赛车上场比拼，共使用12架摄影机跟踪拍摄。

（郭　涛）

【中国国际影视节目展】　8月27日，第二届“中国国际影视节目展”在北京展览馆闭幕，来自全球20多个国家和地区的代表报名参加。此次“中国国际影视节目展”展馆面积约18000平方米，参展商近400余家。

（郭　涛）

【中国电影制片人协会第七届理事会】　8月下旬结束的中国电影制片人协会第七届理事会，通过了关于筹建中国电影版权保护协会和海外推广中心的报告，并选举出了新一届的理事长、副理事长。新一届中国电影制片人协会由原来的47个会员增加到64个，其中民营会员由几个跃至24个。来自民营公司的理事还加入到该协会的决策层，北京新画面影业公司董事长张伟平当选为副理事长。本次会议审议通过了关于筹建中国电影版权保护协会和海外推广中心的报告。中国电影版权保护协会是电影制片人协会联合电影发行放映协会、城市影院发展协会、音像协会共同发起设立的非营利性行业集体管理组织。中国电影海外推广中心由中央电视台电影频道、制片人协会、中影集团共同组建。政府将每年拨出不少于300万元的经费扶持中国电影走向海外市场，以制片人协会会员为主体的会员单位将可以享受到免费印制英文拷贝、免费印制海报宣传品和租用展台等优惠待遇。此外，为推动中国电影产业化进程，促进中国电影走上良性循环的发展道路，中国电影制片人协会新一届理事会还将设立协会奖，评选优秀电影制片人奖、优秀宣传推介奖、优秀选题策划奖等奖项，以扩大社会影响、吸引更多的人关注中国电影。

（郭　涛）

【第八届“北京放映”举行】　9月14日～16日，第八届“北京放映”活动由中国电影集团公司举办。这是国内唯一一个邀请外商到中国集中选看国产影片的国际性大型电影放映活动，来自美国、法国、奥地利、德国、英国、以色列、澳大利亚、新加坡、韩国、印度、日本等10多个国家及中国香港和台湾地区的片商50余人参与了此次活动。中影公司有意将第八届“北京放映”办成展示国产优秀影片的窗口。此次展映挑选出了31部国产影片，其中包括《疑案忠魂》、《暖》、《茉莉花开》、《孔雀》、《秋雨》、《自娱自乐》、《暖冬》、《暖情》等。

（郭　涛）

【《新警察故事》首映】　网罗了香港大批当红艺人的影片《新警察故事》9月19日在北京举行了全球首映式，导演陈木胜，演员成龙、杨采妮、谢霆锋、吴彦祖、蔡卓妍等主创人员全体亮相。《新警察故事》故事背景设置在《警察故事》系列的20年后，警察陈国荣（成龙扮演）已是个传奇人物，破案率高达100%。吴彦祖扮演的犯罪头目是个爱好电子游戏的新新人类，他出身于警察世家，但从小遭到父亲虐待，对警察非常仇恨，从而与同伙策划了一系列有组织的猎杀警察计划。谢霆锋饰演了假扮警察的正义青年。影片同时指出，罪犯也有尊严，通过警察的努力能够使那些偏离人生航向的人重新回到健全社会中来。

（郭　涛）

【《2046》首映】　9月26日，由王家卫导演的电影《2046》在北京“新城·国际”举行首映庆典。影片的主创人员王家卫、张震、董洁、梁朝伟等人出席。

（郭　涛）

【《龙凤斗》首映】　10月13日在北京新世纪影城，电影《龙凤斗》举行首映式，主角刘德华和郑秀文亲临现场。

（郭　涛）

【《放牛班的春天》首映】　10月14日，法国影片《放牛班的春天》在北京新世纪影院举办首映式。法国驻华大使和该片导演出席。影片讲述1948年一位音乐教师在管教寄宿学校中，用纯净的音乐唤回管教冰冷已久的心，解脱孩子的身心枷锁。影片轻松幽默，温馨感人，2004年3月底在法国上映后，票房超过《哈利·波特3》。法国大使解释，所谓“放牛班”指的是“合唱队”，这是影片在中国台湾上映时的翻译方法，因为浪漫，所以沿用。

（郭　涛）

【影视歌曲明星演唱会“低价”向电影致敬】 10月15日，为迎接中国电影百年华诞，一场以电影音乐为主题的大型演唱会——首度影视金曲明星演唱会在北京工人体育场隆重登台，参与演出的有张宇、庾澄庆、陈小春、柯以敏以及张惠妹的妹妹张惠春、陈坤等。作为第一次以电影人唱电影歌曲形式出现的首度影视金曲明星演唱会，坚持60元、100元的低票价。这次演出希望向所有热爱电影的人致敬。

（郭　涛）

【文献纪录片《东方神舟》首映】 10月15日一部真实记录中国航天事业飞天轨迹的大型文献纪录片《东方神舟》在人民大会堂隆重首映。由解放军总装备部政治部、中国载人航天工程办公室、八一电影制片厂联合摄制的这部纪录片，全方位、全景式地再现了我国几代航天人艰苦奋斗数十年、暂圆中华千年飞天梦的艰难而辉煌的历程，讴歌了中国航天人“特别能吃苦，特别能战斗，特别能攻关，特别能奉献”的丰采神韵。中央军委委员、总政治部主任李继耐，中央军委委员、总装备部主任陈炳德，以及中国科学院、中国航天科技集团公司的领导和航天战线的科学工作者、工程技术人员出席了首映式。

（郭　涛）

【《亚瑟王》首映】 10月17日好莱坞影片《亚瑟王》在北京华星国际影城举行了首映式。该片亚瑟王由英国当红男星克里夫·欧文扮演，奎妮薇王妃则是由因出演《加勒比海盗》而走红的英国19岁女星绮拉·奈特莉扮演。凭借《训练日》获得奥斯卡最佳导演奖的美国黑人导演安东尼·福库出任该片导演。作为2004年底的进口大片，主办方对于首映活动的设计也别出心裁，整个华星影城充满了欧洲中世纪的氛围。为给首映活动增色，主办方特地从国外申请了三套影片主演的戏服及部分道具在影院大厅展示，包括“绝世王妃奎妮薇”、“骁勇骑士兰斯洛特”和“圆桌骑士达格奈特”三个人物的全套服装，这些古董道具是好莱坞影片的珍贵剧服第一次和国内观众见面。

（郭　涛）

【三部委向全国中小学生推荐《快乐时光》等影片】 10月20日由人民日报社文化事业中心、浙江时空电视节目中心联合摄制的儿童故事片《快乐时光》最近被教育部办公厅、国家广电总局办公厅、文化部办公厅作为优秀影片向全国中小学生推荐。《快乐时光》是一部融艺术性、教育性于一体的影片，是配合贯彻《中共中央、国务院关于进一步加强和改进未成年人思想道德建设的若干意见》的“教材”，既适合于儿童观看，也适合于中等、高等师范学校的学生和全体教育工作者观看，还适合于所有家长和成年人观看。同时被推荐的优秀影片还有《张思德》、《我们手拉手》、《安源儿童团》等。

（郭　涛）

【《史酷比2》上映】 10月23日，美国动画片《史酷比2》在新东安影城举行首场放映。《史酷比2》是中影集团数字电影院线有限公司发行美国华纳公司《巨星总动员》之后推出的第二部真人与动画合演的数字影片。影片于25日开始在全国56块数字银幕上映。史酷比作为一个天性乐观、可爱无比的超级银幕形象代表，在《史酷比1》中已作出了充分展示，此次在《史酷比2》中，它作为“神秘公司”最无畏的勇士，想尽一切办法帮助它的人类队友解决所有的神秘事件直至扭转败局。作为人类最亲近的朋友，史酷比奉献出来的永远是坦率和忠诚。自从1969年史酷比在动画系列片《你在哪里？史酷比》初次亮相以来，越来越多的观众逐渐熟悉并喜爱上这一形象。

【中戏举办学生影像作品展】 10月26日，中央戏剧学院2004年学生影像作品展在中戏举行。这次影像作品展放映了由中央戏剧学院学生拍摄的总长将近600分钟的24部短片。同时，还特约了3部长片和香港城市大学学生拍摄的短片参展。青年导演刘浩2004年完成的新片《好大一对羊》成为开幕影片。本次影像作品展还放映了两部长片，分别是方刚亮的《上学路上》和杨超的《旅程》。

（郭　涛）

【中国首部互动电影正式启动】 10月29日，由北京紫禁城影业公司、信通公司和新浪网协同推出的中国首个互动电影网站（imovie.sina.com.cn）正式上线，这标志着中国互动电影项目启动。互动电影，英文叫INTERACTIVEMOVIE，它是娱乐媒体业一个新的概念，其基本涵义是指参与者能够成为电影中的角色，介入电影的环境，并持续产生交互作用。由紫禁城影业、信通文化、新浪网联合策划、投资、制作的中国首部互动电影，将通过网民的全程参与，彻底实践网络与电影的互动联姻。为拍摄中国首部互动电影，投资三方专门在新浪网设立了互动电影网站，采取网民投票表决的方式进行剧本、导演和角色征集。在启动仪式上，主办方也依循网络惯例设置了多个互动游戏环节。

（郭　涛）

【青年宫影剧院发行鸡年电影卡】 11月1日，青年宫影剧院开始发售鸡年电影年卡，这是青年宫发行电影年卡的第9个年头。电影卡以生肖为版面，每年限量发售999张，每卡25孔，售价300元，有效期从1月1日~12月31日，使用时打孔换票，每次可换一张或多张电影票（普通影片打一孔换一张票，特殊影片按规定打孔换票），打满25孔为止。

（郭 涛）

【《烈火雄心》消防日首映】 好莱坞影片《烈火雄心》的首映式，11月9日在北京青年宫电影院举行。《烈火雄心》由美国影星约翰·特拉沃尔塔和杰昆·菲尼克斯联袂主演，这是继1991年卖座影片《回火》后，好莱坞又一部把镜头对准消防队员的影片。

（郭 涛）

【电影《枪手》公映】 11月10日，首部国产军旅时尚反恐电影《枪手》在北京东环影城举办了隆重的首映式，八一电影制片厂领导、北京新影联负责人，主要演员崔林、范雷、尚于博和导演沈东等出席。这是继十多年前《中国霸王花》之后，又一部反映武警生活的电影。该片讲述了一个叫郝冰（崔林饰）的年轻人，从小痴迷于枪，加入武警部队后刻苦训练，最终成为一名出色的神枪手的故事。在一次紧急任务中，郝冰机智果敢地击毙了歹徒，成功地解救了人质。

（郭 涛）

【广电总局和商务部联合发布《电影企业经营资格准入暂行规定》、《中外合资、合作广播电视节目制作经营企业管理规定》】 11月10日和28日，广电总局和商务部联合发布《电影企业经营资格准入暂行规定》和《中外合资、合作广播电视节目制作经营企业管理规定》，明确规定国家对电影制作、发行、放映、进出口经营资格实行许可制度，国内电影企业的制作、发行、放映、进出口业务及境外企业参与经营电影制作、放映业务的资格准入管理提出了明确的要求。推出这两个规定，就是要通过降低准入门槛、扩大合作领域的方式，吸收借鉴国外资金、技术和经验，大力推进我国广播影视产业的发展。两个规定前所未有地明确了社会资本可以成立电影制片公司和电影技术公司，明确外资可以通过合资、合作方法成立电影制片、电影技术和广播影视节目制作公司。

（郭 涛）

【数字电影《单刀直入》上映】 继中影集团数字电影院线有限公司发行《对垒特工》之后，又一部美国数字电影《单刀直入》于11月17日在数字影院上映。目前北京有条件放映数字电影的影院有中影电影院、华星国际影城、搜秀影城、新东安影城、青年宫影剧院、大华电影院、首都时代广场影城、新世纪影城、东环影院、紫光影城10家。《单刀直入》是一部集犯罪、惊悚、动作于一身的数字电影，主演范·迪索曾凭借《星际传奇》、《速度与激情》、《极限特工》中的出色表现成为年轻人眼里的偶像和时尚的代言人，同时他还兼任本片的执行制片。

（郭 涛）

【文化局向城建集团赠送电影放映车】 11月23日晚，市委宣传部常务副部长王学勤、市文化局局长降巩民等领导来到北京电视中心工地，和1000多名来京务工人员一起观看了文艺节目和电影。市文化局将一台电影巡回放映车赠送给城建集团，以支持其常年为来京务工人员放映电影。降巩民说，市文化局今后还将通过为企业免费培训放映员、赠送放映设备、片租优惠等措施，鼓励和扶持企业的文化建设和发展，为来京务工人员办实事、做好事。

（郭 涛）

【《回家》为民工首映】 11月26日晚，一部描写政府解决民工拖欠工资的故事片《回家》在北京朝阳区文化馆“民工影院”首映，观众是刚从工地施工回来的500位民工。由八一电影制片厂制作的新片《回家》，讲述了一个充满温情又耐人寻味的故事：即将赴任的市委书记陈正名在市政府巧遇前来讨要拖欠工资的民工刘乡礼，两人因一场意外大火被困在市政府的电梯里。危急时刻，两人心手相连，相互拯救。当电梯解围后，陈正名用为女儿治病的钱垫付了民工工资。而身患重病无法回家过年的刘乡礼也立下遗嘱，将眼角膜捐给唯一来看过他的小女孩——陈正名的女儿。过年的鞭炮声在村口响起，陈正名带着全家来到刘乡礼的家乡，他要替刘乡礼回到家，喊一声“娘”……朝阳区文化馆推出了“民工影院”，免费为民工们开设专场电影，而为民工开办的电影放映员培训班也在26日晚开班，民工们通过一个月的学习，可以掌握16毫米电影放映机的操作方法。

（郭 涛）

【艺术教育研究会第二届常务理事会召开】 11月30日，北京高等教育研究会艺术教育研究会召开第二届常务理事会。北京电影学院、中央音乐学院、中央美术学院、中央戏剧学院、中国音乐学院、中国戏曲学院、北京舞蹈学院、清华大学美术学院8所在京艺术院校参加了会议。参加会议的还有北京市教工委和教育部社政司的有关同志。研究会理事长、电影学院党委书记籍之伟宣布了此次会议的两大内容：一是总结一年来研究会的工作；计划2005年的工作；调整研究会的理事和会员。二是进行专题性的研讨，内容围绕艺术院校大学生的思想教育、学分制的实施等问题。大会认为，应当把艺术教育研究会建成艺术院校间相互交流和学习、促进共同发展的平台，为艺术院校的发展和首都文化事业的发展服务。研究会应当下设若干个专业委员会，包括书记、院长、教务、学生工作等委员会。要在学习、宣传、贯彻、落实党中央十六大文件的精神上下功夫，加强和改进高校的德育工作，加强对于大学生的心理健康教育。

（郭 涛）

【电影放映单位争创首都规范化服务行业工作考评会召开】 12月8日，北京营业性电影放映单位、演出场所争创首都规范化服务行业工作考评会召开。市委宣传部副部长王荔茹、首都精神文明建设委员会办公室副主任滕毅、市文化局局长降巩民等领导出席了会议。会上，降巩民作了《北京市文化局关于创建首都精神文明行业规范化服务活动的工作报告》。王荔茹要求各参创单位要以群众满意度为标准，总结汇报争创工作，针对检查中存在的问题，认真整改落实。她强调，要对精神文明创建规范化服务工作常抓不懈。来自49家参创单位的120余人参加了会议。会后，考评组一行11人对东方新世纪影城、大华电影院、新东安影城、长安大戏院4家单位的争创工作进行了考评。

（郭 涛）

【广电总局举办新年电影招待会】 12月15日，国家广电总局在音乐厅举办了2005年新年电影招待会。国家广电总局领导赵实、张海涛、胡占凡、田进，中央人民广播电台台长杨波、中国国际广播电台台长王庚年，影片《可可西里》的导演陆川、制片人王中磊和片中藏族演员出席了此次招待会。近40个国家的驻华大使、文化参赞以及境外传媒驻京机构的代表共约130人应邀参加。招待会邀请来宾观看了国产影片《可可西里》，并与电影主创人员进行了亲切交流。赵实在招待会上致辞时表示，广电总局愿继续大力发展与世界各国传媒机构的友好关系，希望得到各国驻华使节的大力支持与协助，共同开辟更加广泛的合作领域。

（郭 涛）

【《加菲猫》首映】 12月15日，由美国20世纪福克斯公司出品、皮特·休伊斯导演、布瑞金·梅尔斯、詹妮弗·洛芙·休伊特主演的《加菲猫》在新东安影城正式登陆影市。主持人李霞出席了发行方华夏电影发行有限责任公司为该片举办的首映式。来观看首映的大多是二三十岁的青年观众。

（郭 涛）

【《功夫》首映】 12月17日，由周星驰执导并主演的贺岁电影《功夫》在北京新世纪影城举行了首映式暨新闻发布会，该片的武打设计由武术指导袁和平完成。影星周星驰与女主角黄圣依等剧组成员及赞助方代表在《功夫》贺岁影片的首映式上与观众见面。国内许多知名演艺圈人士参加了活动，如冯小刚、陆川、张扬、何平、顾长卫、徐静蕾、陶虹、林依轮等。对于自己的这部心血之作，周星驰认为："在动作场面的处理上，我非常有信心。但《功夫》怎么样才可以做到在拍成之前从来没有人看过，这也是我不断地花很多时间去研究的，我想对我来说《功夫》最大的特点就是它的创意不只是打斗方面，和动作、剧情配合的各方面我都觉得非常的好。"

（郭 涛）

【中国青年数码艺术大赛】 12月18日，"中国大学生数码媒体艺术大赛2004（Digital Media Art Competition，简称DMAC 2004）"获奖作品颁奖仪式在北京电影学院举行，来自全国的100名入围作者及辅导老师共聚一堂，庆祝这个中国在校大学生一年一度的艺术盛会。DMAC 2004由北京电影学院和苹果电脑公司共同主办，中央美术学院、清华大学美术学院、中国传媒大学协办，北京电影学院摄影学院承办。本届大赛面向所有高等院校的在校大学生和在校研究生，参赛作品不设主题，作品种类共分为四类。剧情类：剧情短篇，纪实DV短篇（长度不得超过30分钟）；试验类（长度不得超过10分钟）；动画类（长度不得超过10分钟）；综合类：互动作品（网页，CD-ROM）、MV（长度不得超过10分钟）。大赛设置DMAC大奖1名、最佳类别奖4名、优秀类别奖8名，另设教育贡献奖1名。

（孟张龙）

【广电总局为首批国家动画基地授牌】 12月19日，广电总局在北京为首批国家动画产业基地和首批国家动画教学研究基地举行了授牌仪式。经考核和评估，广电总局决定在上海美术电影制片厂、中央电视台中国国际电视总公司、三辰卡通集团、中国电影集团公司、湖南金鹰卡通有限公司、杭州高新技术开发区动画产业园、常州影视动画产业有限公司、上海炫动卡通卫视传媒娱乐有限公司、南方动画节目联合制作中心9家单位建立首批国家动画产业基地；在中国传媒大学、北京电影学院、吉林艺术学院动画学院、中国美术学院4所高等院校建立首批国家动画教学研究基地。

（郭 涛）

·评 奖·

【《婼玛的十七岁》获"五个一工程"奖】 2月27日，在中共北京市委宣传部召开的"北京市精品创作暨'三下乡'表彰大会"上，青年电影制片厂摄制的影片《婼玛的十七岁》荣获北京市"五个一工程"奖。影片讲述的是哈尼族的17岁少女婼玛与奶奶相依为命，对城里的观光电梯充满了向往。在小镇上卖烤玉米时，婼玛结识了从城里来的开照相馆的摄影爱好者阿明。身穿哈尼族服装的婼玛很漂亮，笑容更加灿烂。阿明想出了在梯田观光区让外国游客有偿与婼玛合影的法子，两个人的经济收入都有了好转，阿明许诺要带婼玛去乘观光电梯。最终，阿明还是因为种种原因不得不离开小镇。临别前他去见婼玛，却发现婼玛对他已萌生了爱意并决意要跟他走。阿明很尴尬，而婼玛的命运也让人为之牵挂。

（郭 涛）

【姜文、葛优、徐静蕾等获华语电影传媒大奖】 第四届华语电影传媒大奖颁奖仪式4月25日在广州举行。姜文、葛优、刘烨分获内地最受欢迎男演员金、银、铜奖。葛优和刘德华分别获得内地和港台的最佳男主角，最佳女主角则被章子怡和张柏芝获得，徐静蕾获得最佳编剧、最佳新导演、最受欢迎女演员奖。

（郭　涛）

【第五届大学生录像短片大赛颁奖】 5月9日，第五届大学生录像短片大赛暨首届大学生动漫短片大赛颁奖仪式在北京师范大学北国剧场进行。简朴的颁奖仪式之后，组委会还安排了近9小时的优秀短片展映活动。

（郭　涛）

【《惊涛骇浪》等获解放军文艺大奖】 5月14日，《惊涛骇浪》等9部优秀军事文艺作品在北京获得首届中国人民解放军文艺大奖。《全军文艺奖励暂行规定》，中国人民解放军文艺大奖以总政治部名义颁发，授予达到很高思想艺术水准、产生了重大社会影响、军内外公认的艺术精品。大奖一般每3年一届，不分等级。每届每个艺术门类作品的获奖数原则上为1件，可以出现空缺。出现在社会上产生重大影响的优秀作品，可当年进行评奖。这次获奖的9部作品除了电影《惊涛骇浪》外，还有电视剧《突出重围》、话剧《虎踞钟山》、油画《西部年代》、歌曲《走进新时代》、舞剧《红梅赞》、长篇纪实文学《远东朝鲜战争》、杂技《芭蕾对手顶——东方的天鹅》和小品《种子》。

（郭　涛）

【第11届北京大学生电影节颁奖】 5月15日晚，第11届北京大学生电影节闭幕式暨颁奖典礼在国家奥林匹克体育中心体育馆举行。闭幕晚会为国产电影和电视电影两个竞赛单元颁发了16个奖项：儿童演员特别奖：黄豆豆；最佳观赏效果奖：《天地英雄》；艺术创新奖：《恋爱中的宝贝》；最佳处女作奖：《冬至》；组委会奖：《走近毛泽东》、《惊心动魄》、《心动岁月》；评委会奖：《手机》；最佳男演员奖：范伟；最佳女演员奖：余男；最佳导演奖：郑洞天；最佳故事片奖：《暖》；最受大学生欢迎的导演奖：冯小刚；最受大学生欢迎的男演员奖：姜文、陈坤；最受大学生欢迎的女演员奖：赵薇；最佳电视电影：《法官老张轶事之审牛记》；最佳电视电影导演：王竞；最佳电视电影演员：戈治均。

（郭　涛）

【第四届中国电视电影百合奖颁奖】 5月27日，第四届电视电影百合奖颁奖典礼在京举行。《曾克林出关》等5部影片获百合奖一等奖，雷恪生、高远分别凭《马世清离婚》、《野狐梁的女人》获百合奖最佳男女演员奖。

（郭　涛）

【《女生日记》、《危险智能》等获第12届童牛奖】 6月1日，第12届中国电影童牛奖在浙江横店揭晓。中影集团中国儿童电影制片厂摄制的影片《女生日记》获得本届童牛奖最佳影片奖；《女生日记》的导演石建都获得优秀导演奖；《纸飞机》中妈妈的扮演者娜仁花获得优秀成人演员奖；《纸飞机》中的牛奔获得优秀儿童演员奖；中影集团摄制的《危险智能》获得最受观众欢迎影片奖。本届童牛奖参赛作品的题材有所扩展，类似于《寒号鸟》、《危险智能》的歌舞片、恐怖片被引入儿童电影创作中，并有影片类型化创作的尝试；很多有一定知名度的演员开始加盟儿童片的创作；同时一些省办厂和民营公司也开始加入儿童片的创作队伍。

（郭　涛）

【华表奖、夏衍电影文学奖颁奖】 8月28日，第十届中国电影华表奖、第七届夏衍电影文学奖在京颁奖。本届夏衍电影文学奖有12部优秀剧本获奖，其中编剧赵葆华创作的剧本《我的法兰西岁月》获一等奖。华表奖在改革的基础上，又新增设了电影市场开拓奖和电影出品人奖。获得华表奖优秀故事片奖的10部作品分别是《台湾往事》、《天地英雄》、《惊心动魄》、《灿烂的季节》、《38度》、《疑案忠魂》、《心跳墨脱》、《暖》、《婼玛的十七岁》、《毛泽东去安源》；获得优秀导演奖的是《台湾往事》的导演郑洞天、《暖》的导演霍建起；在《刻骨铭心》中饰演主角的周小斌、在《疑案忠魂》中饰演主角的刘威、在《台湾往事》中饰演主角的蒋雯丽、在《灿烂的季节》中饰演主角的剧雪分获优秀男女演员奖；新增设的电影市场开拓奖被《手机》摘取，电影出品人奖获得者是中影集团董事长杨步亭等。此外，戏曲片、纪录片、数字电影、科教片、合拍片、译制片、电影技术、电影歌曲以及电视电影等其他奖项也进行了颁奖。

（郭　涛）

【《台湾往事》等获第十届中国电影华表奖】 8月31日，电影《台湾往事》在第十届中国电影华表奖评奖工作中全票通过获得优秀故事片奖。《台湾往事》以半个世纪的海峡风云变幻为背景，以主人公张清文在台湾时期的成长经历为主线，通过对祖父、父亲、母亲、阿美、阿忠、秀子、武夫等人物的思想、行为和命运的艺术表现，展现了一幅生动细腻的台湾乡土生活长卷，演绎了动荡年代台湾人民荡气回肠的亲情、友情、爱情、故土情和民族情。

（郭　涛）

【《看车人的七月》蒙特利尔获奖】 9月7日，第28届加拿大蒙特利尔电影节评选结果揭晓，由中国电影集团公司、北京电影制片厂出品，由安战军导演的国产故事片《看车人的七月》获得评委会大奖，该片男主角范伟同时获得“最佳男主角奖”。同时获得两项大奖，《看车人的七月》成为了本次电影节的最大赢家。该片主要记录了普通老百姓人情冷暖的悲情故事。《看车人的七月》的两项大奖均与美国影片《AROUD THE BEND》并列，与范伟同获最佳男演员奖的是该片主演克里斯托夫·沃肯。评委会大奖是电影节的第二大奖，最高奖最佳故事片被以色列、法国、德国合拍的《叙利亚新娘》摘走。本届电影节共有400多部影片参赛。

（郭　涛）

【刘烨等获第24届金鸡奖】　9月19日，第24届金鸡、百花电影节在银川闭幕，众多中外影人和明星抵达颁奖现场。刘烨凭借影片《美人草》中的表演摘得第24届中国电影金鸡奖最佳男主角奖。此次颁发的其他奖项有：最佳故事片奖：《美丽上海》；最佳儿童片奖：《上学路上》；最佳科教片奖：《黑脸琵鹭》；最佳导演奖：彭小莲；最佳女主角奖：郑振瑶、章子怡；最佳男配角奖：冯远征；最佳女配角奖：空缺；最佳美术奖：霍廷霄；终身成就奖：汤晓丹；评委会特别奖：《女生日记》；最佳电视电影片奖：《曾克林出关》。

（郭　涛）

【《手机》等获第27届百花奖】　9月19日，第27届大众电影百花奖在银川揭晓。本届“百花奖”的候选名单，是以票房业绩和观众反映为主要依据，参考有关权威部门发布的票房收入排行榜和影片在电视上播出的收视率调查资料来安排的。在这次的候选影片中，包括故事片《天地英雄》、《手机》、《玉观音》等10部影片入围角逐。最佳男演员方面，《手机》与《天地英雄》各占了近一半的名额，包括王学圻、张国立、姜文、葛优等；女演员方面包括范冰冰、赵薇、徐帆、陶红等。冯小刚的《手机》获最佳故事片奖。其他获奖项目有：优秀故事片奖：《惊心动魄》、《暖春》；最佳男演员奖：葛优；优秀男演员奖：李幼斌；最佳女演员奖：范冰冰；优秀女演员奖：张妍。

（郭　涛）

【《一封陌生女人的来信》获得西班牙圣塞巴斯蒂安电影节最佳导演“银贝壳奖”】　9月25日，在西班牙举行的第52届圣塞巴斯蒂安电影节上，中国导演、演员徐静蕾凭借自编自导自演的影片《一封陌生女人的来信》获得最佳导演“银贝壳奖”。西班牙圣塞巴斯蒂安电影节是仅次于戛纳、柏林和威尼斯的世界第四大国际电影节。圣塞巴斯蒂安国际电影节是国际A级电影大赛，在欧洲、南美地区享有盛誉。本届电影节共有19部影片入围官方竞赛单元。《一个陌生女人的来信》同时入围官方竞赛与导演处女作两个单元，最终荣获了本届最佳导演大奖银贝壳奖，这一奖项仅次于金贝壳最佳影片大奖，也是个人单项奖的最高奖。

（郭　涛）

【《电影往事》温哥华获奖】　《电影往事》获邀参展2004年温哥华电影节，并入选2004年温哥华“周年庆典”（往年曾有李安《卧虎藏龙》和大卫·林奇《穆赫兰道》等入选）。《电影往事》由小江、程青松编剧，小江导演，黄建新、尔冬升监制，夏雨、李海滨、牛振华主演，北京大地时代文化传播有限公司、北京快乐新升文化传播有限公司联合摄制。影片讲述了中国二十世纪七八十年代西北小镇的一个普通家庭对露天电影的深切热爱，以及这个家庭与电影紧紧纠葛在一起的悲欢离合。毛大兵和江玲玲是在看露天电影中度过童年的。在那个年代，举国上下都沉浸在对电影的迷恋之中。露天电影为老百姓，特别是大兵和玲玲带来无数的梦想和快乐。弟弟四岁时，玲玲带他去看电影发生意外，弟弟不幸夭折。悲痛使妈妈与后父对玲玲产生了误会与恨。玲玲离家出走，妈妈从此与玲玲失去联系。成年后的大兵依旧酷爱电影。一日，大兵与玲玲在城市中偶遇，两人都唤醒了关于过去的美好回忆。大兵打开玲玲封闭已久的心灵，帮玲玲找回亲人。

（郭　涛）

【首届北京十佳电影艺术工作者人选公示】　“北京市十佳电影艺术工作者”是由北京市广播电视局、北京市人事局、北京影视艺术家协会为北京影视系统先进工作者设立的唯一奖励项目。按照组委会规定的程序，首届北京市十佳电影艺术工作者的评选活动自4月初启动，到10月底结束，已推选出王忠军、冯小宁、冯小刚、安战军、陈国星、郑洞天、黄丹、翟俊杰、穆德远、霍建起为首届北京市十佳电影艺术工作者（以上按姓氏笔画排序）。

（郭　涛）

·交　流·

【奥地利电影周在北京举行】　4月23日～30日，由奥地利驻华使馆主办的第一届奥地利电影周在北京举行，这是奥地利电影在中国的第一次集中推荐。本次奥地利电影周参展的9部影片代表了奥地利电影在1990年代后期以来的最高水准，如《钢琴教师》曾获得2001年法国戛纳电影节评委会大奖及最佳男女主角，《农庄风云》曾获得1998年鹿特丹国际电影节老虎大奖，导演斯蒂芬·鲁佐维斯基凭本片获得最佳新秀导演奖。

（郭　涛）

【澳大利亚电影节举办】　由澳大利亚驻华大使馆主办，《北京青年报》协办的“澳新银行澳大利亚当代电影节”于4月28日～5月9日在东方广场新世纪影院首次举办。电影节中展映了10部澳大利亚最新的故事片：《肮脏的交易》、《内德·凯利》、《寻找阿里布兰迪》、《天线》、《爱与信任》、《埃米》、《上帝也被告》、《生命奇色》、《黑与白》和《双手》。影片均配有中文字幕。10部电影汇聚了澳大利亚最优秀的演员，其中有获得过许多国际奖项的女明星奥米·瓦茨，老演员布莱恩·布朗、萨姆·尼尔等。

（郭　涛）

【埃及电影节举办】　由国家广播电影电视总局和阿拉伯埃及共和国文化部主办，北京新影联影业责任有限公司和北京新世纪影院承办的“埃及电影节”，5月15日～19日在新世纪影院上映9部精彩的埃及电影。包括二十世纪六七十年代的经典片及20世纪80年代出现的写实主义新浪潮代表人物的影片、爱情片及经典纪录短片等。参展的主要影片有故事片《炎热的夜》、《欢笑、游戏、严肃与爱》、《在世纪中沉睡》，以及纪录片《圣凯瑟林的医师》、《里法欧清真寺》、《坦克猎手》、《画家吉安》、《地平线》。“埃及电影节”的电影均为阿拉伯语对白，为了方便观众欣赏影片，新世纪影院特为每部影片配有中文字幕。

（郭　涛）

【爱尔兰电影节举办】　5月25日～31日，爱尔兰电影节在北京新世纪影院举行。电影节共上映8部英文原版影片，配以中文字幕。为了方便不同的观众选择，除了当天的开幕式安排在下午5点之外，其他影片的放映时间都在下午3点和晚上8点。参展的影片中，包括曾获得三项奥斯卡提名的电影《在美国》，还有《喋血星期日》、《迈克尔·柯林斯》、《走进西部》、《路纳萨之舞》4部爱尔兰近年来的经典故事片，以及《三十五人一边》等三部具有时代意义的纪录短片。

（郭　涛）

【新西兰首次在中国举办电影节】

由新西兰“太平洋文化艺术交流中心”主办的新西兰电影节6月8日～22日先后在上海、北京和天津三大城市举行。这是新西兰第一次在中国举办电影节。本届电影节上放映了新西兰1993年到2001年期间拍摄制作的5部作品，它们是：《战士奇兵》、《围巾族的故事》、《牛奶的代价》、《玛姬与萝丝》和《小镇嘉年华》。太平洋文化艺术交流中心主席和志耘认为，观看新西兰电影将有助于中国人民进一步加深对新西兰历史、文化、风土人情、生活方式、地域特色和经济环境的了解。

（郭　涛）

【英国电影节举办】　由国家广播电影电视总局电影局和英国大使馆文化教育处共同举办的首届英国电影节，于6月11日～20日在北京东方广场新世纪影城举行影片展映。电影节期间，有10部来自英国的精彩电影上映，其中多部影片主演都是现在英国和好莱坞的当红影星，而且这些影片均是首次在中国露面。电影节首映式影片《月历俏佳人》获得了2004年金球奖最佳女主角提名、2003年英国喜剧电影大奖最佳喜剧电影奖；《单身日记》的女主演凭借此片获得了2002年奥斯卡奖最佳女主角提名。其他影片还有《有风景的墓地》、《我的秘密城堡》、《处死国王》、《遗言》、《高斯福特庄园》、《难得糊涂》、《冰峰168小时》等。

（郭　涛）

【2004北京国际纪录片展举办】

9月15日，2004北京国际纪录片展在北京举行，来自全国各地的数百名纪录片创作者和研究者参与了开幕酒会，法国和日本的一些著名纪录片导演也应邀出席酒会。该纪录片展包括“档案/山形”、“国际文献”、“文献/法兰西”等几部分。“档案/山形”部分由日本山形纪录片电影节提供。其中的“纪录/日本”部分选择了从1938年到2000年最有影响力的11部日本纪录片电影，包括今村昌平的《日本战后史》、小川绅介的《三里冢之夏》和土本典昭的《水俣病人的世界》等经典作品。“国际文献”部分选择了5部山形电影节中的世界作品，包括美国导演罗伯特·克雷默的先锋政治电影《冰》、德国导演塞贝勒·舒娜曼的《被锁住的时间》和里蒂·潘的《柬埔寨：游魂之地》。“文献/法兰西”由法国驻华大使馆供片，包括克劳得·朗兹曼导演的《证词：大屠杀》、阿仑·雷乃的《世界的记忆》等。

（郭　涛）

【日本电影周举办】　9月17日～25日，由北京新影联院线的东方新世纪影院和新东安影城联合举办的日本电影节在新世纪影院和新东安影城举办。本次电影周汇集了像《七武士》、《壬生义士传》、《吉野理发店》、《今天发生的事》、《如果和父亲生活》、《深呼吸的必要》等知名日本经典故事片，同时还上映日本动画片《犬夜叉》。日本著名演员中井贵一、田中里奈以及《如果和父亲生活》、《犬夜叉》、《吉野理发店》、《深呼吸的必要》等几部影片的主创人员也在北京新世纪影院与观众交流。此次日本电影周，旨在推进中日两国的文化交流，增进中日两国人民的了解，让更多的中国影迷了解日本、了解日本电影。

（郭　涛）

【波兰电影节举办】　为庆祝中波建交55周年，由中国电影家协会和波兰电影家协会主办，新世纪和新东安影院承办的“波兰电影周”

10月11日在新世纪影院举办电影周开幕式。此次电影周共安排波兰7部最新的影片在11日～14日的新世纪和新东安影院轮流放映，影片分别是《肖邦——爱的渴望》、《埃迪》、《克拉科夫的天使》、《春天即将来临》、《心灵之汤》、《复仇》、《嗨！劳瑞斯卡》。

（郭 涛）

【中法联手打造影视表演人才】 11月27日，法国eicar学院与北京天瞳影视文化有限公司联合在京宣布，双方将在北京成立影视文化艺术的培训基地，从国内选拔具备一定潜力并执著于艺术追求的学生，强化培训后送往法国深造。法国eicar学院是一所具有悠久历史的专业影视学院，它有一套自成体系的专业理论和教学方法，每年都为法国及欧洲培养大批优秀影视人才，他们的学员在法国平均每年能够参与4部以上影视作品的创作。

（郭 涛）

【安东尼奥尼电影回顾展举办】 11月25日，由意大利大使馆文化处、北京电影学院、意大利影城合作主办的“安东尼奥尼电影回顾展”在北京电影学院举办。这次展映得到电影版权拥有者的支持，由意大利安东尼奥尼研究学家卡尔洛·迪卡尔洛策划。影展分两轮，第一轮11月25日～28日，第二轮12月2日～5日。11月25日下午举行开幕式并放映了《奇遇》，以后陆续放映的影片有《爱情故事》、《扎布里斯基角》、《蚀》、《职业记者》、《一个女人的身份证明》、《云上的日子》、《拍电影对我就是生存》、《安东尼奥尼，改变电影的目光》等。在安东尼奥尼迄今为止92年的生涯中，共导演了16部短片，17部长片，其中很多影片都作为当代电影的杰作被写入世界电影史。

（郭 涛）

【《英雄》等影片参展阿尔巴尼亚“中国电影周”】 11月27日，由中国国家广电总局和阿尔巴尼亚文化部共同举办的“中国电影周”在阿尔巴尼亚首都地拉那拉开帷幕。中国广电总局赵实副部长，阿尔巴尼亚文化部副部长德拉戈蒂出席了中国电影周开幕式。《英雄》、《灿烂的季节》、《冲出亚马逊》、《天上草原》、《首席执行官》、《黄河绝恋》6部中国影片，以及由中国演员剧雪、侯勇、那仁花等组成的中国电影代表团在开幕式上与阿尔巴尼亚观众见面。

（郭 涛）

【阿萨亚斯来华交流】 11月30日，法国导演奥里维耶·阿萨亚斯（Olivier Assayas）携带《冷水》、《清洁》两部作品在北京电影学院标准放映厅作展映和学术交流。在2004年戛纳电影节上，香港影星张曼玉以在他导演的《清洁》中的出色表演夺得最佳女主角奖。影片放映结束后，电影学院学生纷纷发问，导演认真地回答了同学们提出的每个问题。

（郭 涛）

【中韩电影展开展】 12月2日，派格太合环球传媒承办的中韩电影展在北京正式开展。参展的影片包括刚刚获得戛纳电影节评委会大奖的《老男孩》，以及《兄弟》、《我的野蛮女老师》等，这些经典韩片都首次在北京放映。除了影片展映以外，本次电影展众多韩国明星集体亮相也引人注目，250人的韩国代表团包括全智贤、车太贤、安在旭、沈银河、金喜善、张东健、韩石圭、张娜拉、李英爱、李秉宪等明星，以及甚少公开露面的导演朴赞旭、李廷香、郭在容、金基德、林权泽、洪尚秀等。此外，韩国政府官员、投资方代表、电影集团、发行公司、电视台代表，以及中国电影集团、韩国中央日报传媒集团、韩国（株）Metiscom等单位也都出席本次中韩电影展。

（郭 涛）

【中韩电影产业论坛举行】 12月3日，2004北京韩国电影展的重要组成部分，中韩电影产业论坛在北京钓鱼台大酒店举行。国家广播电影电视总局电影事业管理局领导谷国庆，中国电影集团公司总经理韩三平，韩国电影振兴委员会黄东美，中国电影海外推广中心主任朱永德，华谊兄弟太合影视投资公司总裁王中军，太合传媒投资有限责任公司副总经理于天宏等出席了论坛，并就中韩电影现状和未来，中韩电影合作和进出口等问题进行了探讨。一些中韩著名导演和演员也参加了论坛。

（郭 涛）

·研究与评论·

【2004北京译制片研讨会举行】 4月11日、17日、18日，由北京广播学院、八一电影制片厂、北京电影学院、中国电影集团公司译制中心联合主办的2004北京译制片研讨会在北京广播学院举行。会议的主题是回顾八一电影制片厂和中国电影集团公司译制中心近十年来在译制片生产方面所取得的成就，探讨北京译制片事业的现状，展望译制片事业的未来发展，并观摩了译制电影《怒海争锋》、《海底总动员》、《指环王——王者无敌》。

（郭 涛）

【国际影视和新媒体论坛暨国际大学生影视和新媒体作品展举行】

9月4日～6日，由北京广播学院主办、中国电视艺术家协会高等院校电视艺术委员会和北京广播学院影视艺术学院共同承办的“BBU第二届国际影视和新媒体论坛暨国际大学生影视和新媒体作品展评”在北广举行。这是北广建校50周年暨更名中国传媒大学系列庆祝活动之一。论坛研讨的主要议题涵盖了当前影视和新媒体艺术领域诸多前沿课题，如电影、电视和新媒体教育及各国影视和新媒体教育的现状；各国影视和新媒体产业的发展状况；数字技术对影视创作的革命性影响等等。出席论坛并在论坛发表主题演讲的有来自日本、美国、俄罗斯、德国和法国等国的著名影视教育家，也有来自北京大学、清华大学、北京师范大学、南京大学、武汉大学以及来自港澳台的知名专家学者。与国际影视和新媒体论坛同步进行的国际大学生影视和新媒体作品展评是非盈利、非商业性的学术活动。旨在通过此次活动，展示来自世界各地的学习影视制作以及进行新媒体实验探索的学生创作的最新作品，同时给来自世界各地的进行电影电视教育的同行提供一个交流的平台。此次展评共收到了来自德国、美国、俄罗斯、波兰、法国、日本、以色列、保加利亚等国以及中国港澳台地区和大陆高校学生的参评作品170多部，其中包括剧情片、纪录片、动画片、实验及新媒体作品等各种类型。

（郭　涛）

【2004北京国际科教电影电视展评研讨会】　11月8日~12日，由中国科学技术协会和国家广播电影电视总局主办的2004北京国际科教电影电视展评研讨会在中国科技会堂举行。此次展评研讨会共收到19个国家79个影视机构选送的184部影视作品，这些作品是各国2002年以来创作的优秀科教影视节目。英国和中国各有10部作品参评，是参评作品最多的两个国家。12名国际科技影视界知名专家、学者和制片人组成了展评评委会，评委会对通过初选的68部佳作进行评比。展评设立科技电视节目大奖和评委特别奖，还设立了科普类、杂志类、探索类、自然与环境类、生命科学与医学类、教育与青少年类的金、银、铜奖。除了科教作品的展评展播外，研讨会还邀请了9位知名学者作报告，对科教影视的理论和实践问题进行学术探讨。

（郭　涛）

【中国高校影视学会年会暨第三届影视高层论坛举行】　11月26日中国高等院校影视学会第十届年会暨第三届影视高层论坛在北京举行，会议的主题是“和而不同：全球化事业中的影视新格局”。来自全国近百所高校、联合国教科文组织，以及英、美、德、日等十几个国家的专家学者，围绕影视教育前沿、学科与人才培养等论题，对近年我国影视教育成果进行一次集中展示。与会专家提出，要加强对公民的影视艺术教育，尤其是学校要将影视艺术教育纳入到当代基础教育框架内。大会认为，影视艺术对当代社会生活介入之深是始料不及的，大量影视剧良莠不分地充斥屏幕，从没像今天这样处处设防青少年对影视的过多关注，所以在通过政府渠道调控影视剧制播的同时，应加强对青少年的影视艺术教育和引导。

（郭　涛）

音　乐

2004年度音乐生活的形式和内容继续发生着新的变化。

演出市场十分活跃，中国交响乐团、中国爱乐乐团、北京交响乐团音乐季加上其他商业性演出等，本年度演出约二三百场。其中，中国爱乐乐团演出的《卡门》、《罗密欧与朱丽叶》两部歌剧盛况空前。

本土原创和引进的音乐剧上演频率创纪录，经典之作《猫》、《音乐之声》在人民大会堂、北展剧场连续上演；军地文艺团体相继推出《花木兰》、《赤道雨》等力作；女子十二乐坊进军日本和美国唱片市场，成果斐然；CCTV音乐频道开播，北京音乐厅翻建竣工重张开业，为爱乐者增添了文化消费的窗口和阵地。

维也纳爱乐乐团和伦敦交响乐团两个欧洲老牌劲旅分别亮相人民大会堂和保利剧院；2004年，欧美歌坛超级“天王”与“天后”级别的莎拉·布莱曼、惠特尼·休斯顿和波切尼，在首体、奥体中心和人民大会堂掀起高潮。

内地歌手的大型演唱会可圈可点的不少于3场。“欢歌2004”，孙楠、羽·泉演唱会，在音乐性和操作性上均有不同程度的提升；最轰动的要数三宝的两场“直接影响”，票房全线飘红，真正转化为卖方市场。而港台歌星演唱会大多风头盖过内地同行。

音乐创作方面硕果累累，中国文联组织新创了《刘三姐》、《长江》两部民族风格的协奏曲；中国音协主席傅庚辰为纪念邓小平诞辰100周年专题交响音乐会创作了声乐套曲《小平之歌》。

音乐学术研讨会、各类音乐赛事，多侧面地反映出北京音乐文化发展的新成果、新动向。王西麟、郭文景两位作曲家就创作题材问题公开辩论，引起音乐界广泛关注。

（王志明）

【音乐剧《花木兰》】　2月7日，音乐剧《花木兰》在北京蓝天剧场首演。整场演出的四幕戏被女声合唱《木兰辞》贯穿，耳熟能详的古老故事被重新演绎成一段爱情绝唱。该剧是由中国歌剧舞剧院历时两年时间完成的原创音乐剧。编剧喻江，作曲郝维亚，总监制徐沛东，导演王晓鹰。

（王志明）

【王西麟第六交响曲首演】　王西麟的第六交响曲《生命之力——2008》是一首分三个乐章的标题交响作品，分题为“生命之源”、“生命之搏”和“生命之火”，按作曲家说法是“用黄河流域古老的地方戏曲音乐语言的印象为基础，象征人类生命原始动力的顽强坚韧”。该作品于5月19日由北京交响乐团在中山音乐堂首演。

（王志明）

【“五彩中华”】　5月26日～28日，中国歌剧舞剧院在保利剧院推出了大型新编原创歌舞晚会——“五彩中华”。歌舞晚会由女子群舞《霓裳羽衣舞》、女声独唱《天地喜洋洋》、《幸福道》、男女声二重唱《饮酒歌》、通俗歌曲《草原上的风》、男声独唱《东方有个梦》、舞蹈《雪域春天》等节目组成。卢秀梅、叶凡等演员参加了演出。

（王志明）

【原创音乐剧《香格里拉》再度公演】　由中国儿童艺术剧院创作演出的原创音乐剧《香格里拉》，继2002年首演后经过一年多的修改，于5月26日～6月5日在中国儿童剧场再度公演。《香格里拉》描写了一个既惊心动魄又美丽动人的传奇故事，它以神话剧的形式展现给人们“真善美”战胜“假恶丑”的过程。该剧的音乐运用了大量的藏族音乐元素。主创班底包括导演徐晓钟、钟浩，作曲家邹野，舞蹈家万素、青年造型专家文革等。

（王志明）

【中国歌剧舞剧院演出原创歌剧《杨贵妃》】　由日本友人深见东州委约中国作曲家金湘作曲创作的歌剧《杨贵妃》，5月30日、31日由中国歌剧舞剧院在天桥剧场举行了首演。中日两国联手打造的歌剧《杨贵妃》由日方投资，中国歌剧舞剧院组织排演，聚集中外华人歌剧艺坛强手于一台，该剧的编剧为西安易俗社社长冀福记，经典歌剧《原野》的作曲及导演金湘和李稻川夫妇再度联手，担当《杨贵妃》的作曲和导演。主要演员有王燕、范竞马等。

（王志明）

【声乐套曲《小平之歌》】　9月1日晚，纪念邓小平诞辰100周年专题交响音乐会在政协礼堂举行。音乐会上演出了大型声乐套曲《小平之歌》。该套曲由诗歌朗诵、歌曲演唱和交响乐演奏组成，抒发了人民群众对小平同志的崇敬和深切怀念。套曲的诗词歌词作者是中国作家协会主席瞿泰丰，曲作者为中国音乐家协会主席傅庚辰。

（王志明）

【音乐剧《赤道雨》】　由海军政治部歌舞团、海政电视艺术中心联手推出的原创音乐剧《赤道雨》10月5日～6日在京公演。《赤道雨》以人民海军舰艇编队在世纪之交三次跨海越洋、环球出访世界各国的伟大壮举为背景，以中国新型导弹驱逐舰舰长潘天雨与旅美华人肖可悦悲欢离合的情感历程为主线，演绎了一场跨大洋的爱情故事。编剧周振天、冯柏铭；作曲刘彤、付林；导演廖向红；舞美设计黄海威；主要演员宋祖英、吕继宏等。

（王志明）

【音乐剧《风帝国》上演】　由张广天编剧、作曲、导演的音乐剧《风帝国》，10月15日～17日在北剧场演出。这是一出由作者杜撰的女娲风云的故事，穿插了木神句芒与之相爱，水神共工与之为敌，以及女儿灵儿情感生活的情节。该剧音乐成分很强，现场没用乐队，伴奏用录音。

（王志明）

【《刘三姐》、《长江》协奏曲】　“小提琴协奏曲《刘三姐》与钢琴协奏曲《长江》首演音乐会”10月19日在保利剧院由著名小提琴演奏家吕思清、著名钢琴演奏家孔祥东以及中国爱乐乐团的艺术家们联袂推出。由罗新民创作的小提琴协奏曲《刘三姐》采用了原广西民间歌舞剧《刘三姐》的音调；而由郝维亚执笔创作的钢琴协奏曲《长江》则选择《我住长江头》、《嘉陵江上》、《川江号子》及《我的祖国》四首长江题材的歌曲加以提炼创作。

（王志明）

【《一个士兵的日记》】　由总政歌舞团创作的大型音乐歌舞《一个士兵的日记》，在2004年“解放军第八届全军文艺汇演”中荣获了剧本、总导演、编导、创作表演、舞美等奖项。11月29日～12月15日在中国剧院公演12场。演出展现了一个士兵从刚入军营、思念亲人、融入部队、实战演习、送走老兵到自己退伍的心路历程。该剧由张继钢任总导演，印青任艺术总监；彭丽媛、董文华、阎维文、蔡国庆、谭晶、王宏伟、王丽达、雷佳、夏小虎、邱辉等演员参加演出。

（王志明）

机　构

·乐团、乐队·

【中国广播民族乐团整合重组】　根据国家广播电影电视总局的决定，中国广播民族乐团与中国电影乐团民族乐团整合重组。经过严格的考核上岗程序，重新组成了新的中央广播民族乐团。2月29日晚在保利剧场举办了重组后的首场音乐会。

（王志明）

【女子十二乐坊成功打入美国市场】　9月，民乐组合“女子十二乐坊”在美国发行的首张专辑《东方动力》，连续五周获得美国唱片工业协会国际类销售排行榜冠军，创造了中国民族音乐唱片有史以来在美销售的最好成绩。女子十二乐坊是中国第一支全女子民族器乐组合。三年来，她们通过对民族艺术的创新，形成了一套新的、具有独特民族音乐表现形式和方法的新音乐，使乐坊成为极具民族特色的文化产品，并成功打入日本、美国市场，这是民族文化产品首次真正以文化商品的形态进入国际市场。

（王志明）

【“东方天使”民乐组合】　“东方天使”民乐组合是由五位青年女民乐家组成的演奏团体。她们的演出风格以传统的表演形式为出发点，但也尝试细节音乐和流行音乐的结合，力求打出“新民乐”的音乐理念。10月19日在2004年的北京国际音乐节上，她们单独组台亮相，受到人们的关注。

（王志明）

·教育、研究机构·

【中央电视台推出音乐频道】　3月29日，中央电视台推出了一个新频道——音乐频道。在“享受音乐，感悟人生”的题旨下专门推出优秀的音乐作品，集中展现中国古典音乐和世界各民族音乐佳作的风采。每天长达6小时不重复的音乐节目，为观众提供了一个欣赏和了解音乐经典的平台。

（王志明）

·演出场所·

【天坛神乐署开放】　被称为“古代中央音乐学院”的天坛公园神乐署于9月底正式对外开放。神乐署原为天坛五大建筑之一，始建于明朝永乐年间，是明清时期演习祭祀礼乐的场所。天坛公园神乐署修缮工程是市级重点工程，自2002年上半年开始动工修缮，总投资达

5000 万元。到 2004 年 4 月修缮一新，很好地恢复了历史原貌。

（王志明）

【北京音乐厅翻新重张】 因消防设施不合格而于 2001 年 11 月停业的北京音乐厅，经过耗资 3800 万元的改建，于 2004 年 12 月 24 日正式开张。改建后的北京音乐厅成为中国交响乐团的固定演出场所，接手音乐厅管理经营的是中国演出管理中心，其演出部经理沙晓斌接任北京音乐厅总经理。

（王志明）

·社 团·

【中国指挥家学会成立】 2 月 4 日，中国指挥家学会在京成立。学会聚集了在京和外地的专业乐团指挥 40 余人，指挥学会会长由徐新担任，中央音乐学院指挥系主任俞峰任副会长兼秘书长，学会理事有谭利华、余隆、张国勇、陈燮阳、李心草、于海、卞祖善等；黄飞立等任学会顾问。

（王志明）

【唢呐专业委员会成立】 5 月 15 日上午，中国民族管弦乐学会最后一个专业委员会——唢呐专业委员会在京成立，来自中国内地和香港及新加坡等地的 100 余位唢呐演奏家与会。5 月 15 日、16 日晚，在中国音乐学院演奏厅举行了“大师风采”、“舞动的火焰”两场庆祝音乐会。中国民族管弦乐学会会长朴东生在成立大会上致辞，并向唢呐专业委员会荣誉会长宋保才、会长陈家齐、秘书长左继承颁发了聘任证书。

（王志明）

【北京合唱协会成立】 北京合唱协会第一次会员代表大会暨成立大会 12 月 18 日在市文化局礼堂召开，共有来自全市基层单位的 100 多位代表参加。会议通过了合唱协会章程，选举产生了第一届理事会。刘云厚当选为理事长；张以达、亚伦格日勒、王瑞璞、王军、郑健、修骏、郭建欣、李莉蓓、田野、赵翼当选为副理事长；赵其沛为秘书长；杨幼昆、刘捷为副秘书长；陈卫东为监事长。中国音乐家协会副秘书长段五一、中国合唱协会理事长聂中明、北京市文联党组副书记索谦等领导参加了大会。

（王志明）

活 动

·演 出·

【北京 2004 新年音乐会】 2003 年 12 月 31 日晚，2004 年北京新年音乐会在人民大会堂举行。中共中央政治局常委李长春等领导同志与首都数百名全国劳动模范，北京市劳动模范、先进工作者，“全国三八红旗手”，北京市“三八”红旗奖章获得者，北京市“五四”奖章获得者代表及数千名观众一同欣赏了音乐会。伦敦爱乐乐团与北京交响乐团组成了 170 人的联合乐队，与中国交响乐团合唱团、中国广播合唱团、中国歌剧舞剧院合唱团、中央音乐学院青年合唱团等联袂组成近 200 人的合唱团，和众多中外音乐家合作，英国指挥家亚历山大·布里格和中国指挥家谭利华轮流执棒，为观众呈现了系列中外经典曲目《太阳出来喜洋洋》、《看秧歌》、《热巴舞曲》、《普通人的号角》、《绿袖子幻想曲》、《卡门》等。

（王志明）

【新春贺岁系列音乐会】 中山公园音乐堂从 1 月 10 日～2 月 14 日，举办了“2004 年新春贺岁系列音乐会”。整个系列包括 21 场不同内容的音乐会。如俄罗斯国家爱乐乐团的“芭蕾与圆舞曲之夜”、“俄罗斯之夜”专场音乐会，小提琴家李传韵交响协奏音乐会，俞丽拿、石叔诚“华人经典新春贺岁”音乐会，“名角贺岁——传统与现代京剧新春交响音乐会”等一系列音乐会。

（王志明）

【首都举行军民迎新春文艺晚会】 1 月 15 日晚，2004 年军民迎新春文艺晚会“祖国春光好”在中国剧院举行。胡锦涛、江泽民、吴邦国、温家宝、贾庆林、曾庆红、黄菊、吴官正、李长春、罗干等党和国家领导人与首都军民欢聚一堂，共贺新春。由全国双拥工作领导小组、民政部、广播电影电视总局、解放军总政治部联合举办的 2004 年迎新春大型文艺晚会“祖国春光好”，抒发了全国军民在以胡锦涛同志为总书记的党中央领导下，同心同德、团结一心，全面建设小康社会的壮志豪情。这届晚会首次采取了专业和业余相结合的创作表演方式，军队新老艺术家和来自部队基层的干部战士同台献艺，他们的精彩表演，不时赢得观众们的热烈掌声。演出结束后，胡锦涛、江泽民等领导同志走上舞台与演职员亲切握手，祝贺演出成功。

（王志明）

【武警军乐团举办管乐交响音乐会】 担负天安门广场升旗演奏任务的武警北京总队军乐团，于 1 月16 日晚在北京图书馆国图音乐厅举办管乐交响音乐会。此次音乐会汇集了美国的杰尼尼、意大利的罗斯庇基、法国的德彪西等大师的经典管乐作品。指挥由留学归国不久的该团艺术指导李方方担任。

（王志明）

【祭天古乐重现京城】 1 月 22 日～27 日的“天坛文化周”期间，9 首祭天古乐在位于天坛回音壁东侧的南神厨正式公演。从祭天仪式开始到祭天庆典圆满完成，演奏的乐曲，包括《燔柴迎帝神》、《海宇生平日》、《合欢曲》、《太平令》、《千秋词》等，其中，仅仅是《燔柴迎帝神》全部演奏完就长达4个多小时，此次演出的是它们的精编版。

（王志明）

【春潮——2004北京新春民族音乐会举办】　由北京市文学艺术界联合会、北京市文化局、北京人民广播电台、北京电视台、北京音乐家协会主办，北京市对外文化交流公司承办，北京音乐广播、北京电视台文艺中心、北京娱乐信报社协办的“春潮——2004北京新春民族音乐会”于2月1日在北京展览馆剧场举行。晚会上，中国广播民族乐团演奏了《淘金令》；歌唱家吴碧霞演唱了民歌《龙船调》、西洋歌曲《夜莺》；“女子十二乐坊”演奏了《自由》、《女儿梦》等曲目。

（王志明）

【百人乐团演奏民乐金曲】　2月5日，中国广播乐团、中国电影乐团民族乐团联合推出百人新春音乐会。演出了《庆典序曲》、《北京喜讯到边寨》、《瑶族舞曲》、《南疆舞曲》、《丰收锣鼓》等曲目。指挥为张列。音乐会由中国广播民族乐团、中国电影乐团民族乐团、贵州黄果树集团共同举办。

（王志明）

【红樱束进入悉尼歌剧院】　2月15日，红樱束女子打击乐团应邀在澳大利亚悉尼歌剧院举行专场音乐会。音乐会全长95分钟，全部演员9人。红樱束是国内第一个在悉尼歌剧院举行专场音乐会的民营打击乐团体。在此期间，她们还接受了澳大利亚“国家多元文化艺术节”组委会的邀请，在堪培拉、墨尔本等多个城市举行专场音乐会。

（王志明）

【《大西洋故事》北展演出】
3月5日晚，德国摇滚之父乌多·林登贝格于2002年创作的摇滚音乐剧《大西洋故事》在北展剧场上演。该故事讲述了20世纪30年代由于纳粹的极端统治，许多世界著名的德国文化精英纷纷被迫离开家乡逃往美国避难的事件。中国歌手崔健也登台演唱了《一块红布》和《飞了》等歌曲。

（王志明）

【伦敦交响乐团百年庆典音乐会在京举办】　伦敦交响乐团于3月6日在保利剧院举行百年庆典音乐会。这是该团成立100年来首次访问中国内地，而且是在中国内地唯一的一场演出。此次伦敦爱乐以110人的全部阵容出访，指挥为丹尼尔·马丁。演出作品有英国作曲家布里顿的四首《海的间奏曲》，斯特拉文斯基的《火鸟组曲》和肖斯塔科维奇的《第五交响曲》。

（王志明）

【日本古乐首访中国】　在中日和平友好条约缔结25周年之际，经文化部批准，由中国演出管理中心邀请并主办，对外友协为后援单位，《中国青年报》、《青年参考报》协办的日本“天平乐府”室内乐团首次中国公演活动，3月7日晚在北京中山公园音乐堂拉开序幕，并到西安、上海演出。曲目包括《秦王破阵曲》、《敦煌梦》等古典名曲和中国脍炙人口的乐曲《花好月圆》、《彩云追月》等。

（王志明）

【刘欢举办个人演唱会】　刘欢于3月19日在北京首都体育馆举行了步入歌坛以来的第一次个人演唱会“欢歌2004”。演唱会中刘欢演唱了《少年壮志不言愁》、《送战友》、《从头再来》等经典曲目，那英、沙宝亮、孙楠和莫华伦作为嘉宾出席。刘欢与莫华伦合唱了《今夜无人入睡》，与孙楠合唱了《天地在我心》，还与弟弟刘啸合唱了《糊涂的爱》。

（王志明）

【“牵手2004”苏芮北京演唱会举办】　3月27日，首都体育馆，台湾歌手苏芮站在阔别7年的舞台上举办了“牵手2004”个人演唱会。演唱曲目包括《一样的月光》、《是否》、《跟着感觉走》、《牵手》、《酒干倘卖无》、《请跟我来》、《明天还是要继续》、《沉默的母亲》、《亲爱的小孩》、《奉献》等。

（王志明）

【朱哲琴演唱会举办】　朱哲琴与中央歌剧院交响乐团合作，于4月1日在保利剧院上演了“新乐府——朱哲琴世界名曲现场演绎音乐会”，用她独特的声音处理方式翻唱14首中外经典名歌。

（王志明）

【第五届盛世音乐文化周】　第五届北京“盛世音乐文化周”4月16日~5月5日在中山公园音乐堂推出，在20天中共有21场演出，包括：“中国唐宋名篇音乐朗诵会”、“欧洲情怀——瑞典小提琴家让·斯蒂默独奏与协奏曲音乐会”、“高原如歌系列：敖包相会——西部歌王赛歌会”、“2004年皇家花园系列：意大利钢琴大师巴利尼独奏音乐会”、“罗马的松树——美国指挥大师经典交响音乐会”、“聆听大师——著名钢琴家殷承宗独奏音乐会”、“凡尔赛的化装舞会——法国合唱瑰宝音乐会”、“简·爱——好莱坞经典译制片主题曲配音大屏幕交响音乐会”等。

（王志明）

【俄罗斯国家交响乐团音乐会】
俄罗斯国家交响乐团于4月25日在保利剧院上演了以俄罗斯古典音乐为主的交响音乐会。演出作品包括柴可夫斯基交响序曲《罗密欧与朱丽叶》、歌剧《叶甫根尼·奥涅金》的塔基亚娜咏叹调、《意大利随想曲》与里姆斯基—科萨科夫的《天方夜谭》等。

（王志明）

【音乐剧《猫》】　2003年因非典而未在北京上演的韦伯音乐剧《猫》于4月27日~5月3日在北京人民大会堂上演，并连演9场。其舞台规模是《猫》剧世界巡演以来所搭建的最大的舞台。《猫》也是第四届“相约北京”与第二届北京国际戏剧演出季的共同开幕式演出。主办单位为中演公司。

（王志明）

【林忆莲演唱会亮相首体】 4月30日晚，林忆莲个人演唱会在首都体育馆举行。演出曲目有《夜太黑》、《远走高飞》、《纸飞机》、《至少还有你》等。

（王志明）

【殷承宗办独奏音乐会】 5月4日晚，著名钢琴家殷承宗在中山公园音乐堂举办独奏音乐会。曲目有加鲁皮《C大调奏鸣曲》、贝多芬《f小调奏鸣曲（热情）》作品57号、舒伯特《降B大调奏鸣曲》作品第960号、肖邦《夜曲》、《革命练习曲》等。

（王志明）

【《塞维利亚理发师》在京演出】 5月7日～9日，在第二届北京国际戏剧演出季中，德国法兰克福歌剧院与中国中央歌剧院在北京世纪剧院联合上演了意大利作曲家罗西尼的著名歌剧《塞维利亚的理发师》。参加本次访华演出的主要演员都是当今欧洲具有实力的歌唱家。其中饰演罗西娜的女中音歌唱家 Francesca Provvisionato 被誉为“当代意大利最具影响力的女中音之一”；饰演剧中医生角色的 Dariusz Machej 曾在比托姆戏剧声乐比赛中获得“最佳男低音歌手”奖；饰演“伯爵”的 Carsten Süss 曾获得“最佳歌剧演员特别奖”；而剧中主要角色“费加罗”则由“罗马尼亚国际演唱大赛大奖”获得者 George Petean 饰演。中国旅欧男低音歌唱家刘跃也同台参加了演出。

（王志明）

【深圳交响乐团在京演出】 5月17日晚，作为第四届“相约北京”联欢活动内容之一的深圳交响乐团专场音乐会在北京中山公园音乐堂举行。在该团音乐总监俞峰的指挥下，乐团完成了莫扎特的歌剧《费加罗的婚礼》序曲以及马勒的第五交响曲的演奏。

（王志明）

【北交演奏新作品音乐会】 5月19日，北京交响乐团在中山公园演出了一台交响新作品音乐会，由谭利华指挥。音乐会上演奏了旅美华人作曲家罗京京的交响组曲《睦梦・思乡》，旅加拿大的华人作曲家黄安伦的二胡与交响乐队《敦煌古谱四首》（独奏马向华）和北京作曲家王西麟的第六交响曲《生命之力》。

（王志明）

【中国爱乐演出音乐会歌剧《卡门》】 作为北京国际戏剧演出季的重头戏，中国爱乐乐团版歌剧《卡门》于5月21日～24日在北京保利剧院上演。该剧由余隆指挥，伊丽莎白・巴顿和科斯婷・夏韦兹饰演“卡门”，莉娅・伍兹・弗里德曼饰演米凯埃拉。其他演员有男高音莫华伦、男中音廖昌永、男高音张建一。

（王志明）

【任贤齐北京开个唱】 5月22日晚，任贤齐在首体举办了“齐长大——任贤齐2004北京演唱会”。演出的曲目有《心太软》、《伤心太平洋》、《我是一只鱼》等。

（王志明）

【中外音乐家合作威尔第《安魂曲》】 5月29日晚，中国交响乐团2003/04音乐季的重头戏，威尔第《安魂曲》在北京国图音乐厅隆重公演。该团首席指挥李晓芦执棒，4位担任领唱的歌唱家分别是来自美国的简・奥梅斯（女高）、菲利普・韦伯（男高），澳大利亚的多娜・巴尔森（女中）和美籍华裔周正（男中）。中国交响乐团合唱团、美国东康涅狄格州交响乐团合唱团组成强大的合唱阵容。

（王志明）

【柴可夫斯基交响乐团音乐会】 5月30日，俄罗斯柴可夫斯基交响乐团在人民大会堂进行了演出，即“相约北京”联欢活动的落幕演出。乐团演出了柴可夫斯基的《第四交响曲》、芭蕾舞剧《睡美人》组曲、《1812序曲》等作品，指挥为费多谢耶夫。

（王志明）

【莎拉・布莱曼首体献艺】 5月30日和31日，作为北京国际戏剧演出季的闭幕式，享有“百变歌后”和“月亮女神”之称的莎拉・布莱曼在首都体育馆演出了两场融古典与现代、美声与流行于一体的独唱音乐会。音乐会的曲目多为观众耳熟能详，如音乐剧《猫》、《歌剧院的幽灵》的著名唱段和《牧羊女之歌》、《阿根廷别为我哭泣》等歌曲。莎拉・布莱曼奇特的声音造型和艺术表现力受到观众热烈的欢迎。

（王志明）

【孙燕姿个人演唱会在京举办】 6月12日，孙燕姿“年轻无极限”个人演唱会在首都体育馆举行。孙燕姿演唱了《神奇》、《Venus》、《十五的月亮》、《绿光》、《天黑黑》等歌曲。

（王志明）

【尹锡珍独唱会举办】 6月25日，由中国国际文化交流公司与紫移通文化艺术发展中心联合主办的韩国著名男高音歌唱家尹锡珍独唱音乐会在中山音乐堂举行。主要演唱曲目有列昂卡瓦洛的《黎明》、普契尼的《今夜无人入睡》、卡尔堤洛的《负心人》、列昂卡瓦洛的《穿上戏装》、乔尔达诺的《遥望碧蓝的天空》以及中国歌曲《长江之歌》等。

（王志明）

【蒋英师生音乐会】 由我国著名歌剧教育家蒋英教授携其学生演出的歌剧作品音乐会于7月4日在保利剧院举行。此次音乐会，同出一门的艺术家同台亮相。音乐会上的曲目包括《费加罗的婚礼》序曲、《斯帝非利奥》、《游吟诗人》、《外套》、《卡门》、《修女安捷利卡》、《蝴蝶夫人》等。声乐教育家蒋英教授，被声乐界誉为“欧洲古典艺术歌曲的权威”。她1955年进入中央音乐学院，先后在声乐系、歌剧系任教。全面的艺术修养、娴熟的外国文学功底以及周密的教学计划，使她在声乐教育界成绩卓著。目前活跃在国际歌剧舞台上的许多演员，如傅海静、祝爱兰、姜咏、孙秀苇、赵登峰、杨光等，或是她的学生，或接受过她的辅导。

（王志明）

【三乐团演出季落幕】　7月10日晚，北京交响乐团在谭利华指挥下，在中山音乐堂上演了俄罗斯经典作品——里姆斯基—科萨科夫《天方夜谭》。同在7月10日晚，指挥李晓芦与中国交响乐团在国图音乐厅上演了音乐季的闭幕演出。曲目有格林卡的《鲁斯兰与柳德米拉》序曲、内·若索罗的《马琳巴协奏曲》、马勒的《第一交响曲》。7月11日晚，中国爱乐乐团在余隆指挥下，把“纪念德沃夏克一百周年系列音乐会”作为演出季的闭幕演出。由王健担任大提琴独奏。至此，三乐团的2003～2004演出季圆满结束。

（王志明）

【第六届音乐盛典举行】　7月24日晚，由中央电视台和MTV全球音乐电视台联合主办的CCTV－MTV音乐盛典在奥林匹克体育馆举行。王菲、朴树、赵薇、蒋勤勤、房祖名、阿杜、容祖儿、章子怡、蔡依林、韩红、孙悦、爱戴等内地、港台以及海外艺人出席了活动。“最受欢迎男歌手”和“最受欢迎女歌手”分别由朴树和韩红获得。

（王志明）

【惠特尼·休斯顿演唱会在奥体举办】　7月25日晚，惠特尼·休斯顿在北京奥体中心举行了演唱会。惠特尼演唱了《All At Once》、《Get It Back》、电影《保镖》主题曲《我会永远爱你》等经典歌曲。演出中，惠特尼的丈夫、女儿也同台演唱。

（王志明）

【“祝福你，北京”歌舞晚会】　北京歌剧舞剧院有限责任公司成立后推出的第一台大型歌舞晚会“祝福你，北京”8月10日晚在北展剧场举行。晚会集中了“北京”概念，分为“青春北京”、“人文北京”、“动感北京”、“奥运北京”四部分，从不同侧面反映了北京历史悠久的昨天、蓬勃盎然的今天和生机无限的明天。万山红、王英民、王霞、冯晓泉、老兵、孙悦、刘燕、宋祖英等演员参加了演出。

（王志明）

【三晋歌王音乐会】　“桃花红杏花白——三晋歌王2004北京音乐会”8月11日晚在中山公园音乐堂举行。被誉为“三晋三高”的三位歌手辛礼生、石占明和阿宝，及“太行歌后”刘改鱼等，演绎了河曲和左权两大民歌流派的经典民歌。

（王志明）

【《音乐之声》获得好评】　美国百老汇音乐剧《音乐之声》于8月13日～20日在北京展览馆剧场演出8场。由于观众反应热烈，主办方经过与美国百老汇演出团协商，于8月14日增加了一个日场。并以销售家庭套票为主。音乐剧《音乐之声》，根据玛丽亚·冯·托普的自传《托普家族的歌手》改编，是音乐剧大师理查德·罗杰斯（作曲）和奥斯卡·汉姆斯特恩二世（作词）最后一次合作创作的作品，被认为是两位大师最杰出的传世佳作。该剧讲述了不愿受繁文缛节束缚的修女玛丽亚到托普上校家做家庭教师，与上校相爱，成为孩子们继母，并举家逃离纳粹魔爪的动人故事。

（王志明）

【田浩江独唱音乐会】　8月21日，旅美华人男低音歌唱家田浩江在北京举办独唱音乐会。演唱作品涵盖古今中外，包括亨德尔的《看烈火冲天》（选自清唱剧《约舒亚》）、《来吧，利未人啊》（威尔第歌剧《纳布科》）、《诽谤是一阵微风》（罗西尼歌剧《塞维利亚的理发师》）、《迷人之夜》（选自音乐剧《南太平洋》）等。

（王志明）

【《百年小平，北京记忆》世纪剧院上演】　8月22日，为纪念一代伟人邓小平的百岁诞辰，中国长城学会、中央歌剧院、《北京晚报》、北京邹玉麟环宇文化发展有限公司共同主办的《百年小平，北京记忆》音乐会在世纪剧院上演。曲目有《祖国，慈祥的母亲》、《妈妈教我一支歌》、《再见了大别山》、《十五的月亮》、《在希望的田野上》、《春天的故事》等。刘珊、王霞、柳红玲、黄越峰、王丰等歌唱家参加了演出。

（王志明）

【王菲演唱会】　8月28日，歌手王菲在工人体育场举办了“菲比寻常”演唱会。王菲在演唱会上特意精选了《天空》、《流浪的红舞鞋》、《我愿意》、《但愿人长久》、《脸》等三十几首各个阶段的代表作。

（王志明）

【汪莉赴德举办独唱音乐会】　北京师范大学副教授、中国音乐家协会会员汪莉在暑假期间赴德，分别于文明古城奥格斯堡音乐厅、圣马汀教堂等地成功举办了6场独唱音乐会。音乐会曲目广泛，分别侧重艺术歌曲、歌剧咏叹调、教堂咏叹调等。其中两场与施坦伯格交响乐团合作。到场聆听音乐会的有奥格斯堡市的市长，当地各界人士、华人华侨。

（王志明）

【《女低音狂想曲》中国首演】　9月3日晚，“中国爱乐乐团04～05音乐季——勃拉姆斯作品系列交响音乐会”在中山公园音乐堂拉开帷幕。著名女中音歌唱家梁宁与著名指挥家汤沐海合作演出了勃拉姆斯的《女低音狂想曲》，这是该作品在中国首次演出。

（王志明）

【马勒《第九交响乐》拉开北交音乐季帷幕】 9月5日，北京交响乐团在艺术总监谭利华的指挥下，以马勒《D大调第九交响曲》拉开了2004～2005音乐季的帷幕。

（王志明）

【颐和园奏响2400年前宫廷古乐】 9月9日，颐和园德和园戏楼开始上演具有2400年历史的宫廷古乐。其中主乐器编钟为著名的曾侯乙编钟的原形复制品。一同奏响的还有编磬、瑟、笙、筝、埙、排箫等众多古典乐器。金、石、丝、竹、匏、土、革、木等古代悠扬的八音在颐和园中绕梁不绝。

（王志明）

【华人女作曲家音乐会在北京亮相】 由华人女作曲家协会主办、姜杰文化艺术中心承办的“华人女作曲家室内乐新作品音乐会”，9月17日在北京国图音乐厅举行。这是华人女作曲家协会自成立以来，在内地举行的第一场展示会员创作成果的音乐会，也是海内外华人女作曲家群体第一次在内地亮相。曲目有苏凡凌（中国台北）《粉墨登场》、李一丁（北京）交响诗《可可西里的精灵》、林迅（香港）《沙依坦克尔西》、张丽达（北京）第一小提琴协奏曲《茫谐》、何冰颐（加拿大）《六翼天使》、王强（中国香港）小提琴协奏曲《零号——献给香港人》。

（王志明）

【世界巨星长城演唱会】 9月25日，“2004世界巨星长城演唱会”在北京居庸关长城举行。演唱会由中国儿童少年基金会提供特别支持，由北京日报报业集团和美国斯坦伯格企业与北京市人民对外友好协会共同主办，《北京晚报》、斯坦伯格投资咨询（北京）有限公司和中国祥宇文化中心承办。演出是为了让人们更广泛关注中国儿童，并通过演唱会为他们提供捐助；同时，纪念“爱我中华、修我长城”的长城修复活动20周年。参加演出的有艾丽西亚·凯斯、辛迪·劳博尔、杰西卡·辛普森、说唱组合B2K等世界级歌手。

（王志明）

【《东方红》音乐会纪念经典】 为庆祝中华人民共和国成立55周年，同时为了纪念大型音乐舞蹈史诗首演40周年，经过重新编排的《东方红》视听音乐会，于9月29日～10月2日在世纪剧院上演。总政歌舞团此次演出的《东方红》，阵容强大。其中包括程志、王秀芬、梦鸽、宋立中、杨九红、曾明信、于乃久等。他们分别担任音乐会的独唱或领唱，指挥由郑健担任。此次音乐会演职员近200名。

（王志明）

【大屏幕视听音乐会】 中国歌剧舞剧院交响乐团于10月1日在民族宫大剧院举办了一场集成高科技投影技术的“宽屏幕”视听交响音乐会。它采用了交响音乐与电影画面互动的演出形式，展示了奥斯卡电影音乐的魅力，李凌担任音乐会指挥。演出的作品有《泰坦尼克号》、《乱世佳人》、《外星人》、《罗马假日》、《辛德勒名单》、《人鬼情未了》等电影的主题音乐片段。

（王志明）

【王洛宾作品音乐会】 10月2日晚，中央歌剧院在民族宫大剧院举办“王洛宾金曲与未发表作品音乐会”。音乐会除了有大家较熟知的作品外，还演出了《你的热泪把我的手背烫伤》、《亲爱的白兰地》、《寄你一片红叶》等几首未曾发表过的作品。

（王志明）

【《黄河》、《梁祝》原音重现】 为了庆祝中华人民共和国成立55周年，中山公园音乐堂邀请著名钢琴家殷承宗、著名小提琴家俞丽拿于10月2日、3日同台演出“庆祝国庆55周年——黄河梁祝大型交响协奏音乐会”。担任钢琴和小提琴独奏的是《黄河》、《梁祝》的首演者殷承宗和俞丽拿。指挥家范焘执棒的中国广播艺术团交响乐团还演奏了《红旗颂》、《白毛女组曲》、《红色娘子军组曲》三部红色经典曲目。

（王志明）

【大型交响合唱音乐会——“祖国颂歌”】 10月5日、6日，由总政歌舞团演出的“祖国颂歌”——庆祝中华人民共和国成立55周年大型交响合唱音乐会，在中山公园音乐堂上演。指挥郑健，宋立忠、冯桂荣、王庆爽、郭岭等青年歌唱家和120人的交响乐团、合唱团参加了演出。

（王志明）

【刘德华北京演唱会】 10月9日晚，“刘德华北京演唱会”在工人体育场举行。在近三个小时的演出中，刘德华为观众演唱了《缠绵》、《天意》、《冰雨》、《笨小孩》、《忘情水》、《中国人》和《十七岁》等新老歌曲。

（王志明）

【雅尔音乐会】 作为“法国文化节”开幕式的雅尔音乐会，10月10日晚8时在北京紫禁城午门广场举行。同时在正阳门和王府井大街设立了两个分会场，搭建的视频大屏幕与演出现场同步。音乐会从两个方面利用了最尖端的高科技，一方面高清晰度的设置和转播，在音乐会期间大约有15台摄像机对音乐会进行拍摄，从拍摄到转播都是用高清晰度的技术来完成的。另外一个技术方面重大的创新，就是此次在声音效果、音响效果的传输和录制方面都采用了5.1环绕声的技术。雅尔表演的节目，既包括曾经演奏过的作品，也包括他第一次到中国演奏的作品；既有一些后来所创作的新的音乐作品，也有专门为此次音乐会所创作的作品。

（王志明）

【《罗密欧与朱丽叶》北京首演】 10月14日、16日晚，由中华人民共和国文化部和北京市人民政府主办的第七届北京国际音乐节暨第二届北京国际交响乐演出季，在中法艺术家联袂演出的法国经典歌剧《罗密欧与朱丽叶》中拉开帷幕。《罗密欧与朱丽叶》由中国爱乐乐团、上海歌剧院合唱团共同演出，法国艺术家阿莫·贝尔纳担任导演，北京国际音乐节艺术总监余隆出任指挥。该剧汇聚了张建一、茵娃·穆拉、梁宁、布赖恩·姚西耶嫩、廖昌永等中法著名歌唱家。

（王志明）

【安德烈·波切利演唱会】 10月15日晚，意大利盲人歌唱家安德烈·波切利演唱会在人民大会堂举行。音乐会上，波切利演唱了《乡村骑士》、《假面舞会》、《托斯卡》等歌剧中的著名咏叹调和大家熟悉的《遥远的桑塔露琪亚》、《重归苏莲托》、《我的太阳》等意大利歌曲。

（王志明）

【歌剧《奥菲欧》国内首演】 10月20日晚，威尔第的歌剧《奥菲欧》在保利剧院演出，这是该剧在国内的首演。该剧由世界上首屈一指的古乐指挥家之一菲利普·皮克特指挥新伦敦乐团演出，由20年前开始饰演“奥菲欧”的男高音马克·塔克担任主角，由对欧洲文艺复兴颇有研究的专家乔纳森·米勒执导。

（王志明）

【《远游》世界首演】 应香港管弦乐团委约，中央音乐学院作曲系教授郭文景的《女高音与交响乐队——远游》，于10月22日在香港文化中心上演。这也是著名指挥家艾度·迪华特自2004~2005新音乐季出任该团艺术总监兼首席指挥的就职首演。出任女高音独唱的是歌唱家张嘉琳。

（王志明）

【朱亦兵大提琴专场音乐会】 10月23日晚，青年大提琴演奏家、指挥家，中央音乐学院最近回国的大提琴教授朱亦兵在中央音乐学院大礼堂举办专场音乐会。此次音乐会，上半场他与该院的青年钢琴家杜泰航合作演奏福雷、德彪西、舒曼的作品。下半场由他指挥与该院的众多教师演奏家合作演出理查·施特劳斯的《演变：为23名弦乐独奏者所作》。

（王志明）

【德国国际乐团北京巡演】 10月25日晚，万宝龙友谊之旅巡回演出在中山公园音乐堂举行。60多位德国国际乐团的成员与北京交响乐团的30位乐手共同演奏了伯恩斯坦的《坎迪德序曲》、贝多芬的《d小调第九合唱交响曲》和中国作曲家唐建平的《仓才》。担任指挥的是尤斯图斯·弗朗茨，打击乐独奏李飚。

（王志明）

【巴黎管弦乐团音乐会】 10月28日、30日，巴黎管弦乐团在保利剧院演出了两场不同曲目的音乐会。28日乐团演出的曲目有中国作曲家盛宗亮的长笛协奏曲《月笛》和法国作曲家迪蒂耶的小提琴协奏曲《梦之树》等。担任小提琴独奏的是卡皮松。30日演出的作品是达蒙巴维为中国传统乐器、西洋古典乐器及女高音而作的《双乐·吟》和柏辽兹的《幻想交响曲》。指挥是艾森巴赫。

（王志明）

【保利上演谭盾《地图》】 10月31日，北京保利剧院上演了谭盾作品音乐会。由谭盾指挥北京交响乐团演奏他的三首作品，该音乐会又叫“多媒体实验音乐会”。这三部作品包括管弦乐戏剧《噢》、琵琶与弦乐队协奏曲和《地图》。这次演出的重头作品《地图—寻回消失的根籁—湘西日记十篇》共分10个乐章，其中心部分是由摄影机真实记录的湘西少数民族乡间音乐。

（王志明）

【高尔韦长笛音乐会举办】 著名的长笛演奏家詹姆斯·高尔韦与慕尼黑室内乐团于11月2日在保利剧院演出。音乐会所选择的演奏曲目包括：莫扎特《D大调第二长笛协奏曲、行板——为长笛和乐队而作》；埃尔加《引子与快板》；格里格《霍尔堡时代》组曲。

（王志明）

【千年南音奏响世纪舞台】 起源于唐朝的传统音乐南音于11月4日被中国音乐学院和泉州南音乐团搬上世纪剧院的舞台。举办被称为中国音乐历史活化石的南音的这次专场演出，是中国音乐学院在全国范围内以搜集、整理优秀民间音乐为主要内容的“1行动计划”的项目之一。

（王志明）

【第七届北京国际音乐节闭幕】 第七届北京国际音乐节，于11月5日晚在保利剧院举行闭幕音乐会。著名指挥夏尔·迪图瓦与著名青年小提琴家文格洛夫和UBS韦尔比耶音乐节乐团联手，演出了一场交响乐与协奏曲音乐会。他们演奏了莫扎特的《费加罗的婚礼》序曲、贝多芬的《D大调小提琴协奏曲》、德彪西的《牧神午后前奏曲》和穆索尔斯基的《图画展览会》。本届音乐节由中华人民共和国文化部和北京市人民政府主办。从10月14日开始至11月5日结束，历时22天，演出23套节目计27场。包括9场交响音乐会、9场歌剧及戏剧、9场室内乐及独奏音乐会。本届音乐节的低票价运作方式产生了较好的社会效应。

（王志明）

【彭康亮独唱音乐会】 旅日12年的男低音歌唱家彭康亮，11月13日在国图音乐厅举办归国纪念音乐会。彭康亮是日本知名的藤原歌剧团唯一的华人签约艺人，现受聘于中央音乐学院，任声歌系教授。音乐会上彭康亮演唱了《麦克白斯》、《唐卡罗》、《新教徒》等歌剧的著名唱段。

（王志明）

【首师大举行纪念黄自音乐会】 11月18日，首都师范大学音乐学院等在该院音乐厅举行“纪念黄自先生诞辰100周年——心灵走进大师音乐会”暨普通高校在职教师首届公共艺术硕士学位班、音乐副修专业教学科研成果汇报音乐会。首师大受教育部委托，于2003年招收了普通高校在职教师首届公共艺术硕士学位班，共招收来自全国各大学的20位学员，由首师大教授冯兰芳任班主任，其目的主要是为大学里的公共艺术课培养师资。学员在校一年学业已接近尾声，音乐会就是他们以首师大音乐副修专业学生为实验培养对象，推出的一次全面成果展示。音乐会上演唱了黄自先生的一系列作品。

（王志明）

【情景交响乐《木兰诗篇》来京上演】 河南省歌舞剧院的大型情景交响音乐《木兰诗篇》，于11月18日~21日在北京保利剧院上演。作为国家实施舞台艺术精品工程和河南“郑汴洛精品工程”的成果之一，《木兰诗篇》演出阵容达200多人，排练历时近一年，投入400多万元，聘请了刘麟、关峡等国内一流作曲、编导，以全新的视角演绎了花木兰这个千古流传的动人故事。著名歌唱家彭丽媛、戴玉强分别扮演花木兰和男主角，参加了在京的主要场次演出。

（王志明）

【《肖斯塔科维奇第15交响曲》北京首演】 11月19日晚，上海歌剧院院长张国勇与中国爱乐乐团在北京首次演绎了肖斯塔科维奇第15交响曲。第15交响曲是肖斯塔科维奇的最后一部交响乐作品。

（王志明）

【音乐剧《猫王重现》北京上演】 在北京保利剧院上演了一场关于摇滚乐坛传奇人物的音乐剧《猫王重现》。根据猫王传奇的一生创作出来的《猫王重现》，由加拿大的LeCapitole Theatre（魁北克首都剧院）演出并创作。11月25日~28日在保利剧院进行中国演出的第二站。猫王的演出者是马丁·万亭。

（王志明）

【中央歌剧院上演三部经典意大利歌剧】 由中央歌剧院、京报集团联手举办的“魅力旋律、魅力歌声意大利经典歌剧展演”于11月下旬推出。三部歌剧《乡村骑士》、《丑角》、《塞维利亚的理发师》和歌剧序曲音乐会分别在北京大学百周年纪念讲堂、北京天桥剧场和国图音乐厅演出，并且首次使用中文演唱。参加演出的有黄越峰、刘维维、刘珊、孙秀苇、杜吉刚、贺磊明等。上海歌剧院的青年导演李卫担任《乡村骑士》和《丑角》两剧导演，《塞维利亚的理发师》导演由中央歌剧院王湖泉担任。

（王志明）

【蔡依林北京演唱会举办】 蔡依林2004北京演唱会于12月4日在北京工人体育馆举行。演唱会邀请了吴健豪作为嘉宾。蔡依林演唱了《骑士精神》、《看我七十二变》、《Proveit》等多首曲目。演唱会的主办单位为全彤国际实业股份有限公司和北京紫天鸿文化发展有限公司，承办单位是北京综艺博览文化交流有限公司。

（王志明）

【费玉清北京演唱会】 费玉清2004北京演唱会于12月10日在北京工人体育馆举行。演唱会由北京九州文化传播中心与北京桑夏神州文化传播有限公司联合主办。费玉清演唱了《绿岛小夜曲》，华尔兹组曲《月朦胧鸟朦胧》、《我是一片云》，民歌单元《龙的传人》、《船歌》，南方小调《天涯歌女》等几十首歌曲。

（王志明）

【鲁托斯拉夫斯基作品音乐会】 为纪念著名作曲大师维托尔德·鲁托斯拉夫斯基逝世10周年，波兰共和国驻华大使馆、中国音协和中央音乐学院，于12月17日在中央音乐学院演奏厅联合举办了鲁托斯拉夫斯基作品音乐会和图片展。纪念音乐会演出了鲁托斯拉夫斯基为钢琴、小提琴、单簧管、双簧管和大提琴等乐器创作的室内乐作品，钢琴独奏《牧歌》、《墓志铭》、《帕蒂塔组曲》等。

（王志明）

【孙楠演唱会】 12月24日孙楠在工人体育馆举办个人演唱会。演唱了《不见不散》、《燃烧》、《为爱说抱歉》、《缘分的天空》、《I believe》等曲目。

（王志明）

【百老汇音乐剧《芝加哥》在大会堂上演】 百老汇音乐剧《芝加哥》于12月24日~26日在北京人民大会堂演出。音乐剧《芝加哥》故事素材源自1927年发生在芝加哥的真实犯罪事件，该事件曾于1928年、1942年两次搬上银幕。1996年，由约翰·坎德尔（John Kander）作曲，弗雷德·艾伯（Fred Ebb）作词改编成音乐剧。同年，音乐剧《芝加哥》开始在百老汇演出，大获成功。此次《芝加哥》的北京演出由北京歌华文化发展集团、北京晚报社、北京人民广播电台音乐广播共同主办，北京歌华中演文化有限公司承办。

（王志明）

【作品《双重游戏》上演】 《双重游戏》是法国著名作曲家马克·安德烈·达尔巴维专门为中央民族乐团在中国文化年赴法国演出而创作的音乐作品。两国艺术家用中国民乐和西洋乐器同台演奏一首乐曲，旋律和谐动听、激情洋溢。曲名称为“双重”有3层含义：中法两国的艺术家合作演奏、东西方不同的文化相互融合、中国民族乐器与西洋乐器共同演绎一部作品。

（王志明）

【三宝个人作品音乐会】 12月30日和31日，三宝个人作品音乐会以不同主题在保利剧院举行两场“直接影响”命名的个人音乐会。30日的演出推出了三宝近年来的潜心之作《源》与《归》等；31日的演出则是一场纯粹的管弦乐音乐会，由三宝指挥，中国歌剧舞剧院演奏，演出的曲目是近年来三宝的电影音乐作品。

（王志明）

·会　议·

【北京音协第三次理事会召开】

北京音协第三次理事会6月18日在市文联召开，会议通过了金铁霖同志辞去北京音协副主席的决议；通过了增补张维良同志为理事和增补孟新洋、张维良为北京音协副主席的决议。陈卫东秘书长作了“以换届为契机，以活动为重点，迎接新的挑战”——2003年北京音协工作总结及2004年工作设想的报告。谭利华主席出席并主持了会议。

（王志明）

【北京音协代表出席全国音代会】

“中国音乐家协会第六次全国代表大会”12月13日~16日在北京国谊宾馆召开。北京市音协主席谭利华当选为中国音乐家协会副主席；谭利华、杨青、王黎光、雷蕾、陈卫东当选为理事。

（王志明）

·比赛评奖·

【全国第十届音乐作品（交响音乐）评奖揭晓】 3月25日，由文化部主办，中国交响乐团、中国交响乐发展基金会承办的“全国第十届音乐作品（交响音乐）评奖”在北京圆满结束。此次评奖活动从全国10个省市文艺团体、艺术院校共征集参评作品69部，由国内11位作曲家、指挥家组成的评审委员会，对上报作品本着严谨、务实、公平、公正的态度进行了评审，经过两轮评选，共评出20部获奖作品。其中，王西麟的《交响壁画三首》和杨立青的中胡与交响乐队《荒漠暮色》分获大型作品和中小型作品一等奖；唐建平、朱世瑞、罗忠镕、叶国辉、向民、郭文景、尹明五、方可杰、张丽达、杨新民等的作品分获大型作品和中小型作品二、三等奖。

（王志明）

【中国民族乐器国际比赛】 4月22日，在北京举行的第三届“龙音杯”中国民族乐器（琵琶）国际比赛圆满结束。来自全国各地的50余名选手进入复赛，20名选手进入了决赛，其中，中央音乐学院附中的齐洁和中国音乐学院的张莹分获少年组和青年专业组第一名。“龙音杯”中国民族乐器国际比赛，由中国音协《人民音乐》编辑部和香港龙音制作有限公司联合主办，每年一届，每届一个专题，评委由国际音乐界权威专家组成。

（王志明）

【第三届中国国际钢琴比赛】 由中华人民共和国文化部、中央电视台共同主办，中国对外演出公司、中央电视台文艺中心承办，中央音乐学院和中国音乐家协会协办的第三届中国国际钢琴比赛于5月16日落下帷幕。该比赛首次被文化部列为中国国际音乐比赛系列之一，今后将以声乐、钢琴、小提琴等多种专业轮流举行。本次比赛，来自25个国家的102名钢琴家报了名，其中录取了52人，最后来参赛的选手为38名，来自23个国家和地区，年龄最大的32岁，最小的19岁。比赛结果，第一名：许晨馨（23岁），中国；第二名：玛姆列夫（Albert Mamriev，30岁），以色列；第三名：库兹涅佐夫（Sergey Uznetsov，26岁），俄罗斯；第四名：黄楚芳（22岁），中国；第五名：杜静（24岁），中国；第六名：侯凯仪（Heidi Hau，28岁），美国。

（王志明）

【2004首届北京合唱比赛】 北京音协主办的“2004首届北京合唱比赛”5月14日正式开始，从93个参赛队中选拔出40个团队进入决赛。5月30日，在北京国家图书馆音乐厅举行颁奖音乐会。北京老年活动中心金秋合唱团、欧美同学会合唱团获得老年组一等奖；西城区警官合唱团获得成年组一等奖；北京民族文化艺术职业学校合唱团获得学生组一等奖；获得优秀指挥奖的是：王永文、陈伟、陈大方；获得优秀伴奏奖的是：贾青婉、王金峰、林琳；王永文（《童年的回忆》）、任志萍、薛淳（《呼喇喇春风吹》）、王雷、林琳（《姐妹上场院》）、熊亚光（《北京，北京，奥运之光》）获得作品创作奖。中央电视台音乐频道、北京音乐广播对音乐会进行了录制播放。

（王志明）

【首师大学生国际手风琴比赛获奖】 在6月10日结束的于澳大利亚、新西兰两国分别举办的“国际手风琴公开赛”上，首都师范大学音乐学院的学生柳袆袆、李梦可的组合在两项赛事中均获得了四重奏组的第一名，祝莹、李妍也同样在两个“公开赛”上获得了二重奏组的冠军。此外，李妍还获得了“2004澳大利亚国际键盘手风琴独奏冠军赛”的第三名。

（王志明）

【第11届青年歌手电视大奖赛】

第11届“新盖中盖杯”全国青年歌手电视大奖赛7月23日晚全部比赛圆满结束。自7月9日开赛以来，进入团体决赛的25支队伍，美声、民族、通俗三种唱法183名选手进行了比赛。经过激烈较量，职业组团体决赛由总政歌剧团联队夺得冠军。江苏电视台选送的钱琳夺得通俗唱法金奖；空军政治部文工团的王莉取得美声唱法金奖；总政歌舞团歌剧团联队选送的雷佳摘取民族唱法金奖。

（王志明）

【北京国际手风琴比赛闭幕】 8月14日，经过4天角逐，由中国对外文化交流协会主办，北京、上海、天津三市的手风琴学会和北京姜杰文化艺术中心所承办的第十届北京国际手风琴比赛圆满落幕。本届比赛有292名独奏选手和52组室内乐组合报名，艺术家组的报名选手达到36人（外国选手9名）。获得各组第一名的是：儿童A组：汪珅、周晨露、张晓艺；儿童B组：张原、王洪淼；少年A组：刘海瑜；少年B组：许笑男、皋娴、阮明圆；重奏儿童组：李若竹、樊超群；重奏少年组：贾新菲、王菁、贾斯汀；重奏青年组：Belyaev Anarey、Petrova Elena；室内乐：孟茜、石娟、刘胜文、常江涛、吴永硕；青年组：李岩；艺术家组：安德列；合奏组：齐靓、袁思翰、陈轩、曹晶晶、毕扬、于飞、刘皓玥、计苏、陶蕊、刘硕、尹航、高翔、刘爽、李丹、孟孟、李硕、张炅、刘畅、顾佳等。

（王志明）

【全国古琴大赛在京颁奖】 由“我们的文明”主题系列活动组委会和中国民族管弦乐学会主办，中国琴会和中国青少年社会服务中心承办的“2004全国古琴大赛”8月28日在北京落下帷幕，颁奖仪式和音乐会同时举行。这是我国历史上首次举行的全国范围内的古琴赛事。此次大赛自7月开始，分为成年组（职业、非职业）、少年组（职业、非职业）和儿童组，每组分设金、银、铜奖各一、二、三名。来自全国32个省、市、区及中国香港、台湾地区，以及美国、日本等国家的200多名选手参加了本次大赛。最终，徐君跃等4人获得金奖，另有贾建军等11人获得银奖，黄康等18人获得铜奖。

（王志明）

【“红樱束”汉城获奖】 9月15日晚，在韩国汉城举行的“世界文化公展赛”决赛颁奖现场，北京红樱束女子打击乐团在30多个国家团队现场同台演奏的激烈竞争中，一举荣获了最高奖项“世界和平奖”。此次大赛是由世界文化开放组织（WCO）主办的。

（王志明）

【马友友获北京音乐节年度艺术家称号】 由北京国际音乐节协会主办的第七届北京国际音乐节年度荣誉艺术家评选活动10月揭晓，著名大提琴家马友友荣获年度荣誉艺术家称号。

（王志明）

·交　流·

【解放军军乐团参加不来梅第40届音乐节】 中国人民解放军军乐团暨第二炮兵文工团舞蹈队一行78人，在代表团团长、军乐团政委李永龙的带领下，于1月下旬参加了第40届“不来梅国际音乐节”。从农历大年初一至初四，他们与美国、英国、德国、荷兰、埃及等10个国家的军乐团队同台献艺，连演7场，其精湛的技艺和良好的精神风貌，赢得了数万观众的如潮掌声以及同行们的广泛赞誉。

（王志明）

【北京现代音乐节】 5月25日～31日，北京现代音乐节在中央音乐学院举行。此次音乐节由中央音乐学院出资主办，是为了将各音乐院校的现代音乐创作、理论研究和教学成果集中展示出来，使我国的音乐教育模式由单一模式走向多样化。音乐节上演了十几场中外音乐家演奏的现代音乐作品，还特邀鲁西南的18位农民演奏了鲁西南鼓吹乐。

（王志明）

【拓植元一北京讲学】 日本东京艺术大学教授拓植元一先生应中央音乐学院邀请，于9月在中央音乐学院、中国音乐学院讲学。他的讲学内容为伊朗音乐、中亚音乐、土耳其音乐、阿拉伯音乐，并举行了一次座谈。出席听讲的有音乐学系及音乐研究所的教师、学生以及专程从上海来的上海音乐学院音乐学系教授及南京师范大学音乐学系的研究生，中央民族大学音乐系、首都师范大学的教师等。

（王志明）

【中国音乐学院举办建院40周年校庆活动】 9月24日，中国音乐学院建院40周年。全国政协副主席万国权、外交部副部长周文重、中共北京市委副书记龙新民等领导同来祝贺并出席了庆典大会。校庆期间还举办了多场音乐会及研讨会。中国音乐学院是以中国传统音乐教育和研究为特色的综合性高等学府，培养从事民族音乐表演、创作、理论和科技工作的专门人才和其他音乐专业、音乐教育人才。1964年9月21日，该院在原中央音乐学院民族音乐专业、北京艺术学院音乐系和中国音乐研究所的基础上，从全国选调了一批民族音乐专家共同组建。40年来，学院培养了6000多名毕业生，包括一大批著名的器乐、声乐、作曲、音乐学家和歌唱家等。近20年来，中国音乐学院仅省部级以上表演类奖项就获得500多项。

（王志明）

【电子音乐节举办】 2004北京电子音乐节是“中法文化年”的重要内容，于10月15日～20日在中央音乐学院举办。来自法国的四个流派的电子音乐作曲家齐聚北京，全面展示半个多世纪以来法国电子音乐的发展成果。本届音乐节主题为“音乐与科技共创美好明天”，由中央音乐学院、中国电子音乐中心主办。主要活动有系列电子音乐会、电子音乐作曲比赛、讲座与交流等。

（王志明）

【第11届北京国际音响唱片展举行】 由北京音乐广播和中仪集团公司联合主办、鼎上太阳广告有限公司承办的第11届北京国际音响（唱片）大展，10月29日~31日在北京世纪金源大饭店隆重举行。每年一度的北京国际音响唱片大展是我国北方地区最具规模的发烧音响盛会，来自日本和我国台湾地区的音响专家、评论家与到展者共同交流了音乐音响的热门话题，并对部分音响厂家的产品进行了主观评价，为广大发烧友提供参考。

（王志明）

【意大利名琴展】 12月11日和12日，中央音乐学院、中国乐器制作家协会和世界顶级古乐器公司——英国璧氏有限公司，携手在中央音乐学院举办为期两天的演出和展览。此次名琴展，展出了由英国璧氏有限公司提供的安东尼奥·斯特拉迪瓦利、瓜内利·德·吉苏、阿玛蒂等一批杰出的小提琴。乐器的总价值逾1亿元人民币。

（王志明）

·纪　念·

【吴伯超百年纪念活动举办】 4月5日上午，由中华民族文化促进会、教育部艺术教育委员会、中国音乐家协会、全国各大音乐学院、台湾师范大学等单位共同主办，音乐周报社协办的吴伯超百年诞辰学术活动在京召开。来自全国各地的学者、吴伯超的学生、吴伯超的女儿吴漪曼，以及中央音乐学院的师生，参加了在中央音乐学院举行的纪念大会。共同缅怀他对中国专业音乐教育事业所作出的巨大努力和杰出贡献。此外，6日上午的院长论坛，以“中国专业音乐教育的历史、现状与未来”为主题，对历史现状加以总结，并对我国专业音乐教育的发展前景作出展望。纪念活动期间，还举办了两场吴伯超作品纪念音乐会。

（王志明）

【音乐史诗纪念任弼时100周年】 音乐史诗“碑树人心中——纪念任弼时同志诞辰100周年”，4月20日晚在京举行。中国中央政治局常委、中央书记处书记、国家副主席曾庆红观看了演出。演出在交响乐《红旗颂》旋律中拉开序幕。由表演艺术家林中华、冯福生、谢芳、白慧雯朗诵的著名诗人朱子奇的诗篇《骆驼颂》，展现了革命斗争的历史画卷和任弼时同志的崇高革命精神；歌曲《情洒长征路》、《枣园情》等作品也都是根据任弼时生平经历新创作的。

（王志明）

【《音乐周报》喜庆25岁生日】 5月30日，中国第一家音乐报纸——《音乐周报》迎来创刊25周年纪念日。在北京国际艺苑皇冠假日酒店举行了庆典活动，来自音乐界、文化艺术界和新闻界的200余人参加了纪念活动。

（王志明）

【人民音乐出版社喜庆50周年】 10月10日，人民音乐出版社建社50周年座谈会在人民大会堂举行，李岚清、迟浩田等领导特别题词以示祝贺。人民音乐出版社是中华人民共和国成立以后最早创建的一家出版乐谱和音乐读物的出版发行机构。1954年10月，经过各方有识之士的共同努力，新音乐出版社（上海万叶书店、教育书店和上海音乐出版社合并而成）由上海迁京，与中国音乐家协会出版部合并，音乐出版社（1974年8月改称人民音乐出版社）宣告正式成立。据不完全统计，人民音乐出版社建社50年来共出版音乐、舞蹈、戏曲、曲艺类图书8500余种（不含“文化大革命”期间出版的图书），出版音像制品、电子出版物720余种。

（王志明）

【用音乐追忆大师李德伦】 10月19日，为纪念我国著名指挥大师李德伦先生逝世三周年，北京交响乐团和中国指挥家学会以及中山公园音乐堂联合主办“纪念李德伦大师逝世三周年音乐会”。音乐会上，李德伦大师的同行好友和学生等参加了演出。著名指挥家，87岁的黄飞立，84岁的韩中杰和75岁的徐新以及曾经受到过李德伦教诲的卞祖善、谭利华、俞峰轮流上场指挥了贝多芬c小调第五“命运”交响曲（第一乐章），柴可夫斯基的e小调第五交响曲（第二乐章），李斯特的《前奏曲》，华彦钧、吴祖强的《二泉映月》，吴祖强、王燕樵、刘德海的琵琶协奏曲《草原英雄小姐妹》，以及黄安伦的《C大调交响曲第二乐章“葬礼进行曲”》。

（王志明）

【冯子存纪念活动举办】 由中国民族管弦乐学会、中国音乐学院、北京音乐家协会主办，中国民族管弦乐学会竹笛专业委员会、中国音乐学院艺术家档案研究室承办的“喜相逢——冯子存百年诞辰纪念”活动，于10月23日在北京中国音乐学院隆重举行。中国民族管弦乐学会朴东生会长，中国音乐学院金铁霖院长、张雪书记，张家口市委宣传部和冯子存先生老家河北阳原县的领导，与来自全国各地的笛界人士400余人共同学习、缅怀和追忆了中国北派竹笛艺术大师、北派笛乐重要的奠基人之一、著名的竹笛教育家、作曲家、演奏家冯子存先生的光辉一生。

（王志明）

【民族管弦乐学会举行18周年庆典】 中国民族管弦乐学会在北京召开成立18周年庆祝大会。大会简要回顾了学会近年来的工作，并向45位在民乐领域作出杰出贡献的老艺术家颁发了“民乐终身贡献奖”。文化部社会团体管理办公室主任马文辉、中央民族乐团团长顾夏阳、中国广播民族乐团团长张高翔，以及学会13个专业委员会的领导出席了庆祝大会。

（王志明）

·研究与评论·

【全国琵琶艺术研讨会】　3月20日~21日，中国民族管弦乐协会琵琶专业委员会在北京召开了主题为“21世纪琵琶的发展前景与人才培养”的“2004琵琶艺术研讨会”。来自全国29个省、市、自治区及深圳特区的专业院团、艺术院校的琵琶演奏家、教育家，正在艺术院校学习琵琶演奏的青年学生和从事群众普及活动的非职业的琵琶演奏家以及新闻媒体近300人参会。学会会长朴东生、副会长刘文金等出席了开幕式并向琵琶专业委员会名誉会长林石诚、会长刘德海、副会长兼秘书长李光华及副会长、常务理事、理事颁发了聘书。刘德海先生向与会代表作了专题艺术讲座。

（王志明）

【中国音乐电视研讨会在京召开】　3月26日，由中央电视台与中国电视艺术委员会联合主办，中央电视台文艺中心戏曲音乐部与北京师范大学艺术与传媒学院联合承办的中国音乐电视研讨会在北京师范大学英东学术会堂召开。与会的国内各大艺术高校的著名学者和活跃在音乐电视创作一线的著名导演、音乐人，国内外著名的音乐、影视机构负责人就音乐电视当中存在的“过于局限的主题预设”、“现代音乐中往往有过多的意向，而没有意境”、“影像的节奏不能很深刻地贴合音乐的规律”三大“怪现状”进行了探讨。

（王志明）

【儿童歌曲创作研讨会】　6月11日，中国音乐家协会在北京召开了“儿童歌曲创作研讨会”。会议由中国音协分党组书记徐沛东主持。出席研讨会的有中国音乐家协会主席傅庚辰，副主席谷建芬、王世光，中国文联组联部副主任常祥霖和中国音协分党组成员。应邀参加会议的有词曲作家及评论家戴于吾、徐锡宜、李海鹰、张卓娅、王佑贵、龚耀年、晓丹等，教育部艺教委副主任周荫昌、北京灯市口小学特级音乐教师吴文清、人民教育出版社音乐教材负责人杜永康、北京市学生活动中心王力志、北京市少年宫邵紫绶、中央人民广播电台少儿部秦植国、中央电视台少儿频道导演张云鹏和北京电视台青少频道导演许叔梅以及《人民日报》、《中国少年报》、《光明日报》、《中国艺术报》、《音乐周报》等记者共40余人。会议就儿童歌曲的现状、作曲家的责任及儿童歌曲的发展进行了研讨。

（王志明）

【全国高校音乐教育专业钢琴学术研讨会】　9月20日，由中国教育学会音乐教育专业委员会举办的“全国高校音乐教育专业钢琴学术研讨会”在首都师范大学音乐学院举行，来自全国57所高校的160余位钢琴专家、教师和研究生参加了此次会议。中国教育学会音乐教育专业委员会会长杨瑞敏、著名钢琴家周广仁教授等出席了本次研讨会。在研讨会正式开幕之前，举行了“中国教育学会音乐教育专业委员会钢琴学术委员会”成立大会，经过民主程序，大会推举出5名主任、副主任和28位学术委员。

（王志明）

【全国首届柳琴艺术研讨会】　由中国民族管弦乐学会柳琴专业委员会主办的“首届中国柳琴艺术研讨及展示交流会”于10月4日~5日在北京召开。来自全国14个省市及香港、台湾地区的百余名代表和新加坡、日本的嘉宾出席了会议。大会共收到论文26篇，内容涉及有关柳琴演奏技术技巧方面的交流、柳琴专业教育与普及教育教学经验的总结与研究、对柳琴艺术发展轨迹的回顾和各地区柳琴发展现状的论述，以及从创作角度和作品的分析来讨论柳琴音乐的发展。

（王志明）

【红樱束音乐发展研讨会召开】　12月26日，由北京音协主办的“红樱束音乐发展研讨会”在市文化局礼堂举行。文化部市场发展中心研发部主任胡月明、中国打击乐学会名誉主席刘汉林、中国民族管弦乐学会会长朴东生、中国民族管弦乐学会笛子协会会长张维良、中央音乐学院副院长徐昌俊、首都师范大学音乐学院院长杨青、作曲系主任张大龙、中国音乐学院前院长李西安、中国音乐家协会《人民音乐》副主编于庆新、《人民音乐》编辑部主任金兆钧、《音乐周报》副总编陈志音、词作家宋小明、综艺博览文化公司常务副总经理洪丽娟以及中央电视台、凤凰卫视台等媒体的30多人参加了会议。与会者就全国第一支民营女子打击乐队的发展方向、市场定位、演出运作的问题进行了广泛的讨论。

（王志明）

【王西麟、郭文景公开辩论】　《人民音乐》杂志2004年第一期刊载原北京歌舞团作曲家王西麟署名文章，题为《由〈夜宴〉〈狂人日记〉到对“第五代”作曲家的反思》。该文以“第五代”作曲家创作题材变化为切入点，从道德角度对郭文景的《夜宴》和陈其钢的《蝶恋花》进行批评，认为《蝶恋花》是“音乐中的《金瓶梅》”；《夜宴》则有“宣扬声色犬马而取悦外国人和国内的享乐社会的用心”。《音乐周报》2004年第16期~第21期（4月23日至6月4日），连载6期郭文景署名文章《谈几点艺术常识　析两种批评手法——与王西麟先生对话》，郭文景认为，“我们正在讨论的是这样两个问题：1. 艺术家创作选题自由的问题；2. 艺术评论和‘大批判’的区别。”并指出，王文最后的6个“千万不要”，“是一种不光明磊落的批评手法”。《人民音乐》杂志2004年第4期全文刊载郭文景文章。《北京青年报》也分别刊载了王郭的文章。2004年的“王郭之争”，继2002年的“卞谭之争”，再次引发音乐界和有关方面的广泛关注。

（王志明）

出 版 物

·报 刊·

【《爱乐》创刊10周年全新改版】 由三联书店于1993年创办的著名古典音乐杂志《爱乐》于3月改刊号出版。改版后的《爱乐》仍为月刊，全彩铜版纸印刷。

（王志明）

·论 著·

【《李岚清音乐笔谈》出版发行】 由高等教育出版社出版发行的《李岚清音乐笔谈》是一本音乐普及读物，也是一部关于音乐与人生、音乐与工作、音乐与教育关系的著作。该书图文并茂，集艺术性、教育性和思想性于一体。全书包括音乐家传略、作者札记、作品选介及音乐常识与名词解释四部分，书中还附有音乐欣赏光盘（DVD）一张。

（王志明）

【《吴伯超的音乐生涯》在京出版】 《吴伯超的音乐生涯》由中央音乐学院出版社出版。该书由肖友梅音乐教育促进会主编，中央音乐学院出版社出版，书内收录了吴伯超抗战时在重庆指挥千人大合唱等珍贵照片33幅、《我们是民族的歌手》等乐谱24部、《国立音乐院成立记》等文论9篇，以及纪念吴伯超的文章85篇。

（王志明）

【《中国当代歌词史》出版】 由二炮文工团著名词作家晨枫编著的《中国当代歌词史》出版。该书从学术探讨的角度讲述了中华人民共和国成立以来50年间中国歌词史，是中国音乐文学学会和首都师范大学音乐文学研究所共同策划组织的《歌词理论建设丛书》的组成部分。

（王志明）

【《音乐学——历史、文献与写作》出版】 中国音乐学院陈铭道教授的《音乐学——历史、文献与写作》一书由人民音乐出版社出版。全书包括《音乐学的历史》、《各国的音乐学》、《音乐学文献》、《西方音乐史的写作》、《怎样写音乐学论文》共五章。

（王志明）

【《音乐剧声乐演唱教材》出版】 中国文联出版社出版了叶洪涛编选的《音乐剧声乐演唱教材》。该书共编入62首曲谱，特别可贵的是将人们广为传唱的音乐剧登峰之作《猫》中的《记忆》，《西区故事》中的《今夜》、《我真美丽》、《玛丽娅》，《美女与野兽》中的《美女与野兽》，《悲惨世界》中的《我有一个梦》、《我心深处》等名曲均收录其中。

（王志明）

·音像制品·

【彭丽媛专辑《源媛流长》面市】 5月19日下午，彭丽媛推出了准备两年之久的经典民歌专辑《源媛流长》。专辑包括中国11个地域的13首不同风格的经典民歌，其中采风自云南地区的藏族山歌《美人》是第一次在专辑中出现。

（王志明）

【毛宁5年后再出新唱片】 8月18日下午，日本DAO唱片公司和中国21东方唱片公司在昆仑饭店为歌手毛宁举办了新专辑发布会。毛宁时隔5年推出了第10张个人专辑《我》。新专辑的10首歌曲中，有8首是谷村新司作曲。

（王志明）

【《金铁霖声乐教学》面世】 由广州市新时代影音公司推出的《金铁霖声乐教学》音像专辑，9月7日在京首发。专辑分为理论篇和示范篇。DVD珍藏版、VCD精装版、CD版9月在全国同步发行。

（王志明）

【京味吆喝CD上市】 北京千思文化传播有限公司推出了民俗CD《老北京吆喝》。该CD收录了几十年前老北京城里走街串巷的小贩们的叫卖，有驴打滚、冰糖葫芦、艾窝窝等传统小吃，有支沙锅、收破烂、送财神爷等各种游街叫卖的吆喝等等。该CD由七旬高龄、世居北京的民间艺人臧鸿老先生录音。

（王志明）

【《宋人词意》演奏专辑出版】 由普罗艺术推出的古琴吟唱《宋人词意》，辑录了晏殊、欧阳修、苏轼、秦观、柳永、李清照、辛弃疾等宋代著名词人的《浣溪沙》、《清平乐》、《诉衷肠》、《水调歌头》、《雨霖铃》、《如梦令》等词牌。古琴与箫演奏由李祥霆完成。

（王志明）

【《世纪的奉献》白铁单簧管独奏专辑出版】 中国录音录像出版总社出版发行了旅美单簧管演奏家白铁的单簧管独奏专辑《世纪的奉献》。该专辑收录了法国作曲家盖斯通·利泰兹的《单簧管与钢琴变奏曲》、马歇尔·比斯克的《单簧管与钢琴小曲》、韩国作曲家陈挺右的《阿里郎单簧管变奏曲》等，尤金·鲍查的《单簧管与钢琴随想曲》等6首近现代作曲家的作品。

（王志明）

舞　　蹈

2004 年舞蹈活动非常活跃。

第一届北京国际舞蹈演出季闭幕。以“纪念乔治·巴兰钦诞辰一百周年世界芭蕾明星荟萃”为主题，来自美国、法国、英国、俄罗斯芭蕾舞团的首席艺术家们参加了闭幕式演出。

第二届北京国际舞蹈演出季在吸取了前一届的经验后更加突出了三个主题：国际性、民族性、艺术性。此次舞蹈季历时 34 天（跨年度），共有中外著名演出团体的 14 个剧目 50 场演出在首都各大剧场轮番上演。大大丰富了首都文艺舞台。

为纪念中央芭蕾舞团建团及中国芭蕾 45 周年华诞，举行了新年芭蕾晚会并定名为中国芭蕾节，全国五大芭蕾舞团的国际大赛获奖者连同中央芭蕾舞团演员及来自英国、法国、俄罗斯的首席艺术家参加了演出。

在北京舞蹈学院 50 年校庆期间举行了一系列的成果展示和理论研讨活动，在半个月里，演出了 11 台各类舞蹈晚会，举行了国际舞蹈教育论坛、全国舞蹈教育研讨、中国民族民间舞蹈学术论坛、中国古典舞论坛，并举办了开放教学日等。

舞蹈市场化的探索：北京歌舞剧院改制为北京歌舞剧院有限责任公司后，立即推出了一台大型歌舞晚会“祝福你，北京”。精心打造了新版“大中华乐舞”旅游演出节目，拓展了旅游演出市场。东方歌舞团改革总体方案年初得到国家批准，仅一个月的时间演出收入达 270 万元。为演出市场化进行了有益探索。

文化交流：随着奥运的临近，北京加大了对外文化交流活动。先后邀请了包括美国、俄罗斯在内的二十多个国家的一流演出团体和个人来京演出 50 余场，其数量是前两年的总和。中法芭蕾联袂上演《希尔薇娅》拉开了法国文化年的序幕。英国兰登舞蹈团的《美丽迷惘》等为英国舞蹈节开场。来自不同国家有着浓郁风情的踢踏舞、探戈舞、拉丁舞等在首都舞台上大放异彩。

舞蹈作为舞台艺术的重要门类，长期以来一直在不断地发展和探索。由杨丽萍打造的《云南映象》对原生态舞蹈有了新的诠释，在京演出后受到北京舞蹈界的肯定，评论为：给舞蹈创作注入了新的活力。由总政歌舞团排演的大型音乐舞蹈诗史《一个士兵的日记》把舞蹈、音乐、话剧、灯光、舞美进行了有机的结合，开拓了舞台艺术的新天地。

（孙　颖）

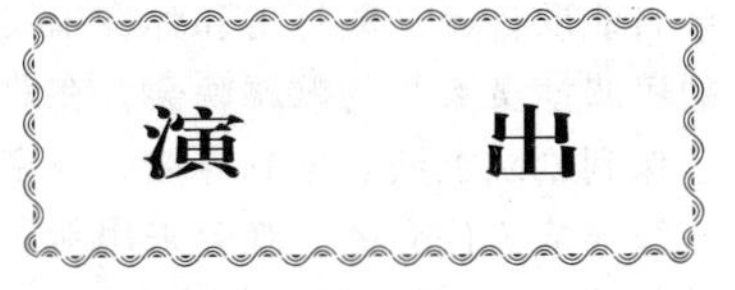

演　出

【首届北京国际舞蹈演出季闭幕】　1 月 20 日，在人民大会堂举行了首届北京国际舞蹈演出季闭幕演出。以“纪念乔治·巴兰钦诞辰一百周年世界芭蕾明星荟萃”为主题，以中央芭蕾舞团的明星阵容为班底，邀请了来自美国、英国、法国、俄罗斯芭蕾舞团的首席艺术家们参加了演出。主要作品有：《小夜曲》、《柴可夫斯基双人舞》、《辉煌的快板》、《古典大芭蕾舞》、《堂吉诃德双人舞》、《海盗双人舞》等芭蕾精品。此次演出季从 2003 年 12 月 12 日开始，历时一个多月，共演出了 16 台剧（节）目近 50 场。演出的时间长度、数量、人数、质量和观众人数都创造了北京乃至中国舞蹈演出的全新纪录。

（孙　颖）

【中国古典舞进高校】　1 月初，由市教委推出的“高雅艺术进课堂”活动之一的“寻根述祖谱华风”中国古典舞晚会，在首都师范大学电影厅举行。演出生动展现了中华民族五千年舞蹈创作的历程。整台节目大多是根据史书记载、文物上的花纹、墓葬中的石刻创作出来。其中先秦时期的“楚腰”坦荡狂放，透着楚风的简朴。汉代独有的“枪鼓”舞风洒脱，技巧突出。曾获全国舞蹈“荷花杯”金奖的“踏歌”把整台晚会推向高潮。该晚会由清华、北大、人大、农大华北电力大学等高校主办。北京舞蹈学院古典舞系承办。

（孙　颖）

【中芭新版《天鹅湖》亮相世纪剧院】 3月12日、13日，由中央芭蕾舞团排演的新版《天鹅湖》在世纪剧院上演。新版《天鹅湖》，通过现代高科技手段与古典高雅艺术的结合，采用了动态多媒体的现代感很强的简洁舞美、时尚炫目的服装以及大量编排的舞蹈，以新的形式诠释了经典的浪漫爱情故事。

（孙　颖）

【现代舞《我们与未来相约》】 3月16日，北京舞蹈学院现代舞专业的新一届毕业生在学院举办晚会“我们未来相约”。这些已经学习4年现代舞的新生力量由舞蹈教育家杨美琪主教，并先后聘请国内及法国、美国等知名教授讲课，取得较好成绩。

（孙　颖）

【《大红灯笼高高挂》北大演出】 4月2日～4日，中央芭蕾舞团在北京大学百年讲堂演出了芭蕾舞剧《大红灯笼高高挂》，构成了为期3天的“北大芭蕾之夜”。4日下午由中央芭蕾舞团团长赵汝蘅率领剧组全体成员、乐队成员，在纪念讲堂观众厅举办芭蕾专题讲座，就如何欣赏芭蕾、芭蕾舞演员应具备什么素质等问题与观众进行了面对面交流。

（孙　颖）

【“荷花奖”《霸王别姬》在京演出】 4月20日～23日，曾荣获过中国舞蹈界最高奖——荷花奖的舞剧《霸王别姬》在北京保利剧院首次演出。该剧编导赵明。由北京军区战友歌舞团、上海东方青春舞蹈团、上海戏剧学校戏曲舞蹈分院联合演出。

（孙　颖）

【《蔚蓝色的浪漫》纪念演出】 5月14日、15日，东方歌舞团大型环球风情音乐舞蹈晚会《蔚蓝色的浪漫》再现北展剧场，此次演出是为纪念演出200场业绩的一次庆典。该晚会两年内在全国巡演，平均每三天演出一场，产值达到5000多万元。在创作上打破歌、舞、乐的界定，实行三者互动融和，艺术与科技融和。所到之处深受观众喜爱，久演不衰。主要演员有：韦唯、成方圆、牟炫甫、刘维维及踢踏舞领舞帕尔哈提等。

（孙　颖）

【“五彩中华”大型歌舞晚会在京演出】 5月23日～27日，中央歌剧舞剧院为纪念毛泽东《在延安文艺座谈会上的讲话》在保利剧院演出了名为“五彩中华”的大型歌舞晚会。晚会最大的亮点是为了这次演出新创作的5个舞蹈节目，它们分别是女子群舞《霓裳羽衣舞》、《秦淮烟柳》、藏族舞蹈《雪域春天》、群舞《国色天香》、独舞《扇舞丹青》。除了古典风格的民族舞，现代舞《当代节奏》则以极富节奏感、动感和冲击力的舞蹈语汇，展现了当代年轻人的生命节奏和活力，现代感极强。

（孙　颖）

【儿童歌舞《哪吒与金翅鸟》】 6月4日～5日，一台集声、光、电等高科技手段为一体的大型儿童环保科幻歌舞剧“哪吒与金翅鸟”在保利上演。160多位5～6岁的儿童参加了演出。这台由空军蓝天幼儿艺术团编演的如此大规模的儿童演出阵容在国内还属首次。在“六一”儿童节和世界环境日之际，该剧第一次进行了公益性公开演出。

（孙　颖）

【《天地祥云》在保利演出】 9月9日～12日，中央民族歌舞团汇聚了一台由20多个民族、130余名能歌善舞又能打击和弹奏乐器的民族演员参与的歌舞晚会，在北京保利剧院上演。据总导演、国家一级导演丁伟介绍，晚会采用新名歌的音乐编配，融入了HIPHOP、电子舞曲形式，使淳朴的民族音乐更具动感效果，顺应了时代的节奏，受到了观众的欢迎。

（孙　颖）

【现代舞《北京故事》、《褪色玫瑰》首演】 9月18日，北京现代舞团在北京戏曲艺术职业学院排演场首演现代舞《北京故事》、《褪色玫瑰》。由胡磊、张沙自编自导自演《北京故事》，分为一篇和二篇。一篇是2003年演过的老作品，二篇是2004年的新作品。《褪色玫瑰》描写了“爱情消失后遗留下来的那些酸痛”，由10名舞者扮演不同年龄不同婚姻类型的角色。该舞蹈的编导崔凯是北京现代舞团的主要演员之一，也是我国当今现代舞界颇负盛名的青年舞蹈家。

（孙　颖）

【军艺学生汇报演出《成长》】 9月24日，在全军第八届文艺会演中，由军艺舞蹈系师生自编、自导、自演的舞蹈诗《成长》在北京亮相。这部舞蹈诗由招生、训练课、文化课、打扫卫生、不眠夜和告别六个片段组成，以小学员如何成长为一名合格军旅舞蹈家为主线，把芭蕾、古典舞、民间舞和街舞穿插其中。其细腻的情节和生动的舞姿，使观众了解到了他们不凡的成长经历。

（孙　颖）

【胡锦涛观看大型音乐舞蹈《一个士兵的日记》】 9月25日，中共中央军委、国家主席、中央军委主席胡锦涛与驻京海陆空三军和武警部队数百名基层官兵一起，在中国剧院观看了由总政歌舞团创作演出的大型音乐舞蹈《一个士兵的日记》。观后胡锦涛指出：该剧反映部队火热生活，表现祖国儿女真诚情怀，表演形式新颖，很感人很精彩，看后很受鼓舞，催人奋进。它告诉人们，我们党领导的人民军队，无坚不可摧，无往而不胜。演出结束后，胡锦涛等领导与演职人员亲切握手，祝贺演出成功并合影留念。

（孙　颖）

【孙颖舞蹈作品晚会“寻根诉祖谱华风”】 9月25日～26日，在北京舞蹈学院50年华诞的喜庆日子里，北京舞蹈学院资深教授、中国古典舞研究生导师孙颖作品晚会“寻根诉祖谱华风”在北京舞蹈学院内的沙龙舞台进行了四场演出。孙颖1929年出生，1950年于中央戏剧学院舞蹈系毕业后一直从事舞蹈教学和研究工作，被誉为“舞蹈文人”。他创造的主要作品有：古典舞《铜雀伎》，舞蹈《踏歌》（曾获首届中国舞蹈“荷花奖”金奖）、《小破阵》、《枪鼓》、《小胡旋》、《鼓趣》、《炎黄祭》，以及担任电视剧《唐明皇》、《三国演义》、《司马迁》、《炎黄始祖》的编舞。

（孙　颖）

【第六届国际艺术节闭幕】 10月11日，第六届中国国际民间艺术节北京地区的闭幕演出在世纪剧院举行。来自世界各地的10个民间艺术团体轮流登场，展现了世界民间艺术的多元风采。其中：墨西哥国际响板舞大师索妮亚阿梅利奥巧妙地把音乐、舞蹈和响板艺术完美地融合在一起，担任压轴演出的是世界最著名的波兰玛佐夫舍国家舞蹈团，44名演员跳起欢快的波兰民间舞蹈，把演出推向高潮。

（孙　颖）

【新版《大中华乐舞》迎接中外游客】 11月23日，由北京歌舞剧院有限责任公司重新打造的新版《大中华乐舞》作为定点演出剧目，开始正式迎接中外游客。作为著名的“北京之夜”晚宴剧场，该剧在此已演了4年共1000多场，取得了一定的市场化演出经验。北歌接手后创建新版，剧目主要由《仪仗迎宾》、《皇宫盛典》、《敦煌梦幻》、《霓裳羽衣》、《铜甲金戈》、《白蛇传奇》、《民族风情》、《辉煌紫禁》等组成，力求在宣扬中华民族优秀传统文化歌舞的前提下，更加适合旅游市场和中外游客的需要。

（孙　颖）

【第二届北京国际舞蹈演出季开幕】 12月21日，第二届北京舞蹈季开幕式演出在保利剧院举行。开幕式上由中芭演出了芭蕾舞剧《希尔薇娅》。此次活动由文化部、中国文联、北京市委和北京市政府联合举办。第二届国际舞蹈演出季融“国际性”、“民族性”和“艺术性”于一体，有中外著名演出团体和舞蹈家参加，向北京观众献上了14台优秀剧目、50场演出。

（孙　颖）

交　流

·国　内·

【中国歌剧舞剧院赴广西演出】 2月15日，在广西融安的长安广场，随着热情欢快的《踏歌起舞》，中国歌剧舞剧院“三下乡”首场演出拉开序幕。中国歌剧舞剧院根据广场演出的特点，安排了一些热烈、奔放的歌舞节目。

（孙　颖）

【天津舞剧《精卫》再次来京】 2月21日～24日，由天津金耀芭蕾舞团创作的《精卫》，再次在保利上演。该剧取材于精卫填海的悲情传说，编导邓林从人性和神性角度加以开拓，运用民族与现代共同打造的芭蕾舞，气势宏大。该剧曾在第四届全国舞剧比赛中获得了4项大奖。

（孙　颖）

【原创舞剧《红楼梦》在上海首演】 3月8日，北京军区战友歌舞团和上海城市舞蹈公司共同创造的原创舞剧《红楼梦》，作为中国舞蹈荷花奖闭幕式剧目在上海大剧院首演。编导赵明，作曲苏聪。北京舞蹈学院的武巍峰饰宝玉，中国歌剧舞剧院的山翀饰演黛玉，战友歌舞团的袁琳饰演宝钗。

（孙　颖）

【大型原生态歌舞集《云南映象》在京公演】 4月10日，大型原生态歌舞集《云南映象》在北京保利剧院公演。该剧汇集了原汁原味的民族歌舞元素和云南各民族民间着装的生活原型。62面鼓的鼓风、鼓韵，风格独特；120个具有云南民族特色的面具、牛头、玛尼石、转经筒等全是从生活中提取的真实用品；70%的演员来自云南的少数民族。舞蹈家杨丽萍任总编导及艺术总监，并领衔主演。

（孙　颖）

【西藏民风晚会在京上演】 4月28日，来自西藏的民间艺人在民族宫剧院上演了观众难得一见的西藏民风晚会“喜马拉雅——西藏传世精典歌舞之夜”。整台晚会的压轴戏是西藏民情舞《雪山赋》和曾获全国舞蹈比赛优胜奖的《牛背摇篮》，使观众身临其境感受到来自雪域高原文化的无穷魅力。

（孙　颖）

【安徽少儿舞蹈京城表演】 5月18日、19日，安徽省淮南市少儿舞蹈团在北展剧场演出了精彩节目。这次名为“放飞理想——京皖少儿舞蹈展演”的演出，是由北京舞蹈家协会联合主办的。舞蹈节目主题鲜明、格调高雅、构思新颖、形式活泼，形象展示了淮南市少儿舞蹈的特色和整体实力，令人耳目一新，增强了两地的文化交流。

（孙　颖）

【中芭首演杭州大剧院】 8月24日，中央芭蕾舞团的精典剧目《大红灯笼高高挂》、《红色娘子军》在新落成的杭州大剧院进行了落成首演。杭州大剧院历时3年建设，投资9.5亿元，被认为是国际先进、国内一流的文化设施。

（孙　颖）

【新疆歌舞晚会《天山的祝福》】　9月26日，新疆维吾尔自治区政府组织了由新疆歌舞团、和田新玉歌舞团组成的新疆慰问团在中国评剧大剧院演出了充满民族风情的节目，表达了新疆人民对首都人民的节日祝福和问候。该团由自治区党委副书记胡家燕带队，北京市委副书记龙新民、副市长孙安民观看了演出。

（孙　颖）

【云南民间艺术团来京演出】　10月7日，从云南思茅和香格里拉远道而来的佤山司岗里民间艺术团、梅里雪山艺术团在海淀区畅春园广场为北京市民奉献了一场充满远古神秘气息的原生态歌舞演出。此次，云南民间艺术家是专程为庆祝中华人民共和国成立55周年赴京演出的。“十一”期间，他们先后在玉渊潭公园、畅春园广场和朝阳区文化馆红庙广场演出9场，观众达3000余人。

（孙　颖）

【原生态歌舞走进北京高校】　10月19日～22日，云南滇西民间歌舞团来到北京舞蹈学院、首都师范大学、中国音乐学院和清华大学，让北京大学的学生感受一次中国最具民间特色的原生态文化。此次活动请来了滇西北普米族、白族、傈僳族、滇南佤族及摩梭人等少数民族的几十位民间艺人，其中佤族老艺人岩兵是当地著名的祭师，他能演奏四十多种乐器，包括最古老的佤族乐器。这次系列活动的发起者是著名词作家陈哲。由他领导的“普米族传统文化传习小组”被文化部纳入民族民间文化保护试点单位。

（孙　颖）

【《一把酸枣》在京首演】　12月3日，由山西市委宣传部举办的“华夏文明看山西”活动在北京展开。其中由总政歌舞团山西籍的张继刚编导的大型舞剧《一把酸枣》成为此次活动的重点，并在保利剧院首次公演。中央和山西省、北京市的有关领导观看了演出。

（孙　颖）

·国　际·

【北京现代舞团国外演出】　1月8日～2月11日，北京现代舞团赴欧洲11个城市做为期5周的巡回演出，节目包括《满江红》、《十面埋伏》、《黄昏祷告》和舞剧《昆仑》选段。巴黎有关报刊评论说：“演员卓越而有纪律，舞蹈的编排丰富而新颖，北京现代舞团是一支国际级的舞蹈团。”11月12日～22日该团赴南美巴西、阿根廷演出了现代舞《古乐·春之祭》。

（孙　颖）

【踢踏舞《铁的节拍》亮相北展剧场】　1月12日～16日，来自拉斯维加斯的踢踏综艺秀在北展剧场演出踢踏舞《铁的节拍》。这台综艺秀是由享誉全球的拉斯维加斯魔术师和才华横溢的制作人沃里·伊斯特伍德为中国首演精心打造的，以爱情为主题将目前风靡世界的三种踢踏舞的脚下神功与节奏变幻水乳交融，在听觉、视觉、动觉上创造出了全方位的震撼和全身心的享受。

（孙　颖）

【俄罗斯卡列金歌舞团访华演出】　1月17日、18日，俄罗斯卡列金歌舞团在民族宫大剧院进行了题为“梦回伏尔加——俄罗斯卡列金歌舞团激情中国之旅”的演出。该团根植本土文化传承古老艺术，有着浓郁的俄罗斯风情，让观众更深地了解到了俄罗斯的民族文化。

（孙　颖）

【英国兰伯特舞蹈团在天桥演出】　1月23日～25日，来自英国的兰伯特舞蹈团在天桥剧场，为北京观众献上了一台现代舞蹈。该团演出的4个作品中，有对偶像心态深刻解读的《21》；有用舞蹈解读音乐的《幻想瞬间》；有在表现玩具的“心态”和技术的融合上达到了很高境界的《活泼的玩具》；还有通过演员向观众传达现代美感的《预感》。

（孙　颖）

【古巴芭蕾舞团访华首演《天鹅湖》】　1月24日，古巴芭蕾舞团在人民大会堂访华首演《天鹅湖》。演出结束后古巴芭蕾舞团首席女明星、团长、古巴芭蕾舞的缔造者艾丽西娅·阿隆索走上舞台向观众致谢。此次演出的《天鹅湖》是她亲自创编的三幕加尾声的《天鹅湖》，以情节细腻见长，舞台效果沉郁厚重，剧情的处理也和其他舞团的《天鹅湖》不同。

（孙　颖）

【北京二中金帆舞蹈团轰动巴黎】　2月3日，北京文化周盛装表演在法国巴黎香榭丽舍大街举行。一队身着绿色民族服装、手舞红色绸扇舞的少女格外引人注目。她们是北京二中金帆舞蹈团的成员。那灿烂的笑容、优美的舞姿，倾倒了热情的巴黎市民。她们不仅向法国，也是向全世界展示了中国中学生的风采。

（孙　颖）

【红星舞蹈团出访法国】　2月初，解放军艺术学院舞蹈系创立的“红星舞蹈团”结束了在法国进行为期3个月的巡演。在舞蹈家刘敏率领下演出60场，途经46个城市，观众达42000人。

（孙　颖）

【阿根廷探戈舞访华首演】　4月28日～30日，阿根廷探戈舞王古斯塔夫·鲁索，率阿根廷最高水平的阿根廷探戈舞团在世纪剧院首演了风靡世界的阿根廷探戈舞。该团由众多世界顶级探戈舞演员组成，是一个充满激情活力的艺术团体。他们的表演给北京观众带来了美的享受。

（孙　颖）

【俄国多家芭蕾舞团在京演出《天鹅湖》】　4月29日，俄国著名芭蕾明星戈尔捷耶夫率俄罗斯国立芭蕾舞团在北展剧场演出《天鹅湖》。9月25日~29日俄罗斯圣彼得堡国家冰上芭蕾舞团在北展剧场上演冰上芭蕾《天鹅湖》。这台冰上芭蕾舞表演是为舞台演出而编排的。该团是世界顶级冰上芭蕾舞团。此次是该团第二次访华演出。10月4日~5日，克里姆林宫芭蕾舞团在北京展览馆演出《天鹅湖》。该团保留了俄罗斯古典芭蕾的许多优点并拥有一批著名的演员。如罗曼诺娃、波格罗地兹尔卡娅。12月1日，俄罗斯普希金芭蕾舞团在保利剧院演出《天鹅湖》。该团演员来自莫斯科和圣彼得堡舞院的高才生，由被誉为"俄罗斯芭蕾之星"的亚历山大·维塔里耶维奇·布特里莫扮演王子，女主演则为年轻的卡滋罗巴耶娃·安娜·伊万诺夫娜。12月12日~17日和23日~27日，俄罗斯芭蕾舞剧院以"芭蕾之春"为主题在保利剧院连续演出《天鹅湖》、《胡桃夹子》、《睡美人》和《堂吉诃德》。

（孙　颖）

【俄罗斯"小白桦"歌舞团来华演出】　5月1日~3日，俄罗斯国立模范"小白桦"歌舞团在北展剧场演出。此次访京，是"小白桦歌舞团"第五次访华演出，又恰逢"小白桦"创始人H. C. 娜杰日季娜诞辰95周年。演出被命名为"H. C. 娜杰日季娜经典回顾"。

（孙　颖）

【爱尔兰舞第四次"相约北京"】　5月1日~4日，爱尔兰"舞之魂"舞蹈团在保利剧院上演了踢踏舞《舞之魂》。此次是该团第四次来京演出。该剧融合了爱尔兰舞蹈、拉美旋律的探戈、弗拉明戈舞，以及奔放的萨尔舞，使观众欣赏到了具有爱尔兰风格的踢踏舞。

（孙　颖）

【加拿大青年芭蕾舞团北展演出】　5月6日，加拿大青年芭蕾舞团在北展演出了现代芭蕾《星烁》、《大地和河流》，后者选用中国著名《黄河》协奏曲的音乐，表现黄河的万马奔腾的激情，通过舞蹈家精湛的表演以唤起人们对生命的重新认识。此次来华演员均为国际获奖演员，包括华裔演员黄景华。

（孙　颖）

【巴西桑巴京城演出】　5月25日、26日，为庆祝中巴建交30周年，由巴西里约热内卢州政府选派的大里约桑巴舞团在北展剧场演出，为中国观众奉献一台巴西桑巴狂欢盛会——"从里约来，带着桑巴和爱"。此次演出是第四届"相约北京"联欢活动即第二届北京国际戏剧演出季的活动之一，也是中巴建交30年来规模最大的一次文化交流活动。

（孙　颖）

【中芭与爱尔兰共创现代舞】　5月25日，中芭与爱尔兰共同创作完成的现代舞《融》，在民族宫进行了公演。同台亮相的还有中芭创作的现代舞《时代舞者》和爱尔兰制作的《思》。

（孙　颖）

【以色列德鲁兹与特拉维夫大学民间舞蹈团在京演出】　5月29日和6月2日，应文化部邀请，以色列德鲁兹与特拉维夫大学民间舞蹈团在世界公园和中国农业大学举行两场演出。两个舞蹈团的联合演出反映了以色列文化和阿拉伯文化的融合。6月1日，他们还在朝阳文化馆与中国舞蹈界人士开展了文化交流活动。

（孙　颖）

【北京市民欣赏非洲歌舞】　6月22日，作为第四届相约北京暨第二届北京国际戏剧演出季的组成部分，尼日利亚首都大区艺术团、毛里求斯艺术团和宣武区的文艺团体一起登上了枫桦泰景文化广场的舞台，宣武区牛街附近的上千名居民在家门口欣赏到了一台精彩非洲歌舞。

（孙　颖）

【叙利亚歌舞团带来阿拉伯歌舞】　6月23日、24日、27日，来自叙利亚的依娜娜歌舞团把一台正宗阿拉伯歌舞呈现在北展剧场的舞台上，这是该团首次来京演出。依据《一千零一夜》、《阿拉伯公主的爱情》等故事情节，他们设计出国王、皇后、公主、将军、商人、渔夫、奴仆等20多种人物造型，分别以不同的头饰、胸饰、颈饰、腰饰来装扮。

（孙　颖）

【加拿大温尼伯皇家芭蕾舞团义演】　6月24日~25日，来自加拿大温尼伯皇家芭蕾舞团在保利剧院上演了现代版芭蕾《吸血迷情》，此次演出是为中华全国体育基金会全国优秀运动员保障工作筹资义演。

（孙　颖）

【巴西风情歌舞晚会】　7月19日~11日，由中国歌舞团、中芭旅行社联合主办的大型巴西风情歌舞晚会"炫艳舞动"在北京展览馆剧场演出。有35名巴西艺人在首轮演出中正式亮相。这台投资达300万元的晚会，虽然表演的是原汁原味的巴西桑巴舞，而主创人员全部由中国歌舞团的中国艺术家担任。把原本比较随意化、简单化的巴西舞进行了编排，特别是加强了音乐的力度和变化，添加了众多的时尚元素，使巴西土生土长的舞蹈艺术更具观赏性。

（孙　颖）

【俄罗斯圣彼得堡国家儿童芭蕾舞团在京演出】　7月30日，俄罗斯圣彼得堡国家儿童芭蕾舞团在北京展览馆演出了童话芭蕾舞剧：《拇指姑娘》、《睡美人》。该团在俄罗斯和国际的舞台上享有盛名。尤其擅长演绎《睡美人》、《胡桃夹子》、《白雪公主》、《拇指姑娘》、《青蛙王子》、《小飞侠》等经典童话，受到小观众们及其家长们的青睐。7月29日小舞者们亲临崇文门新世界商场的冠军溜冰场与热爱芭蕾舞、学习芭蕾舞的小朋友们一起进行了交流，将真正的属于孩子们的高雅艺术带给小朋友们。

（孙　颖）

【德国芭蕾在二十一世纪剧院演出】 8月27日～28日，德国著名的开母尼茨国家歌剧院芭蕾舞团在二十一世纪剧院演出经典童话剧《布莱梅的乡村音乐》。该剧选自德国童话集《格林兄弟》。为了确保此次演出舞台效果与欧洲巡演毫无差异，特将舞台道具从德国海运到京，还把剧中旁白与对白都翻译成了中文。优美的芭蕾舞姿、绘声绘色的对白，将孩子们带入一个非凡的童话世界。该团希望此次在中国的演出能让更多的孩子来感受德国的经典童话的不朽魅力，为此演出定为低票价，希望通过平民化的价格，将这部耗资巨大的芭蕾舞剧推向普通家庭。

（孙　颖）

【巴西国家综艺歌舞团再次访华】 8月30日、31日，巴西国家综艺歌舞团在保利剧院上演大型歌舞《拉丁劲舞 Brazil》。此次是该团第二次来华演出。对于巴西的“国粹”桑巴舞芭蕾，演出展现了各种各样的桑巴。另外还有阿根廷探戈舞、意大利土风舞，以及西班牙弗拉明戈舞。参加演出的49位演员，艺术精湛，表演功底深厚，有巴西拉丁舞比赛冠军、爵士舞蹈最佳奖获得者等。

（孙　颖）

【幽默芭蕾京城演出】 9月29日～10月1日，由北京云汉公司主办的美国纽约托卡黛罗芭蕾舞团在天桥剧场为北京观众演出了一场别开生面的芭蕾舞。这个被称作“世界上最幽默的芭蕾舞团”创建于1974年，全部为男演员。原本体现女性优美线条的芭蕾短裙穿在这些高大男演员身上，光从外形上就让人觉得好笑。在演出形式上把芭蕾足尖艺术的高水准与舞台表现的娱乐性完美地融为一体，受到了观众的普遍欢迎。

（孙　颖）

【《希尔薇娅》拉开中法文化年序幕】 9月30日～10月4日，中央芭蕾舞团与法国巴黎歌剧院芭蕾舞团在北大百年讲堂联袂演出芭蕾舞剧《希尔薇娅》。由此拉开在中国举办的“法国文化年”序幕。中芭的演员们以细腻动人的舞姿，精巧的足尖艺术为北大学生展现了芭蕾舞的全新境界。服装设计和灯光设计人员都来自巴黎歌剧院。

（孙　颖）

【美国现代舞团保利演出】 10月1日、2日，经主办方嘉华丽音公司的努力，在花旗银行的支持下，风格独特的美国著名的阿尔文艾利现代芭蕾舞登上了保利剧院的舞台。作为美国第一个主要致力于现代芭蕾的舞蹈剧团，阿尔文艾利主要以非洲舞蹈特有的胯部动作与火暴的音乐节奏为京城观众演绎全新的异域风光。

（孙　颖）

【蒙特卡洛芭蕾舞团演出《罗密欧与朱丽叶》】 10月28日～31日，蒙特卡洛芭蕾舞团在天桥剧场上演新古典主义版本的《罗密欧与朱丽叶》。蒙特卡洛芭蕾舞团是世界知名芭蕾舞团。1991年该团前身加吉列夫芭蕾舞团凭借美妙舞姿征服了摩纳哥王室，自此受邀长期驻留欧洲。1985年至今均由摩纳哥王妃、好莱坞明星格蕾丝·凯利的女儿卡洛琳公主担任团长。该团聚集了来自世界各地40个国家的优秀艺术家，平均年龄23岁。

（孙　颖）

【西班牙舞剧《莎乐美》保利上演】 11月11日～12日，西班牙舞剧《莎乐美》在保利剧院上演。从舞步踢踏声和舞蹈者手中的响板声、互相交错应和的古典弗拉门戈舞，到加入了爵士音乐和现代舞成分的弗拉门戈舞，来自西班牙的艺术家们将豪放泼辣中又暗含神秘感伤风情的弗拉门戈舞以近乎完美的姿态展现给北京观众面前。主演由有着“弗拉门戈第一跳”美誉之称的女演员阿伊达·戈麦斯担任。该舞剧在意大利斯卡拉大剧院一经上演，就受到了欧洲主流媒体的高度赞扬，演出所到之处都到了一票难求的地步。为了向中国人民介绍西班牙地道的国粹，介绍西班牙的文化艺术，他们宁愿降低一些演出票价，让更多的中国观众走进剧场来欣赏这部轰动世界的舞剧。

（孙　颖）

【“英国戏剧舞蹈节”英国兰登舞蹈团演出现代舞】 11月11日～12月5日，由英国文化协会和北京云汉文化交流公司共同主办的“英国戏剧舞蹈节”在北京举行。11月12日～13日由团长韦恩·迈克格雷戈率领的英国兰登现代舞团舞蹈团在天桥剧场演出了现代舞：《美丽迷茫》和《极地无限》，拉开了演出活动的帷幔。该团1992年成立，由来自5个国家的优秀舞蹈家组成，在开拓古典舞和现代舞方面，在英国乃至整个欧洲当代舞团中，可为一枝独秀。

（孙　颖）

【《舞者之王》北展演出】 11月17日～21日，世界踢踏舞王麦克·弗莱利在北展演出了踢踏舞剧《舞者之王》。此次演出是为在中国推广踢踏舞公益活动之一。他们还举办了培训班推广踢踏舞以及专门为在民间推广而设计的“共创吉尼斯踢踏新纪录”的大众踢踏舞健身计划。10月27日《舞者之王》的男女主角提前到达北京，在中国评剧院广场向北京的舞蹈爱好者面授踢踏舞。

（孙　颖）

【8000人挑战踢踏舞吉尼斯纪录】 11月28日，北京城外城家居文化广场近8000人在3万平方米的南广场共跳踢踏舞，挑战吉尼斯纪

录，其中年龄最小的只有4岁。原纪录是爱尔兰人创造的6300人。该活动的发起人是世界踢踏舞王麦克·弗莱利和他的中国合作伙伴阎岭先生。踢踏舞的教学和推广活动在我国是从1999年开始，为了提高踢踏舞水平阎岭去英国学习。回来后，在国内开办了阎岭踢踏舞学校。在舞界同仁的共同努力下创立了中国踢踏舞委员会，设立了踢踏舞的国家教师资格标准。如今全国已取得踢踏舞国家教师资格的教师500余人，由他们带出的学生有20万人。在2002年还举办了第一届北京国际踢踏舞大赛，来自海内外的300名选手参加了比赛。

（孙　颖）

【拉丁舞世界冠军来京演出】　12月3日，由芬兰驻华大使馆和第六感官科技文化交流有限公司在世纪剧院举行了“世界拉丁舞冠军首届访华公演”。出场的拉丁舞冠军共3对6位，威克托与汉娜囊括了近几年世界锦标赛的冠军，特别是汉娜2003年赢得了世界上12场顶级大赛的冠军；斯拉维克被誉为拉丁王子，与卡琳娜是美国公开赛冠军；尤卡与萨帕连得4年世界专业拉丁舞蹈第一名。6位世界冠军表演了伦巴、恰恰、桑巴、探戈、斗牛舞等所有拉丁舞种。

（孙　颖）

【莫斯科古典模范芭蕾舞剧院来京贺岁】　12月26日、27日，作为第二届北京国际舞蹈演出季的重头戏，莫斯科古典芭蕾舞剧院在芭蕾大师瓦西略夫和卡沙特金娜夫妇的率领下，在北展剧场上演了经典名剧《天鹅湖》和《胡桃夹子》。

（孙　颖）

【中外芭蕾精英汇聚中国芭蕾节】　12月29日，为庆祝中央芭蕾舞团建团及中国芭蕾45周年华诞，本届新年芭蕾晚会定名为中国芭蕾节，在人民大会堂举行全国五大芭蕾舞团全部国际大赛获奖者连同中芭团演员及来自英国、法国、俄罗斯的首席艺术家参加了演出。主办单位：中演文化娱乐公司。

（孙　颖）

【巴西歌舞北展演出】　12月30日，巴西风情歌舞团在北展剧场演出具有浓烈巴西风情的歌舞“炫艳舞动”。此次晚会在节目编排上充分展示了中、巴文化的艺术内涵，既有反映原始土著生活的《猎韵情怀》，又有展示都市风情的《嘎沙色霓虹》；既有体现巴西足球艺术的《绿茵桑巴》，也有尽现桑巴精髓的《桑巴狂舞》。演出中间还有巴西演员学习中国红色经典《红色娘子军》的精彩舞蹈片段。

（孙　颖）

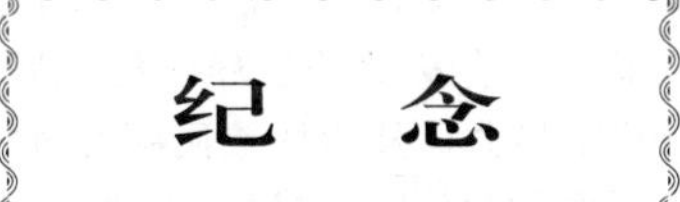

纪　念

【纪念芭蕾先驱巴兰钦演出活动在京举行】　1月17日，由中芭和中国舞协等部门联合主办的纪念现代芭蕾先驱巴兰钦的演出活动正式在天桥剧场开幕。这也是第一届北京国际舞蹈季的压轴戏。参加本次纪念演出的演员全部都是世界著名芭团中的首席。他们分别来自中央芭蕾舞团、俄罗斯基洛夫芭蕾舞团、美国芭蕾舞剧院、纽约城市芭蕾舞团、英国皇家芭蕾舞团和法国巴黎歌剧院芭蕾舞团。演出的主要剧目有：《柴可夫斯基双人舞》、《小夜曲》以及经典芭蕾舞中的独舞、双人舞、三人舞等。

（孙　颖）

【中国舞协举行成立55周年纪念会】　7月21日，中国舞协隆重举行成立55周年纪念会。曾担任过中国文联主席的周巍峙、中国舞协名誉主席贾作光等与协会全体工作人员一道切开生日蛋糕，祝愿舞协工作蒸蒸日上，祝愿舞蹈事业更加繁荣。参加纪念会的还有中国舞协主席白淑湘、副主席吕艺生、陈爱莲以及参加德艺双馨文艺工作者表彰大会的舞蹈界代表。会上洋溢着亲切、祥和、快乐的喜庆气氛。

（孙　颖）

【温家宝看望著名舞蹈家戴爱莲】　9月5日，在北京舞蹈学院成立50周年之际，中共中央政治局常委、国务院总理温家宝，来到了我国老一辈舞蹈艺术家现已88岁高龄的戴爱莲家中，亲切看望这位新中国舞蹈事业的开拓者。在场的还有贾作光、白淑湘、陈爱莲、赵青、赵汝蘅、王国宾、许定中、贺燕云等9位为中国舞蹈事业的发展作出了突出贡献的艺术家和教育家。温家宝总理与老艺术家们促膝谈心，语重心长地说：“教育兴，则民族兴。各级政府要更多地关心艺术事业和艺术教育事业的发展，为之创造更好的条件。”早在春节前夕，戴爱莲、贾作光等5位德高望重的舞蹈艺术家代表母校的全体师生给温家宝总理写了一封信，在信中老人们深情回顾了老一辈党和国家领导人对舞蹈事业的亲切关怀，表示愿意为中国舞蹈事业奋斗终生。温家宝总理很快对来信作了批复，在批复中祝愿北京舞蹈学院永远年轻、艺术家的艺术生命之树长青，并答应抽空看望大家。此次亲临到访更加鼓舞了广大舞蹈工作者。

（孙　颖）

【戴爱莲、贾作光铜像揭幕仪式】　9月10日，在北京舞蹈学院成立50周年的喜庆日子里，著名舞蹈大师戴爱莲、贾作光铜像揭幕仪式于北京舞蹈学院隆重举行。数百名各界舞蹈人士和舞蹈学子莅临祝贺。作为北京舞蹈学院前身北京舞蹈学校的首任校长戴爱莲，也是沟通中西方舞蹈文化的先驱，英国皇家舞蹈学院里陈列的四位世界女性舞蹈艺术家肖像中便有戴爱莲。贾作光曾任北京舞蹈学院副院长，他被誉为蒙古族艺术的奠基人，他的代表作虽大都是蒙古族舞蹈，但是他的实践经验对于发展各少数民族的舞蹈具有普遍意义。他们为中国新舞蹈艺术作出了巨大贡献。为了颂扬他们高洁的艺术品质和艺术成就，北京舞协和舞蹈学院共同为他们塑造了半身铜像，永远屹立我国最高的舞蹈学府之中。

（孙 颖）

【北京舞蹈学院校庆50周年】

2004北京舞蹈学院迎来了50年华诞。9月26日举行了校庆典礼。一系列规模空前、异彩纷呈的校庆活动先后举行。9月4日教学公开日，近800人走进学校观摩教学，校方在教学楼的每一层都设立留言簿，留下了参观者的珍贵祝福与意见。9月10日和9月27日两座栩栩如生的舞蹈大师戴爱莲和贾作光铜像落户北京舞蹈学院主教学楼大厅。9月21日～28日北京舞蹈学院校庆50周年，各界朋友欢聚一堂，共同为中国舞蹈事业的发展出谋划策：其中的“中国古典舞学术论坛”以其参与者众、讨论话题广、学术性强、思想观念活而显得尤为出众。整个学术论坛分为“中国古典舞的回顾与总结”、“中国古典舞的建设与展望”、“中国古典舞的学科建设讨论暨大会总结”三个部分，围绕着中国古典舞学科的体系以及中国古典舞未来发展的方向，其中涉及对古典精神的建构，对古代文化精华的看法，包括对古典舞概念的更新，关于古典舞文化品格和独立品位的阐述等等。海内外众多学者、教师、编导各抒己见。另外还召开了“国际舞蹈教育与发展论坛”。该论坛是北京舞蹈学院首次举办的大型国际舞蹈论坛，来自世界40多所知名舞蹈院校的负责人莅会，与中国的舞蹈艺术工作者们就舞蹈教育与发展问题进行了广泛深入的交流与探讨。由教育部体育卫生与艺术教育司和艺术教育委员会联合主办、北京舞蹈学院承办的“全国舞蹈教育研讨会”是教育部首次专门就舞蹈专题召开的大规模研讨会。全国31个省、自治区、直辖市的200余名代表出席会议。会上针对当前迅速发展的非职业舞蹈教育形势，政府官员和专家展开了深入研讨，为非职业舞蹈教育的进一步发展理清了思路，提出了建议；“中国中等艺术教育学会2004年年会”是文化部下属的全国性中等职业艺术教育行业学会，此次年会由学会与北京舞蹈学院联合主办，会上进一步交流探讨了中等舞蹈艺术职业教育与高等舞蹈艺术职业教育的关系与发展趋势。“中国民族民间舞研讨会”是北京舞蹈学院主办、学院的中国民族民间舞系承办的专题研讨会。该学科成立17年来取得了巨大成绩，鉴于该学科在继承传统与创造发展的过程中的问题，邀请了各方面从事民族民间舞教学与创作的精英一起研讨了发展方略。校庆典礼举行当天，来自全国的500名学者及毕业生和1800名在校生，还有近200名中国舞蹈界、在京的各舞蹈团体和北京各高校的嘉宾和教育部、文化部、北京市的有关领导出席了庆典活动。当日还举行了校庆酒会和校友联谊会。校庆期间还举行一系列丰富多彩的纪念演出活动。如推出新创舞剧《原野》。该剧运用现实主义的创作方法，塑造了典型环境、典型人物的精神生活，把曹禺原作的时代悲剧特质通过舞蹈的形式表现出来。另外在校庆期间还举办了“中专专场演出”、“舞蹈精品秀”、“芭蕾舞《鱼美人》”、“古典舞专场”、“音乐剧专场”、“民族民间舞专场”、“现代舞专场”、“汉唐古典舞专场”，以及“中国历代服饰秀”等。校庆活动从9月4日开始持续到9月底。

（孙 颖）

【纪念中央芭蕾舞团建团45周年活动】 9月～12月，为纪念中央芭蕾舞团建团45周年，中央芭蕾舞团以系列演出形式和艺术交流研讨会方式举行纪念活动。从9月开始，中国对外演出公司、中央芭蕾舞团陆续推出了演员系列、演出系列、观众系列、学术系列4个系列的推广活动。邀请由专业人士和观众参加的座谈会，并以《红色娘子军》40年成就为主线，探讨芭蕾中国化及市场化运作、如何贴近观众等问题。9月17日，中央芭蕾舞团大楼经过彻底翻修于建团45周年之际重新启用。同时这也标志着中芭建团45周年系列庆祝活动正式拉开帷幕。庆祝活动别具一格，一个超大型的白色银幕从主楼顶上垂下，在露天电影的氛围中，中芭45年来取得的辉煌历史一目了然。银幕展示了在过去的45年中，中国芭蕾从无到有，创造了举世瞩目的成绩，创作排演了一大批经典剧目，培养了一大批芭蕾明星，目前已经拥有了一支具有世界级水平的演职员队伍。10月8日在北京展览馆剧场主办了纪念《红色娘子军》40周年首演活动，10月15日、16日在天桥剧场演出了《大红灯笼高高挂》。11月16日～12月底中央芭蕾舞团进行了全国6大城市巡演，包括上海、南京、香港、深圳、澳门和北京。演出剧目有《红色娘子军》、《大红灯笼高高挂》、《希尔薇亚》等。12月下旬作为“第二届北京国际舞蹈演出季”演出项目，在保利剧院公演了《希尔薇亚》和《大红灯笼高高挂》。12月27日中央芭蕾舞团举行了建团45周年学术交流会。中国舞蹈界的权威专家，美国、澳大利亚、日本等国同行嘉宾，中芭新老领导、演员，参加了会议。会上回顾历史，展望未来，中央芭蕾舞团团长赵汝蘅在讲话中激动地流下了热泪，大家为之动容。会上还反复强调了中芭精神——团结自强，艰苦奋斗，永不满足。45年前中央芭蕾舞团在北京南城树立起中国芭蕾的形象。从

《红色娘子军》到《大红灯笼高高挂》，中芭对芭蕾艺术的贡献不仅对中国艺术的发展史有重大的启示意义，同时亦吸引了世界芭蕾人的眼睛。

（孙　颖）

【纪念中央芭蕾舞团演出《红色娘子军》40周年】 10月8日~10日，在中央芭蕾舞团建团45周年之际，中国对外演出公司、中央芭蕾舞团联手在北京展览馆剧场主办了纪念《红色娘子军》40周年首演活动。为了演好战士，演员在部队进行了为期3天的军训，并与四代男女主角扮演者参加了国旗班升旗仪式，10月9日演出时，还举行了“中央芭蕾舞团杰出贡献奖颁奖仪式”。

（孙　颖）

获　奖

【《鼓舞声声》获全国舞蹈比赛一等奖】 6月3日，文化部主办、厦门市政府和福建省文化厅承办的第六届全国舞蹈比赛，在厦门落下帷幕。北京舞蹈学院创作的群舞《鼓舞声声》获群舞表演一等奖。

（孙　颖）

【《水乡》等在华北舞蹈比赛获奖】 7月21日，第二届华北五省市舞蹈比赛在天津大港区石化俱乐部礼堂拉下帷幕。由北京舞协选送的作品：中央民族大学的《水乡》、北京二中的《新韵秧歌》、崇文区老干部局的《踏青》，分获专业组、业余组、老年组第一，北京军区战友文工团、北京贾作光舞蹈学校选送的作品获专业组第二名。

（孙　颖）

【首届“红舞鞋杯”校园舞蹈比赛】 8月8日~11日，由中华民族文化促进会、北京红舞鞋商务中心主办，中华民族文化促进会舞蹈艺术委员会承办，北京中汇安达会议服务中心协办的首届校园舞蹈比赛（决赛）在北京举行。全国24个省、自治区、直辖市80多所院校的1400多名校园学子，从幼儿园小班到大学本科生，参加了这次比赛活动。选送节目的单位共82个，参赛节目182个。经过初评，评出参加决赛的舞蹈118个。

（孙　颖）

【首届中国少儿舞蹈艺术节北京获奖】 10月2日~4日，由中国文联批准，中国舞蹈家协会和安徽淮南市人民政府、安徽省文化厅等部门承办的首届中国少儿舞蹈艺术节决赛在安徽淮南落下帷幕。北京选送的《与狼共舞》获金奖、《心中盛火》获银奖。北京舞协获优秀组织工作奖。

（孙　颖）

研　讨

【陈维亚舞蹈晚会、舞蹈艺术研讨会在京举行】 3月26日~28日，由北京舞蹈家协会举办的陈维亚舞蹈晚会和舞蹈艺术创作研讨会在京举行，这是北京舞协换届后的第一次大型活动。陈维亚舞蹈晚会在保利剧院举行，展示了陈维亚近年来执导的一批舞蹈作品。有《神曲》、《秦始皇》、《大梦敦煌》、《情天恨海圆明园》、《木兰歌》、《飞天》等。舞蹈艺术创作研讨会在亚洲大酒店举行，100多位来自全国的专家学者和相关艺术家参加了此次活动。现任中国歌舞团副团长、北京舞蹈学院硕士生导师的陈维亚在长期的舞蹈教学与创造实践中不仅培养出许多优秀的舞蹈人才，而且创作成就日渐突出，形成了自己独有的艺术风格。他创造的舞蹈、舞剧在全国各类舞蹈比赛中频频获得大奖，在国际上也有一定的知名度，是美国亚洲文化协会学者奖金获得者。此次会议就陈维亚创作的艺术特色、成就、策划、执导、成功经验及其在国际国内舞蹈学术地位影响展开了研讨。与会者一致肯定了陈维亚的舞品、人品和艺术家敏锐的洞察力、创造力及艺术大师般的专业风范。

（孙　颖）

【《云南映象》研讨会在京举行】 4月12日，由舞蹈艺术家杨丽萍编导并主演的大型歌舞集《云南映象》作品讨论会在北京召开。在京舞蹈界的专家学者热情赞扬了来自人民生活的艺术家杨丽萍又回到人民当中创作精品力作的精神，认为《云南映象》是一首赞美中华民族强大生命力的颂歌，是一部坚持中国先进文化前进方向、弘扬时代主旋律的优秀舞蹈作品，将对中国当代舞蹈的健康发展起着积极的推动作用。《云南映象》在全国各地演出130多场，场场爆满。

（孙　颖）

【舞剧《霸王别姬》研讨会在京召开】 4月22日，由中国舞蹈家协会和中国艺术研究院舞蹈研究所联合主办的《霸王别姬》研讨会在京召开。会上《霸王别姬》的编导赵明谈了创作过程，大家一致认为该剧在编导、作曲、舞美以及表演上都有超凡脱俗的表现，成功地塑造中国当代舞剧的美学品格和震撼力的宏大气势。该剧获得了中国舞蹈荷花奖作品金奖的同时，又收到了令人瞩目的经济效益。它的成功为“文化事业”向“文化产业”的转型，起到了示范作用。

（孙　颖）

【第23届国际拉班舞谱学会双年会在北京召开】 7月24日，“第23届国际拉班舞谱学会双年会”在北京师范大学艺术与影视学院召开。出席开幕式的有本次会议主办方北师大和中国舞协的领导，有来自世界各地长期从事拉班舞谱研究和教学的44位专家学者，以及宋庆龄基金会的朋友。拉班舞谱是由“现代舞理论之父”匈牙利人鲁道夫·拉班于1928年创立的一种舞蹈记录术。它以教学、力学及人体解剖学为基础，运用各种形象符号，精确、灵活地分析并记录各种人体动作和节奏。这种舞谱已被世界公认为是一种既科学又形象，并富有逻辑分析的记录体系。目前美国已有一百余所大学开此课程。在我国，北京师范大学舞蹈系也率先在高等舞蹈教育领域中开设了拉班舞谱这一课程，为提高舞蹈艺术教育素质增加了活力。

（孙　颖）

出版物

【《规范社交舞教程之——华尔兹》】　伏宇军著。6月由人民体育出版社出版。

（孙　颖）

【《踢踏舞时尚健美操》】　郅珉、周宇平著。7月由北京体育大学出版社出版。

（孙　颖）

【《体育舞蹈（摩登舞）基础教程》】　樊更生编著。7月由北京体育大学出版社出版。

（孙　颖）

【北京舞蹈学院出版68部教材】　9月，北京舞蹈学院50年校庆之际，隆重地向社会推出学院“十五”规划系列教材共68部。其中公开出版发行的包括由上海出版社出版的50部和高等教育出版社出版的10部教材。此外还有由学院内部出版的7部教材和1部文集。与此同时北京舞蹈学院附中还编写了文化部中等艺术教育“十五”重点教材共8部。其主要著作有：

《中国古典舞基本功训练教程》王佩英主编。《中国汉族民间舞教程》赵铁春、田露主编。《中国少数民族民间舞教程》韩萍、郭磊主编。以上三本书被列为国家“十五”普通高等教育规划教材、北京市高等教育精品项目、北京舞蹈学院“十五”规划教材。《中国民族民间舞教学编排法》周萍、黄奕伦主编。《古典芭蕾教学法》李春华编著。以上两本书为北京市高等教育精品项目、北京舞蹈学院“十五”规划教材。《舞蹈心理学》平心著。该书为北京舞蹈学院“十五”规划教材。《高教舞蹈综论》于平著。《芭蕾舞》北京舞蹈学院附中编。该书为文化部中等教育“十五”重点教材《中国艺术教育大全·中专卷》。《中国舞蹈舞功技巧》北京舞蹈学院附中编。该书为文化部中等教育“十五”重点教材《中国艺术教育大全·中专卷》。《中国古典舞》北京舞蹈学院附中编。该书为文化部中等教育“十五”重点教材《中国艺术教育大全·中专卷》。《地域民间舞蹈的演变》李雪梅著。该书为文化部中等教育“十五”重点教材《中国艺术教育大全·中专卷》。《中国古典舞教学体系创建史》李正一、部大琨、朱清渊编写。《中国舞蹈发展史》（增补修订本），王克芬著。《中国双人舞编导教程》张建民著。《中国古典舞身韵教学法》唐满成、金浩著。《中国古典舞袖舞教程》邵未秋著。《中国古典舞剑舞教程》张军著。《舞蹈基本功训练教程》（舞蹈学专业·身韵部分）杨鸥、苏娅著。《中国古典舞基本功训练教学法》（中专女班）沈元敏著。《中国民族民间舞教学法》贾安林、中宁著。《艺术学教程——艺术思想论》祝小苹著。《舞蹈多媒体及其应用》孙晓梅著。《舞蹈专业英语快速阅读教程》李红梅著。《演出经营与管理》张朝霞、金鑫、王琛著。《中国民族民间舞蹈音乐教程》裘柳钦著。《地域民间舞蹈文化的演变》李雪梅著。《中国舞蹈武功技巧》（中专卷）集体编写。《中国民间舞教学法讲义》潘志涛著。《印度婆罗多舞蹈教程》张均著。《大型晚会编导艺术》吕艺生著。《日本传统舞蹈教程》黄韵倚著。《韩国传统舞蹈教程》张晓梅著。《印度舞蹈通论》江东著。《韩国传统舞蹈的沿革与发展》朴永光著。《中国武术理论与舞蹈实践》李北达著。《动感空间》刘青戈著。《舞蹈教育与战略发展》王国宾著。《舞蹈解剖学》高云著。《中国汉族民间舞蹈教程》赵铁春、田露著。《中国民族民间舞教学组合编排法》周萍、黄弈华著。《中国古典舞基本功教程》王伟著。《考前舞蹈基础》舞校编写组编。《舞蹈训练与编创》王海英、肖灵著。

（孙　颖）

【《儿童舞蹈教育经验谈》】　程天心著。12月由人民音乐出版社出版。

（孙　颖）

【《舞蹈与戏剧表演》】　张锦华、黄明珠主编。全书33万字，12月由人民教育出版社出版。

（孙　颖）

【舞蹈文集《为生命而舞》】　胡克著。本年出版。该文集汇编了胡克50余年来的短文近百篇。

（孙　颖）

其　他

【全国政协教科文卫体委员会考察北京体育舞蹈学校】　1月8日，全国政协教科文卫体委员会考察民办的北京体育舞蹈学校，观看了师生们的汇报演出。该校在民办教育促进法实施以来在办校方面进行了有益尝试。学校聘请的外教把国外的先进经验带到课堂，提高了教学质量，取得了一些经验，培养了一批舞蹈人才，近年来，学员们在国内外的各项赛事中多次获奖。

（孙　颖）

【东方歌舞团改革取得成绩】

2003年底，《东方歌舞团深化改革的总体方案》得到了文化部的批复。2004年1月，当月的演出收入就达270万元。2002年排演的《华彩唱风流》在3年的时间里共演出300多场，收入5300万元，超过了过去13年的总和。这是该团改革中一项有益的尝试。

（孙　颖）

【中国舞协举行新春联谊会】

2月2日，中国舞蹈家协会在北京亮马河大厦举行新春联谊会。中国文联副主席、中国舞协分党组书记胡珍，中国文联副主席、中国舞协主席白淑湘，名誉主席贾作光及会员200余人出席了联谊会。来自中国台湾、日本的舞界朋友以及法国、美国、俄罗斯、以色列等国驻华使馆的文化官员也应邀出席。会上青年演员表演了古典舞、民间舞和现代舞。

（孙　颖）

【飞天燕舞蹈艺术培训学校成立】

3月10日，历时半年的筹备工作，飞天燕舞蹈艺术培训学校在朝阳区花家地民航干部培训管理学院内正式开课。艺术培训学校的创办人蒋今锦、李建萍、王燕、黄军兰毕业于北京舞蹈学院等专业院校，现分别在北京的各大艺术院团和院校从事舞蹈教学和编导工作。她们既是投资人也是经营者。艺术培训学校开设有中国舞等级考试、芭蕾舞等级考试、芭蕾舞形体、交谊舞、健美操、舞蹈编导、中老年秧歌等课程。

（孙　颖）

美 术

在2004年，北京美术展览火暴，发展态势喜人。

“印象派”的中国之旅在大型美术展览方面取得了新的突破。作为中法文化年的重头戏，“法国印象派绘画珍品展”在北京中国美术馆开展，观者如潮，创造了近年来艺术展览和中国美术馆历史上的新纪录。

中国书画市场再创新高，取得了艺术品市场新突破。“春拍”和“秋拍”市场较之往年，尤为火暴。北京翰海2004春季艺术品拍卖会上，陆俨少《杜甫诗意百开册页》以6930万元成交，创下中国书画拍卖史上的最高价；翰海“秋拍”上，傅抱石《茅山雄姿》以2090万元成交，创下其个人书画拍卖纪录；位列个人第二的是嘉德秋拍上以1870万元拍出的《云中君和大司命》；荣宝斋半天拍出1亿元。

艺术家的生存状况受到社会关注。始建于1954年的北京798工厂，是一个具有包豪斯风格的建筑群落，也是一个画家村落。自2002年起吸引了众多艺术家、画廊及文化投资者的目光。由于多位艺术家的入驻和营造，如今已是国内知名、享誉海外的艺术社区。

洋画廊抢滩中国市场。首届中国国际画廊博览会云集了韩国、日本、欧美地区等40余家国际画廊，万余件艺术品总估价超过10亿元人民币。

由文化部和中国美术家协会共同主办的“第十届全国美展”，检阅了近五年来我国美术创作成果。

民间美术展览出现了逐步走向市场和与实用结合的趋势。

北京国际建筑艺术双年展、第六届世界漫画大会等美术的国际化展览在北京举办，加速了中国设计行业和建筑行业的发展。

（孟张龙）

作 品

【丝绫堆绣《清明上河图》“虹桥”段复制完成】 1月2日，工美集团复制的新的丝绫堆绣《清明上河图》“虹桥”段完成。1996年北京工美集团宫绣大师崔洁创作完成了丝绫堆绣座屏《清明上河图》，它运用高档的丝绣及高超的堆绫技艺创作而成，经专家鉴定，是一件具有极高的社会价值、工艺价值和文物价值的国家级珍品。同年我国将其中的一段“虹桥”作为国礼赠送给联合国世界粮农组织。此次由崔洁大师的徒弟贾大双、赵玮带领十几位工艺美术技师历时80天的时间重新复制了“虹桥”段。作品在技艺上精细，人物形态逼真，绣制的人物五官生动传神，栩栩如生。丝绫堆绣《清明上河图》由11段长2.54米、高1.84米的座屏连缀而成，总长超过27米。

（孟张龙）

【元代魏国夫人绣画创刺绣拍卖纪录】 1月12日，翰海迎春拍卖会上中国元代绣画《十八尊者册》以1980万元人民币拍卖成交。这一价格创造了中国刺绣艺术品拍卖纪录。作者是“元代第一才女”管仲姬（1262—1319）。她名道升，字仲姬，浙江吴兴人，是元代书画家赵孟頫之妻，被封为“魏国夫人”。

（孟张龙）

【古北口发现明代彩绘壁画】 3月7日，北京市文物工作者在密云县古北口镇潮关村瘟神庙内，发现了明代精美彩绘壁画。这次发现明代精美彩绘壁画的潮关村，位于古北口镇潮河东岸，古为连接关内外的通路之一。瘟神庙总建筑面积200平方米，包括配房、耳房，庙前建有清代戏楼。庙内雕梁画栋，东、西、北三面绘有精美绝伦的彩色壁画，人物栩栩如生，色彩鲜艳、清晰完好。

（孟张龙）

【徐悲鸿铜像落成】 4月1日，徐悲鸿铜像在中央美术学院揭幕。

（孟张龙）

【帕金森患者画出艺术作品】 4月11日～16日，帕金森患者在今日美术馆举办画展，4月11日是世界帕金森患者日，展览展出油画、水墨画、布贴画、漫画、书法、摄影等100多幅作品。这些作品全都来自帕金森病友之手。他们当中既有全国知名的艺术家，也有普通的老百姓。

（孟张龙）

【陈洪绶册页刷新中国画拍卖纪录】 6月6日，中国明末清初画家陈洪绶（1598—1652）的一件《花鸟册页》作品，在此间的“2004年中贸圣佳春季拍卖会”上以2860万元人民币成交。这一价格打破了陈洪绶本人作品的全球拍卖纪录。陈洪绶，号老莲，浙江诸暨人，是一位明末清初承前启后、继往开来的艺术大师，他的书画作品影响了清代的画坛。陈洪绶人物画的成就在吴门仇十洲和唐伯虎之上。

（孟张龙）

【北京首次购买瑞典大师雕塑】 6月21日，瑞典雕塑家卡尔·米勒斯的代表作《人与飞马》和《天之骄子》在北京国际雕塑公园落户，这是北京第一次收藏世界级雕塑大师的作品。卡尔·米勒斯是与亨利·摩尔齐名的世界雕塑大师，是瑞典最著名的雕塑艺术家，以公共喷泉和其他公共雕塑艺术而闻名。此次购买的两件雕塑是卡尔·米勒斯最具代表性的原件作品，其中《人与飞马》的造型是神话中带翅膀的飞马和一个人飞升到天空中的景象，表现了作者向往自由的思想。该作品曾用作瑞典斯德哥尔摩申办2004年奥运会的标志。《天之骄子》是卡尔·米勒斯在Cranbrook学院期间的最后一件作品，表现的是一只巨大的手用拇指和食指托起一个达10英尺高的男子，据说这是卡尔·米勒斯在梦中获得的灵感。

（孟张龙）

【吴冠中巨幅油画《长江》重现】 6月24日~27日，代表画家吴冠中油画水平的标志性作品——《1974年·长江》，在创作30年后于中华世纪坛举行特展。《1974年·长江》油画，高19.5厘米，长603厘米，是迄今吴冠中油画作品中最长的一幅。1974年，时年55岁的作者与黄永玉、祝大年、袁运甫四人受命为新装修的北京饭店创作巨幅壁画《长江万里图》。4位艺术家结伴到长江写生，从上海溯江而上经苏州、南京、黄山、三峡等地至重庆，一路上观景、写生、搜集素材。后因种种原因，壁画创作没有完成。在数月的长江观景中，吴冠中沿途画了不少写生，回来后创作了此画。

（孟张龙）

【纪念邓小平诞辰国画作品《春潮》捐赠】 8月12日，在纪念邓小平诞辰100周年之际，应中央办公厅毛主席纪念堂之邀，我国当代人物画家、西安国画院院长王西京历时半年，创作了巨幅国画作品《春潮》，这幅作品由作者本人捐献给毛主席纪念堂作为永久陈列。陕西省人大常委会、毛主席纪念堂管理局、中国美术家协会、中国艺术研究院共同主持了隆重的捐赠仪式，全国人大常委会副委员长傅铁山、中国美协常务副主席刘大为、中国艺术研究院院长王文章、邓小平的亲属代表等出席开幕式。

（孟张龙）

【邓小平全身塑像落成】 8月19日，袁熙坤创作邓小平塑像揭幕式在北京钓鱼台国宾馆举行。全国人大常委会副委员长傅铁山、全国政协副主席张怀西出席仪式并为塑像揭幕。被誉为“肖像外交大使”的全国政协委员、北京金台艺术馆馆长袁熙坤先生，成功创作了邓小平全身塑像。此雕塑已由香港集邮总公司选用为“邓小平百年诞辰”小型张纪念邮票发行。袁熙坤先生吸取了东西方造型艺术主要特点，并加以创新，塑造了极富个性特征的邓小平形象。从题材选择到艺术表现，均独具匠心。意大利著名画家卡波尼和欧中发展与研究中心主席尼惠明认为，袁氏雕塑抛弃了一个时期里塑造领袖人物程式化、形式主义的俗套，解决了人体雕塑与中国中山服衣纹处理、形体、气韵之间的几重辩证关系。

（孟张龙）

【国画《新北京盛景图》】 9月17日，北京美协组织李春海、王梦湖、程振国、于永茂、陈克永、郑山麓6位画家用近半年时间主创，55位画家合作的55×2米巨幅国画《新北京盛景图》完成，9月17日在全国政协举行了著名画家参与签名活动。这是北京文化界向庆祝中华人民共和国成立55周年的献礼之作。它首次以国画的形式表现现代化的国际大都市北京，把北京的自然景观、人文景观展现在一幅长卷中，反映新世纪、新北京的巨变。《新北京盛景图》设计高2米，全长55米，寓庆祝中华人民共和国成立55周年之意，北京市美协常务副主席傅家宝说，《新北京盛景图》以山水画的形式表现现代都市，“堪称北京版的《清明上河图》”。

（孟张龙）

【大型油画《初春》赠送全国政协】 9月20日，为庆祝人民政协成立55周年，油画家刘浩一将历时1年创作的大型油画《初春》赠送给全国政协，中共中央政治局常委、全国政协主席贾庆林出席了赠送仪式。这幅作品高4.28米，长13.36米。作品描绘了以毛泽东为首的共产党人和各民族党派、无党派民主人士以及各族各届代表人士欢聚一堂的场面。

（孟张龙）

【国粹青花瓷金街出现】 王府井金街景德镇陶瓷城10月12日开业。在景德镇陶瓷艺术家彩瓷精品展中，由中国工艺美术大师秦锡麟、王锡良、王恩怀共同设计创作的《母亲颂》是三件套彩绘瓷瓶，瓶体造型似含苞欲放的花蕾，象征祖国一派生机盎然的景象。在制作工艺方面，《母亲颂》更是充分体现了瓷都景德镇独有的陶瓷艺术特色，它融青花、粉彩和新彩工艺于一体，集釉上彩和釉下彩于一身，是当代陶瓷艺术珍品。“景德镇陶瓷艺术家彩瓷精品展”共展出了

500多件彩绘艺术精品瓷，制作工艺有粉彩、新彩、斗彩等。展品造型丰富，有瓶樽、瓷板、盘类等。

（孟张龙）

【全景圆明园重现世纪坛】 10月18日～26日，“圆明园盛世景观展”在中华世纪坛展览。“圆明园盛世景观展”包括了《圆明园四十景图咏》、《圆明园全景图》、西洋景全景图及西洋分景图、关于建设圆明园的奏折、建设圆明园的样式类图、建园设计图和一些记载圆明园被烧毁的图片及文字资料等百余件展品，其中尤以《圆明园四十景图咏》最为珍贵。

（孟张龙）

【李苦禅墓碑揭幕仪式举行】 10月29日，李苦禅墓揭幕仪式在北京万佛华侨陵园举行。2004年是李苦禅先生诞辰105周年，文化部、中国文联、中央美术学院、中国画研究院的有关负责人出席了开幕式。李苦禅曾担任全国政协委员、中国美协理事、中国画研究院院务委员等职。

（孟张龙）

机　　构

【北京齐白石艺术研究会选出新会长】 春节前夕，北京齐白石艺术研究会举行纪念齐白石诞辰140周年暨2004年迎春团拜会，并选举宗德路先生为新一任会长。

（孟张龙）

【2004年全军美术创作班举办】 由总政治部宣传部艺术局主办的“2004年全军美术创作班”于4月13日～7月13日在北京举办，中国美术家协会党组书记、常务副主席刘大为，总政治部宣传部艺术局副局长马维干，雕塑家程允贤，中国美术家协会理事、中国美协中国画艺委会副主任张道兴，中国美协理事陈玉铭等军旅画家出席了开学典礼。

（孟张龙）

【中国美术家协会网开通】 4月21日，中国美术家协会与国经协经济研究院合作开发创办的“中国美术家协会网”开通仪式在北京人民大会堂隆重举行。中国美术家协会党组书记、常务副主席、秘书长刘大为，中华民族文化促进会副主席、国经协经济研究院院长曹泽林博士，中国文联党组成员、副主席李牧，中国曲艺家协会副主席、著名相声演员姜昆，新华网总裁、新华社网络中心主任周锡生，合生创展集团董事副总裁、北京合生北方房地产开发有限公司总经理陈长缨等出席。

（孟张龙）

【中国美术馆首开美术系列讲座】 4月24日，中国美术馆在主楼七层报告厅首开讲座，邀请当代美术理论家、中央美术学院教授邵大箴先生作“在世界艺术格局中的二十世纪中国美术”的演讲。4月开始，美术讲座每月举办一次，邀请当代知名的美术理论家、画家就有关中西美术史、美术思潮和流派、名家名作，美术创作，美术品的收藏鉴定等举办讲座。

（孟张龙）

【北海珠城书画院挂牌成立】 5月1日，北海珠城国画院正式成立，中国美协副主席杨力舟任名誉院长，全国杰出书画园丁尤琴任院长。

（孟张龙）

【北京画院首次公开招聘签约画家】 北京画院首次公开招聘签约制画家，北京画院聘用签约制画家遵照公开招聘、公平考核、集体决策、择优聘用的原则选拔人才，程序规范、纪律严明。6月4日，确定莫晓松（中国画花鸟）、蔡玉水（中国画人物）、白羽平（油画）为北京画院签约制画家。

（孟张龙）

【中国画研究院美术馆开馆】 6月18日，经文化部人事司批准更名的“中国画研究院美术馆”在京开馆，并同时推出了“回望——中国当代画家系列展”（人物篇）。文化部副部长周和平出席开幕式。文化部、财政部有关司局负责人吕章申、李雄、王家新，中国画研究院前院长李可染先生和夫人邹佩珠女士，中国画研究院名誉院长刘勃舒，中国美协副主席杨力舟，中国画研究院院长龙瑞等一同为画展剪彩。

（孟张龙）

【中国美术创作院正式成立】 中国美术创作院于8月30日在中国艺术研究院正式成立并举行挂牌仪式。中国艺术研究院院长王文章，中国美术家协会副主席刘大为、中国美术馆馆长冯远、中国画研究院院长龙瑞以及画家和艺术界代表百余人参加了成立仪式，由中国美术创作院副院长满维起主持。中国美术创作院直接隶属于中国艺术研究院领导，是国家级的以中国美术创作和美术研究为主的专业机构。中国美术创作院集中了在中国美术创作方面卓有建树的一批美术家，包括院长郭怡琮、副院长满维起等院内美术家十余人，涉及中国画、油画、雕塑等多个美术门类；还力邀美术家王明明、冯远、刘大为、龙瑞、刘国辉、李宝林、张立辰、张道兴、杜滋龄、贾又福、谢志高、詹庚西（国画）、韦尔申、王怀庆、石冲、孙为民、许江、何多苓、张祖英、杨飞云、陈钧德、徐芒耀、谢东明、郭润文（油画）等，同时聘请美术界前辈为创作院顾问，共同组成雄厚创作集体。

（孟张龙）

【海淀美协展出20年实力作品】 12月18日～21日，北京海淀美协成立20周年美术作品展在中国艺术研究院美术馆举办。此次共展出包括有已故工笔画巨匠田世光和中国美术家协会常务副主席刘大为及著名画家程振国、王梦湖、史国良、李春海、杜希贤、杨福生、于永茂、陈克永等在内的近70位画家的100幅作品，共有中国画80幅、油画20幅。

（孟张龙）

【北京湖社画会网站开通】 2004年，北京湖社画会网站 http://hushe.yeah.net 正式开通。北京湖社画会是北京最早的美术界学术组织，距今已有80多年历史。现任会长王挥春。

（孟张龙）

【北京颐和园水居村美术馆落成】 2004年，北京颐和园水居村美术馆落成。该馆坐落在颐和园西北部耕织图景区，它左望玉泉山，右眺佛香阁，前临昆明湖西堤，山水相依、环境幽雅。外舍呈现为竹篱茅舍风格式建筑，而内部设置则根据美术馆的功能要求进行了配备。美术馆占地面积3000平方米，包括展厅、江南风貌茶舍、贵宾室3个部分，展厅面积180平方米，高度4米，展线展柜长度100余米，可展示各艺术作品（包括：书法、绘画、音乐、雕塑、工艺美术、民俗等多种形式）。

（孟张龙）

活　动

·会议、展览·

【超越东西方国际设计竞赛】 1月6日～8日，由汉森公司主办的“超越东西方国际设计竞赛大展”在北京今日美术馆举办。作为国际性的世界设计大赛三次获奖作品的集中展示，展览由《新地产》杂志社、汉森集团、今日美术馆共同主办。“超越东西方国际设计竞赛（Design Beyond East & West: International Design Competition）”在过去的两年已经成功举办两次。2004年大赛以“关注独生子女家庭”为竞赛题目，就是秉承设计以人为本的理念，选取“独生子女家庭”这个在当前普遍存在而又被忽视的设计对象，以期实现空间和视觉环境的再造。

（孟张龙）

【袁运甫50年艺术展】 袁运甫教授50年艺术回顾展于1月7日～12日在中国美术馆展出。袁运甫是成就卓著的艺术家，也是中国现代公共艺术的主要奠基人。这次展览共展出150件艺术精品，分为4个部分。首都国际机场的《巴山蜀水》，地铁建国门站的壁画《中国天文史》，中华世纪坛的壁画《中华千秋颂》和《日月光华》，都是其代表作。袁运甫还涉猎刺绣、壁毯、珐琅、石雕、木雕、漆艺、金工、陶瓷和玻璃等许多行业，并为传统工艺融入现代空间环境作出了巨大的贡献。

（孟张龙）

【陕西民间美术展】 1月17日～2月17日，由中国美术馆和陕西省文化厅主办，将陕西艺术馆馆藏50年来的民间艺术精品摆进中国美术馆进行展览。文化部社会文化司作为后援支持单位参与了本展览。“陕西优秀民间美术作品晋京展”的作品是从数万件作品中精选出来的，集中在陕北的剪纸、庙画手稿、陕南的刺绣，还有关中皮影、木版年画这几类。

（孟张龙）

【国际亚细亚中日韩画展】 1月29日～2月2日中日韩三国艺术家100人近百幅作品汇聚民族文化宫，举办“国际亚细亚画展”。这次展览由民族文化宫、文化部文化艺术中心、国际美术家协会、韩国国家报勋文化艺术协会、日本北海道书画会联合举办，由中国民族文化宫画院承办。

（孟张龙）

【北京收藏家藏品展】 1月19日～2月15日，北京收藏家藏品展在首都博物馆展出，本次展出的藏品包括王钧的碑帖，刘建业的状元书法，张亮、程道德的名人墨迹、书札，李雪梅、黄苏娃的古代扇、画，路东之的古代甲骨、陶器，张志勤、常瑜华的古代瓷器，高博达的古代锡壶，王凯的古钱币等传统收藏，大都为文物精品，不少可与国家博物馆的馆藏品媲美。

（孟张龙）

【新中国第一代女雕塑家邀请展】 2月18日～25日，“五六十年代的年轻女性——新中国第一代女雕塑家邀请展”于北京国际雕塑公园举行，该展由中国雕塑学会主办，北京城市雕塑建设管理办公室、北京国际雕塑公园协办，空与间文化机构承办。展览包括丁洁因、文慧中、卢琪辉、孙贤陵、时宜、李湘生、杨淑卿、吴慧明、陈桂轮、陈淑光、张云薇、张得蒂、张德华等19位新中国女雕塑家的近60件作品及她们在创作时的随笔、感悟、照片、访谈等珍贵资料。

（孟张龙）

【首都当代女书画家联谊会】 3月6日～12日，由全国妇联、老年书画研究会等14个单位共同举办的迎“三八”首都百名当代女书画家联谊会在北京劳动大厦举行。在京的100余名当代知名女书画家参加了联谊会，其中60余名女书画家当场挥毫泼墨，用她们的作品向“三八”节献礼。

（孟张龙）

【台湾画家欧豪年70回顾展】 3月18日～24日，台湾画家欧豪年70回顾展在中国美术馆展出。欧豪年教授1935年出生于中国广东。早年离乡赴港，17岁即师从岭南画派巨擘赵少昂先生。他于1970年到台湾，执教于中国文化大学美术系，曾获得法国国家美术学会巴黎大宫博物馆双年展特奖，获韩国圆光大学荣誉哲学博士和美国印第安那波里斯大学荣誉文学博士。

（孟张龙）

【明清书画珍品展】　3月19日～25日，明清书画珍品义展在国宾酒店开展。此次参展的展品为明、清两代书画名家们的书画珍品，总价值近千万元。其中包括明代“江南四大才子”之一的文征明的行书真迹《石湖诗》、清初“四王”中的“两王”——王翚、王原祁的晚期山水真迹、清末民初吴昌硕的花卉及题词，张廉卿的五言联、陈衡恪和汤定之的山水画、姚华的墨松和山水画、莲溪和尚题壁图、远望和尚扇面等12幅珍贵作品。

（孟张龙）

【力群美术作品展】　3月29日～4月11日，力群美术作品展在中国美术馆举办。力群是新兴版画艺术见证者和参与者，而且是新兴版画的先驱者和代表人物之一。

（孟张龙）

【拉脱维亚当代美术作品展】

4月15日～20日，由中国美术家协会主办的“拉脱维亚当代美术作品展”在中国美术馆举办。此次展览恰逢拉脱维亚总统瓦伊拉·韦凯·弗赖贝加访华之际，是拉脱维亚首次在中国单独举办展览。拉脱维亚总统瓦伊拉·韦凯·弗赖贝加、拉脱维亚文化部长海连娜·德玛克娃、驻华大使艾那斯·赛马尼斯和中国文化部副部长孟晓驷、中国文联副主席李牧、中国美协主席靳尚谊等出席了开幕仪式。拉脱维亚民族美术扎根在俄罗斯民族美术的沃土中，兼具热烈和内敛两种特质。水彩画和版画艺术在拉脱维亚既是一种传统的美术技能，又是一直很流行的美术样式。该国的水彩画家和版画家们在专业技巧、色彩、艺术手法的多样性等方面很前卫，他们的作品多是反映人道主义和当今时代的佳作。近年来，拉脱维亚的水彩画和版画已成为欧洲各个美术馆展出的代表作品。此次展览共展出15位美术家的45件作品，是代表该国老、中、青三代美术家的杰作。

（孟张龙）

【黄永玉艺术新作展】　4月1日～8日，黄永玉80岁艺术新作展在国家博物馆举办。黄永玉曾担任中央美术学院教授，中国美术家协会副主席。

（孟张龙）

【第15届全国文房四宝艺术博览会】　4月8日～11日，由国务院国资委主管、中国轻工业联合会支持、中国文房四宝协会主办的第15届全国文房四宝艺术博览会暨名师名砚精品大展，在北京民族文化宫举办。本届艺博会展出全国文房四宝名牌产品：十大名纸、四大名墨、十大名笔、十大名砚、十大文房名品名具及书画印泥等相关产品。

（孟张龙）

【德国拍卖业进京展拍品】　4月16日～18日，德国纳高拍卖公司在北京国际俱乐部饭店举办2004春季拍卖会亚洲艺术品中国艺术珍品预展，这是德国拍卖业首次涉足中国拍卖市场。德国纳高拍卖公司带着50余件中国艺术珍品在北京国际俱乐部饭店亮相，这些艺术珍品全部于2004年5月在德国斯图加特拍卖。这是专门来北京进行预展的首家欧美拍卖公司。

（孟张龙）

【首届中国国际画廊博览会】

4月21日～26日，首届中国国际画廊博览会在中国国际科技会展中心举办，来自东亚各国的70多家参展画廊进行了展览和艺术品交易，中国内地参展的红门画廊、香格纳画廊等22家画廊都集中在北京和上海，说明国内艺术市场的中心也在这两个大都市。中国台湾地区有8家画廊参展，带来了朱铭、赵无极等名家巨匠的作品。参展的韩国画廊有21家，日本有15家画廊参展，欧美国家中意大利、美国、荷兰也有代表画廊参展。除了画廊展览，以经营当代艺术书籍出名的艺术书屋也进驻展会现场，出售中英文艺术图书，如《典藏》、《艺术世界》等艺术杂志也在二楼展厅进行展销。

（孟张龙）

【大山子国际艺术展】　4月24日～5月24日，首届北京大山子艺术节在798厂的时态空间举办。这是当代艺术在中国生存发展20年来，第一个民间策划并在非官方展览机构举办的艺术节。

（孟张龙）

【郑振铎捐献陶俑展】　4月28日～12月28日，郑振铎先生捐赠陶俑展在北京故宫博物院举办。十数件唐三彩器吸引了世界的目光，特别是其中的几件三彩马和三彩骆驼，更引起了各方关注（也有专家对其中的一两件三彩马有疑问）。三彩器是国家重点保护的文物。

（孟张龙）

【爱尔兰当代艺术收藏展】　4月29日～5月30日，爱尔兰当代艺术收藏展在中华世纪坛艺术馆举办，共展出22位当代艺术家（其中有许多在国际上享有盛誉）的近60件包括绘画、雕塑、录像和DVD装置在内的作品，以及爱尔兰著名挂毯艺术家路易斯·勒·布劳迪的20件挂毯作品，这些挂毯生动地再现了爱尔兰的古代英雄传说。

（孟张龙）

【首届全国壁画大展】　首届全国壁画大展于5月1日～10日在中国美术馆举办。大展的主办单位为中国美术家协会，承办单位为中国美术家协会壁画艺术委员会、中国建筑学会壁画专业委员会，福建省惠安县为主要协办单位。首届大展经4年的筹备，从1978年以来我国壁画创作送展的近千件作品中，选出360多件壁画作品和78件工艺材料作品参展，全面展示了

1978年以来我国现代壁画创作的历程。这次全国壁画大展，是中华人民共和国成立以来的第一次，又是中国壁画学会成立以来的第一次重大艺术活动。

（孟张龙）

【北京普查城市雕塑情况】 5月8日~11月30日，北京市规划委员会发出了《关于开展北京城市雕塑普查的通知》。这次在北京市行政辖区内开展的城市雕塑普查是中华人民共和国成立以来的第一次。北京市规划委员会成立了北京城市雕塑普查领导小组，市规划委邱跃副主任担任组长，北京城市雕塑建设管理办公室于化云主任担任副组长。此次普查目的为查清城雕现状，每一尊雕塑填写北京城市雕塑登记表，建立城市雕塑管理档案，建立城市雕塑信息管理系统，完成北京城雕普查的调研报告，健全管理审批机制，使城市雕塑工作更有序地开展。

（孟张龙）

【萧淑芳93岁办新作展】 5月10日~14日，"萧淑芳九十以后新作展"在中央美院美术馆举办。此次展出的萧淑芳画作以清新的花卉为主，萧先生表示她希望在写生的真实生动性上，有"由花见性"的慧心。她不露痕迹地将西方近现代油画的"阳光色彩"观念引入到中国画的创作中，花卉色彩极其绚丽。

（孟张龙）

【东城区残疾人书画艺术作品展】 5月14日~16日，由北京市东城区残疾人联合会主办，北京YMCA（北京青年基督教协会）和北京美倍力残疾人文化交流中心协办的"东城区残疾人书画艺术作品展"于东城区文化馆举办，展出54名残疾人的130余幅作品。

（孟张龙）

【全国特殊教育学校美术作品展】 5月16日~21日，作为全国助残日的系列活动之一，首届全国特殊教育学校师生作品展在中国美术馆举办，展出的绘画、书法和各种工艺作品近2000件。为展示全国特殊教育学校职业技能教育与艺术教育的成果，唤起全社会对残疾学生的关心和支持，教育部和中国残疾人联合会共同主办了首届全国特殊教育学校（院）学生美术大赛，竞赛活动主题是"身残志更坚，巧手绘明天"。参展者都是在各级各类特殊教育学校（院）学习的视力、听力或智力障碍的残疾学生，他们自强不息、刻苦努力，在学习文化知识的同时，掌握了美术等多种职业技能。

（孟张龙）

【徐悲鸿艺术学院首届本科生毕业作品展】 5月18日~6月10日，徐悲鸿艺术学院首届本科毕业生作品系列展示活动在该校举行。此次活动包括绘画系学生作品展，艺术设计系学生毕业作品展，景观建筑系学生作品展和音乐系学生毕业音乐会等5个板块组成。

（孟张龙）

【西藏当代绘画邀请展"雪域彩练——西藏当代绘画邀请展"】 5月21日~28日，在中国美术馆举办。来自西藏的11位艺术家创作的作品，既保留了珍贵的雪域文化样式，也有对时代的回应和思考，形成了特殊的艺术语言、符号和风格。他们吸取外来多种艺术的"营养"，探索创造了具有西藏特色的艺术样式。

（孟张龙）

【"学院之光"中央美院造型学院作品展】 5月21日~30日，"学院之光"毕业生优秀作品展览在中央美术学院美术馆举行，展出作品包括2004年毕业的本科生、研究生、进修生130人的国画、油画、版画、雕塑、壁画等共计200件左右优秀作品。中央美术学院的专家以及社会各界的批评家、企业家共同评选出"学院之光"造型艺术金奖1名、银奖2名、铜奖6名，"学院之光"公众参与奖若干。

（孟张龙）

【美术史论家表彰大会】 5月23日上午，"卓有成就的美术史论家表彰大会"在中国艺术研究院举行。出席会议的有华君武、王琦、靳尚谊、刘大为、龙瑞、王春立、王镛、刘建、朱凡、奚静之和郁风等，出席会议的中国美术家协会理论委员会的成员有邵大箴、薛永年、范迪安、刘曦林、王宏建、李树声、陈履生、丁宁、邹文、程征、陈醉、张夫也和李一。亲自出席会议的受表彰者有黄苗子、程至的、王树村、华夏、金维诺、田自秉、吴达志、葛路、林树中、姜维朴、杨成寅；李浴、徐风、尚爱松、王伯敏、迟柯、王家树因事或因病请假未能到会。

（孟张龙）

【"第15届中日友好自做诗"书法交流展】 5月25日~30日，"第15届中日友好自做诗"书法交流展在炎黄艺术馆举办。展览由中国书法家协会、日中友好自咏诗书交流会主办，北京书法家协会协办。展览展示了中日两国书法家、诗人的最新力作各100幅。

（孟张龙）

【白雪石师生画展】 5月23日~5月29日，白雪石师生画展在中国美术馆举办。李瑞环、周和平等出席了开幕式。白雪石是中国著名山水画家，善画漓江山水，并形成自己的风格。

（孟张龙）

【首届国际新媒体艺术展】 5月28日~6月13日，"2004北京首届国际新媒体艺术展暨论坛"在中华世纪坛举行，互动性和游戏性是该次艺术展的两大特色。"飞越之线——世纪对话"旨在创造一个建设性的对话机制，以促进中国艺术家在数字艺术的作品创作和理论建设与世界趋势的动态交互。

（孟张龙）

【第二届全国高校华夏师表书画展】 5月28日~30日，在鲁迅博物馆举办了第二届华夏师表书画大展，来自全国各地学校的教授数千人参加，此项活动已成为一个品牌项目，在学校中有广泛影响。

（孟张龙）

【程允贤、程兵父子雕塑作品联展】 6月1日~7日，由中国美术家协会、全国城市雕塑建设指导委员会、中国美术馆、中国雕塑协会联合主办的程允贤、程兵父子雕塑作品联展在中国美术馆举办。

（孟张龙）

【首届环境艺术设计大展】 6月7日~11日，“首届环境艺术设计大展及设计论坛”在中央美术学院展厅、多功能厅和学术报告厅同时举行。本次大展由中国美术家协会主办，中国美术家协会环境艺术委员会和中央美术学院建筑学院承办，大展主题为“为中国而设计”。这是中国美术家协会首次举办的全国性环境艺术设计展览，也是中国美术家协会环境艺术委员会成立后的第一次全国性环境艺术设计大展。本次展览也是中央美术学院建筑学院挂牌成立后承办的首次全国性环境艺术设计展览。

（孟张龙）

【意大利拉芭拉玛当代雕塑展】 6月9日~7月5日，意大利拉芭拉玛当代雕塑展在中华世纪坛举办。拉芭拉玛通过这些作品展示西方人观看世界的角度。这是她第一次在中国举办个展。

（孟张龙）

【北京风韵系列作品展·故城寻梦】 由北京市委宣传部、北京市文化局联合主办，北京画院承办的“北京风韵系列作品展·故城寻梦”，6月22日~29日在中国美术馆展出。“北京风韵系列作品展”围绕人文奥运的理念进行艺术创作，在描绘北京的自然和历史景观的同时，还要刻画北京人，向世人展示北京人的良好精神风貌和北京这座历史文化名城的发展变化、历史沿革、文化氛围，充分展现人文奥运的风采。“北京风韵系列作品展”自2003年开始举办，到2008年每年举办一次，每次一个创作主题，包括“园林胜境”、“故城寻梦”、“名胜巡礼”、“城池漫游”、“山水情韵”、“古都新貌”。2003年的主题是“园林胜境”。2004年以“故城寻梦”为主题，作品均以北京两大世界文化遗产——紫禁城和长城为题材，参展的中国画、油画作品共计80件，有61位画家参与创作。自2004年起，“北京风韵系列作品展·故城寻梦”展览，已正式纳入“第二届北京2008奥林匹克文化节”，为紧密配合北京市政府和奥组委主办的迎接奥运的系列活动，北京风韵系列作品展其余主题的展览也将选择在每年一度的奥林匹克文化节期间举办。6月25日下午，中共北京市委书记刘淇观看了该展览。北京市有关领导龙新民、孙政才、田麦久、孙安民、张和平，以及北京奥组委副主席蒋效愚一同观看了此次展览。

（孟张龙）

【日本友人捐赠中国木版年画作品及资料】 6月27日，中国民间文艺家协会在民族文化宫举办捐赠仪式，接受日本日中艺术协会会长木通田直人和日本中国年画收藏家浅见帆捐赠的他们收藏的中国年画。中国文联主席周巍诗、文联副主席冯骥才等出席了开幕式。

（孟张龙）

【“吴冠中水墨里程”展】 7月2日~11日，“吴冠中水墨里程”巡展在中国美术馆举办，全国政协主席贾庆林出席了开幕式，此次展览囊括了吴冠中在20世纪70年代~2002年间创作的水墨作品70余件，其中既有他的代表作品《高粱》、《母土青草》等，也有表现海滨城市大连美丽夜色的《不夜城》等。70幅吴冠中水墨画精品，均为大连万达集团近10年间集中收藏的，其总价值超过1亿元。

（孟张龙）

【大型根雕艺术珍品展】 7月~9月底，大型根雕艺术珍品展在北京古玩城古典家具市场展览。在这次展览中，以中国四大名著为题材、历时数载而精心制作的大型根雕最为罕见，作品均为整体的细叶红香樟树，经雕刻大师数载磨砺而就。

（孟张龙）

【庆祝中华人民共和国成立55周年北京美术作品展】 7月5日~10日，由北京市文化局、北京市文联主办的“时代风采——庆祝中华人民共和国成立55周年北京美术作品展”在中国美术馆展出。这次展览是北京举办的大型主题性美术展览。

（孟张龙）

【首届美术出版界作品展】 7月13日，由中国出版工作者协会美术出版工作委员会、中国美术出版总社和中国美协共同主办，中华人民共和国成立以来首届美术出版界美术家作品展，在中国美术馆开幕。参展的400多位画家每人展出一件作品，组成了多个画种、题材丰富、风格多样的全国性的美术作品大展。

（孟张龙）

【“子恺杯”第五届中国漫画大展】 7月15日~20日，由中国美协漫画艺术委员会与浙江省桐乡市人民政府联合举办的“子恺杯”2004年（第五届）中国漫画大展在北京中国美术馆举办。该展览共展出216名漫画作者的211件漫画作品，并出版了《“子恺杯”第五届中国漫画大展作品集》一书。

（孟张龙）

【版画家戴维斯·格莱布展】 7月19日~31日，罗马尼亚著名版画家戴维斯·格莱布的版画

《开花的根》等40幅作品在中国美术馆展出。格莱布是享誉世界的版画家和插图艺术家，他的作品曾多次获得“最佳青年艺术家——画家”（以色列）和“圣·加布里埃尔最佳设计奖”等各种奖项。其作品曾在30多个国家展出，这是戴维斯·格莱布先生第一次在中国举办个展。

（孟张龙）

【石虎绘画展】 7月27日~8月1日，为纪念中国红十字会创办100周年，石虎画展在中国美术馆展出，并捐赠《红实图》给中国红十字会。此次画展共展出画家重彩、水墨、线条、书法等共300幅左右的作品，使用1、2、3号展厅共1500平方米。据画家介绍，巨制《红实图》标题字面含义是“红色的果实”，描写近代中国的仁人志士解放或拯救受苦受难的国人，是革命人道主义的含义。该画在展出后，作为庆祝中国红十字会成立一百周年的珍贵礼品，由画家捐献给中国红十字总会。

（孟张龙）

【中韩当代美术交流展】 8月13日~18日，由中央民族大学美术学院和韩国美术教育协会共同主办的“2004中韩当代美术交流展”和“权相玖、申铉大二人作品展”在中央民族大学美术学院新建的画廊举行。展览主要展示韩国美术教育协会的会员和在京艺术院校的教师们创作的中国画、油画、版画、艺术设计等作品140余件。在这次展览的开幕仪式上，为5月在韩国举行的“中韩青少年国际绘画展览”中入选并获奖的20余名中国中小学生颁发证书和奖品。

（孟张龙）

【首届中国青少年动漫艺术博览会】 8月15日~22日，首届中国青少年动漫艺术博览会在中国建筑文化中心举行。博览会的宗旨是，引导中国青少年观看国产动画漫画作品，支持国产动画漫画事业，打造投资企业与动画漫画艺术家沟通的舞台、建造国内最具影响力的动漫盛会。

（孟张龙）

【全国首届精微艺术文化展】 8月17日，纪念邓小平诞辰100周年全国首届精微艺术文化展在北京民族文化宫开幕。本次展览汇集了全国著名艺术家百件精湛作品，涵盖了微雕、微刻、微书、微画、微剪、微塑等多种微型艺术。由全国十多位著名艺术家共同设计制作的大型精微艺术作品《小平您好》首次展示。该件作品融雕、刻、书、画等多种艺术手法于一身，再现了小平同志的光辉一生，表达了艺术家们对邓小平等老一辈革命家的无限崇敬之情。

（孟张龙）

【全国文史研究馆书画展】 8月17日，“纪念邓小平同志诞辰100周年中国文史研究馆书画展”在北京民族文化宫开展。展览由中央文史研究馆主办，共展出了中央文史研究馆和全国32个地方文史研究馆馆员的近期书画作品200余幅。其中，有当代国学大师启功先生为纪念小平诞辰而题写的“实践是检验真理的唯一标准”。全国人大、国务院和全国政协等有关方面负责人，中央文史研究馆馆员，各地方文史研究馆代表以及各界知名人士约200多人参加了书画展开幕式。

（孟张龙）

【第二届中国人物画展】 9月4日~10日，在蒋兆和百年诞辰之际，由中国美术家协会主办，中国美协中国画艺术委员会和蒋兆和艺术研究会共同承办、协办的第二届中国人物画展暨纪念蒋兆和诞辰100周年画展，在中国美术馆展出。这是自1997年首届全国中国人物画展以来第二次全面、集中、大型的人物画展览。中国美术馆的馆藏珍品——蒋兆和的现代人物画开先河的巨制《流民图》，是本次展览的最大亮点。此次展出的作品，形式风格多姿多彩，包括传统水墨、现代水墨、工笔重彩、淡彩、岩彩以及各种材质的技法，也体现了青年人物画家群体的成长状况。

（孟张龙）

【南京军区老战士书画摄影作品展】 9月9日，“庆祝建国55周年南京军区老战士书画摄影作品展”在中国人民革命军事博物馆开展。参展作品是从南京军区老战士创作的千余幅书画摄影作品中遴选出来的，从不同角度反映了新中国建设的丰硕成果，展示了改革开放的伟大成就，充分表达了老战士、老干部对党的事业的无限忠诚，对伟大祖国的无比热爱和对人民军队的深厚感情。

（孟张龙）

【第11届中国艺术博览会】 第11届中国艺术博览会暨首届俄罗斯艺术品博览会于9月16日~21日在中华世纪坛展出。参展作品以油画、国画为主。2004年开始，中国美术家协会与中国文化艺术有限公司将进行长期的战略合作，推出全新的运作机制，由中国美协和各省市美协选送优秀画家的美术精品，同时首次推出名家推荐展区，由批评家、画家推荐提名画家参展。本届艺博会中国文化艺术有限公司首次推出签约代理机制，获奖作者将与中艺公司签约，参加中外艺术交流、艺术品拍卖等活动。首届俄罗斯艺术品博览会展出了近百幅俄罗斯的油画、素描作品，其中一部分作品为19世纪~20世纪俄罗斯艺术大师的小幅作品。

（孟张龙）

【首届建筑艺术双年展】 9月20日~10月6日，北京国际建筑艺术双年展在人民大会堂正式开幕，安德鲁、屈米、德穆隆等著名建筑师出席了开幕式，安德鲁、屈米等人在开幕式上做了主题发言。双年展8个系列展览中，在中国美术馆举行的“无止境建筑作品展”最引人瞩目，安德鲁、赫尔佐格、包赞巴克、扎哈·哈迪得等当代30余位建筑大师，各自携带其“鸟巢”、“水立方”、“国家大剧院”和中央电视台新楼等代表作品亮相。

（孟张龙）

【第二届全国少数民族美术作品展】 9月28日～10月7日，第二届少数民族美术作品展在民族文化宫举办，全国政协副主席阿不来提阿不都热西提和文化部副部长郑欣淼出席了开幕式。这是自1982年1月第一届少数民族美术作品展以来，时隔22年之久的少数民族美术作品展览，此次展览共有34个民族参展，90%以上是少数民族作者。该展经过组委会为期一年多的筹备，共征集了3000件国画和油画作品，其中包括港、澳、台地区的部分作品。大展充分体现了由多民族画家参与，以反映少数民族地区的社会生活、风土人情为主的宗旨。

（孟张龙）

【首届北京国际少年儿童美术大展】 9月29日～10月4日，北京市对外交流协会、北京歌华文化发展集团主办的“建国55周年·首届北京国际少年儿童美术大展”在中华世纪坛举办。来自中国、德国、意大利、日本等十几个国家的孩子带来了油画、水彩、铅笔、雕塑等300多件作品，其中年龄最小的只有1岁多，最大的12岁。他们以新北京、新奥运为主题，表现了丰富多彩的内心世界和创造力。

（孟张龙）

【姜国芳“紫禁城系列”油画展】 9月29日～10月8日，姜国芳“紫禁城系列”油画作品展在故宫神武楼举办。这是故宫首次为当代画家举办个人画展。

（孟张龙）

【第六届世界漫画大会】 10月3日～8日，第六届世界漫画大会在北京国际会议中心举办。这是世界漫画大会首次进入中国。世界漫画大会前身是亚洲漫画高峰会，创办于1996年，此前已举办了5届。本届漫画大会有300多位漫画大师、数千位动漫产业同仁以及近20万名动漫爱好者汇集北京，分别进行文化交流与商业实践。

（孟张龙）

【法国印象派画展】 10月10日～11月27日，法国印象派绘画珍品展在中国美术馆展出，这是中法文化年的一个重要展览，文化部长孙家正出席了开幕式并剪彩。印象派绘画是19世纪后半叶诞生于法国的绘画流派，代表人物有莫奈、马奈、雷诺阿、德加等人，20世纪20年代印象派画风传入中国。此次展览共展出作品51件，包括了法国印象派代表画家的作品，其中有马奈的《吹短笛的男孩》、莫奈的《日出》等代表作品。美术馆首次把展览时间延长到晚9点。

（孟张龙）

【法国时尚百年展】 10月10日～11月19日，法国“时尚100年”展览在国家博物馆举办。这也是法国文化年一个重要展览，展示了百年法国设计历史的精华。作品类型涵盖了设计艺术的主要种类，包括建筑，从自行车、汽车到飞机、火箭的交通产品，从家具、器皿到电器等工业产品，也包括从香水、箱包到钟表、玩具等日常用品，更包括时装、运动服装这个设计中的大项以及广告设计等视觉传达作品。展品来自蓬皮杜中心、奥塞博物馆、30年代博物馆等众多重要的博物馆的收藏，它们汇集而成法国向世界第一次大规模展现的设计专题展，可以将其称为“世纪之镜”：既反映了法国社会从近代走向现代、从现代走向当代的文化变迁，也反映了法国设计领域的文化承传、探索与创新，更反映了设计与人、设计与生活的密切关系。中法双方策展人将全部作品编排成历时性和专题性相结合的立体结构，使观众能够清晰地了解法国设计走过的历程，体会设计名家在创造上的文化依据和个人风格。对于中国设计界的专业观众，无疑是一次认识与研究法国设计学术特征的极好机会；对于广大普通观众，是一次走进法国设计世界、感受法兰西文化风情的最好体验。

（孟张龙）

【俄罗斯现实主义绘画展】 10月14日～28日，俄罗斯现实主义绘画在中华世纪坛展出，此次展览由徐悲鸿纪念馆主办，展览主要以俄罗斯艺术学院院士和圣彼得堡列宾美术学院教授和优秀学生作品为主，反映了俄罗斯的生活、风情及时代精神面貌，是俄罗斯近10年来的优秀作品。

（孟张龙）

【全国青年国庆书画展】 10月15日～19日，由共青团中央、中国美术家协会、中国书法家协会共同举办的“全国青年国庆书画展”在国家博物馆举行。此次书画展汇集了书画艺术家的作品共2000余幅，参与范围涵盖了全国18～45岁的书画爱好者。参加这次展览的青年书画家大多是当今的实力派艺术家，他们的作品从多个层面呈现出了中国画和书法的创作状态和创作现状。著名书法家张飙、李铎等30余位书画家的最新力作都在本次展览中展出。本次书画展共评选出美术、书法金奖各3名，银奖各6名，铜奖各9名，优秀奖各20名，并会同百余件优秀入围作品结集出版。中国文联副主席、书记处书记覃志刚，中宣部文艺局、教育部社政司、网络影视中心的负责同志，广东电信的负责同志、学生代表以及首都各大媒体新闻记者共200人出席了此次展览开幕式。开幕式由团中央网络影视中心副主任郝向宏主持，中国书法家协会副主席张飙、中国美术家协会副主席刘大为、广东电信实业集团总经理王琪、团中央常务书记、全国青联主席赵勇等分别作了讲话。

（吕厚龙）

【罗丹、达利、毕加索精品来中国】 11月5日~9日，在国家博物馆举行的第五届中国艺术产业论坛期间，展出了罗丹、达利、阿曼等大师的雕塑以及毕加索、莫奈等人的绘画作品。第五届中国艺术产业论坛，中国画廊推介展暨国际画廊邀请展邀请16位在业内有影响力的专家，以“艺术与诚信”为主题，探讨如何建立完善艺术市场的信用体制，如何确立重艺术、重诚信的“中国画廊”品牌在国际市场中的位置等问题。在画廊展览的有齐白石、刘海粟、陆俨少等画家的艺术精品，来自台湾的画廊带来张大千、赵无极的作品；在国际画廊邀请展展区，共有来自法国、韩国、日本、俄罗斯、澳大利亚等国的20家画廊参加。

（孟张龙）

【沈尧伊风景油画展】 11月9日~14日，“长征之路”沈尧伊风景展在中国美术馆举办。沈尧伊，1943年10月生于上海，浙江镇海人，1961年毕业于中央美术学院附中，1966年毕业于中央美术学院版画系李桦工作室。曾先后在天津美术学院、中国戏曲学院舞美系和中国人民大学徐悲鸿艺术学院任教，现为教授、博士生导师，是中国美术家协会理事，连环画艺术委员会主任、北京美术家协会副主席。多年来，他在教学之余创作了大量油画、木刻、连环画和插图作品。代表作品为1966年创作的木刻《跟随毛主席在大风大浪中前进》、1988~1993年创作的长征史诗连环画《地球的红飘带》和1994~1997年创作的历史油画《遵义会议》，为此，在1992年荣获文化部优秀专家、1999年荣获国事人事部中青年有突出贡献专家称号。

（孟张龙）

【东亚国际陶艺交流邀请展】 由中国艺术研究院陶艺研究中心主办的“东亚国际陶艺交流邀请展暨研讨会”11月16日~21日在中国美术馆举行。本次展览邀请了来自中国、韩国、日本三个国家，以及中国台湾和香港地区的近30位专家。他们是来自于本国（地区）各重点高校或研究机构的教授、研究员及著名陶艺家，在现代陶艺创作和理论研究上具有一定代表性和独特性。

（孟张龙）

【吴长江素描展】 11月23~30日，“吴长江素描展——青藏高原行”在中国美术馆举行。共展出画家素描、速写、水彩画等作品140多幅，是画家20多年以来远赴青藏高原创作中的精品。吴长江现为中央美术学院教授，中国美术家协会副主席。

（孟张龙）

【法国铜章艺术展】 11月25日，“法国铜章艺术展”在中国钱币博物馆开幕。法国造币局为中法文化年特别铸造的纪念银币在开幕式上首发。铜章是为纪念某些特定的人物而制作的大型纪念章，通常由造币厂利用造币的特殊工艺设计铸造。法国悠久的造币历史和丰富的艺术积累，使铜章成为一个特别的艺术门类，受到艺术界和收藏界人士的特别关注。法国铜章艺术展是法国文化年系列文化活动的重要组成部分。中国钱币博物馆与法国国家造币局合作，从法国造币局精选出400多枚具有不同艺术风格的大铜章在京展出。

（孟张龙）

【第十届全国美术展览】 12月10日，“第十届全国美术展览”在中国美术馆开幕，当天举行了隆重的颁奖仪式。8月19日~11月7日，“第十届全国美术展览”第一阶段展览在杭州（中国画）、广州（油画）、成都（版画）、汕头（水彩、粉画）、长春（雕塑）、厦门（雕塑）、广州（壁画）、南京（漆画、年画、宣传画、插图、连环画、漫画）、上海（艺术设计）、深圳（港澳台特邀作品）十个展区隆重举行，从全国数万件作品中遴选出3100多件作品参加了展出。汇集这里的是各展区评委会、总评审委员会以严谨、公正的评选程序评定的18件金奖、73件银奖、199件铜奖、307件优秀奖，共计597件作品。这些作品题材广泛、内容丰富、形式多样，整体上展示了近五年来广大美术家遵循先进文化的前进方向，努力表现多姿多彩的生活和讴歌时代的进步精神，遵循艺术规律，努力推进中国美术创新和繁荣的新成果。各展区均涌现出许多思想性、艺术性、观赏性俱佳的新作，呈现出良好的发展态势，成为描绘时代风采、振奋民族精神的中国美术盛会，为中华人民共和国成立55周年庆典奉献出中国美术家的一份珍贵的、独具特色的礼物。

（孟张龙）

【中华世纪坛民间艺术展】 12月24日，北京民间艺术展在中华世纪坛举行。失传20多年的玻璃吹制工艺和风筝、泥塑、面塑、毛猴、剪纸、蛋雕、京剧脸谱等20多个艺术门类的280件民间工艺品同时展出。

（孟张龙）

【邵大箴水墨画展】 12月26日~28日，邵大箴水墨画展暨从艺50周年庆祝会在北京国际艺苑举行。现任中央美术学院教授、《美术研究》主编、中国美术家协会理论委员会主任的邵大箴，一直以评论家身份广为人知，此次展出的作品全部是国内首次亮相。展览共展出邵大箴于20世纪90年代初至今创作的60余幅水墨作品，包括山水、景物等题材。由范迪安任主编、殷双喜任执行主编的《时代与学术——祝贺邵大箴教授70寿诞暨从艺50周年学术文集》也在画展开幕当天和观众见面。

（孟张龙）

·评　奖·

【“安利杯”绘画及征文大赛】 由中国少年儿童新闻出版总社及安利（中国）日用品有限公司联合主办了“让世界倾听我们的心声——安利杯首届全国少年儿童绘画及征文大赛”。首届全国少年儿童绘画及征文大赛历时5个月，收到来自北京、上海、广州、河北、山东等31个省、自治区、直辖市小伙伴们大批优秀的美术及文学作品4万多件。比赛结果于3月12日揭晓：绘画与征文分别产生一等奖4名；二等奖5名；三等奖10名；优秀奖50名。颁奖仪式于4月10日在中华世纪坛举行。

（孟张龙）

【袁熙坤荣获哥伦比亚“骑士勋章”和古巴最高文化勋章】 4月6日，哥伦比亚共和国外交部长卡洛琳娜·巴尔克代表阿尔瓦罗·乌里韦总统在金台美术馆向金台美术馆馆长袁熙坤授予“骑士勋章”。10月12日，在朝阳公园金台美术馆，古巴文化部长阿贝尔·普列托和古巴驻华大使阿尔韦托·罗德里格斯·阿鲁菲为何塞·马蒂雕像揭幕，同时向其作者中国艺术家袁熙坤授予了古巴最高文化勋章。

（孟张龙）

【万宝龙国际艺术赞助大奖】 5月18日，中国一家现代建筑博物馆——“长城脚下的公社”创始人张欣获得2004年“万宝龙国际艺术赞助大奖”。

（孟张龙）

【李翔、王界山荣获中英艺术交流贡献奖】 8月16日，在英国第二大城市伯明翰会议中心隆重举行的“欧洲华侨华人联合会第12届年会”上，英国伯明翰市市长南高先生向中国画家李翔、王界山颁发了“中英艺术交流贡献奖”。伊丽莎白女王和布莱尔首相向年会写来贺信。南高市长在致辞中说：“中国著名画家李翔、王界山的绘画作品流露着东方人所特有的艺术魅力，他们荣获中英艺术交流贡献奖，这是中英两国艺术界的喜事。”来自总政艺术局的李翔和空政创作室的王界山多次在全军和全国美展中获奖。此次李翔的中国画《独钓一江秋》和王界山的《河流一带明》均是从“欧洲华侨华人纪念邓小平诞辰100周年美展”中评选产生的获奖作品。此次获得“中英艺术交流贡献奖”，标志着英国艺术界对中国画家的认可和理解。这两幅作品已被中英艺术协会收藏。

（孟张龙）

【中国现代文学馆壁画荣获全国美展金奖】 12月10日，中国现代文学馆委托叶武林制作一组有关中国现代文学内容的壁画在第十届全国美展颁奖仪式上获得了金奖。叶武林，1944年生于西安，1967年毕业于中央美术学院油画系，1987年赴法进修考察。获金奖作品为与阎振铎合作的壁画《受难者》和《反抗者》。

（孟张龙）

【中国设计师首获钻石界奥斯卡】 一向被喻为“珠宝界的奥斯卡”的国际钻饰设计比赛，2004年以“钻石——大自然的奇迹”为主题于全球展开激烈的竞赛。2004年，出自中国的3件钻饰作品——资深设计师张鲁飞的“大自然之母”、江保罗的“水之舞”和新生代青年设计师唐鸫的“释放”在众多优秀的国际作品中脱颖而出。国际钻饰设计大赛是世界最具规模的顶级钻饰设计比赛，由世界钻石权威机构 DeBeers 创立，自1953年举办至今，一直在国际珠宝流行舞台上具有举足轻重的地位。

（孟张龙）

·纪　念·

【巴金百岁艺术大展】 2003年11月15日～2004年1月31日，于巴金诞辰100周年之际，“巴金百岁喜庆艺术大展”在中国现代文学馆举办，巴金现任全国政协副主席、中国作家协会主席。这次艺术大展集中了国内外50多位著名艺术家精心创作的作品，包括油画、国画、素描、雕塑、书法、版画等，艺展表现了巴老的肖像、巴老作品中的人物场景等艺术形象。参展的艺术家有朱德群、靳尚谊、王明明等。

（孟张龙）

【中国画画家、美术教育家卢沉逝世】 1月23日，中国画画家、美术教育家、中央美术学院教授、中国美术学院名誉教授、清华大学美术学院特聘博士生导师卢沉因病逝世，终年69岁。

（孟张龙）

【纪念董寿平先生诞辰100周年书画展】 7月20日～25日，为纪念董寿平先生诞辰100周年，由全国政协书画室、荣宝斋等单位主办的“纪念董寿平先生诞辰100周年书画展”在中国美术馆举办。董寿平先生是驰名中外的著名书画家、美术理论家、鉴赏学家，毕生致力于中国书画艺术的发展，取得了卓越的成就，博得了“寿平松”、“董梅”、“寿平竹”、“画黄山巨擘”的美称。本次展览包括全国政协书画室、故宫博物院、荣宝斋、董寿平美术馆等单位与收藏家提供的董寿平先生书画精品160余幅。

（孟张龙）

【傅抱石百年诞辰学术论坛举办】 8月11日～18日，傅抱石百年诞辰纪念展在中国美术馆举行。2004年是著名画家傅抱石先生诞辰100周年。“傅抱石百年诞辰作品展览”展出了傅抱石先生的代表作品200余件，中国美术馆还举办了“纪念傅抱石百年诞辰学术论坛”。

（孟张龙）

【纪念邓小平百年国际名家书画作品邀请展】 8月12日～15日，经文化部批准，由中央国家机关侨联、文化部侨联、北京市侨联及兴业银行北京分行联合举办的“纪念邓小平同志诞辰100周年国际名家书画作品邀请展”在北京中国人民革命军事博物馆举办。此次展览主要用书画、雕塑等艺术表现形式，集中追寻“百年小平”的足迹，以饮水思源为主线，深度挖掘邓小平同志在建立、建设新中国，尤其是在推动改革开放进程中的伟大事迹。

（孟张龙）

【纪念邓小平诞辰100周年书画展】 8月18日～31日，由毛主席纪念堂管理局主办的“纪念邓小平诞辰100周年书画展”在毛主席纪念堂举办。画展集中展览了全国各地书画家捐赠的书画作品300多幅。

（孟张龙）

【纪念刘开渠诞辰100周年展】 9月14日，“刘开渠诞辰一百周年纪念展”在中国美术馆开幕。刘开渠的作品常与重大历史事件联系在一起。抗日战争期间，他冒着敌机的轰炸，亲自翻制石膏和翻砂铸铜，创作了《抗日战争阵亡将领王铭章将军》、《川军出征抗日阵亡将士纪念碑》、《孙中山先生座像》及《工农之家》等名作。1953年，刘开渠担任中国人民英雄纪念碑设计处处长兼雕塑组组长，负责纪念碑的整体设计，并亲自创作了《胜利渡江解放全中国》、《支援前线》、《欢迎解放军》三块浮雕。从1963年开始，刘开渠任中国美术馆首任馆长，直至1993年辞世。

（孟张龙）

【画家罗工柳逝世】 10月22日，版画家、油画家和美术教育家罗工柳因病逝世，终年88岁。罗工柳生于广东，主要作品有油画《地道战》、《整风报告》等。2003年，罗工柳被文化部授予造型艺术成就奖。

（孟张龙）

【油画艺术家何孔德逝世】 12月28日，油画家何孔德同志因病逝世。何孔德出生于四川，曾任中国人民军事博物馆美术创作室副主任。

（孟张龙）

出版物

【《艺术形象设计专业水平考试专用教材》出版】 3月25日，文化部艺术人才中心在北京举行了《艺术形象设计专业水平考试专用教材》首发式。

（孟张龙）

【《圆明园四十景图咏》出版】 12月22日，《圆明园四十景图咏》画册出版。依据法国国家图书馆所藏《圆明园四十景图咏》原件复制的“《圆明园四十景图咏》画册”正式推出，限量编号发行，作为该画册监制单位的中国国家博物馆正式将其收藏。《圆明园四十景图咏》是依据圆明园鼎盛时期实景绘制的真实历史资料，由清代宫廷大画师沈源和唐岱历经十一载绘制而成，乾隆皇帝特别为其咏诗四十首，由当时的工部尚书汪由敦代书，具有极高史料价值和研究价值。遗憾的是，这件稀世珍品在1860年被劫掠到法国。

（孟张龙）

书　　法

2004年，北京市书法事业主要呈现以下几个特点：

书法教育、培训工作繁荣，会员素质提高。北京市书法家协会与北京市委党校化工分院党校共同努力，正式成立北京书法学校，“中国书法”专业本科班在2004年8月圆满完成了从筹备到招生、入学考试、开课等工作，197名学员通过各项专业和文化知识的考试，进入到本科班学习；中国书法家协会北京素质教育基地建立；中国书协和北京书协积极开展高等教育自学考试“中国书法”专业的立项工作，并与全国高等教育自学考试委员会及书法专家和北京市教育考试院联合进行了两次论证会；书协开办各种形式的短期培训班，有60余位学员参加了书法培训班，经过8个月的学习顺利结业；4月20日在逸夫会议中心举办了北京大学书法研究所所长、九三学社中央副主席、学者金开诚主讲的“中国书法艺术与传统文化”报告会。

书法展览和书法笔会活跃。1月15日，市委常委、宣传部长蔡赴朝特地到门头沟斋堂镇送春联，看望了“文化下乡”的书法家；“两会”前市书协组织书法家，慰问北京市公安交通管理局西城交通支队的执勤交通民警；北京书协负责征集了72幅优秀书法作品参加了市文联“还看今朝——北京庆祝中华人民共和国建55周年书法、摄影、民间艺术优秀作品展”；“北京名家作品展”在广东佛山开展，这次展览是换届后的北京书协全体理事作品的集中展示；全国青年国庆书画展、沈鹏书法近作观摩展、纪念于右任先生著名爱国诗作《望大陆》发表40周年暨于右任先生书法真迹展等相继举办。

同时，在北京书协成立20周年之际，还编辑出版了会员作品选集和论文集。编辑出版《北京书法艺术年鉴》。

国际书法交流增多。中国中央美术学院和韩国圆光大学校举办的“第二届书法专业教师书法展”；中国国际文化交流中心、中华文化交流与合作促进会与美国赛克勒基金会联合举办的“国际文化交流第五届赛克勒杯中国书法获奖作品展”；中日友好自作诗书法交流展、北京大学书法艺术研究所代表团访日；“金子鸥亭与现代书法北京展”；首都师范大学中国书法文化研究所承办的“中国书法文化国际论坛·高等书法教育学科建设与发展国际研讨会”；由韩国驻华使馆文化新闻处、韩国海外弘报院和韩国书道院协会后援的韩国书法展等众多国际交流书法项目成功举办。

妇女书法工作喜人。北京书协妇女工作委员会针对妇女会员的实际情况，在“三八”节前夕举办了“观摩·交流·共进”书法研讨会，70余名女会员积极参加。11月27日，妇女工作委员会在北京画院多功能厅举办了“中国书法传统在日本”报告会。中国女书法家访日和由中华全国青年联合会、中国书法家协会、日本每日新闻社、日本每日书道会4家单位共同举办的中日女书法家代表作品展等妇女书法工作前所未有。

（龙　斋）

机　　构

【中国榜书艺术研究会成立】 2月20日，中国文化艺术发展促进会榜书艺术研究会（以下简称榜书艺术研究会）在北京举行了选举暨成立大会。书法家李力生当选为榜书艺术研究会主席，冯青春为常务副主席，孟庆利、刘作明为副主席，孟庆利兼任秘书长。聘请邵华泽、陈虹、杨炳延为名誉主席；聘请刘艺、刘力上、任之通、李宝祥、李振成、杨惠川、赵立凡、张百成、曹隋为顾问。“榜书”俗称大字，在中国书法中占有重要的地位。榜书艺术研究会筹建于1996年，并于1997年在中国历史博物馆（现国家博物馆）成功举办了“首届中国榜书大展”。

（龙　斋）

【中国书法院成立】 11月26日，中国书法院在北京正式挂牌成立。中国书法院直接隶属于中国艺术研究院，全国政协九届常委，中央文史研究馆馆长，北京师范大学教授、博士生导师启功担任中国书法院名誉院长；中国书法家协会主席沈鹏，红学家冯其庸，中国书法家协会副主席刘炳森，北京师范大学教授、博士生导师欧阳中石，中央美院学术委员会顾问、博士生导师朱乃正受聘担任中国书法院顾问。中央美术学院教授、博士生导师王镛担任中国书法院院长。聘请国内在学术领域具有很高成就和重要影响的书法理论家，或在艺术创作方面卓有建树的书法家孙伯翔、张景岳、王澄、何应辉、黄惇、丛文俊、王友谊、乐泉、石开、沃兴华、陈振濂担任研究员；特别聘请了在艺术上有较高水平且具有重要影响的各界知名人士担任特约研究员，共同组成一个力量雄厚的书法创作和理论研究集体。国家文化部有关领导，中国艺术研究院、中国书法家协会的领导以及书法界代表百余人参加了成立大会暨挂牌仪式。仪式由中国书法院副院长李胜洪主持，并向被聘为中国书法院研究员、副研究员的20多位著名书法家颁发了证书。出访澳门的中国书法家协会主席沈鹏和在外地的中国艺术研究院院长王文章特别致意表示祝贺。日本篆刻家协会、新加坡书法家协会、韩国世界书法联盟等书法机构和国内书法组织以及《中国书法》杂志、《书法导报》等刊物共102个单位发来了贺信、贺电。

（龙　斋）

展　览

【纪念毛泽东诞辰110周年书画艺术展】　2003年12月26日～2004年1月10日，纪念毛泽东同志诞辰110周年书画艺术展在北京毛主席纪念堂举办。该展览由中共中央办公厅毛主席纪念堂管理局、中共中央文献研究室第一编研部等单位共同举办，展出了历年来毛主席纪念堂珍藏的部分书画作品，以及最近征集的以毛泽东诗词意境为主题的当代书画作品。其中，大多数作品出自名家之手 。展览期间还播映了用高科技手段制作的多媒体《毛泽东的诗路历程》。

（龙　斋）

【中韩书法八教师书法展】　1月10日～15日，由中国中央美术学院和韩国圆光大学校举办的“第二届书法专业教师书法展”在北京今日美术馆举办。韩国圆光大学校美术大学书艺科教授曹守铉、宣柱善、金寿天、余泰明和中国中央美术学院书法教授王镛、邱振中、刘彦湖、徐海8位书法教育家展出了书法作品80余件。首都书法界200余人参加了开幕式。由中央美院王镛工作室编辑、香港中国艺苑出版社出版的《中国中央美术学院·韩国圆光大学校书法专业教师作品交流展作品集》在展览开幕式同时首发。

（龙　斋）

【广东历代书法展】　3月1日～3月14日，“广东历代书法展”在北京中国美术馆举行。此次展览展出了包括内地和香港特别行政区28家文博机构及粤、港、澳、台50多位收藏家收藏的广东历代名家书法精品，还展出了秦汉至元代的文字实物、拓本及岭南刻帖、粤人书法论著等，展品时间跨度达2000多年。

（龙　斋）

【“汉字迷阵”六人现代书法展】

4月3日，“汉字迷阵”六人现代书法展在今日美术馆主办。此次参展的是6位中青年书法家卜列平、刘懿、邵岩、魏立刚、阎秉会、曾来德的作品，在传统书法的内涵基础上，吸收了西方构成与色彩的原理。

（龙　斋）

【首届香港书法协会会员作品展】

4月10日～12日，由香港书法协会会长黄柱河先生和北京仁和美术馆副馆长周圣尊先生共同策划，香港书法协会主办的“首届香港书法协会会员作品展”在北京仁和美术馆举行。香港书法协会创立于2002年11月，此次展览共展出该协会书法作品80余幅。

（龙　斋）

【国际文化交流第五届赛克勒杯中国书法获奖作品展】　5月22日，经文化部批准，中国国际文化交流中心、中华文化交流与合作促进会与美国赛克勒基金会联合举办的“国际文化交流第五届赛克勒杯中国书法获奖作品展”在中国美术馆开幕。部分中国书法界知名人士、美国赛克勒基金会吉尔·赛克勒夫人等出席开幕式及颁奖会。国际文化交流赛克勒杯中国书法竞赛暨获奖作品展自1990年～2002年已连续成功举办了四届，其间主办方曾先后数度组织部分获奖作品赴美国、新加坡等地展出，在海内外文化界引起了巨大反响。第五届赛克勒杯中国书法竞赛自2002年8月开始征稿以来，共收到参赛作品6000余件，经评委会精心遴选，共评出老年组、中青年组、少儿组、港澳台组及海外组一、二、三等奖杰作116件，园丁奖11件和佳作奖406件。此次在中国美术馆展出的获奖作品和特邀作品共计170件。

（龙　斋）

【中日书法交流展】　5月25日～30日，中日友好自作诗书法交流展在北京炎黄艺术馆举办。展览共展出中日双方各100幅作品，其中包括中国书法家协会副主席刘炳森等人的作品以及日本著名书法家、汉学权威渡边寒鸥等31位日本书法家的作品。来自中国书法家协会和日中友好自咏诗书交流会的书法家及社会各界人士150余人出席。

（龙　斋）

【北京书协51位理事作品佛山展】 6月18日～7月18日，由北京书法家协会、佛山电视台、佛山市书法家协会联合主办的“北京书法名家作品展”在佛山市石景宜家艺术馆举行。该展览包括北京51位书法理事的作品。佛山市政府、人大、政协和广东书法界有关领导及书法爱好者近200人出席开幕式并参观了展览。北京市文联党组书记、常务副主席吕浩材在开幕式上致辞。北京人民广播电台台长汪良，北京书法家协会副主席田伯平、李有来、彭利铭专程赴佛山市出席了开幕式，并与佛山的书法同道进行了艺术交流。

（龙　斋）

【纪念邓小平诞辰100周年全国大型书法展】 8月14日，纪念邓小平诞辰100周年全国大型书法展在中国人民革命军事博物馆开幕。此次书法展由中国书法家协会与合肥市人民政府共同主办。展览分为三部分：近万件征稿中评选出来的获奖作品100件；特邀当代名家作品180余件；特邀社会知名人士书法作品200余件。本次书法展在北京展出之后，于8月22日在合肥展出全部入选作品。

（龙　斋）

【日本“创玄书道会”作品来京展出】 8月20日～24日，日本最大的书法团体——“创玄书道会”，在中国美术馆展出传统与现代书法作品200多幅。这次“金子鸥亭与现代书法北京展”，是已举办到第40届的“创玄展”首次筹划的海外展。“创玄”创始者、日本“文化勋章”获得者金子鸥亭之子、当今著名书法家金子卓义主持了此次展览的发布会。该展览除了展出该社“拿手”书道，还展现在过去60年间有大发展的、“除去书写的文字也能表现作者思想”的“前卫书道”，日本书法主流——以大字为主、汉诗为素材的“汉字书法”，被喻为“女人的手”般富有温柔感觉、为日本书法中独一无二的“假名书法”等等，同时还展出有“近代诗文书法之父”称誉的金子鸥亭遗作9幅。

（龙　斋）

【中国书协理事精品展】 9月30日～10月8日，由中国文联、中国书协共同主办的“庆祝中华人民共和国建国55周年中国书法家协会理事精品展”在北京炎黄艺术馆举行。此次展览共展出了104位中国书协理事创作并自选的作品。中国文联党组副书记覃志刚，中宣部文艺局副局长汤恒，中国书协分党组书记张飙、副主席申万胜等出席了开幕式。开幕式由中国书协分党组副书记张传凯主持。

（龙　斋）

【中日女书法家代表作品展】 10月5日～10日，由中华全国青年联合会、中国书法家协会、日本每日新闻社、日本每日书道会4家单位共同举办的中日女书法家代表作品展在中国美术馆举行。此次展览展出了现代中国和日本最具代表性的中日两国女书法家的书法作品各200幅。日本每日新闻社、每日书道会组织了600余位日本女书法家前来中国与中国书法家相聚。

（龙　斋）

【中国书协主席沈鹏艺术观摩展】 10月9日，中国书法家协会主席沈鹏书法近作观摩展在北京劳动人民文化宫举行。沈鹏在书法探索中，着力研究书艺的多元、多样和多向性。他从传统中寻找新生，不断在自己风格的统一性中力求出新。他的创作书法作品是将人生对真、善、美的追求融于书法，从而形成自己独特的风格。此次展出沈鹏近年来创作的书法作品：手卷《古诗十九首》，巨幅草书《兰亭序》等。巨幅草书《兰亭序》是沈鹏70岁所书，气势恢弘，潇洒自然。

（龙　斋）

【“墨华集”第二届海淀书协年展】 10月16日～18日，由海淀区文联主办，海淀书法家协会承办，炎黄艺术馆后援的“墨华集”第二届海淀书法家协会年展在炎黄艺术馆举办。此次年展是“海淀文化节”活动之一。入展的100余幅作品的作者，囊括了老、中、青、少各层面会员，具有普遍性。北京市文联党组书记吕浩材，北京书协副主席张书范，海淀区文联主席卫汉青，海淀书协代主席孟繁禧及各区、县、行业书协的领导等一百多人参观了展览。

（龙　斋）

【韩国书法展】 10月29日～11月12日，由韩国驻华使馆文化新闻处主办，韩国海外弘报院和韩国书道院协会后援的韩国书法展，在韩国驻华使馆文化新闻处展厅举办。这次活动分为“韩文书法艺术展”和“韩中文字书法艺术比较展”两部分，其中包括了曹守镐、黄晟现、宣柱善、朴荣镇等14位韩国书法界著名的艺术家最得意的作品，他们都曾多次参加国际书法大展，部分人士曾经在国内外举办过多次个人展。这次的作品充分展示了韩中两国的历史、文化渊源，同时，充分展示了韩国书法的精髓和韩国人民刚毅、坚强的精神。

（龙　斋）

【首届自撰楹联书法展】 11月3日，由中国楹联学会主办，中国楹联书法艺术委员会、北京画苑联墨文化发展有限公司承办，北京画中画印刷有限公司协办，天津鑫裕建设发展有限公司独家资助的中国楹联界首届自撰楹联书法展于在中国人民革命军事博物馆举办。这种以“自撰自书、联墨合璧”为特点的楹联书法展，不仅在楹联界是首次，而且在书画界也是首次。展出作品是从来自全国各省、市、自治区和港澳台地区的近2000件自撰楹联书法作品经过评委们评审选出的500件入选作品中精选的。此次展出的作品共有200件，其中包括特邀迟浩田、欧阳中石、张飙、康成元、周志高、苏士澍、张有清、丁振来、刘洪彪、张坤山、朱守道、王祥之等40多位著名书法家的自撰贺联和获奖作品27件参展，一等奖3件、二等奖10件、三等奖14件。在开幕式上，中国楹联学会名誉会长常江宣布了获得金、银、铜奖的27名作者名单。

（龙　斋）

【纪念《望大陆》发表40周年于右任书法真迹展】 11月30日～12月3日，由民革中央、全国政协港澳台侨委员会、中央文史研究馆、中国书法家协会等共同主办，西安于右任故居纪念馆、台湾陕西同乡会等联合承办的“纪念于右任先生著名爱国诗作《望大陆》发表40周年暨于右任先生书法真迹展”在北京现代文学馆开幕。于右任是辛亥革命的老人、国民党元老。他追随孙中山先生，一生爱国，风范长存。晚年羁留台湾，思乡心切，深情期望叶落归根，祖国统一，激情满怀地写下《望大陆》：“葬我于高山之上兮，望我大陆；大陆不可见兮，只有痛哭。葬我于高山之上兮，望我故乡；故乡不可见兮，永不能忘。天苍苍，野茫茫；山之上，有国殇。”展览汇集了于右任《望大陆》手迹及其散落海内外的书法真迹近百幅。全国人大常委会副委员长、民革中央主席何鲁丽在开幕式上讲话；全国政协副主席王忠禹、周铁农出席了开幕式。

（龙　斋）

【空军八人书法作品展】 12月11日～18日，由中国人民革命军事博物馆、空军政治部宣传部、中国书协中直机关分会、世界华侨华人社团联合总会艺术委员会共同主办的“空军八人书法作品展”，在中国人民革命军事博物馆举行。这次展出的近200幅书法作品，是空军孟繁锦、杨明臣、赵勇、刘月忠、张才、毛选选、陈泽坤、唐湘子8位军旅书法家的多年力作。全国人大常委会副委员长铁木尔·达瓦买提、刘华清等50多位老领导观看了展览。

（龙　斋）

活　　动

【春节喜联送进百姓家】 1月15日，北京市书法家协会组织多名书法家到门头沟斋堂镇送春联，市委常委、宣传部长蔡赴朝特地到现场看望了书法家。部分区县书法组织也在区域范围内组织了送春联活动。

（龙　斋）

【北京书法家协会召开四届三次理事会】 2月11日，北京市书协在毛主席纪念堂召开了四届理事会主席团第三次会议。会议按照章程和程序，批准了150名新会员入会。同时还对2004～2005年两年的工作进行了规划安排。北京市书协主席林岫，驻会副主席田伯平，副主席张书范、谷溪、王家新、李有来、彭利铭和四届理事会主席团成员出席了会议。

（龙　斋）

【北京书协慰问一线交警】 2月21日，北京书协副主席田伯平、张书范、彭利铭，理事张世俊、任怀殊、王献坤、陶亚平、郭建勋，画家周国良、张宪、苏海河、石澍一行，到北京公安交通管理局西城交通支队，慰问工作在交通一线的公安交警。书画家们为交警创作了近40余幅书画作品。

（龙　斋）

【中国书法专业本科班招生】 2月，北京书法协会与北京市委党校联合举办的“中国书法专业本科班”开始招生。该专业学制三年，开设书法常识、现代汉语、古文字基础、艺术概论、诗词基础、美学概论、公共关系概论、计算机基础、亚太文化比较等23门课程，学习期满经考试成绩合格者，取得大学本科学历，发北京市委党校毕业证书，享受国民教育相应学历的待遇，成绩优秀者同时可破格加入北京书法家协会。

（龙　斋）

【北京书协举办妇女书法研讨会】 3月7日，北京书协妇女工作委员会在全国政协礼堂华宝斋书院组织了一次妇女书法观摩研讨会，主题为“观摩·交流·共进”。北京书协妇女会员近70人共同探讨了妇女书法事业发展的现状。中国书协副主席、北京书协主席林岫，北京书协驻会副主席田伯平，北京书协副主席张书范、薛夫彬、王家新、李有来、彭利铭到会。

（龙　斋）

【北京书协举办“中国书法艺术与传统文化”报告】 4月20日，北京书法家协会邀请学者、北京大学书法研究所所长金开诚做了题为“中国书法艺术与传统文化”的报告。220余位北京书协会员认真听取了报告。72岁的金开诚多年致力于美学心理学的研究，出版了多本专著，取得了有目共睹的成就，受到社会的普遍关注，产生了很大的影响，在学术理论界备受尊重。近年来金开诚关注中国书法和传统文化的研究，发表了有其独特见解的书法理论文章。此次演讲他以五千年历史为背景，从美学、哲学、天文、地理、物理、化学、诗词、歌赋、历史、体育、自然、生态、生活等方面着手，对中国书法艺术与传统文化进行了分析，深入浅出地进行了论证解惑。北京书法家协会副主席彭利铭主持会议。

（龙　斋）

【西城区书法家协会召开第三届代表大会】 4月20日，西城区书法家协会第三届代表大会暨换届大会召开，会议选出西城区书协新一届领导：主席张世俊，副主席李晓军、贾诚隽、冷万里；冷万里兼任秘书长。会议通过了过去五年的工作报告和今后五年的工作规划。市书协副主席彭利铭，区文联主席、区书协第二届主席张世俊，区文联副主席杨骥川，秘书长包旭东等出席会议。

（龙　斋）

【刘炳森向中国人民大学捐款100万元设立书法奖学金】　5月18日，中国书法家协会副主席、全国政协常委、中国文联副主席、中国佛教协会副会长刘炳森先生向中国人民大学捐赠100万元，设立以他的老师、已故北京中国书法研究社成员、书法届老前辈何二水先生名字命名的书法教育奖学金——“何二水奖学金”。同时向人大东方艺术研究所捐赠20万元，资助东方艺术研究所开展书法教育和研究工作。

（龙　斋）

【韩国留学生文功烈通过中国书法美学专业博士论文答辩】　5月29日，中国人民大学哲学系韩国留学生、韩中社科研究会会长文功烈的博士论文《魏晋南北朝书法美学研究》通过答辩，获得中国书法美学博士学位。中国书法家协会主席沈鹏应邀主持了答辩会。北京大学朱志良教授、北京师范大学王一川教授、中国人民大学王晓旭教授和郑晓华教授作为评委出席答辩会。文功烈曾担任韩国书法家协会秘书长，1996年来到北京求学，进修于中央美术学院，2001年在首都师范大学获得美学硕士学位。

（龙　斋）

【《中国书法发展纲要》起草工作座谈会】　5月，《中国书法发展纲要》起草工作座谈会在京召开。会议就制定《中国书法发展纲要》的意义、书学研究的发展与现状、书法教育的完善、书法创作的繁荣、书法场馆的建设、书法机构的改革等问题进行了探讨。中国书协主席沈鹏，副主席刘炳森、张飙，中国书协副主席、北京市书协主席林岫，《中国书法发展纲要》起草小组组长张传凯和20位起草小组人员参加了会议。

（龙　斋）

【高等教育自学考试增设“中国书法”专业论证会】　6月30日，关于高教自考增设书法专业第二次论证会在北京市教育考试院举行。参与者有高教委、教育考试院的有关领导，并且邀请资深书法家、书法教育工作者金开诚、吴震启、田伯平、秦永龙、叶培贵、倪文东、胡滨等参与论证。分别从中国文化大的背景下书法对于中国传统文化的继承和发展，到增设书法专业将广泛提升全民族的文化素质等方面进行了论证。经过充分论证，决定全国高等教育自学考试准备增设“中国书法”专业。该活动由北京书法家协会、首都师范大学中国书法文化研究所、北京市委党校成教院化工分院联合发起，得到了北京市教育自学考试院的大力支持。

（龙　斋）

【北大书法研究所书法研究生课程班招生】　继2003年11月8日成立北大书法艺术研究所之后，经北京市教委批准，北大书法研究所北京大学书法艺术研究所书法研究生课程班正式招生。报名时间为6月~8月。研究生专业选修课为中国书法与传统文化、书法美学、海外书法的文化研究、书法专题、书法创作专题、中国书法史、中国书法理论史、中国书论、画论、乐论、当代书法专题、书法创作与鉴赏、书法艺术心理学、20世纪中国书法研究、书法史、书画鉴定、日本韩国书法研究、中国书法与其他文化研究等。

（龙　斋）

【北京大学书法艺术研究所代表团访日】　7月10日~15日，以北京大学书法艺术研究所副所长王岳川为团长的书法代表团，应邀访问了日本东京大东文化大学书道研究所，就双方的教育交流计划作了方向性探讨，并考察了大东文化大学的书法课堂教学。其间，还在大东文化大学展览厅举办了“日中书法教师作品展览”。北京大学书法代表团成员包括北大书法研究所兼职教授刘正成、徐寒，大东文化大学书法教授包括日本谦慎书道会理事长新井光风、事务局长高木圣雨，以及田中有、古谷稔、河内利治、斋藤公男、高木厚人、高城弘一、玉村清司、河野隆。参加这次两校书法教师作品展的北大教授还有金开诚、杨辛。

（龙　斋）

【中国女书法家代表团出访日本】　7月11日，由中国书协组织的中国女书法家访日代表团一行64人，到日本进行访问。访日期间，中国的女书法家们与日本当代知名书法家进行了学术交流，并现场挥毫泼墨。

（龙　斋）

【石景山区书协慰问子弟兵】　7月24日，石景山区书协、区老年书画协会范德安、张俊山等一行十余人在区文联主席尹大江的率领下，来到驻区部队驻地，挥毫泼墨，慰问人民子弟兵，共庆“八一”建军节。这是石景山区书协机构调整以后提出的积极参加、服务社会的又一举动。不久前，区书协组织会员书写党风廉政建设格言警句100余幅，参加本区廉政建设书画展，受到好评。这次活动是以宣传“现代、绿色、文明”石景山为目的，以迎接中华人民共和国成立55周年。

（龙　斋）

【首届书法家硕士研究生高级研修班开学】　9月17日，由刘炳森先生资助、中国人民大学徐悲鸿艺术学院和《中国书法》杂志联合举办的首届全国优秀中青年书法家硕士研究生课程高级研修班在中国人民大学举行了开学典礼。本次高研班招生从4月分开始筹备，到8月底录取工作结束。有200多名书法家和书法爱好者报名。徐悲鸿艺术学院和《中国书法》杂志社组织专家对报名学员的理论、创作和艺术业绩进行了认真评阅，经过无记名评分，最后按分数高低录取了80余人。绝大多数学员均为中国书法家协会会员和省级书法家协会会员，不少是地市及省级书协组织的领导，相当一部分学员在书法创作、理论研究方面已有较高造诣。学员来自全国24个省市自治区。中国文联党组副书记、副主席覃志刚，中国书法家协会分党组书记、驻会副主席张飙，中国书法家协会副主席、教育委员会主任林岫，中国书协副秘书长、中国艺术报社社长张虎，北京书法家协会驻会副主席兼秘书长田伯平和教育部中国高等教育研究会秘书长张晋峰、中国教育电视台副台长陈力及中国人民大学副校长袁卫、徐悲鸿艺术学院院长徐庆平、副院长郑晓华等有关方面领导出席开学典礼。

（龙　斋）

【日本学者河内利治到首都师范大学讲授书法】　9月23日，日本大东文化大学教授河内利治先生应首都师范大学中国书法研究所邀请，到该校作了题为“中国书法学和日本书道学”的演讲。河内利治先生是日本书道学的首倡者，从事书学研究和书法教育多年，具有很高的国际知名度。

（龙　斋）

【书画家慈善义捐笔会】　9月24日，由北京市慈善协会主办的“爱心写意”书画家慈善义捐笔会在全国政协礼堂举行。李铎、林岫、孟令芳、穆永瑞、郭建勋、曹佳林、王祖诤等20位书画家现场挥毫。中国书法家协会主席沈鹏、驻会副主席张飙也为这次笔会捐赠了作品。

（龙　斋）

【中国书法文化国际论坛·高等书法教育学科建设与发展国际研讨会】　9月25日~27日，由首都师范大学主办，该校中国书法文化研究所承办的“中国书法文化国际论坛·高等书法教育学科建设与发展国际研讨会”在北京召开。来自日本、韩国以及中国香港、大陆地区30多所院校和研究机构的专家学者，在对高等书法教育所取得的成绩给予肯定的同时，也指出了存在的种种问题，并提出了解决这些问题的建议。甘肃联合大学学报编辑部主任马国俊、首都师范大学中国书法文化研究所所长叶培贵、首都师范大学中国书法文化研究所教授张同印、首都师范大学中国书法文化研究所副所长甘中流、香港中国书法研究所所长刘长昌、北京师范大学教授倪文东等作了发言。

（龙　斋）

【中国金融书法家协会召开理事会】　11月21日，中国金融书法家协会一届二次理事会召开。会议总结了两年来的工作，对以后的工作做了部署，理事会通过了《中国金融书法家协会章程》，充实了领导机构。会议结束后，举行了“庆祝中国金融美术家协会成立和中国金融书法家协会成立两周年书画笔会”。

（龙　斋）

【北京书协妇工委举行“中国书法传统在日本”报告会】　11月27日，北京书协妇女工作委员会在北京画院举行“中国书法传统在日本”报告会，邀请中国书协外联部主任蔡祥麟就2004年夏季中日妇女书法交流活动的盛况作了报告。北京市文联党组书记吕浩材、《中国书法》主编周志高，以及北京书协副主席田伯平、张书范、彭利铭、李有来等出席了报告会。

（龙　斋）

【宣武书协活动在社区】　11月29日，由宣武区书法家协会和街道社区联合举办的“纪念全国人民代表大会成立50周年”笔会和“九九重阳敬老爱老”笔会，分别在广外街道手帕口南街社区和牛街街道南线阁社区举行。参加笔会的书协会员们与百姓亲切接触、交流书艺，创作了百余幅书法作品赠送给社区居民。北京书协驻会副主席兼秘书长田伯平到会并发表了讲话，他对宣武书协在街道社区建立活动站、书协会员活跃在社区，给予了充分的肯定和赞扬。宣武书协自2003年11月以来，先后在8个街道建立了4个活动站，书协除每月搞一次集中活动外，会员每周都在各个活动站与社区居民、书画爱好者一起写字作画。围绕区中心工作，围绕街道社区重点工作，发挥书法绘画不可代替的作用。

（龙　斋）

【怀柔区书协召开第三次代表大会】　12月1日，怀柔区书协在区文化馆召开了第三次会员代表大会。应邀出席大会的有怀柔区委副书记武占刚，北京书协驻会副主席兼秘书长田伯平，怀柔区委宣传部副部长刘晓红，北京市工商联副秘书长弓超，北京书协理事、北京书法学校校长胡滨，怀柔区文委主任张卫、副主任兼文化馆馆长朱宝坤等。会议选举产生了新一届理事会和新一届领导班子。高希祥为怀柔区书法家协会主席，吴砚君为副主席，秘书长由吴朝印兼任。

（龙　斋）

【启功书法学国际研讨会】　12月20日，“启功书法学国际研讨会”在北京师范大学举行。本次研讨会旨在弘扬启功先生的学术思想和书法艺术成就，展示启功先生对中国书法事业的巨大贡献。启功先生是我国著名学者、诗人、书画家，他的书法理论、书法艺术在海内外都享有极高的声誉。来自国内高校和日本、美国、新加坡等国的200余名专家、学者就启功的书法理论、书法艺术成就以及对中国书法事业的贡献等进行了深入探讨。会议期间还同时举办“启功先生学术成果展”和“启功先生赠友人书画作品展”，展出启功近50年来在文学、文献学、诗词创作及研究、书画鉴定、书画研究等方面出版的著作和一些有纪念意义的照片、实物资料等。

（龙 斋）

【中国首届书法专业研究生书学学术周】 12月24日~30日，由首都师范大学中国书法文化研究所主办的“全国首届书法专业研究生书学学术周”在京举行。首都师范大学中国书法文化研究所名誉所长、著名书法家欧阳中石教授和来自北京师范大学、中央美术学院、中国人民大学、四川大学、南京师范大学、南京艺术学院等16所高校的书法专业学生和书法爱好者出席了开幕式。北京市教委主任耿学超、北京大学书法研究所所长金开诚、首都师范大学副校长王万良等在开幕式上致辞。

（龙 斋）

【中国书协四届五次主席团会议】

年底，中国书协四届五次主席团会议在京召开。会议听取了张飙所作的2004年工作报告和2005年工作计划。听取了中国书协分党组副书记、《中国书法发展纲要》起草小组组长张传凯所作的关于《中国书法发展纲要》起草的说明。主席团成员赞同《纲要》的内容和形式，并提出了修改意见。经过认真审议，会议原则通过了这一《纲要》，并授权驻会机关对《纲要》做进一步修改后择机呈报和发布。会议决定，增补周俊杰、白煦、吴震启为中国书协第四届理事会理事。中国书协副主席申万胜、朱关田、旭宇、张海、陈永正、林岫、钟明善、段成桂、聂成文、尉天池出席了会议。中国书协分党组副书记张传凯，副秘书长张旭光、吕如雄等列席了会议。

（龙 斋）

【国际少儿艺术展评出十佳小书法家】 本年，由中华人民共和国文化部批准、中国对外艺术展览中心主办的“奔向2008——第三届国际少儿艺术大展”在政协礼堂举行了颁奖仪式，本次大展汇集了36个国家及中国港澳台地区的众多选手，评选出了各种艺术门类的“十佳”儿童。北京的董冉、德力格尔、王乃钊、周扬浸4位学生获得“十佳小书法家”的称号。

（龙 斋）

出 版 物

【《北京书法论文集》发行】

2月，为庆祝北京书法家协会成立20周年，由北京书法家协会编著的《北京书法论文集》由国家图书馆出版社出版发行。此书共收录了各类书法论文61篇，分为：书家研究、技法与心得、书法理论研究、书法教育、碑帖研究、书法史六大类。既有对书法发展历史与现状的回顾和判断，也有对书法家和碑帖的个案研究。

（龙 斋）

【《百年小平》大型书法邮票珍藏册面世】 4月23日，中华全国集邮联合会制作的大型专题纪念邮票珍藏册《百年小平》发行。该册用了近三年时间，邀请了国内100位书法家和10位画家、邮票设计师制作完成。珍藏册内包含了全新发行的110枚邓小平的纪念张和29枚国家邮政以前发行的邓小平头像邮票，以及与邓小平相关的15枚邮票。全册分“中国之子”、“中华军魂”、“历史转折”、“必由之路”、“走向世界”、“天才构想”、“放眼未来”和“小平您好”八大部分。

（龙 斋）

【《北京书法艺术年鉴》（2002~2003）付梓】 5月上旬，由北京书法家协会主编、北京图书馆出版社出版的2002~2003年度《北京书法艺术年鉴》付梓。本书真实地记录了北京书协第四次会员代表大会召开以及2002~2003年度北京书法界的基本活动。本期年鉴新增设了“聚焦视点”、“光荣榜”等栏目，凡北京书协较为重要的工作项目，以及在北京、全国各种大赛、评比中获奖的作者名单都有收录，同时还可以欣赏到古代书法名迹《研出铭》、《出师颂》的仿真印刷品。

（龙 斋）

【《北京志·文化艺术卷·书法 篆刻志》定稿】 8月5日，历经数年编纂的《北京志·文化艺术卷·书法 篆刻志》最终定稿，市文联编委会在市文联会议室进行编审工作会。北京市文联驻会副主席、编委会副主编陈世崇，北京市地方志编委会副主编鲁刚、办公室田颖男，北京市文联地方志办公室主任陈予一，北京书协袁其微、骆建宏参加会议。会议由陈世崇主持。

（龙 斋）

【《毛泽东诗词传世墨宝》首发】

10月23日，《毛泽东诗词传世墨宝》首发式在人民大会堂举行。这些传世作品由中共中央文献研究室第一编研部和中央国家机关工委紫光阁画院共同编辑。毛泽东一生创作了70余首诗词，有47首留下了手迹，编者将这些诗词墨迹精品编制成了《毛泽东诗词传世墨宝》。所有被收入的诗词墨迹，都以诗词创作的时间为序编排。其中的6幅晚期作品用硬笔书写，在作品中以附录的形式出现。

（龙 斋）

【《中国篆刻技法》出版】 11月，王本兴编著的《中国篆刻技法》，由北京工艺美术出版社推出。王本兴从事书画篆刻30多年，刻印1万多方，他根据自己亲身体会和感受，并参照古人的篆刻艺术特点，撰写了该书。该书从技法入门，以提高创作水准为要旨，抓住简明、扼要、精到之特点，揭开了“篆”与“刻”的秘密，力求使每个初学篆刻者知其然，又知其所以然，在此基础上提高篆刻者对篆刻艺术的兴趣和素养。其附录“篆刻的流派”、“著名篆刻家字号”等是初学者不可多得的实用资料。

（龙　斋）

摄　　影

北京的摄影活动在市委宣传部领导下，认真坚持“二为”方向和“双百”方针，继往开来、与时俱进，广泛联系依靠广大摄影工作者，围绕全市中心工作，以出作品、出人才为工作重心，组织摄影创作，举办大量影赛影展，开展摄影文化沙龙活动，开办摄影培训班，加强对内对外交流，极大地丰富和活跃了首都摄影文化。

2004 年，北京的摄影工作紧密围绕庆祝中华人民共和国成立 55 周年和宣传新北京、新奥运等中心工作，结合年内各项展览、比赛活动，组织多种形式的摄影创作活动，5 月 ~11 月期间，共组织了创作活动 33 次，200 余名会员参加，并组织进行了边疆万里采风活动。

2004 年，开展了各类影展影赛，摄影事业繁荣。为庆祝中华人民共和国成立 55 周年，在中华世纪坛举办了“庆祝建国 55 周年摄影、书法、民间艺术展览”。在恒基中心举办“世界奥运城市风采”和“北京风情舞动巴黎”大型图片摄影展，在法国巴黎举办的“北京风情舞动巴黎——香榭丽舍大街盛装游行”摄影展也同时展出。自北京申奥成功后，北京的发展越来越受到世界的关注。为真实记录北京的巨大变化和发展足迹，宣传新北京、新奥运，举办了“迈向 2008 的北京”系列摄影比赛。

开办摄影函授学院北京分院，注重人才培养。自第 15 期起北京摄影家协会正式承接中国摄影家协会函授学院摄影函授专修班的办学教学工作，并由北京摄影家协会副主席和知名摄影家授课，进行系统地摄影理论知识讲解。

对外交流的开展，促进了摄影事业的发展。2004 年春节期间，北京摄影家代表团 20 余人，赴法国巴黎参加了作为中法文化年重要组成部分的“北京风情舞动巴黎——香榭丽舍大街盛装游行”拍摄活动。为配合“新北京、新奥运”战略构思的宣传工作，弘扬民族文化，加强北京的对外交流，打造一流的文化品牌活动，北京市文联与北京市对外友好协会及北京摄影家协会、民间文艺、音乐、舞蹈等协会共同赴德国法兰克福市举办“多彩的北京问候”中华民族艺术周活动。2 月 ~5 月，德国、乌兹别克斯坦、美国等国著名摄影师也相继来北京进行影展、访问等活动。

对内，北京摄影家协会还加强了同北京各主要群众摄影团体的联系与合作，协会领导先后参与了广角、西城、东城、大兴、丰台、昌平、延庆、通州、怀柔、密云、房山、燕山、农发行摄协、城建文联、建设文协、百姓、十三人、犇牛等组织的活动或与这些组织领导进行沟通，加强联系与合作。

（吴赣生）

活　　动

【中国摄影教育网元旦开启】 1 月1 日，中国摄影教育网（www. photo. edu. cn）开启，该网是由中国摄协主办，依托中国摄协及中国摄影函授学院的优势资源而建立的国内摄影教育网站。网站采用目前世界上最先进、最权威的课程制作工具，提供经济、便捷的摄影学习方式。

（吴赣生）

【“慕田峪杯”摄影大赛】 3 月 25 日，为展示“慕田峪长城”的雄伟身姿，体现古长城深厚的文化底蕴及怀柔地区的人文地理、自然风貌，北京摄影家协会与怀柔区委宣传部、《北京日报》共同举办了“慕田峪杯”怀柔风采摄影大赛。

（吴赣生）

【中国摄协年会】 4 月 10 日 ~11 日，中国摄影家协会 2004 年全国摄影工作会议在北京召开。这次会议回顾了中国摄影家协会 2003 年度的工作，并通过了《中国摄影家协会 2004 年度工作要点》。与会代表还分组对工作要点进行了讨论，不少省级摄影家协会负责人介绍了各自的工作经验和方法，大家还就一些摄影界共同关心的问题交换了意见。

（吴赣生）

【“爱普生杯”摄影大赛】 4月，北京摄影家协会与爱普生（中国）有限公司、海淀区委宣传部共同举办了“爱普生杯”校园生活、教师风采摄影大赛。此次大赛拍摄的图片充分展示了丰富多彩的校园生活。比赛评出一等奖1名，二等奖2名，三等奖3名，佳作奖30名。

（吴赣生）

【第三届海峡两岸摄影联展】 5月9日～14日，中国摄影家协会、台湾中华艺术摄影家学会联合举办的第三届海峡两岸摄影艺术联展在北京首都图书馆举办。本次展览展出了中国第十届国际影展部分获奖作品和台湾中华艺术摄影家学会组织推荐的204幅摄影佳作。这些摄影作品不仅展现了两岸摄影家身处不同的时空背景、摄影风格，还从不同侧面反映了祖国内地和宝岛台湾艺术、社会、科技等方面的发展与变迁。

（吴赣生）

【新东安杯摄影展览】 5月，北京摄影家协会与《北京晚报》、新东安市场共同举办的第五届新东安杯“新北京、新风尚”摄影展览在新东安市场举行。10月，举办的第六届新东安杯摄影大赛开始征稿。

（吴赣生）

【首次冲印师职业师资培训在京启动】 7月17日～21日，首届全国冲印师职业师资和考评员培训班在北京举办。来自全国近百名相关工作及专业技术人员通过学习，将成为新的《冲印师国家职业标准》颁布后首批冲印师资格培训和考评工作的执业者。

（吴赣生）

【“邓小平在北京”图片展】 8月19日，“世纪伟人邓小平——纪念邓小平同志诞辰100周年展览”开幕式在京举行。市委、市政府领导集体出席了“亲切的关怀 深切的思念——邓小平在北京”图片展览开幕式。此次展览分为6部分，共展出了260多幅图片和100多件实物，从邓小平和北京的角度，表达首都人民对邓小平同志的爱戴和深切怀念。

（吴赣生）

【庆祝中华人民共和国成立55周年摄影展览】 8月22日～27日，北京市文联同北京摄影家协会等相关单位为庆祝中华人民共和国成立55周年，在中华世纪坛共同举办了摄影、书法、民间艺术展览。本次展览展出的摄影作品，是近年来比赛获奖作品的精选，这些摄影作品从各个方面反映了北京这座文化历史名城的时代风采。

（吴赣生）

【“中关村印象”摄影赛】 8月，北京摄影家协会与中关村科技园区管理委员会共同举办了“中关村印象”摄影大赛。为了能获得充分展现中关村面貌的大量优秀摄影作品，北京摄影家协会同中关村管委会多次组织摄影家进行实地拍摄，短短的几十天，该活动收到摄影作品近千幅，共评选出优秀奖50幅，入选奖100幅。此次比赛是作为8月中关村电脑节的主要活动之一。

（吴赣生）

【“北京民政风采”摄影大赛】 2003年9月～2004年8月，北京摄影家协会与北京市民政局举办了“北京民政风采”摄影大赛，并与北京市民政局共同召开了专题创作会议。该协会还多次派摄影家们实地拍摄与本市有关的民政活动，摄影创作活动得到了民政有关部门的支持，为他们的摄影创作提供了便利。这次摄影大赛收到近千幅摄影作品，从中评选出了一等奖2幅，二等奖6幅，三等奖10幅，优秀奖100幅。

（吴赣生）

【首届新闻摄影记者高级研修班】 9月6日～12日，来自北京和20个省、市、自治区的32名地方媒体摄影记者参加了由中国摄协北京摄影函授学院举办的首届新闻摄影记者高级研修班。授课采取集讲师授课、现场拍摄、综合点评、现场编辑、作品演示为一体的互动型全方位教学模式。

（吴赣生）

【奥运城市风采和北京风情摄影展】 9月16日～10月16日，由北京市文联、北京市旅游局主办，北京摄影家协会承办的“世界奥运城市风采”和“北京风情舞动巴黎”大型图片摄影展在恒基中心举办。此次展览展出了来自22个国家摄影师拍摄的历届办奥城市风光、风情的摄影作品400余幅。北京摄影家协会承办，城建摄协协办的反映春节期间在法国巴黎举办的“北京风情舞动巴黎——香榭丽舍大街盛装游行”摄影展也同时展出。北京市旅游局党组书记、局长于长江和北京市文联党组书记、常务副主席吕浩材，文联党组副书记陈志强等有关领导出席了开幕式并为展览剪彩，约200余名摄影界人士及观众参观了摄影展。

（吴赣生）

【第14届中国新闻奖评选揭晓】 9月28日，由中国记协主办的全国优秀新闻作品年度最高奖——第14届中国新闻奖在北京揭晓。在248件获奖的新闻作品中有13幅（组）新闻摄影作品。新华社的《总理为民工追工钱》（刘卫兵摄，吕淑梅编辑）、《中国青年报》的《SARS病房》（贺延光摄，晋永权编辑）等获一等奖。《中国日报》、新华社、《北京晚报》、《中国青年报》、《京华时报》等10幅（组）摄影作品分获二、三等奖。

（吴赣生）

【全军摄影艺术作品展】 9月27日，由解放军总政治部主办的“迈入新世纪的人民军队——纪念中华人民共和国成立55周年全军摄影艺术作品展览”在北京中国革命军事博物馆举办。这次影展共展出了全军200多名摄影工作者的300多幅摄影作品。

（吴赣生）

【“紫禁城国际摄影大展”】 10月1日，“紫禁城国际摄影大展”在故宫开幕。40多位国际摄影大师和国内著名摄影家展出了他们的300幅代表作品。这次以“文明对话”为主题的“紫禁城国际摄影大展”为故宫博物院将于2005年庆祝建院80周年而举行的一系列庆祝活动拉开了序幕。

（吴赣生）

【“安利杯”首都巡警风采摄影大赛】 12月，为大力弘扬“人民警察为人民”的根本宗旨，充分展示首都巡警的风采，在首都巡警建警十周年之际，北京摄影家协会与北京市公安局巡警总队及《北京晚报》、《北京娱乐信报》等多家媒体共同举办了“安利杯”首都巡警风采摄影大赛。

（吴赣生）

【华日文化摄影沙龙下乡采风】 2004年，北京摄影家协会华日文化沙龙为纪念邓小平同志诞辰100周年，组织了200余名摄影爱好者，赴怀柔进行了为期三天的大型摄影创作采风活动，此次活动吸引了众多摄影爱好者参加。2004年共有近2000人次参加了华日文化沙龙开展的月赛、摄影讲座等各项活动。该沙龙自成立起，经过几年的努力，已经成为北京市摄影爱好者学习交流的主要场所。

（吴赣生）

【“迈向2008的北京”系列摄影赛】 为真实记录北京的巨大变化和发展足迹，宣传新北京、新奥运，北京摄影家协会和华日冲印公司自2003年起联合举办了“迈向2008的北京”系列摄影比赛。2004年1月该系列年赛（之一）“建设魅力新北京”评选揭晓，共评出一等奖1幅，二等奖4幅，三等奖10幅，优秀奖100幅，入选奖80幅。4月，系列年赛（之二）“博大精深的古都历史风貌”启动。

（吴赣生）

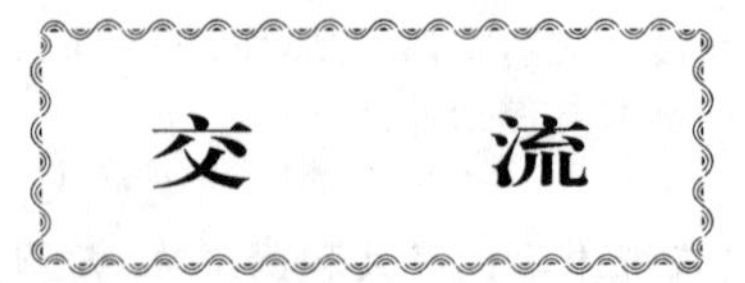

交　流

【“北京百年摄影图片展”在巴黎举办】 1月8日~18日，“北京百年摄影图片展”在法国巴黎市政厅举办。所展出的86幅图片由两名法国摄影师拍摄。时间跨度从20世纪初至2002年近100年的时间里，两位摄影师在不同的时间用同一视角记录了北京的皇城、故宫、前门大街、四合院民居、东安市场、长安大街等的变化。展出期间共有近万名巴黎市民和旅欧华人前往观看。

（吴赣生）

【电影大师来京办摄影展】 2月~5月，德国电影大师维姆·文德斯的世界巡回摄影展“地球表面的图画”中国站先后于北京中华世纪坛、上海美术馆、广东美术馆展出。“地球表面的图画”摄影展共展出了37幅摄影作品。

（吴赣生）

【赴法参加“北京风情舞动巴黎——香榭丽舍大街盛装游行”拍摄】 春节期间，由北京摄影家协会驻会副主席王越为团长、摄协展览创作委员会常务副主任何慷民为副团长的20余人组成北京摄影家代表团，赴法国首都巴黎参加了作为中法文化年重要组成部分的“北京风情舞动巴黎——香榭丽舍大街盛装游行”拍摄活动。此项活动是北京摄影家协会建会以来最大的一次赴境外创作交流活动。

（吴赣生）

【中乌摄影界首次手牵手】 5月21日~27日，由中国摄影家协会、今日美术馆联合举办的“乌兹别克斯坦文化遗产摄影展”在北京今日美术馆亮相。本次影展，展出的40幅摄影作品是乌兹别克斯坦美术研究院精心挑选出来的，乌国内颇具影响力的10位著名摄影师展出了其最富激情和才华的作品。摄影作品给中乌两国人民提供了相互了解的窗口和增进友谊的平台，向中国观众再现了乌兹别克斯坦丰富多彩的社会生活、民族文化、情感世界和生存状态，较全面地展示了乌兹别克斯坦的独特魅力和文化遗产的真切面貌。展览期间，乌兹别克斯坦摄影代表团在北京进行了一周的采风创作，并访问了中国摄影家协会。

（吴赣生）

【美国国家地理学会访问中国摄协】 5月28日，美国国家地理学会执行副总裁特里·亚当森、著名摄影师罗伯特·哈斯等一行，到北京东单红星胡同61号，对中国摄影家协会进行了访问。

（吴赣生）

【海湾风情摄影展在京举办】 6月30日~7月5日，由中国艺术摄影学会和中国回族学会主办的大型艺术摄影展——“阿拉伯海湾六国风情摄影展”，在北京民族文化宫举办。在这次大型艺术摄影展里共有150幅精美摄影作品展出。它让人们领略阿拉伯海湾六国悠久的历史、古老的文明及浓郁的阿拉伯民族风情，感受独具韵味的海湾文化。再现了气势恢弘的穆斯林朝觐盛况和海湾六国的文化交流及友好往来。

（吴赣生）

【《马可波罗在中国的足迹》影展】 7月8日~14日，《翁一追寻马可波罗在中国的足迹》巡回摄影展在北京举办。照片摄影者翁一先生从1980年以70岁高龄开始探寻意大利旅行家马可波罗在中国活动的踪迹，先后前往18个省、市、自治区，到访146个县，行程达2.6万多公里，探访了《马可波罗游记》中提到的地方，拍摄了一万多张照片。此次在北京展出的几百幅照片是其中的精华。

（吴赣生）

【“红色中国”摄影展在法国举办】 7月23日～8月23日，以中国人民喜爱的红色来表现民族风情和国家20年来飞速发展的“红色中国”摄影展在法国西部城市努瓦尔穆捷举办。该展展出数十幅大型图片，这些图片表现了中国人民喜爱红色的历史和传统，具体形象地介绍了中国各族人民的风俗习惯和现代生活。

（吴赣生）

【在德举办“2008的北京”摄影展】 9月，为配合北京2008奥运宣传活动的正式启动，北京摄影家协会在法兰克福机场画廊举办了“2008的北京”摄影展览。这次摄影展览展出了宣传北京的摄影图片60余幅，吸引了很多在此候机的各国旅客驻足观看，展览一直延续到圣诞节前。

（吴赣生）

【赴德参加“多彩北京的问候”活动】 10月31日～11月7日，为配合“新北京、新奥运”战略构思的宣传工作，弘扬民族文化，加强北京市的对外交流，打造一流的文化品牌活动，北京市文联与北京市对外友好协会及北京摄影家协会、民间文艺、音乐、舞蹈等协会共同赴德国法兰克福市举办“多彩北京的问候”中华民族艺术周活动。本次活动是北京市文联在北京摄影家协会与北京市对外友协多次成功合作的基础上，联合各协会首次在境外举办大型文化活动的一次尝试。北京摄影家协会的李英杰、宋焕成、王越、吕小中4位同志参加了此次交流活动。

（吴赣生）

【北京首办“红粉丝带”摄影展】 11月17日～21日，主题为“红粉丝带”的公益性摄影展览在红门画廊举办。全球乳腺癌防治运动发起人、摄影家伊芙琳·兰黛夫人以“红粉丝带”乳腺癌防治运动为中心，携40多幅精选的摄影作品来京展出，以期唤起人们对乳腺癌防治工作的重视。兰黛夫人在世界各国举办过30多次摄影展。

（吴赣生）

【西部风情摄影展巡展美国】 2004年，为了向美国人民展示我国广袤的西部风光，由北京摄影家协会和美中人民友好协会总会共同举办的“中国西部风情”摄影展览2004年继续在美国巡展。2003年非典期间，北京摄影家协会克服困难按计划确保展品运至美国，如期开展。此次摄影展先后在亚特兰大、芝加哥、纽约、加伯代尔等地展出。这个由不同民族、不同地域、不同宗教、人物和风光组合成的展览，受到了美国观众的喜爱。

（吴赣生）

图 书 馆

2004年图书馆工作认真贯彻党的十六大精神，落实《北京市人民政府关于进一步加强基层文化建设的意见》，以社区、村文化建设为重点，以评估达标工作为契机，全面提升图书馆业务、管理和服务的综合水平，有力地推进了首都群众文化和图书馆事业的发展。

北京地区有各类型图书馆7309个。其中公共图书馆340个[1]，学校图书馆1087个[2]，科研院所图书馆454个[3]，各类机关、工矿企事业等单位图书馆5428个[4]。图书馆的类型齐全，数量较多，藏书量和珍藏、特藏、建筑、设备以及现代化的管理都居于全国的前列。各类型图书馆所形成的多类型、多层次、多功能的读者服务体系，推动和繁荣了北京地区文化教育事业的发展。首都的图书馆事业，已成为全国图书馆业务协调协作、图书馆学教育、图书馆学术研究的中心和国际交流的窗口。

面向社会公众开放的公共图书馆在为北京地区科技文化事业发挥着越来越积极的作用。公共图书馆馆舍总面积152107平方米，总藏书9874212册，全市人均占有图书0.89册，平均每19.64平方公里有1个公共图书馆。

2004年，基层图书馆（室）建设得到较快发展。全市有社区（街道）121个，社区（街道）图书馆（室）198个；社区（街道）图书馆（室）总面积17357平方米，平均每个图书馆（室）87.66平方米，平均藏书6670册。全市有乡镇185个，乡镇图书馆（室）400个，总面积22125平方米，平均每个图书馆（室）55.31平方米，平均藏书2866册。

全市公共图书馆开展的评估达标工作有力地推进了图书馆建设。文化部第三次公共图书馆评估检查组，对作为本市公共图书馆中心馆的首都图书馆（简称首图）给以较高的评价。北京市区县图书馆组根据文化部评估标准也进行了评估，取得了令人瞩目的成果。

图书馆开展全民读书活动。全市各图书馆围绕着“阅读走近您生活”、“弘扬先进文化，倡导文明生活”、“享受阅读快乐，提高生命质量”等不同的主题，开展了包括“千场讲座”、“我与图书馆”征文活动和征集图书馆宣传口号（词）等形式多样、内容丰富的多元导读活动，倡导全民读书，推动勤奋读书社会风气的形成。

“北京市公共图书馆信息服务网络”和“全国文化信息资源共享工程”建设进一步完善。已建立了82个包括市级、区县级、街道乡镇级图书馆、文化中心在内的共享工程各级中心。建立了包括2个市级图书馆、21个区县级图书馆、62个街道乡镇级图书馆入网的北京市公共图书馆计算机信息服务网络系统。自5月1日开始，首图、东城、西城、崇文、朝阳区图书馆及30个基层图书馆实现读者借阅“一卡通”。

少儿图书馆事业得到较大的发展。认真贯彻《中共中央、国务院关于进一步加强和改进未成年人思想道德建设的若干意见》精神，市区县少儿图书馆（室）在馆舍条件、队伍建设、经费投入、资源建设、读书活动等方面有了明显的改观并逐步走向科学化、特色化。全市少儿图书馆（室）从业人员174人，占全市公共图书馆人员总数的27%；用于购买少儿书刊文献的经费占公共图书馆购书经费的39.63%，为上年的124%；藏书占公共图书馆总藏书的33%，全年新补充少儿文献书刊占公共图书馆补充新文献的32%。全市少儿图书馆（室）日均阅览3319人次，坚持全年365天对少年儿童开放。全年办理借阅证29858个，接待到馆小读者766187人。

北京市图书馆协会至2004年有73个理事单位和443名个人会员、7个专业委员会。协会把图书馆服务宣传周和全民读书系列活动推广到全市各级各类图书馆，丰富了全市图书馆的读者活动；组织召开了北京市图书、档案与信息数字化及其开发利用研讨会；举办了图书馆管理人员培训班。组织会员参加了“以人为本”图书馆馆长研讨班、中国图书馆学会年会、世界读书日大型朗诵会等多项中国图书馆学会的活动。在征文活动中获得

“组织贡献奖”、“组织奖”，有多名协会会员获得征文、论文、学术成果奖。

注：

[1] 公共图书馆：含中央级、市级、区县级、社区、街道、乡级。

[2] 学校图书馆：含普通高校、中学、中专、成人高校、党校。

[3] 科研院所图书馆：含中科院北京地区图书情报系统、市属自然科学研究系统、社会科学研究系统。

[4] 各类机关工矿企事业单位：含中央机关、新闻、出版、医疗等事业单位、工矿企业、图书馆学会、协会。

机　　构

【市少年儿童图书馆启用新址】 7月2日，北京市少年儿童图书馆（简称“北少图”）搬离国子监旧址，迁至位于东三环南路的首都图书馆内。该馆始建于1948年，目前设有图书外借、报刊阅览、科普图书阅览、少儿视听阅览、电子阅览和幼儿阅览等服务项目。此次迁址，不仅原有服务项目得到全面保留，还能够充分利用首图的放映、展览、演出等现代化设施。

（郑明光）

【丰台区图书馆新馆开馆】 9月28日，位于文化中心大楼的丰台区图书馆新馆正式开馆。新馆是丰台区2004年文化基础设施建设的重点工程，市、区共投入资金370万元，面积达7400平方米，设读者坐席500位，藏书27万余册（件），开设了外借室、视听室、电子阅览室、残疾人阅览室等17个服务窗口，改造后的硬件已达到国家一级馆的标准。图书馆以花卉图书资料为特色藏书，兼收经济作物的养种植资料。

（郑明光）

【昌平区图书馆新馆开馆】 12月18日，京郊面积最大、设施最先进、馆藏最丰富的文化设施——投资4000万元的昌平区新图书馆博物馆（简称“新图博馆”）正式开馆。新图博馆建筑面积达11580平方米，其中图书馆占用建筑面积为8000平方米，比旧馆增加了5700平方米。昌平区图书馆藏书18余万册，178种儿童读物，设有老年阅览室、残疾人阅览室、少儿阅览室等23个部门。馆内还包括“风情昌平”、“古代昌平”等四大展厅。

（郑明光）

活　　动

·会　议·

【高校图书馆馆长新春联谊会】 1月9日，北京地区高校图书馆馆长新春联谊会在首都师范大学图书馆举行，市教委副主任张国华、市教委高教处处长徐宝力、教育部教学条件处处长李晓明出席了会议并讲话，北京高校图工委副主任、北京高校图书馆工作研究会理事长、首都师范大学图书馆馆长胡越在会上作了“北京地区高校图书馆工作委员会、北京地区高校图书馆学会2003年工作总结”。会后，举行了首届北京高校图书馆卡拉OK大赛的决赛。

（胡　越）

【市图协第一次常务理事会召开】 2月10日，北京市图书馆协会（简称“市图协”）第一次常务理事会在首都图书馆召开，16位常务理事出席，协会的7个专业委员会负责人列席了会议。

（郑明光）

【文化遗产保护交流协作会】 2月17日，“文化遗产保护交流协作会”在国家图书馆（简称“国图”）召开，会议研讨的主要议题是如何开展珍贵藏品的保存保护工作。故宫博物院、国家博物馆、文物保护研究所、中国第一历史档案馆、中央档案馆、首都图书馆、北京大学图书馆等单位负责文献保护和修复的领导及专家15人参会。

（国　图）

【中国高校文科文献服务启动大会】 3月15日，“中国高校人文社会科学文献中心”（CASHL）服务启动大会暨学术研讨会在北京大学图书馆举行，来自全国20余所综合性及文科类院校的图书馆馆长和科研处长等近百人参加了会议。CASHL文献传递服务式运行期间，受到了广大师生和研究人员的热烈欢迎。短短20余天就收到文献传递请求3000多份，系统注册拥护超过200个。本次会议揭开了中国高校文科文献服务崭新的一页。

（北京大学图书馆）

【市中小学信息研究会学术年会】 3月25日，在北京教育学院召开了北京市中小学教育文献信息研究会2004年学术年会。来自各区县200多所中小学图书馆的老师参加了年会。北京教育学会会长倪传荣，北京高校图工委副主任兼秘书长、人民大学图书馆馆长杨东梁，北京教育学院党委书记徐永利、副院长郭世安等领导出席了会议。研究会理事长朱宝利作2003年工作报告，钟祖荣教授作了题为“基础教育课程改革与中小学图书馆服务”的学术讲座。

（杨艳萍）

【中韩合作开发图书馆自动化系统】 3月30日，中国社会科学院图书馆和韩国ECO公司在中国社会科学院图书馆举行了合作开发图书馆ECOLAS－C自动化系统信息发布会，来自京内外几十个图书馆的代表出席了会议。此次中韩两国图书馆软件界的交流与合作，为国内图书馆选择功能好、质量优的软件系统增添了一个新的机会。

（郑明光）

【“粟特人在中国”国际研讨会】

“粟特人在中国——历史、考古、语言的新探索”国际研讨会于4月22日～25日在国图举行。该会议由国图、北京大学中国古代史研究中心、法国远东学院、法国科技研究中心中国文明研究组及东方与西方考古研究组等单位共同举办。在当前国际学术领域中，粟特是一个非常受瞩目的研究范畴，而对国内图书馆界来说则是一个陌生的名称。粟特人是生活在中亚的阿姆河和锡尔河之间粟特地区的古代民族，属于伊朗人种。粟特人通过漫长的丝绸之路频繁往来于中亚与中国之间，对中西方文化的沟通、交流起过至关重要的作用。本次会议结合敦煌吐鲁番出土的考古实证，就热点问题进行深入探讨，来自海内外的70余位粟特文化研究领域的专家学者应邀出席。研讨会期间，“从撒马尔干到长安——粟特人在中国的文化遗迹”展览在国图馆藏珍本展示室开展。展览共展出敦煌遗书7件、清代文献3种5册，清末民初拓片24张，新拓片10张，老照片6张，都是难得一见的珍贵文献。

（路艳霞）

【中小学图书馆学习交流会】 4月26日，北京市中小学教育文献信息研究会丰台分会在北京第十二中学召开了丰台中小学图书馆论文表彰会和参观十二中学图书馆学习交流会。北京市中小学教育文献信息研究会常务副理事长李庭贵、秘书长曹青，丰台教委装备中心书记和丰台区各中小学图书馆老师出席了大会。会议总结了近几年丰台分会的工作，对2000年～2003年论文获奖的同志进行了表彰。十二中图书馆沈燕丽馆长作了题为“转换工作模式，积极为研究性学习服务”的经验报告。在研究会的论文评比中，丰台分会连续四年获优秀组织奖，2003年的论文获奖率超过80%。会后与会代表参观了十二中图书馆。

（杨艳萍）

【图书馆版权问题研讨会】 5月14日，由中国版权协会、中国图书馆学会（简称“中图学会”）共同主办的数字时代图书馆的版权问题研讨会在国图召开。国内版权界、图书馆界、法律界的有关领导、专家、学者及网络企业的代表40余人出席会议。这是一次跨学科、高规格、高层次的学术研讨会，也是中图学会与中国版权协会之间的首次合作。

（胡秋铃）

【全国少年儿童图书馆理论研讨会】 5月19日～22日，由中图学会少年儿童图书馆专业委员会、江苏省图书馆学会和扬州市关心下一代工作委员会主办，扬州市少儿图书馆承办的全国少年儿童图书馆建设理论研讨会在扬州召开。参加会议的有来自全国17个省（市、区）的代表120余人。研讨会收到来自全国图书馆界专家和同仁的学术论文500余篇，并集结出版了《发展中的少儿图书馆建设》（上、下卷）。大会期间，北京市少儿图书馆李春红馆长作了《打造“红读”活动品牌，展示思想教育工作的新亮点》的发言。会议期间，代表们参观考察了扬州市少儿图书馆。代表们充分肯定了该馆的成绩，认为这是全国少儿图书馆的一个典范，其宝贵经验可归纳为五点：1. 领导高度支持，老同志鼎立扶助；2. 人事制度改革，全馆30人，只有4人在编，管理井然有序；3. 着力营造好读书环境；4. 素质教育搞得好，办班120个，社会效益和经济效益双赢；5. 艰苦创业，馆设一流，业务工作扎实，各项措施都达到和超过了评估要求。

（郑明光）

【北京高校网络图书馆工作会议】

5月21日～22日，北京高校网络图书馆2004年工作会议在天津召开，会议由北京高校网络图书馆管理委员会副主任兼管理中心主任、首都师范大学图书馆馆长胡越主持，北京高校网络图书馆成员馆的馆长和有关人员30余人出席了会议。

（胡　越）

【全国高校图书馆采访工作会议在京召开】 5月26日～29日，由教育部高校图工委和北京大学图书馆采访部发起主办的“全国高校图书馆采访工作会议”在北京延庆召开，与会代表就高校图书馆中外文文献采访工作进行了研讨。

（胡　越）

【数字图书馆标准规范建设会议】

5月27日～29日，“全国数字图书馆标准规范建设宣传与推广会议”在北京召开。本次会议是由国家科技图书文献中心、国图、中国科技信息所、中国高等教育文献保障体系管理中心、中国科学院文献情报中心等单位联合主办。来自全国124家各类型图书馆及情报机构的293名代表和15家新闻单位记者到会。“数字图书馆标准与规范建设”是2002年度科技部专项资金重点项目。

（郑明光）

【图书馆现代化管理馆长研修班】

6月3日～8日，中图学会与西城区图书馆合作举办了“图书馆现代化管理馆长研修班”。文化部、中图学会等领导出席了研修班开班仪式，学术论坛为期5天。美国加州大学图书馆馆长石格瑞先生、国际图联克劳蒂娅·卢克斯女士、吴慰慈教授、孙蓓欣女士等四位专家，分9讲为来自全国各地40余位馆长介绍国际图书馆的发展趋势、现代化管理思想及热点问题。此次论坛具有四大特点：学员层次高、讲师水平高、人数适中和翻译专业化水平一流。此次交流会是西城区图书馆承办的第五次国际图书馆学术论坛活动。

（郑明光）

【图书档案与信息数字化研讨会】 6月18日，由市图协、北京市社科信息学会、北京市档案学会、北京市信息产业协会共同主办，市图协承办的“图书、档案与信息数字化及其开发利用研讨会”在首都图书馆召开。来自以上四个学（协）会的60余名代表参加了研讨会。韩朴、常林等代表市图协分别作了《“北京记忆”资源库建设》、《北京市公共图书馆计算机信息服务网络建设》等专题报告。

（郑明光）

【市图协医专委第一次全体大会】 7月23日，市图书馆协会医院图书馆专业委员会（以下简称医专委），在京西宾馆召开第一次全体成员馆大会及学术会议，46个成员馆的馆长及相关人员42人参加大会。清华大学第一附属医院酒仙桥医院原图书馆馆长沈小建、市图协医专委主任吴晓海及宣武医院图书馆馆长李燕琼等人向大会作了工作汇报，大会由北京大学第三医院图书馆馆长田新玉主持。会议期间，医专委特邀许培扬研究员和尹岭研究员为大会作了“网上医学信息资源检索技巧及检索策略制定”和“医院信息化系统建设”的专题学术讲座。

（吴晓海）

【全国古籍工作会议在太原召开】 8月23日~26日，全国古籍整理出版规划领导小组在山西太原组织召开了第二届出版界与图书馆界古籍工作协作会议，来自全国各古籍出版社的领导和各大图书馆古籍部负责人共40余人参加了会议。国家图书馆、北京大学图书馆、中国人民大学图书馆、首都图书馆、中国历史博物馆图书馆等北京多家图书馆和出版单位的负责人出席了会议，与会代表针对古籍出版界与图书馆界如何进一步加强合作、共同发展壮大议题进行了讨论。

（郑明光）

【市图协会员参加中图学会研讨】 9月6日~9日，中图学会与崇文区图书馆联合举办了“以人为本、科学管理”研讨班，全国各地图书馆同仁及市图协会员参加了本次活动。国内外图书馆界知名专家、教授分别就图书馆管理的创新、现代图书馆对管理者的新要求、图书馆“以人为本”的管理等内容进行了透彻的阐述。

（郑明光）

【数字图书馆国际研讨会】 9月6日~8日，国图在北京主办“数字图书馆——促进知识的有效应用”国际研讨会，30余位世界著名数字图书馆专家做大会发言，200多位国内有关的建设者与研究者到会。会议得到文化部、外国专家局、国际人才基金交流会等有关政府部门的指导与支持。这次大会是中国数字图书馆界的一次盛会，有助于加强国际间数字图书馆领域的合作与交流，确保我国数字图书馆建设有一个较高的起点。

（申晓娟）

【中小型公共图书馆理论研讨会】 9月20日~24日，由中图学会和全国中小型公共图书馆联合会主办的“2004图书馆的区域合作与发展”理论研讨会，经过5天的时间在江西景德镇落下帷幕。这次研讨会共收到论文60余篇，来自全国各地37个图书馆的40余名代表参加了会议。与会代表就如何把公共图书馆工作纳入政府工作的视线，把图书馆工作作为推进社会发展、人类进步的基础工作之一来做，如何让公共图书馆成为加强未成年人思想建设的阵地，如何加强各区域间合作、扩大交流、资源共享、共谋发展进行了研究探讨。北京市崇文区图书馆齐金薇馆长作了关于“设计图书馆”的专题学术报告。

（郑明光）

【“区域合作与共享”国际研讨会】 由首都师范大学图书馆、中国高等教育文献保障系统和北京高校网络图书馆联合主办的“图书馆的区域合作与共享国际研讨会”于9月26日~28日在北京举行。会议主题是数字资源建设与网上信息服务——图书馆的区域合作与共享。

（郑明光）

【首图参加地方文献国际研讨会】 10月12日~14日，首图韩朴副馆长代表北京地方文献参加了由国图主办、国图分馆承办的“地方文献国际学术研讨会”，来自海内外70多家地方文献收藏及研究机构的150多位专家、学者就地方文献的收藏、整理、研究、利用等问题进行了广泛深入的研讨和交流。本次研讨会是业内首次举办的该领域的专题学术研讨会。

（郑明光）

【中小学数字图书馆建设报告会】 10月14日，北京市中小学教育文献信息研究会与清华同方教育技术研究院在北京市八中联合举办“面向新课程的中小学数字图书馆建设与应用”报告会。来自全市各中小学图书馆的120多名老师和各区教委主管装备的同志出席了报告会。清华大学前图书馆馆长承欢、北京日坛中学图书馆馆长李小燕分别作了“图书馆的数字化发展与演进”、“适应新课程改革，搞好数字信息资料建设”的专题报告。

（杨艳萍）

【年终公共图书馆馆长工作会】 12月10~11日，北京公共图书馆馆长年终工作例会在房山区召开。会议讨论了2005年北京市公共图书馆事业发展的总思路与重点工作任务、北京市公共图书馆计算机服务网络管理的规定和北京市文化局关于持续开展“千场讲座”、“送书下基层”、“网上阅览”三项活动的意见等。

（郑明光）

·讲座与讲坛·

【国图“文津讲坛”200期回顾】 1月1日，国图在文津街分馆推出了“国家图书馆文津讲坛200期回顾展”，任继愈馆长及近百位学者出席了开幕式。展览通过数百幅图片回顾了国图自20世纪50年代以来致力于公众文化教育的历程，展示了“文津讲坛”设立三周年来的讲座成果。讲座坚持精品意识，主讲人包括任继愈、启功、厉以宁、邹衡、王蒙、吴敬琏、汤一介、张岂之、袁行霈等多名学者，内容涉及历史、哲学、文学、经济、文化艺术、自然科学等多个领域，听众累计达3万人次。

（路艳霞）

【部长国图听“文津讲坛”】 1月31日上午，140多位部长参加了国图分馆举办的“中国近代历史的几个根本问题”讲座。由中央国家机关工委、文化部、中国社会科学院主办，国图承办的部级领导干部历史文化讲座已进入第三个年度，此前共举办了28讲。

（郑明光）

【市图协医专委举办医学讲座】 9月10日，北京市图书馆协会医院专业委员会在中华医学会伟伦图书馆电子阅览室举办了“受控语言智能检索系统在全文数据库的应用——清华同方主题词、分类号智能检索系统（医学专业）（第一期）”的学术讲座，由清华大学第一附属医院原图书馆馆长沈小建主讲，医专委部分图书馆馆长34人参加了学习班。本次活动得到中华医学会伟伦图书馆和清华同方知网医药卫生信息公司的大力支持和赞助。

（吴晓海）

【首图公益讲座打出品牌】 首图2004年举办了健康课堂、上品课堂、乡土课堂、“北京历史文化科普讲座”、魅力课堂等系列讲座482场次，听众人数达24900余人。内容涉及健康养生、艺术生活、民俗民风、信息科技、劳动保障、教育考试等方方面面，讲课的有中科院院士、北大清华教授、著名文学家、心理咨询师以及民间艺人。首图举办公益讲座始于2001年，3年讲座800场。

（郑明光）

【“千场讲座”丰富市民文化生活】 全市各公共图书馆利用“全国文化信息资源共享工程”等讲座资源，发挥自身优势，开展了形式多样、内容丰富的“千场讲座”活动。年内全市公共图书馆共举办讲座1235场，近20万人次参加。

（郑明光）

·读者活动·

【石景山图书馆举办“灯谜会”】 1月22日～24日，石景山图书馆除了照常办理借阅业务外，还特别在馆内悬挂了千条灯谜，为读者在借阅之余送上特别的新春祝福，以此来提高石景山区居民的文化品位，过个文明的吉祥年。

（张　楠）

【北京科技周首图承办主会场】 5月16日上午，北京科技周首图会场系列活动开幕。开幕式上进行了“半个世纪以来影响生活的十大科技发明评选及知识竞赛活动”的抽奖活动，本次开幕式还吸引了日本、韩国以及我国香港地区的数百名科技爱好者。本次科技周期间，首图通过对自身丰厚资源的整合与创造，将“科技、人文与社会发展”这一主题加以形象化诠释，创意设计了“中国古代科技文献展”、“北京之门——老车站”等六大展览，同时还举办了“敦煌文化系列讲座”、“中国创业投资与高技术产业发展国际论坛”等10余项精彩讲座及活动。自2001年该馆每年都是北京科技周的主会场之一。

（郑明光）

【市公共图书馆服务宣传周活动】 5月30日～6月6日，全市公共图书馆开展了一年一度的图书馆服务宣传周活动，2004年服务周的主题是“营造学习气氛，倡导读书育人”。这次服务宣传周活动显现出许多新特点：各馆充分发挥图书馆教育阵地作用，大力开展未成年人教育活动；贯彻全民读书活动，踊跃参与征文及征集宣传口号活动；形式多样的报告会及讲座活动，启发广大读者的阅读兴趣；宣传计算机信息服务网络工程，通过网络引导读者汲取优秀文化；举办各种展览，丰富读者文化生活。

（郑明光）

【首图开辟“暑期读书新航线”】 暑假期间，首图面向少年儿童推出了“暑期读书新航线”活动，其中包括“少图影视窗”展播、“童心舞台”开幕、音乐鉴赏课堂、“快乐ABC”英语培训、“小荷才露尖尖角”原创童谣大行动、网络智力大挑战和快乐直通车等活动，涉及电影、戏剧、音乐、英语、网络等众多领域，电影和木偶剧首次进入首图，贯彻了“在活动中学习、在参与中体验”的全新服务理念。这条“新航线”是首图为未成年人提供阅读活动空间系列工程的组成部分。首图为开展活动新辟出1032.67平方米的空间，增加了200个座位，这一面积相当于首图已有阅览面积的十分之一。

（郑明光）

【市公共图书馆与读者共度国庆】 国庆期间全市的公共图书馆照常开放，举办了一系列内容新颖、形式多样的讲座与报告会，推出优惠上网服务。市少图为孩子们准备了“少儿影视窗”、征文比赛、捐赠活动、小能人智力竞赛、“健康讲座”、有奖猜迷等活动。2004年国庆节期间有15万余人次到馆阅览和参加活动，文献外借量达13万余册次。

（郑明光）

【市中小学学术论文征集评审工作结束】 市中小学教育文献信息研究会负责组织每年一度的学术论文征集和评审工作。2004年全年共征集论文91篇，其中石景山区24篇、宣武区23篇、西城区15篇、丰台区15篇、怀柔区7篇、海淀区5篇、崇文区1篇、东城区1篇，还有3篇其他形式的文章。经过专家评审，评出一等奖7篇，其中石景山区2篇、丰台区2篇、怀柔区1篇、宣武区1篇、西城区1篇；二等奖17篇，其中西城区5篇、丰台区4篇、石景山区3篇、怀柔区3篇、宣武区2篇；三等奖38篇，其中石景山区12篇、宣武区10篇、西城区6篇、丰台区5篇、海淀区3篇、怀柔区2篇。

（杨艳萍）

·读者服务·

【朝阳区图书馆送书到军营】 新年期间，驻朝阳区的武警北京总队十三支队在朝阳区图书馆的帮助下，建起了面积超过100平方米、藏书达万余册的大型图书馆，朝阳区图书馆为该馆赠送10个书架和5000册新书，这是朝阳区图书馆帮助驻地部队建立的第14个图书馆（室）。自1983年朝阳区图书馆开展“送书到军营”活动以来，已向驻地和共建部队无偿捐赠图书27200多册，为部队开展读书活动创造了良好条件。

（吴张建）

【市委党校图书馆面向社会服务】 1月，北京市委党校图书馆与北京市地方税务局达成协议，由该馆为市地税局收集、整理、印制其在40余种报刊及国内几大门户网站上的相关报道，并装订成册，每月一期，定名为《北京地税报道剪辑》，除提供纸质的二次文献外，还提供相应的电子文献。

（何晓莉）

【首图新增为企业服务项目】 首图报刊资料中心剪报信息服务在为北京市属各机关提供月系列剪报的基础上，又增加了为企业服务的项目。从2月起，开始为韩国CHL株式会社提供北京行政开发区系列剪报。该项目主要检索北京经济开发区、工业开发区、环保开发区的招商引资信息和优惠政策，以及开发区内制造业、服装业、生产型环保企业的一些发展动态。

（郑明光）

【国图分馆开设少儿阅览室】 3月底，国图分馆的少儿阅览室对外开放，由此国图推出了一系列为未成年人提供的服务举措，其中包括：设立“国家图书馆少年儿童参观接待日”，从3月1日起，每月第一周的星期一中小学生将有组织地到国图参观；为中等学校提供文献服务，从3月起，全国所有的中学生都可以通过馆际互借的方式借阅到国图丰富的藏书。

（郑明光）

【国图向未成年人免费开放】 4月5日，国图迎来第一批非假日期间前来参观的北京八中的部分学生，这是国图面对加强和改进未成年人思想道德建设的新形势、新要求，陆续推出的面向未成年人的服务举措之一。为了满足未成年人的读书需求，2004年国图推出四项面向未成年人服务的新举措。这些新举措包括，在国家法定节假日接待未成年人参观的基础上，将每月第一周的星期一设为“少年儿童接待日”，国家图书馆总馆将接待有组织的少年儿童参观。通过馆际互借方式，向中学图书馆提供文献服务。国图举办的学术培训讲座听众范围扩大到未成年人。在国图分馆设立少儿多媒体阅览室。自1999年起，国图即开始在国家法定节假日期间，允许未成年人在家长带领下进入国图总馆参观；2001年元旦起，分馆的中文图书借阅室开始接待16岁以下的未成年人到馆借阅；2002年4月1日起，每个北京地区具有高中部的中学每月一次可办理5个国图总馆的临时读者卡，中学生可根据需要，轮流到国图总馆阅览文献。

（郑明光）

【朝阳图书馆办盲人免费电脑班】 4月13日，朝阳区图书馆第一期盲人免费电脑培训班正式开课，10位本市和外地盲人读者参加了培训。盲人阅览室至2004年有语音资料1567本，盲文书100册，10台装备了盲人读者屏软件计算机可供盲人读者使用。

（郑明光）

【北京交大图书馆举办征文活动】 4月23日是“世界图书和版权日”，北京交通大学第二届“书香杯”读书征文活动在同一天拉开帷幕。6月20日晚7时，第二届“书香杯”读书征文活动在交大科学会堂举行颁奖仪式。

（郑明光）

【石景山区少图成立助残小分队】 4月29日，石景山区少年儿童图书馆召开了“石景山区少儿图书馆助残小分队成立大会”，这在全市公共图书馆系统中尚属首家。自1987年开始，该馆将为残疾读者服务作为其服务内容之一，并派专人负责，到2004年已有17年之久，“助残小分队”的第一批队员已达到近40人，服务对象近千人。石景山区少儿图书馆多次被评为市、区助残先进集体，2003年又荣获“全国扶残助残先进集体”的光荣称号，受到胡锦涛等党和国家领导人的接见。

（郑秋莲）

【市公共图书馆启动“一卡通”】 “五一”黄金周期间，北京市公共图书馆“一卡通”服务的一期工程正式启动。“一卡通”是在市公共图书馆网络中建立起来的一项方便读者的服务措施，它的最终目标是在全市的公共图书馆范围内实现图书通借通还和信息资源共享。2002年，北京市政府投入巨资，完成了北京市公共图书馆计算机信息服务网络的建设，并于2003年为各级图书馆购置了图书流通车。截至“五一”长假结束，“一卡通”借阅证已办理53038个，外借图书440583册次。这次北京市公共图书馆“一卡通”服务的实验性启动，在全国还是第一家。

（郑明光）

【文化部批复同意首图设立展窗】

为满足北京市民了解世界知识的愿望，加强北京市与世界各国之间的文化交往，首图于4月6日向市文化局领导递交了在本馆设立“世界之窗”国际知识展示项目的请示。5月12日，文化部下发了同意该项目的批复，首图于5月底推出此项目。该项目包括橱窗展示和“大使赠书”阅览区两个部分。

（郑明光）

【首图捐书助残】 5月14日，首图和北京市残疾人社会公益事业促进会于第14次全国助残日到来之际，举行了“文化助残，爱心奉献——首图捐书仪式”。仪式上首图将广大读者捐赠的以社科类为主、价值3万元、共计2000册图书，转赠给北京市残疾人社会公益事业促进会。

（郑明光）

【北京高校图书馆田径运动会】

5月15日，来自北京地区41所高校图书馆的1200名运动员，参加了在北京师范大学举行的田径运动会。这是首都高校图书馆界自1988年以来举办的第六届运动会，这届运动会的主题是“共拥健康，共享资源”。运动会根据图书馆员的实际情况，除设置一般田径项目外，还设立了馆长专项和趣味项目。

（胡　越）

【老舍茶馆举办大碗茶读书沙龙】

5月27日，宣武区图书馆宣传辅导部联合大栅栏街道西河沿社区法律图书馆、大碗茶商贸集团，在老舍茶馆举办大碗茶“读书沙龙”。来自区各个方面的专家、学者、作家、诗人、离休干部、青年职工、街道干部等50余人欢聚在古色古香的老舍茶馆，品茶论书，畅谈各自的读书生活。

（宣武区图书馆）

【西城图书馆办“文化帮教”活动】 5月24日，西城区图书馆与北京市监狱管理局外地罪犯遣送处共同举办了以“回报社会关爱”为主题的文化帮教活动，40余名服刑人员走进了西城区图书馆，通过歌曲、舞蹈、小品等形式的节目，表达了对社会关爱的感谢之情和积极改造早日回归社会的决心。8月，该馆在区司法局、区文委的大力支持下与北京市监狱管理局外地罪犯遣送处开展集体图书借阅服务。半年来，送阅的4000册图书在遣送处内部进行了借阅流通，受到了干警和2000余名服刑人员的欢迎。

（木　兵）

【社区图书馆收“编外”管理员】

大栅栏社区法律图书馆5月开馆，就引起了社会的关注。一位曾失手杀人被判入狱正被假释的安某，在征得图书馆同意之后，列为图书馆的“编外”管理员。安某主动上门整理图书、修理书架、擦拭桌椅，积极抢着干一些力所能及的事情。工作之余，还经常看法律书籍，对自己行为有了深刻的认识。

（郑明光）

【国图整治不合理收费】 国图上半年取消了部分不合理收费项目，下调了部分收费标准，包括取消艺术设计特藏阅览室的会员费、门票费；取消了纸质文献的资料费、提书费和微缩文献的阅读费；降低了因特网浏览费、开库费以及部分复制费用。据统计，取消和降低的收费每年可达几百万元。

（郑明光）

【崇文图书馆充实地方文献资源】

自1月开始，崇文区图书馆历时半年，参与区地方志办公室《百年崇文图片集》的编辑制作及区文委83个文物普查单位的调研。在协作过程中，地方文献部工作人员收集了大量与崇文区相关的资料，收集老照片800余张，制作了《北京老戏园子》、《北京老字号传奇》、《北京的会馆》、《全聚德史话》等地方资料以及民间老艺人马兰真、著名民俗专家王永斌个人剪报等各种资料。

（李俊玲）

【崇文图书馆送书进军营】 7月28日，为庆祝中国人民解放军建军77周年，崇文区图书馆为常年驻守在门头沟区海拔900多米的潭柘寺绝石梁雷达站送去了书刊、DVD播放机、光盘、蔬菜等慰问品，并与部队官兵组织了联欢活动。

（郑明光）

【首图在市二监狱建流动图书站】

8月31日，首图在北京市第二监狱建成的流动图书站正式开始服务，倪晓建馆长参加了仪式并致辞。自2003年3月，首图与北京市监狱管理局实行共建，与在押服刑人员开展爱心帮教活动。

（郑明光）

【名作家为贫困地区孩子献爱心】

9月9日，延庆县4所学校的代表接受了中华文学基金会“育才图书室”工程的捐赠。工作人员带来近万册图书和30台电脑，为这4所学校分别建立“育才图书室”。这是该工程首次在京大面积捐赠。5月，季羡林老人联合55位作家发起倡议，用爱心关注贫困地区孩子们的成长，捐书、捐钱、建立“育才图书室”，为贫困地区的孩子们铺设成才之路。该工程于5月28日正式启动。工程办公室共收到来自社会各界的捐款捐物2200余万元。建成的“育才图书室”将配备科普读物、文艺、社会、历史书籍以及其他教学辅导资料等。

（张　鑫）

【《宣南报刊文化专辑》面世】

9月，在庆祝第四届北京宣南文化艺术节开幕及宣南文化博物馆开馆之际，由宣武区图书馆与甄润昌先生共同编著的《宣南报刊文化专辑》出版。此专辑在搜集整理大量的历史资料的基础上，第一次提出和论证了“宣南报刊文化”的渊源、兴起和发展。同时阐明了“宣南报刊文化”在宣南文化、京都历史文化的历史地位和作用。

（宣武区图书馆）

【免费开放公益文化设施的通知】 12月17日，市文化局社文处向北京市公共图书馆下达了实施《关于公益性文化设施向未成年人免费开放的实施意见》的通知，并转发了文化部等十一部委的文件。通知要求各单位于2005年1月1日前无条件按照《意见》要求做好图书馆向未成年人免费开放工作。

（郑明光）

【国图抓服务强素质树形象】 12月初，国图以实现更新服务观念、拓展服务领域、完善服务措施、改善服务环境、提高服务水平为目标，开展了“抓服务强素质树形象”教育活动。为此，国图各部门组织员工开展业务学习、演练和交流，工会开展了“树立国家图书馆员最佳服务形象”合理化建议评选活动，团委开展了“青年论坛活动”。

（李延祺）

【首图举办残疾人专题活动】 12月3日是第13个国际残疾人日，首图和北京红丹丹教育文化交流中心共同为残障朋友举办了“播亮你心中那盏灯——学习、宣传、实践新残疾人观”专题活动。本次活动特邀中国残疾人联合会原发展部主任、现年72岁的丁启文先生为主讲人，参与主讲的还有英国BBC广播电台著名盲人主持人Peter White先生和北京大学法学博士李柏光先生。除讲演外，残障朋友的参与、提问和游戏等互动方式也成为本次活动的一大亮点。当天共计有156名残障读者参与，收到良好的社会效果。

（郑明光）

【首图做好全民读书月工作】 12月，迎来了第五个全民读书月活动，首图紧紧围绕本届读书月活动“弘扬先进文化，倡导文明生活”主题，策划推出了多项系列活动，其中包括精品讲座系列、“与残疾读者同读书”系列、影片展播系列、“倡导人人读书，传播先进文化”活动系列、展览系列等。在倡导人人读书活动中，首图提出了“合理利用图书，争做文明读者”的宣传口号，鼓励读者珍视图书，热爱阅读。为了让小读者从小形成喜爱读书的习惯，首图向未成年人推出了“小学生家庭教育心理健康系列讲座”。此外，还开设了国学小课堂——首图传统文化精粹儿童诵读学堂，这在全国图书馆界还是第一次。

（郑明光）

【国图面向全国开放】 2004年，国图进一步面向全国读者开放，外借的中英文图书不论是在京读者还是外地读者，只要符合条件，均可申请办理国图中外文图书外借功能。目前共对外办理了36万张阅读证卡，其中约有18万名读者具有外借资格，为此平均每天向外借出图书4000人次。研究生以上学历者还可以外借外文图书。国图还规定，外借外文图书不再需要出具担保书，学历也由博士生降低到硕士生。

（郑明光）

【少儿图书馆活动丰富效果显著】

全市少儿图书馆（室）2004年共开展各种形式的读者活动1238次，参加活动的中小学生达452496人次。其中包括：（1）红领巾读书活动。活动的覆盖面、读者的参与率、活动的实效都有明显提高。如西城区70余所中小学、近6万名学生参与活动，在全区的覆盖率达80%以上；房山区参加活动的学校由2003年的95所增加到112所，参与的学生由28000人增加到32000人；朝阳区在小学校参加的基础上，2004年扩大到中学和城区校。（2）阵地活动。开展了服务周、科技周、儿童节、寒暑假系列活动等。“少图影视窗”、“童心舞台”、“童谣朗诵会”、“名师最想对你说系列讲座”、法律知识决赛、绘画比赛、主题报告会、小学生“集体阅读课堂”、网上阅读活动等。（3）特色活动。把服务的触角伸向社会的各个角落，扩大了少儿文献的利用率和少儿馆的知名度。如石景山区少儿馆把“社区、图书馆宝贝秀”特色比赛活动搬到孩子们的家门口举办，受到学龄前儿童和家长们的欢迎。（4）品牌活动。“红领巾读书”活动、“红领巾讲坛”、“图书流动车”、“轻轻草”文学社、“孙敬修杯”故事比赛等活动已逐步形成该馆的品牌，并成为整个读书活动中的亮点。（5）图书馆教育活动。通过“认知图书馆”系列活动、“怎样走进图书馆”专题节目、“如何使用工具书”培训等活动，使青少年从小学会利用图书馆，培养图书馆意识。（6）爱心快递总动员活动。在全市中小学生中发起把闲置在家中的图书、文具、玩具等捐献给贫困山区的孩子和外地务工人员子弟的活动。全市19个区县少儿图书馆组织、开展了这一活动，共接收物品170271件，其中图书90423册，玩具31349件，学习用具44899件。

（王　梅）

【崇文图书馆参与北京南城改造】

2004年，崇文区图书馆利用本馆地方文献，为创建都市文化休闲区的全区发展规划服务。为配合政府各职能部门的需求，图书馆接受“前门大街的历史文化特色”、“前门商业街”课题要求，将《关于恢复正阳门大街及东辅路西侧街貌设计的建议》、《前门商业街与其他老北京店铺旧景》、《北京城区其他商业街》及《城市历史文化形象的塑造》相关资料结集成册。

（郑明光）

·展　览·

【东城图书馆举办建设成果展】
2月15日，历时近两个月的东城现代化建设五年成果展（1999～2003年）在东城区图书馆圆满结束。本次展览正值东城区党代会、政协会及政府工作会在此召开之际，会议代表及社会各界数万人次有组织地参观了展览。

（郑明光）

【首图举办海峡两岸摄影展】
4月9日，由首图和中国摄影家协会共同主办的第三届海峡两岸摄影艺术联展在首图二楼展厅开幕。

（郑明光）

【首图办“奥运火炬传递”摄影展】　4月27日，首图与北京群众艺术馆共同主办的“留住精彩瞬间”奥运火炬传递抓拍摄影比赛在首图多功能厅开幕。

（郑明光）

【首图举办动物百科展】　5月29日，由首图和世界动物百科——美创造馆共同主办的“世界珍奇动物百科展”在艺术展厅开幕。

（郑明光）

【西城图书馆举办侯宝林生平展】
在中国共产党建党83周年之际，西城区图书馆与中国艺术研究院曲艺研究所、西城区文联共同举办侯宝林生平与艺术成就展。此展览分为《亦俗亦雅侯宝林》、《世人眼中“一户侯”》、《为民求乐趣无穷》、《夕阳之下“半痴子”》四部分。侯宝林的女儿、儿子和姜昆等200余人参加了开幕式。

（郑明光）

【“样式雷”图档展在国图免费开放】　由国家图书馆、故宫博物院、中国第一历史档案馆等主办的“样式雷”皇家建筑图档展8月12日～31日首次在国图展出，展览涉及故宫和天坛在清代时的改、扩建部分和承德避暑山庄、颐和园、圆明园等建筑的图纸。国图馆藏——“样式雷”图档被列为中国档案文献遗产名录。故宫、天坛、颐和园、承德避暑山庄、清西陵、清东陵——中国世界文化遗产的五分之一都是由雷氏家族设计修建的，这在世界建筑史是绝无仅有的。在设计中运用的符合现代图学原理的投影、图层法绘制的大量设计和施工图，推翻了中国古代建筑未经过设计的旧论。雷氏家族在17世纪末～20世纪初的200余年间，共有八代供职于清廷样式房，负责皇家建筑设计与营造以及服器制作设计，在建筑艺术和工艺美术等多方面取得了杰出成就，被美誉为“样式雷”。其建筑创作涵盖了都城、宫殿、园林、坛庙、陵寝、府邸、工厂、学堂等皇家建筑，如被誉为“万园之园”的圆明园，全国重点文物保护单位北海以及中南海、恭王府等。自英法联军入侵北京后，原本存档宫中的“样式雷”图档就曾遭劫，辛亥革命后，“样式雷”后裔家道败落，变卖家藏图档，被外国人、燕京大学等购藏，从而导致“样式雷”图档由此散失海内外。现在保存下来的“样式雷”图档逾两万件，主要收藏在国图、中国第一历史档案馆、故宫博物院和国家文物局文物研究所，此外国家博物馆、清华大学建筑学院、日本东京大学、美国康奈尔大学、法国吉美美术馆等有少量收藏。有关专家认为，“样式雷”图档具有真实性、稀有性、完整性，完全具备申报“世界记忆遗产”的条件。

（郑明光）

【台胞举办中华古玉文化回归展】
8月18日，中华古玉文化回归展在首图开幕，由台湾林敬超先生携其所藏及多方征集的珍稀古玉200余件来京进行为期三天的展出。此次参展的红山文化古玉，主要来自一位于20世纪初在大陆居官、原籍辽宁省后又移居台湾和美国的资深收藏家手中。20世纪70年代初，这位已定居美国、年愈80的长者，苦于家中后代对中国古玉不喜好，而本人又不忍身后国宝流落异国他乡，遂与当时在美国投资经商，对古玉酷爱的林先生商量，林氏以巨资从该友人手中购得，从而使这批早年出土且极为珍贵的古玉得以留存于国人手中。

（郑明光）

【首师大举办外国教材巡回展】
9月3日～7日，由中国教育图书进出口总公司和首都师范大学主办的2004外国教材巡回展在首都师范大学图书馆举行，教育部高教司司长刘凤泰、高教司教学条件处处长李晓明、中国教育图书进出口公司总经理周思、首师大副校长王万良出席了开幕式并讲话。

（胡　越）

【首图举办朝鲜美术展】　9月9日，在朝鲜民主主义人民共和国成立56周年之际，由首图和文化部共同主办的朝鲜民主主义人民共和国美术展在首图拉开帷幕。

（郑明光）

【首图举办加拿大原住民艺术品展】　10月12日，由首图和中国对外文化集团中国对外艺术展览公司共同主办的“加拿大原住民手工织品艺术展”在首图艺术展厅开幕。开幕当日，本次展览的策展人之一朱迪斯女士作关于加拿大因纽特文化艺术的讲座。此次展品均为朱迪斯女士收藏。

（武仲林）

【首图举办亚洲漫画展】　10月21日，由首图和中国对外文化集团中国对外艺术展览公司共同主办的“第七届亚洲漫画展”在首图多功能厅开幕。

（郑明光）

【首图举办民间工艺精品展】　10月22日，由首图和中国冠成国际科技集团共同主办的祖国金秋颂书画艺术民间工艺精品展在首图艺术展厅开幕。

（郑明光）

【首图举办黄复民俗摄影展】 11月10日，由首图和共青团北京市委、《北京青年报》等7家单位共同主办的“《我心中的黄土地》黄复民俗摄影作品展”在首图二层艺术展厅开幕。

（郑明光）

【首图举办宣传画大赛作品展】 11月27日，由首图和共青团北京市委、全国胶基糖果协调委员会共同主办的“美化首都环境　倡导环保生活　北京青少年宣传画大赛获奖作品展”在首图二层艺术展厅开幕。

（郑明光）

【首图举办“9·11”摄影作品展】 12月1日，由首图和中国对外展览公司共同主办的“勇气的形象——美国华裔摄影家施颂辉‘9·11’摄影作品展”在首图艺术展厅开幕。

（郑明光）

【国图馆藏甲骨对外展览】 12月8日～20日，国图馆藏的部分珍贵甲骨在国图善本特藏部珍品展览室与读者见面。国图珍藏甲骨35651片，本次展出了甲骨的发现、发掘、研究情况以及甲骨拓片的欣赏知识，是国图“全民读书月”的活动之一。

（郑明光）

【“北京城市生活百年回顾”展】 首图北京地方文献中心制作推出的《科学的足迹——北京城市生活百年回顾》在北京联合大学、中国人民大学、北京西站、天坛公园、崇文区图书馆、房山区图书馆、通州区图书馆巡回展出。展出的400余幅珍贵图片展现了自清末1900年至20世纪末，北京百姓日常的衣、食、住、行以及文化、娱乐各方面发生的变化。

（郑明光）

·表彰与奖励·

【北京市“文化信息工程”受表彰】 4月10日，“全国文化信息资源共享工程工作会议”在南京举行，文化部等领导参加了会议。大会对35个全国文化资源共享工程建设先进单位进行了表彰。北京市文化信息资源共享工程领导小组在全国文化信息资源共享工程建设中成绩显著，被授予先进单位称号。2002年8月，首图与全国文化信息资源共享工程国家中心签订了《全国文化信息资源共享工程国家中心与北京市中心试点工作实施协议》，到2004年3月底，实现了首都图书馆—区（县）图书馆—街道、乡镇图书馆三级互联，资源共享，建立全国文化信息共享接收点50多个。另外北京市西城区图书馆、西城区图书馆二龙路社区分馆也受到表彰，并颁发了“全国文化信息资源共享先进单位称号”荣誉证书。

（郑明光）

【首图多项学术成果获奖】 4月15日，中图学会“第二届图书馆学情报学学术成果奖”终审评审会在国图召开，共41部著作和188篇论文获奖，其中首图前馆长冯秉文主编的《全唐文篇目分类索引》获著作三等奖；倪晓建馆长的《走向新世纪的信息加工》获论文一等奖；常林副馆长的《特色公共图书馆建设》获论文二等奖。

（郑明光）

【倪晓建荣获首都劳动奖章】 中国图书馆学会常务理事、学术研究委员会副主任、首都图书馆馆长倪晓建教授，“五一”前夕被北京市总工会授予首都劳动奖章。这是我国图书馆界第一位获得劳动奖章殊荣的图书馆工作者。

（郑明光）

【首图召开征文获奖作品颁奖会】 7月20日，市图协主办的“我与图书馆”征文及宣传口号获奖作品颁奖大会在首图召开，23家图书馆获优秀组织奖，68位获奖作者及代表上台领奖。市文化局领导参加了大会。市图协为贯彻落实全国“知识工程”领导小组《关于开展全民读书活动的通知》精神，从2004年2月份开始在读者和协会理事单位的会员中征集“我与图书馆”征文和图书馆宣传口号，经过筛选，向市图协推荐了110篇征文及百余条“图书馆宣传口号”。

（郑明光）

【“北京记忆”数据库在苏州获奖】 7月23日～25日，“中国图书馆学会2004年年会暨2004中国图书馆应用技术与专业设备及图书馆资源展览会”在苏州图书馆召开，来自全国各地图书馆界的一千多名代表与会。首图策划制作的“北京记忆”大型历史文献数据库在60多家参展单位中，被中图学会授予“最受欢迎的参展单位”。北京市图协因在“我的图书馆情缘”征文和年会征文活动中组织得力、成绩突出分别获得“组织贡献奖”和“组织奖”，有多名协会会员获得征文、论文、学术成果等多种奖项。

（郑明光）

【八旬老翁当选读书标兵】 12月13日，“2004年度国家图书馆读书标兵颁奖仪式暨读者座谈会”在国图举行，这是国图“全民读书月”中一项重要的活动。80岁高龄的国家发改委高级工程师郭廷杰与其他9位读者，当选为本年度国图读书标兵，这是老人继2003年当选后再度荣获此荣誉。此次当选的“读书标兵”不但利用国图馆藏的频率高于一般读者，而且利用这些馆藏取得了突出的科研成果。国图已连续举办了6届“读书标兵”活动，选出数十名读书标兵。

（郑明光）

【国图设“文津图书奖”】 12月22日，“国家图书馆文津图书奖”、“国家图书馆文津读书沙龙”启动仪式在国图文津厅举行，由图书馆主办的公益性图书奖在中国还属首次。文津图书奖计划每年举行一次，每次评出获奖图书10种。评奖对象包括前一年度公开出版发行的汉文版图书，侧重于普及类图书。“国家图书馆文津图书奖”在内容和形式上都有鲜明的特色：一是该奖项的定位是评选普及类图书，包括社会科学和自然科学类的大众读物；二是评奖活动的公益性；三是获奖图书通过社会投票与专家评审相结合的方式产生，能够反映和引导读者的审美取向和文化消费。

（郑明光）

【首图四项活动获奖】 12月24日，北京市文化局授予首图“2004年度全民读书活动组织奖”、“2004年度北京市公共图书馆网上阅览活动组织奖”、“2004年度北京市公共图书馆开展送书下基层活动一等奖”、“2004年度北京市图书馆千场讲座活动一等奖”。

（郑明光）

【市图协获第四届先进学会称号】 12月24日，北京市图书馆协会在北京市社会科学联合会、北京市社会科学规划办公室成立20周年纪念大会上，被评为社科联第四届先进学会。近年来，市图协积极开展了形式多样的学术活动，出版了多部关于图书馆学研究的专著，为北京市图书馆事业的发展作出了不懈的努力。截止到2003年底，协会理事单位已达到73家，个人会员580余人。

（郑明光）

·交　流·

【新加坡国家图书馆人员参观首图】 3月26日，新加坡国家图书馆一行5人在其亚洲图书馆服务部副主任刘桂华的带领下，对首图进行了友好学术交流与访问。

（郑明光）

【白俄罗斯国家图书馆长访首图】 3月31日，白俄罗斯国家图书馆馆长Motulski等一行3人，对首图进行了友好访问。

（郑明光）

【韩国国立图书馆人员参观首图】 5月20日，韩国国立图书馆支援进修部部长金钟文等一行5人在国图工作人员的陪同下到首图参观访问。

（郑明光）

【美大学图书馆教授参观首图】 5月20日，美国Seton Hall大学图书馆Beth Bloom教授和包学鸣教授到首图参观考察。

（郑明光）

【德国歌德学院秘书长参观西城区图书馆】 5月30日，德国歌德学院总部秘书长Habil. Andreas Schluer先生，在北京歌德学院院长欧威、歌德学院图书馆馆长魏思婷的陪同下到西城区图书馆参观考察。德语自学中心建在西城区图书馆，并吸引外资进行合作建设，是图书馆界国际交流的一项创新。

（西城图书馆）

【韩国政府代表团参观西城区图书馆】 6月25日，韩国汉城中区政府参观团一行24人到西城区图书馆进行友好访问，西城区图书馆将具有北京市特色的四合院“门墩”及图书馆建馆五周年纪念邮册赠送给韩国代表。

（西城图书馆）

【肖维平出席国际图联大会】 8月18日~30日，首图党委书记肖维平赴阿根廷布宜诺斯艾利斯出席第70届国际图联大会并顺访阿根廷主要图书馆。

（郑明光）

【中美图书馆工作交流会】 由西城区图书馆管理协会、市图协社区与基层工作委员会、全国中小型公共图书馆联合会共同举办的“一卡通技术与服务”中美图书馆工作交流会，于10月12日在西城区图书馆举行。会议特邀原华盛顿马里兰州王子乔治郡图书馆馆长、美国东来地区图书馆执行秘书英惠奇女士，就“一卡通技术与服务”问题与到会的图书馆界同仁进行探讨。

（西城区图书馆）

【大伦敦市政府人员参观首图】 11月1日，大伦敦市政府文化厅主任Judith Woodward女士和伦敦华埠商会副会长Christine Yau女士到首图参观考察。

（郑明光）

【毛里求斯市长参观西城区图书馆】 11月5日，应全国对外友好协会的邀请，毛里求斯共和国鸠比市市长阿克梅·莫哈麦德、毛里求斯图书馆委员会主席等一行3人，赴西城区图书馆参观。

（郑明光）

【莫斯科官员参观西城区图书馆】 11月23日，俄罗斯莫斯科西区政府阿尼京副区长一行应西城区政府的邀请到西城区图书馆参观。

（郑明光）

【倪晓建赴澳、新考察】 11月19日~30日，首图倪晓建馆长随文化部文化交流考察团赴澳大利亚、新西兰进行文化交流考察活动。

（郑明光）

【东伦敦大学代表团参观首图】 12月9日，东伦敦大学代表团一行4人在副校长Alan Sibbald教授的带领下到首图参观访问。

（郑明光）

【“中瑞可持续发展信息中心”启动】 12月15日，西城区图书馆与瑞典生命科学研究院合作建立的国内首家“中瑞可持续发展信息中心”正式对读者开放，该中心集中了中瑞两国在可持续发展领域中以环境科学与环保信息为主的各种资料。西城区图书馆将通过此合作项目，利用国内外可持续发展、无障碍建设、环境保护等图书、期刊、视听资料以及数据库，收集、整理、加工可持续发展方面的信息资源，开展咨询检索信息服务，起到小馆大储藏的作用。

（西城区图书馆）

·纪　念·

【国家图书馆举办纪念“世界读书日”活动】　4月23日是“世界读书日”，也是塞万提斯、莎士比亚等世界著名作家的辞世纪念日。由全国知识工程领导小组和文化部主办，中图学会、国图承办，北京科教图书馆协办的“倡导全民读书，建设阅读社会——世界读书日”宣传活动在国图文津广场隆重举行。詹福瑞副馆长宣读了“倡导全民阅读，共建书香中国”的“4·23”世界读书日倡议书，向社会各界发起倡议，号召社会各界一起加入这个盛大的读书活动。王选、吕志先为“全民阅读”徽标揭牌。来自北京大学、中央民族大学、解放军艺术学院、北京邮电大学的师生们排好了整齐的方阵，在曹灿、鞠萍的主持下共同朗读了高尔基论读书的章节。高洪波、张家声、方明、丁嘉莉等人也一一上台分别朗诵了毛姆、林语堂、泰戈尔、培根等人谈读书的美文。20多名平均年龄在六岁的幼儿园孩子诵读了《拍手读书歌》，将气氛推向了高潮。

（国　图）

【国图纪念建馆95周年】　9月9日，国家图书馆纪念建馆95周年。95年前，本着“保国粹而惠士林”的初衷，国家图书馆的前身——京师图书馆开始筹建，开启了中国近现代图书馆事业的先河。1916年京师图书馆开始接受呈缴本，从而确立了国家图书馆的地位。从“京师图书馆”到“国立北平图书馆”，再到“北京图书馆”直至“国家图书馆”，名称的改变见证了国图从近代图书馆向现代化图书馆的过渡。目前，国图每年新增馆藏六七十万册（件），截至2003年底，馆藏文献已达2411万册（件），居世界国家图书馆第五位。年网上访问量近2亿点击人次，日均接待到馆读者1.36万人次，年咨询量达26万件，每年举办的200余场讲座吸引读者6.4万人次。

（李延祺）

基础建设

·设施建设·

【首图二期工程立项工作会议】
2月13日，北京市委宣传部组织召开“首都图书馆二期工程立项工作会议”，市委副书记龙新民，市委宣传部部长蔡赴朝，副市长刘敬民、孙安民等出席了会议。首图馆长倪晓建汇报了首图二期工程立项的前期工作、项目论证以及建设规模与投资预算。刘敬民针对首图二期工程的功能定位、建筑规模和投资预算等问题提出了意见。龙新民就首图二期工程的必要性、可行性、定位问题、工程设计的前瞻性等问题提出了要求。

（郑明光）

【崇文区建立首家设计图书馆】
在北京工业设计促进会和区科协帮助下，崇文区图书馆以20万元启动资金筹建了设计公共图书馆。该馆以收集设计文献资料为主，在满足专业人士需求的同时面向广大公众开放。5月25日，设计图书馆与中国工业设计协会活动中心、北京工业设计培训中心同时挂牌，中国工业设计协会理事长朱焘担任设计图书馆名誉馆长。

（郑明光）

【石景山区图书馆新馆奠基】　石景山区十项重点工程之一的石景山区图书馆新馆，8月10日上午举行奠基仪式。新馆建筑面积9116平方米，是原馆面积的3倍。藏书能力比旧馆提高近2倍；阅览座位增至700个；开设252个服务窗口，其中新增加多媒体视听室、图书配送中心、残疾人阅览室、文化展览厅、研究室等服务窗口12个。新馆日平均接待读者量可达3000人。

（郑明光）

【石景山区图书馆社区分馆揭牌】
8月24日上午，石景山区图书馆街道、社区图书馆分馆揭牌仪式在老山社区分馆隆重举行。石景山区图书馆改扩建工程开工，闭馆期间为了方便全区百姓就近读书看报，增设了6个街道、社区分馆，至此，石景山区9个街道、社区分馆全部建成，安装了“智慧2000图书馆管理软件（社区版）”，实现了全区9个街道、社区分馆联网。

（郑明光）

【首师大举行图书馆新馆开馆典礼】　9月26日，首都师范大学图书馆隆重举行50年馆庆暨图书馆新馆开馆典礼。来自国家图书馆、中国科学院文献信息中心、北京大学图书馆等全国各地50多个图书馆的馆长到会祝贺。首师大图书馆新馆于2002年5月18日正式动工，经过14个月的建设，于2003年7月底竣工。新馆采用大开间的建筑格局，藏、借、阅合一的方式，多种信息交流和传递手段相结合。设立中文报刊阅览区、中文图书借阅区、外文文献借阅区、总还书台、总咨询台、提存书库、网络阅览区、新书陈列阅览区、公共检索区、培训室等业务分区；拥有报告厅、多功能厅等设施。配有楼宇自控、消防、安防、变配电管理、中央空调、会议、综合布线等现代化的系统，为图书馆建设成为学校文献信息中心奠定了基础。

（胡　越）

【首图完成无障碍设施改造工程】
为把北京建成“全国无障碍设

施建设示范城”，首图围绕首层康复阅览室对馆内外盲道、卫生间、电梯口、报告厅坐席等进行了无障碍设施改造，工程于11月完成，达到无障碍标准，符合国家《城市道路和建筑物无障碍设计规范》和北京市《方便残疾人使用的城市道路和建筑物设计规范》实施细则的要求。

（郑明光）

【区县馆安装资源共享工程】 11月25日，首图工程技术人员分别为延庆县图书馆和延庆县刘斌堡乡文化站安装了“全国文化信息资源共享工程”接收设施。

（郑明光）

【国家数字图书馆工程在京奠基】 12月28日上午，中国国家图书馆二期工程暨国家数字图书馆工程举行奠基仪式，陈至立、罗豪才、孙家正、翟卫华、王铁宏、周和平、任继愈等领导及国家发改委等有关部委领导和在京的图书馆界代表出席了奠基仪式，詹福瑞书记主持了仪式。国家图书馆二期工程暨国家数字图书馆工程总建筑面积79899平方米，国家总投资12.35亿元，预计2007年10月完工。目标是建成世界最大的中文文献收藏中心和中文数字资源基地以及国内最先进的信息网络服务基地。工程建成后，新增读者座位2900个，日均接待读者能力增加8000人次，这些新增、新扩设备、设施与国家图书馆一期融合后，国家图书馆的馆舍面积将达到约25万平方米，列世界第三位。

（郑明光）

·业务建设·

【大兴区图书馆扶持村镇特色书库】 1月12日，大兴区北臧村镇农业特色书库成立，正式接待读者。大兴区文委领导参加了揭牌仪式，大兴区图书馆为该镇配送了农业科技图书2000余册。

（郑明光）

【东城区图书馆确立皇城文化特色】 1月，东城区图书馆确立将皇城文化文献作为本馆地方文献的特色。东城区图书馆进行地方文献收集整理工作以来，已将520种关于东城的地方文献整理完毕，另有200余种正在分编加工之中。这些文献覆盖了东城区的大部分领域，已经初具规模。区政府积极支持相关课题的研究，区图书馆可以将本职工作与区政府的工作紧密结合。

（东城区图书馆）

【东城区图书馆举办系统培训班】 2月26日，东城区图书馆对10家街道图书馆管理员进行了“全国文化资源共享”系统的培训，针对该软件的安装、登录、资源索取、资源装入、资源删除、主页更新等进行了详细的讲解。

（郑明光）

【中共北京市委设立首图分馆】 3月28日，中共北京市委图书馆与首图签订了“文献资源共建、共享合作协议”，并在市委图书馆内设立了首图分馆，至此首图分馆已达14家。

（郑明光）

【首图“一卡通”正式启动】 首图从4月6日起开始办理公共图书馆网络的联合读者卡，简称“一卡通”。实行“一卡通”后，原来各馆之间互不相通的文献信息可以实现共享，读者还可以实现图书的异地借还。“一卡通”的办理费用比旧式借书证更低一些，根据借阅级别不同收取的押金不等，持有旧借书证的读者可直接将旧证转为“一卡通”。在北京市文化局的大力推进下，从5月1日起，“一卡通”在东城、西城、崇文、朝阳4个区馆率先启动。

（郑明光）

【西城区图书馆解决盲人看书上网问题】 由西城图书馆承担建设的社区视障人图书馆项目于4月26日举行了结题仪式。孙蓓欣、周文麟、马迎新三位专家对“社区视障人图书馆示范项目”进行了验收，认为该课题的成果体现了创新性、先导性、可持续发展、无障碍化等特点，通过两年多的使用实践取得了良好的社会效益，在国内外发挥了明显的示范作用，具有推广价值。该项目的建成解决了本地区乃至全市盲人朋友“看书难、上网难”的问题，目前来馆阅读人数已达6000多人次。

（安　欣）

【大兴区图书馆启动“智慧2000”系统】 4月，大兴区图书馆正式启用“智慧2000”图书馆业务管理系统。同时，根据市文化局关于公共图书馆的收费标准，设立了专门办证处，对读者实行馆内“一卡通”借阅方式。

（大兴区图书馆）

【密云县图书馆举办专业岗位培训】 密云县图书馆与首图于4月12日~5月21日联合举办了一期培训班，邀请了倪晓建馆长等讲授“文献信息开发工作”等课程。来自密云县12个乡镇图书室管理人员及本馆工作人员共34人参加了培训及各科考核。

（郑明光）

【“2004阳光北京”读书月活动】 5月10日~6月10日，北京市委党校图书馆开展了“2004阳光北京”读书月活动，力求为全校教职工、学员和全市老干部、社区读者营造一个“人人喜读书、终身可学习”的良好阅读氛围。活动主题为“倡导读书风尚，传播中国文化”。活动包括中国人民大学清史研究所教授黄爱平主讲的“《四库全书》编纂与中国传统文化”、湖南省人大常委会农业与农村工作委员会主任傅学俭主讲的“权力：如何面对前所未有的挑战”两个专题讲座；图书馆新网页演示及馆藏数据库检索与利用辅导；新书推荐展卖；捐赠图书；剔旧图书选购等项内容。

（何晓莉）

【中国人民大学成立信息资源管理学院】 5月14日，中国人民大学信息资源管理学院正式成立。1952年，人大受中央委托开办档案专业，并于1958年扩建为档案学院。信息资源管理学院于2003年12月在档案学院基础上成立。信息资源管理学院是人大专门从事信息资源管理教学与科研活动的机构，是我国信息管理、信息系统、知识管理、图书、情报与档案管理教学科研及人才培养的重要基地之一。

（郑明光）

【首图和市图协举办岗位培训】

5月24日，由首图和市图协共同举办的北京市图书资料系列岗位培训班正式开课，此次培训共招收来自全市各系统图书馆工作人员58人，开设5门课程，全市公共图书馆98%的从业人员及部分各系统图书馆员工已接受培训。

（郑明光）

【北京儿童文学研究中心成立】

5月30日，在西城区青少年儿童图书馆召开了“北京儿童文学研究中心”成立大会。该研究中心成立的主要目的在于：研究北京儿童文学发展的历史，搜集和整理北京地区作家及作品资料。中心成员由20多位北京地区资深儿童文学作家组成，金波担任主任。“中心”借助“国际华文儿童文学网”进行自身宣传，立足西城，面向北京，辐射全国。

（西城区青少年儿童图书馆）

【市社科院建特色数字图书馆】

5月份，北京市社会科学院（简称“市社科院”）图书馆与院科研处合作开发了数字化的“北京市社会科学院科研成果文库”，一期工程已将该院现存的几百部科研著作进行了全文录入。该文库既能还原著作原貌，又能进行全文检索，还可以通过书名或题名、作者、出版者等多途径查找原文，并具有网络版与光盘版两种形式。二期工程计划将该院以及市社科联、市社科规划办等单位的科研课题成果进行全文录入，逐步建立数字化的“北京市社会科学科研成果文库”。从2004年起市社科院图书馆开始与中国数字图书馆、超星数字图书馆、书生数字图书馆等单位进行合作，计划逐步将馆藏和能够搜集到的有关北京的社会科学研究成果进行数字加工，建立特色数据库，开展特色数字图书馆建设。

（王超湘）

【北京中小学图书馆员业务培训】

5月份，北京教育学院与教育学院朝阳分院联合举办了一期中小学图书馆员业务知识培训班，40多人参加了培训。在培训中，为适应新时代的要求增加了网上信息资源检索的内容，提高馆员网上信息检索的能力。培训结束后进行了考试，考试合格者颁发北京教育学院结业证书。

（杨艳萍）

【少年儿童多媒体阅览室开放】

6月1日，国图在文津街分馆隆重举行少年儿童多媒体阅览室开放仪式，文化部副部长周和平，文化部社会文化图书馆司副司长刘小琴及40多名少年儿童代表应邀参加了仪式。该阅览室是在原有服务规模上改建的，服务面积增至500平方米，面向中小学生免费开放。除原有服务项目外，通过硬件设施的改造，强化了利用网络与计算机的自动化服务，增加了学术讲座、辅导培训等内容。

（郑明光）

【国图敦煌遗书特藏库落成】

6月22日，国图敦煌遗书特藏库落成并启用。1900年6月22日（农历五月二十六日），地处西陲的甘肃省敦煌莫高窟发现了藏经洞，其中堆满了数万件4世纪～11世纪的古代文献。随后，英、法、俄、美、日等国所谓“探险家”闻讯而来，采用不正当手段，将大量敦煌遗书、绢丝织品及壁画雕塑掠运国外。1910年，清政府命甘肃学台将藏经洞内所有遗存“悉数运京”。解运途中，又遭监守自盗。敦煌遗书运抵京师，归入国图的前身——学部所属京师图书馆。入藏国图94年来，馆藏敦煌遗书数量又有较大增加，总数达到了一万六千余号，为世界各国收藏之首。2002年，经过反复论证、仔细规划，决定由国家财政拨专款，制作楠木书盒、书柜，并在善本书库中辟专门场地，新建敦煌遗书特藏库。此举从根本上改变了敦煌遗书的保存条件。

（郑明光）

【北京行政学院图书馆接受赠书】

6月23日，在北京行政学院图书馆举行了捐赠图书仪式，接受由中国行政管理学会主编，北京侨资企业协会副会长、炎黄机构执行总裁、中国行政学会执行总监宋正中先生出资赞助的300套《现代公共管理简明教程》和10册《中国政府管理创新》图书。中国行政管理学会会长郭济、北京行政学院常务副院长王江渝等参加捐赠仪式。

（何晓莉）

【顺义区图书馆被命名“数字家园”】 6月，顺义区图书馆被共青团北京市委员会、北京市信息办公室命名为首批“数字家园”。该馆在本区读者中招募“信息化培训”数字志愿者，参与“百万家庭上网工程”，对社区居民开展信息化知识培训，以使社区居民能够掌握基本的数字知识、计算机基本操作、上网查询等能力。

（郑明光）

【平谷区图书馆创办《信息参考》】

6月下旬，平谷图书馆馆刊《信息参考》第一期正式发行。《信息参考》设决策信息、领导科学、成功之路、精品美文、轶闻趣事、健康之友、图书馆工作等12个小栏目，内容是从各类报刊中精心挑选有关领导方面的优秀作品，可以从中获取决策信息，也可以从中感悟领导之道、工作方法，既具科学性又有趣味性。

（郑明光）

【北京市社科文献信息中心成立】

7月5日，市社科院图书馆成立“北京市社科文献信息中心”，积极开展北京研究资料的研发工作，该中心将通过各种资源渠道，以多种资料形式，为科研工作、决策部门及社会需求提供服务，并将陆续建立决策信息、特色文献、科研动态等资料库。

（郑明光）

【清华同方推动数字图书馆建设】

7月，清华同方光盘股份公司和知识传播工程技术研究院在近十年大规模开发知识资源及其整合传播技术的基础上，研制成功了基于新一代互联网技术即网格技术的全新资源管理应用技术——“CNKI网络资源共享平台”，为驾驭大量无序资源、构造真正意义上的数字图书馆提供了一个全面、规范、高水准的解决方案，并以此建成了“中国知识资源总库”，将我国1200多个数据库纳入了中国知网（www. cnki. net）。“CNKI网络资源共享平台”推出之后很快在我国高校、公共图书馆、科技情报所、政府和企业信息中心、教育城域网和医院等各行各业的信息服务机构得到应用。

（郑明光）

【公共图书馆图书被盗割严重】

9月11日，国图工作人员当场抓获两名盗割图书的读者，二人的行为不仅对国家财产造成损失，同时也侵犯了大多数读者的利益，二人拒绝赔偿且态度恶劣，被公安部门刑事拘留。近来，公共图书馆经常发生书、刊、报被盗割现象。一些“抄条目”者有组织地受雇于某些网站、信息公司，为其提供“条目”信息，以便获得“劳动”报酬，所割条目内容主要集中于工商企业名录、企业大全、刊报上的企业介绍、产品介绍、商家领导信息、年鉴、各类会议论文、学术论文，改革成果论文集、如何发财致富等信息资源。这种割盗行为与以往图书馆偶尔发生的读者偷书行为有着本质的区别，其特点是以赢利为目的。为此，国图有关人士表示，处罚不是目的，再积极防范也是被动的，希望广大读者增强道德和自律意识。

（李延祺）

【中国人民大学图书馆推出数字图书馆个性化服务系统】 9月28日，中国人民大学图书馆和信息学院联合举办了数字图书馆个性化信息服务系统（2.0版）研讨与演示会。该系统的推出，改善了学校教学科研的基础设施，提升了图书馆的服务能力，受到学校领导、广大教师和科研人员以及学生的重视和好评。

（宋雅范）

【文化部评估专家组对首图评估】

10月26日~28日，文化部图书馆司刘小琴副司长率公共图书馆评估专家组一行5人对首图进行评估考察。文化部评估组对首图各项工作予以高度评价，认为首图领导班子先进的办馆理念及制定的长远发展目标不仅符合世界图书馆的发展趋势，同时也与首都的建设发展目标相一致，是一所与首都地位相符的、国内一流的图书馆；是一所设施先进、环境优美、服务优良、管理一流的现代化图书馆。同时评估组就增加外文文献入藏量、进一步提升服务品质、进一步加强人才培养力度，增强首图可持续发展后劲提出了希望和建议。

（郑明光）

【“高等教育数字化图书馆”建成】

11月5日，“中国高等教育文献保障系统——中国高等教育数字化图书馆”项目建设启动暨成果汇报大会在北大召开。王选院士、吴启迪副部长出席了会议。该系统是经国务院批准，国家发展计划委员会立项，教育部组织实施的“211工程”中两个公共服务体系之一。中国高等教育数字化图书馆是目前亚洲规模最大的数字图书馆。作为国家“九五”、“十五”重点项目，数字图书馆总投资2.2亿元。该数字图书馆把600多所高校的图书馆连成一体，下设文理、工程、农学、医学四个全国文献信息中心，并在华东、华中、华南等7个地区设立了地区中心和一个国防信息中心。高等教育数字化图书馆的建成，使读者可以实现每周7天、每天24小时通过网络，方便地查询到全国高校图书馆甚至国外一些图书馆藏书中自己需要的文献信息。

（郑明光）

【市公共图书馆实地评估结束】

11月7日，专家评估组召开全体会议，对市公共图书馆的评估工作进行了总结，并对每个图书馆存在的问题提出了整改意见。从2003年7月31日开始，专家评估组按照文化部制定的《地、县图书馆、地级少年儿童图书馆评估标准》和《地、县图书馆、地级少年儿童图书馆定级必备条件》分别对本市部分公共图书馆及少儿图书馆进行了实地评估工作。2004年，专家评估组针对各馆的主要问题，就整改情况分别进行了复查。评估结果，西城、东城、崇文、密云、宣武、门头沟、房山、通州、朝阳区图书馆，以及西城少图和石景山少图11个区县图书馆被评为一级馆。至此，本市区县公共图书馆的实地评估工作已经结束。

（市图协）

【国防大学建成数字图书馆】 11月，国防大学数字图书馆建成。作为全军院校图书馆的牵头单位，国防大学依托全军军事训练网和其他兄弟院校共同实现了信息资源共享，使全军一个网、全军院校一个图书馆成为现实。在数字化图书馆建设上，国防大学图书馆3年实现

3 个转变：传统馆向数字馆、馆际协作向资源共享、被动式服务向主动式服务转变。目前已上网电子图书资料近 60 万种，图片 1 万余幅，声像资料 7000 余部，缩微资料 100 万页，自建数据库 12 个，馆藏目录数据 57 万条。全文数据总量达到 800 多万条。种类、特色居全军院校图书馆之首，在全国各类图书馆中也走在前列。

（国防大学图书馆）

【国图“抢救性保护”宋元善本】

中华再造善本工程是迄今为止我国最大规模的宋元善本保护工程，国图对 7682 册不同程度破损的宋元善本进行“抢救性保护”。截至年底，国图已经完成 174 种宋元善本的再造工作，并由北京图书馆出版社出版。全世界现存的宋元善本仅有 4000 部左右，在国图善本特藏部藏有 1675 种、23181 册（件），是最为集中的一批，其中很多都是极为珍贵的孤本。但由于空气污染等自然原因，已有 33% 的善本存在不同程度的损坏，其中重度破损 654 册，中度损坏 6072 册，一些善本霉变、酸化程度已十分严重，状况最严重的约有 365 册。

（郑明光）

【市属医院系统图书馆现状调查】

2004 年，北京市图书馆协会医院图书馆（室）专业委员会对其 48 个成员馆进行调查，收回有效问卷 28 份，其中三级医院 20 家，二级医院 8 家。从调查结果看，有长足进展的表现在：工作人员的知识水平有所提高；网络化和自动化建设发展快；部分单位实现资源共享。问题和矛盾是：领导重视程度参差不齐；工作人员地位和待遇有待进一步提高；资源共享有效机制尚未形成。

（吴晓海）

【西城区图书馆举办继续教育讲座】 为适应新形势的需要，进一步提高图书馆专业技术人员队伍及员工的整体素质，西城区图书馆依托中图学会和市图协以及大专院校、科研单位的技术力量，对本地区图书馆专业人员和内部员工，开展切合实际的继续教育培训工作，2004 年内共举办专题系列讲座 6 次，分别由北京大学等教授、专家、学者主讲，这些既有深度又有实际意义的高水平报告使学员们受益匪浅。

（西城区图书馆）

【顺义港西村有了自己的图书室】

由顺义区文委、图书馆、新华书店联合为顺义偏远地区张镇港西村赠送图书 3000 余册，建立了图书室，解决了边远地区读者看书难的问题。

（郑明光）

【怀柔新建区人大政协图书室】

为了充分发挥图书馆在为各级领导决策时提供信息咨询服务的作用，2004 年，怀柔区图书馆新馆新建了区人大、政协两个图书室，配送图书 1700 余册。

（郑明光）

【区县图书馆网络建设已成规模】

按照市文化局关于市属区县图书馆网络建设工作的要求，2004 年北京市已经建立了区县级计算机网络联网点 78 个；共享工程接收点 22 个；区县级图书配送中心 80 个（详见附表）。

（郑明光）

【启明书院办进社区】 2004 年，北京市少年儿童图书馆与启明双语幼儿园共办启明书院，增添了家庭将图书馆列为周末亲子活动的内容。除了鼓励孩子在园中读书，还举办图书借阅活动，让孩子们将图书带回家中阅读。曾获英女皇最佳社会贡献奖、香港年度最佳教育家奖的著名幼教专家陆赵钧鸿博士一向提倡华语阅读对孩子的重要性。她在京开创的启明双语幼儿园历来重视培养孩子的阅读习惯，为了扩大孩子们的阅读范围，并使幼儿园周边社区的非园内孩子都能从阅读中得到收益，启明的负责人主动向北京市少年儿童图书馆提议，在地处酒仙桥东润枫景小区的启明二园与北少图联合创办社区分馆，在周末向周边社区开放。同时举办与阅读相关的活动，如故事会、小表演及家长阅读讲座，邀请著名儿童作家金波和家长座谈如何为孩子选择图书。

（郑明光）

出 版 物

【中国图书馆百年系列丛书】 由中图学会主编的《中国图书馆百年系列丛书》于 7 月中旬先期发行《百年大势》和《百年情怀》两册。89 岁高龄的经济学家于光远先生为该丛书荣誉顾问，亲自撰文《我与图书馆的七十载情缘》。周和平任丛书编委会主任，詹福瑞担纲主编，全书分《百年人物》、《百年文萃》、《百年建筑》等 5 个分册，每册平均 30 万字，共约 150 万字。书名、序言、目录等均配有英文译文。《百年大势——历久弥新》由常书智、刘锦山任主编。该书分为“世纪回眸”和“前景展望”两大部分，前后两部分相互呼应贯通，共同构撰了中国图书馆事业的百年大事。《百年情怀——天堂，图书馆的模样》由孙蓓欣任主编。书中所收 212 篇作品系从全国各地 1400 多篇征文中精选而来。尽管文章作者资质不同，景况迥异，但在文中都体现了一个共同的爱好——热爱读书，热爱图书馆。

（郑明光）

【北京市社科院图书馆参与课题并取得成果】 市社科院与满学所合作的《20 世纪世界满学著作提要》（民族出版社）于 2004 年 3 月出版，《北京史地风物续编》（1981 年～2004 年）课题已经完成，《现代图书馆与信息资源共建共享导论》（北京燕山出版社）于 2004 年 9 月出版。

（王超湘）

[附录]

2004年北京市区县图书馆网络建设概览表

区县图书馆	计算机网络联网点	共享工程接收点	配送中心名单
东城区	东城区图书馆 东直门街道 安定门街道 交道口街道 北新桥街道 朝阳门街道 东华门街道 和平里街道 建国门街道		
西城区	西城区图书馆 西城区青少年儿童图书馆 二龙路社区图书馆 福绥境社区图书馆 新街口社区图书馆 丰汇园社区图书馆 展览路社区图书馆		
宣武区	宣武区图书馆 牛街街道分馆 天桥街道图书馆 广内街道分馆 大栅栏街道西河沿社区分馆 白纸坊街道分馆椿树街道图书馆 广外街道图书馆 陶然亭街道图书馆		
崇文区	崇文区图书馆 前门社区图书馆 龙潭社区图书馆 崇外社区图书馆 体育馆社区图书馆 金鱼池社区图书馆 东花市社区图书馆 永外社区图书馆		
朝阳区	朝阳区图书馆 十八里店乡社区图书馆 建外社区图书馆 亚运村街道社区图书馆 和平街街道社区图书馆 双井社区图书馆 芳园里社区图书馆 望京社区图书馆 麦子店街道社区图书馆 金盏乡社区图书馆 高碑店社区图书馆 劲松社区图书馆 团结湖社区图书馆 潘家园街道社区图书馆		八里庄　建国门外 香河园　酒仙桥 潘家园　金盏乡 高碑店乡　团结湖街道 小红门　南磨房乡 百子湾　平房乡 十八里店乡　蒋台乡 大屯乡　黑庄户乡 劲松

续表

区县图书馆	计算机网络联网点	共享工程接收点	配送中心名单
海淀区	海淀区图书馆 西三旗社区分馆	聂各庄村	学院路 花园路 八里庄 上地 四季青乡 海淀乡 东升乡 北下关 双榆树
石景山区	石景山区图书馆 石景山区少年儿童图书馆 苹果园社区图书馆 古城社区图书馆 广宁村社区图书馆 五里坨社区图书馆 老山社区图书馆 鲁谷社区图书馆 金顶街社区图书馆 八角社区图书馆 八宝山社区图书馆		金顶街社区图书馆分馆 苹果园社区图书馆分馆 老山社区图书馆分馆 古城社区图书馆分馆 八宝山社区图书馆分馆 五里坨社区图书馆分馆 广宁社区图书馆分馆 鲁谷社区图书馆分馆 八角社区图书馆分馆
丰台区	丰台区图书馆 丰台区青少年儿童图书馆 马连道欣园社区图书馆 马家堡社区图书室 东高地东里图书室		
通州区	通州区图书馆 新华社区分馆	马桥镇	
门头沟区	门头沟区图书馆	斋堂镇 永定镇	
怀柔区	怀柔区图书馆	宝山寺镇	
顺义区	顺义区图书馆	北小营镇文化活动中心 大孙各庄 后沙峪镇古城村	
房山区	房山区图书馆 燕山图书馆	阎村镇 长沟镇 青龙湖镇	城关镇 窦店镇 良乡镇文体中心 阎村镇文体中心 蒲洼乡 大安山 南窖乡 大石窝镇 霞云岭乡 韩村河镇 十渡镇 青龙湖
昌平区	昌平区图书馆	崔村镇香堂村 兴寿镇桃峪口村 南邵镇文化服务中心 南口镇红泥沟村	

续表

区县图书馆	计算机网络联网点	共享工程接收点	配送中心名单
大兴区	大兴区图书馆	黄村镇西瓷村	
平谷区	平谷区图书馆 平谷社区教育中心	大华山镇文化站 大兴庄镇白各庄文化大院	
延庆县	延庆县图书馆	刘斌堡	八达岭镇 大庄科乡 大榆树镇 刘斌堡乡 千家店镇 沈家营镇 井庄镇 张山营镇 珍珠泉乡 四海镇 香营乡 永宁镇 康庄镇 延庆镇旧县镇
密云县	密云县图书馆	不老屯镇 西田各庄镇（经费自筹） 河南寨镇（经费自筹）	密云镇 穆家峪镇 冯家峪镇 不老屯镇 巨各庄镇 河南寨镇 大城子镇 十里堡镇 西田各庄镇 石城镇 溪翁庄镇 太师屯镇 新城子镇 古北口镇 高岭镇 东邵渠镇 北庄镇 檀营乡
合计	78 个	22 个（自筹经费 2 个）	80 个

（市图协）

2004年北京市公共图书馆统计资料表

类　别	总　计	中央级	市　级	区县级
图书馆数(个)	26	1	2	23
从业人员(人)	3092	1900	353	839
总藏书量(万册)	3355.2	2411.7	403.1	540.4
图书量(万册)	1533.3	717.7	315.2	500.4
建筑面积(万平方米)	30.9	16.4	4.9	9.6
阅览席位(个)	13507	3419	1780	8308
外借人次(万人)	334.8	119.7	46.8	168.3
外借册次(万册)	769.1	320.9	116.0	332.3

（市统计局）

群　众　文　化

2004 年，全市各级文化部门和全体群众文化工作者，认真贯彻落实了市政府《关于进一步加强基层文化建设的意见》的精神，不断开拓创新，取得了丰硕的成果。北京地区的群众文化工作和活动比以往有了更为显著的发展。

基层文化建设成效突出：市文化局承办了市政府第 131 号折子工程：以农村乡镇、村文化阵地为重点，加强了街道、乡镇、社区、村文化设施建设，达标文化站达到 70%；扶持了 300 个村文化室，建设 200 个社区和村文化室；为 100 多个街道、乡镇文化中心配备了文化广场演出的灯光、音响设备。全年实际共支持达标文化站 145 个，达标率 90%，新建文化室 788 个。市财政为此总投入两千余万元，为基层老百姓的文化生活创立了基本的物质条件。

树立安全防范意识：北京市文化局为吸取春节期间密云灯会发生事故的教训，总结了以往成功开展群众文化活动的经验，根据市领导的要求，组织有关人员，在群众文化工作方面制定了《北京市文化馆安全管理措施》、《北京市图书馆安全管理措施》和《北京市群众文化活动安全管理措施》，建立了安全例会制度和大型活动巡视检查制度。

积极推动民族民间文化保护工程试点工作的开展：市文化局按照文化部中国民族民间文化保护工程试点工作的精神，搜集并制定出全市民族民间文化保护项目目录，申报了试点单位。其中门头沟的“京西古幡乐”已被文化部确定为“中国民族民间文化保护工程”试点项目；房山的“矮跷”、昌平的“花钹大鼓”等 10 个被列为“北京市民族民间文化保护工程”试点项目。

群众文化活动丰富多彩：2004 年春节的庙会与花会活动多于往年，除了一些以往的传统庙会外，还新开创了多处小型庙会。据不完全统计，春节 7 天长假期间，共有 616 万人次参加各种文化活动，15 万人次走进图书馆。4 月初，市文化局与市委宣传部、市总工会、团市委、市妇联联合下发了《关于开展 2004 年“五月的鲜花”群众歌咏活动暨广场文化活动的通知》，自 6 月 8 日～10 月中旬活动结束，全市共举办广场活动 6300 多场次；农村露天电影放映 40000 多场次；区县文化馆和艺术团流动演出车下基层慰问演出 803 场次，观众达 40 多万人次。

群众文艺创作、比赛取得佳绩：28 项群众创作获文化部“群星奖”，2004 年文化部主办的第 13 届“群星奖”评选活动改变了过去单一评比的方式，改为一年 7 个项目同时比赛，并纳入“中国第七届艺术节”。市文化局为备战群星奖，狠抓了群众文艺作品的创作与提高。各区县积极筹措并推荐上报表演类节目和书画影等 7 个艺术门类的作品，先后有市青年宫、市老年艺术协会、中华老人文化促进会等近 30 个单位参加了创作申报。经过比赛、终评，共有曲艺、戏剧、舞蹈、摄影、绘画等 28 个作品在全国获奖。

其他获奖情况：全国“四进社区”文艺汇演，北京市两个舞蹈作品获金奖；宣武区椿树街道椿树园社区、海淀区车道南里社区、石景山八角北里社区和朝阳枣营南里社区被授予“全国文化先进社区”称号；在第七届“和平杯”中国京剧票友邀请赛、2004 年全国群众文化论文评奖、首届北京新秧歌电视大赛，北京也都获取到金银铜牌的优异成绩。

文化交流有显著突破：1 月起北京的民间艺术团体就远赴海外传播友谊。1 月在泰国演出了中幡、狮舞、秧歌等，春节期间庞大的龙舞、秧歌舞蹈的队伍为中法文化年的开幕赴巴黎，在香榭丽舍大街进行了举世瞩目的精彩表演，向世人展示了北京市民健康多彩的精神风貌，起到了亲善大使和专业艺术团体难以起到的作用。在国内，市文化局承办的第四届“相约北京”广场联欢活动于 5 月 1 日～29 日的节假日期间，在龙潭公园、世界公园和鼓楼文化广场、宣武枫桦豪景文化广场举办，来自亚、非、欧、美洲的 21 个艺术表演团体 500 余人到场与群众文艺团体进行联欢。本市的民间艺术家也都多次赴国外举办展览或现场表演。

（社　文）

机　　构

【天坛神乐署办成古代音乐博物馆】　神乐署已修缮一新，在京的文化、音乐界人士都十分关注此事。在1月17日举办的“天坛神乐署陈展方案专家论证会”上，一部分专家学者为神乐署日后的发展提出了大量有益的建议。作曲家周巍峙特别提出：“神乐署作为一个中华古代祭祀音乐的展示场馆，不能只把这些优秀的古代乐器陈列起来供游人观赏，更重要的是让这些乐器发出声响，成为真正的乐器。”神乐署曾于抗日战争期间被侵华日军的细菌部队占用，以后又长期被一些单位和个人使用。修缮后的神乐署将成为中华古代祭祀音乐博物馆，人们可以在此欣赏已消失百余年的中国古代最高祭祀礼乐——中和韶乐。同时，神乐署也将成为北京最具特色的爱国主义宣传教育和中国传统音乐教育的基地。

（陈树林）

【中国职工文体协会成立】　中国职工文化体育协会3月18日正式成立。中国职工文体协会是经民政部批准成立的由中华全国总工会主管的国家一级社团，是群众性的全国职工文化体育组织和非盈利性的社团。协会的宗旨是积极推动职工文化体育事业的不断繁荣与发展，联系各级工会组织和职工文化体育团体、职工文化体育工作者及热心支持职工文化体育事业的团体和个人，开展健康有益的文化体育活动。

（陈树林）

【北京大学生京剧协会成立】　6月11日，北京大学生京剧协会成立。该协会是北京市学生联合会领导下的社团组织。实行团体会员制，凡以弘扬京剧艺术为宗旨，承认协会章程的首都高校学生京剧社团均可申请入会。申请入会的社团需经所在高校团委推荐并向协会递交申请，经审核同意后可以成为协会会员。清华大学学生艺术团京剧队、北京大学未名湖畔京昆社、中国人民大学京剧社、北京师范大学京剧团、首都师范大学书林雅韵京剧社、中国戏曲学院非表演专业京剧社、北京理工大学京剧协会、北京林业大学京剧社、北京工业大学戏曲曲艺协会、北京广播学院昆曲社、北京服装学院凌烟国剧社等为其首批会员。协会的主要任务是：在大学生中宣传普及京剧艺术，努力培养青年学生对京剧的兴趣；组织和指导首都高校学生京剧社团开展活动；开展广泛的艺术交流活动和其他与弘扬京剧艺术有关的活动。协会下设理事会。万国权等56人为协会顾问，李筠为名誉会长，王鑫为会长，谭小羽为常务副会长兼秘书长。另有副会长4人，副秘书长5人。

（张燕鹰）

【西城区为家庭艺术馆挂牌】　12月29日上午，鬃人制作艺人白大成、面人制作艺人张宝琳、剪纸女艺人刘韧的寓所被西城区文委首批命名为“家庭艺术馆”。西城区共有面人、古董、火花、报纸号外等收藏的特色家庭230多家，他们散布民间，传承久远。这次挂牌，旨在推出民族民间文化遗产保护的示范点，不断吸纳和扩大“家庭艺术馆”的范围。

（陈树林）

民间艺术活动

【东城举办室内文化庙会】　1月20日，作为北京市东城区标志性的春节文化活动和重要文化品牌的东城区文化馆春节室内文化庙会，自1991年举办至今已是第14届了。它不仅是传统民间庙会的集萃，还充分体现出室内文化活动的特点。2004年室内文化庙会以猴为主题的活动有10余项。“微缩庙会”在630平方米的剧场内，再现了老北京庙会之精华。还有各类文艺演出和民间工艺品及各色小吃展卖。一年一度的广场舞蹈大赛是专为中老年朋友举办的，也是每年东城区文化馆庙会的重要内容之一，2004年还增加了北京新秧歌表演。“乐韵百年”音乐厅让听众与名家一起品味音乐经典的同时又增加了“名人谈名剧背后的故事”：词作家阎肃、剧作家梁秉堃、歌唱家林中华等分别讲述当年一些剧目的创作过程和鲜为人知的故事。

（陈树林）

【地坛举办第19届庙会】　第19届地坛春节文化庙会大年初二（1月21日）上午开幕。地坛庙会始创于1985年，庙会具有鲜明的民族、民俗、民间特色，是京城老百姓新春活动的保留“项目”。人们在这儿可以品尝各地名食、挑选民俗杂艺百货；还可以欣赏百戏名曲、民间花会、天桥绝活、仿清祭地表演等地坛传统庙会的特色节目。而马戏、洛阳牡丹展、摇滚歌舞、农民画展以及少数民族绝技表演是2004年新增加的五大类项目。

（陈树林）

【第六届东岳庙文化庙会】　1月21日，第三届北京民俗文化节暨第六届东岳庙文化庙会开幕。“看民俗展览”是本届文化庙会的主打项目之一。其中有“人生礼俗文物展”、“十二生肖民间艺术展——猴”。前者以300余件历史文物，展示了“诞生礼”、“成年礼”、“婚礼”、“寿礼”以及人必然的归宿之礼——“葬礼”的人的生命历程。而后者则通过80余件不同质地、不同形态的猴展品，向人们展示了猴的聪灵机智，最奇特的要数那由100个神态各异的猴组成的“福”字图案，深刻表达了猴年祈福迎祥的主题。这个展览所列的展品是民间艺术家白大成先生的部分藏品，其中年代最早的可以追溯到唐代，具有极高的观赏及学术价值。庙会上还有“赏民间百戏”、“听民俗讲座”、“赛传统体育”、“尝东岳小吃”、“赏传统庙乐”以及“购工艺精品”等多项老百姓喜闻乐见的民俗文化活动。庙会上还有背桩、盘鼓、少林武术以及河北吴桥的杂技和独具老北京特色的扁担戏、驯白鼠、近景戏、斗鸡等民间技艺，为节日中的北京人带来传统文化的追溯和怀想。品尝东岳小吃——狮子头、八宝粥以及东岳庙的福糕，也是难得的庙会体验。该庙会于1月27日结束。

（陈树林）

【第21届龙潭庙会举办】 第21届春节龙潭庙会于1月21日～28日在龙潭公园拉开帷幕。8大类160余项文化、体育、游艺等活动迎候游人，本届庙会突出“奥运”主题和民俗风格。其中的“每日一星”活动，每天都有一位国家体育明星到场，为群众签名，与游人联谊。腕力大赛、围棋比赛、攀岩大赛为游人提供了展示身手的机会。围棋、中国象棋、国际象棋、五子棋、国际跳棋等五大棋类以及柔道、拳击、跆拳道等国家队的高手们还以车轮战、连环战、擂台战等形式与游人共享。还有河北龙舞、沧州狮舞、青岛海风锣鼓等多彩的来自各地的民间花会为游人表演。在中心岛主会场上，每天都有在历届“龙潭杯”中华优秀民间花会大赛获金奖的节目表演。杂技、曲艺和戏曲表演也同时在园中举行。“首届北京市民龙潭庙会家庭才艺大赛”、“首届龙潭冰雪大世界”以及“神五”模拟发射系统和众多动手动脑的趣味项目也各具特色。庙会各处设有民俗表演：拉洋片、抬花轿、剪纸、面人、糖人、泥塑、京剧人偶……此外，还有新春书市、中国民间文化与收藏及装饰艺术品交流展、“家住南城，行在北京”房展、家庭轿车展和广场鸽、警犬表演、海狮表演、马戏表演、动感电影、大型风筝放飞等活动。

（陈树林）

【外地民间艺人来京表演】 1月22日早上，参加龙潭庙会的600多名外地民间花会艺人举行走会表演，从夕照寺街到北京游乐园，沿街表演着各种花会绝技，同时向每个小区居民拜年。

（陈树林）

【颐和园举办春节宫市】 1月22日开幕的颐和园苏州街第11届春节宫市在往年的基础上，以皇家文化和民间文化精华为内容，推出了群猴献寿、中华龙鼓表演、满族特色舞蹈、清宫仪仗表演、杂技、宫廷戏法、京剧表演、古筝、琵琶演奏等活动，既让游人欣赏到浓郁的皇家文化，又领略民间文化的精华。

（陈树林）

【宣武区举办第九届大观园庙会】 宣武区委、区政府主办的第九届大观园红楼庙会于猴年新春（1月22日～27日）举办。2004年的红楼庙会集观赏、逛街、休闲、消费于一体。特别是与大同庙会的“联姻”成为此届红楼庙会的亮点。大同市组织了300余人来京表演，向首都人民展示了大同的风景名胜和灿烂文化。“八音会”是由大同市南郊区和阳高县农民组成的3支吹打乐队伍；“挠搁”类似于“背棍”，化了装的男孩女孩，扮成民间故事中或戏曲舞台人物，随音乐节奏起舞。大同红领巾艺术团曾获全国少儿歌舞比赛一等奖，这次他们带来了舞蹈、声乐、器乐等节目。云岗武术表演展示了刀、枪、剑、棍4种器械。元妃省亲是大观园红楼庙会的招牌节目。2004年恰逢电视连续剧《红楼梦》拍摄20周年，又是北京大观园建园20周年。大年初一中午，《红楼梦》的部分演职人员携手来京“省亲”。此外，园内的缀锦楼、含芳阁还分别展出民间美术家叶洪桐和青年画家马寅中以《红楼梦》为蓝本的美术创作。太原锣鼓、延边秋千、“功夫秀”、“变脸”等也分别在庙会上表演。展卖场上有山西土特产、传统风车、糖葫芦以及手工艺品等。

（陈树林）

【报国寺收藏庙会】 首次举办的报国寺收藏庙会（1月22日～27日）是宣武区第四届厂甸庙会的重要组成部分，由报国寺管委会和广内街道办事处共同主办。庙会在1万多平方米的区域内，举办有收藏展、民间工艺品展卖、收藏有奖竞猜等项目。其中，百位民间收藏家支持办起的票证展、烟标火花展、玉器展、中国钱币展、世界钱币展和邮票展，是庙会的重头戏。这次票证展以北京票证为特色，从1953年北京首发的第一版粮票到1993年废止前的最后一版，粮票聚集了7000多枚，特别是1962年到1966年五年中，北京每月发行的不同面额的粮票，这里一应俱全。烟标火花展，汇集了近7000枚，其中很多是珍品，一枚“丰足”牌火花是陕甘宁边区响应毛泽东“自己动手，丰衣足食”号召而生产的第一种火柴的包装图案，这枚火花虽然经历60多年沧桑，但保存完好。

（陈树林）

【宣武区举办第四届厂甸庙会】 1月22日～27日，由宣武区政府和市文化局、旅游局、文物局及新闻出版局联合主办了第四届厂甸庙会。厂甸庙会始于明朝嘉靖年间。本届厂甸庙会围绕“与时俱进的宣南文化”这一主题，继续深入挖掘展示民俗文化特色。庙会沿街设立3个主表演台、7个撂地表演区，展示着民间艺术的丰富多彩。在走会中可以见到30只小猴翻滚跳跃，演绎着西天取经……围绕着猴的民间传说，百猴闹厂甸“搅”起了猴年的热闹和喜庆。此外，花会行进、洋人逛庙会、五行八作吆喝表演、魁星点状元等传统节目，更是注重体现民俗特色，附近被装饰成旧城墙的围挡上挂有100多幅体现着老北京特色的照片，真实再现出该地区的老北京风貌。书店门口立起依照原有尺寸的高达6.5米的海王村公园园门。据史料记载，海王村公园始建于1917年，是琉璃厂地区的标志性建筑，为当年老北京古玩、书画、金石、照相、琴室聚集的场所。

（陈树林）

【白云观举办第18届民俗迎春会】 道教圣地白云观前街及周边环境大规模修整工程竣工后，第18届白云观民俗迎春会于春节期间（1月22日~27日）以崭新的姿容迎接八方宾客。有着千年历史的白云观，是北方现存最大的道观和国家级文物保护单位。白云观民俗迎春会历史悠久，融宗教祈福和民俗文化为一体。为改变白云观前街及周边道路和环境，2003年，西城区政府先后投资1.8亿多元，累计拆迁2万多平方米并进行了改造。2004年是农历甲申年，灵巧活泼的猴子装饰物在观内突出展示，传统的山门前摸石猴，更富新的内涵。本届迎春会以“古刹逢春欢乐祥和度佳节，金猴祈福团结奋进奔小康”为主题。除保留“骑驴逛庙会”、“窝风桥上打金钱眼”、“元辰殿中寻照命星”、“云集园戒坛内听大戏”、“三清四御殿院里坐颠轿”等传统民俗特色活动外，还增添了舞狮、高跷、拉洋片、剪纸展、手工艺品展等多种京味特色的民俗活动；园内还有京剧、曲艺、武术等文艺演出。游客可以参与书画笔会、摄影展征集和猜谜乐园与儿童乐园的各项活动。观前街和白云路上摊棚林立，汇集有各种风味小吃、民间工艺品、书画、篆刻作品展销等。

（陈树林）

【石景山游乐园举办洋庙会】 市旅游局和石景山区人民政府共同主办了从大年初一到初七（1月22日~28日）的石景山游乐园第四届迎春洋庙会。哥特式的灰姑娘城堡、阿拉伯神殿式的廊柱环形门区、伦敦塔式蓝桥和童话般的五彩路，充满欧陆风情的园林景观，使游人仿佛到了异域他乡。嘉年华狂欢活动首次亮相；猴年迎宾彩车、迪斯尼游艺，中西小吃叫卖声不绝于耳。洋庙会巧妙地把东方文化与西方文化融为一体。

（陈树林）

【百工技艺文化庙会】 北京京城百工坊艺术品有限公司于1月22日~2月5日举办了“百工技艺文化庙会”。此次庙会重点突出了“好看、好听、好吃、好玩”的特点：举办百工大师作品展、工艺礼品展、玉雕展、珍珠工艺展和国外油画展，每日两场免费观看。上万种的工艺美术品和民间工艺品以及花、鸟、鱼、虫一应俱全。为便于游客了解京城工艺美术产品，开设了近百个艺苑，由著名工艺美术大师现场表演制作，还设有反映老北京民风民俗产品的特卖场。

（陈树林）

【天坛再现祭天仪式】 春节期间（正月初一至初六），天坛举办了大型文化周活动。其间进行了祭天大典，此仪式开始后，净鞭三响、法号鸣天，祭天乐舞与“皇帝”现身丹陛桥，重现了古代祭天情景。这一活动展示了我国传统的祭天礼仪。

（陈树林）

【太庙举办民俗文化游园活动】 春节期间，来自天津的彩灯和世界闻名的“风筝之都”潍坊的风筝在劳动人民文化宫太庙首次登场，这是文化宫为北京市民举办的2004年春节太庙民俗文化游园活动内容之一。此次以“金猴闹春、龙凤呈祥”为主题的太庙展览，以风筝和彩灯展示销售为主要内容，同时推出太庙祭祖文化展和中华和钟表演。此次展出了48组天津彩灯和各种悬挂风筝1772只，还有象征中华腾飞的10条巨型大龙以及巨型凤凰。

（陈树林）

【北海举办迎春祈福文化节】 春节期间，北海公园依据历史上皇城御苑迎春祈福的传统举办了“北海迎春祈福文化节”。以传统的祈福圣地——阐福寺为中心，营造仙境迎福、福寺祈福、盛世颂福的喜庆氛围。

（陈树林）

【昌平区举办民间花会表演】 1月29日，昌平区政府街进行了民间花会表演，来自昌平区各镇（街道办事处）的17档花会与外省市的6档花会节目联袂展示。参加演出的有上千名演员，节目连演了两个多小时。南邵镇的舞龙、回龙观的武术、东小口的威风锣鼓、阳坊的小车会、南口的秧歌、北七家的花棍和应邀参加此次花会表演的辽宁营口东华集团的盖州高跷、山东海丰鼓乐、河北沧州新宏舞龙、河南鼓乐等的表演，都得到了满街围观群众的热烈掌声。

（陈树林）

【朝阳公园举办首届新春自贡灯会】 中共北京市委宣传部、四川省自贡市人民政府联合主办的首届“北京新春自贡艺术灯会”于2004年2月1日~3月2日在朝阳公园举办。由50组彩灯、1000多盏艺术灯组成，灯会以“中华民族盛事、万民同乐彩灯”为主题，划分了专题景区：“奥运风采新形象”，以天坛祈年殿为造型景灯，意在展示北京城市悠久的历史；“欢乐祥和喜迎春”以大熊猫为造型景灯，意在表现中国人民安康的生活气氛；“中华寻梦五千年”以“神舟”五号为造型景灯，意在展示我国科学技术的飞跃发展。此外，灯会期间还组织了数场大型文艺演出活动。

（陈树林）

【北京民间艺术家展示“活态文化”】 4月7日，在中国社会科学院的社科礼堂，30多名来自北京民间文艺家协会的民间手工艺高手同台献艺，有哈家风筝，有杨玉栋的京剧脸谱，有毛猴，还有“宝刀衡”刀剑以及泥塑、豆塑、石画、内画、绢人、木刻、刺绣等。北京目前有传统的民间手工艺项目30多个，当天到场表演的就有24个。150多名外国游客观看了表演。北京民间文艺家协会和中国旅游公司的工作人员都表示，以“活态”而非“静态”来展现老北京的民间传统文化，是让外国人了解北京、了解老北京文化的一种新方式。

（陈树林）

【“五斗斋高跷秧歌”恢复活动】

有着两百多年历史的大栅栏五斗斋高跷秧歌，在彻底中断十多年后，终于有了新传人。4月19日上午，7位二十来岁的年轻人拜76岁高龄的张全增老人为师。五斗斋高跷秧歌会，原称“万寿无疆、随意乐善、太平歌唱秧歌老会”，起于清乾隆年间，清末最为兴盛。当年，老会为慈禧六十大寿祝贺表演，慈禧曾为表演出色的“小头行”赐“太子冠”。中华人民共和国成立后，五斗斋老会经历过两次恢复、又中断的过程，至20世纪90年代初因无传人而在京城绝迹。在市文化局的支持下，宣武区启动了民族民间文化抢救工程，区文化委把这当成保护、弘扬宣南文化的重要内容，准备扶持起一支民俗文化队伍。区文化馆也积极支持，无偿提供训练场地。此后，老艺人张全增每周安排一次授课。区文化部门将安排五斗斋新人在宣南文化节、厂甸庙会上亮相。

（陈树林）

【“付氏天桥宝三民俗文化艺术团”成立】　付文刚是老天桥“宝三”宝善林的第二代传人，如今他在“付氏天桥宝三民俗文化艺术团”任团长。宝三的摔跤和耍中幡，声震京城。宝三的这两样功夫传给了弟子付顺禄，付又传其子付文刚。“文化大革命”期间，耍中幡、摞跤在京城销声匿迹，直到1985年才在地坛庙会上首次亮相。2002年，付文刚办起了民俗文化艺术团，聚集起天桥双簧、数来宝、硬气功等一些老艺人的后代。近年来，付文刚的表演成了京城各大庙会、国际旅游节上的主打项目。宣武区厂甸庙会自恢复后，年年都在黄金地点为他们搭起表演台。在区文委大力支持下，于4月21日宣布了付氏天桥宝三民俗文化艺术团的成立。

（陈树林）

【东岳庙举办端午民俗游园】

6月22日是中华民族传统节日端午节，为了让国人了解端午节习俗，弘扬传统节日民俗文化，位于东岳庙的北京民俗博物馆于6月19日~22日举办端午民俗游园会。在游园会上，市民通过“老北京人怎么过端午”的展览，重温老北京的端午节传统习俗。这些习俗包括：包粽子，缅怀爱国主义诗人屈原；买艾草、菖蒲，喝雄黄酒，保健避瘟；戴长命缕，挂五彩粽，益寿延年；剪贴葫芦花、佩香包，驱虫防病……此外，还有“拉洋片”、抖空竹等传统娱乐活动。中国民俗学会与北京民俗博物馆还联合举行“北京端午习俗讨论会”，探讨如何保护我国传统节日习俗这一无形文化遗产。

（陈树林）

【天桥民俗文化社成立】　8月20日天桥民俗文化社宣布成立。天桥民俗文化，作为老北京市民文化已有百年历史，一大批驰名中外的艺术家从这里走出。然而由于历史、拆迁等各种原因，许多老天桥民俗文化遗产散落各处，天桥绝活面临着后继无人、即将失传的境地。天桥街道为了重铸天桥新民俗文化，吸引天桥民俗文化传人回归天桥而决定成立天桥民俗文化社。由马贵宝、朱国良等天桥老艺人为顾问，对天桥民俗文化的收集、整理进行专业指导。该社今后将建立天桥民俗文化遗存档案；组织专人搜集整理天桥民俗文化遗存；设置天桥民俗文化活动票友会；建设天桥民俗文化网上博物馆。至2004年已有中幡、摔跤、鼓曲演唱、魔术戏法、空竹、硬气功等20名艺人填写了天桥民俗文化社的入社申请表。

（陈树林）

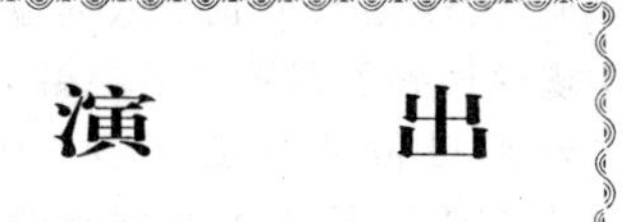

演　　出

【第14届农民艺术节】　1月10日，由市委农工委、市农委、市文化局、团市委共同主办的北京市第14届农民艺术节开幕，此届艺术节以“弘扬民族文化，传承精神文明，服务市场经济，促进城乡交流”为主题，着力宣传展示郊区的特色和变化；架起城乡互动的桥梁。艺术节在活动安排上，按照统分结合的原则，把乡村作为群众文化的主会场，把城市作为展示郊区的大舞台，要求基层做到“乡乡有活动、村村有歌声”。组委会安排了“首届民间手工艺大展赛”、“首都高校之声乡间行”、“新歌新曲颂新风”等系列活动。与往届相比，本届农民艺术节一改过去广场式、群众性文化活动的平面展示，突出了新、精、实的特点，即在活动设计上突出了城乡文化的双向交流；在活动形式上提高了艺术精度；在内容上注重贴近郊区的实际和农民需求。

（陈树林）

【小汤山举办温泉文化节】　4月28日，由昌平区旅游局和小汤山镇政府联合举办的首届小汤山旅游温泉文化节开幕。来自全国一百多家旅行社和北京城区一百多个居委会代表参观游览了小汤山农业科技示范园、英达生态园、航空博物馆等具有特色的景点。文化节持续了10天。

（陈树林）

【北航举办纪念“五四”文艺晚会】 4月30日晚，由共青团中央、中央电视台主办、北京航空航天大学协办的纪念五四运动85周年“青春”主题文艺晚会在北航体育馆举行。中共中央政治局委员、全国人大常委会副委员长王兆国，全国人大常委会副委员长顾秀莲，全国政协副主席李蒙等出席了晚会。团中央书记处第一书记周强、全国妇联书记处书记黄晴宜、中国科协书记处第一书记张玉书、卫生部常务副部长高强、教育部副部长袁贵仁、国防科工委副主任张华祝、北京市委副书记强卫等数十个部委的40多名领导同志及来自首都各单位的工人、解放军、高校学生代表共2000余人同聚北航，参加了这个青春的盛会。北航校党委书记杜玉波、校长李未代表全校师生对来宾表示了热烈欢迎，北航1000多名大学生和200多名附小学生参加了合唱节目和方阵的演出。

（陈树林）

【北京市举办社区（村）文化节暨首届景山合唱节】 “大地飞歌”——2004年北京市社区（村）文化节暨首届景山合唱节6月8日在北京景山公园举行。北京市委宣传部常务副部长王学勤、北京市文化局局长降巩民、首都精神文明办公室副主任滕毅等出席，并向群众合唱团队赠送合唱教学光盘。老教师合唱团、月侨合唱团、布谷鸟合唱团、白塔合唱团等来自西城区10个街道的群众业余合唱团队共500余人在启动仪式后演唱了《五十六个民族五十六朵花》、《山丹丹花开红艳艳》、《走进新时代》等一批脍炙人口的歌曲。景山公园的群众合唱活动在北京市由来已久，汇聚着一批群众自发形成、具有一定规模的合唱团队，该公园已成为群众开展业余文化生活、陶冶情操的基层文化阵地。

（陈树林）

【北京市第六届职工艺术节】 市第六届职工艺术节6月14日晚拉开帷幕。开幕式上，市总工会策划编导了一台以“时代先锋”为主题的文艺晚会，反映了首都职工的火热生活和朝气蓬勃的精神风貌。中华全国总工会副主席、书记处书记黄彦蓉，市委副书记、市总工会主席阳安江出席开幕式。晚会荟萃了一批本市职工荣获全国、全市重要奖项的文艺节目。

（陈树林）

【延庆举办第九届消夏避暑节】 6月19日，第九届延庆消夏避暑节开幕，开幕式上展示了“夏都公主”，宣布了30个迎宾景区、表演了威风锣鼓、民间绝活儿，进行了冰激凌狂欢、啤酒王评选……副市长牛有成参加了开幕式。开幕式上还举行了“迎奥运八达岭好汉杯”中学生长跑接力赛、百辆私家车畅游妫川百里画廊、清凉夏都啤酒大赛等。本届延庆消夏避暑节持续到9月下旬，其间还有全国少年皮划艇锦标赛、全国竞走锦标赛、全国女子拳击争霸赛、龙庆峡内蒙古乌兰察布盟歌舞表演、康西草原乌兰牧骑歌舞表演、八达岭野生动物世界马戏表演等。

（陈树林）

【第二届“北京2008”奥林匹克文化节】 第二届“北京2008”奥林匹克文化节6月23日“国际奥林匹克日”开幕。奥林匹克文化节通过一系列丰富的活动，传播奥林匹克精神，普及奥林匹克知识，进行奥林匹克教育，丰富群众的精神文化生活。内容主要有文艺演出、奥运展览、奥运论坛、系列群众文化体育活动、奥运文化广场活动等。文化节开幕式在海淀剧院举行，中国歌舞团奉献了一台主题为“情舞东方”的大型民族歌舞晚会。

（陈树林）

【原生态民歌演唱会】 8月29日晚，由文化部民族民间文艺发展中心与北京秦合百川影视机构共同主办的“天籁之音”中国原生态民歌大型公益演唱会在北展剧场拉开帷幕。晚会本着拯救、保护、延续的宗旨，力图通过本次活动使原生态民歌手有一个能自我展示、自我推广的平台，让更多人们真正开始关注“原生态民歌”的命运，达到弘扬民族文化、促进民歌多元化的目的。“天籁之音”晚会是近年来规模最大的、最具权威性、内容最丰富的一次“原生态民歌”盛会。晚会属于纯粹的公益性质，主办方为了吸引更多关注与支持，采用了零票价入场制，在北京一些公共场所设立宣传发票点。参加本次公益演出的歌手有60人，分别来自全国20多个省市自治区，其中包括多次获得“歌王”及“终身成就奖”称号的民间歌手。当日，一些濒危民歌的继承人也现身舞台，其中包括新疆地区的刀郎木卡姆演唱组合、内蒙古的呼麦、多声部侗族大歌等，台湾地区阿美族居民也派来自己的代表参加表演。

（陈树林）

【市直机关举行国庆55周年文艺调演】 9月9日、10日，北京市市直机关庆祝中华人民共和国成立55周年文艺调演（共4场）在北京戏校排演场举行，全市有70多个单位的140多个节目参加。

（陈树林）

【第七届北京国际旅游文化节】 本届旅游文化节由北京市人民政府、国家旅游局主办，北京市旅游局、首都旅游集团承办，从9月16日开始到10月7日结束，包括盛装行进表演、奥运城市风采摄影展览、新东安国际旅游咨询展览和区县旅游节庆等五大项活动。9月25日，第七届北京国际旅游文化节开幕式暨盛装行进表演在北京南中轴路举行。中共中央政治局委员、国务院副总理回良玉宣布“第七届北京国际旅游文化节盛装行进表演开始”。中共中央政治局委员、北京市委书记刘淇和全国人大常委会副委员长何鲁丽等也出席观看了表演。作为北京国际旅游文化节的标志性活动——盛装行进表演已成为北京走向世界的一个品牌。除了第一届是在亚运村举办外，另5届都是在平安大街，2004年首次从平安大街转到永定门至天桥商场（2公里长）的南中轴路段举行。本届盛装行进表演以庆祝55周年国庆和奥运旗帜到京为主题展开，由5个单元组成，分别为“序”、“奥运旗帜到北京”、“节日的欢腾”、“多彩的文化”和“尾声”。来自海外26个国家的37个表演团带来了异域文化，其中来自法国的200多名艺术家与北京宣武区的秧歌队等共同演绎了中法文化年巴黎香榭丽舍大街行进表演时的盛况。

（陈树林）

【第六届中国国际民间艺术节举办】　第六届中国国际民间艺术节于10月1日～18日在安徽、北京、山西三地举办。本届艺术节以发展民间艺术、促进友谊和平为主题，突出国际性、民族性、民间性和群众性特点。主会场设在安徽省黄山市，有22个国家近450位艺术家参加。除主会场外，艺术节还遴选国外优秀艺术团在北京和山西演出。本届艺术节的参演团体一半以上是国家级的专业艺术团，有波兰玛祖夫舍国家歌舞团、哥伦比亚国家歌舞团、罗马尼亚“云雀”艺术团民乐小组、南非“黑色旋风”合唱组等。同时也邀请了日本的八丈岛太鼓艺术团、意大利科里旗舞艺术团、捷克萨万奇民间艺术团、英国福斯布鲁克青少年艺术团等。由中国文联主办的中国国际民间艺术节创办于1990年，10多年来，共邀请了36个国家的63个民族民间歌舞团参加了演出，在全国近30个城市举办过艺术节活动，1700余位中外艺术家在剧场、广场、公园以及工厂、农村等多种场所演出，丰富了广大人民群众的文化生活。

（陈树林）

【海淀区举办千人主题音乐会】
10月9日，由海淀区教工委、教委主办的“民族精神代代传”千人主题音乐会在中国剧院举行。市区教育系统的机关干部及全区240所公办、民办中小学、职高及特殊教育学校的主管领导一起参加了活动，观看了教工委组织创作的《祖国、祖国我爱你》专题演出。音乐会分为“激情燃烧的岁月”、“我们新中国的儿童”、“啊！老师——妈妈”、“红旗飘飘”四个篇章。来自全区各校的1000余名师生用朗诵、合唱、舞蹈与交响乐形式，演绎了不同时期的几十首优秀音乐作品。

（陈树林）

基层文化活动

【怀柔区开展文艺下乡活动】
4月22日，由北京市怀柔区宣传文化部门举办的以宣传新时期怀柔精神为主题的文艺下乡首演仪式，在喇叭沟门满族乡八旗文化广场举行，以此拉开了2004年怀柔区文化馆无偿为基层百姓送文化活动的序幕。2004年，为每个镇乡无偿送戏4场，共60场。首演式上演出了独唱《红螺古寺秀色明》、《长城长》、对口快板《参赛路上》、小评剧《牡丹逢春》等10多个反映怀柔精神的节目。2000余名群众观看了演出。

（陈树林）

【“相约北京”钟鼓楼文化广场联欢活动】　5月18日，第四届“相约北京”钟鼓楼文化广场联欢暨东城区第19届夏日文化广场周末拉开了帷幕。本次活动是第二届北京国际戏剧演出季的一项重要文化广场活动，来自各区县的上千名观众冒雨观看了美国俄克拉荷马城市大学交响乐团和美国舞蹈艺术团的演出。他们表演了乡村音乐、爵士乐、百老汇音乐等。为期四个月的东城区第19届夏日文化广场活动突出人文奥运的文化色彩，通过主题文艺演出与自娱自乐相结合，专业演出与业余演出相结合，大型重点活动与经常性活动相结合的方式展示了东城区群众文化的深厚底蕴。

（陈树林）

【北京第二实验小学第六届艺术节】　5月20日，北京第二实验小学在人民大会堂举行了主题为“爱，在这里飞扬”的第六届艺术节。2400多名学生，以及家长、教师和来宾共6000余人参加了艺术节。1100多名学生上台表演了节目，部分家长和教师也演出了节目。北京第二实验小学艺术节每三年举办一次。

（张燕鹰）

【昌平区总工会举办职工文艺演出】　5月，昌平区总工会与区文委在解放军机械士官学校礼堂举办了“昌平区职工文艺演出”。区人大常委会主任任宝贵，区委副书记王刚及部分委办局领导与来自全区各条战线上的600余名职工和300名部队官兵观看了区职工自编自演的文艺节目：大合唱、快板、相声、魔术、舞蹈、管乐合奏、川剧变脸等。

（陈树林）

【社区（村）文化节中涌现大批先进街乡社区】　2004年，“五月的鲜花”社区（村）文化节活动中，涌现了一大批先进单位和个人。市文化局为此提出表彰。获先进街道、乡镇的有安定门街道工委等18个；获先进社区、村的有三里河民族团结社区等90个；另外，还表彰了先进资助个人15名；先进赞助单位15家。

（社　文）

【朝阳文化馆向燕山文化馆赠鼓】 6月27日，“鼓声情——颂歌献给亲爱的党”文艺晚会暨朝阳区文化馆赠鼓、燕山鼓队命名仪式在燕山文化广场举行。此次活动由群众艺术馆主办、朝阳区文化馆和燕山文化馆承办，市文化局巡视员冯守仁和燕山办事处的领导以及千余名燕山地区群众参加。朝阳区文化馆馆长徐伟代表该区“红半天女子鼓乐团”向燕山文化馆赠送50面大鼓，随即宣布了燕山鼓队正式成立。这是文化馆间联手开展群众文化活动的又一成果。

（陈树林）

【“走进民族大家庭”民族文化广场活动】 8月14日晚，由市民委及宣武、崇文、海淀、石景山区政府共同举办的“走进民族大家庭”民族文化广场活动拉开序幕。国家民委副主任牟本理，市委常委、统战部长尤兰田，市人大常委会副主任田麦久，副市长孙安民，市政协副主席王长连等领导和社区居民一起观看了文艺演出。当晚的民族文化广场活动分别在宣武区枫桦豪景、崇文区玉蜓公园、海淀区万泉文化公园、石景山区沃尔玛广场举行，突出了社区群众参与、宣传民族政策、展示工作成果等特点。在宣武区活动现场，牛街街道金桥民族艺术团、广内街道舞蹈队自编自演的具有浓郁民族特色的节目，吸引了许多社区居民前来观看。中央民族歌舞团的演员演唱了蒙古族、维吾尔族民歌。

（陈树林）

【朝阳区举行社区之歌比赛】 为庆祝中华人民共和国成立55周年，北京市朝阳区“五月的鲜花”群众歌咏活动社区之歌合唱比赛于9月18日举行，来自全区20个街道选送的优秀社区合唱队参加了比赛。2004年的社区之歌合唱比赛有三个特色：一是参赛的合唱队都是从各街道社区合唱队中精选出来的；二是鼓励整合本区域内资源，邀请了众多专业人士为比赛创作新歌曲，并帮助排练指导，使合唱水平有了显著提高；三是鼓励和提倡使用了钢琴、手风琴伴奏。

（陈树林）

【大红门流动人口合唱团首次亮相】 10月22日下午，在北京市丰台区大红门街道办事处举办的迎重阳首届“珠江骏景杯”群众歌咏大赛上，大红门地区流动人口文化艺术团合唱团首次亮相。这支队伍全部由在丰台经商、务工的流动人口组成。作为流动人口主要聚居地的大红门地区本着“流动人口自我教育、自我管理、自我服务”的宗旨，于2004年6月成立了流动人口文化艺术团，使流动人口在参与首都物质文明建设的同时，积极参与首都精神文明建设和文化建设。2004年夏天，艺术团参加了丰台区夏日文化广场启动仪式和多场社区文化演出；在北京市文化局和北京电视台联合主办的首届“北京新秧歌”电视大赛中，艺术团表演的《绢花秧歌》获得了优秀表演风采奖。

（陈树林）

【朝阳区文化馆流动电影服务农民工】 11月15日晚，北京市朝阳区文化馆所属的区电影公司流动放映队到京城某建筑工地为民工兄弟们专场放映了3场电影。11月18日、19日晚，朝阳区文化馆影院还分别为陶然建工集团、华威建工集团两家单位的民工举办电影专场。为优化资源，充分体现文化馆的职能，北京市朝阳区委、区政府日前决定将区电影公司并入区文化馆。此举不仅有利于区电影公司的事业发展，对区文化馆事业和产业的双向拓展也有较大促进作用。电影公司正式并入后，朝阳区文化馆通过制定公益放映计划、规整影片资料库、严格相关手续、培训放映员队伍等手段对其目前存在的计划欠周、片库不明、拷贝残损、放映人员难调配等诸多问题进行大力整改。此外，文化馆还全力推进电影公司的产业发展，扩大经营项目，如特色放映、主题放映、影视发行制作等。文化馆还利用现有流动放映车及放映设备，做好下街乡、工地的放映工作；组织成立民工文艺宣传队，演员由民工组成；创立民工电影院，每周安排一次民工专场电影放映活动，邀请民工免费观看；招收民工放映员，开设流动放映培训班。

（陈树林）

培　训

【群艺馆舞蹈干部赴山东教秧歌】 3月21日～28日，市群众艺术馆舞蹈干部张巍、王莉、杨瑞霞赴山东潍坊发电厂教授“京调、拍打、花棍、彩带”4套北京新秧歌，为期8天，受训学员100余人。

（陈树林）

【全国大型群文活动及晚会策划讲座】 4月6日～9日，《中国文化报》社会文化部和北京市群众艺术馆联合举办“全国大型群众文化活动及晚会策划讲座”，中国文化报社社长郭沫勤、文化部社图司群文处、北京市文化局社文处的领导出席开课仪式，来自全国十余个省（市）群众文化工作者及专业团体的业务人员80余人参加。课程设置有“大型群众文化活动的策划理念及要素”、“大型群众文化活动的组织与实施”、“晚会导演构思”、“晚会撰稿”、“音乐编辑”、“舞美及灯光设计”等。

（陈树林）

【北京市举办民族民间文化保护工作培训班】 北京市文化局、北京群众艺术馆于7月28日～30日举办了“北京市民族民间文化保护工作培训班”。来自全市相关文化部门的有关领导和被确定为国家级、市级民族民间文化遗产保护项目的负责人等50余人参加了培训班。随着国际化、现代化大都市建设步伐的加快，人们的生活方式也发生了变化，许多传统的民族民间文化正在迅速消失或濒临消失，仅北京地区就有50余门类民间艺术已经消失或濒临失传，抢救民族民间文化刻不容缓。文化部社会文化图书馆司民文处处长孙凌平在培训班上介绍了中国民族民间文化保护体系的建立过程，国家博物馆研究员宋兆麟和北京市民协主席赵书分别就民族民间文化遗产保护的分类认定及操作规程和民俗与民族民间文化的关系作了专题讲座。北京市民族民间文化保护综合试点区宣武区和门头沟区在培训班上分别就本地区的民族民间文化保护工作思路进行了交流。学员们观摩了全国民族民间文化保护项目“京西古幡乐”和北京市民族民间文化保护项目“太平鼓”表演，参观了具有民俗特色的爨底下村。

（陈树林）

【全市文化馆声乐干部业务培训班】 11月9日～10日，北京市群众艺术馆在海淀区文化馆举办“全市文化馆声乐干部业务培训班”。来自全市17个区县文化馆的53名音乐干部听取了专家教授的讲评，其中有13位声乐干部进行了演唱并接受了专家的现场点评和辅导；各馆推荐的23名声乐干部进行了汇报演唱，市文化局巡视员冯守仁、各区县文化馆馆长及音乐干部数十人到场观摩。

（陈树林）

【全国第二期舞蹈师资培训班】 由中华民族文化促进会舞蹈艺术委员会举办的“全国第二期由舞蹈名家授课的编导、师资培训班暨群众舞蹈座谈会”于11月24日～30日在北京举行。培训班、座谈会的对象是：大、中、小学及群艺馆、文化馆、少年宫、文化宫和幼教系统、演出专业团体的舞蹈教师、演员、辅导员及专业、业余编导。授课教师有赵明、阿依吐拉、万马尖措、张文联、施晓娟等。

（陈树林）

展　览

【延庆七旬老农开画展】 4月8日，延庆县一位在深山区里生活了70年的老农在县文化馆办起了个人画展。这位四海镇南湾村的“农民画家”叫王世逸，他全靠自学，在挂历纸、牛皮纸上苦练18年，终于用自己的52幅作品办起了画展。县文化馆副馆长、北京美术家协会会员白恩厚，看到深山里这位老农的作品后，被他的执著和灵气打动了，就和馆长王占林一起促成了这次画展的举办。

（陈树林）

【“走进母亲河”民间剪纸展】 70多岁的剪纸老人高凤莲和郭佩珍，4月8日来到中国美术馆，她们的作品参加了“走进母亲河”民间剪纸展览。这两位老人是1996年联合国教科文组织评出的中国民间剪纸艺术大师，她们还出席了随后举行的民间剪纸国际学术研讨会。作为有着1500年历史剪纸艺术的“天才传承者”，为剪纸艺术2004年申报“人类口头和非物质文化遗产代表作名录”，两位老人扮演了形象大使的角色。“走进母亲河”展览是第一个以民间剪纸艺术的传承人的名义组织的大型展览。作为剪纸申报世界非物质文化遗产的主要发起者之一，中央美术学院教授乔晓光和美院民间美术系的研究生们成为这项工作的一批志愿者。展览一共汇集了22位有代表性的剪纸传人的作品，其中包括两位百岁老人，年纪最大的是105岁的林桃老人。展览会上有每一位剪纸传人1000多字的小传，这在保护剪纸艺术的工作中是第一次，也是目前对越来越少的剪纸传人唯一的档案记录。中国民间艺术家协会主席冯骥才在展览会上说：“我被这些作品对情感的夸张的艺术表现力所震撼。”他表示展览用“母亲河”三个字来命名，一方面准确反映了民间的劳动妇女是剪纸艺术的主要传承群体；另一方面也指出了剪纸艺术是中国民间文化重要的活水源头。

（陈树林）

【首届中国民间工艺品博览会举办】 中国文联、中国民间文艺家协会主办，中国民间文艺家协会和北京民族文化宫承办的“首届中国民间工艺品博览会”，于5月30日～6月5日在北京民族文化宫举行。全国20多个省市的300位优秀民间艺术家的民间绝活儿齐集北京。本次展览面积达3600平方米，五个厅分别展出玉石、雕塑、书画、剪纸、编织、刺绣、陶瓷等多种民间艺术精品。除展示外，还举行了中国民间传统手工艺绝技表演、民间工艺品销售等活动。这是我国民间工艺作品首次大规模地汇集北京，观众不仅看到了极具生命力的民间工艺品，而且可以零距离欣赏到民间艺人的传统工艺绝技表演。联合国命名的民间工艺大师、布糊画创始人腾腾耗时一年多创作的《密宗佛像系列》，联合国命名的民间工艺美术大师阎夫立创作的钧瓷代表“豆豆系列”、“卵石系列”，雕刻艺术家屠刚创作的“卷边根盘”等成为本次博览会的亮点。同期举行的“中国民间文艺山花奖”评选活动，也是此次博览会的重要内容。“山花奖”是国家级民间文艺最高奖项，主要奖给在中国民间文艺发展中作出巨大贡献的专家、学者、艺术家、工艺美术大师等。中国民间工艺博览会将从2004年开始每年5月举办一次，成为中国民间工艺精品的年度盛会。

（陈树林）

【“京津冀蒙辽晋书画影联合巡回展”举行】 6月2日，由北京市平谷区文化馆主办的“京津冀蒙辽晋书画影联合巡回展”在天津市蓟县文化馆开幕。平谷区文化馆历来重视与群文界同仁的联系与交流，2002年9月，在区委宣传部、文委的支持下，发出举办“京津冀蒙辽晋书画影联合巡回展”的倡议，得到周边地区的热烈响应。此次征集的作品有210名作者的书画影及民间艺术作品350件。经专家评选，展出作品200件。此展览每年一次，首展是2003年3月28日~4月28日在北京市平谷区文化馆举行的。在开幕式前还召开了艺术研讨会及联展预备会，首展结束后到6省市区的参展单位进行巡回展。

（陈树林）

【七旬老妪王淑兰办奥运剪纸展】

6月23日下午，75岁的王淑兰老人在朝阳顺源里社区17楼601室的家中，专门腾出20平方米的房间举办了她的第八次“奥运剪纸展”。两年来，为了欢庆北京申办成功，她创作了1000多幅有关奥运题材的剪纸作品，并在家中向市民展出。

（陈树林）

【民间绝活参加国际礼品展】 由北京工商联文化产业商会、北京台企捷达展览事业有限责任公司、德国美沙公司联合主办的“第11届北京国际礼品暨家庭用品展览会”于8月1日~4日在北京展览馆开展。主办方特地邀请了数十家中华老字号企业首次集中参展，民间艺术大师们还把一批民间绝活儿的精湛制作工艺呈现给观众，使“毛猴儿”、“面人儿”这些久违不见的民间绝活儿在国际礼品展上亮相。

（陈树林）

【文化馆美术、摄影干部作品展】

8月31日，“北京市文化馆美术、摄影干部作品展”开幕式在群众艺术馆举行，展览展出全市19名美术、摄影干部的作品117幅。市文化局、群艺馆和市美协、影协的领导以及全市30余名美术、摄影干部参加。

（陈树林）

【中国民间艺术文化博览会举办】

9月30日~10月9日，由文化部、北京市政府大型活动办公室审批、中国对外艺术展览中心主办的“中国民间艺术文化博览会”在龙潭湖公园举行，活动主旨之一是抢救一些即将失传的民族民间工艺。此次博览会设600个展位，分为9个展区，展览内容为专题展和艺术主题展等，最大限度地汇集我国各类民间艺术、世俗文化、民族工艺精品。在专题展部分，设置中国百件绝艺极品展示，中国门神——杨柳青木版年画展、晋之风——山西民间剪纸、民间艺术文化笔会和民间艺术研讨会等；在文化产品展区，有丝绸刺绣展、民间工艺精品展、特色鞋帽展、服装服饰展、陶瓷园艺奇石根雕展、文房四宝书画篆刻展、儿童特展、民族民间美食文化展和艺术之乡成果展等。在艺术主题展部分，有八桂壮瑶民间艺术展、贵州傩戏面具展、三秦民俗文化艺术展、巴蜀民间绝艺展、滇之韵——云南民族艺术大观园、齐鲁民间艺术展以及贵州传统艺术文化展等。据组委会有关负责人介绍，今后这一博览会将一年或两年举行一次，从而为优秀的民间工艺创造尽可能多的商机。

（陈树林）

【“金猴献瑞”民间艺术精品展】

春节期间，北京民间艺术家协会在中华世纪坛举办金猴献瑞民间艺术精品展，包括剪纸、风筝、脸谱、毛猴、面塑、绢人、刺绣、内画鼻烟壶等艺术门类200余件作品。这次展览有陕西高凤莲和内蒙古要红霞的剪纸作品；有哈氏风筝第四代传人哈亦琦的精品；有曹氏风筝代表人物孔令民、孔炳彰的作品；有被联合国教科文组织授予“中国民间工艺大师”曹仪简先生的毛猴作品；有面塑艺术家冯海瑞、张宝琳、俞伟顺、张俊显的作品。作品既有以猴年为题的，也有反映民风民俗吉庆祥和的，许多作品还是第一次展出。展览期间一些民间艺术家还现场为观众表演。

（陈树林）

【九旬老人举办个人剪纸展】 李淑芬老人93岁，从90岁起，剪纸就成了她每日必做的“功课”，现在老人剪纸的好手艺越传越远。李淑芬老人60岁从朝阳区文化馆馆长的位置上退下来后开办了陶行知职业学校，一干就是30年，直到3年前，老人正式退休在家，才开始了自己的剪纸生涯。老人的剪纸完全是自己构思，随想随剪。作品内容既有传统的四季平安、十二生肖、花鸟鱼虫，也有服装、虎头鞋等实用的花样。如今，老人的剪纸作品已有300多幅，作品多次在社区的对外交流活动中被赠予国际友人。2月20日~27日，朝阳区文化馆精选了她的108幅剪纸作品进行了展览。

（陈树林）

评　　奖

【北京市评出首届群众文化明星】

1月9日，北京市文化局与北京电视台共同举办的首届北京市群众文化明星颁奖晚会“群星耀华年”，在朝阳区文化馆剧场举行。来自北京市各区县、各系统的20位“群众文化明星”，他们中既有在群众文化工作岗位上常年默默奉献的干部职工和一年四季活跃在社区、农村的文艺骨干，也有长期关心群众文化建设、为基层义务辅导的文化指导员。在日益丰富的文化生活背后，有着这样许多群众文化工作者付出的汗水和心血。2003年，北京市文化局在全市开展了“北京市群众文化明星”评选活动，戴振宇等20名基层文化工作者获此殊荣。文化局号召全市文化工作者向受到表彰的同志学习。评选活动按照“择优申报、优中取优”的原则开展。评选范围限定在各区县从事基层文化工作的党、政、团、工会、妇联干部，文化馆业务干部和活跃在社区、村落中的群众业余文艺骨干。自2003年起，该评选活动每两年举办一次。

（陈树林）

【北京举办首届外来工歌手大赛】

北京群众艺术馆和朝阳区文化馆于4月24日～29日联合举办了“首届北京市外来工歌手大赛”，这是北京市首次专门为外来务工人员组织的歌手大赛。北京市城市建设的在京外来务工人员已达200多万人，伴随着北京现代化进程的加快，对外来人员的文化素质也提出了更高的要求。此次比赛力图为广大外来务工者提供一个展示自身素质和精神风貌的文化平台。参赛的324名选手分别来自33个省区市，从事的行业包括金融、贸易、保险、IT、建筑、服务等。比赛按美声、民族、通俗三种唱法，分初赛、复赛和决赛三个阶段，65名选手进入复赛，30名选手进入决赛，刘志军等10名选手获“十佳歌手”称号。

（陈树林）

【首届北京合唱比赛】　5月14日、16日、23日于北京国图音乐厅举行了首届北京合唱比赛。由北京市文联、市工会、北京音乐广播、市音协联合主办，市职工文协、群众艺术馆承办。采取面向社会自愿报名参加的方式。共有老中青合唱团近100个团体参加角逐，由谭利华、聂中明、王树人、王黎光、高伟等音乐界的专家组成的评委会进行了公开公正的评选，最后，评出老年组、成年组、学生组的一、二、三等奖和优秀奖共40名。还评出了优秀指挥奖、优秀伴奏奖、创作奖、组织奖等。5月30日举行了颁奖音乐会。这是市音协换届后首次主办的大型合唱比赛。

（王志明）

【市群艺馆举办京剧票友大赛】

7月17日～25日，市群众艺术馆参加主办的第二届北京市“椿树杯”社区京剧票友邀请赛暨“和平杯”全国京剧票友邀请赛北京地区选拔赛举行复赛和决赛，全市11个区县报送的56名选手参赛，其中26人进入决赛，并分别评出彩唱组一等奖4名，二等奖4名，三等奖6名；清唱组一等奖2名、二等奖4名、三等奖6名。

（陈树林）

【北京选手获“群星奖”】　9月6日～27日，北京代表队参加了文化部在浙江举办的全国第13届“群星奖”7个项目的比赛，在舞蹈、戏剧、曲艺、摄影、美术等项目上共获得“群星奖”6个、优秀奖4个、纪念奖18个。本市主要获奖作品如下（纪念奖略）：戏剧类群星奖：小品《难舍》（石景山区文化馆）；曲艺类群星奖：京韵大鼓《花木兰》（通州区文化馆）；音乐类优秀奖：男声三重唱《当兵的故事怪怪怪》（东城区文化馆）；舞蹈类群星奖：《新韵秧歌》（东城区文化馆、北京市第二中学）；优秀奖：《京都老人》（北京市老年艺术协会）；美术类群星奖：《全家福》（齐跃铭）；书法类优秀奖：《小揩》（陈孟康）；摄影类群星奖：《米卢干得好》（幸思飚）、《故宫寻梦》（尚君义）。

（陈树林）

【北京选手获中国评剧票友奖】

9月16日～22日，北京代表队10名参赛队员赴唐山参加了第三届中国评剧票友大赛，蒋爱红、王文阁获十大名票，王立新等5人获十佳票友，刘晓丽获优秀票友。群众艺术馆荣获“优秀组织奖”和“个人组织奖”。

（陈树林）

【农民赵福清出资办影赛】　9月18日，来自北京、天津、河北、黑龙江等地的影友近百人围坐在“赵氏山居”农家旅馆小院里，脱贫致富的赵福清、卢桂红夫妇不忘影友的关爱，第一次以摄影比赛的形式表达对他们的感激之情。从1998年至今，每年这个时候，喜爱拍摄箭扣长城的影友都会热热闹闹相聚在这里。“赵氏山居杯”摄影比赛从与会影友当场送交的箭扣长城题材的100多幅作品中，评出一、二、三等奖。2004年还举办了影友白桦的长城专题摄影展。怀柔区文化馆及摄影协会还特地赠送了贺匾。众多影友也通过网络对赵氏山居“影友之家”成立五周年发来了贺信，对赵氏山居多年来给各地朋友的盛情款待表示感谢。

（陈树林）

【全国都市京剧票友邀请赛】　10月14日，群众艺术馆与中国文化报社、海淀区文化委联合举办的“2004全国都市京剧票友邀请赛”在中央电视台演播厅举办颁奖文艺演出。本次大赛共有37名选手进入复赛，其中30名选手进入决赛，共评选出菊坛名票10名，北京的马玉坤、杨洪杰、李栩当选；菊坛之星10名，北京有2名入选；优秀奖10名，北京有1人。

（陈树林）

【北京选手在北方戏曲邀请赛上获奖】　10月17日～20日，北京代表队参加了在河北石家庄市举办的首届中国北方戏曲票友邀请赛，来自16个省市的近80名选手参赛，涉及剧种10多个。4名北京参赛票友获奖，宋鑫鑫获得“十大名票”，另外还获“十佳票友”2名、“十优票友”1名。群众艺术馆2人获得“优秀组织奖”。

（陈树林）

【北京选手在中国京剧票友赛上获奖】 10月17日～22日，第七届“和平杯”中国京剧票友邀请赛决赛，在天津中国大戏院举行，共有26个省、市、区及全国总工会、新疆建设兵团等单位的93名选手报名参赛，65名优秀选手进入决赛。北京代表队有4名选手进入决赛，吴宜琴、阮宝利获得“十大名票”，另获“双十佳票友”1名，“优秀票友”1名。

（陈树林）

【首届“天桥杯”社区鼓曲邀请赛】 10月21日，市群众艺术馆与市曲协、宣武区文委、天桥乐茶园共同举办的首届“天桥杯”北京社区鼓曲邀请赛圆满结束。全市共有40余名选手参赛，21名选手进入决赛，共评出“鼓曲名票”8名，优秀奖11名（个人9，集体2），新苗奖1名，热心奉献奖1名，纪念奖11名（个人10，集体1）。

（陈树林）

【“社区一家亲”活动颁奖】 10月23日上午，朝阳区“社区一家亲”优秀节目调演暨颁奖大会在望京体育广场举行。与此同时书法、绘画、剪纸等才艺展示以及儿童自绘文化衫活动，在会场四周排开阵势，吸引了众多观众。朝阳区“社区一家亲”系列文化活动由中共朝阳区委宣传部、区精神文明建设委员会办公室、区农工委、区街工委和区文化委共同主办，通过在社区开展各种群众喜闻乐见的文化艺术活动和交流，促进基层社区的精神文明建设，该活动到2004年已经举办了4届。2004年，朝阳区42个街道和地区无一例外全部参加了此项活动，6月～10月，共组织演出近200场、100多个群众演出团队参加。经过广泛选拔最后选出书画、摄影、集邮、手工艺等319幅作品集中展览；21集家庭DV作品参加了“百姓故事DV大赛”；31个家庭参加了家庭才艺表演。在总结表彰颁奖大会上，活动组委会向活动参与单位和个人颁发了组织工作奖、节目奖和作品奖。

（陈树林）

【“全国群众文化论文评奖”揭晓】 12月，由中国群众文化学会和中国文化报社共同举办的2004年“全国群众文化论文评奖”结果揭晓，北京市报送的18篇论文全部获奖。其中大奖1篇，一等奖3篇，二等奖6篇，三等奖3篇，优秀奖5篇。大奖：《浅议民族民间文化保护与发展的关系》（石振怀 群众艺术馆）；一等奖：《浅谈民族民间文化艺术的传承与保护在群众文化创新发展中的作用》（李金龙 宣武区文化馆）、《庙会活动的美学意蕴》（杜染东城区文化馆）、《北京民间舞蹈“花钹大鼓”的风格特征》（陈海兰 群众艺术馆）；二等奖：《留住民族民间文化的记忆》（陈宇 丰台区文化馆）、《试论民族民间文化的研究》（赵怡平 群众艺术馆）、《民族民间文化的保护与传承必须具有民族自信心》（马征 平谷区文化馆）、《民族民间文化保护之我见》（张坤 宣武区文委）、《守护精神家园：全球化语境下的民族民间文化保护》（杜染 东城区文化馆）、《弘扬民族精神，振兴曲艺事业——论北京市民间曲艺的保护与传承》（齐文华 西城区文化馆）。另有三等奖、优秀奖共7篇（名单略）。石振怀副馆长的论文被选中在大会上宣读。

（陈树林）

【参加第三届全国“四进社区”文艺展演获奖作品】 金奖：舞蹈《棋思》（海淀区文化馆 钓鱼台国宾馆）、《童谣伴我快乐成长》（北京市第二中学）；银奖：小品《月光神话》（北京百汇演艺学校）。

（社 文）

【全国特色文化广场评选暨广场文化论坛获奖论文】 一等奖：《开展文化广场活动，促进社区文化建设浅谈》（李明旭 西城区文化馆）；二等奖：《试论北京特色的文化广场及活动》（李伟冰 崇文区文委）。

（社 文）

【北京市2001～2004年度群众文化优秀论文获奖名单】 由市文化局、市群众文化学会共同评出。一等奖：《守护精神家园：全球化语境下的民族民间文化保护》（杜染 东城区文化馆）、《筹集社会闲散资金 加快群众建设脚步——关于发行“群文彩票”的设想》（赵怡平 北京群众艺术馆）、《浅谈中国入世对群众文化的影响》（石振怀北京群众艺术馆）、《逝去与回归共同演绎的存在——摭论民俗文化的“绝对定位”与传承保护》（耿大鹏 周彩伶 平谷区文委）。二等奖、优秀奖共39篇（名单略）。

（陈树林）

【首届北京新秧歌电视大赛】 北京市文化局和北京电视台联合举办了首届北京新秧歌电视大赛，旨在通过电视媒体向广大群众介绍北京新秧歌、推广新秧歌、普及新秧歌。各个区县以街乡为主组织了秧歌队积极参与了这次大赛，通过电视展示了首都老年人精神风貌。大赛评出了一、二、三等奖、优秀奖、优秀创作奖等共13个。宣武区夺得桂冠。市残疾人艺术团、大红门流动人口艺术团也都榜上有名。

（社 文）

【奥运火炬传递抓拍比赛】 群众艺术馆主办的“留住精彩瞬间”奥运火炬传递抓拍比赛，在奥运火炬传递之日由各区县文化馆负责组织本地区的摄影爱好者积极参与。经过由专家组成的评委会认真评选，《喜上眉梢》（腾科）等10幅获得十佳作品奖。13个区县文化馆等获得了个人或集体的组织奖。

（社 文）

【市文化局表彰基层文化志愿者】

由各区县推选的136名同志被市文化局授予北京市先进基层文化志愿者的称号。他们来自各行各业，共同的特点就是：热心群众文化事业，一心为群众的文化活动尽心尽力无私奉献，有许多是长年如一日地为基层文化操劳的老同志。

（社　文）

【周爱军等“华夏风韵剪纸大赛”获多项奖】 2004年，周爱军和她的母亲、姐姐、嫂子四人共同参加全国华夏风韵剪纸大赛，一举包揽了三个金奖一个优秀奖。周爱军的作品在全国性大赛中屡获大奖。剪的大团花也堪称一绝，曾以《金玉满堂》获全国金奖。周爱军的姐姐凭《凤戏牡丹》得了全国金奖。她们大嫂的《金鱼戏莲花》获优秀奖。她们的母亲，擅长剪古代仕女，这次以反映老北京天桥风貌的《老天桥民俗》，以最高票夺得了金奖。

（陈树林）

【北京获两个“德艺双馨”奖】 评选“德艺双馨”奖的工作和国庆55周年民间艺术、新故事的评选工作结束。由北京民间艺术家协会推荐的哈亦琦、王玉玺两位同志荣获了北京第二届中青年德艺双馨奖；民间艺术有4位艺术家获得优秀奖，8位获得佳作奖；新故事有1位获得优秀奖，3位获得佳作奖，8位获得荣誉奖。

（陈树林）

交　流

【市文化局交流演出团在泰国表演】 1月20日～28日，北京市文化局交流演出团在泰国曼谷参加了“2004年泰华各界庆祝中国传统文化周”民俗演出活动。由群众艺术馆组织了崇文、东城、房山三个区的秧歌、中幡、狮舞和民间工艺等参加了演出和展示。

（陈树林）

【北京秧歌在巴黎盛装表演】 春节期间，法国巴黎的香榭丽舍大街上扭起了北京的新秧歌。由45名社区居民组成的业余秧歌队大年三十起程远赴巴黎，大年初三在香榭丽舍大街上一展北京新秧歌的风采。为纪念中法建交40周年，2004年春节，北京市在法国举办“北京文化周”，香榭丽舍大街盛装行进是其中重要的活动项目。新秧歌表演队的成员，全部来自宣武区，是从椿树、白纸坊和广外等街道的业余秧歌队中选拔出来的。她们平均年龄50岁，许多人曾参加北京新秧歌大赛并获得大奖。

（陈树林）

【东城区8位居民出国展卖民间工艺品】 春节期间，东城区参加市文化局组织的赴泰国民俗交流演出团的8位身怀绝技的居民把亲手制作的民间传统手工艺品带到泰国进行表演和展卖，泰国皇室的部分成员还到现场参观。参加这次活动的8位居民全部都是东城区民间工艺协会的成员，年龄大都在50岁以上。有的擅长编织中国结，有的擅长面塑，还有的擅长帛雕。此外还有风筝、剪纸、沙画、烙画、布贴、内画鼻烟壶等。53岁的林秀蓁说，她是第一次踏出国门展示帛雕艺术。这种艺术品以丝绸为原料，经过剪、折、染、粘贴、拼堆而成。东城区文委有关负责人表示，参加展示的都是中国传统手工艺，有着几百年甚至上千年的历史，像帛雕等技艺在北京已十分少见。此次，能把这些民间手工艺精粹带到国外进行展示，是一次难得的机会，对于弘扬民族传统文化、扩大民族艺术影响有着重要意义。整个活动持续了8天。

（陈树林）

【顺义农民到巴黎舞龙】 大年初三，20名来自北京市顺义区的农民舞动两条龙出现在巴黎香榭丽舍大街的盛装游行队伍中。这支由农民组成的“中华舞龙”表演队，是盛装游行队伍中非常引人注目的一个群体：男队员身着黄底红边灯笼裤腿的民间传统表演服，手中舞动金光灿灿的金龙；女队员身着白底蓝边表演服，舞动银光闪耀的银龙。双龙在锣鼓声中飞舞翻腾，让法国人民近距离领略舞龙这一中国民间艺术。按表演组织者要求，舞龙队经过主席台时要把表演时间压缩在一分半钟。时间上的限制使得这次表演有了很大的难度：一般的舞龙表演通常为10分钟左右，在激烈套路之间必须穿插过渡的缓冲动作。而此次表演要在一分半钟之内完成9套最为出彩的高难度套路而没有任何过渡，所以对舞龙者的反应能力和体力要求很高，他们克服种种困难，经过反复排练，练好了规定动作，圆满完成了任务。自1994年顺义成立舞龙队以来，走出北京表演已经不是新鲜事。舞龙队参加过庆祝澳门回归、国庆50周年、“申奥”等大型文艺演出。这一回到法国盛装行进表演，对于舞龙队的队员来说是一次难忘的经历。

（陈树林）

【北京民间艺术家参加香港国艺节】 2月15日，受香港特区政府邀请，北京民间文艺家协会的8位名家前往香港，16日开始在香港国艺节表演北京民间艺术制作。这是北京民协首次参加香港国艺节。代表团负责人、北京民协副主席于志海说，因为近来北京民间文化“亮点”频出，影响日盛，香港特区政府、香港文化艺术传播有限公司特意邀请北京民协的民间艺术家赴港表演。北京脸谱名家田有亮、内画鼻烟壶名家高东升、国画艺术家杨德山、面塑名家张俊显、石雕艺术家李建生等8位“艺人”及随团讲解人员在香港著名的太古城中心现场献艺。北京民协主席赵书称，这将让港人更加了解祖国的优秀民间文化，对中国民间艺术有感性的认同，增进两地人民的亲近感。这些民间艺术家是香港主办方两次前来北京“选拔”后确定的，其中有两位是北京首批工艺美术大师，在香港献艺时间长达40天。

（陈树林）

【河南“梨园春”进京唱豫剧】 河南“梨园春”名家艺术团于6月12日到京，在民族文化宫大剧院一展风采。参加本次演出的表演艺术家有杨华瑞、贾挺聚、王清芬、牛小草、张宝英等。此外，“梨园春”擂主李建军、郑瑞霞及少儿擂主都参加了演出。演出有《朝阳沟》、《七品芝麻官》、《穆桂英挂帅》等豫剧传统剧目。

（陈树林）

【高碑店老人与外国民间艺术家联欢】 10月中旬，参加北京国际文化旅游节的60多位外国民间艺术家到朝阳区高碑店村和村民们一起联欢。在联欢中，300多位老人扭起秧歌，表演了中国太极拳和北京的“小车会”。老人们多姿多彩的表演深深吸引了来自国外的民间艺术家。联合国东南亚地区老龄研讨会曾到高碑店村考察调研，称赞高碑店是“尊老爱幼长寿村”，是老人们祥和、文明、平安、礼仪的幸福乐园。

（陈树林）

【民间艺术家随文联赴德】 2004年10月31日~11月7日，由市文联组织制作脸谱、面塑、泥塑、剪纸、风筝的5位民间艺术家随文联赴德国参加“多彩北京的问候”活动。北京的民间艺术家受到了德国人民的热烈欢迎，泥塑艺术家张荣达为中国驻德国大使及外国朋友们当场塑像。

（陈树林）

民　　保

【文化部副部长周和平谈保护民族民间文化】 中国民族民间文化保护工程于2003年启动，保护工程首批试点工作已全面铺开，主管此项工作的文化部周和平副部长在接受记者采访时指出：当前我国民族民间 文化生态环境形势严峻，现状堪忧。一是对民族民间文化保护缺乏民族自觉。全民保护的意识不强，缺乏行之有效的规划和措施，甚至遭到不适当的开发，加剧了文化资源的破坏和毁灭。二是文化生态环境恶化，大批有历史、科学和文化价值的村落、村寨遭到破坏，依靠口头和行为传承的各种技艺、习俗等文化遗产正在不断消失。三是民族民间文化资源流失状况极为严重，甚至威胁国家的文化安全。四是民族民间文化的传承后继乏人，一些传统技艺面临灭绝。文化保护需要全社会的自觉和全民意识的增强。周副部长认为：民族民间文化保护工作，在任何时代都是重要的。党的十六大特别提出要“扶持对重要文化遗产和优秀民间艺术的保护工作”。民族民间文化，“可以兴，可以观，可以群”，它具有振奋精神、鼓舞人心的功能，是中华文化的基础和重要组成部分，也是维系中华民族精神与情感的纽带和传承中华文明的重要桥梁。它对弘扬民族精神、增强中华民族的凝聚力和向心力、维护国家统一和民族团结、推动经济发展和社会进步，具有重大的历史意义和现实意义。在“保护为主，抢救第一，合理利用，继承发展”方针指导下，坚持政府主导、社会参与、长远规划、分步实施、明确职责、形成合力的原则，调动全社会的力量来保护民族民间文化。要对重要文化资源普查、登记，摸清家底；对民间艺人进行培养和保护：建立民族民间文化生态保护区和民族民间文化产品生产基地等。周和平说：文化部门是政府组成部门，因此，民族民间文化保护工作不是部门行为，而是政府行为。民族民间文化保护工作有一个很大的特点，就是法律上的思考和动作几乎和保护工作本身同时开始。

（陈树林）

【“拉洋片”被列入民间文化保护项目】 4月14日，宣武区文化委员会将老天桥“拉洋片”这一传统民间艺术列入北京民族民间文化保护项目。天桥“八大怪”之一的大金牙，当年凭借着“拉洋片”的绝活名震京城。“拉洋片”也叫西洋景或拉大画儿，是老北京庙会或市场上常见的一种文艺表演形式。“拉洋片”起源于清朝同治年间，表演时，艺人将各种连环图片放在大木箱中，观众要透过箱子上的凸透镜观看。这种艺术形式不仅表演方式独特、道具新颖，而且唱词通俗易懂，深受老百姓欢迎。近年来，会这门技艺的民间艺人越来越少，成为濒危、最需抢救保护的民族民间文化艺术品种。

（陈树林）

【《天桥民俗文化挖掘、抢救、保护方案》出台】 6月25日，宣武区出台了《天桥民俗文化挖掘、抢救、保护方案》，使天桥民俗文化保护工作的实施更加系统化、规范化。宣武区将成立天桥民俗文化保护工作委员会，每年拨款5万元专项资金用于天桥民俗文化的挖掘、抢救、保护工作；同时还在全市范围内，走访天桥民间老艺人、绝技传承者，搜集整理濒临失传的文化项目素材和历史资料。建立“天桥民俗图书馆”、天桥民俗文化网上博物馆。成立了天桥民俗文化社开设讲座，建立天桥民俗文化表演队，展示曲艺、戏曲、拉洋片、中幡、摔跤等；设置天桥民俗文化活动票房，坚持每周一次的民俗文化活动，并开展全市范围的、以“天桥杯”冠名的社区曲艺（鼓曲）票友邀请赛等。

（陈树林）

【宣武、门头沟两区被文化部列为“民族民间文化保护工程试点区”】

宣武区和门头沟区被文化部列为北京市2004年的两个“民族民间文化保护工程试点区”，宣南文化、厂甸庙会、京西古幡乐、京西太平鼓等一批最为濒危、最需抢救保护的民族民间文化艺术资源将得到有效的保护与传承，涉及濒危的古语言文字、传统民间艺术、传统工艺与技艺等内容。作为试点区的宣武区其保护项目较多，如宣南文化主要包括以大栅栏地区老字号店铺为代表的传统商业文化、以天桥为代表的老北京民俗文化、以琉璃厂为代表的京城士文化、以京剧为代表的戏曲文化、以各地会馆和名人故居为代表的会馆宅邸文化、以牛街为代表的回族文化、以民间诸神为内容的坛庙文化、以鲁菜和回民小吃为代表的饮食文化、以大观园为代表的红楼文化9个文化系列。经过搜集、整理和申报，宣武区的“大栅栏五斗斋高跷秧歌”、“厂甸庙会”、“天桥传统民间艺术”、“白纸坊太狮老会”已被列入保护项目。另一个试点区的门头沟区则以民间艺术为主，有民间秧歌戏、山梆子戏、蹦蹦戏、皮影戏4种京西民间戏曲的400多个剧目，其中有的剧目在当地已经流传了数百年；京西民间民俗文化还有大鼓会、五虎少林会、风筝会、太平鼓会、高跷会等16个种类、40多档花会；“京西古幡乐”作为非物质文化遗产已被纳入民族民间文化保护工程之中。

（陈树林）

【李松谈民歌保护】 8月29日、30日在北京北展剧场举办两场“天籁之音——中国原生态民歌演唱会”的公益演出。“原生态”艺术资源珍贵而稀少，这些原生态，面临着因为缺乏有效的保护措施而逐渐消亡，或者因为过度商业开发而失去原生态意义的尴尬。面对着民族文化遗产的流失，文化部民族民间文艺发展中心的李松主任认为重在保护。这些原生态的艺术资源能否被妥善利用、培植是大家最关心的。这些亮相出来的艺术资源应该被如何塑造，应在既保护好文化内核的同时，还能够让观众接受。李松认为：“艺术的生命在于贴近生活，取悦别人的表演是一种退步，因为这种表演已经脱离生活。而原生态歌舞演出一旦走向商业化，就必然有所改变，失去了原本随性自由的真谛”。“保护、发展和传承是一个连续的概念，保护是为了传承，传承是为了发展。从艺术家的角度，迎合市场是一个方面，还要保证引导市场；保有原生态的东西，有各自的特点，但还有文化内涵，这就是好的东西。不能一味地取悦市场，着眼于短期利益，最后却不利于中国艺术的发展。”

（陈树林）

【文化遗产与民族服饰保护研讨会】 由中国民族学学会与北京服装学院合办的“文化遗产与民族服饰”学术研讨会，11月27日~29日在北京服装学院民族服饰博物馆举行。全国政协副主席阿不来提·阿不都热西提和文化部副部长周和平以及中国社会科学院、国家文物局向大会发来贺信。全国政协民族和宗教委员会主任钮茂生、北京市委副书记龙新民以及联合国教科文组织北京办事处的官员与来自海内外的专家学者一起参加了相关研讨活动。本次研讨会的主题有两个：一是探讨在经济全球化浪潮下，如何保护各民族的文化特色和文化权利，如何传承和发展各民族的传统文化；二是研讨如何保护各民族的服饰工艺技术，如何继承和创新服饰文化。研讨会期间，“新疆风土与民族服饰文化”专题展览同时举行。

（陈树林）

研究与评论

【北京春节庙会文化研讨会召开】

4月22日，北京群众艺术馆、北京市群众文化学会联合召开了“2004年北京春节庙会文化研讨会”，来自全市十几个庙会主办方的主要负责人及有关领导、民俗专家参加了研讨会。北京的庙会已经成为春节期间的品牌活动，有的已连续举办了20多届，如龙潭庙会、地坛庙会。现在每年仍有许多新的庙会出现，如汽车庙会、科技庙会、儿童庙会等等。据不完全统计，2004年春节期间全市可供百姓游玩的规模大小不一的庙会有40多处。全市各庙会累计接待游客近800万人次。文艺演出、民俗表演、贺岁物品、风味小吃，使得每天都有大批的游客流连于全市大小庙会。庙会在挑起春节黄金周“假日经济”大梁的同时，也使京城老百姓在春节期间享尽了新春之乐，取得了社会效益和经济效益的双丰收。遍地开花的庙会虽然增加了老百姓春节期间的去处，但随着人民群众生活水平的不断提高，人们的欣赏能力也在不断地发生变化，对庙会的文化品位的要求也越来越高。庙会中存在的卫生、环境、安全等问题也引起了各方面的关注。在2004年召开的北京市第十二届人大第二次会议上，涉及庙会的议案就有4项。这次研讨会就是在这种背景下，围绕如何提高庙会的文化品位、如何发挥庙会的整体优势、如何使庙会活动出新及确保安全等话题展开讨论。大多数与会者认为，举办庙会应该贴近实际、贴近生活、贴近群众。庙会是民俗活动而不是商机行为，不可把庙会组织成类似大卖场的形式，应该把固有民俗和现代庙会相结合，更多地体现民俗文化。庙会要提高文化品位，首先要提高庙会主办者自身的文化品位。创新也要在继承优秀传统的基础上进行。要在挖掘传统庙会内涵的同时，推陈出新，开发出一些更具文化、科技含量的新内容。形式上不断创新，使庙会更具时代特色，符合现代人求新求美求异的心理，符合不同层次、不同年龄群体的要求，"照顾老年人，争夺年轻人"，吸引更多的人参与到庙会活动中，使北京庙会成为春节黄金周可持续发展的经济增长点，同时老百姓在春节期间更有的玩，有的乐。与会者还认为，举办庙会还要考虑区域性，各庙会要做出各自的特色。同时，与会者还呼吁需要有权威机构把各个庙会进行资源整合。对庙会活动进行多方面、多层次的探讨，促进各庙会之间的合作。

（陈树林）

【民协会员考察妙峰山民俗】 5月21日，北京民间文艺家协会组织民间文学、民俗、民间艺术会员30余人实地考察门头沟区妙峰山的民间花会和民俗事项，为进一步研究妙峰山的民间文化价值提供了第一手资料。为了配合考察，赵书、王作楫专门作了有关门头沟及妙峰山的民俗专题报告，受到了会员们的好评。

（陈树林）

【东城区文化馆举办"相声俱乐部"座谈会】 5月29日，市群众艺术馆馆长率本馆部分业务人员前往东城区文化馆，对该馆"周末相声俱乐部"进行观摩和调研。"相声俱乐部"发起人之一、著名相声演员李金斗、东城区文委主任王锦绵、副主任张志勇、东城区文化馆馆长汪艺等参加座谈交流。

（陈树林）

【民协召开琉璃文化研讨会】 为了保护、挖掘、弘扬琉璃文化，北京民间文艺家协会、门头沟区龙泉镇政府、琉璃渠村委会于8月17日~18日召开了"北京琉璃文化研讨会"。这项工作由民间文学、民俗工作委员会负责。琉璃渠村制造琉璃有近千年的历史，至今炉火不灭。它以独特的工艺、丰富的文化内涵蜚声中外。它既是古代宫廷建筑的重要标识，同时又为当代建筑的民族特色提供了丰富的想像力。几代人的琉璃技艺传承是民间文化的宝贵遗产，当代人有责任挖掘、整理和发扬。

（陈树林）

【庙会市场化运作——拍卖与登记招商双管齐下】 城市建设和经济的发展，促进了北京庙会市场化运作的根本性转变。北京庙会过去缺乏商业经营、举步维艰的阵痛渐渐隐退。据了解，北京庙会的经营已由粗放向集约转变。大多数庙会制定了可持续性发展战略，建立了相对稳定的招商工作体系。不仅克服了过去的盲目性，而且还对庙会招商起到了积极引导作用。2000年年底，地坛公园与中都拍卖公司联手第一次将2001年地坛春节庙会摊位进行尝试性拍卖，很多人对这种操作方式是否会像庙会本身那样红火而心中没底。如今，拍卖已成为京城庙会招商的特色机制。一位多年在庙会上经营小吃的摊商对记者说："过去，有些人为了抢占好的摊位，靠走关系，甚至请客送礼。我们这些普通的摊商只好排队等候。人多时能排上半个月。而且是不能对位置进行选择的。"2004年，龙潭公园共对50个黄金摊位进行了拍卖。其他摊位采取登记招商公开标价出售的方式。据龙潭公园管理处主任李卫华介绍，龙潭庙会的招商工作从2003年11月18日开始，不到一个月的时间，招商工作全部完成。在门票的销售上，广泛利用社会力量售票。预售额就达100多万元。地坛公园更是将饮食、百货和游艺共744个摊位全部成功拍卖。有超过200位参加了186个饮食摊位的竞拍，公认为生意最好的10号摊位从8000元的底价一路飙升，最终以32700元成交。182个游艺摊位和376个百货摊位的拍卖竞标，其最好的摊位分别被人以7700元和14000元竞标。拍卖机制的引入，解决了庙会招商的难题，也考验了摊商的市场竞争力，并且实现了社会效益和经济效益的双赢。

（陈树林）

【庙会潜在市场有待开发】 "如何利用庙会，很多企业还缺乏必要的认识度。"李卫华举证说，以龙潭庙会为例，2003年春节8天活动累计游客量超过120万人次。如每人次消费以50元计算，那总消费额逾6000万元。这种超常的消费市场却未能激起更多企业的兴趣。当然，企业的认知度还与庙会的商业经营管理宣传有关。"酒香也怕巷子深啊"，一位多年从事庙会商业管理的官员感慨地说道。对于庙会的组织者来说，怎样利用好庙会已建立起来的品牌效益已是当务之急。

（陈树林）

【"景山现象"专家研讨会】 不问姓名、不问职业、不分贵贱，每逢星期日，千余名老人都会聚在景山公园内唱起自编的歌曲，它不但吸引了来自全市各地的老人们，甚至成为旅游者参观的固定项目。为什么这项市民们自发组织的社区活动有这样的激情和凝聚力？市老龄委召开了有关专家和居民参加的研讨会，共同关注"景山现象"。仅以"老年乐呵队"为例，12年来风雨无阻、近千名队员们每逢周末都在景山公园集体吟唱自编自导的京东大鼓和歌曲，这个队的组织者马明启老人说，这支队伍创作的歌词记录了北京发展的各个历史事件，从香港、澳门回归到抗击非典，从皇城根遗址公园改造到新的道路交通安全法实施，他们走到哪儿唱到哪儿，大家十分开心。通过研讨专家们认为，“景山现象”为组织老年集体活动提供了一个生动的范本，这种丰富多彩的老年活动方式应向全国推广。

（陈树林）

【第三届全国高校京剧演唱研讨会举行】 第三届全国高校京剧演唱、研讨会9月2日在北京戏曲艺术职业学院落幕。5天来，来自全国25个省份80余所高校的238位师生，共进行了12场演唱比赛，共涉及有300来个剧目。演绎、追随的流派有老生行中的马、谭、余、杨、奚、言、麒，也有旦角行中的梅、尚、程、荀、张，还有不少“男旦女老生”的唱法。参加演唱的演员和剧目，可以说是阵容整、戏码硬、质量高，演唱剧目的范围超过了专业团体。最为突出的特点是20～30岁的青年人占据了总数的三分之一，显示出大学京剧活动蓬勃发展，传统的民族文化正在受到高级知识分子的高度重视。这次由文化部教科司和北京市委宣传部等单位主办，中国京剧杂志社、北京戏曲艺术职业学院与全国高校京剧文化促进会等单位承办的第三届全国高校京剧演唱研讨会集中了北大、清华、同济、南开、复旦等高校京剧票社的票友。通过专业评委的考评，决出了一、二、三等奖。在召开的研讨会上，30多位热心京剧艺术的学者就如何在高等院校设置京剧教学课程、开展京剧自娱活动和京剧艺术发展前途等问题递交了论文。丁关根、万国权等参加了这届演唱研讨会。文化部文化艺术人才中心主任赵继昌、《中国京剧》主编戴英禄也参与此次活动。会后，有关人员认真总结了此次大会成功的经验，充分肯定文艺院校和全国高校、专业和业余团体紧密结合的组织形式，并决定成立全国高校京剧文化促进会。

（陈树林）

出版物

【《中国文化报》开辟《群文论坛》专栏】 很长时间以来，人们围绕有关群众文化的一些重要问题争论不休，如制约群众文化事业发展的主要因素是什么？在当前形势下文化馆（站）的职能是否应该重新定位？文化馆（站）改革的关键问题有哪些？等等。但所有这些讨论常常是“零敲碎打”，以致常常被湮没，一些有见地的观点也容易被忽略。为此，《中国文化报》的《社会文化》专刊组决定与北京群众艺术馆《群文博览》栏目组及北京群众艺术馆网站联合打造《群文论坛》栏目，该栏目每季度以一个论题为中心展开讨论，各方人士都可以各抒己见，发表自己的观点、看法。本年度讨论的就是上面所提的3个问题。

（陈树林）

【《百岁将军孙毅墨迹选》出版】 《百岁将军孙毅墨迹选》近日由长城出版社出版。德高望重的已故解放军总参谋部系统第一位百岁老将军孙毅自80～100岁的21年时间内创作了大量书法作品。该画册遴选了孙毅将军21年创作的275幅精湛的书法艺术品，他的书法刚以寄情、柔以抒怀，阐释了他对宇宙、对人生的感悟，集中展示了老将军晚年深厚的书法功力，恢弘的气势，坚强的意志和博大的胸怀。

（陈树林）

【耿大鹏平谷风光摄影集出版】 由高占祥作序的耿大鹏平谷风光摄影作品集《在那桃花盛开的地方》，由中国文联出版社出版发行。这部摄影作品集是北京市实施的精品文化工程中于今年首次推出的10部群众文化艺术丛书中的一部。耿大鹏现任中国摄影家协会会员和北京市文联及北京摄影家协会理事。他于20世纪70年代中期在部队接触摄影，坚持业余摄影艺术创作至今，其足迹遍及平谷的山川沟壑。近30年来，他以对故土的挚爱之情和对自然美的独特的艺术视觉，创作出了一批富有意境的故乡风光摄影作品，先后有上千件作品在国内外发表、展出并多次获奖。《在那桃花盛开的地方》收入了作者80幅作品。作为中国摄影界一位较有成就的中年摄影家，近些年来，耿大鹏多次赴欧美举办展览和参加摄影创作交流活动。出版了由中国著名摄影艺术家吕厚民题写书名的《耿大鹏摄影作品集》和《现代摄影实用技术》等摄影专著。

（陈树林）

【京剧票友出版《徽风京韵》光碟】 由京剧票友演唱录制的京剧CD光碟《徽风京韵》近日由安徽电子出版社发行。光碟共收录传统京剧和现代京剧老生唱段16段。演唱者张玉喧从事新闻工作40余年。他自幼习戏，唱功深厚，受到京剧界专家和票友赞赏。

（陈树林）

其　他

【西单碗中竖筷雕塑被拆除】 2004年初，西单大街上塑一组雕塑：在一排大碗中插着筷子，约两米高，筷子上还挂着钟表。某媒体刊发了照片和文字，称之为独特的构思，是祝福人们吉祥如意。但是“民协”许多民俗专家看到报道和实地考察后，认为这些雕塑作品是不尊重民俗文化的作品。在过去的老北京习俗中，人去世后，家人在棺材前放一碗“倒头饭”，上面插着筷子。在全国许多地方都有在碗中插筷祭奠亡灵的习俗。在百姓家中如孩子用餐时将筷子插在碗中，老人必定纠正。年终不送表，钟表，有送终之意，不吉利。为此，“民协”不断接到市民的电话，对此事表示不满，希望通过民协向有关部门呼吁。他们立即将民俗学家的观点按组织程序上报有关部门，并将赵书、常人春、高巍、王作楫等专家的看法发表在《北京娱乐信报》上。北京民协的观点，立即得到社会方方面面的重视，城市雕塑建设管理委员会认为，北京民协的建议反映了广大民众的风俗习惯，应当尊重，并认定这是败俗雕塑。1月5日在有关部门的监督下，“碗中竖筷”雕塑被拆除。

（陈树林）

【密云灯展发生重大事故】 2月5日，密云县在密虹桥公园举办的第二届迎春灯展第六天的晚7时45分，因一观灯游人在公园桥上跌倒，引起身后游人拥挤，造成踩死挤伤游人特别重大事故，37人死亡，15人受伤。接到事故报告后，中共中央总书记胡锦涛高度重视，立即作出批示，要求采取一切措施，尽最大努力抢救受伤人员，要妥善处理死亡人员的善后事宜，查明事故原因。国务院总理温家宝、中共中央政治局常委罗干、中共中央政治局委员周永康等作出重要指示。市委书记刘淇，市委副书记、代市长王岐山等市委、市政府领导，立即赶到现场，要求坚决贯彻执行胡锦涛等领导的重要指示精神；指挥抢救受伤人员，组织善后处理工作，部署查明事故原因。国务院安全生产委员会办公室副主任、国家安全生产监督管理局副局长王德学也赶到事故现场，了解情况，部署工作。市医疗卫生部门全力抢救受伤人员。密云县委、县政府对处理事故作出部署。刘淇、王岐山要求，全市上下要坚决贯彻党中央、国务院领导同志的重要指示精神，以对人民群众生命安全高度负责的精神，进一步提高对安全工作极端重要性的认识，采取强有力的措施，确保各项安全措施的有效落实。为深刻吸取教训，全市进行了一次彻底的安全大检查，坚决消除各类事故隐患，确保人民群众生命财产安全。

（陈树林）

【“天桥乐”易主重张】 摔跤、气功、变戏法、柔术、蹬技、双簧……当年天桥一带耍把式、卖艺的绝活4月26日又在天桥乐茶园重现。因非典停业一年的天桥乐茶园正式恢复营业，而且茶园经营者由原来的一家日本公司变更为了北京河北梆子剧团。据该团团长王亚勋介绍，重新开业的天桥乐茶园仍然保留了原来大部分节目。主要由曲艺、杂技、绝活、戏曲四大类组成，每场演出的大轴多以京剧或河北梆子为主。大戏之前还有民间艺术团的民俗大串演，再现当年天桥“八大怪”的演出风貌。天桥乐茶园是以老北京天桥绝活为主，具有浓郁的天桥氛围；同时还有猴戏、武戏和其他戏曲表演，被称为是老北京民俗风味大拼盘。另外，天桥乐茶园还在每周六、日的上午开设百姓专场。

（陈树林）

【丰台农村剪纸艺人收徒】 6月4日，卢沟桥乡小屯村86岁的民间剪纸艺人阎淑琴高兴地收下两名徒弟。老人剪纸60多年来，用独特的技法创作出不少造型奇巧、充满情趣的作品。

（陈树林）

【刘秀荣收京剧票友为新徒】 6月5日，在北京富丽华大酒店，安徽京剧票友王建国向京剧表演艺术家刘秀荣行拜师礼。刘秀荣郑重收下了这位业余演员为弟子。王建国表示：刘秀荣待人谦和，她的艺术炉火纯青，今日得偿夙愿，将追随恩师刻苦习艺，提高自己的艺术水平，为所钟爱的京剧奋斗终生。首都戏曲界知名人士刘雪涛、张春孝、钮骠等出席拜师会并向刘秀荣、王建国师徒表示祝贺。

（陈树林）

东城区新年音乐会

东城文化馆第14届新春游乐会开幕式

庆祝中华人民共和国成立55周年中山公园游园活动

东城区第18届文化艺术节闭幕式，演出大型歌舞剧《胡同情》

东城区2003年“扫黄”“打非”工作总结表彰会

东城区红领巾读书活动表彰动员大会

第五届北京王府井啤酒广场

东城区图书馆举办“北京古都的历史文化”系列讲座

庆祝中华人民共和国成立55周年
游园会在北海公园举行

西城区纪念申奥成功两周年文化活动

在景山公园
群众自发组织的
大家唱活动

月坛街道举办社区文化广场活动

社区文化督导员业务培训

西城区举办百场讲座进社区活动

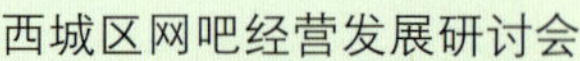
西城区网吧经营发展研讨会

西城区文化产业协会组织外地务工人员通过网络拜年

第二届北京明城墙文化体育节文艺演出

“相约北京”崇文广场联欢活动

第七届北京国际旅游文化节盛装行进表演在南中轴路举行

第21届龙潭庙会花会比赛颁奖

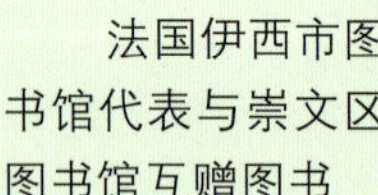

法国伊西市图书馆代表与崇文区图书馆互赠图书

与巴哈马青少年舞蹈团进行文化交流

社区文化节

送演出到校园

北京市人大常委会主任于均波视察宣南文化博物馆

“相约北京”文化活动

区四套班子视察宣南文化博物馆

第四届北京厂甸庙会

庆“七一”文艺演出

北京皮影剧团进行皮影制作

聘请网吧义务监督员

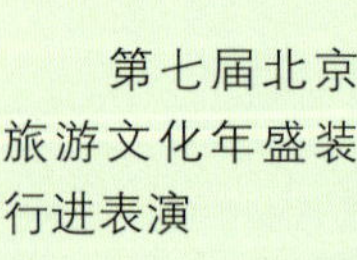
第七届北京
旅游文化年盛装
行进表演

北京市委副书记龙新民到朝阳区文化馆调研

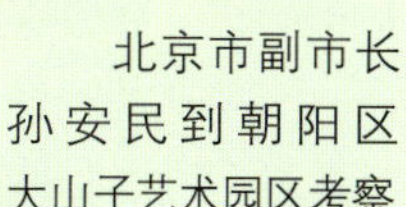

北京市副市长孙安民到朝阳区大山子艺术园区考察

区委书记李士祥、区长陈刚出席朝阳区文联成立大会

朝阳区"五月的鲜花"群众歌咏活动社区之歌比赛现场

朝阳区庆祝中华人民共和国成立55周年大型群众文艺汇演

朝阳区图书馆

庆祝中华人民共和国成立55周年中华民族园中的文艺表演

朝阳国际流行音乐周演出在朝阳公园举行

海淀文化发展论坛

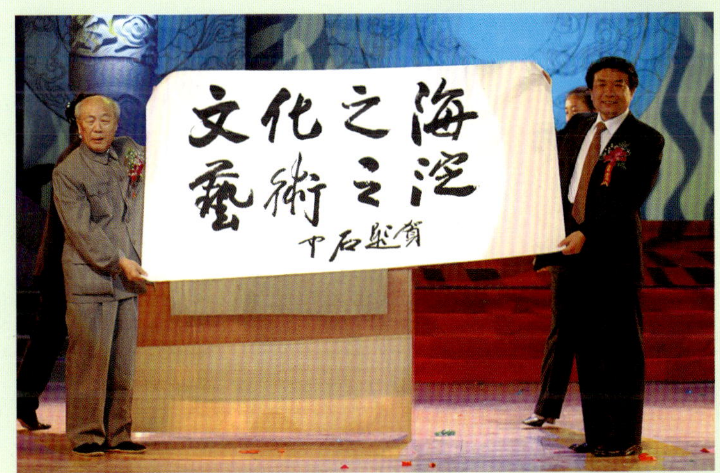

书法家欧阳中石为海淀文化节题字

2004海淀文化节，北京交大大学生艺术团专场演出“长征组歌——红军不怕远征难”

10月7日，举行“闪光的音符——残疾人文艺演出专场”晚会，聋人姑娘表演的舞蹈《千手观音》

重建后的海淀剧院开始接待演出

四季青镇文化广场

苏家坨镇文化大院

西三旗街道图书馆

丰台区大红门街道成立北京市首家流动人口艺术团

丰台区举行"五月的鲜花"群众歌咏活动颁奖演出

第四届"相约北京"联欢活动

2004年群众文化工作总结表彰大会

各界人士春节团拜会

丰台区文化馆到
国旗护卫队慰问演出

区文委举办的网吧消防演习

丰台区云岗街道与王佐镇联手举办
"街镇同唱一首歌"

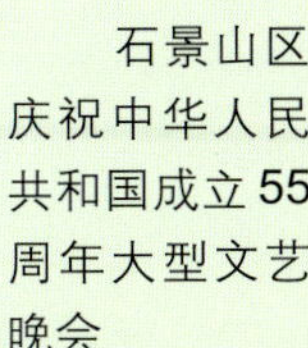

石景山区庆祝中华人民共和国成立55周年大型文艺晚会

石景山区第21届"古城之春"艺术节闭幕式

石景山重阳登高节开幕式

老年秧歌队

"反腐倡廉"文艺晚会

石景山区新春征联获奖作品回顾展

石景山区纪念申奥成功二周年

区图书馆为职工举办礼仪知识讲座

通州区京韵大鼓《花木兰》荣获文化部群星奖，图为获奖庆功会

区领导与各界人士共度国庆佳节

梨园主题公园开园仪式

通州区文化文物志编委会第一次会议

通州区"三会"精神下乡巡回演出

通州区代表队参加首届"北京新秧歌"电视大赛

家庭才艺大赛上的精彩表演

大众艺术团成立

顺义区文化委员会同北京电视台共同举办的"北京市奥运歌曲大家唱"

"燕京啤酒节"文艺演出

区文委举办庆祝中华人民共和国成立55周年"祖国在我心中"大型专题文艺演出

顺义区"高丽营杯"戏曲票友大赛

区委书记夏占义(左一)到区文委调研

"五月鲜花"群众文化活动

5月，顺义龙狮舞艺术团赴韩国参加"你好，汉城"文化节盛装游行演出

后沙峪镇"龙腾世纪"文化广场

区委书记王海平、副书记武占刚、副区长周东金、区委常委宣传部部长张朝生到文委调研文化产业

“北京怀柔牡丹节”开幕式

丰富多彩的群众文化生活

赶长哨营山货大集，赏满族文化风情

怀柔区第 14 届群众艺术节开幕式

以文艺形式送科技知识到基层

怀柔区农村电影"2131工程"总结表彰会颁奖

图书流动车送书到山区

民间花会秧歌
进城大拜年活动

桃花节晚会

平谷区“百姓梨园情”农村小剧团调演

“百姓梨园情”农村小剧团调演

“激情奥运腾飞平谷”大型文化广场主题文艺演出

平谷世纪广场

大华山镇文化站

平谷区业余艺术团下乡演出

农村文化大院

9月，昌平区第五届新秧歌大赛在昌平一中体育馆举行

北七家镇书法绘画展在埃及开罗举行，埃及文化部常务副部长萨米尔·法尔基、中国驻埃及大使吴思科、昌平区文委主任杨富志观看展览

昌平区图书馆、博物馆开馆典礼

4月，昌平区作家协会成立

春节花会表演

3月，昌平区图书馆为回龙观镇向上小学务工子弟学校赠送图书

昌平区文化馆曹学诗的《诚信商人李华萍》获市委宣传部、首都精神文明办等14家单位颁发的报告文学一等奖

春节团拜会演出

第12届中学生文化艺术节

南路二社区文化站揭牌仪式

京西古幡乐——庄户幡会

农民自办文化设施——门头沟区斋堂镇西斋堂村民史明亮的"明亮书屋"

城子街道向阳社区
文化大院揭牌仪式

文化馆艺术培训楼建成，
群众民乐队在排练

群众在文化馆艺术
培训楼排练舞蹈

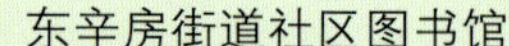
东辛房街道社区图书馆

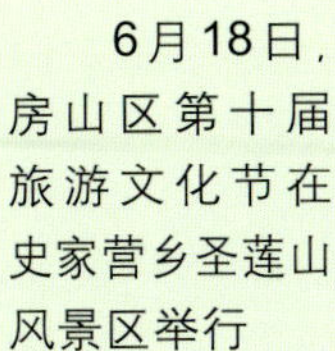

6月18日，房山区第十届旅游文化节在史家营乡圣莲山风景区举行

房山区南关村矮跷队在第十届旅游文化节开幕式上表演民间传统节目《山村婚趣》

新成立的燕山女子大鼓队演出

歌曲联唱《十送红军》、《翻身道情》

10月14日，区文委、区图书馆承办的“爱心快递手拉手、共享读书好时光”捐赠仪式在房山城关民仁学校举行

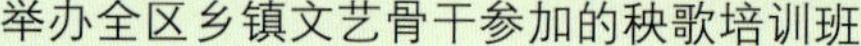
举办全区乡镇文艺骨干参加的秧歌培训班

区图书馆赠书给城关民仁学校、佛子庄中心校等民工子弟学校和贫困山区学校的孩子们

区委、区政府举办“腾飞的龙乡”——辉煌55周年大型综合展览

第五届大型元宵灯展

大兴区委书记与书画家们为农民写春联

第二届原创音乐会

市、区县文化系统同志视察文化大院

京剧票友大赛和送戏曲下乡活动

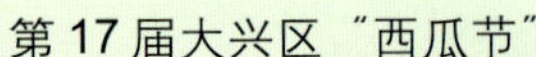
第 17 届大兴区“西瓜节”

百名书画家现场大赛

图书送基层和农业特色书库揭牌仪式

庆祝中华人民共和国成立55周年文艺演出

人民难忘的歌——纪念密云解放55周年“激情广场大家唱”大型互动歌会在密云文化活动中心广场举行

县文化馆云歌艺术团开展“文企联谊手拉手文化下乡进镇村”活动，送文艺节目到基层、到田间地头

“五音大鼓”专家论证会

中国广播艺术团慰问首都水源区人民文艺演出在密云文化活动中心广场举行

太师屯镇建立全县第一个密云图书馆分馆

密云县连续4年荣获北京市农村电影工作先进单位称号

春节期间，北京“一飞”艺术团、溪翁庄镇“勤林”河北梆子剧团等农村业余文化团队在文化广场进行艺术展示活动

延庆县委书记侯君舒（右二）到文委调研

延庆县副县长赵志萍（左一）参加执法检查

第九届延庆消夏避暑节开幕

延庆旱船参加北京厂甸庙会

“五月的鲜花”罐舞表演

夏日文化广场活动

老年艺术大学成立

庆祝中华人民共和国成立55周年“旧貌换新颜”图片展开幕式

区 县 文 情

东 城 区

概 况

东城区位于北京市中心城区东北部，面积25.38平方公里。全区设东华门、景山、交道口、安定门、北新桥、东四、朝阳门、建国门、东直门、和平里10个街道办事处，137个社区居民委员会。另外设北京站地区管理处和王府井建设管理办公室两个重点街区管理机构。常住人口64.27万人，暂住人口8.34万人。

东城区文化委员会是东城区政府所辖专司文化工作的职能部门，同时接受北京市文化局、北京市文物局、北京市新闻出版局、北京市广播电视局的业务领导。区文委下设行政办公室、党委办公室、文化市场科、群众文化科、人事科、财务科、文物科7个职能科室，所属社会文化管理所、文物管理所、图书馆、文化馆、文天祥祠文物保管所、钟鼓楼文物保管所、王府井古人类文化遗址博物馆7家事业单位。

2004年，区文委按照“建设文化强区”的目标，以“三个代表”重要思想为指导，以坚持先进文化的前进方向为核心，以“突出文化特色、环境特色、现代化特色和国际化特色”为出发点和立足点，拓宽思路，改革创新，求真务实，服务群众，精益求精，大力发展群众文化事业，促进文化市场的繁荣与发展，营造与首都中心城区相适应的浓郁的文化氛围，努力为实现“文化强区”的战略目标作出贡献。

2004年文化艺术发展

文化工作调研

协调全区各部门开展文化资源调查工作，初步摸清区文化资源底数，为制定“文化强区”发展规划做好前期准备工作；完成了东城区民族民间文化保护前期调研工作；组织召开部分驻区文化单位座谈会，密切了政府与驻区文化单位的关系，形成“文化强区”的合力。

文化活动

举办了2004年新年音乐会、东城区文化馆第14届新春游乐会；完成了东城区第18届文化艺术节活动、东城区第19届夏日文化广场活动；加强国际文化交流活动；完成了国庆55周年中山公园游园活动的组织工作；创新文化活动形式，创办了“周末相声俱乐部”系列活动；加强了群众文艺创作。

社区文化建设

加强对文化型社区的研究和实践，培育了以国子监为代表的国学社区，以文天祥祠、府学小学为代表的府学社区，以现代化社区文化设施为代表的交东社区等一批“文化型社区”的示范点，促进了精神文明建设和社区建设的水平；召开了东城区社会文化工作委员会工作会议；巩固壮大文化志愿者队伍，召开文化志愿者座谈会，建立志愿者联席会制度；加强全区公共图书馆的现代化、科技化管理程度，在全区十个街道图书馆和部分社区图书馆中实现计算机管理；建立“三校一会”（东城老年大学、东城区老干部大学、东城区老年艺术大学和区老年教育工作研究会）的老年教育工作，为老年人的文化生活创造条件。

文化市场管理

区文委不断加大文化市场的整治力度，维护市场经营秩序，保持文化市场健康稳定。坚持集中整治与日常检查相结合，执法检查到位率达到100%，行政处罚执行率100%。

加大“扫黄打非”力度，保证文化市场的正常经营秩序；开展对文化娱乐场所的安全检查工作，确保安全稳定；积极探索文化市场为社会服务的新形式；完成了全程办事代理制度的相关工作，优化文化市场发展环境。

文化企事业情况

2004年东城区辖区内有歌厅108家，舞厅6家，电子游艺厅15家，保龄球厅10家，台球厅36家，中国字画经营单位36家，棋牌室21家，录音、录像制品经营单位192家，剧场、影院、街道文体中心33家，公共图书馆1家，藏书435479册。

重要会议、事件、活动

参加北京市“新秧歌”大赛　1月24日，4支代表东城区参赛的舞蹈队全部进入决赛，“京调秧歌”获一等奖，“扇花秧歌”、“花绢秧歌”获二等奖，拉罐秧歌获三等奖，东城区获得优秀组织奖。

2004年东城区文化志愿者工作大会　2月11日召开。会议对2003年文化志愿者工作进行了总结，并对第二批88名新聘文化志愿者颁发了证书和铜牌，至此东城区文化志愿者队伍建设工作“一街一团、一居一员”的目标圆满实现。

娱乐场所安全检查动员会　2月12日，为认真贯彻市委、市政府关于密云迎春灯展发生踩死挤伤游人特别重大事故紧急电话会议精神及北京市文化娱乐场所安全大检查工作动员大会精神，切实保障文化娱乐服务场所不发生安全责任事故和各种灾害事故，东城区召开了娱乐场所安全检查动员会，区属各文化娱乐服务场所的负责人参加了会议。会议对娱乐场所的安全工作做了详细安排，提出了具体的规定要求。

东城区文化委员会2004年工作会议　3月9日，东城区文化委员会召开2004年工作会议。区文委主任王锦绵做工作报告，2004年，全区的文化工作要按照“建设文化强区”的目标，以“三个代表”重要思想为指导，以坚持先进文化的前进方向为核心，以“突出文化特色、环境特色、现代化特色和国际化特色”为出发点，围绕“拓宽思路，改革创新，求真务实，服务群众，精益求精”二十字工作方针，大力建设具有东城特色的先进文化，不断满足人民群众的精神文化需求，营造与首都中心城区相适应的浓郁文化氛围，逐步树立鲜明的文化特色，为把东城区建设成为最具魅力的文化强区作出贡献。

召开驻区文化单位座谈会　3月23日，副区长毛桂芬主持召开驻区文化单位座谈会，10家艺术院团及演出场所负责人参加了会议。驻区文化单位围绕“文化强区”的发展战略，对东城区文化事业和文化产业的发展提出中肯的建议。

东城区社会文化工作委员会2004年工作会议　3月24日，2004年东城区社会文化工作委员会工作会议召开。会议对2003年社文委工作进行了全面总结，布置了2004年工作要点并向与会者展示讲解了东城文化网的建设。

“扫黄打非”总结表彰大会　4月6日，东城区2003年“扫黄打非”工作总结表彰大会召开。会议对2003年“扫黄打非”工作进行了总结，要求全区各相关部门继续通力合作，以高度的政治责任感完成2004年“扫黄打非”工作任务。

区委领导调研文化工作　4月8日，东城区委副书记杨艺文，区委常委、宣传部长王红兵就文化强区建设工作进行专题调研指导，听取工作情况汇报，共同就如何实施文化强区战略进行建设性的探讨研究。5月3日，区委副书记杨艺文，区委常委、宣传部长王红兵，副区长毛桂芬、章冬梅与区委宣传部、区文委和区旅游局的有关领导一同赴朝阳区考察了大山子798文化艺术园区、朝阳公园流行音乐周活动、三里屯酒吧一条街，赴西城区考察了什刹海酒吧一条街。

东城文化馆被文化部评定为国家一级馆　6月2日，东城文化馆在文化部全国首次群众艺术馆、文化馆评估定级中，以北京市最高分的优异成绩被评为全国一级馆。

娱乐场所安全工作会议　6月21日，东城区在区文化馆召开了娱乐场所安全工作会议，250多家场所的负责人参加了会议。会议传达了北京市、区委、区政府安全工作会议精神，布置了娱乐场所综合整治工作方案。

民族民间传统文化保护工作研讨会　7月15日，东城区民族民间传统文化保护工作研讨会召开。会议通报了东城区民族民间传统文化保护工作调查报告。本次会议是东城区多年来对民族民间传统文化保护工作的一次阶段性总结和探索。

区文化馆专业干部在市职工艺术节中获奖　9月24日，在庆祝中华人民共和国成立55周年暨北京市第六届职工艺术节闭幕式上，首届职工文学和文艺作品征集评奖活动揭晓。东城区文化馆的专业干部在比赛中，文学干部杜染创作的诗歌《胡同情》获得文学类一等奖，音乐干部荆小扬创作的管弦乐《北京海洋馆》获得文艺类音乐作品二等奖，戏剧干部靳芳创作的小品《邻里缘》获得文艺类小品优秀奖。另外，由杜染辅导的文化馆文学协会会员李征创作的诗歌《我漫步在天安门广场》获得文学类二等奖，会员秦景棉创作的小说《儿子长大了》获得文学类优秀奖。

国庆55周年中山公园游园活动　东城区委、区政府按照“隆重热烈、规模适度、注意节俭、讲究实效”的原则，认真组织国庆55周年中山公园游园活动。10月1日，庆祝中华人民共和国成立55周年中山公园游园活动隆重举行，中共中央总书记、国家主席、中央军委主席胡锦涛，中共中央政治局委员、国务院副总理曾培炎等党和国家领导人参加了游园庆祝活动。

王府井啤酒文化广场荣获“全国特色文化广场”荣誉称号 11月7日，在江苏省吴江市举办的首届全国特色文化广场颁奖暨展示活动中，由东城区文化委员会和王府井建管办共同举办的王府井啤酒文化广场获“全国特色文化广场”荣誉称号，东城区文化委员会获“全国特色文化广场活动组织奖”。

群众文化活动、文化市场、图书馆事业

东城区文化馆2004年新春游乐会开幕 1月19日，东城区文化馆2004年春节室内文化庙会开幕式举行。作为东城区标志性的春节文化活动和重要的文化品牌，它以较高的文化品位，优雅温馨的环境和丰富多彩的活动吸引了众多的京城百姓。

区领导带队检查文化娱乐场所 2月13日，东城区区委副书记杨艺文、副区长毛桂芬带队检查区文化娱乐场所安全工作。区领导对经营者强调，要强化政治意识、首都意识、安全意识，切实要把保障广大群众的人身安全放在首位，保证经营场所不出安全事故，保证“两会”期间不发生任何问题。

市文化局领导检查东城区文化娱乐场所 2月14日，北京市文化局副局长李恩杰带队检查了东城区文化娱乐场所的安全工作，要求经营者要把安全工作放在首位，要吸取密云事故的教训，千万不能麻痹大意，要消除各种不安全隐患，保证经营场所不发生事故。

东城图书馆确立皇城文化为地方文献特色 年初开始，区图书馆有关人员陆续到兄弟区馆参观学习，结合自己的实际进行了一系列探讨。此后，又向首都图书馆地方文献部的专家请教。区图书馆研究决定，将皇城文化定为本馆地方文献的收藏、开发和利用的重点，并最终形成特色。

东城图书馆举办“共享工程”系统培训班 2月26日，东城区图书馆对10家街道图书馆管理员进行了“全国文化资源共享”系统的培训。让管理人员进一步熟悉掌握“共享”软件的使用和操作技能，以便更好地发挥该系统的作用。

东城区红领巾读书活动表彰动员大会 3月16日，2003~2004年东城区“红读”表彰动员大会在东城区图书馆召开。东城区在2003年“红读”活动中，共有6所学校获得区优秀组织奖，二十五中、东四三条小学获北京市“红读”先进单位称号。东城区图书馆和东城区少年宫又连续获得市优秀组织奖。全区共有近40所中小学参加了“争做新北京好少年”系列活动，覆盖面达2万多名中小学生。

周末相声俱乐部举行揭牌仪式 3月20日，周末相声俱乐部揭牌仪式在东城区文化馆举行。俱乐部主席李金斗与众多相声界著名演员参加了揭牌仪式。相声表演艺术家马季为俱乐部揭牌。

周末相声俱乐部为患病大学生举办义演专场 5月2日，东城文化馆周末相声俱乐部举办了一场特殊的演出，为北京科技经营管理学院患白血病的大学生李志凌举行救助义演，义演共筹得人民币12818.60元。

第四届“相约北京”钟鼓楼文化广场联欢活动暨东城区第19届夏日文化广场开幕式 5月15日在钟鼓楼文化广场举行。美国俄克拉荷马城市大学交响乐团与美国CORE舞蹈艺术团等外国艺术团体为观众献上了精彩演出。

第四届“相约北京”联欢活动在鼓楼文化广场演出

第13届“北京市白衣天使杯”国标舞、交谊舞大赛 由北京市东城区社会文化工作委员会、东城区卫生局主办，东城区文化馆承办的东城区第18届文化艺术界专项活动之一的第13届“北京市白衣天使杯”国标舞、交谊舞大赛5月22日落幕。共有来自全市的100多对选手参加了比赛。

东城区文化委员会、东城区图书馆向小学生赠送优秀少儿读物 7月2日，东城区文化委员会、东城区图书馆有关领导，参加了东城区遂安伯小学举办的“读好书、上好网”主题队会活动，并向学生们赠送了100套（册）优秀少儿读物。

东城区第18届文化艺术节 文化艺术节以“祖国在我心中”为主题，以群众参与文化细胞展示活动为内容。7月29日在长安大戏院，群众性大型歌舞剧——《胡同情》隆重推出，同时标志着东城第18届文化艺术节圆满落下了帷幕。本届艺术节进行了3个月的基层展演活动，6月30日，7月1日、2日，区文化委员会分别举办了合唱专场、街道专场、系统专场，将优秀节目展现给了全区群众。其中《胡同情思》、《菖蒲河唱颂》、《相聚在北京》、《欢乐踢踏》等节目都是由区文化馆专业干部创作的。艺术节共演出各类文艺作品1910件，新创作文艺作品160件，演出160场次，参加演员13129人，参与人数30余万人。

“文明东城、牵手奥运”主题夏日文化广场暨东城区第19届夏日文化广场“7·10”重点日活动 7月10日，为纪念北京申奥成功三周年，按照《第二届“北京2008”奥林匹克文化节总体方案》要求，配合东城区委宣传部“文明东城、牵手奥运”市民日活动，以“市民激情燃奥运 文明礼仪秀东城”为主题的夏日文化广场演出活动成功举办。区四套班子的领导分五路，分别参加了此次活动，与全区人民一起，再一次掀起了迎接奥运的文化广场活动热潮。

“绿色网上空间”电脑捐赠活动 7月26日，东城区网吧协会在区图书馆举行向辖区内10个街道赠送电脑的捐赠仪式。东城区网吧协会为东城区的10个街道图书馆赠送了40台电脑，用以建立社区绿色网上空间。所赠送的电脑既安装了封堵不健康内容的过滤软件，又安装了融知识性、娱乐性、趣味性、教育性于一体的“全国文化信息资源共享工程”、“中国知识资源总库”等优秀文化软件。

“曲艺大观苑”揭牌 8月1日，东城区文化馆、周末相声俱乐部和北京市曲艺家协会举行了“曲艺大观苑”揭牌仪式。“曲艺大观苑”活动是继周末相声俱乐部之后，又一旨在弘扬优秀民族民间艺术的文化活动形式，内容包括北京琴书、京韵大鼓、单弦、快板、河南坠子、梅花大鼓、乐亭大鼓、评书、相声等。

东城区文化馆召开学习宣传周末相声俱乐部经验座谈会

纪念邓小平同志诞辰100周年书画展暨东城区第三届金秋老年书画展开幕 8月21日，“纪念邓小平同志诞辰100周年书画展暨东城区第三届金秋老年书画展”在区文化馆隆重开幕。展览共收到作品182件。

“笑在金秋”北京幽默艺术节——笑星与您面对面专题演出 9月18日、19日，“笑在金秋”北京幽默艺术节——笑星与您面对面专题演出在东城区文化馆举行。两场专题演出专门为全市60岁以上的老年朋友免费举办，演出包括相声、评书、快板、河南坠子等曲艺节目。

中国曲艺家协会向周末相声俱乐部赠匾 11月6日，中国曲艺家协会将“相声之家，娱乐大众”的牌匾赠给周末相声俱乐部，以肯定周末相声俱乐部在振兴曲艺事业上所作出的贡献。

区委常委、宣传部长王红兵就相声俱乐部今后发展提出要求 11月30日，区委常委、宣传部长王红兵听取了周末相声俱乐部活动情况的介绍，对俱乐部今后发展提出具体要求：相声俱乐部依然要本着“三贴近”的原则，继续服务于大众；要以群众喜闻乐见的文艺形式将广大群众凝聚在党的周围；要在自己的文化阵地上策划品牌，创作出积极、向上、健康的文艺作品，切实贯彻落实中宣部刘云山部长的指示精神，让周末相声俱乐部这朵群众艺术奇葩在东城的沃土上更加茁壮成长。

中国曲协、东城文委联合举办周末相声俱乐部经验座谈会 12月9日，来自相声界的老中青三代相声演员聚会东城文化馆，与业内人士及观众代表共同总结座谈周末相声俱乐部一年多来的成功经验。会议认为，周末相声俱乐部作为新时期新阶段文化体制改革创新过程当中的一种文化现象、一种运行模式，值得深入思考，更值得认真总结。周末相声俱乐部成立一年来所取得的成绩，引起了中宣部的高度重视。座谈会既是对周末相声俱乐部工作的宣传和肯定，也是对周末相声俱乐部现象的探讨和研究。

东城区文化委员会

书记 王锦绵

主任 王锦绵

（韩凤伟）

西　城　区

概　况

西城区位于北京市中心城区西北部，全区东西宽5.5公里，南北长7.5公里。东至地安门外大街、天安门广场西侧；北至北三环中路、裕民路；西以三里河路为界，南至前门西大街，面积31.66平方公里。

西城区是国家主要首脑机关集中的中央办公区，是经济繁荣、资本活跃的金融商业区，是古都特色鲜明的文化旅游区，是交通便利、服务完善的居民生活区。年末全区常住人口79.7万人，外来人口11.4万人。12月底，西城区完成行政区划调整。根据新方案，西城区1958年建区时形成的10个街道办事处调整为7个。调整后，原二龙路街道与原丰盛街道合并为金融街街道，原阜外街道与原展览路街道合并为展览路街道，原新街口街道的新街口北大街以东地区与原厂桥街道合并为什刹海街道，原福绥境街道与原新街口的新街口北大街以西地区合并为新街口街道，原德外街道（已改称德胜街道）、西长安街街道和月坛街道保持原界线不变。调整后的西城区形成各有特色的功能街区，德胜街道为德胜科技园区；金融街街道为金融街区；什刹海街道为历史文化风景游览区和阜景文化一条街东段；新街口街道为居住及西内大都市街商业区和阜景文化一条街西段；西长安街街道为西单现代商业中心区和中央办公区；展览路街道为西外旅游、商务、交通枢纽区；月坛街道为居住和部委办公区。

西城区文化委员会是西城区人民政府主管文化工作和文物保护管理工作的业务主管部门，接受市文化局、市广播电视局、市新闻出版局、市文物局的业务指导。负责贯彻执行国家有关文化艺术工作的方针、政策和法律、法规及地方性法规规章；研究拟订本区文化事业发展规划，并组织实施、指导、协调本区群众文化活动的开展，履行区群众文化工作委员会办公室的日常工作职能。制定本区文化市场发展规划，依法审批管理辖区内图书、报刊、音像制品、电子出版物零售；电影、录像放映；歌舞厅、电子游艺等文化娱乐场所以及中国字画经营、营业性演出活动；依法对辖区内印刷业监督管理、编制文物、博物馆、历史文化保护区发展规划；依法负责申报区级文物保护单位工作；审批、审核市、区级文物保护单位的影视拍摄、使用性质与使用权变更、文物建筑修缮、建设工程项目和文物监管物品经营者及市场资格；负责博物馆的监督管理；研究提出历史文化保护区保护方案并监督实施。管理本系统文化事业单位，监督管理本区文化艺术社团工作。负责区“扫黄打非”办公室日常工作。设办公室、文化科、文化市场管理科、文物科、财务审计科、机关党委办公室（与人事科、监察科合署办公）6个职能科室。辖属单位有文化馆、图书馆、青少年儿童图书馆、胜利电影院、首都电影院、红楼电影院及经济发展中心。

2004年西城区文化委员会以认真学习十六届四中全会精神，深入贯彻胡锦涛视察北京的重要讲话精神，以“三个代表”重要思想为指导，下大力气研究在新形势下改进和创新基层文化工作，加强执政能力建设，紧紧围绕全区中心工作，加快实施“十五”计划，研究制定“十一五”规划，将工作重点放在基层文化建设上，突出文化工作与全区的重点工作的衔接，大力推进西城区群众文化建设，从而提高人民群众的综合素质，为实现“三区”战略（即“经济强区、文化兴区、环境优区”）和全区经济社会全面、协调、可持续发展作出贡献。

2004年文化艺术发展

丰富群众文化生活

以“十颗明珠耀西城”社区文化广场活动和“百场优秀电影进社区、百场文艺讲座进社区”的“双百工程”为主要内容，认真贯彻《2004年西城区群众文化工作要点》，面向群众，立足基层，用健康向上、丰富多彩的文化活动占领文化阵地，创造良好的文化氛围，满足了人民群众多样的文化需求。

白云观民俗迎春会 以“古刹逢春欢乐祥和度佳节，金猴祈福团结奋进奔小康”为主题，营造了浓郁的节日文化氛围，接待游客60余万人次。

西单文化广场 作为“十颗明珠耀西城”活动的主要舞台，开展了“祖国颂歌”等大型文化活动共计12场次，参与群众10万人，各街道结合地区特色积极举办“金色广场”、“明月广场”、“德艺苑”、“姥姥家门前唱大戏”、“雨来散”等社区文化广场活动118场，社区层次的文化广场活动320余场，参加活动的群众达到35万人次。

第17届“西城之春”艺术节 以“魅力、活力、动力”为主题，其中，“科技园”杯文艺汇演、西城区妇女迎奥运健身舞蹈展示、“美在西城”书画展、什刹海文化旅游节以及歌咏比赛、新秧歌比赛等一系列丰富多彩的群众文化活动接连举办，在景山公园举行的“大地飞歌——2004年北京市社区（村）文化节暨首届景山合唱节启动仪式”开辟了艺术节的新亮点，使艺术节活动再掀高潮。

“百场文艺讲座进社区，百场优秀电影进社区”活动 以丰富社区文化生活、引导群众文化需求、提高公民文化道德素质为主旨，共放映电影70场，观众达到4万余人次，社区文化讲座129场。

文化馆

2004年，区文化馆继续发挥群众文化主阵地作用，积极组织开展多种形式的群众文化活动，不断推动群众文化工作的开展。继续举办百场文化艺术辅导讲座进社区活动，发动业务干部广泛深入社区，根据居民群众的需求，有针对性地开展文化辅导讲座活动。积极配合各街道、社区开展“十颗明珠耀西城”文化广场活动，提供灯光、音响、舞美、道具等演出设备和技术服务。结合北京市社区文化节的有关精神积极开展西城区品牌文化活动“西城之春”艺术节，相继组织了“景山合唱节”、“美在西城”书画展、西城区第二届舞蹈大赛等活动，并组织人力，提供相关设备积极配合各委、办、局、街道开展好艺术节活动，提高活动的质量与品位。文化馆围绕西城区文化工作的中心任务和首都精神文明建设的各项要求，较好地完成了各类主题文化宣传活动和大型文艺演出，全年共开展以交通、国防、环保、迎奥运、金融日、建党83周年为主题的文化活动13场。贯彻全国、北京市基层文化工作会议精神，加强基层文化建设，大力开展基层文化活动，特别是加强社区文化建设，区文化馆提出“七进社区”的工作方针，即：文化艺术讲座进社区、文化艺术辅导进社区、文化艺术培训进社区、文化服务进社区、文化演出进社区、群文理论指导进社区、文化活动设施进社区。“七进社区”活动的开展收到了良好的社会效益，得到社区广大群众的好评。鉴于我国有着极深的民间文化渊源，现有一些民间文化濒临灭绝，为抢救濒临灭绝的文化遗产，文化馆成立了民间文化遗产整理办公室，并抽调专人负责。文化馆申报的毛猴制作工艺已被列入北京市民族民间文化保护工程项目和西城区可持续发展实验区项目。采访老艺人曹仪简的工作已告一段落，照相、录像工作已基本完成。

加强街道社区文化设施建设

年底，西城区有8个街道已建成具有一定规模的文化站，德外、厂桥街道文化站建设正在完善与进行中，其中德外街道文化站将于2005年正式投入使用，厂桥街道文化站的规划问题正在协商中。社区文化室建设在原有基础上继续加强。年初，区文委为表现突出的19个社区居委会配备了一体式放音机，受到社区居民的欢迎。区文委年底为余下的169个社区居委会全部配备了一体式放音机。市文化局下拨资金为西城区7个街道文化站配备了广场演出的灯光、音响设备，便于街道社区开展广场文化活动。街道级图书馆至2004年全区已经建成7家，运行情况良好，并成为首批纳入“一卡通”联网的街道图书馆，纳入到全市三级图书馆网络中的一员。在5月份全市“一卡通”阶段总结会上，西城区街道图书馆的办证数量和流通统计数字在全市的图书流通统计数字中名列前茅，得到了市文化局的表扬。本年街道图书馆的建设工作主要集中在阜外、德外和厂桥三个街道上，阜外分馆年底开馆。

文化队伍建设

西城区文学艺术界联合会成立　创新文化机制，推动社会力量参与社区文化活动，文联下设书法家协会、创艺美术家协会、长城摄影协会、曲艺家协会、舞蹈家协会、戏剧家协会、音乐家协会等8个协会，通过文联，把区域内外的艺术家联系起来，创造出浓郁广阔的人文环境，对老百姓综合素质的提高、实现“文化兴区”具有带动作用。

基层文化团队建设　建立12个基层业余群众文化艺术辅导示范点，并对各街道的文艺团队重新登记。至2004年，西城区195个社区居委会中共有449支各种业余文体团队，团队总人数达到14591人。下一步将继续整合街道的文化团队资源，创建精品文化队伍，展示群众文化工作的成果。

西城区双拥艺术团成立　西城区军地文艺团体众多，总政歌舞团、话剧团和歌剧团等常驻西城，驻区部队的业余演出队水平也较高。为整合社区文化资源，服务物质文明、政治文明和精神文明建设，活跃广大军民的文化生活，2004年，由驻区总政、总参、总装、二炮等四大部委的专业、业余文艺团体和西城区的业余文艺骨干共同组成了“双拥艺术团”，架起了一座区军地双方友谊的桥梁。7月30日，为庆祝“八一”建军节，西城区双拥艺术团进行了成立以来的首场演出，受到广大军民的普遍欢迎与好评。

深入挖掘区属文化资源，为“艺术之家”挂牌命名　结合对辖区内非物质民族民间文化遗产的挖掘、抢救、整理和保护工作，区文委开展了重点发掘、扶植以社区家庭为主的“艺术之家”和“收藏之家”工作。经过实地考察和初步统计，至2004年全区共有个230户收藏和艺术制作的家庭。区文委精中选精，确定了3户家庭为“艺术之家”，并予以挂牌命名。通过“艺术之家”的带动、辐射作用，推动群众文化以及艺术水平的提高和发展。

图书馆

西城区图书馆　作为地区中心馆，努力发挥自身优势，扩大服务范围，扶持街道图书馆的建设工作。区图书馆总藏量47万余册，全年到馆读者36万人次；办理各种借阅证（卡）5905个；网络浏览5651人次。区图书馆分别为已建成的7家社区分馆配送图书22批2358种9418册。在全市率先推行“一卡通”联合读者卡，并将“一卡通”推广到8个社区馆使用，完善了社区图书馆网络。4月，区图书馆和二龙路街道分馆被文化部评为“全国文化信息资源共享工程基层先进单位”（全国共评选10个，西城区有2个）。在扶持街道、社区两级图书馆（室）的基础上，区图书馆还在基层继续建立流动借阅点和集体借阅点，方便居民借阅。区图书馆共建有流动服务点14个，集体服务点9个，出动流动车

161 次，联系 241 个单位，读者 3283 位，借阅图书 32152 册。此外，图书馆作为文化教育的阵地，以“营造学习氛围，倡导读书育人”为主题，开展征文、展览、上街宣传、科普橱窗、论坛等多种活动，为市民打造良好的学习和文化氛围。

区青少年儿童图书馆　以青少年儿童为主要服务对象，常年坚持“以人为本”的服务理念，通过开展形式多样的主题活动，为辖区内的机关、学校、社区提供实效服务。少儿馆馆藏 12 万册，全年接待读者 14 万余人次，流通借阅图书 97344 册次，组织活动 155 次。年内，区少儿馆已经为 4 个社区设立了少儿图书馆专架，为 4 个社区幼儿园、8 个学校开展了流动图书车借书服务，全年流动图书车共送书下基层服务点 85 次，外借图书 11466 册，充实了辖区青少年的业余生活，扩大了他们的知识面。少儿图书馆还在青青草文学社原有基础上成立了“北京儿童文学研究中心”，研究北京儿童文学发展历史，搜集和整理北京地区作家及作品资料，为研究北京地区儿童文学的发展作出贡献。“中心”借助网络手段，辐射全国，使儿童文学研究工作不断深化。

北京儿童文学研究中心成立

电影院

区属影院坚持“二为”方向和“双百”方针，弘扬主旋律，开展公益活动，创造社会效益。红楼影院发挥无障碍影院的功能，主动为残疾人提供温馨的服务。新首都影院正在规划和建设当中，多方拓宽融资渠道，努力建成规模较大的现代化新影城。胜利电影院积极参与“双百工程进社区”和夏日文化活动，为社区居民放映影片，积极开展“科普电影周”活动，宣传环保、科普、卫生等方面的科普知识，受到群众和社会单位的欢迎。各影院在业务创新争取经济效益的同时，长期坚持假期放映优秀国产片学生免费专场，在影片前加映科普宣传短片，发挥德育教育和科普教育基地作用。

文化体制改革

文化事业单位改革工作全面推开。各单位全面推行聘任合同制。在改革的过程中，各单位针对自身的特点，充分调动职工的积极性，提高职工的参与性，以推行事业单位聘用合同制为契机，通过完善各项制度，提高内部激励约束机制，增强活力，提高效益。各单位积极创新改革模式，推行事业单位人事制度改革。电影院目前正在从自收自支事业单位向企业过渡中，积极发挥职工管理职能，利用职代会的形式，制定了在岗职工调资工作方案，初步尝试了企业单位内部工资管理的模式。图书馆通过人事改革，实行了部门重组，精简设岗和竞争上岗，并实行“按劳分配、绩效挂钩”的办法，在工作中实现了四个创新即“观念创新、制度创新、机制创新、工作创新”。文化馆完成了全馆的岗位聘任工作，签订了事业单位聘用合同书和岗位责任书，并理顺人事劳资关系，完成了全馆人员的工资长档和岗位工作调整。

文化市场管理

认真学习《中华人民共和国行政许可法》，并将其落实到工作当中。贯彻执行“一手抓繁荣，一手抓管理”的工作方针，确保文化市场的净化程度居全市前列。贯彻“大规模、高品位、大众化、易管理”的文化市场发展方针，持之以恒地整顿和规范文化市场秩序，将“扫黄打非”工作引向深入；加强执法队伍建设，不断提高依法行政水平；加强与区文化产业协会的联系，发挥区文化产业协会职能作用，切实解决政府部门短期内解决不了的问题，适时建议政府有关部门调整或完善对文化产业发展的相应政策，并及时向企业传达政府部门对文化企业管理和文化产业发展的有关政策和具体实施办法；发挥“社区文化督导员”作用，逐步完善社会监督体系，加强对社区文化设施及文化企业监督，净化社区文化环境，保障消费者特别是未成年人合法权益，形成长效互动的社会监督机制，促进文化市场的繁荣与发展。

认真贯彻落实《中华人民共和国行政许可法》　简化行政审批程序，努力压缩审批时限，最多的压缩了 40 天，积极推进全程办事制度，修订完善 7 项制度和 12 种行政文书，进一步深化了政务公开工作。在经济服务大厅进行文化企业的立项、审批和咨询业务。区经济服务大厅接待各类咨询 3710 余人次，受理登记 321 个；审批发证：图书电子出版物 69 个，音像 45 个，台球 2 个，歌舞厅 4 个，变更 35 个，其中，网上审批 133 个（个人演员证 56 个）。2004 年，区图书音像制品发行业、印刷业、文化娱乐业等文化企业 1335 家，壮大了区文化产业，促进了全区经济发展。

开展“网吧”等互联网上网服务营业场所专项整治工作 严厉查处接纳未成年人进入和超时经营等违法违规经营行为，加强网络安全管理，严厉打击利用“网吧”等互联网上网服务营业场所传播淫秽色情信息等违法犯罪活动，全面落实安全生产工作各项制度，严厉查处制度落实不利的经营场所。加大行政执法力度，净化学校周边环境，为学校正常开展教学工作和净化未成年人成长的社会环境提供重要保证。

执法检查 2004年，行政执法人员共执法检查521次，3256人次，检查演出单位94家，娱乐场所919家，互联网上网服务营业场所709家，电子游戏机经营场所42家，电影发行放映场所60家，摊点1443个、出版物市场498家次；取缔非法摊点71个，共收缴盗版图书177237册（带有淫秽内容图书25册、政治性内容的图书126册）、盗版音像制品103660张。受理举报34件，处理行政案件20件，共处罚违规经营网吧17家，违规经营图书音像店3家，罚款162000元，有效地净化了文化市场。

西城文化委员会

书记 张宏达
主任 张宏达

（常 虹）

崇 文 区

概 况

崇文区为北京市四个中心城区之一，位于城区东南部，居北纬39°52′~39°54′、东经116°23′~116°26′之间，海拔36.17米~46.47米，地势平坦。

区境西与宣武区为邻，北与东城区搭界，东与朝阳区接壤，南与丰台区相交。区境西侧的大街位于北京城的中轴线上。区境西北角有北京标志性建筑之一的正阳门箭楼，它紧连闻名世界的天安门广场。西南部有国内最大的皇家祭坛——天坛，东北部有明城墙遗址公园和北京仅存的城垣角楼，东南部有城区新兴园林——龙潭公园。全区面积16.46平方公里，南北最长4.65公里，东西最宽4.51公里。全区设前门、崇文门外、东花市、天坛、体育馆路、龙潭、永定门外7个街道办事处，78个居民（家属）委员会。

北京市崇文区文化委员会，同时挂北京市崇文区旅游局牌子，是主管本区文化事业、文物事业和旅游业的区政府工作部门。主要职责：贯彻执行国家和市有关文化事业、文物事业和旅游业的方针、政策及法律、法规，研究提出并组织实施本区文化事业、文物事业及旅游业的中长期发展规划和年度计划。指导、协调本区社会文化工作和组织全区群众文化活动，开发利用文化资源，指导艺术创作、人才培养和骨干队伍建设，推动社会文化的繁荣发展和群众文化的普及与提高。管理直属文化单位，指导、监督文化馆、图书馆、电影院和社区文化站（室）的标准化、现代化建设及业务工作，发挥文化阵地作用。管理本区文化市场，负责审批、审核、核准辖区内有关文化经营项目，依法对文化经营活动进行监督检查和行政执法，参与组织和实施“扫黄打非”专项斗争，保证文化市场的健康有序。贯彻文化经济政策，研究提出本区文化产业发展规划，指导文化产业发展，参与规划和指导文化设施建设。依法做好文物保护、管理工作，研究提出辖区内文物保护管理意见，审核文物保护单位保护范围及建设控制地带内的建设工程，核准、审批文物监管物品市场及经营者资格，收集、保管出土文物和流散文物。负责辖区内的旅游景区（点）的质量等级评定和旅游企业的行业管理，推动发展文化旅游产业。指导开发旅游项目和旅游产品，分析旅游经济形势，培育和发展旅游市场，组织旅游促销和宣传活动。受理旅游投诉并协助有关部门做好查处工作。组织和指导本区文化、文物及旅游工作的对外交流活动。区文委设行政办公室（党委办公室）、社会文化科、文物科、文化市场科、旅游科5个职能科室。直属事业单位有文化馆、图书馆、花市电影院、天坛南里文化娱乐中心、北京旅游咨询服务中心（崇文站）。

2004年文化艺术发展

重要活动情况

龙潭庙会 自1984年开始到2004年在龙潭公园已经成功举办了21届。龙潭庙会以全国民间优秀花会大赛为重点，集体育、文艺、游艺、民俗、商业、小吃于一体，形成特色，每年吸引中外游客100余万人，成为春节期间京城一项传统的大型群众文化活动和文化旅游热点。2004年第21届龙潭庙会花会表演共有全国6省市的8个代表队参加，文化表演有3台节目：河北的杂技，河南的豫剧，以及崇文区的社区群众精品文艺展演，共演出60多场，观众达10多万人。

“相约北京”活动 以“非洲主宾洲”为主题

的“相约北京”活动，汇集了十几个国家的民间演出团体，“五一”期间在龙潭湖公园中心岛，为6000多名群众演出。此次活动邀请了非洲的10个艺术团和7个政府文化代表团作为“主宾”参加。

崇文区社区文化节 6月8日开幕。开幕式演出汇集了全区最精彩的文化节目，观众达2000余人，市文化局局长降巩民、市交通管理局副局长翟双合和区领导吉胜久、张湘、滕盛萍、赵中原、王文竹、张蔼华、高桂强出席启动仪式。各街道都成立了以主管主任为组长的领导小组，制定了本单位社区文化节的工作计划，并开展了“唱响共产党好，社会主义好，改革开放好”，以“新北京、新奥运”以及“祖国在我心中”为主题，开展相应的活动，丰富了群众文化生活。社区文化节历时半年多，直接参与活动的演员和群众近二十余万人次。闭幕式演出以“情系社区、爱在家园”为主题，整台演出内容丰富、形式多样，充分体现了崇文区社区文化以人为本，广大群众积极参与，社区文化“共驻、共享、共建”的良好局面。

第二届北京明城墙文化体育节 9月29日晚，由崇文区文化馆承办的第二届北京明城墙文化体育节开幕式文艺演出在东便门角楼下举行。在“古墙神韵，魅力崇文”这一主题下，近300名专业和业余演员表演了精彩的文艺节目。区委书记李晓光、区长吉胜久、市体育局局长孙康林、市旅游局副局长于德斌、市文化局社文处等领导和近千名群众观看了演出。演出充分反映了近年来崇文区在城市建设、经济发展和文化生活等方面取得的一系列成就，艺术、形象地抒发了崇文人民在新世纪祥和、幸福的生活和迎接中华人民共和国成立55周年的喜悦。

参与第七届北京国际旅游文化节盛装行进表演活动 第七届北京国际旅游文化节9月25日拉开帷幕，开幕式暨盛装行进表演在新修复的永定门城楼到天桥商场约2公里的路段隆重举行，来自26个国家和地区的37个表演团和来自国内4个省市的8个表演团，共2700人。此项活动第一次在崇文区举行，崇文区组织了3万名群众参加了活动，活动热烈、欢乐，取得了很好的效果。

参与中华人民共和国成立55周年天坛游园活动 区文委承担的游园工作文艺组于8月13日第一批进驻天坛公园指挥部。经过近3个月的精心准备，10月1日早9点，5台文艺演出正式开始，中央政治局常委贾庆林、李长春等领导来到天坛与首都人民共度国庆。

文化市场管理

开展安全大检查 2月5日，密云灯展特大事故发生后，区文委结合“两会”安全保卫，以“突出重点、从严执法、不留死角”为原则，立即部署，迅速行动，多次联合公安、工商、消防等部门，以歌舞厅、网吧等公众聚集场所为重点，对辖区内文化经营单位进行普遍的安全大检查，共出动267人次，检查文化经营单位379家次。

歌舞娱乐场所专项检查行动 按照市文化局关于开展歌舞娱乐场所专项检查的总体工作部署，积极会同公安、工商等部门开展专项检查行动。各单位共出动力量260人次，检查歌舞娱乐场所325家次。

网吧整治工作 为确保网吧守法经营，为未成年人营造良好的成长环境，区文委采取多种措施加强网吧管理力度，对辖区内的网吧逐一展开拉网式的集中联合执法行动，共组织出动力量110人次，检查场所28家次，处罚违规单位2家。

“扫黄打非”工作 以“标本兼治、突出重点、取得实效”为原则，结合市“扫黄办”各阶段工作部署，积极组织公安、工商、城管部门开展“扫黄打非”工作。共组织检查书店、小商品市场、街头游商1125家次；收缴各类非法图书1497本，其中不良“口袋本”图书1289本，非法政治性出版物37本，其他非法出版物171本；收缴盗版软件及光盘42600多张，非法录音盒带2000多盒。

文化产业

区委、区政府成立了崇文区文化产业领导小组并下设办公室，抽调相关工作人员，开展文化资源调查，制定文化产业发展规划纲要，提出文化产业发展的总体思路。区文委积极参与区文化产业领导小组的工作，配合文化产业相关调研、论证工作，为文化产业调研提供了大量有价值的材料、数据。编撰了《2005～2010年崇文区文化产业发展纲要》。

文化事业单位体制改革

区文委下属基层单位除文化馆外均已完成事业单位改革。天坛南里娱乐中心努力克服经营中的实际困难，积极拓宽发展思路，并对职工去向进行了妥善安置；花市影院积极做好新影院重建工作，探寻市场化运作途径，与多家机构联系，寻求合作机会，同时，认真做好待岗职工的再就业工作，解决职工实际困难，确保了单位的稳定；联合支部顺利完成事业单位人事改革，对未聘上岗的职工进行了妥善安置。

图书馆

首批实现“一卡通”服务 在北京市文化局的大力推进下，4月，崇文图书馆作为全市第一批“一卡通”服务成员，与首都图书馆、东城、西城、朝阳4家图书馆，及其各自所属的数十个社区馆，以统一的网络系统为平台首先实现了图书的通借服务。

在一周的时间内完成了11万条数据的调整、本馆及社区“一卡通”服务设备的安装调试、物品的调配和人员培训。区图书馆增加了2兆歌华宽带，社区分馆加装了ADSL网线，经过大力宣传，“一卡通”服务受到了广大读者的欢迎，仅2个月办理的“一卡通”就突破了1100张。

社区图书馆网络建设 2004年，崇外、龙潭2个街道社区图书馆相继投入使用，崇文区7个街道全部建立起网络型社区图书馆。区图书馆于2月份举办了社区图书馆管理员“智慧2000计算机图书管理系统”培训班，此后又分别安排东花市、龙潭、体育馆街道社区图书馆的管理员到区馆采编部实习，深入掌握图书分编的各个工作环节。年初、年中，分别组织了社区图书馆工作座谈会、半年总结会。社区图书配送中心21万元购书经费资金到位，运转良好。社区分馆派人参与采购，区图书馆统一进行分编加工，分期分批将图书送到居民手中。区图书馆联合各社区图书馆组织了“我与图书馆”征文比赛、“图书馆口号征集”活动，安排了科普健康知识、北京历史文化等方面的讲座，扩大了社区图书馆影响力。在区图书馆的带动下，各社区馆也纷纷行动起来，组织了“读一本好书”征文比赛、书法艺术作品讲座，开展了暑期少儿读书会等活动。

为南中轴路改造工程提供课题服务 区图书馆利用本馆地方文献，为创建都市文化休闲区的全区发展规划服务。配合政府各职能部门的需求，根据“前门大街的历史文化特色”、“前门商业街”课题要求，将相关资料《关于恢复正阳门大街及东辅路西侧街貌设计的建议》、《前门商业街与其他老北京店铺旧景》、《北京城区其他商业街》及《城市历史文化形象的塑造》结集成册。

充实地方文献资源 历时半年，参与区地方志办公室《百年崇文图片集》的编辑制作，参与区文委83个文物普查单位的调研。在协作过程中，地方文献部工作人员收集了大量与崇文区相关的资料，收集老照片800余张，制作了《北京老戏园子》、《北京老字号传奇》、《北京的会馆》、《全聚德史话》等地方资料以及民间艺人老马兰真、著名民俗专家王永斌个人剪报等各种资料。

搭建设计专业人才交流平台 5月22日，中国工业设计促进会、北京工业设计促进会和崇文区图书馆共同举办了“设计专业毕业生就业指导讲座”。经伟工业设计公司总监约瑟夫·奥康纳、联想工业设计中心设计总监李凤朗、迪欧吉欧数码公司副总经理马洁，为应届毕业生介绍了设计工作经验以及设计人员应具备怎样的工作能力、职业道德，如何与设计工作的同伴共同完成一个创作等方面内容。清华大学、北京理工大学、北京航空航天大学、北京建工学院、北京联合大学等院校设计专业同学对就业、求职过程中遇到的问题、困难向与会的专家进行了请教。

建立国内首家设计公共图书馆 在北京工业设计促进会和区科协帮助下，崇文区图书馆以20万元启动资金筹建了“设计图书馆”。该馆以收集设计文献资料为主，在满足专业人士需求的同时面向广大公众开放。5月25日，设计图书馆与中国工业设计协会活动中心、北京工业设计培训中心同时挂牌，中国工业设计协会理事长朱焘担任设计图书馆名誉馆长。国家发改委、中国工业设计协会和市科委、市文化局领导及设计界专家出席了挂牌仪式。副区长高桂强、区政协副主席李文玉参加了活动。

设计图书馆向公众开放

图书馆“以人为本、科学管理”研讨班 9月6日～9日，中国图书馆学会与崇文区图书馆联合举办了图书馆“以人为本、科学管理”研讨班，全国各地图书馆同仁及北京市图书馆学会会员参加了活动。国际图联秘书长、新加坡国家图书馆馆长拉玛赞德拉在文化部社会文化图书馆司巡视员周小璞、中国图书馆学会副理事长孙蓓欣、中国图书馆学会秘书长汤更生参加了活动。拉玛赞德拉先生与中国图书馆的同行进行了交流，在“中国图书馆在世界图书馆中的位置”、“图书馆领导者的素质与能力”、“图书馆信息服务”等方面进行了探讨。本次研讨班还邀请了国内外图书馆界知名专家讲授专题报告，中国图书馆学会副理事长、国际交流与合作委员会主任、国家图书馆原副馆长孙蓓欣，中国图书馆学会学术研究委员会副主任、首都图书馆馆长、原北师大信息技术与管理系主任倪晓建，中国科学院文献情报中心研究馆员、图书馆学博士生导师徐引篪分别就图书馆管理的创新、现代图书馆对管理者的新要求、图书馆“以人为本”的管理等内容进行了透彻的阐述。

“我心目中的新崇文”设计作品征集活动　继前两届中小学生设计普及活动成功举办之后，“我心目中的北京奥运形象——我心目中的新崇文”作品征集活动又如期举办。图书馆特意邀请中国美术家协会平面设计艺委会副秘书长、中国包装技术协会设计委员会副秘书长曾辉作为顾问，进行培训讲座及评选工作，共有本地区小学23所、中学9所参加了比赛，交送作品393件。经过评选后，中小学生设计普及作品在图书馆展出，促进了青少年的创新能力等多方面素质的提高。

崇文区图书馆　建筑面积5600平方米，阅览坐席600余个，在职职工48人。藏书近40万册，期刊、报纸800余种。内容以社科、文学、科技类为主。内设儿童阅览、电子阅览、地方文献等多个阅览室，全年365天对外开放，日接待读者近千人次。专门设有包装资料馆和设计图书馆，收藏了大量国内外包装技术和设计领域的专业资料。常年举办讲座、培训、知识竞赛等各种科学文化普及活动，1994年~2004年连续3次被评为“国家一级图书馆”。先后被授予全国“文明图书馆”、“全国文化先进集体”等荣誉称号。

文化馆工作

获奖节目汇报演出　1月16日，崇文区文化馆组织2003年度创作、辅导并在市以上获奖的部分节目，在崇文区会议中心进行了汇报演出。

第21届龙潭庙会家庭才艺大赛　1月21日，崇文区文化馆承办的第21届龙潭庙会家庭才艺大赛，经过区内各街道组织、选拔的34个家庭，在上、下午两场决赛中，表演了音乐、舞蹈、相声、魔术、杂技、书画等十几个门类的节目。

崇文区老年书画展　4月16日~21日，由崇文区文化馆承办的崇文区老年书画展在崇文区文化馆二层展厅举行，展出书画作品近200幅。区领导参加了开幕仪式。在为期5天的展出中，数千名老年人参观了展览。

创作、调研、获奖、培训　1月2日，崇文区文化馆创作员杨建业以群文题材创作的三幕四场话剧《五月鲜花天天开》发表于北京市文化局主办的《新剧本》。这是近年来较少出现的以改革开放以来的群众文化生活为题材的戏剧文学作品。3月，崇文区文化馆业务人员下基层街道开展了为期两周的群众文化活动调研工作，完成了《崇文区街道文化情况调查报告》。5月12日，由崇文区文化馆选送的选手参加由北京电视台主办的北京首届交谊舞大赛，获得一等奖，文化馆获得北京电视台特别颁发的优秀组织奖。6月22日~23日，由崇文区文化馆主办的崇文区第一期全区文化干部培训班在馆内举行，区文、图两馆，区属各街道文化干部，区有关委、办、局、处、公司等文化工作组织策划人员80余人参加了培训。7月，崇文区文化馆戏剧队在北京市第二届“椿树杯”京剧票友大赛中获一等奖。8月，崇文区文化馆武良田创作的歌曲《闪光的身影》发表于《音乐周报》。9月，崇文区文化馆编排的舞蹈《姐妹踏春》获得第二届华北五省市舞蹈大赛一等奖。编舞：于永香，作曲：武良田。12月，崇文区文化馆武良田创作的歌曲《共同的心愿》入选《中国优秀歌曲选》。

对外交流　5月29日，崇文区文化馆接待了参加“相约北京”活动的巴哈马青少年舞蹈团，客人们参观了文化馆的青少年书画展。7月25日上午，崇文区文化馆与丹麦王国代表团举行友好交流活动。丹麦王国新星体操俱乐部一行28人表演了活力十足的现代体操舞蹈，文化馆秧歌队表演了秧歌舞，并现场教丹麦朋友跳大秧歌。

与丹麦新星体操俱乐部表演团进行交流

艺校培训　2月，崇文区文化馆停办几年的培训部工作重新启动。立项9大门类、40多个培训项目；引进北京舞蹈学院舞蹈考级中心、国家文化部中国美术学院北京考级中心在文化馆挂牌；设立全国考级定点考试单位；邀请具有社会影响力的文化艺术机构来文化馆联合办学，聘请著名的艺术家亲临文化馆执教。艺校精心策划组织了一台高质量的节目，由中央音乐学院、北京歌剧舞剧院、北京跆拳道协会在国际、国内多次获奖的专业教师及部分学生表演，节目包括舞蹈、声乐、古筝、二胡、琵琶、跆拳道等，到基层、学校义务慰问演出5场，受到群众的赞扬。北京电视台9频道将慰问演出作为崇文区委、区政府，贴进百姓为群众办实事之一，作了详细报道。“六一”期间，文化馆艺校书法班面向全区各中小学校举办了书画展览。为庆祝中华人民共和国成立55周年，艺校书法班面向全区举办了“祝福您祖国”书画展览。在第17届“双龙杯”全国少年儿童书法大赛中，艺校学生获得金奖1项，银奖3项，铜奖2项，优秀奖2项。在第十届全国少年儿童书画竞赛中艺校学生获金奖4项，银奖4项，铜奖4项，书法班获集体优秀奖。艺校还获得中韩青少年跆拳道友好交流赛特殊贡献奖。从3月～11月，共开办各类培训班13个种类，39个班次，招收学员近400人次，收入115000余元。

崇文区文化委员会

书记	贾洪震
主任	周晓沪

（崔京京）

宣 武 区

概 况

宣武区位于北京市中心的西南部，总面积19.04平方公里，人口52.90万人。东以前门大街、天桥南大街、永定门内大街为界与崇文区毗邻；西以马连道北路为界与丰台区相接；南以永定门西滨河路、右安门东城根、右安门西城根为界与丰台区相连；北以前门西大街、宣武门东大街、宣武门西大街、莲花池东路为界与西城区、海淀区接壤。全区划分为大栅栏、天桥、椿树、陶然亭、广安门内、牛街、白纸坊、广安门外8个街道办事处，辖181个社区居委会。

宣武区文化委员会是负责宣武区文化、文物、新闻出版事业工作的政府工作部门。内设机构：办公室、文化市场管理科、文化艺术科、文物管理科、旅游管理科、人事保卫科、财务科、文化产业开发科。所属单位：文化行政执法队、旅游咨询服务中心、文化馆、图书馆。

截至2004年底，宣武区有区级文化馆1个，社区文化室110个，电影院4家，博物馆7家，报社9家，业余文艺团队181支，文化志愿者5250人，重点社区文化广场10个，市、区级营业性演出场所13家，中央及市、区属艺术院团9个，区属协会5个，文艺骨干5716人。区级图书馆1个，街道图书馆8个。全区有歌厅59家，舞厅1家，台球厅34家，网吧36家，电子游艺厅3家，保龄球馆10家，字画店铺68家。

2004年文化艺术发展

文化工作重要会议

群众文化工作会议　3月，区委宣传部、区文化委员会共同组织召开了“宣武区2004年群众文化工作会议”。会议总结了上一年的工作，部署了2004年群众文化工作的指导思想和工作要点，会上为2003年荣获市级奖励和宣武区群众文化“六个十”的先进单位和个人颁发了荣誉证书。

民族民间文化保护工程立项会议　区文化委组织召开了民族民间文化保护工程立项会议。会上对大栅栏地区的民族民间花会“五斗斋”高跷秧歌的挖掘整理工作进行了研讨。76岁的老艺人张全增具体演示了“五斗斋”秧歌舞步，并当场收徒传艺。《北京日报》作了专题报道。

聘请社区互联网上网服务营业场所义务监督员仪式大会　7月，区精神文明办、区文化委在“广安会议中心”组织召开了“聘请社区互联网上网服务营业场所义务监督员仪式大会”，聘请了社区义务监督员28名，区委副书记仲兆军，区委常委、宣传部部长丁力等领导出席会议。

互联网上网服务营业场所专项整治工作验收会　9月初，市网吧专项整治协调小组对宣武区辖区内互联网上网服务营业场所专项整治工作进行验收。区文化委行政执法队、工商宣武分局、公安宣武分局信通处、团区委、区法制办等整治协调小组的成员单位参加了验收会，并分别根据所负职能做了工作汇报。

文化工作重要项目

北京市文化局组织开展了“北京市十大创新活动”，宣武区三项文化活动榜上有名。分别是：“京味文化艺术漫谈”系列讲座、“北京陶然杯”地书邀请赛和“高雅音乐进社区”活动。

民族民间文化艺术的保护与传承是一项重点工作。区已设立“拉洋片”、“河北竹板书”、“什不闲”、“莲花落”、“天桥中幡”、“摔跤”等10个代表性研究项目。撰写了《宣武区民族民间文化保护项目汇编》，收集了民间百艺表演近3万字的文字材料和照片资料。“厂甸庙会”、“大栅栏五斗斋高跷秧歌”、“白纸坊太狮老会”、“天桥传统民间艺术”4个项目被确定为“北京市民族民间文化保护工程”试点项目。北京市文化局将宣武区确定为“宣南文化”重点保护综合试点区。相关论文《关于民族民间文化艺术的保护与群众文化的创新发展》、《民族民间文化保护工作之我见》等，获得“2004年全国群众文化论文评奖”活动一、二等奖。“北京厂甸庙会”被评为“北京市精品群众文化活动”；椿树街道椿树园社区获“全国文化先进社区”称号，作为北京市代表出席了“全国群众文化先进社区经验交流会”并作典型发言。广场舞蹈《北京新秧歌——组舞》获文化部“全国第13届群星奖”大赛优秀奖，《红红的晚霞》获纪念奖。摄影作品《等你，2008》，参加市文化局、市群艺馆举办的“留住精彩瞬间”——奥运火炬传递抓拍比赛，被评为十佳作品。在“北京社区文化节”评奖活动中，牛街街道办事处获市级先进街道称号；天桥民俗文化社获市级先进资助单位称号；广内、广外、陶然亭、大栅栏、白纸坊5个街道获市级先进社区称号；北京付氏宝三天桥民俗艺术团团长付文刚获市级先进资助个人称号；16人获市级“先进文化志愿者”称号。

10月17日，宣南文化博物馆实行对外预展。博物馆集中展示了宣南文化的核心与精华，设有悠悠宣南、宣南士乡、梨园胜景、城南乐园、百年兴商、近代宣南和民族团结7个展厅，体现了近年来宣南文化的研究和保护开发成果。

年内，宣武区完成了大栅栏地区历史文化调研初稿，开展了“创建全国文明城区”、“创建首都文明城区”的调研工作。深入了解了宣武区文化建设、旅游发展、文物保护、文化设施、文艺团体、文化文物市场等基本情况；完成了《宣武区文化产业发展典型材料介绍》。

文化工作重要活动

检查落实文化部《关于加强春节、寒假期间互联网上网服务营业场所管理工作的紧急通知》情况　1月17日，文化部文化市场司副司长庹祖海，市文化局副局长王珠，文化部网络文化管理处、市文化局稽查队的领导及新闻媒体记者一行来到宣武区，检查落实文化部《关于加强春节、寒假期间互联网上网服务营业场所管理工作的紧急通知》情况。

春节文化活动　宣武区人民政府、北京市文化局、北京市旅游局共同举办了“第四届北京厂甸庙会”，共组织了“百猴”闹厂甸、“厂甸杯”绝活展赛、乐在天桥、翰墨飘香、民间百戏、五行八作等18项主题文化活动。庙会分10个表演场地，各种文艺演出56场次，6天共接待游客120万人次，其中外宾1600人次。由宣武区委、区政府、中央人民广播电台主办，宣武区委宣传部、区文化委承办的“金猴闹岁贺新春——宣武区2004年新春团拜会”在北京市工人俱乐部举行，邀请了京剧表演艺术家梅葆玖，歌唱家刘秉义与北京杂技团、北京风雷京剧团等同台演出。

第三届法源寺丁香诗会　由市作家协会、区文化馆、牛街法源寺社区主办，法源寺协办，区作家协会承办，在京城名刹法源寺举行，市、区文化系统团体、著名诗人学者、书法家、画家及诗词爱好者300多人参加了诗会。

孙朝成诗歌创作研讨会　区文化馆、区作家协会与《新国风》编辑部共同举办，诗人石祥、王恩宇及京城诗人50多人出席。

参加“狂欢在博爱之都”及七大古都民间文化交流　应南京市人民政府、江苏省文化厅和博览会组委会邀请，“北京新秧歌”代表队一行26人于5月参加了交流活动。

参加第七届北京国际旅游文化节活动　在“第七届北京国际旅游文化节”上，宣武区秧歌队进行了盛装行进表演；还在先农坛分会场举办了大型文艺演出。

2004中国北京·首届国风诗人端午节大会　此项活动由中国萧军研究会文学艺术创作委员会和宣武区文化馆主办，宣武区作家协会和《新国风》编辑部承办，在宣武区新北纬饭店举行，贺敬之、魏巍、乔羽、古狄马加等诗人及来自全国各地的近200位诗人学者参加了诗会；诗会以纪念和弘扬屈原爱国精神、振兴民族文化为主题，举行了诗歌创新发展专题讲座研讨会、诗歌朗诵会和优秀作品的评奖颁奖活动。

举办北京国际传媒周暨第三届宣南文化节　“北京国际传媒周暨第三届宣南文化节”共有8项主题文化活动，其中，“天桥杯”北京社区鼓曲邀请赛展演、“椿树杯”北京社区京剧票友展演、白纸坊“高雅音乐进社区”等3项品牌活动，以及民俗表演、杂技专场、京剧专场演出作为主题文化活动被推出。

北京宣武国际传媒周开幕式

对外文化交流

参加“北京风情舞动巴黎——中法文化年北京文化周”盛装表演　我国在法国巴黎成功举办庆祝中法建交40周年系列活动之一的“北京风情舞动巴

黎——中法文化年北京文化周”盛装表演活动中，宣武区派出了3个街道社区组成的新秧歌表演队，表演队成员共45人。

宣武区少年宫对外文化交流　5月，日本舞蹈教师天龙弥来到宣武少年宫舞蹈班，传授日本舞蹈。8月，日本石卷市青少年交流访问团到宣武少年宫，参观了培训班的授课情况，并与书法、钢琴等部分培训班学员进行交流。宣武少年宫民乐团与澳大利亚、英国、美国的百余位音乐少年欢聚金帆音乐厅，参加了“中外青少年友好交流音乐会”，表演了笛子、琵琶、扬琴等节目。11月，宣武少年宫主任陈俊良带队参加了由北京市教科文协会组织的赴法国、德国教育考察活动。12月，宣武少年宫召开“中日音乐美术演出展示交流大会”，中日双方表演了文艺节目，民乐、舞蹈、武术、声乐班学员参加了活动。

社会（群众）文化活动

春节前夕，区委宣传部、区文明办、区妇联、区文委、区文化馆和牛街街道办事处共同举办的“万幅春联进社区、进军营”活动，在牛街文化广场举行。4月2日，由区文委、陶然亭街道办事处主办，区文化馆、陶然亭街道文体协会承办的“第二届北京‘陶然杯’地书邀请赛”在陶然亭公园举办，来自天坛、地坛、景山、玉渊潭、北海和陶然亭6个公园代表队的近80名选手参加了比赛，区少年宫小学生及外国友人加盟赛事。5月29日，宣武少年宫组织了北京市城八区少年儿童“我的成长故事”主题活动暨庆“六一”颁奖大会。5月，以宣武区8个街道办事处为依托，以110个社区文化广场为舞台的“五月的鲜花”群众歌咏活动举行，其中，各种文化娱乐活动136场次，各种展览活动104场次，参加10余万人次。7月25日，第二届“椿树杯”北京社区京剧票友大赛暨“和平杯”全国京剧票友选拔赛在湖广会馆隆重举行，来自全市各区县的京剧票友参加了决赛，28名选手分清唱、彩唱两组比赛，宣武区3名选手获全国“和平杯”十大名票荣誉；颁奖晚会在中央电视台“过把瘾”栏目录制，市、区领导为获奖的票友颁发了奖杯和证书。10月，由团区委、林业大学、科技大学、中国人民大学、区文化委联合主办，区文化馆承办的“宣南文化高校宣传周——宣南文化之夜”文艺晚会，在北京林业大学田家炳体育馆举办，来自首都各高等院校的2000余名学生参加了活动。10月，由市群艺馆、区文委、天桥街道办事处主办，区文化馆、市曲艺家协会承办的首届北京“天桥杯”社区鼓曲邀请赛在天桥乐茶园举办，来自全市10个区县的32名选手参加了赛事。

宣武区文化馆　是北京市宣武区文化委员会领导下的公益性事业单位，全馆总占地面积1596平方米，建筑面积1098平方米。设3室5部：办公室、财务室、艺术档案室，文艺部、美术摄影部、行政后勤部、文学辅导部和演出部。

文化市场管理

4月，宣武区文化委行政执法队正式挂牌成立，担负净化全区文化市场、出版物市场、文物保护、保证电视播出传输安全的责任，加大了对全区200多家文化娱乐场所的检查和管理力度。全年出动检查人员2450人次，检查文化场所815家次，出动各种车辆364车次，会同其他行业执法部门联合检查17次，对违法经营立案17件，处罚17件，共处罚金96500元。

图书馆事业

第四届春节厂甸庙会期间，区图书馆举办了“迎新春”有奖猜谜活动，并与区疾控中心、陶然亭街道联合举办了“预防禽流感知识讲座”。组织北京回民学校师生集体参观区图书馆“共享工程”，举办了“如何利用图书馆、如何使用计算机检索工具”专题报告会。主办了“民族风情”专题报告会。为北京武警部队七支队七中队官兵举办计算机基础知识讲座，并送图书200余册。与国家水利部联合举办了“首都社区健康知识讲座”；在天桥街道办事处举办了“庆祝六一国际儿童节联欢会”；在广外街道举办“读书伴随我们成长”主题报告会；组织了“加强未成年人思想道德教育”图片展。区图书馆开展“爱心快递总动员”活动，收集、整理大量的捐赠物品，并举办了宣武区“2004年红领巾读书读报”活动表彰会。为延寿寺社区居委会送书200册，为天桥街道图书分馆安装了智慧2000系统。

宣武区图书馆　是宣武区文化委员会属下的公益性事业单位。全馆占地面积1700平方米，建筑面积3500平方米，有坐席300个。设3室6部：办公

宣武区图书馆读书活动

室、财务室、宣南文化研究室，外借部、资料阅览部、少儿部、辅导部、采编部、综合阅览部。2004年经文化部评估验收被评定为国家“一级图书馆”。馆藏各类古籍图书285242册，各类报刊8659份，其他类图书263561册，视听类文献11091件。

艺术教育

区文化馆与宣武区镜海影视艺术学校联合办学，已开办声乐、影视化妆、素描、色彩、摄影、数码设计、英语、舞蹈等培训班。区文化馆、区作家协会与《北京文学》杂志社利用暑假期间，共同举办了两期《新语文》“阅读与写作”暑期夏令营文学系列讲座活动，共接待学员300多人次。区文化馆、区作家协会协助市作家协会举办了“北京文学节”活动，邀请儿童文学作家张之路向同学们讲授文学知识，并放映了电影。

宣武少年宫常年为少年儿童开办文艺、美术、体育等专业培训，并成功组织了各种大型群众教育活动。本年开设专业培训班31个，其中：文艺类14个，美术类7个，体育类6个，其他类4个，7515名中小学生参加了各种培训活动。

专业艺术团体

北京风雷京剧团　是有着60多年历史的国家A级演出单位，现任团长是中国戏剧家协会会员、国家一级演员松岩。该团2004年共演出521场，观众达96000人次。参加了“香港中国国艺节”活动，选派了22名演员，共演出18场，观众达20000人次；参加了“京穗戏迷京剧节”活动，选派了23名演员，观众达8000人次。

北京风雷京剧团演出剧照

北京杂技团　成立于1957年。本年国内演出570场，演出地点主要在北京天桥杂技剧场，观众达85000人次。2004年，派出12人分3个演出小组与加拿大太阳马戏团进行合作，在美国、澳大利亚、加拿大、日本、新西兰等国巡回演出，还派出8人小组在以色列巡回演出；共计演出1700场次。10月，《杯水娇柔》（五人滚杯）荣获第六届全国杂技比赛“金狮奖”。

北京皮影剧团　组建于1958年，是北京地区唯一的专业皮影表演艺术团体。2004年新编排了《顽皮的猴子》、《小马过河》、《兔子和狼》、《猪八戒找朋友》、《太阳鸟的传说》等11个剧目，全年在北京木偶剧院的“小星星”剧场、天桥杂技剧场的皮影乐园，共演出200余场，观众达10000多人次。

皮影戏《猴子的心》

文化企、事业情况

湖广会馆　始建于清嘉庆十二年（1807年），于1830年增设戏楼。会馆主体为明清庭院式建筑风格。2004年参加了第四届国际互联网多媒体全球峰会、亚太地区世界遗产官员参观座谈活动，举办了全国和平杯京剧票友决赛、北京市曲协幽默艺术节开幕式、椿树杯北京市京剧票友赛活动。国际古迹遗址理事会主席米歇尔·皮萨特带领的亚太地区13个国家数十名成员在这里观看了京剧。全年对外演出471场次，接待观众6万人次。在湖广会馆“文昌阁”内，设有“北京戏曲博物馆”（1997年建立），馆内陈列有珍贵翔实的戏曲实物资料，介绍中国戏曲的发展历程。

老舍茶馆　营业面积2600多平方米，内设中式演出大厅和四合院式商务茶院和京味茶餐厅。2004年共演出566场，接待观众11万人次，包括荷兰首相、捷克众议院副议长、以色列副总理等外国贵宾。

梨园剧场　由北京前门建国饭店和北京京剧院联合开办。2004年全年演出364场，观众达2.1万人次。接待了罗马尼亚总理、荷兰副议长、俄共中央书记、卢森堡国务委员会主席等外国贵宾。

大观楼大银幕电影院　始建于1905年，是中国早期影院之一。影院主要经营范围有：电影、录像、游艺、音像、服装、旅游产品等多种项目，是北京前门地区主要的娱乐场所。2004年共放映电影1988场次，观众达36150人次。

广安门电影院　是宣武区第一家拥有3个放映厅的影院，采用SR·D立体声设备，2004年共放映4393场次，接待观众达173579人次。

中华电影娱乐宫　地处北京南中轴路的天桥地区，是集文化、餐饮、娱乐于一体的综合性娱乐场所。建筑面积3420平方米，有3个电影厅，1076个座位。2004年共放映1407场次，接待观众达37231人次。

文化艺术社会团体

宣武区文学艺术界联合会　是由宣武区文学艺术界各协会、团体、单位代表组成的人民团体，是区委、区政府联系广大文艺工作者的桥梁和纽带。有会员300多名。

宣武区作家协会　是经北京市宣武区社会团体登记管理机构核准登记注册的社会团体法人。拥有小说、影视、诗歌、散文、报告文学、纪实文学、曲艺、戏剧、科普、杂文、评论、通讯报道及语文教学方面写作与辅导专长的会员80名。

宣武区图书馆协会　由宣武区图书馆发起，以落实《北京市图书馆条例》、推进本区图书馆事业发展为宗旨，2004年4月2日成立，有团体会员79个。

宣武区文化委员会

书记　许立仁

主任　许立仁

（褚　萍　林克然）

朝　阳　区

概　况

朝阳区位于北京东郊，自古就有京畿腹地之美誉，是北京市面积最大、人口最多的城区。全区总面积为470.8平方公里。截至年底，常住人口275万人，辖21个街道办事处，21个地区办事处。朝阳区文化资源雄厚，有中央、市属科研院所159家，有大学28所，占北京高校总数的22.8%；区域内有《人民日报》、北京人民广播电台等新闻出版单位17个；有专业文化团体和艺术院校15个，文化馆1座、图书馆2座、博物馆18座、影剧院20座；在区文化委员会注册的文化企业6036家，在工商注册的文化公司3568家。朝阳区是国际交往重要窗口，区域内云集了159个国家的驻华使馆，60%以上的外国商社和90%的外国驻京新闻机构，120家跨国公司分支机构设在朝阳区境内，占北京市总量的2/3，世界500强企业进驻的有120多家，占进驻北京市总量（158家）75%以上。

朝阳区文化委员会机关行政编制25人，文化行政执法队编制20人。机关设办公室、组宣人事科、文化科、文物管理科、出版发行管理科（审批管理科）、电视音像管理科（研究室）6个科室，另在文化行政执法队中设有4个执法分队。

2004年文化艺术发展

朝阳区文委基层单位

朝阳区文化馆　位于朝阳区朝外小庄金台里17号。属财政差额拨款单位，是2003年中宣部全国文化体制改革的试点单位。总建筑面积11000平方米，主楼前“金台文化广场”3500平方米。其宗旨是：百姓的文化事业，百分之百的努力。按照“用品牌带动全区文化，用产业带动事业发展”的改革战略思路，推行“统一协调、区域管理、项目负责、指标控制”的管理办法，做大做强文化馆。文化馆不断延伸文化阵地，控制文化制高点，开设了“朝阳艺苑”展厅、大众公益课堂、艺术培训学校、涉外旅游演出、9个剧场、凤朝阳文化发展公司、凤誉堂餐厅、“民工影院”等众多娱乐服务项目。全年接待百万人次，辅导十余万人次，接待全国来馆参观交流的文化单位千余家，年均投入公共文化服务活动经费300万元，创收年增长率为18%。

朝阳区图书馆　位于朝阳区朝外小庄金台里17号，属财政全额拨款单位。全馆建筑面积5124平方米，阅览坐席652个，书架单层总长度9364米，总藏书量65万册，报刊866种，全年发放各种读者证件11866个（累计51606个），流通人数37万人次，举办各种辅导讲座115场次。馆内有法律资料中心（藏书5230余种6700册）、老年阅览室。围绕建设学习型社会，全年组织完成外借11698人次，外借231959册次，阅览207597人次、75633册次，平均日接待读者1064人，新购图书8000种35000册，使用购书费78万元，加工图书116768册。

北京民俗博物馆·东岳庙　位于北京朝阳门外大街141号，属财政全额拨款单位。东岳庙始建于元代延祐六年（1319年），主祀泰山神东岳大帝。占地4万平方米，古建376间，是道教正一派在华北地区最大的宫观、全国重点文物保护单位。庙内素以“神像多、碑刻多、楹联匾额多”著称于世。北京民俗博物馆是京城唯一一座国办民俗类专题博物馆，馆内藏品近万件。常年举办老北京民俗风物系列展。每逢春节、端午、中秋、重阳等传统佳节，馆内还举办以“走福路、挂福牌、画福布、绕福树、拴福条”为内容，以“祈福迎祥，戴福还家”为核心的“福”文化展示等丰富多彩的民俗文化。

朝阳剧场　位于北京市朝阳区东三环北路36号，属自收自支事业单位。总建筑面积为5700平方米，剧场拥有观众坐席1300个。另外有能容纳80人的小魔术厅，能容纳150人的豪华小电影厅。朝阳剧场积极开拓，勇于创新，在经营中自觉关注国内外市场状况，分析市场前景，逐步坚定了多触点发展事业的信心。以做大做强“杂技大世界”为中心，发挥杂技魔术、电影一线、德育教育基地三大优势。

朝阳剧场杂技大世界外景

2004年共接待来自60多个国家的40余万游客。发挥中小学生德育教育基地功能，为广大中小学生提供德育教育文艺演出，尤其是话剧《男子汉行动》连续上演60场，6万人次学生观看，深受广大师生的喜爱，20余家媒体对此作了追踪报道。2004年多触点开发战略成绩显著，全年创收突破1500万元大关，较2003年增长61.9%。已经成为朝阳文化产业链上不可或缺的重要一环。

紫光影城　位于北京朝外大街蓝岛西区五、六层，属自收自支事业单位。该院建筑面积为5500平方米，是北京市首家10厅影城，拥有1100余个座位，不仅拥有6个普通的电影厅，还设有“豪华厅”、“贵宾厅”、“情侣厅”以及立体电影厅4个极富个性化特征的影视厅。有顶级的放映、音响设备，是集电影放映、会议、餐饮、娱乐为一体的综合性文化场所。

朝阳区紫光影城

劲松影院　位于朝阳区劲松四区404楼，建筑面积2300平方米，有观众坐席600个。主要经营电影放映、台球、餐饮等。

香河园文化娱乐中心　位于朝阳区西坝河南里2号。建筑面积3790平方米，其中莱特曼迪斯科舞厅2000平方米，内设豪华KTV包房26间。主要经营歌舞、互联网上网服务、台球等。

曙光影剧院　位于朝阳区化工里5号。建筑面积1200平方米。主要经营互联网上网服务及餐饮。

市、区领导调研文化工作

2月17日，朝阳区人大常委会副主任于五行到区文委机关视察。

2月26日，北京市副市长孙安民一行到大山子艺术园区调研，朝阳区人民政府副区长关三多等陪同。

3月20日，北京市副市长孙安民、市委宣传部常务副部长王学勤、北京市文化局局长降巩民出席朝阳区文化执法队挂牌活动。

4月8日，北京市委副书记龙新民一行到大山子艺术园区调研，区委书记李士祥等领导陪同。

6月4日，全国部分政协委员视察东岳庙，听取文物保护、博物馆建设情况汇报。

6月17日，市委宣传部改革办公室主任陈冬一行到区文化馆调研，了解全国文化体制改革试点单位工作进程，推进改革工作。

7月16日，市委副书记龙新民、市委副秘书长陈启刚、市文化局局长降巩民等到区文化馆调研，听取改革工作汇报，区委书记李士祥，区委常委、宣传部长王少峰，副区长关三多等陪同。

8月3日，区委书记李士祥，副书记韩子荣，区委常委、宣传部长王少峰等到区文化馆调研，听取区文委主任李龙吟、文化馆馆长徐伟关于文化馆改革工作进展情况和未来工作思路的汇报。

8月17日，市委常委、宣传部长蔡赴朝、市文化局局长降巩民等领导到区文化馆调研，区委书记李士祥，副书记韩子荣，区委常委、宣传部长王少峰等陪同。

8月26日，区政协副主席马万昌率区政协社会和法制委员会部分委员到区图书馆调研，听取普法广场开展普法工作情况汇报。

10月20日，区委书记李士祥，副书记韩子荣，区委常委、宣传部长王少峰，副区长关三多等到区文委机关调研，听取李龙吟主任关于文化产业发展的汇报。

11月12日，市委常委、宣传部长蔡赴朝到朝阳区调研文化工作，听取了关于朝阳区打造时尚文化品牌的设想和推进基层文化建设的意见汇报。市有关部门领导王学勤、降巩民，区领导李士祥、韩子荣、王少峰、关三多陪同调研。

12月1日，区委副书记韩子荣，区委常委、宣传部长王少峰，区人大副主任于五一、副区长关三多、区政协副主席谢郁等到北京图书批发市场、北京画院调研，并组织召开专家座谈会，听取对朝阳文化产业发展的建议和意见。

12月14日，市人大教科文卫体专题组在市领导于均波、索连生、范伯元等的带领下到国家文化部基层改革试点单位、全国文化馆唯一的文化体制改革试点单位——朝阳区文化馆视察，对文化馆的改革发展之路予以充分肯定。

重要文化活动及事件

1月21日～28日，北京民俗博物馆成功举办第三届民俗文化节和第六届东岳庙庙会，接待游客20余万人。

3月16日，朝阳区文化馆被文化部批准为首批全国一级馆。

3月20日，北京市加强区县文化综合行政执法工作会在朝阳剧场召开，区文委行政执法队挂牌成立。

4月13日，朝阳区图书馆通过了北京市评估达标小组的检查，被评为国家一级图书馆。

4月，区文化馆同北京群众艺术馆共同举办了“北京外来民工歌手大赛”。来自全国31个省、市、自治区的342名选手报名参赛。通过3天10场初赛和复赛，30名歌手闯入决赛，最后来自江西的刘志军等10人荣获“十佳歌手”称号。

5月1日～7日，在朝阳公园成功举办了“朝阳流行音乐周”，掀开了朝阳区大型文化活动历史上新的一页。7天组织演出80台，参加演出的文艺团体186个，演员2000人，其中外国演员250人。另外，还组织67支流行乐队参加了流行音乐新人比赛，16支队伍获奖（其中有日本、委内瑞拉2支外国队）。接待游客20万人，取得良好的社会效益和经济效益。

6月9日，配合北京市组织完成了迎接雅典奥运火炬传递活动在国家体育场建设工地文艺演出的任务，受到奥组委官员的一致赞扬。

6月11日，朝阳区社会事业发展大会在北京会议中心召开，陈刚区长在会上作了题为“以人为本，改革创新，加快推进社会现代化”的报告，提出文化改革与发展的主要任务是：打牢文化建设基础，大力发展文化产业，规范文化市场管理。区文委主任李龙吟作了“提高认识，明确任务，努力使朝阳的文化建设与发展迈上新台阶”的发言。

6月27日，中国民俗学会落户北京民俗博物馆并挂牌办公。

8月13日，朝阳区文化娱乐场所8支艺术团开始进社区、下农村演出。

9月16日，朝阳区文化艺术界联合会成立，100多名驻区文化艺术界名人集聚在一起，共为朝阳文化发展出谋划策。著名歌唱家李光羲担任文联主席。

9月29日，在朝阳公园万人草坪剧场隆重举办了朝阳区庆祝中华人民共和国成立55周年群众文化晚会，来自全区基层的23支演出队伍参加了演出，受到社会各界的好评。

10月1日～7日，在区委、区政府的领导下，组织调动全区35个单位近万人，经过3个多月的精心策划，严密组织，圆满完成了庆祝中华人民共和国成立55周年中华民族园游园活动的文艺演出、展览、安保等一系列工作。国家领导人曾庆红、罗干参加活动后给予高度评价。7天游人超过30万人次。

11月2日，区文委按照转变政府职能、提升文化管理和服务能力的要求，在核定的编制内，重新定责、定岗、定员，调整了机关内设科室，合理设置了审批管理科、调研室，增强了内部活力，提高了运行效率。

11月22日，为丰富流动人口生活，共享文化阳光，区文化馆在全国率先启动“民工影院”，坚持每周六免费为民工放映电影。北京30多家新闻媒体对此进行报道。

12月21日，中共北京市朝阳区委、区人民政府制定了《关于推进基层文化建设的实施意见》，提出了基层文化建设发展的宏伟目标。

本年 配合市委宣传部完成了大山子798文化艺术园区的全面调研；组织完成了温榆河绿色生态走廊的历史调查并出版了《温榆水晶》，为温榆河的开发提出了可行性建议。

朝阳区麦子店街道枣营南里社区荣获“全国文化先进社区”。

朝阳区文委机关档案管理达北京市档案管理一级标准。

朝阳区文委荣获北京市2004年度“扫黄打非”工作先进集体。

朝阳区文委行政执法责任制考核评比荣获北京市文化局2004年度先进单位。

朝阳区文化委文物行政执法工作荣获北京市文物局2004年度先进单位。

朝阳区文化馆荣获首届“北京新秧歌”电视大赛二等奖。

朝阳区图书馆荣获“北京市图书馆千场讲座活动”二等奖。

基层文化工作

紧紧围绕区社会事业发展的要求，不断巩固基层文化阵地，构建文化服务体系，拓展文化进社区领域，努力打造文化品牌，提升文化品位，加大文化市场监管，取得了丰硕的成果。

文化设施得到加强　全区建成文化中心53个、文化活动室338个、文化广场170个，基层文化设施总面积489896平方米，人均文化设施面积达0.19平方米。建成社区百米万册达标图书馆42家，总面积达7343平方米，藏书534435册，阅览室坐席1789个，累计发放借书证12415个，总流通480249人次。

文化队伍不断发展壮大　全区从事基层文化的工作人员600余人，常年参与组织基层文化活动的工作人员达69000余人。基层业余文化团队122个，各种书画协会、曲艺协会、读书协会等290个。全年组织创作音乐作品98件、DV作品21件、小品6件。

群众文化活动丰富多彩　“五月的鲜花”、“夏日文化广场”、“金秋艺术节”、“农民艺术节”等内容丰富，形式创新，富有时代性、娱乐性和教育性，成为传播先进文化、推动三个文明建设的有效载体。全年“五月的鲜花”、“夏日文化广场”活动达1643场，观众达2052730人次。落实“2131”工程，送电影下乡、进工地、入社区，免费放映1400场，观众达216720人次；流动图书车送书到基层183次，送书60236册；演出流动车下基层75次，演员1200人，观众达10万人次。

文化活动品牌不断延伸　“社区一家亲”是朝阳区开展了四年的一项基层文化品牌活动。在2004年历时5个月的活动中，不断拓展空间，延伸阵地，用品牌带动全区文化活动。组织开展了“幸福家庭”才艺表演、“百姓故事”DV作品大赛、“聚焦社区”摄影抓拍大赛、“名家逛朝阳”、“社区居民艺术展”、“社区文艺调演”、“新北京、新奥运、新朝阳”原创歌曲征集7项大型活动近200场，展出书画、摄影、集邮及手工艺作品319幅（件），有21个街乡的31个家庭参加了“幸福家庭”才艺表演；出版了《朝阳区群众业余创作歌曲集》；“名家逛朝阳”活动有16篇作品在《朝阳报》专版刊登。全区42个街道、地区办事处组织群众团队100多个参加了演出活动，参加活动的人数达60多万人次，充分体现了广泛的群众参与性和基层文化活动的实力和水平。

朝阳区“社区一家亲”群众系列活动文艺表演

文化市场健康有序　文化市场“三级网络”管理机制有效实施，月例会学习培训制度常年坚持，日常监管、联合行动力度加大，确保了文化市场健康有序发展。全年共组织各种检查3342次，出动执法人员20087人次；清理游商1402个，查缴盗版光盘264314张；全年立案94件全部结案，罚没款756172元。

朝阳区文委执法队工作人员在音像店进行现场执法

辅导培训

文化馆充分发挥辅导培训中心的作用，为促进基层文化的繁荣，提升文化队伍的业务素质，除坚持下乡辅导培训外，还分别下到工厂、社区、机关、学校进行舞蹈、新秧歌、合唱、书画、文学、电影放映等培训480次，培训文化骨干10万人次。另外，“文化艺术培训学校”常年开展了书画、美术、手风琴等培训班520期，培训各种文化艺术人员达8600人。

对外文化交流

对外文化交流活动有了历史性的突破，第一次由区文委组团出国学习考察。全年组织35名人员到雅典考察奥运文化工作，到韩国学习民俗文化工作的开展等。

朝阳区文化委员会

书记　　张　前

主任　　李龙吟

（翁庆德）

海　淀　区

概　况

海淀区位于北京市西北部，面积426平方公里，人口224万人。地势西高东低，西部山地位于太行山余脉，林木浓郁；东部和南部是现代化城区；境内水系119.8公里，水质优良的山泉和面积阔大的湖泊散布各处，水量充盈。

海淀区是著名的高新技术产业区，逐步形成电子信息、光机电一体化等四大支柱产业，建成上地信息产业基地和中关村大街科技经济带。海淀区是著名的文化教育区，作为中华人民共和国成立后国家重点建设的文化教育科研基地，区内驻有北京大学、清华大学等39所高等院校、22所各类成人高等院校和众多民办院校，有中小学286所；驻有中央、市属及区属科研单位219个，中国科学院41个研究所大部分在海淀区。区内有国家图书馆、海淀图书城、海淀文化艺术中心等文化场所，有众多著名的电影、电视、新闻出版、文艺演出、展览等机构和场所。

海淀区文化委员会下设5科1室：文化文物科、文化市场管理科、文化市场审批科、著作权管理科、组织人事科、办公室。下属基层单位8个：文化馆、图书馆、电影管理处、评剧团、海淀剧院、文物管理所、社会文化管理所、海淀博物馆。

海淀区文化委员会基本职能：贯彻宣传国家和北京市有关文化、文物、新闻出版和广播电视工作方针、政策、法律、法规、规章，促进文化事业的发展和繁荣；研究制订本区文化事业发展规划，并组织实施。管理群众文化事业；研究制订本区群众文化事业发展规划，并组织实施；指导、协调街、乡（镇）群众文化工作；负责本区老年非学历教育及指导各类老年大学工作；负责艺术类教育机构的初审工作。管理文化市场，研究制订文化市场发展规划并组织实施；负责营业性演出、电影发行放映、美术品市场、文化娱乐、出版物发行、印刷业等市场的管理；监督、指导文化市场稽查工作。负责辖区内音像制品、音像市场和卫星地面接收设施管理以及有线电视施工队伍资质的初审和查处非法施工队伍。研究制订文物事业发展规划并组织实施；负责文物古迹的保护；负责地下出土文物的发掘、整理、收藏与保护；负责管理文物市场。

2004年是新一届区委区政府的届首之年，全区文化工作者在“三个代表”重要思想指引下，团结一致，努力拼搏，服务奉献，争创一流，圆满完成了年初既定目标。

2004年文化艺术发展

全区重视文化工作

区委区政府高度重视文化工作　海淀区文化工作面临历史最好机遇，党的十六届四中全会提出要“解放和发展文化生产力”，为文化工作指明了方向，区委九次党代会提出“文化兴区”战略，政府工作报告浓墨重彩描绘文化前景。海淀的文化工作不仅是文委的工作，也是全区各部门的工作。区委书记谭维克、区长周良洛对文化工作予以高度关注，特别是对海淀文化节和海淀文化大会两件大活动，大到文化节的主旨，细到每个节目的安排，多次莅临演出现场；主管领导更是关怀备至，彭兴业副书记、贾沫微部长、孙宝启副区长不分工作日还是节假日，过问一节一会的每一个细节。

区各部门积极配合文化工作　区委宣传部、区文委、海淀交通支队共同承办了2004年迎新春文艺晚会，慰问区第九次党代会代表以及区人代会、政协会代表；区文委与农林委密切配合，成功举办了第14届农民艺术节；与区广电中心合作，完成了30集《走近海淀文物》专题片后10集的拍摄工作，并对拍摄的30集专题片进行整理汇编、后期制作，制成光盘对外公开发行。

文化系统发挥优势，努力挖潜　文化馆业务干部面向基层，组织业务培训12期，750人次；深入工厂、机关、学校、部队培训各类学员3700多人次。在全市农民艺术节民族民间手工艺大展赛、北京市新秧歌大赛、全国群星奖比赛等全市和全国性比赛中，共获得市级二等奖5个、三等奖4个，获全国比赛优秀奖4个。流动图书借阅车、流动演出车、流动电影放映车是近年来形成的文化下基层新形式，2004年，深入街乡协助基层建立了8个百米万册图书馆，基层分馆已达到30家；建立流动借阅

点 17 个，借阅图书 18159 册次；放映电影 1276 场，观众达 100 万人次。

成功举办“2004 海淀文化节” 本届海淀文化节，以“弘扬海淀精神，建设文化大区”为宗旨，以“文化之海，艺术之淀”为主题，在区委、区政府的领导下，举全区之力，整合区域文化资源，打造海淀文化品牌，圆满完成了区九次党代会报告以及 2004 年政府工作报告提出的任务。文化节适逢祖国 55 周岁华诞，以丰富多彩、主题鲜明的系列文化活动向祖国献礼，出色地完成了市委、市政府交给海淀人民的光荣任务，得到市领导的高度评价。海淀文化节是文化艺术的盛会，由文艺演出、展览展示、文化论坛、中法饮食文化研讨会四大板块组成，时间长、规模大、辐射面广，内容丰富，形式多样，凸显了海淀文化的国际性、精品性、民族性、多元性的特色。从 9 月 20 日 ~10 月 22 日，全区共举办了 98 场内容丰富、形式多样的文化活动，其中区级重点活动 36 场，各街乡镇活动 62 场，参加活动近 30 万人次。

海淀文化节“霓裳丽影”名模服饰专场演出

基层文化设施建设

自 2003 年 3 月召开海淀区基层文化建设大会以来，全区基层文化设施的建设取得了前所未有的发展，至 2004 年底全区共建成 17 个“百米万册”图书室、7 个社区文化中心、43 个农村文化大院和 10 个特色文化广场，区财政奖励资金 958 万元已全部到位。继 2003 年与区财政联合对街乡镇文化设施进行验收后，全区验收合格的建设项目共有：9 个“百米万册”图书室、1 个社区文化中心、21 个农村文化大院和 10 个特色文化广场。

文艺演出和电影放映

文化馆、海淀剧院、电影管理处等单位落实督查项目，完成演出 100 多场次，电影放映 1741 场次，观众百万人次。电影放映利用为两会提供服务、落实农村电影“2131”工程、科普电影放映宣传月、夏日文化广场、高校艺术电影周等契机，共放映 1741 场次，丰富全区人民文化生活 。

庆祝海淀剧院重张新年音乐会

调查研究

开展调查研究，推动文化阵地建设。根据区委、区政府关于开展区域资源调查工作的统一部署，区文委成立了区域文化资源调研课题小组，组织召开了 5 个层面 6 个座谈会，探索文化资源整合途径；各部门积极配合，深入了解基层文化建设基本情况，基层文化工作的开展状况和面临的难题，以及有关意见和建议。形成《海淀区区域文化资源调研报告》、《区域文化资源情况综述》及相关统计数据的录入和上报工作。

海淀文化大会

海淀文化大会于 11 月 25 日召开，这是北京市区县中首次召开的区域性文化大会。在吸收上海、山东、河北、云南等地发展文化事业和文化产业先进经验的基础上，由区主管领导带队到杭州、东莞、深圳等地实地考察，并广泛征求了各级文化行政主管部门、文化企业、文化产业专家和全区 20 多个相关部门意见，由区委宣传部、区委办、政府办、发改委、财政局等部门组成了调研和文件起草班子。经过认真调研，精心筹备，文化大会胜利召开。文化大会提出了未来海淀文化发展的总体目标和创建“海淀文化产业园”等战略任务，出台了《海淀文化发展规划纲要（2004～2008）》、《中共北京市海淀区委、北京市海淀区人民政府关于加快文化产业发展的若干意见》等5项发展海淀文化事业和文化产业的政策、规定。文化大会的召开，提高了全区上下对文化产业在区域经济中的地位的认识，形成了科技、教育、文化同步发展的新格局，为打造海淀文化事业和文化产业发展空间提供了政策保障。

文化市场管理工作

2004年，区文委在加大文化市场管理力度的同时加强创新。成立网吧协会，完善组织机构，建立理事会、监事会。开展为期半年的网吧专项整治工作。聘请人大代表、政协委员和教育界代表15名成为区文化市场监督员；结合创首善城市综合整治工作，完成对各行业的监督检查工作。2004年海淀区“扫黄打非”办公室被全国“扫黄打非”办公室评为先进集体。

全年共出动执法人员2874人次、638车次，检查各类场所共计1819家次，收缴非法图书80余万册、音像制品30余万张（盒）、卫星接收设施58件、会同市广电局联合执法收缴卫星接收设施1000余件；查处答复各类举报137件；办结案件25件，立案调查4件，罚没款共计182060元，停业整顿2家，吊销许可证1家。经过年检整顿，全区有出版物零售企业1527家，娱乐场所298家，音像制品经营单位570家。

有效遏制中关村大街盗版现象　2004年，市政府第56号折子工程就是要有效遏制中关村大街盗版现象。为此，区文委采取多项有力措施，一是大力宣传著作权法律及相关法规。结合“4·26”世界知识产权日，与科委、工商联合，在中关村地区开展了以“尊重知识产权、发展知识经济”为主题的宣传周活动，先后在当代商城、海龙大厦等繁华地段开展法律咨询和宣传，在科贸电子城、鼎好电子城等电子市场的明显位置，张贴禁止销售盗版软件的通告，悬挂宣传横幅，取得了良好效果。二是查处盗版、盗印违法活动，保护权利人的合法权益。3月4日，查获甲骨文系列软件35套（正版每套市值2万余元），微软服务器软件2套（正版每套市值5万余元）。破获“5·28”大案，为破获该盗版教材全国最大案，经过一个多月的调查取证，破获了盘踞海淀图书城多年、专门从事以盗版自学考试教材和会计、司法考试教材为主的盗版团伙。6月16日，在西北旺镇大牛坊村一居民院内端掉了一个向中关村地区批发刻录盗版光盘的窝点，现场查获1000多个品种3.5万多张。三是规范电子市场，积极培育和组织申报“正版产品销售示范单位”。为规范电子市场的管理，切断游商依托电子市场销售盗版光盘的途径，经多次调查、协商和座谈，文委与海龙大厦、科贸电子城等电子市场达成了严禁销售硬配件的柜台销售电子出版物、电子市场设软件销售专区并对市场内的违规企业承担连带责任的管理办法，督促市场主办单位对企业的监督和管理。四是建立版权工作站。为带动和推进版权保护工作的开展，经仔细研究和严格筛选，在梅迪亚图书资料供应中心建立了版权工作站。为确保“扫黄”风暴的成果和中关村地区游商不再反弹，成立了20人的保安队伍，由民警带队，在中关村大街沿线巡查盯守。由于措施得力，有效地遏制了中关村大街盗版现象。

海淀区文化委员会

书记　惠远霖
主任　惠远霖

（刘春华）

丰　台　区

概　况

丰台区是北京市的城八区之一，位于城区西南部，总面积306平方公里。区辖16个街道办事处、4个乡和2个镇，总人口136万人。2004年经济发展达到近10年来最好水平，实现财政收入15亿元，为发展现代化新城区奠定了良好的基础。是年，丰台区认真贯彻党的十六大精神，努力实践“三个代表”重要思想，加强基层文化建设，广泛开展群众文化活动，依法开展行政审批，加大文化娱乐市场监管，促进了区域文化事业的蓬勃发展。

丰台文化委员会是丰台区政府主管全区文化事业、文物保护、新闻出版和广播电视行政管理工作的职能部门，共有行政编制18人，下设职能科室包括办公室（人事科）、文化科、文物科、文化市场管理科（出版发行科）。下辖4个全额拨款的事业单位（社会文化管理所、文物所、图书馆、文化馆）和1个自收自支的事业单位（电影发行放映中心）。全系统在职干部职工132人。区文联与文委合署办公，编制为2人。区少儿图书馆隶属区教委。

2004年文化艺术发展

文化政策

制定并下发《丰台区关于进一步加强基层文化建设的意见》。《意见》阐述了加强基层文化建设的重要意义，并提出围绕建设现代化新城区的战略目标，从多方面大力推进基层文化建设的措施，包括2007年内区文、图两馆达到国家一级馆的标准，21个街道、乡镇所属文化设施全部达到市颁标准，242个社区和80%的村建成文化室（俱乐部、文化科技大院）；加强基层文化设施的管理和使用，整合非公共文化资源，提高文化活动人员的参与率，促进市民整体文化素质的提高；建立专兼结合的群众文化骨干队伍和稳定的文化志愿者队伍，规范和加强群众业余文艺团队建设；进一步加强文化市场培育和管理，积极引导文化市场的经营活动和群众的文化消费倾向，促进文化产业健康有序发展。

重要会议

4月组织召开全区群众文化工作会，会上提出紧紧围绕“发展新丰台，建设新城区”这一中心，以“腾飞·丰台”为活动主题，以文化活动为载体，体现“三个一”的工作重点：一是围绕一个主题，开展丰富多彩的文化活动；二是建设一批基地，夯实区域文化基础；三是完善一支队伍，培育区域文化特色。同时提出群众文化工作要树立五个意识，即精品意识、基层意识、阵地意识、创新意识和安全意识。

基础建设

规范了基层文化中心（站）、农村文化大院、图书室的达标标准，完成全区18个农村文化大院、文化馆（站）达标验收工作和2005年27个文化大院和14个街乡达标文化站的申报任务。新建成方庄星三社区、卢沟桥文化站、东高地万源东里社区、汽车团通信站、西道口仓库5个基层图书室，推进了基层文化设施建设的发展。结合区域特色构建文化中心项目，争取市拨资金100万元，启动“大红门流动人口聚集区文化活动中心”工程。完成区图书馆的改造工程并于9月28日正式开馆。宏观指导街乡工作，培育特色文化队伍。6月，在大红门地区率先成立北京市首家“流动人口文化艺术团”，丰富了流动人口的文化生活，增进了首都大家庭的融合，打造南城大红门地区整体形象。艺术团被列入2004年市基层文化工作五个示范单位之一。协助南苑乡摄影协会在全市举办“南苑乡犇牛摄影协会百幅作品交流巡回展”。马家堡街道的国粹艺术特色、卢沟桥乡的舞蹈特色逐渐形成。

群众文化

紧紧围绕“发展新丰台，建设新城区”的战略目标，开展形式多样的群众文化活动。春节期间，举办了迎春团拜会演出专场、莲花池庙会开幕式、“一台戏、一条街”和“文化下乡”活动，满足了群众的传统文化需求。以“唱响丰台”为主题，举办“五月的鲜花”系列群众歌咏活动，通过群众歌会、公务员歌手比赛、颁奖演出三台演出，展示了群众在建设现代化新城区进程中良好的精神风貌。7月~10月，开展夏日文化广场活动，各街道、乡镇、社区和农村通过“夏日欢歌唱社区”、“建绿色家园，争创国家卫生区”、“书法摄影比赛”、“戏曲票友演唱会”、“手工制作展览”、“老年模特队表演”、“儿童才艺大比拼”、“家庭变化老照片”、“我与交通安全”、“大家乐”等文化活动，使群众广泛参与，展示才华，陶冶情操，提高素质。全年群众文化演出活动达1117场（次），其中街、乡（镇）组织各类文化活动365场（次），社区、村组织活动752场（次），参加人数达34.9万余人次。认真落实农村电影放映“2131”实事工程，深入乡、镇、社区、农村为群众放映电影716场（次），观众累计达26万余人次，完成市局下达任务的106%，受到社区、农村群众的欢迎。

特色品牌

5月，云岗街道、王佐镇、恒源商厦联手组织“街镇同唱一首歌”活动，即“恒源杯”群众文化系列演出。吸引了北京乃至周边省份的专业院团和群众参与，演出136场，观众达到10万多人次，到云岗、王佐赶“文化大集”一时成为广大群众生活中的重要内容，构成了独特的“恒源文化”现象。活动受到市委书记办公会的关注，包括《新华社内参》的各大媒体纷纷给予报道。东铁营街道的群众艺术团以“一场、一团、四支队伍、五项活动”为目标，定期为社区群众演出，在辖区内树立起品牌，并成功地与企业联姻，开创了企业资助群众办文化的良好局面。东高地街道突出地区文化特点，打造航天特色品牌，收到了良好的社会效益；卢沟桥乡突出舞蹈特色，成立了卢沟桥艺术团，并举办了“首届卢沟桥乡文化节”，带动了农村文化活动的开展。

大型文化活动

举办了9项大型文化活动，基本做到月月有重点，扩大了丰台区在全市的影响。承办第四届“相约北京”暨第二届北京国际戏剧演出季“腾飞·丰台”广场联欢活动，加强了与国际文化的交流；承办市文化局、北京电视台主办的“舞动北京”首届“北京新秧歌”电视大赛的预赛活动，吸引了全市

70多支队伍参赛，丰台区派出11支代表队。举办纪念邓小平诞辰100周年书画展、庆祝中华人民共和国成立55周年优秀摄影作品展；组织“庆祝申奥成功三周年”方庄地区、云岗和南苑街道的广场演出活动；与中国国际广播电台老年书画协会联合举办“金秋晚晴”书画交流展；与甘肃天水市文联共同举办书画交流展；与区纪委举办“清风颂”反腐倡廉书画摄影作品展；与市监狱管理局联合举办“监狱、人文、艺术”书画展。出版文学专刊《卢沟月》第十一期。9月，举办首届“腾飞·丰台”文化论坛，邀请各方专家就“研究卢沟文化，优化丰台发展环境”、“文物保护与文化产业开发力争双赢”和“区域文化与区域发展”三个主题进行论述，为打造区域文化品牌、优化文化环境以及经济与文化事业的协调发展提供了非常有价值的意见和建议。

区图书馆新馆开馆

区图书馆新馆建设是丰台区2004年文化基础设施建设的重点工作，市、区共投入资金370万元用于图书馆设施设备的完善，区文委和图书馆各部门全力做好图书上架、设备采购安装、网络系统、馆员招聘等各项筹备工作，提前两个月完成任务。新馆于9月28日在文化中心大楼正式开馆，面积达7400平方米，设读者坐席500个，藏书27万余册（件），开设了外借室、视听室、电子阅览室、期刊阅览室、残疾人阅览室、儿童阅览室等17个服务窗口，改造后的硬件已达到国家一级馆的标准。图书馆以花卉图书资料为特色藏书，兼收经济作物的养种植资料。截至12月底，已为市民办理图书借阅证1055个，接待读者16857人次，图书流通21174册次。

图书馆活动

图书馆充分发挥文化传播的阵地作用，为市民提供丰富的文化教育和交流活动。区图书馆举办了“经典诵读与儿童潜能开发”、“中小学生课外学习软件推介、展示会”和“糖尿病的预防与防治”等50场专题教育讲座和展示会，参加人数达6000余人。10月，区图书馆被命名为“丰台区未成年人思想道德建设实践活动基地”，同时陆续开展实践活动，共接待中学生19批次1500名学生。区少儿图书馆开展了以“保护未成年人的合法权益，争做合格小公民”为主题的中小学生图书捐赠、交换活动，共有19所学校捐书36652册，用于流动图书车和捐赠给区妇联、大红门幼儿园。开展了全民读书月活动，并举办朗诵技巧讲解、摄影辅导等讲座。截至12月，少儿图书馆共编制新书3597种、10910册，书刊外借134138册次，总流通达128442人次。

丰台区图书馆开展未成年人思想道德建设实践活动

全区文化工作获奖情况

区文委被评为2004年度北京市“扫黄打非”工作先进单位、执法责任制先进单位。

区电影发行放映中心和放映小队被评为2004年度北京市农村电影放映“2131工程”先进单位。

区图书馆在2004年度北京市公共图书馆开展的送书下乡活动中荣获一等奖，同时荣获图书馆千场讲座活动三等奖。

区文化馆荣获奥运火炬传递抓拍比赛组织奖。

区少儿图书馆荣获国家图书馆“我与图书馆”征文活动优秀组织奖。

区少儿图书馆荣获市少儿馆“情系西部，图书捐赠活动”优秀单位奖。

云岗街道荣获“2004年北京市‘五月的鲜花’社区（村）文化节先进街道”称号。三角地第一社区居委会、莲香园社区、蒲黄榆第二社区和三路居村、草桥村荣获“先进社区、村”称号。

卢沟桥乡文化活动中心被评为2004年度北京市农村电影放映“2131工程”先进单位。

装甲兵工程学院战士秧歌队和大红门流动人口艺术团舞蹈队在首届“北京新秧歌”电视大赛中分获银奖和鼓励奖。

谢东升、毛俊华、王海洲和斐福禄被评为2004年度北京市农村电影放映“2131工程”先进个人。

王兰素、张建华、张顺玲等15名同志被评为北京市先进基层文化志愿者。

区文化馆美术干部雷佐龙的作品《转经》获2004年全国中国画作品展铜奖。

区图书馆韩淑琴撰写的《我与图书馆的情缘》荣获国家图书馆“我与图书馆”征文活动优秀奖，并编入《中国图书馆百年》一书。

区文化馆陈宇撰写的《留住民族民间文化的记忆》荣获中国群众文化学会和中国文化报社主办的

全国“民族民间文化艺术传承与保护”论文评选群文类二等奖，以及北京市2001～2004年度群众文化优秀论文奖。

南苑乡文化站李增奇的作品《奥运动画卷》被评为奥运火炬传递抓拍比赛十佳作品。

行政审批

以推行全程办事代理制为重点，积极推行《中华人民共和国行政许可法》，提高行政审批效率，建设服务型机关。一是成立了推行全程办事代理制领导小组，依法对涉及行政审批的项目进行清理，核定行政许可24项，同时进一步减化审批程序，取消了书店审批现场审核环节。二是抓好培训，做好行政许可法实施准备。利用中心组（扩大）学习和机关全体会进行学习和培训；组织行政执法人员参加市局组织的培训；组织全体公务员参加区级培训，并通过考试。三是做好依法公示，扩大政务公开。将所有审批事项的材料、程序、时限等内容，在网站上进行公示；将审批事项及审批流程、服务指南、全程办事代理工作等34项制度印成便笺供群众按需索取。四是对照行政许可法的要求，对原有的工作流程作了修订。完善服务大厅受理窗口的受理服务事项和内容。设立投诉督查领导小组，对全程办事代理的实施进行监督、检查，接受和处理投诉。截至12月底，新审批歌厅8家、文艺演出15家、网吧28家、台球厅4家、字画店1家、书店150家、音像店55家。

丰台区文委组织开展娱乐场所消防安全演习

文化市场管理

建立文化市场管理的长效机制，即以文化、公安、工商、城管等部门为主的联席会议制度、信息通报制度、联合执法机制、文化市场监督机制、快速反应机制、信誉引导机制、执法责任追究机制，提高文化市场管理效率。制作《丰台区文化委员会安全检查记录》，促进执法人员在安全检查时全面、规范执法，更全面地督促经营场所落实安全保障措施。注重发挥街、乡（镇）属地管理的作用，聘任22位街、乡（镇）团干部担任文化市场监督员，发动社会力量监管文化市场。与街道和10家规模较大的网吧联合举行“七一”社区老党员免费上网周活动，加强网吧与社区老年群体的沟通，消除了网吧的社会负面影响，在文化娱乐场所服务于民方面做出有益的尝试。年底组织娱乐场所疏散逃生消防演习，提高娱乐场所的安全防范意识，确保两节期间的安全、稳定。

坚持以确保文化市场健康、有序、稳定发展为主线，以净化文化市场环境为目标，大力开展市场整顿。2月～3月，开展以“为了人民群众的身体健康和生命安全”为主题的安全大检查，全面排查110家歌厅、50家网吧的安全隐患。全年会同区公安、工商、城管等执法部门联合执法，开展了网吧等互联网上网营业场所专项整治、城市秩序专项整治和多次“扫黄打非”专项行动，加大了对文化娱乐场所的管理和对违规经营的处罚力度。截至12月底，共出动执法人员1887人次，检查各类场所1171家次，组织联合行动67次。查处“黑网吧”9家、“黑游戏厅”6家，查处“黑歌厅”16家；受理各类举报85件；处理行政处罚案件22起（网吧21起、演出1起），累计罚没款145045元。

丰台区召开“扫黄打非”工作协调会

体制改革

积极探索事业单位人事体制改革，优化人员结构，调动干部职工积极性，适应市场经济需求。在全系统范围内公开选拔区电影发行放映中心领导班子，通过演讲、答辩、考察、公示等程序，规范、民主、公平地选出3名群众满意的同志担任领导职务。图书馆为改善人员结构状况，在市文化局人才中心的协助下首次向社会公开招聘专业人才，经过资格审查、笔试、面试等层层选拔，正式聘用了11名工作人员。

丰台区文化委员会

书记　王艳秋
主任　王艳秋

（王　莹）

石景山区

概　况

石景山区位于北京市城区西部，因境内有石景山而得名，在西长安街延长线上，东距天安门16公里。东至玉泉路与海淀区毗连，南抵张仪村与丰台区接壤，西临永定河与门头沟区相望，北倚克勤峪与海淀区为邻，面积85.74平方公里，人口48.98万人，区内有28个少数民族。区内有可与敦煌壁画相媲美的法海寺壁画，有悠久的佛教文化圣地八大处，有在全国娱乐界经营排序第二的石景山游乐园，有汇集世界雕塑艺术的北京国际雕塑公园等古今交融的自然与文化景观，也有北京军区、首都钢铁公司等单位的文艺团体，交织构成了群众文化与专业团体相互促进发展的文化资源网络，形成了独特和丰厚的文化发展资源。

石景山区文化委员会。主要职能：领导区属基层文化事业单位；组织指导全区群众文化活动；管理和指导区属文化艺术单位和街道文化站工作；管理区文化娱乐市场、新闻出版物市场等。有文化馆、图书馆、少儿图书馆、执法队、电影院等13个基层企事业单位，文委系统在职员工175人。

2004年，在区委、区政府领导下，石景山区文委坚持以“三个代表”重要思想为指导，认真贯彻党的十六大、十六届三中、四中全会以及胡锦涛总书记考察北京工作的讲话精神，紧紧围绕区中心工作和文化事业发展目标，按照发展先进文化的要求，以满足人民群众精神文化需求为出发点，以文化、文物和文化市场工作为重点，以抓班子、带队伍，全面提高干部素质为保证，团结带领干部职工较好地完成了年初制定的各项工作任务，为石景山区的经济和社会事业发展提供了精神动力和智力支持。

2004年文化艺术发展

基层文化企事业单位

石景山区文化馆　位于石景山路46号，建筑面积：3938.9平方米。职工总人数44人。馆内设5个部室：文艺辅导一部、文艺辅导二部、经营开发部、艺校教务处、行政办公室。2004年举办了元旦、春节文化活动，第21届“古城之春”艺术节，夏日文化广场，庆祝中华人民共和国成立55周年四大系列文化活动。其间共举办区级大型广场演出5次，大型艺术比赛4次，展览2次，深入基层、社区演出65场。业务干部深入基层辅导500人次。举办阵地培训79期，培训学员1017名。8个业余艺术团队活动410次，举办阵地演出42场。举办橱窗展览3期，展出书画作品59件，文化活动图片90幅。举办“京西摄影月赛”5次，200余人次参加，参赛作品300余件。2004年被文化部评定为“国家一级馆”；获首都军（警）民共建先进单位；小品《难舍》获得全国第13届“群星奖”；金声合唱团在“2004年首届北京合唱比赛”中获三等奖；在首届“舞动北京”——北京新秧歌电视大赛中，选送的八角秧歌队获得铜奖。作品《五月五的雨》入选北京市“五个十”文学作品集。

石景山区图书馆　位于石景山区八角南路2号。每年购书经费35万元，订有800多种报刊，全馆共藏书30余万册。馆内分为外借部、基层辅导部、报刊阅览部、电子视听部、采编部、文化服务部、文献开发部、培训学校和办公室9个部门，11个对外服务窗口。2004年底，在职职工34人，大专以上文

石景山区图书馆海特社区英语角启动仪式

化程度24名，中级以上职称11名。1999年被文化部评定为一级图书馆。2004年，借阅图书83309人次，123339册次；读者活动127次，11106人次参加；组织报告会49场，3297人次参加；为基层举办辅导、送书123次，送书61047册。4月闭馆。8月10日，图书馆新馆工程在原址上正式开工，将于2005年6月底竣工。为解决建设新馆期间群众看书难的问题，2004年图书馆在全区9个街道建立起街道级社区图书分馆，总面积达900平方米，总藏书量达91754册，并以9个社区图书分馆为结点，辐射全区34个基层图书网点（其中社区网点19个，部队网点11个，企业3个，学校1个）的图书借阅网络，实现了区、街两级图书馆的联网，实现资源共享。2004年，被评为首都文明单位；荣获北京市图书馆千场讲座活动三等奖，北京市图书馆协会“我与图书馆”征文、宣传口号活动“组织奖”，北京市公共图书馆网上阅览活动组织奖，北京市公共图书馆开展下基层活动一等奖，北京市全民读书活动组织奖；被评为石景山区2004年度社区文化工作先进服务单位。

石景山区少年儿童图书馆　位于石景山区古城南路11号，于1984年“六一”儿童节建成开放。1996年扩建后建筑面积3236平方米。正式职工18人，每年购书经费35万元，共藏书20余万册。有对外服务窗口16个，包括外借处、中小学生自习室、专题阅览室、视听室、计算机阅览室、低幼阅览室、低幼家庭借阅室、教育资料室等，可同时接待600多人。1999年被文化部评定为一级图书馆。2004年购入新书18029册，接待读者102000人次，图书流通车送书19500册；创建了“沃尔玛—石景山友好英语阅览室”；启动了“少儿图书馆百场报告会”活动，全年举办67场报告会和专题讲座，2977人参加；成立了“助残小分队”，为敬老院、盲人诊所、残疾儿童服务，全年开展活动22次；与河北省丰宁县小坝子乡中心学校结成共建单位，为学校赠送了书架，2000册图书，50多种、近百册期刊。为学生带去了书包30多个以及铅笔盒、笔记本、铅笔等学习用具。在全区中小学校开展“爱心快递总动员”活动，为贫困山区和外地务工子女捐赠图书15000多册、书包近百个，文具、玩具近千件。2004年，被评为首都文明单位、区“巾帼文明示范岗”；荣获区“扶残、助残”先进集体，北京市“红读”活动优秀组织奖、先进单位；被评为区“优质服务窗口”、区校外教育先进集体；在2004年北京市全民读书活动“我与图书馆”征文中荣获组织奖。

古城电影院　位于石景山区古城南路15号，建于1982年9月，建筑面积1606.6平方米，有在职正式职工20人。2004年古城电影院按三星级影院标准进行了全面改造。全年组织10部优秀儿童影片在“石景山首届青少年公益电影节”放映，为全区组织电影《张思德》放映，并取得全市排名第二的好成绩。全年放映3800场次，观众人数达18万人次，票房收入230余万元。2004年被北京市文化局评为国产影片放映票房收入成绩突出单位；被石景山区评为区精神文明先进单位、区消防先进单位。

文化市场执法队　正式员工6人。坚持“一手抓繁荣，一手抓管理”，坚持发展是第一出路，以管理促发展，收到了良好的效果。先后制定了文化市场综合执法队职责、权限、工作目标、工作程序等相关规定以及执法行为公开公示制度等16项规章制度。2004年共收缴各类非法光盘161500余张，对3家经营盗版音像制品单位罚款4万元，对13家违规经营的网吧罚款13万元，对2家非法演出单位罚款4000元。并联合区公安、工商部门取缔无证、照经营17家，暂扣用于非法经营的电视机、DVD影碟机等音响设备49件，共计罚款38万元，有效地维护了文化市场的良好秩序。2004年，被评为全国文化市场行政执法先进集体、北京市校外教育先进集体、北京市“扫黄打非”先进集体、石景山区社会治安综合治理先进单位；被团市委和团区委授予“青年文明号”荣誉称号。

文化产业发展

石景山区文委坚持大力发展文化产业，努力为区域经济服务。环球嘉年华作为世界上最大型的巡回移动式游乐场，2004年5月，移师石景山。区文委在承担引进嘉年华活动项目工作中，克服各种困难，在短短的一周之内高效率地完成了环球嘉年华活动的报批工作，为嘉年华活动的成功引进奠定了

石景山区文化馆、区戏剧家协会庆祝中华人民共和国成立55周年专场演出

基础。从7月2日环球嘉年华活动在石景山区北京国际雕塑公园拉开帷幕，至8月22日结束，共为石景山区增加了1400万元的经济收益。

文化工作重要会议、活动

4月2日召开2004年度群众文化工作会

举办元旦、春节系列活动 包括社区花会展示；慰问、演出、座谈、联谊；征、写、送、展楹联活动；文化馆、图书馆、少儿图书馆、街道文化活动中心（站）等多种形式的文化娱乐活动。

组织举办第21届“古城之春”艺术节 4月29日举办艺术节开幕式暨纪念五四运动85周年大型文艺演出；5月21日举办“弘扬传统文化，展现都市风采”秧歌大赛；5月28日举办“社区之声”群众合唱比赛；6月4日举办中小学生合唱比赛；6月7日举办“爱故土、颂家乡”创作节目评选、汇演；艺术节期间举办“古城之春”20年艺术节回顾展；6月18日举办艺术节闭幕式暨夏日文化广场开幕式。

夏日文化广场活动 4月28日八大处茶文化节开幕式；7月10日举办纪念申奥成功三周年文艺演出；8月14日举办“走进民族大家庭”广场演出；9月27日举办“祝福祖国”——庆祝中华人民共和国成立55周年文艺演出；9月27日石景山登高节开幕式。

石景山区“走进民族大家庭”夏日文化广场活动

其他重要活动 1月11日文化馆创作、表演的音乐说唱《庆新春》、三人双簧《打今儿说起》，参加中央电视台《过把瘾》栏目录制；2月4日~10日举办新春征联获奖作品回顾展；2月22日北京群众艺术馆与区文化馆举办联谊交流活动；5月30日石景山区少儿图书馆举办建馆20周年暨读书活动表彰大会；5月30日金声合唱团参加北京市“2004首届北京合唱比赛”，荣获三等奖；8月24日，在老山社区举行石景山区图书馆社区图书分馆揭牌仪式；9月25日文化馆创作并演出的小品《难舍》参加全国第13届“群星奖”比赛，获“群星奖”。

社会（群众）文化

传统三大系列活动 全年在春节系列活动、“古城之春”艺术节、夏日文化广场“一条龙”文化活动中，共组织全区性文化活动36场次，各街道社区组织的演出、花会展示、电影放映、展览、舞会等各类形式的文化活动828场次，举办各类培训126次，创作各类文艺作品3365件（副），直接参与活动人数56000人次，观众达351560人次。鲁谷社区的“阳春之声”艺术节；八角、老山街道的社区文化节，首钢矿山文化节、五里坨街道的文化进军营活动，古城街道的民俗文化展示都成为地区特色活动。

主题文化活动 石景山区纪念北京申奥成功三周年文艺演出；“走进民族大家庭”广场演出；“祝福祖国”——石景山区庆祝中华人民共和国成立55周年等主题活动；金顶街街道的“清泉颂”庆“七一”文艺演出；广宁街道庆祝中华人民共和国成立55周年大型歌舞诗“祖国颂”；苹果园街道庆祝中华人民共和国成立55周年文艺演出“放歌苹果园”；八宝山四季风景线系列活动。

群众文艺创作 文化馆创作的音乐快板《腾飞的石景山》，三人双簧《回家》，小品《难舍》，歌曲《家和万事兴》、《崇高的牵挂》；八角街道创作的舞蹈《爱北京、爱奥运、爱旅游》、金顶街街道创作的化妆相声《二度梅》、苹果园二小创作的舞蹈《童年的梦幻》、广宁街道创作的歌曲《我爱你广宁社区》等达到较高水平，受到好评和欢迎。2004年，石景山区在全国、北京市各类评比、比赛中共荣获38个奖项。其中，文化馆创作的小品《难舍》荣获全国第13届“群星奖”戏剧类老年组最高奖，话剧《路在延伸》再度荣获北京市庆祝中华人民共和国成立55周年作品创作奖；在“北京新秧歌”创编中，文化馆2名舞蹈干部创作的《团扇秧歌》、《京调秧歌》获市优秀创作奖，并已在全市普及。2004年，八角街道北里社区被评为全国先进文化社区；八角街道被评为北京市“五月的鲜花”社区文化节先进街道；苹果园海特花园第一社区等被评为社区文化节先进社区；褚凤阁等10名社区文艺骨干被评为北京市先进基层文化志愿者。

文化艺术队伍 至2004年底，共有各类文艺队伍351支。

文化设施建设

区图书馆新馆 2004年，区委、区政府十项重点工作之一、投资4000万元的区图书馆新馆于8月10日如期动工，新建图书馆面积将达到9044平方

米。

电影院　古城电影院投资190万元对前厅、洗手间、观众大厅、座椅、电器线路按三星级影院标准进行了全面改造，新建演员休息室、化妆室。舞台、灯光达到了文艺演出和会议功能的要求，成为以电影放映为主及接待各种会议文艺演出为一体的多功能综合性影院。

社区文化设施建设　2004年，9个街道全部建立社区图书分馆，普及率达到100%。各街道领导高度重视文化设施建设，每年有计划地进行社区文化设施建设。八角街道2004年投资300万元，扩建了3个社区文化室；古城街道克服旧有城区格局中社区居委会面积窄小的不利因素，投资70余万元改造文化室、文化广场，新建文化橱窗；广宁街道多方筹集资金100余万元，修建社区活动室、图书室。全区共有社区居委会126个，有文化室的123个，达到了97.6%。其中，100平方米以上的文化室42个，9个街道文化活动中心（站），面积28770平方米，1000平方米以上的社区文化广场33个。

培训

组织文化馆图书馆业务干部参加市文化部门组织的专业培训；组织街道、社区文化干部的业务知识培训；组织社区群众业余文艺团队骨干参加北京新秧歌培训；开展社区图书管理员业务知识、相关法律、法规知识培训和岗位练兵活动。

图书分馆、图书流通站、民办图书馆

图书分馆　9个街道建有9个分馆。八角社区分馆：馆舍面积80平方米，阅览座位38个，藏书总量为11213册。鲁谷社区分馆：馆舍面积80平方米，阅览座位34个，藏书总量为11260册。五里坨社区分馆：馆舍面积150平方米，阅览座位36个，藏书总量为13065册。古城社区分馆：建于2004年，馆舍面积80平方米，阅览座位30个，藏书总量为11281册。老山社区分馆：建于2004年，馆舍面积80平方米，阅览座位30个，藏书总量为11114册。八宝山社区分馆：建于2004年，馆舍面积100平方米，阅览座位30个，藏书总量为10111册。苹果园社区分馆：建于2004年，馆舍面积100平方米，阅览座位30个，藏书总量为4020册。广宁社区分馆：建于2004年，馆舍面积100平方米，阅览座位30个，藏书总量为6036册。金顶街社区分馆：建于2004年，馆舍面积150平方米，阅览座位60个，藏书总量为10191册。

图书流通站　截至2004年底，在街道、社区、部队、学校共建立图书流通站43个。其中社区流通站16个，部队流通站13个，学校流通站14个。2004年送书253次，22715册。

民办图书馆　2003年8月，北京首家民办图书馆——科教图书馆落户石景山，馆址位于石景山区古城东街12号。是一所集图书和影碟的借阅、零售、教育培训、中小学校图书馆配书、文献信息提供等为主要服务内容的综合型图书馆。馆舍总面积1000余平方米，藏书8万余册，音像资料3万余套，期刊报纸200余种。2004年购书经费4万余元，购买图书6500余册，购光盘1500余张。组织读书活动30余次，共有8000余人参加。

石景山区文化委员会

书记	刘　燕
主任	刘　燕

（江卫星）

通　州　区

概　况

通州区位于北京东南部。面积912.34平方公里，辖10个镇、1个乡、4个街道。年末常住人口61.04万人，其中农业人口37.18万人。

通州区文化委员会是通州区人民政府主管文化文物等工作的职能部门，接受北京市文化局、市文物局、市新闻出版局、市广播电视局的业务领导。主要职责是，贯彻执行党和国家有关文化艺术、文物、文化市场工作的方针、政策和法律、法规，制定本区文化事业发展规划，并负责组织实施和监督检查；策划并实施本区群众文化、文物、文化市场大型活动和管理工作，对乡镇文化、社区文化、企业文化、校园文化工作的开展进行指导；领导和管理直属企事业单位，指导艺术创作与生产，推动文化、艺术、科技知识的普及与提高，培训业务骨干，培育艺术人才、开展群众文化艺术理论研究和对外文化交流工作；贯彻文化经济政策，参与拟订本区运河文化产业发展规划；参与规划本区文化设施建设；依法管理文化市场。负责本区营业性娱乐场所、印刷业、出版物、音像等经营、销售及互联网上网服务基础上的行政审批与管理；负责全区文物的考古、发掘、收集、整理；组织文物普查和勘探工作；对全区文物保护单位及文物资源的保护、开发、利用进行监管；负责文化市场、文物等行政执法工作，配合有关部门查处有关违法违章案件；负责文化系统党的建设、精神文明建设、群众团体工作和科级以下干部教育管理、考核任免、调配、工资福利、专业技术职称的考核、评定工作。区文委下设5个职能科室：办公室、文化市场管理科、业务科、政工科、财务科；所属4家事业单位：文化馆、图书馆、博物馆、电影管理中心，1个企业：新华书店。

2004年，通州区深化文化体制改革，进行文化创新，把弘扬运河文化作为统领文化工作的主线，通过积极组织实施“三文计划”（文化产业的培育计划，文化品牌的打造计划和文化生活的多彩计划），增加投入、转换机制、面向市场、增强活力、改善服务，促进了文化事业和文化产业的发展。

2004年，区文委被市文化局评为文化统计先进单位。

2004年文化事业发展

区领导调研文化工作

2月11日，区委书记梁伟、区长邓小刚及邓乃平、蒋洪昉、张秀余、刘淑华等区领导到文委调研，听取文委汇报后，区领导对文委工作所取得的成绩及2004年工作思路给予了充分肯定。区委书记梁伟指示，要充分认识文化工作在建设北京新城区中的重要地位和作用，文化部门要不失时机地学习、借鉴西方国家有关文化艺术工作方面的好做法、好经验；要坚持文化、文艺工作为广大群众服务的方针，用文艺形式演绎、升华党代会、人代会精神，提升文化品位，满足人民群众日益增长的精神文化需求；要切实采取措施，秉着“先内后外”的原则，抢救、发扬运河文化。近期要重点抓好运河文物的征集、搜集，通州文化文物志的编制和古运河文化底蕴再现载体的构思工作；用改革、创新的思路，通过市场化运作，大规模地搞好博物馆、图书馆、大剧院等文化基础设施建设，把通州建设成为一个具有浓厚文化底蕴的新城区。区长邓小刚强调：文化工作要服务、服从于建设北京新城区这个大局，各有关部门要找好定位，切实发挥自身职能；要以现时期老百姓需求为切入点、落脚点，狠抓各项措施的落实，打造文化品牌；文化部门要加快研讨古运河文化的载体再现工作，为运河城市段招、投标工作奠定基础。

制定文化发展规划和文化管理制度

积极配合北京新城区的建设，在结合实际情况，进行充分论证的基础上，为北京新城区建设的总体规划提出合理化建议，主要包括：《通州区文化事业和文化产业“十一五”规划》、《通州区运河文化产业“十一五”规划》、《城市人文景观及文化产业规划建议》等。为保障群众文化活动的安全，吸取密云彩虹桥事件的教训，制定了《通州区文化委员会关于紧急突发事件工作的应急预案》和《通州区举办广场群众文化活动安全工作规范》等相关安全防范措施。

参加各类文化赛事获奖

2004年，通州区共参加国家级、省市级、区级各类赛事活动30项，组织创作、辅导各类参赛作品105个（件），获一等奖10个，二等奖10个，三等奖20个。其中，区文化馆副馆长田永玲的京韵大鼓《花木兰》获文化部曲艺类群星奖；贯会学的美术作品《老家》入选第十届全国美展；纪淑荣的书法作品《孙过庭书谱选录》获群星奖优秀作品奖；刘康达创作的广播剧《乡长和他的母亲》获广电部中国广播剧评比二等奖。在北京市第14届农民艺术节活动及首届民间手工艺大赛中，西集镇的“京东风车大王”梁俊获金奖，漷县镇的“造机器人的农民奇才”吴玉录获得优秀奖。

文化交流

5月19日，由天津市武清区文化局主管群众文化工作的副局长刘殿生率领的文化管理部门的同志到通州区进行文化交流。区文委主任杜德玖、党委书记赵俊臣介绍本单位基本情况，并组织对口科室进行文化工作交流。

群众文化

全区共建有文化服务中心15个，乡镇文化广场9个，村级文化广场15个。

积极举办通州区家庭才艺大赛和通州区首届大运河文化杯书画大赛等一系列活动。全年共举办了不同文化内容和形式的8个展览，参展作品共计6000余件，接待参观者28000余人。

第14届农民艺术节　1月，举办了通州区第14届农民艺术节开幕式，各乡镇相继推出秧歌、花会、歌舞、展览等系列文化活动300余场，其中有歌颂家乡变化的自创节目28个，吸引观众近30万人次。区电影管理中心免费为全区11个乡镇、4个街道办事处放映电影100余场。

《现代视觉艺术邀请展精品集》首发式　1月18日，区文化馆举行了由区文化馆编辑出版的《现代视觉艺术邀请展精品集》首发式暨通州区文化馆迎春联谊会。区委、区人大、区政府、区政协领导同志以及客居通州区的著名书画家、通州区书画家、作家、学者等应邀参加此次活动。

宣传“三会”精神，下乡镇、社区巡演　4月9日，“宣传贯彻通州区‘三会’（区党代会、人大会、政协会）精神，下乡镇、进社区首场汇报演出暨巡回演出启动仪式”在通州会堂举行。区委书记梁伟等领导与观众一同观看了这台由区文化工作者自编自演的节目。启动仪式后，这台节目在全区巡

回演出共20场，吸引观众2万余人。

“五月的鲜花”群众歌咏活动 4月10日~6月17日，通州区2004年“五月的鲜花”群众歌咏活动在全区的11个乡镇、4个街道办事处、教委系统、卫生系统、驻通州部队等20个委、办、局中得到广泛开展。“五月的鲜花”活动共有近500余场不同形式的文艺演出。6月16日，通州区“五月的鲜花”群众歌咏活动优秀节目在通州会堂举行调演。共21个获奖单位进行表演，中仓办事处等19个单位获得组织奖，潞城镇等20个单位获得优秀节目奖，于家务乡等10个单位获得创作奖。

“建设者之歌”文艺晚会 4月29日，由区委宣传部、区文委、区建委及区房地产开发总公司、潞隆房地产开发公司联合主办的通州区庆“五一”“建设者之歌”文艺晚会在通州会堂举办。区委书记梁伟、区人大常委会主任石进贤、区长邓小刚、区政协主席等领导同志观看了演出，著名艺术家朱明瑛、屠洪刚、潘长江等参加了演出。

庆祝中华人民共和国成立55周年文艺晚会 9月26日，在通州会堂举行了庆祝中华人民共和国成立55周年文艺晚会。区委书记梁伟、区人大常委会主任石进贤、区长邓小刚、区政协主席等领导与社会各界人士共同观看了演出。著名艺术家万山红、李琼、巩汉林、李伯祥表演了精彩的文艺节目。

“通州安全行”巡演 9月28日，由区文化工作者编创、排演的“通州安全行”文艺节目下乡镇、社区巡回宣传演出启动仪式在运河文化广场举行。共创作了小品《防火没商量》等7个自编自演节目，市、区领导观看了演出。

通州区家庭才艺大赛 10月24日，通州区家庭才艺大赛复赛在区文化馆小剧场举行。30日，在938礼堂举行决赛。区委副书记邓乃平，区委常委、宣传部长张秀余，副区长刘淑华等观看了比赛。大赛共评出特等奖2名、一等奖1名、二等奖2名、三等奖7名。

通州区家庭才艺大赛现场

“三下乡”活动

认真开展了“三下乡”（文化、卫生、科技三下乡）活动，向漷县镇、马驹桥镇等地赠送了“三农”读物1.1万册，价值11万元。贯彻落实了农村电影放映“2131”工程，全区农村电影放映活动达到了5011场，吸引观众170万人次。为宣传区“三会”精神，区文化馆迅速、及时自编自创节目，积极组织深入乡镇、街道演出。根据区政府要求，积极组织、筹办了“安全伴你行”下乡镇、社区巡回演出活动。

民族民间文化保护

漷县镇的运河龙灯已被北京市文化局列入北京市第一批10个民族民间文化保护项目之一。千年的“运河号子”也搬上了舞台，经过深入地挖掘整理，已收入《中国民间歌曲集成》（北京卷）中。

图书馆事业

本年新建成图书室28个，总面积4700多平方米，藏书5万余册。区图书馆积极组织实施“计算机信息服务网络工程”，新华社区分馆和马驹桥文化中心正式成为该网络工程的接收点。

文化史志工作

经过三次协调和讨论，6月29日确定了《通州区文化文物志》编委会成员名单及基本内容框架。编委会主任梁伟，副主任邓乃平、张秀余、刘淑华。该志分为文化篇和文物篇，共计23章。12月3日，《通州区文化文物志》编委会第一次会议在通州区宾馆召开，编撰工作正式启动，《通州区文化文物志》预计完成时间为一年。

文化建设

积极开展“全国先进文化区（县）”自查 1995年通州区被授予“全国先进文化区（县）”荣誉称号。7月，市文化局对“全国先进文化区（县）”进行复查，9月文化部组织实地抽查活动。6月初，通州区成立了以区委副书记邓乃平为组长的自查工作小组，开展自查。针对文化基础设施建设、大型文化娱乐活动、农村放映“2131”工程、文化市场管理、文物保护工作和文化系统安全工作进行了全面的自查，并进行统计工作。对自查工作中发现的不足进行了积极的改正，使自查活动收到了预期的效果。

区文化馆被评为国家一级馆 2004年，区文化馆各项指标均达标，被评为“国家一级馆”。

文化市场

新发展文化企业150家，举办了各类培训班4期，培训相关人员600人，下发行政管理性文件8000余份，组织参加有关宣传日活动6次，出动执法检查2982人次，检查经营单位690家次，会同区公安、工商等有关部门联合执法27次，纠正违章现象165起，取缔非法经营摊点及“黑网吧”38个，停业整顿5家，立案8家，罚款23万元。

北京“运河之声”演出服务有限责任公司成立　3月5日，在通州区2004年文化工作会议上，由文化部门、企业、知名艺人等组成了“运河之声演出服务有限责任公司”。公司制定了起点要高、步子要稳、水平要上档次的经营战略，对群众文化社会化的新路子进行了积极的探索。

法制宣传周活动　区文委于5月24日～30日，对辖区内的音像市场开展了以“尊重知识，拒绝盗版”为主题的法制宣传周活动。本活动利用广播电视等媒体向全社会广泛宣传，引导经营者向青少年开展正版音像制品优惠销售，使全社会认识到侵权盗版的严重危害性。

加强“网吧”行业监管，再次公布举报奖励办法　6月27日区文委召开辖区“网吧”经营者座谈会，学习了市委、市政府关于贯彻《中共中央国务院关于进一步加强和改进未成年人思想道德建设若干意见》的实施意见，与会人员就如何贯彻意见进行了认真的讨论。在座谈会上区文委再次重申了对“网吧”违法经营行为的举报奖励办法，对举报人提供线索和相关证明材料且证据属实的，按照500元以上5000元以下向举报人颁发奖金，有特殊贡献的可以不受奖金数额限制。此办法向社会公布，让大家都来关注青少年的健康成长。

召开娱乐场所冬季安全工作会议　11月19日，区文委、区公安分局联合召开通州区娱乐场所冬季安全工作会，全区歌舞厅、网吧、台球厅、游戏厅等单位70余名负责人参加了会议，市火灾防治中心的教官传授了冬季防火安全知识，并对火灾发生后如何救助及逃生进行了重点介绍，会议要求各娱乐场所做到四个到位：安全防治措施到位，要完善应急机制，制订安全应急预案，保证消防设施、设备完好有效；宣传教育到位，要加强本单位干部职工的全员培训，学习防火、救助知识，学会灭火器材的使用；检查到位，要搞好企业自查，对场所的防火器材、安全通道、线路等进行检查，不留死角，切实排除隐患不走过场；责任到位，要根据职责分工，责任到人责任到岗，形成完整的安全管理系统。

通州区文化委员会

书记	赵俊臣
主任	杜德玖

（邢振华）

顺　义　区

概　况

顺义区历史悠久，春秋战国时地属燕国，汉时属渔阳郡，唐代属顺洲，明初改为顺义县。中华人民共和国成立后属河北省通州专区，1958年3月划归北京市。1998年3月，撤县设区。

顺义区位于北京市东北郊，城区距市中心30公里，总面积1020平方公里，辖19个镇、2个街道办事处、424个行政村，常住人口75万人。2004年全区经济保持了良好发展态势。顺义区先后被授予“首都文明区”和“全国创建文明村镇工作先进区”荣誉称号。

在顺义区委、区政府的正确领导下，顺义区文化委员会系统广大干部职工坚持以“三个代表”重要思想统领各项工作，坚持以发展为主题，围绕大局，开拓进取，求真务实，恪尽职守，使全区文化工作取得了新进展、新成效。

顺义区文化委员会下辖文化馆、图书馆、新华书店、影剧院、电影发行放映管理处、焦庄户地道战遗址纪念馆、文物管理所和执法大队。

2004年文化艺术发展

文化企事业

2004年底，顺义区有文化设施约30个，其中包括文化馆1个、图书馆1个、影剧院10个（包括区影剧院、镇文化站、工会、学校、少年宫、部队等。顺义影剧院和北小营、木林文化站影剧院，可以承接大型演出，其他只适应小型会议和小型演出及电影放映。整体分布是以顺义城区为中心，比较密集，河东有3个镇级文化中心，全国人大小礼堂位于高丽营）、镇文化中心22个、国有新华书店1家（下设1个批发部、5个门市部、45个农村发行网点）、焦庄户地道站遗址纪念馆1个和19个镇级文化站，427个行政村级文化大院；3个街道办事处和34个居委会文化室。已建成镇级文化中心达标单位6个，村级达标文化大院308个。全区镇、村文化设施建筑面积达14411平方米，室外活动场地面积为168170平方米，共修建文化广场187个，总面积达1297550平方米，投资2.73亿元。在建设新设施的同时，注重抓好已有文化设施的挖潜改造，完善其功能，提高其档次。至2004年底，有区级广场7个，镇级文化广场（比较有规模的）12个，村级文化广场200多个（较好的）。

顺义区拥有国家级文学艺术类协会会员10人、市级会员48人，涌现出了书法、美术、摄影、音乐、舞蹈、文学创作等数千名文艺骨干。全区有秧歌队214支，人数达到15000余人，共有各类业余文艺团体200个，总人数达到12000余人，其中：戏剧团体35支、音乐队46支、舞蹈队30支、民间花会队73个、杂技曲艺队1个、美术社15个、文学社3个。业余文学作者出版文学作品集8部。

文化馆 全年业务干部下基层辅导1490余人次，辅导单位84个，培养学员2200人，组织和协助下乡巡回演出128场；举办各类文化艺术培训班45期，其中长期班8个；文学创作发表34万字，各类获奖作品11个，举办展览7次。馆办“小百花”艺术团下乡演出36场。

图书馆 实行一卡通后，新办借阅证3868个，累计有效读者证6123个，全年共接待读者179663人次，借阅书刊168690册次，入藏新书4537种、14466册，开展丰富多彩、主题鲜明的活动40余次，吸引2万余名读者参与。同时重点加强已建308个图书室的辅导工作，提高其图书的利用效率；引进配套资金25000元帮助后沙峪古城村安装文化资源共享软件一套，在2003年为大孙各庄镇安装文化资源共享软件的基础上，又为该镇办理了3000册流动图书；组织新华书店开展图书赶集活动，挑选适合农村思想教育、科技普及、家庭文明等书籍到农村大集展销。

影剧院 全年总收入160万元。其中电影收入68万元，比上年同期增长5%，放映898场次，观众达9.8万人次；戏剧收入53万元，比上年同期增长4%，共演出200场，观众9万人次；三产收入39万元。

电影发行放映管理处 全年收入287万元，上缴国家税收21万元。农村电影“2131工程”全面启动以来，放映影片4554场次，观众达100余万人次，完成计划任务的120%，保证了全区19个乡镇的40余万名农民朋友能够1个月看上1场电影，农村电影覆盖率达100%。

焦庄户地道战遗址纪念馆 在积极贯彻实行“对中小学集体参观免费”政策和加大宣传的同时，进一步挖掘历史资源，收到良好的社会效果。全年共接待国内外游客80690人次，其中中小学生39590人次，占参观总人数的49.1%，总收入为60.2万元，圆满完成全年指标。新展馆建设工程正在紧张的施工中，预计于2005年7月竣工。

文化工作重要会议

主要有全区各镇的宣传部长、文化站长，各委、办、局、街道办、文化科等相关人员参加的“二月新春”动员会、“五月的鲜花”动员会，和“十月金秋”动员会。

重要活动情况

“二月新春”活动 先后开展了百场戏曲送下乡、百场歌舞献基层、百名姐妹靓丽秀、千人秧歌抒情怀、千场电影乐农家、千幅春联赶大集、千言万语颂党恩、万盏彩灯亮城镇、万枚焰火照亮天、万民同乐祝吉祥十大项群众文化活动。参加北京市第14届农民艺术节中的首届民间手工艺大赛，共组织9人参加，展出民间手工艺作品300余件，产生了很好的反响。在展览中，现场销售骨雕、传统儿童玩具、剪纸、中国结、卵石画等民间手工艺作品，引来了大量的参观者，作品供不应求。展览期间售出1万余元，另外还有批量订货近6万余元。组织“首都高校之声乡间行”的演出活动。此项活动在赵全营镇举行，充分把首都高校丰富的文化资源与农民的文化需求结合起来，不仅活跃和丰富了农村的文艺舞台，还引导了农村群众崇尚知识、学习文化、追求文明，让群众在艺术欣赏中陶冶情操、提高素质，推动了农村的精神文明建设。组织“新歌新曲颂新风”演出团到马坡镇和北小营镇的演出，突出宣传“三个代表”重要思想，以优化发展环境为主题。积极推荐以赵全营镇北郎中村的书记为原型、反映农村生活的小品，参加北京市第14届农民艺术节开幕式暨农民春节电视晚会的演出，为推动农村的发展起了积极的作用。举办了“南法信杯”秧歌大赛、“信合杯”女干部交谊舞大赛、“空港之春”焰火晚会和两会文艺专场演出。活动期间，共举办室内室外文化活动1300余场次，吸引观众56万人次，全区共投资260万元。

“五月的鲜花”群众文化活动 历时3个月，举办了“隆华杯”电视歌手大奖赛、“李桥保税中心杯”器乐大赛、“中小学生合唱音乐会”等具有新时代气息并形式新颖、内容创新的精品文化活动，为广大群众提供了充分展示自身才能的舞台。各单位分别结合本地区、本行业的自身特点和实际情况，广泛发动群众，积极开展文艺创作和演出活动。各单位分别组织了一台以独唱、重唱、表演唱、合唱为主，包括舞蹈、戏曲、小品、曲艺等多种形式的优秀演出。区文委大力提倡和鼓励自创文艺节目，歌颂在全面建设小康社会中涌现出的好人好事和先进典型。活动期间，全区共组织演唱会和文艺演出400多场，演出节目4500多个，参与人数达15万人次，吸引观众25万人次。

“燕京啤酒节” 是具有品牌效应的大型文化艺术活动，原称“顺义啤酒节”，1996年改称“燕京啤酒节”。始办于1992年，每年的6月6日~8日举行，为期3天。尤以开幕式大型团体操最为引人瞩目，开创了顺义人自编、自导、自演的新局面。啤酒节成为新时期顺义人民自己的节日，至今已经连续举办13届。

夏日文化广场 顺义文委投资20万元整修了文化馆门前广场，新建了固定舞台，通过“现代之夏”系列文化活动和群众自编自演的文艺节目扮靓夏日文化舞台，丰富了城乡居民的业余文化生活。

顺义区区委常委、宣传部长刘志远（右二），副区长曾繁新（右一），区文委主任杨国英（右三）参观顺义区“十月金秋”书法美术摄影展

“十月金秋”书法、美术、摄影展览活动 各基层单位共征集了近5000件作品，分别对80多个单位、近200个家庭进行了装饰美化，并从中选出139件作品参加全区作品展。展览活动总投资突破100万元，作者4000余人，参观人数突破8万人次。本届展览活动在上年的基础上继续扩展，各镇、街道办及委办、局、公司通过广泛的活动选出精品进行集中性展览，同时装饰美化自己所在的工作单位、基层单位和家庭。参展作品进入社会、进入寻常百姓家，为装点美化人们生活发挥其更长久的作用。例如机关工委、农委分别与本部门、本行业的工作特点相结合，不仅对工作环境进行了装饰美化，同时充分展示了广大干部群众爱岗敬业、奋发进取的精神风貌。各镇为了便于广大群众参与、观看展览，分别把展厅选在群众集中活动的地方，例如高丽营镇把展厅放在繁华的街道边，充分利用艺术教育这一特殊窗口的功能。各单位在准备“十月金秋”书法、美术、摄影作品展览的同时，还广泛挖掘、征集民族民间艺术、手工艺品，例如大孙各庄镇的木雕、骨雕，杨镇的古雕，南法信镇的编织，赵全营镇、北小营镇的剪纸等在区文化馆举办的顺义民间手工艺作品展览中展出，为开发顺义地区奥运旅游产品奠定基础。

顺义区“马坡花园杯”城市之星礼仪模特大赛 国庆前夕由区文委、团区委和马坡镇政府联合举办。经过春秋装、自选装展示和才艺展示、知识问答等几个环节的角逐，22名男女选手脱颖而出，分获金、银奖。本次大赛兼顾专业性和观赏性，充分展示了当代顺义青年的内在素养和个人风采。此外，还举办了国庆专场文艺演出“祖国在我心中”和书法美术作品展等活动。

顺义区“马坡花园杯”城市之星礼仪模特大赛

文化市场、文化产业

区文委坚持“弘扬民族文化、改造落后文化、抵制腐朽文化、实践先进文化”的指导思想，确保全区文化市场的健康发展。组织了对城区大型娱乐场所、互联网上网服务场所负责人及从业人员的上门培训和考试。同时，积极组织管理人员和执法人员参加各种培训，采取集中学习、体会交流、考核评比等方式加强对行政许可法、行业法规的学习，强化管理人员和执法人员的业务素质，提高执法水平。

全年共受理项目审批34件，审批34家文化经营单位，在审批过程中，能够严格履行行政审批职责，提供优质高效的服务环境，确保圆满完成行政审批工作。遵照区委、区政府的部署，区文委的全程办事代理制正式启动，成立了领导小组，设立了全程代理服务室和专职代理员。

区文委采取“十查一打”的措施，即领导带头亲自查、重点难点联合查、专项行动突击查、热点焦点集中查、平时执法认真查、重点地区反复查、掌握规律定时查、群众举报件件查、场所安全经常查、暑假期间不断查、违规行为严厉打，对全区网吧、文化娱乐场所、出版物市场、广播电视和文物市场实施全方位的监管。全年共组织了36次联合执法和8次“扫黄打非”集中行动。共出动执法人员1556人次，执法车辆526辆次，检查场所1520家次，取缔非法电子游戏厅28个（校园周边地区9个），收缴电子游戏机283台，取缔“黑网吧”9个（校园周边地区4个），收缴电脑设备66台，取缔非法经营图书和音像制品摊点173个（校园周边地区36个），收缴非法图书和音像制品57000余张（册），对违规经营的5家网吧实施了行政处罚。

对外文化交流

春节期间，顺义龙狮舞艺术团一行29人参加在法国首都巴黎举办的“中法文化年——北京文化周”的盛装游行演出活动。当地时间1月24日，阳光驱散了连日阴雨，“北京风情舞动巴黎”盛装游行隆重举行，这是香榭丽舍大街有史以来第一次允许外国人举行盛装游行表演。演出中来自北京顺义农民的《壮美中华龙》的表演引人瞩目。顺义龙狮舞艺术团的精彩表演，引来许多新闻媒体的关注：法新社派三名记者追踪采访，CNN、美联社、《巴黎人报》、《欧洲时报》、世界电视1台、2台、3台等均报道了这次演出活动的盛况，顺义龙舞表演的镜头频频出现在各电视台的屏幕上和报刊的显著位置。

5月，应韩国汉城市政府邀请，顺义区组派绿港小天使艺术团舞龙队37名演职员，赴韩国参加“Hi 2004汉城节”，与40多个国家和地区的2000多名演员的民俗表演队、仪仗队、鼓乐队等，在汉城大学路进行盛装表演。顺义龙舞在汉城的表演，场场出色。演出结束，艺术团将金银两条巨龙赠送汉城城北区作永久纪念。

2004年市级以上获奖情况

田丽杰获全国都市京剧票友邀请赛优秀奖，王文阁获第三届中国评剧票友大赛十大名票称号，陈万顺获全国群众文化论文评奖三等奖，王淑珍获先进资助个人，杨华和刘存凤获北京市先进基层文化志愿者证书，王玉玺获首届“北京市群众文化明星”、“首都精神文明建设奖章”和第二届北京市“德艺双馨”奖，刘岩、赵红英、陈越超获北京市“乡村歌手大赛”三等奖，歌曲《总书记到咱顺义来》获创作奖，仁和镇获“五月的鲜花”社区（村）文化节先进乡镇，北孙各庄村、前俸伯村、铁匠营村、庙卷村、北府村获“五月的鲜花”社区（村）文化节先进村，李桥镇获先进资助单位，顺义区图书馆获全民读书活动组织奖，绿港小天使艺术团的《龙舞》和元祥舞狮团的《狮舞》获北京市民间花会大赛金奖。

顺义区文化委员会

副书记	杨国英
主任	杨国英

（王玉玺）

怀 柔 区

概 况

怀柔，明洪武元年（1368年）建县，历史悠久，文化底蕴深厚。

怀柔，位于北京市的最北端，地处北纬40°14′~41°04′，东经116°17′~116°53′之间，总面积2128.7平方公里，其中山区占88.7%。辖14个镇乡、2个街道办事处，22个社区居委会，287个行政村，总人口30.4万人。有31个少数民族在区内定居，少数民族中人数最多的为满族，全区有喇叭沟门、长哨营2个民族乡，22个满族村。2002年，怀柔撤县设区。曾被国家文化部授予“全国文化先进区（县）”的荣誉称号。

怀柔区文化委员会是管理全区文化、文物、新闻出版（版权）、广播电视工作的行政管理部门。内设4个职能科室：办公室、政工科（监察科）、文化科及行政许可和服务科。下设6个企事业基层单位（科级）：区文化馆、图书馆、新华书店、电影发行放映中心、社会文化管理所和文物管理所。有干部职工140人，离退休职工42人。

2004年，怀柔区继续落实全国基层文化工作会议、北京市基层文化工作会议精神，围绕全面建设小康社会、大力发展先进文化、弘扬“团结、凝聚、和谐、创新、发展”新时期怀柔精神的目标，积极开展丰富多彩的文化活动，深入挖掘长城文化、红螺文化等，加强基础文化设施建设，进一步完善四级公共文化服务体系，净化文化环境，深入开展文化创建活动，落实“人文奥运”计划。

2004年文化艺术发展

2004年，怀柔区文化活动、文艺创作再创佳绩，10余人获得国家及市级奖项，8篇业务论文在全国或地区获奖。文化基础设施建设有新进展，完成了新图书馆的立项、规划和初步设计。文化市场得到进一步繁荣和规范，市场秩序进一步好转。加大了文化产业调研力度，写出《积极探索，努力实践，加快我区文化产业发展步伐的研究》等关于文化市场发展与管理的研究文章。信息化建设进一步提高。开始了人事制度改革的第一步工作。服务基层，全年送戏下乡演出120余场，送图书下乡共计3万余册；送电影下乡5609场。文化系统内1人通过中级职称评定，截至2004年底，在职人员中具有中级以上职称的共有17人。2004年，怀柔区文化委员会荣获“北京市文化市场行政责任制考核评比先进单位”称号。

文化单位

区文化馆　负责开展社会主义宣传教育，组织辅导群众文化艺术活动和培养文艺人才；内设办公室、演艺部（雁栖湖艺术团）、培训部（艺术培训学校）、书画部、老年文化艺术活动中心；包括怀柔区书法协会、美术协会、摄影协会、文学创作协会、音舞协会、戏曲协会在内的6个社团组织。总建筑面积4810平方米。

区图书馆　负责宣传党的路线方针政策、传播科学文化知识、搜集整理保存文献资料和书刊借阅等；是全区唯一向社会开放的综合性公共图书馆。总建筑面积2032平方米，藏书13万册，年订阅报刊500余种。

电影发行放映中心　负责全区电影的发行放映，放映人员的技术培训以及对放映设备的修理保养等工作，是怀柔区唯一的电影发行放映服务窗口；承担全区农村电影“2131工程”的放映任务和中小学生爱国主义教育及配合区直单位的科技知识的宣传等工作。总建筑面积1473平方米。

社会文化管理所　负责依据相关文物保护法律和国家政策，收集、保管国有文物，对不可移动文物进行巡视检查和修缮保护，对文物市场、从事文物经营的单位及个人进行法律监督检查。

大型文化活动

重视打造文化品牌，重点举办了“第三届赶文化大集，展怀柔精品”暨第14届艺术节系列文化活动、“放歌新怀柔——祖国在我心中”主题夏日文化广场活动等品牌文化活动。

怀柔区“第三届赶文化大集，展怀柔精品”暨第14届艺术节开幕式

艺术节期间，全区共举办文艺演出83场，观众达40万人次。组织参加了“北京市第14届农民艺术节开幕式”有关活动。在北京市“首届民间手工艺大赛”上，怀北镇选送的布艺作品获得大赛银奖。在北京市青年歌手大赛中，怀柔区代表队的歌手获得民族唱法一等奖、三等奖，通俗唱法二等奖；舞蹈《快乐的竹马》和京东大鼓《过把瘾》，参加了北京电视台的春节联欢晚会。历时3个多月的夏日文化广场活动中，全区共组织文艺演出529场，演出节目5200个，其中群众自己创作的节目近3000个，占节目总数量的58%，直接参加演出的群众演员5000余人，涌现出300多个社区（村）文艺明星，创作优秀文艺作品百余个。

举办了“纪念慕田峪长城建关600周年”系列庆典、首届“北京怀柔牡丹节”、“怀柔首届栗花节”等大型旅游文化活动。

怀柔区“首届栗花节”文艺演出

群众文化活动

区、镇、村三级共举办有组织的文艺演出612场，全年演出节目8000余个；举办摄影、书法、绘画、编织、手工艺品等艺术类展览123期，展出作品近5000幅；街道、镇乡及企业、个人请外埠剧团演出400余场。先后开展了“五月的鲜花”群众文艺汇演活动，共演出52场、节目近千个；“长哨营赶山货大集”文艺演出；“琉璃庙镇金秋赏龙潭”演出活动等。

区直各单位也广泛开展了各类文化活动，如区老干部春节团拜（联欢）会；区委机关、计委系统春节联欢会；区政法委参加首都社会治安综合治理书法、篆刻、绘画、摄影作品的征集；区纪检委“求真务实、勤政为民”书画摄影展；区政协成立

20周年书画摄影展和文艺演出；区政府“我唱外国歌”大赛；区直机关工委新时期怀柔精神主题歌咏比赛活动，“人才杯”书画、摄影展览等。

文化基础设施建设

怀柔区建有1个文化馆、1个图书馆、1个新华书店、1个电影发行放映服务中心、1个学生管理活动中心、1个儿童乐园、1个工人文化宫和1个科技报告厅。设有16个文化服务中心（9个达到市级标准），建筑面积1.3万平方米；248个社区、村文化室（或文化大院），建筑面积达17万平方米；其中，达到示范性标准的文化室（文化大院）有42个。有500平方米以上的区、镇、村三级文化广场145个，总面积34.2万平方米。此外，有镇乡级图书室14个、村级图书室近200个，区图书馆基层送书服务点30个。全国基层文化信息资源共享工程接收点3个。还有2个老年活动中心，7个艺术培训学校，8个文化休闲、娱乐、健身公园等社会文化设施。区、镇、村三级文化网络日益健全，文化活动场所进一步扩大，同时也使各种文化资源得到了较充分的利用。

2004年，新建成“汤河口镇文化中心”。新建、改建村级文化室46个，村级小型文化广场53个。在区图书馆新馆建设方面，已经确定新建一座7320平方米、藏书约30万册、阅览座位650个的图书馆，已经初步完成新馆的立项、规划、设计工作，预计2005年底完成主体工程，2006年9月底前投入使用。

培训辅导

区文委加大对镇乡、街道业余文艺骨干的培训力度，举办不同类型、不同内容、不同年龄的各种培训班50余期，培训4万余人次（包括儿童艺校2万人次、老年艺校1万人次、社会培训1万人次）。举办的培训班有：戏曲打击乐班，中老年声乐、乐理班，戏曲表演班，“二人转”演唱班，踢踏舞班以及曲艺创作、表演班等。全区全年举办科技文化、礼仪知识及各类艺术类培训班300余期，培训骨干10余万人次。全区共有包括木兰扇表演队、业余合唱团、健身球队、健美操队、花会、秧歌团队等在内的各类文艺团队503支，人数达2.5万余人。

怀柔区文化馆举办戏曲表演培训班

图书馆在做好送书下乡工作的同时，对社区、乡镇的图书室工作人员进行了辅导和培训，规范了送书点的服务与管理，继续做好对文化专业户和优秀读书家庭的送书和跟踪服务。

挖掘整理民族民间艺术资源

在文化部、市文化局的支持下，进一步推进喇叭沟门满族乡满族文化的挖掘整理工作，建成了“满族文化陈列馆”，出版了《喇叭沟门满族民俗风物考》一书；协助杨宋镇巩固“民间艺术（音乐）之乡”，培育宝山镇“曲艺之乡”，推动了农村民间文化的发展。

文化市场

全区文化娱乐经营场所64家，其中综合娱乐经营场所31家，卡拉OK厅12家，台球厅8家，电子游戏厅1家，互联网上网服务经营场所12家。文化市场进行依法管理，实行“十公开”、“一规范”（“十公开”即公开处罚标准、执法依据、办案程序、规定时限、处理结果、工作纪律、监督电话、岗位责任、稽查制度、管理制度；“一规范”即对各类案卷整理、各种资料收集存档要规范）。着重规范经营，加强培训，打击违规。全年共举办文化娱乐经营场所负责人法规培训4次。对音像制品、娱乐场所、电子出版物市场、书报刊市场、印刷业市场等开展多个专项整治活动，全面深入地开展“扫黄打非”行动，严防封堵政治性非法出版物和打击音像制品、教材、教辅读物、软件等的侵权盗版活动。

全年共检查文化娱乐经营场所180余次，出动执法检查人员370余人次，共取缔“黑网吧”11家，暂扣电脑38套，拆除无证照经营电子游戏机电路板47块，对12家网吧存在未成年人进入的违法行为分别进行行政处罚，罚款总金额56000元。

文化产业

全区出版印刷、图书报刊、音像电子出版物及互联网上网等文化产业发展较快。2004年，全区共有文化娱乐经营场所64家，音像销售店78家，中国字画销售2家，从业人员2300余人。以文物保护开发利用为主要形式的文化旅游业的发展已成规模。依托长城文化、红螺文化、世妇会文化，知名旅游景点如慕田峪、红螺寺、黄花城、世妇会纪念公园等声誉日渐升高，民俗旅游文化经济带已初步形成。以杨宋镇为龙头的影视、艺术培训业和文娱演艺业的发展势头良好。

图书馆事业

怀柔区图书馆是全区唯一向社会开放的综合性公共图书馆，总建筑面积2032平方米，有对外服务部门8个，藏书13万册，订阅报刊500余种，工作人员29人，全年对外开放，主要服务部门每天对外开放9个小时以上。2004年，累计办理各种借阅证5401个，接待读者17万人次，借阅书刊22万册次。

全年共举办读者活动75次，参加人员4.2万人次，其中规模较大的有“我与图书馆”征文活动，征集图书宣传口号和宣传词活动、全民读书活动、红领巾系列读书活动、爱心快递总动员活动，并在馆内和学校、社区组织了读者报告会66场。

新建各种类型的送书点9个，累计送书点达到32个，送书116次，共3万册。

区图书馆在市、区两级文化主管部门的大力支持下，投资70余万元，购入软、硬件设备，建成并投入使用了“智慧2000”图书馆计算机信息网络服务系统，转换和加工数据1.6万条，在书报借阅部门全部安装了图书监测设备。按照全市统一安排，完成了2个全国文化信息共享工程接收点建设，全区累计已建3个。

电影放映

怀柔区有放映队56支，2004年共放映5609场，其中科技片1809场，观众1572640人次，电影覆盖率达100%，超额完成市下达的工作任务，占年初计划场次的223.5%，区电影放映服务中心被评为全国电影放映先进单位。3个放映队、9个放映员获得市文化局表彰。召开2004年度全区农村电影“2131工程”总结表彰会，表彰了10个先进单位、5个先进放映队、13个先进工作者和9个优秀放映员。

事业单位改革

逐步加大事业单位改革力度，改革用人机制和分配制度。在区文化馆内实施项目负责制、聘用合同制、竞争上岗、定岗、定人、定责、加大绩效工资比例等，引入竞争机制，注入活力。

文化艺术创作

1. 大力弘扬“团结、凝聚、和谐、创新、发展”的新时期怀柔精神，深入挖掘长城文化和红螺文化内涵，组织撰写了20余篇文章，创作了曲艺、歌曲、戏剧、诗歌等主题性文艺节目30余件。并将其中精品编排成7个文艺节目，下乡巡演60余场。创编了一台科普宣传教育文艺节目，下乡巡演8场。

2. “弘扬新时期怀柔精神”文艺作品创作征集活动共征集到诗歌、散文、故事、传说、歌曲、戏曲、曲艺等作品79个，其中20个作品获优秀作品奖。

3. 文化论文成果（见表1）。

4. 参加多种图书馆业务论文的研讨，12名同志撰写论文15篇，8篇在全国或地区获奖（见表2）。

表1　文化论文成果获奖名单

作　者	职　务	题　目	“2004年全国群众文化论文评选”	北京市2001~2004年度群众文化优秀论文评比
杜宏淇	文　委　副主任	浅谈北京民间舞蹈的传承与保护	艺术类三等奖	二等奖
宋庆丰	文化馆　副馆长	浅谈保护民族民间文化的途径与方法	群文类优秀奖	二等奖

表2　图书馆业务论文获奖名单

主题征文	姓　名	文章题目	获奖等级
中国图书馆学会“全国少年儿童图书馆建设研讨会”征文	彭慧敏	《少儿读者服务创新》	一等奖
	崔秀英	《谈少年儿童图书馆的建设与发展》	三等奖
	田桂霞	《论21世纪如何做好少年儿童读者服务工作》	三等奖
	高文姿	《少年儿童图书馆工作人员素质浅谈》	三等奖
	石桂玲	《少儿图书馆工作人员素质探讨》	大会交流论文
中国图书馆学会2004年学术年会征文	田桂霞	《发扬百年图书馆精神，为农村科技服务》	大会交流论文
中国乡镇社区图书馆建设与发展研讨会征文	王玉玲	《乡镇社区图书馆工作人员素质探讨》	一等奖
	田桂霞	《乡镇社区图书馆如何做好服务工作》	入选论文

群众文化获奖

1. 在2004年北京市“首届民间手工艺大赛”上，怀北镇选送的布艺作品获大赛银奖。文化馆选送的舞台舞蹈《快乐的竹马》、小评戏《双送鞋》、女声独唱《女儿船，女儿帆》、百汇演艺学校选送的小品《月光神话》分获全国第13届“群星奖”舞蹈类、戏剧类、音乐类、小品类纪念奖。其中小品《月光神话》同时获“第三届全国四进社区文艺展演”银奖。

2. 怀柔区文化馆在全国首次群众艺术馆、文化馆评估定级中，被评为一级馆。

3. 怀柔区图书馆获“北京市2004年图书馆千场讲座活动”二等奖、“送图书下基层活动先进单位”称号、“北京市2004年全民读书活动”组织奖、“2004年度北京市红领巾读书活动”优秀组织奖、“北京市爱心传递总动员活动”优秀组织奖共5个奖项。

4. 怀柔区龙山街道办事处获“北京市2004年‘五月的鲜花’社区（村）文化节活动先进街道”称号。

5. 怀柔区泉河街道富乐北里社区、渤海镇渤海村、桥梓镇北宅村、宝山镇宝山寺村、喇叭沟门帽山村分别获“北京市2004年‘五月的鲜花’社区（村）文化节先进社区、村”称号。

6. 北京宏怀房地产开发有限公司获“北京市社区文化节先进资助单位”称号。

7. 怀柔区杨宋镇群众业余舞蹈队获“首届‘北京新秧歌’电视大赛”优秀奖。

8. 怀柔区怀柔镇中心小学、怀柔区第三小学获“2004年度北京市红领巾活动”先进单位称号，怀柔区第一小学获“北京市红领巾读书活动科普短剧评比”优秀奖、怀柔区第二小学获“2004年北京市爱心传递总动员活动”优秀组织奖。

怀柔区文化委员会

书记	崔凤春
主任	张　卫

（徐春华）

平　谷　区

概　况

平谷，早在10万年前的旧石器时代便有人类繁衍生息。在7000年前，平谷的先民已从事农业生产，过着定居生活，泃河流域的一种独具特色考古学文化已经形成，被命名为“上宅文化”。平谷区地处燕山南麓与华北平原北端的相交地带，因其东、南、北三面环山，中间为平原谷地，故得名平谷。面积1075平方公里，其中山区面积占59.7%，耕地面积7673公顷，辖14镇、2乡、2个街道办事处，273个行政村，人口40万人。

平谷区文化委员会是代表区政府主管全区文化艺术、文物、广播电视、图书出版发行、文化文物市场的职能部门。2004年，区文委内设政办室、业务科（市场科），有公务员13人。下辖图书馆、文化馆、社会文化市场管理所、文物管理所、上宅文化陈列馆、影剧院、电影发行服务中心、文物事业发展中心、新华书店9个直属单位，其中全额拨款事业单位5个，自收自支事业单位3个，企业1个。全系统共有干部职工204人。

2004年文化艺术发展

文化基础设施建设

2004年是区文委投资规模大、建设面积大、设施投入最多的一年。运用借贷垫资、招商引资、资产置换等方式，多方筹集资金1800万元，启动、完成多项文化设施建设。

投资1700万元，完成区政府重点工程之一的文图馆综合楼主体工程建设，建筑面积达12000平方米；争取资金60万元，完成马坊、刘店、峪口、大兴庄、山东庄和南独乐河6个文化服务中心达标工作；投资30万元，完成了区政府为民办实事之一的建设完善20个村级示范性文化大院的任务，为其增加了电脑、数码摄像机、数码相机、灯光、音响、乐器、图书等设备和设施；投资15万元，完成北京市公共图书馆信息网络系统建设，建成大兴庄和大华山文化信息共享工程接收点。

重要活动

以四项大型传统文化活动为主线，以群众为主体，以团队建设为基础，面向基层，面向农村，面向群众，全年共举办群众性文艺演出、艺术表演860余场，吸引区内外观众127万余人次，1.4万名演员参加表演，放映电影4200场次，送书下乡7.8万册。

艺术节活动　第14届农民艺术节围绕“弘扬民族文化，传承精神文明，服务市场经济，促进城乡交流”的鲜明主题，突出了“五最”，即演员阵容最大、参演队伍最多、表演场面最恢弘、服装更新程度最强、传统与现代契合最完美。全区共举办各类群众文化艺术活动420余场，电影放映500余场，吸引城乡群众37万人次。三个品牌活动各具特色：新

春团拜会隆重热烈；民间花会秧歌进城大拜年增添了节日喜庆氛围，《人民日报》、中央电视台、北京电视台等近40余家新闻媒体进行了现场采访报道；“在那桃花盛开的地方”中国评剧院专场演出暨平谷万名农民进城看大戏活动独具地方魅力。围绕品牌活动，成功举办了元旦联欢晚会、“首都高校之声乡间行”校园文化进田野活动，参加了北京市首届民间手工艺大展赛。

“五月的鲜花”及夏日广场活动　80个委办局举办或参加了“绿谷欢歌”群众歌咏活动；老干部局组织了激情广场大家唱活动；机关工委组织了庆祝建党83周年文艺演出；计生委举办了“欢歌笑语话国策”文艺演出；区教委举办了“四十万人齐参与，争创首都文明区”广场文艺演出。各乡镇、社区、村也都举办了以“新北京、新奥运”为主题的广场演出活动。区教育工委、区文委还组织了北京市儿童艺术剧团送戏下乡等演出活动。

金秋艺术欣赏活动　举办了“活力北京，激情奥运”奥林匹克文化节活动、庆祝中华人民共和国成立55周年“与祖国同行”广场欢庆活动、“祖国在我心中”主题文艺演出、农村小剧团调演、书画展等多项活动。“百姓梨园情”农村小剧团调演活动，以农民为主体，让农民登台演出，著名评剧表演艺术家谷文月现场辅导并任评委，被北京电视台追踪报道，称为“平谷文化现象”；区委宣传部、区文委联合举办的“京东绿谷文明展”，以大量的图片、图表和实物，生动地展示了平谷区在三个文明建设中取得的丰硕成果；举办了“反对邪教，崇尚科学”图片展；区档案局主办了“世纪阅报馆”等系列展览。平谷区文化馆成功举办了“融合、碰撞”中法艺术画展，实现了平谷文化与世界文化的融合。与此同时，民间书画展也异军突起，国庆55周年书画展、三人行书画展、韩玉良自办油画展等多项民间艺术展览的举办，表现了平谷区艺术人才的才华。

“桃花烟花节”　4月区文委协助区政府成功举办了第六届桃花节开幕式文艺演出、北京交响乐团慰问平谷驻军演出、中国评剧院“桃花盛开的地方”评剧演出等活动，搭建文化平台，丰富了节庆品牌文化内涵，促进了旅游经济的发展。《耿大鹏平谷风光摄影作品集》举行了首发式，这是北京市实施精品文化工程，于2004年首次推出的群众文化艺术丛书的第一部，也是桃花节期间的一项重要活动内容，《人民日报》、《北京日报》等多家媒体进行了报道。

送文化下乡，建文化超市　围绕政府工作，确立活动主题；深入基层，关注贫困群体、老党员老干部群体和外来务工者群体；为“三农”服务，开展科技下乡活动。

平谷区农村业余小剧团演出

送电影下乡4200场。继续实施“2131”工程，基本消灭了电影空白村。开展了“婚育新风进万家”、“揭批邪教‘法轮功’”、“红色经典”等专场放映活动；开展“科普电影周”活动，放映桃树科学管理技术光盘50余场次，观众达3000余人次；影剧院放映电影1200余场次，上演了《张思德》、《郑培民》等多部具有教育意义的影片。还利用电影放映大棚，使“流动影院”走进乡村学校，走进建筑工地，央视7套为此作了专题报道。

送戏下乡近百场。文化馆“心连心艺术团”把群众喜闻乐见的文艺节目送到了田间地头，送到了老党员、老干部的家中。约10万人次观看了演出。尤其是以百姓身边发生的案例为模本自编自演的法制内容节目，收到了明显的社会效益。

送书下乡78000册。图书馆不断完善送书下乡机制，坚持每月或定期为20多个基层图书馆（室）送书，不断充实基层图书馆（室）图书资源。

政府、社会、个人多元投资办文化　在群众文化群众办、社会文化社会办的工作思路引导下，树立大文化观念，整合社会文化资源，形成了“大秧歌扭起来，民间花会走起来，戏剧歌曲唱起来，优秀影片演起来，艺术作品展起来，文明新风树起来”的浓郁文化氛围。文化活动呈现“四多”特点，即举办活动次数多，收藏、绘画、书法、奇石爱好者多，自办文化多，群众参与人数多。

阵地活动。以文化广场、文化大院、街头、村边为阵地，城乡广泛开展了电影放映、文艺演出、秧歌表演、交谊舞会等形式多样、众多百姓参与的文化活动。

个性活动。民俗旅游村黄松峪乡刁窝村与中青旅联合举办了“红红火火过大年”活动；东高村镇举办的“创业求发展，铸造乐器城”诗歌朗诵会极具地方“琴城韵”特色；金海湖镇业余小剧社的文艺汇演、马坊镇“反邪教宣传”巡回演出等活动深受群众喜爱。

特色文化。由区文委、冰心奖评委会共同编辑、桃花源文化发展中心设计制作的“冰心奖”15周年纪念画册出版；由区文化馆发起的京、津、冀、蒙、辽、晋六省市书画影巡回展在蓟县举办；完成了已有四百多年历史的丫髻山文化庙会申报“北京市民族民间文化保护工程试点”工作。这些特色活动加强了平谷区的对外文化交流。

自办文化。把村落文化建设作为农村文化建设的重点和贴近农民群众的有效途径，以文化示范村建设为契机，在坚持“群众文化群众办”的前提下，采取了政府财政以奖代补、政策扶持等有效手段，积极倡导和推进村落文化建设，其中包括民办图书馆、放映队、团队和其他文化经营户，成了活跃农村文化生活的新元素，给基层文化注入了持久的活力与生机。金海湖镇靠山集村的村民安志，在牵头成立40人秧歌队基础上又投资组建了“什不闲”花会队，大华山镇挂甲山庄艺术团举办了慰问家乡父老百场文艺演出。

艺术教育、科研

文艺培训　加强对农村业余文艺骨干、业余文艺团队的辅导，文化馆共下乡辅导600余人次，辅导群众8000余人次，培养文艺骨干1800余人。

理论研究　理论研究成绩突出。耿大鹏、周彩伶撰写的业务论文《逝去与回归同时演绎的存在——摭论民俗文化的“绝对定位”与传承保护》在北京市2001～2004年度群众文化优秀论文评奖活动中获一等奖，在2004年全国群众文化论文评选活动中获三等奖。文化馆马征撰写的论文《民族民间文化的保护与传承必须具有民族自信心》在2004年全国群众文化论文评选活动中获二等奖，在北京市2001～2004年度群众文化优秀论文评奖活动中荣获二等奖。图书馆3篇业务论文分别入选《发展中的少年儿童图书馆》、《图书馆的数字化、现代化服务》两部论文集。其中岳清禹的1篇论文在《图书馆论坛》发表。

专业艺术成果

平谷区文学艺术联合会，已拥有7个专业艺术协会，有会员500余人，有市级会员40余人，国家级会员20余人。

专集、著述　2004年，陈克永的《工笔山水画法》、《名家名画陈克永》；胡九军的《绿谷真情》；平谷老年书画协会的《平谷区老年书画集》；王友谊的书法集《王友谊书法作品精选》；耿大鹏的《耿大鹏平谷风光摄影作品集》；柴福善的散文集《秦时明月》、《核桃树下的王蒙》；郭子华的散文集《丹华斋记》；刘云飞的艺文集《平谷颂》等共10部专集、著述问世。

文艺作品及奇石藏品参展、参赛　组织音乐舞蹈家协会、文学家协会和摄影家协会的骨干会员分别参加了北京市总工会“职工文艺节”和“百万市民采摘游”文艺作品征集活动，获得多个奖项。在“百万市民采摘游”文艺作品征集活动中，刘廷海创作的唱词《鲜桃四季谣》获一等奖，张军、韩维泉等6人分获二、三等奖，从而成为北京郊区获奖最多的区；奇石收藏家协会参加“第一届国际爱石协会中国洛阳展”、“全国第二届奇石展”、“中兴杯第三届奇石展”、“爱石爱家第一届文化节”等五项国际、全国展事，获金奖10件、银奖22件。书法协会、美术协会7名会员参加了由“中华书画委员会”组织举办的“第28届世界文化遗产年会国际书画大赛展”，全部获奖，其中邢凤玉的国画《中国龙》获金奖，书协会长耿明星获特别贡献奖，平谷书协获特别组织奖。

推出平谷文学创作第二套丛书——《渔阳文库》　推出了第二套平谷文学协会会员丛书《渔阳文库》，包括已经出版的报告文学集《跋涉》、散文集《丹华斋记》和中篇小说集《大戏台》等。文学协会2004年共在市级以上报刊杂志发表各类体裁文学作品120余篇。

书法家王友谊被中国艺术研究院书法院聘为国家级研究员　全国20人，北京市属单位仅王友谊1人。

图书馆

全年发放借阅证1612个，接待读者80036人，文献资料流通阅览213904册次，复制书刊资料560册次，解答读者咨询2938人次，并建立了咨询档案。开展各类读书活动，组织各种知识讲座、报告会54场；开展“红读”和“全民读书月”活动31次，参与人数达3万余人次；组织“爱心快递总动员”捐赠活动共收到捐赠玩具、文具、图书41985册件，经消毒整理后捐赠给7个贫困山区的学校，搭建了学生们爱心传递的桥梁。完成30万元购书经费的图书购置任务，共购买图书4700多种、18000多册，完成640余种中外文报纸书刊的订购任务，加工整理冰心奖图书及赠书2864册，加工过期刊物127种，修改书目数据1230条。完成大华山镇、大兴庄镇两个信息接收点的建设。平谷“智慧2000数字图书馆系统”于2004年7月1日起正式投入使用，实现了区图书馆与北京市各成员馆之间的联合检索、网上阅读、馆际互借、资源共享。

文化队伍

群众文艺队伍发展迅速，全区建立了181支秧歌队、96档花会队、100余支业余小乐队，30余支业余剧团、小演出队，业余演员达1.4万人，有效地活跃了城乡农民文化生活。群文专业人员共70余人，有计划地组织多次专业业务培训，人员素质不断提高。

文化产业情况

共有注册文化企业666家，占全区企业总数的6%。形成文化娱乐业、出版物印刷发行业、音像制品零售出租业、影视制造业、广播电视业、广告业、娱乐产品制造业的集群。

其中娱乐服务业29家；音像制品零售出租业40家；影视业40家；广电网络服务业10家；乐器制造业6家。

文化市场管理

以促进社会稳定、规范和繁荣文化市场为目标，加大了对文化市场的监管力度。会同公安、工商等部门，各项执法检查共出动执法人员3930余人次，执法车辆490车次，检查各类文化经营场所3100余家次，取缔非法文化经营场所94家，进一步净化了平谷区的文化市场环境。

依法审批，实行全程代理制　为更好地服务群众，提高依法行政的效率和质量，从5月份开始，区文委开始实施行政审批事项全程办事代理制。全年共接待群众咨询和申请1100余人次，办理文化市场类行政审批55项。

常规检查，消除安全隐患　坚持常规检查和重点检查相结合，明察、暗访相配合的日常巡查制度，坚持做到每个季度有专项，月月有重点，周周有小结。开展对人员密集场所消防安全专项整治行动，对全区所有文化经营场所进行安全生产大检查。在检查的同时，坚持宣传、教育、培训一起抓，召开了平谷区文化经营单位法人参加的安全生产管理工作大会，发放各种宣传材料1100余份。

规范经营行为，专项整治网吧　按照全国开展网吧等互联网上网服务营业场所专项整治工作要求，采取拉网式检查，实施"零点行动"，重点打击无证照和证照不全的"黑网吧"，规范正规网吧的经营行为，查处违法接纳未成年人进入网吧和延时经营等行为。全年共取缔"黑网吧"15家、电子游戏场所3家，收缴电脑主机289台，显示器99台，游戏机主板49块，交换机8台。

文化企事业单位

新华书店、影剧院、电影发行服务中心采取出租场地、与大客户联营、合作开发共建，文企、文教联姻等形式，整合资源，扩大市场，扩大资产份额，增加经济效益。2004年，3家企业共实现经济收入1220万元，利税40万元。

获奖情况

区文委机关再度荣获"首都文明单位标兵"称号　至2004年，区文委已连续8年获此荣誉。

平谷区顺利通过全国先进文化县复查

世纪广场被评为"全国特色文化广场"　北京市郊区只有平谷区一个广场获此殊荣；区文委荣获"全国特色文化广场活动组织奖"。

被市文化局评为"文化市场统计工作先进单位"

被首都综治办等单位评为北京市校园周边环境整治及校园安全专项整治工作先进单位　社会治安综合治理工作被平谷区政府评为先进单位。

文化行政执法责任制考评获市文化局二等奖

平谷区电影发行服务中心被评为2004年度农村电影放映工作先进单位。

胡长友老人制作的皮影获北京市首届民间手工艺大展赛金奖　吹糖人、剪纸、刺绣三个艺术门类分别荣获铜奖和优秀奖。

南独乐河镇被评为北京市"五月的鲜花"社区文化节活动先进乡镇　东高村被评为先进村；教育工委、教委被评为先进资助单位；大华山镇的王春信被评为先进资助个人。有6人被评为北京市2004年度先进基层文化志愿者。

文化馆职工孙开成的笛子独奏《鹰》入围全国群星奖　文化馆为民政局创编辅导的《桃乡情》在北京市民政系统军队退休干部歌咏比赛中获创作、表演一等奖；为区规划局创编的作品《请你来》在市级比赛中获创作表演一等奖；为地税局辅导的快板、舞蹈在市级比赛中分别荣获二等奖和三等奖。

平谷区文化委员会

书记　　张　兴
主任　　张　兴

（陈玉玲　张春芬）

昌　平　区

概　况

昌平区被誉为北京的后花园。2004年，昌平区总面积1352平方公里，居住人口120万人，分布在17个镇（街道办事处），有20万人以上的居民区3个，有行政村312个。昌平历史文化悠久，昌平南口雪山文化距今已有6000多年，昌平的文化遗产更是举世瞩目：明十三陵、居庸关长城、银山塔林、朝宗石桥、巩华城、白浮堰等，无不闪烁着昌平久远文化历史的光辉。

主管昌平文化工作的政府职能机构——昌平区文化委员会成立于1999年，设办公室、文化科、文物科、纪检监察科，直属基层单位有文化馆、图书馆、文物管理所、社会文化管理所、电影管理处、影剧院、新华书店，共有干部职工218人，为不断满足人民群众的文化需求服务，为788家文化企业提供优质服务。

昌平是全国文化工作先进单位。2004年，区文委新一届领导班子，坚持以“保先、争优、创新”为己任，昌平区文化工作以邓小平理论和“三个代表”重要思想为指导，认真贯彻落实党的十六大精神，牢牢把握先进文化的前进方向，坚持与时俱进，开拓创新，不断推进文化管理、文化阵地和文化队伍的建设，为全区建设提供精神动力，形成文化事业与整个社会发展互动的局面。

2004年文化艺术发展

2004年，昌平区社会文化工作以体现先进性、突出特色性、实现广泛性为基点，努力实现社会文化工作重心下移，阵地文化活动与文化主题活动互动，全区文化工作呈现了健康文明、繁荣兴旺的良好态势。文化市场管理以发展、规范为主题，坚持整治与繁荣齐抓，实施行政审批工作全程办事代理制，有效地推动了文化市场的繁荣和发展。全年，受理审批行政许可咨询2000余人次，审批文化企业187家，全区累计发证的文化企业达到788家。在受理文化企业审批期间，还进行了跟踪服务，赢得了企业的信任和赞扬，同时，针对文化市场存在的问题，把大学周边、城乡结合部等10个地区作为文化市场重点监管区域，将网吧、音像店、印刷厂、书店作为重点监管行业，结合“扫黄打非”行动，进行反复检查，通过集中打击、专项整治、严格规范等手段进一步维护了文化市场健康发展的新秩序。2004年度昌平区文化委员会荣获北京市行政执法责任制考核评比一等奖，北京市“扫黄打非”工作先进集体、北京市第14届农民艺术节组织奖、北京市“红领巾”读书活动优秀组织奖、全民读书活动组织奖、公共图书馆开展“送书下基层”活动一等奖。

基层文化设施建设

2004年，继续加大对基层单位文化设施的扶植，狠抓市财政专项补助资金和区财政配套资金的落实，先后投入200多万元，重点扶植了12个文化站和70个俱乐部，为其配备了音响、图书、书架及民族乐器等设备。2004年，全区17个镇、街道都建设有文化站，其中15个市级达标；312个行政村有249个俱乐部（文化室），其中市级示范性俱乐部88个。

文艺创作

2004年，昌平区广大文艺工作者，结合本地的实际，创作了包括《彩带秧歌》、《走进新时代》、《珠穆朗玛》、《我家在中国》、《印度舞》等优秀节目在内的一系列弘扬主旋律、健康向上的文艺节目，在全区巡回演出，受到群众欢迎。

在文学创作和书画艺术上也取得了新成就，由昌平区文联主编的《军都文苑》、区图书馆主编的《知识情报信息》等受到广大读者的好评。昌平区文化馆青年作家郭建华（笔名星竹）的中篇小说《中西部》荣获由北京市文化局、北京市广播电视局、北京市文联、北京出版集团、北京日报集团颁发的“庆祝建国55周年佳作奖”；长篇报告文学《主诉检察官》被拍摄成电视连续剧，在中央电视台8频道黄金时段播出，受到社会好评；中短篇小说集《彩票》由北京出版社出版的北京实力作家丛书收编。文化馆中年作家辛立华的作品《村口》、《较劲》、《怪医》分别获得北京市群艺馆颁发的优秀奖，北京市总工会征文优秀奖，中国民间艺术家协会“反腐题材小说征文”三等奖。文化馆青年书画家白俊龙的中国画作品获2004年“纪念邓小平诞辰100周年全国书画精品大展”优秀作品奖，“2004年首都综合治理书画摄影大赛”二等奖，2004中国文化艺术发展促进会举办的“全国书法美术摄影书画大赛”二等奖。昌平区文化馆张宇英获得慕田峪长城“留住精彩瞬间”奥运火炬传递抓拍比赛十佳作品奖。

文化活动

内容和形式不断创新，成功地举办了第五届昌平区艺术节，并以“五一”、“七一”、“八一”、“十一”等重大庆典节日为契机，举办了内容丰富、形式多样的大型文化活动，带动了昌平区群众文化工作的全面开展。随着“新秧歌”的推广与普及，秧歌队伍不断壮大，2004年，全区共有秧歌队伍251

昌平区基层秧歌表演

支，这些“秧歌”队伍在各重大节日和文化广场活动中扮演了重要的角色，秧歌表演已经成为独具昌平文化特色的亮点文化活动。9月，举办了“迎国庆”暨昌平区第五届新秧歌大赛，组织了庆祝中华人民共和国成立55周年秧歌、游园展示活动。活动中，17支代表队激情洋溢的表演，充分反映了昌平区人民积极向上的精神面貌。被文化部命名为“全国特色歌舞之乡”的北七家镇，近年来，群众文化在开展的规模、程度和整体艺术水平上，都取得了显著的成绩，对全区“新秧歌”的普及与推广起到了带头作用。

“文化昌平”专题节目　区文委与区委宣传部、区广电中心共同筹措的大型文化系列专题片《文化昌平》，从4月中旬开始筹备，经过精心的准备和辛勤工作，9月在昌平电视台正式开播。《文化昌平》写出《乡音乡情》、《文物长廊》、《视角访谈》、《书画之窗》、《文化名人》、《文化市场》及各种相关稿件40余篇，完成拍摄任务20余集，播出16集，刻录光盘500多张。《文化昌平》弘扬了社会主义文化主旋律，反映了昌平的历史文化，歌颂了昌平现代文明，受到了社会各界普遍关注和欢迎。《文化昌平》拍摄的昌平传统民俗风情泥塑人物场景、《用泥土再现昨天》、《海子戏楼》等被北京市电视台转播，群众反映《文化昌平》栏目办得好。

昌平区电视台播出大型文化系列专题节目《文化昌平》的部分内容

文化下基层

积极开展主题鲜明、内容丰富、贴近百姓的文化下乡活动。全区共组织文化下乡演出46场，演出歌曲、杂技、舞蹈、小品、武术等形式多样的文艺节目600多个；为基层赠送图书4500册；农村电影放映5432场，超额完成“2131”工程规定的放映指标。在文化下乡中，参与活动的演职人员、工作人员达1万人次，吸引观众12.6万多人次。区文委参加了区政协主办的“文化、卫生、科技、法律”四下乡活动，为基层送去图书、杂志2000多册，字画50余幅，电影拷贝2部，提供流动阅览图书400多种（5000多册次），并带有精彩的文艺演出。年初，在昌平区文化馆成立了昌平区社区学院老年艺术教育分院，为老年人无偿提供笔、墨、纸等学习用具，安排辅导教师，使区文化馆成为昌平区老年人文化活动的重要基地。2004年，区文化馆开设了音乐、舞蹈、美术、戏剧、曲艺、文学创作等10多个培训班，参加培训的达2000余人。

昌平区文化馆为基层培训

机关办公业务网建设

12月18日，12000平方米的图书馆·博物馆大厦开业，区文化委员会办公地点从昌平区文化馆迁到图博大厦，在办公业务网建设上，重点完成了三个方面的工作：一是根据新办公楼启用后各科室的分布情况，重新安装调整网络布线和网口分布，使之更合理使用；二是推进办公业务网的基础设施建设，文委机关配置了新的交换机、隔离卡、网络选择器、服务器和数据库等必要的网络设备和计算机设备，每名机关公务员都配备了新电脑及相应的软件和硬件，为适应全区电子政务系统运作打下了基础；三是进行了办公业务网知识的培训，机关的工作人员都能比较熟练地使用计算机，办公自动化水平和工作效率大大提高。

图书馆

昌平图书馆启用数字化装备。12月18日，昌平图书馆迁至新建图博大厦内，占用建筑面积为8000平方米，比旧馆增加了5700平方米。业务部门设置老年阅览室、少儿阅览室、电子阅览室、视听阅览室、外文阅览室等23个部门。其中较有特色的二楼少儿阅览室，其设计充分体现了少儿的心理特点，房间结构体现了人性化的乐趣。电子阅览室按照国家标准进行综合化布线，可同时容纳120人上网。读者不但可以在这里登陆互联网，享受互联网所带来的乐趣，而且还可以在这里通过图书馆内部的局域网查询图书资料以及在网上阅读书籍，充分体现了数字化网络时代给人们带来的便捷。特别是八楼视频会议报告厅，在设计上完全按照国家标准进行，充分考虑当前社会的发展需求，选用的视频会议系统，技术的先进性在全区乃至全市均处于领先地位。该报告厅可同时容纳300余人开会，音乐信号动态范围大、中音力度强、高音清晰明亮，并且可以同步刻录，会议结束后就可以把装载整个会议内容的光盘发送到与会者手中。通过安装互联网系统还可以实现视频会议要求，在线进行会议安排以及进行会议讨论，还可以安排多个分会场，通过网络可以与视频会议报告厅主会场同步进行会议讨论。

文化市场

网吧专项整治　专项整治网吧等互联网上网服务营业场所，是2004年文化市场管理的工作重点。网吧整治以查处传播有害信息，经营含有色情、赌博、暴力、愚昧、迷信等网络游戏，接纳未成年人进入，以及无证经营等违规行为为重点。文化部门牵头组织公安、工商、城管等部门联合执法。全区分成三片，各联合执法队分片包干，反复清查，露头就打。各基层派出所、工商所，加大日常监督管理力度，在责任区内加强巡视检查。对马池口、南口、松园、回龙观等地区多次举行大规模清查活动，年末对松园地区进行了两个月的“死看死守”，有效地控制了该地区的市场秩序。年内，会同公安、工商、城管等部门，共取缔“黑网吧”62家，暂扣电脑1399台，没收赌博电子游艺机33台。

“扫黄打非”　区文化委员会始终坚持把“扫黄打非”工作作为整顿文化市场的头等大事抓紧抓好，以“查缴政治性非法出版物”为工作重点，会同有关部门联合执法，取得了显著成果。全年出动执法检查595次，出动执法人员2131人次，受理群众举报93件，查实群众举报67件；取缔非法经营店253个，收缴盗版光盘35714张，非法经营图书、盗版图书15258册，政治性非法出版物9册，盗版计算机软件1242盒，非法经营录音带765盒，淫秽音像制品400余张。查处非法印制、复制光盘企业1家，收缴非法经营设备8台，非法刻录、印制光盘近10万张。全年，行政执法立案17起，其中网吧违规经营处罚13起，经营盗版音像制品处罚2起，印刷企业违规印制图书处罚2起。7月开始筹备昌平区音像制品销售行业协会，12月得到民政部门批准。音像协会以“支持反盗版、繁荣音像市场”为宗旨，整合了力量，有效地调解了广东媒卡公司与当地一些音像店的侵权纠纷，强化了行业自律。年内“三江日盛”、“方舟书苑”被北京市新闻出版局评为“示范店”。通过加强文化市场监管的力度，校园周边环境、网吧市场、演出市场、音像市场、图书市场均有明显改善。2004年，昌平区文化委员会被评为北京市“扫黄打非”先进单位、文化行政执法责任制先进单位、昌平区综合治理先进单位。

电影

电影市场逆境求进　昌平影剧院在面临改造和电影市场不景气的情况下，积极弘扬主旋律。2004年9月，昌平影剧院因设备陈旧存在不安全隐患，被消防部门停止使用。为了挽回损失，昌平影剧院全体干部、职工，主动走出去找市场，举办了以“崇尚科学、抵制邪教、摒弃生活陋习”为主题的中小学生科技周活动。购置了充气大棚，利用中小学生假日，精心安排多种题材的影片，走进学校开展电影放映活动。此次活动共放映电影41场，26个学校的18000多名学生观看，宣传了科学知识，受到了上级有关部门和学生家长的广泛好评。

“2131工程”　区电影发行放映管理处以面向基层、服务农村和社区为己任，认真落实电影“2131工程”，和各镇的电影放映队常年活跃在基层，全年为全区312个行政村和社区、单位，放映电影5601场，在全市居于领先的位置，被推荐出席全国先进集体表彰大会。区电影管理处还结合反邪教工作的深入开展，与区委防范和处理邪教问题办公室、区科协联合举办了“反邪教警示教育百场电影下乡”活动。活动从4月12日开始至10月10日结束，历时半年时间，行程4000余公里，深入全区17个镇（办事处）的130个行政村，放映反邪教方面的科教片、故事片共计260场，宣传观众6万多人次。起到了良好的宣传教育效果，被评为昌平区2004年科技周活动先进集体和反邪教警示教育活动先进集体。

人事制度改革

2004年，文化馆重新调整了领导班子，使之趋于年轻化，充分体现出新人、新思路、新气象。区文化馆向社会招聘了声乐、舞蹈、音响、文学创作等各方面的人才8人，充实了队伍。

艺术团队

昌平区业余艺术团以及分布在部委办局、镇、街道的39支业余艺术分团，社区、村级102支业余演出队，251支秧歌队，61档民间花会，43支民族乐队，2支铜管乐队，坚持常年活动不断线，为丰富群众文化生活作出了积极的贡献。

对外文化交流

以昌平区文委主任杨富志为团长的北七家镇文化交流代表团，于3月16日抵达埃及开罗中国文化中心。经过埃及开罗中国文化中心和随展人员的精心准备和巧妙布置，“中国北京北七家镇书法绘画展”于3月18日~25日在埃及开罗国家歌舞剧院进行展出。中国驻埃及大使馆大使吴思科先生和埃及国家文化部常务副部长萨米尔·法尔基先生为绘画展开幕剪彩。埃及国家电视台、中国中央电视台、中华人民共和国新华通讯社在现场进行了摄制和采访。埃及国家电视台、中国中央电视台和文通网对本次书画展进行了播放。埃及开罗国家歌舞剧院、中国驻埃及大使馆、埃及开罗中国文化中心的领导和埃及部分著名书画家、书画爱好者200多人参加了开幕式。

昌平区文化委员会

书记　王玉林（2月免）
　　　　杨富志（2月任）

主任　王玉林（2月免）
　　　　杨富志（2月任）

（于新忠）

门头沟区

概　况

门头沟区位于北京城区正西偏南，面积1455平方公里。东部与海淀区、石景山区为邻，南部与房山区、丰台区相连，西部与河北省涿鹿县、涞水县交界，北部与昌平区、河北省怀来县接壤。门头沟区辖9个乡镇、4个街道办事处、177个行政村、125个居委会。9个乡镇分别是：军庄镇、龙泉镇、清水镇、潭柘寺镇、永定镇、雁翅镇、斋堂镇、妙峰山镇、王平镇。4个街道办事处分别是：大台街道办事处、大峪街道办事处、东辛房街道办事处和城子街道办事处。

门头沟区文化委员会是门头沟区人民政府主管文化、文物、新闻出版、广播电视工作的职能部门，下设6个职能科室：文化科、文物科、文化市场管理科、计划财务科、版权科、办公室。下属8个基层事业单位：文化馆、博物馆、图书馆、影剧院、文物事业管理所、潭柘寺文保所、戒台寺文保所、爨底下村文保所。区文委系统共有在职职工135人。

2004年，区文委以“三个代表”重要思想为指导，按照“三大战略”（龙头带动、科教兴区、依法治区）和“一城带四区”（生态旅游区、特色林牧区、新型建材区、石龙工业区）的发展思路，全面贯彻区委第九次党代会精神，以“贴近实际、贴近生活、贴近群众”为宗旨，加强基层文化设施建设，推出文化文物品牌，满足群众日益增长的文化需求，为全区的经济发展营造健康和谐、昂扬向上的文化氛围。

2004年文化艺术发展

领导视察

9月17日，市委常委、宣传部部长蔡赴朝来到区博物馆视察，并观赏了京西古幡乐的演出。8月，市文化局巡视员冯守仁视察了斋堂镇西斋堂村文化室和当地农民自办图书室。4月16日，伊欣欣区长到区文委调研，对影剧院工作、博物馆建设遗留问题、文化市场、文物保护规划等问题进行了指示。12月27日，伊欣欣区长来文委调研，就当前区文化文物工作的几个突出问题进行细致深入地了解，并确定了区文化文物工作的方向，强调今后政府要加大对文物的维护力度，竭尽全力抢修不可再生的珍贵文物，为旅游业增加文化内涵，达到可持续发展的目的。12月14日，区委副书记张进增同志来文委调研群众文化和文物工作，听取了文委关于群众文化的汇报，并提出群众文化工作应该“条块结合”，要按照不同地区、单位系统、企业、村镇等特点和群众兴趣、艺术行业等的不同，采取灵活的工作方式。5月13日，副区长王智慧到影剧院进行调研，听取了影剧院经理关于影剧院现状、面临的困难和今后打算的汇报，针对目前影剧院存在收不抵支、电影放映不景气、人员结构臃肿、包袱沉重、职工工资不能满额发放、职工情绪不稳定及消防设施亟待解决等问题作出指示，提出要求。8月23日，副区长王智慧参加“北京市先进文化站——东辛房街道文化站器材发放仪式”活动时，对文化站设施进行了调研。

文化基础设施建设

年初，文委对全区9个镇和4个办事处的文化服务中心和文化站进行了调查摸底。根据调查结果文委制定了《门头沟区2004～2008年文化基础建设投资规划》，力争在5年内使基础文化设施有一个较大的飞跃。2004年，区文委在市文化局的大力支持下，争取资金60万元为6个街道乡镇的文化站和文化中心配备设备，使达标文化站从2003年的1个（东辛房办事处文化站）增加到了7个（东辛房办事处文化站、斋堂镇文化站、妙峰山镇文化站、王平镇文化站、军庄镇文化站、城子街道办事处文化站、潭柘寺镇文化站），达标的村级文化室由17个增加到60个。为城子办事处向阳社区综合活动室和大峪南路二区居委会的文化大院两个示范大院配备设备，完成了2004年区政府折子工程。为城子办事处向阳社区综合活动室投入所需乐器（22种）、图书、书架、阅览桌椅及部分设备近2万元，年底举行挂牌仪式；大峪南路二区居委会的文化大院，有房屋150平方米，区文委、区图书馆为其配备了8个书架和几百册图书价值3000元。区文委还为社区投资1.5万元，用于购置音响设备、乐器、服装、文化装饰品等。支持民间自办文化事业。扶持社区、山乡26个秧歌队、村剧团，重点投资大峪街道向阳艺术团和燕家台河北梆子剧团，投资2万元为燕家台河北梆子剧团购置道具。

门头沟区民族民间文化保护工作培训班开班仪式

民族民间文化保护工作

民族民间文化保护工作取得突破，4月20，京西古幡乐（流传于门头沟区千军台、庄户一带）被文化部列入“中国民族民间文化保护工程第二批试点名单”。6月16日，市文化局召开文化工作会议，将门头沟区和宣武区列为北京市第一批民族民间文化保护工程试点区，京西古幡乐、太平鼓同时作为北京市民族民间文化保护项目被列入试点工作。7月11日，中央电视台《艺术品收藏》栏目记者为京西古幡乐录制了专题节目。7月28日～30日市文化局、北京群众艺术馆在门头沟区龙泉山庄举办了“北京市民族民间文化保护工作培训班”，市文化局巡视员冯守仁，区委常委、宣传部长沈强，市文化局社文处及来自全市相关文化部门的有关领导、被确定为国家级和市级民族民间文化遗产保护项目的项目负责人等50余人参加。12月23日、24日区文委举办了“门头沟区民族民间文化保护工作培训班”，来自全区各镇、街道办事处、文化服务中心、文化站以及区图书馆、文化馆、博物馆等相关单位的领导、业务干部40余人参加了培训班的学习。门头沟区文委和门头沟区教委经过认真协商，决定将门头沟区新桥路中学命名为“京西太平鼓”艺术传承学校，并与新桥路中学签订了2005年～2008年为期4年的合作协议。在培训班开班仪式上，区教委陈国才主任、区文委张广林主任向门头沟区太平鼓艺术传承学校——新桥路中学颁发了标牌，市区领导向3位民保工程专家颁发了顾问聘书，向门头沟区9位民俗专家颁发了特邀专家证书。

文化活动

门头沟区第14届文化艺术节　2003年11月26日～2004年2月5日举办。艺术节期间共接待、组织市区大型活动27场，演员1500多人次，观众4万多人次。基层文化活动136场，观众10万多人次。选送作品参加了在朝阳区文化馆举行的北京市第14届农民艺术节——首届民间手工艺大展赛。选送的作品有麦秸画、紫石砚、玻璃制品、堆绣、布贴、石雕、根雕、刺绣、手工艺品、剪纸、编织等十几个品种、二百余件作品。胡建平的麦秸画《花开富贵》获得金奖，阎俊杰的玻璃粘接工艺品《珍珠湖大桥》获得银奖，阎俊杰和胡建平荣获“民间手工艺能手”称号

夏日文化广场活动　5月开始，共273场演出，参与群众1.5万余人，吸引观众24万余人次。其中“山城新歌”合唱节从2004年6月1日～13日，是近几年来规模较大的一次，全区共81支合唱队参加，参与群众5000多人。区文化馆派出文艺骨干深入基层进行辅导，帮助群众建立合唱队，承担代表队的乐队伴奏、合唱等辅导任务。林业局、财政局、永定镇3支代表队获得本次合唱节的一等奖；卫生局、民政局、大峪中学分校、王平镇、大峪二小、区商委6支代表队获二等奖；石龙工业开发区等9支代表队获三等奖；区机关工委获特别奖；区文委等12个单位获优秀组织奖。6月5日，文化馆举办门头沟区第七届少儿舞蹈汇演。参加演出的有中心幼儿园、新星幼儿园、东辛房幼儿园、城子幼儿园、铁三局四处幼儿园、矿务局幼儿园、新世纪艺术学校和扬帆艺术学校，演出得到了6园2校领导和家长们的大力支持。舞蹈《小兵学艺》和《飞吧，小

白鸽》等受到好评。

庆祝中华人民共和国成立55周年文化活动　9月25日~30日举行。演出有，“古韵新声”——大型音乐会、“祖国万岁”——卫生系统综艺演出专场、“祖国在我心中”——文化馆主办综艺晚会、《村官李天成》——河北梆子专场演出、“祖国颂”——区工会主办综艺晚会、“红旗飘飘”——《长征组歌》演唱会、“载歌载舞迎国庆”——大型秧歌表演。1000多名群众演员参加了演出，观看群众8000多人。9月29日~10月20日，由区委宣传部、区文委、区档案史志局、区文联、区统计局联合举办，门头沟区博物馆承办的“走进新世纪的门头沟”大型图片展览，共接待参观群众13000多人次。

文化馆

8月，文化馆艺术培训楼竣工，该工程是区政府跨年度重点工程。文化馆是区群众文艺活动、培训的基地，也是区老年大学的所在地。2004年，文化馆深入社区，开展各种各样的演出活动，全年达到56场，参加演出的演员1197人次，观众3.5万人次。创作剧本27个。文化馆业务骨干下基层辅导360人次，辅导群众1.5万人。利用年内“山城新歌”活动的机会，派出15人深入基层，承担乐队伴奏、教唱歌曲、合唱排练等辅导任务，为基层建立合唱队伍、培养声乐骨干，发展和提高基层演唱水平作出了贡献。区文化馆对乡镇、街道秧歌队进行北京新秧歌的推广普及。关心少年儿童和老年人，通过培训班和比赛的形式对全区少年儿童及教师进行艺术培训，举办老年书法培训班，丰富老年人生活。举办了摄影爱好者培训班。文化馆组队参加了全国第13届“群星奖”广场舞蹈的比赛。文化馆业务干部贾丽霞、刘春静组织老年舞蹈队为北京电视台“翩翩起舞”栏目创作排练舞蹈《好运来》。舞蹈《太平鼓舞》在北京电视台录像。文化馆与河滩西街居委会惠民艺术团联合举办“全力阻击禽流感”专场演出。文化馆副馆长杜晓创作了永定河文化系列歌曲。

图书馆

区图书馆采取三项措施逐步扩大区、乡镇、村和社区三级图书网络。一是创建文化信息共享工程接受点。由市文化局、市财政局拨款，首图提供技术支持，区图书馆2004年完成了斋堂、雁翅两镇文化信息共享工程基层接收点。区图书馆共下载戏剧4部，电影10部，刻录光盘10张，播放20余场。二是扩大区、乡镇、村和社区三级图书网络。2004年区图书馆以乡镇为重点，建立了2个乡镇图书配送中心，并无偿为各配送中心提供了价值10000元的新书，各村和社区可组织基层群众集体借阅。三是利用流动图书车，送书下乡。为了加强基层图书馆（室）藏书建设，加大图书流通量，区图书馆定期向各村和社区派发流动图书车。本年流动图书车共下基层86次，轮换图书20000余册，借阅读者达80000余人次，深受基层群众欢迎。图书馆还与民俗协会合作，参与“收集京西史料，建立地方文库”工作。区图书馆晋升为国家地市级一级馆。

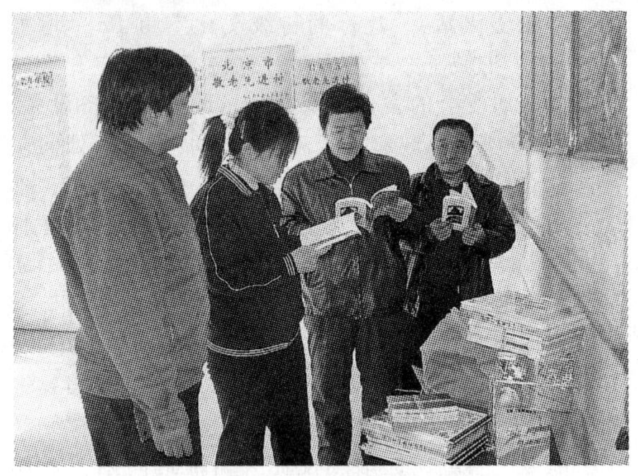

门头沟区爨底下村图书室

红领巾读书活动　3月12日，举行了2003年红领巾读书活动（简称“红读”活动）表彰会。2004年度“红读”活动于3月开始，全年，区图书馆共举办2004年“红读”活动80余项，参加活动人员达2万人次。并在开展送书和读书活动的同时举办了40场读者报告会，内容涉及健康讲座、普法宣传、爱国主义教育、现代科技知识等多个侧面，参与群众2000余人次。

电影

影剧院开设学生专场　1月17日~30日和8月份，区影剧院分别开设了寒假和暑假的学生电影专场，放映国内外优秀儿童影片30部。

区电影公司更名为区电影放映服务中心　区电影发行放映服务中心隶属于区文委下属的自收自支的事业单位——区影剧院，与区影剧院为一套领导班子，承担着为全区社区、山区、农村送电影的任务，同时承担了市政府2004年为民办实事项目之一的农村电影“2131”工程任务。

农村电影“2131”工程　农村电影“2131”工程是《北京2004年直接关系群众生活方面的重要实事》之一，也是门头沟区2004年为民办实事项目。全年区电影放映服务中心共完成农村电影“2131”工程任务4662场，其中农村科技电影2000场，总场次排全市第三，观众人次达168.95万人次，超额完成市政府分配的1683场的计划，完成率达277%，超额完成率居全市第一名。市文化局发给两部流动电影放映车和一些电影放映设备，价值10多万元；区政府、区财政投资19.2万元用于购买设备和人员培训等。3月25日召开全区农村电影工作会议，研究制定2004年农村电影放映措施，把市政府下达的农村电影放映任务量化分解到各镇，与各镇党委签订农村电影放映任务责任书。在区委、区政府支持下，恢复建立镇、村级放映队，完善了农村电影放映机构网络。为解决边远乡镇取送影片交通不便，区电影发行放映服务中心在清水镇建立临时电影发行放映分站，负责山区3个镇的农村电影发行放映工作；利用区电影发行放映服务中心下乡的机会，为各镇、村级放映队维修设备、提供技术指导、协调基层电影放映管理工作；并在4月和5月举办两期共59人参加的农村放映员学习班，提高放映水平。

文化市场

区文委加大检查力度，全年共出动执法人员600余人次，检查娱乐场所100余次。建立和完善行政执法工作制度，加大法律宣传力度。组织公共场所法人法律法规培训6次，200余人参加；走上街头进行法律法规的宣传4次，共发放宣传材料20000份。年内按照全市的统一部署，共进行了多项专项整治，包括有校园周边整治、网吧整治、河滩地区综合整治。其中对校园周边的整治是重点工作，从2月份开始，共检查网吧80次，出动执法人员400余人次，处罚10家违法经营的网吧，共罚金额18000元，根据群众举报，取缔“黑网吧”2家。通过整治，净化校园周边网吧市场。

文化史志

门头沟民俗文化志编纂工作　6月13日《门头沟区民俗文化志》编纂工作暨《北京市民俗文化志（区县本）》系统试点项目全面展开，该项目是中国民间文艺家协会和文化部正在进行的“民间文化遗产抢救遗产保护工程”在门头沟区的试点。

第二套《门头沟文化丛书》出版发行　第二套《门头沟区文化丛书》是继第一套《门头沟区文化丛书》之后，门头沟区的第二个文化工程。该套丛书共8本，包括《门头沟民间花会舞蹈集锦》、《门头沟民间歌谣谚语集锦》、《门头沟民间歌曲集锦》、《门头沟文物见闻》、《门头沟文物史料（上中下）》、《激战灵山》，涵盖文物、文化两方面。该套丛书较全面地介绍了门头沟区的民族民间文化遗产和文物，是向外界宣传门头沟、展示门头沟的一项重要载体。

对外宣传工作

在区信息中心的帮助下，3月10日，建立了门头沟区文委网站（网址：http：//wh.bjmtg.gov.cn），开辟区文化宣传新的途径。区文委网站由于内容丰富、更新及时，被评为“门头沟区2004年度星级网站”。11月9日，区文委的民俗专家董秀森被首都师范大学请进大学校园，介绍门头沟区的传统民间文化。

门头沟区文化委员会

书记	张广林
主任	张广林

（王萌萌）

房　山　区

概　况

房山区位于北京西南，总面积2019平方公里，山地、丘陵、平原各占三分之一；辖23个乡镇、办事处，463个村，总人口86.6万人。区政府所在地良乡是《北京市总体规划》中首都四个中心卫星城之一，距市中心20公里，区位优势突出。区内共有文化古迹302处，全国重点文物保护单位4处，其中世界级文化遗产1处，市级16处，区级48处。

房山区文化委员会机构设置：文化科、文物科、音像科、信息科、办公室。文化事业单位：房山区文化馆、房山区图书馆、房山区电影院、房山区文化市场管理所。文化企业单位：房山区新华书店。

燕山办事处位于北京西南房山区境内，距市中心45公里，总面积46平方公里。辖区内设4个街道办事处，常住城市居民人口近10万人，是我国特大型石油化工联合企业——北京燕山石油化工（集团）有限公司的所在地，也是北京市首批规划建设的卫星城之一。

燕山办事处的前身为燕山区，1987年“两撤一建”（即撤燕山区、房山县，建房山区）之后，作为房山区人民政府的派出机关，对燕山辖区行使行政管理职权，其中燕山文化卫生分局在文化发展方面相对独立地组织开展各项活动。燕山地区已形成了集娱乐、训练、比赛于一体的文化艺术体系，各类文体娱乐场所、设施齐全。建有燕山文化馆、燕山图书馆、燕山电影院、燕山文化广场和燕山新华书店。

2004年文化艺术发展

重要会议

房山区文化工作会　3月2日，在区政府召开。

会议由副区长李慧英主持，市文化局社会文化处领导到会讲话，区文委主任刘亚军首先作题为《弘扬龙乡文化，打造文化名区，全面开创我区文化工作新局面》的工作报告。区委常委、宣传部长唐淑荣宣布表彰决定及获奖名单，并向先进文化大院、先进社区颁发了奖牌。副区长李慧英与各乡镇主管乡、镇长签订了2004年文化工作岗位责任书。

北京市公共图书馆工作（安全）例会　12月10日~11日在房山区天湖国际会议中心召开。市文化局巡视员冯守仁，房山区副区长李惠英、文委主任刘亚军及首都图书馆、北京市少年儿童图书馆，各区县图书馆、少儿图书馆馆长参加了会议。会议布置了2005年工作任务，传达了全市有关安全工作的精神；并在交流工作的同时讨论了关于加强北京市公共图书馆信息服务网络管理的有关意见、数据库建设及“红读”活动总结、少儿馆分中心建设的思路等问题。

燕山地区文化教育工作会　4月初，在香山召开。会议由燕山办事处副主任李慧珍主持，燕山文化卫生分局主管局长、文化科长及燕山各街道办事处主管文化工作的主任、文教科长均到会参加。会议就燕山地区2003年群众文化活动进行了总结，并对2004年文化工作的开展提出了目标和要求。

重大事件

区文委与社会科学院共同完成文化产业和文化事业发展规划　7月，区文委与北京社会科学院共同完成了文化产业和文化事业发展规划两个课题研究，并对初稿进行讨论。北京社会科学院副院长戚本超对两个规划的定位、主要项目进行了介绍并提出了5个发展战略。区委副书记崔国民、区委常委宣传部长唐淑荣、副区长李惠英及区文委的主要领导、相关科室参加了讨论。此次规划的定位是：以青山绿水奇洞为特色的北京生态公园；以人类遗迹科教文为特色的华北人文博物馆；以图书音像制品贸易为特色的区域性文化产品集中地和印刷产品集聚区。区领导对两个规划给予了充分的肯定，对规划中所涉及的主要项目提出了修改意见并要求对燕都遗址和云居寺两个景点做出进一步的规划。

房山区文化馆地（市）级一级馆达标通过文化部验收　6月，区文化馆在2003年通过地（市）级一级馆评估验收的基础上，顺利通过了文化部验收。北京市文化局将评估验收结果向全市公示，房山区文化馆以总分1026分的成绩名列全市文化馆第二名。

北京市文化局局长降巩民到房山区调研　7月23日，市文化局局长降巩民及市局有关处室领导到房山区进行文化工作调研。房山区常务副区长陈永、副区长李惠英及文委主任刘亚军、副主任张桂霞陪同调研。降巩民首先听取了区文委主任刘亚军的汇报，重点了解了文化下乡、文化设施建设、“2131”工程、“村村通”工程等方面的情况，对房山区近几年在文化建设上取得的成绩给予了充分的肯定。随后，调研小组来到城关镇南关村、长沟镇文体中心、大石窝文化广场就基层文化建设情况进行了实地考察。

绝技、绝活表演亮相贵州国际风筝会　4月30日~5月4日，房山艺术团宋秀兰、宋良等3名演员应邀赴贵阳市参加了第八届中国国际风筝会暨第13届全国风筝比赛的“中国民间绝技、绝活展演”活动，表演了“灯管悬人”、“硬功特技”等节目。

房山区旅游文化节文艺演出被北京市文化局评为“精品文化活动”。

房山区文化馆馆长陈光被北京市文化局评为“群众文化明星”。

成立燕山“鼓声情”鼓乐团　3月2日，北京群众艺术馆同志来燕山文化馆，与燕山文卫分局局长黄小龙、副局长王京立、文化馆干部去朝阳文化馆一起商榷成立燕山“鼓声情”鼓乐团。4月，燕山文化馆领导和业务人员到朝阳区文化馆学习观摩，随后，朝阳区文化馆来燕山馆面授大鼓技艺。文化馆确立组建鼓乐团负责人，向4个街道发放招考鼓乐团团员通知。6月27日晚，在燕山文化广场，“鼓声情——颂歌献给亲爱的党”文艺晚会暨朝阳区文化馆向燕山文化馆“赠鼓仪式”举行，鼓乐团成立。10月1日，鼓乐团参加了国庆55周年北京中山公园大型文化庆典活动。演出受到北京市领导、国庆办公室领导的好评，给予表彰和奖励。燕山“鼓声情”鼓乐团多次参加燕山、房山地区大型文化活动，演出达20余场次。

成立“燕山文化书社”　5月4日，由燕山艺海苑文化发展有限公司投资的“燕山文化书社”于燕山公园成立。房山区副区长王忠海、燕山工委副书记徐忠义到场并致贺词。燕山文化书社是一家民营企业，由个人投资建成，汇聚了燕山地区书画、美术、书法、武术等各类人才，为他们提供了创作交流、展示才华的平台。

重要活动

房山区第十届旅游文化节　在史家营乡圣莲山风景区举行。开幕式上首次演唱由区文委主任刘亚军作词，文化馆馆长陈光作曲，为旅游文化节创作的歌曲《圣莲山歌》；北京电视台《文化北京》栏目拍摄了4集电视宣传片。

“腾飞的龙乡”——辉煌55周年大型综合展览　由中共北京市房山区委、北京市房山区人民政府主办，9月27日在房山区文化馆开幕。开幕式由中共房山区委常委、宣传部长唐淑荣主持，区委副书记崔国民致开幕词。区人大副主任王福来，副区长李惠英，各委办局、乡镇、驻区部队领导及各界群众800余人参加了开幕式。本次展览设有2个展厅、21个展位，以大量生动、详实的图片、文字及展品，系统地反映出中华人民共和国成立55周年，特别是改革开放26年以来，房山区发生的巨大变化和取得的辉煌成就。展览为期一个月。

房山区举办广场晚会隆重庆祝中华人民共和国成立55周年 9月29日，房山区在良乡府前广场举办“歌满大地情满怀——龙乡人民献给母亲的歌”专题演唱会，庆祝中华人民共和国成立55周年。区委书记聂玉藻、区人大常委会主任郭先英及区四大部门有关领导、部分劳模参加了活动。晚会在大合唱《东方红》中拉开序幕，节目共分三章：《难忘的岁月》、《辉煌的历程》、《走向未来》，其中，有大家熟悉的革命历史歌曲，也有一部分为房山区文艺工作者近几年创作的优秀曲目，包括《霸王鞭》、《龙的摇篮》、《北京绿柳》、《良工之歌》（良乡工业总公司）等。著名歌唱家卞小贞到场表演《太阳最红毛主席最亲》、《泉水叮咚响》。演出进行了近2个小时，2万多名观众观看了演出。

“爱心快递手拉手 共享读书好时光”捐赠仪式 由区文委主办、区图书馆承办，10月14日在城关民仁学校举行。北京市少年儿童图书馆、房山区政府督导室、区文委等领导参加了捐赠仪式。“爱心快递总动员”活动是由北京市红领巾读书办公室组织的全市性大型义捐活动。此次捐赠的图书和玩具是由北京市少年儿童图书馆和房山、良乡两地的小学生捐赠的，共计图书6783册、玩具3078件。受赠对象是城关民仁学校、佛子庄中心校等民工子弟学校和贫困山区学校。

首届房山、廊坊两地书画交流会 由房山美术家协会和廊坊书画家协会共同主办，3月13日~14日在房山文化馆和廊坊美术家协会先后举办。两地书画家交流献艺，现场创作书画作品60余幅。

区文化馆首次新秧歌培训 5月28日，房山区第一期新秧歌培训班正式结业。当日参加培训的来自全区各乡镇的32名基层文艺骨干在文化馆小剧场进行了汇报演出，共表演了4套新秧歌。房山区文委、房山区文化馆领导出席。此次培训向培训人员颁发统一的结业证书，作为在基层开展秧歌培训的资格凭证。

举办展览 全年承办区级展览6期：腾飞的龙乡——辉煌五十五周年大型综合成就展、房山颂——庆祝中华人民共和国成立五十五周年美术书法摄影展、北京城市生活百年回顾展等大型展览。举办美术、摄影、手工艺作品展4期。

第19届“大家乐”元宵节晚会 2月4日~6日，由燕山地区文化活动领导小组与燕化公司工会联合举办。晚会分别在燕山影剧院、燕山文化广场、燕山公园三处举行，包括礼花燃放、灯展、文艺演出等多项活动，三天共接纳观众15万人次。市委领导阳安江、市文化局巡视员冯守仁及中石化公司有关领导参加。

“颂歌献给亲爱的党”大型文艺演出活动 8月13日，由燕山工委办事处于燕山文化广场举办。活动中演职人员向观众展示了北京市文化局拨款40万元购置的灯光、音响设备。房山区委常委、燕山办事处主任史全富、市文化局巡视员冯守仁到会讲话。

“新北京、新燕山、新发展”摄影展 9月，于燕山文化馆展厅展出。由燕山工委宣传部和燕山文化卫生分局主办，有20余名摄影爱好者参加，共展出100余幅优秀摄影作品。

举办《当代文学中的鲁迅传统》文学讲座 11月举办，燕山文化馆邀请了鲁迅博物馆常务副馆长、矛盾文学鲁迅文学评委、硕士生导师教授孙郁，北京电视台《七日七频道》制片人、著名诗人黄殿琴来馆讲“当代文学中的鲁迅传统”。

群众文化队伍

全区共有秧歌队180支，文艺队44支，高跷会11支，腰鼓队8支，霸王鞭会3支，太平鼓会3支，大鼓会3支，中幡2支，小车会1支，舞龙2支，舞狮1支，登云会1支，少林会2支，竹板舞1支。全区共有文化志愿者58人，文化家庭27个。

另外，燕山地区有书法协会、美术协会、摄影协会、文学创作协会、京剧协会各1个；有秧歌队、健身队、舞蹈队、合唱团、戏曲队、腰鼓队、军乐队、民乐队等艺术团队等共99支。队（会）员达5000余人，年活动6000多场次。有“学习型”家庭11个、“礼仪型”家庭11个。

文化市场

对网吧等互联网上网经营场所进行整治 根据2月19日国务院电视电话会议精神及国务院办公厅转发文化部等九部委联合下发的文件精神和北京市有关部署，从2月下旬至9月底对全区网吧等互联网上网营业场所进行整治。共出动执法人员630多人次（含工商所、派出所），文化、公安、工商等部门集中执法12次，配合市文化局稽查队检查2次，检查网吧经营场所200余家次，接群众举报12起，查处12起，发出限期整改通知书12起，取缔“黑网吧”17家，由工商部门暂扣电脑54台，对网吧经营场所违规接纳未成年人立案2起，罚款1万元。

对文化娱乐场所进行安全大检查　从2月16日起，在公安、工商、消防等部门配合下对区文化娱乐场所安全进行了拉网式突击检查，出动执法人员100多人次，发出限期通知书15份。其中1家存在消防隐患，由消防部门给予罚款处理。

加大力度整治非法演出市场　共检查了20余家场所，对2家非法演出团体予以取缔，对1家未办理审批手续擅自营业的歌厅责令立即停业，对2家未按规定接纳演出团体的场所发出了限期改正通知书。

高教园区、中小学校园周边环境综合整治行动　区文委执法人员对城关、良乡、阎村等校园周边重点地区的网吧经营场所进行了执法检查。整治行动共出动执法人员60人次，检查娱乐场所35家。

农村电影“2131”工程　6月~7月，市文化局在房山周口召开了全市农村电影2131工程研讨会。新华社、《北京日报》、《中国文化报》、北京电视台、《今日话题》、北京电台等多家媒体到会予以报道。《北京日报》两次专题报道房山区电影“2131”工程，截至年底，房山区已恢复和建立放映队30余支，各乡镇放映设备2004年新购进10余台16毫米放映机，为顺利完成全区“2131”工程任务奠定了基础。放映农村电影5205场，基本上解决了农村特别是山区农民看电影难的问题。

燕山地区文化市场管理　为规范文化市场的管理，于1991年成立了燕山文化市场管理科，负责对燕山地区文化市场的监督、检查和日常管理。燕山地区有100余家文化产业单位，其中包括演出场所2家，电子游戏场所1家，书、报刊经营场所34家，音像制品出租、零售单位24家，互联网上网服务场所4家，歌舞娱乐场所21家，台球厅5家，印刷复制企业23家。2004年，燕山地区开展“扫黄打非”和“黑网吧”专项治理行动，落实北京市关于对娱乐场所、电影放映场所等单位实施安全规范工作的指示。全年共收缴盗版音像制品4000余张、非法出版物5000余册、盗版软件2000余张，取缔非法经营摊点18个。

图书馆事业

房山区图书馆　是房山区属综合性中型公共图书馆，总面积3362平方米。有采编辅导部（包括采编室、计算机房、电子阅览室、集体外借室）、文献流通部（包括个人外借室、成人阅览室、少儿借阅室、资料信息室、良乡外借室）、办公室（包括办公室、财务室）三大部门。正式在编职工27人，馆藏图书25万余册。2002年被北京市少年儿童图书馆吸纳为分馆。为填补馆藏空白，图书馆依据房山区特有的石材资源开发建立了石文化特藏，收藏雕刻实物21件，期刊11种。本年共办理借书证6854个；外借人次249309人；外借册次313958册；共采购、分编图书13878册。加强图书馆的图书三级网络建设，以图书馆为龙头，以乡镇文体中心为枢纽，以文化大院为基础，建立图书下乡三级服务网络，一年新建基层图书辅导点26个、送书点27个，优秀图书室达到30%以上。送书下乡100次、92000册，到30个图书站送书。组织送书小组到全区36所学校，为学生送去“红读系列活动”推荐图书15种，共计8275册，供学生选读。为满足学生们的读书愿望，有时一天要去四五所学校。由区少工委、团委、教委、文委联合主办，区图书馆承办的房山区2004年“红读”系列活动，“我和科学手拉手——首都红领巾科普短剧”比赛，于4月21日下午在房山三小举行，共有10个学校，总计230人参加。参加比赛的10个节目内容积极健康向上，都是从基层学校层层选拔而来，全部是小学的师生们自编、自导、自演的节目。本年共组织各项活动22项，其中“红读”活动，荣获市级优秀组织奖8个、先进单位7个、一等奖5名，成绩大大好于2003年。全年共举办报告会25场、知识讲座55场，参加报告会的读者25000余人，内容涉及思想道德、生命科学、自然科学、军事等。报告会的对象涉及部队、学校等单位。

燕山图书馆　使用面积2300平方米，正式在编职工20人，藏书15万余册，于2002年被吸纳为北京市少年儿童图书馆分馆。馆内设采编部、外借部、少儿部、报刊阅览部、资料室、电子阅览室、办证处、少儿阅览室、自习室等。2004年，共外借图书55640人次、46351册次；电子阅览3091人次；成人阅览27351人次；办理借书证2041个；累计办证9231个；采购新书619种、8187册。年底，图书馆分别进行了“智慧2000图书系统”和“全国文化信息资源共享工程”系统的布线、安装、调试工作，均已投入使用。在北京市图书馆协会举办的“我与图书馆”读者征文活动中，燕山图书馆荣获组织奖，馆长李玉涛获三等奖，3人获纪念奖。

对外文化交流

春节期间，本区艺术团杂技演员宋秀兰、南关村艺术团舞狮队共20余人随市文化局到泰国演出。

艺术教育

房山区文化馆艺术学校在原有艺术科目教学的基础上，2004年又新开设了奥数班、剑桥英语班、儿童卡通画班、珠心算班、钢琴班和老年书画班。全年共办班44个，学员925人。

燕山地区共举办各类艺术培训班24班次，培训学员千余人次。组建合唱、舞蹈、文学、摄影团队6支。

文化政策法规

2004年，根据《北京市大型社会活动治安管理规定》，结合房山区的实际情况，制定了《房山区大型活动安全管理办法》。

文化设施建设

2004年，新建、改扩建文体中心4个，新建达标农村文化大院103个，新建达标社区文化室9个。截至年底，全区共建成达标文体中心19个，达标文化大院292个，达标社区文化室63个。全区共有区级文化广场2个，乡镇级文化广场8个，村级文化广场150个。(以上数字均不含燕山地区)

燕山地区文化设施主要有燕山影剧院、燕山文化馆、燕山图书馆、燕山文化广场。燕山地区管辖4个街道，建有文化站4个，文化活动中心8个，社区文化活动室、图书室27个。

房山区文化委员会

书记	刘亚军
主任	刘亚军

(王雪荣)

大 兴 区

概 况

大兴区位于北京南部，其北部边界距市中心直线距离不足10公里，面积1036平方公里，人口60万人，是1984年国务院批准建设的首都第一批卫星城之一。2001年大兴撤县设区，2004年辖14个镇526个自然村。

2004年，大兴区文化委员会在区委、区政府的正确领导下，在邓小平理论和“三个代表”重要思想的指引下，以科学发展观为指导，贯彻落实北京市第九次党代会精神和《北京市政府关于加强北京市基层文化建设的意见》，与时俱进、创新发展、重点突破、全面推进、抓改革、抓活动、抓管理、抓队伍、加强基层文化建设，满足广大人民群众的精神文化需求，全区的文化工作呈现出蓬勃发展的态势。

大兴区文化委员会内设办公室、人事教育科、文化市场管理科（社会文化管理所）、文化文物科，实有人数19人。所属企事业单位：大兴区图书馆、大兴区文化馆、大兴区文物管理所、大兴区影剧院（大兴区电影发行放映管理中心）、大兴区新华书店。

2004年文化艺术发展

群众文化活动

2004年，举办了一系列展示大兴时代风貌、体现大兴特色的精品活动。

参加了北京市文化局主办的民间手工艺大赛，参赛作品分别获得了1个金奖、1个银奖、5个优秀作品奖。

正月初八举办了大兴区秧歌、花会调演活动，在这次活动中有90多支秧歌队5000余名演员参加了表演，有近10万人观看了演出。

组织出版了《升腾的大兴——北京南海画院书画作品集》，并于1月16日在大兴宾馆举行该作品集首发式暨原作拍卖会，其中10件作品在拍卖会上成交，成交金额达30000余元。

举办了第五届正月十五元宵灯展，近20万人观看了灯展，中央电视台国际频道进行了现场直播。

4月5日，“安定杯”大兴第二届原创歌曲演唱会在大兴宾馆举行，演唱会上的20首作品的词作者全部为是大兴区的业余作者。

5月，第二届安定桑葚节举办。其间，组织了走进大兴—— 相约古桑园系列活动，大兴区的书画家和民间手工艺者在古桑园进行了现场展示，表演赢得了前来参观的各国驻华使节的夫人们和群众的掌声。

“桑葚节”中的文艺演出

小评戏《状元梨》参加全国群星奖评比，专家予以高度评价。

参加第三届椿树杯全国票友大赛，荣获二等奖。

7月下旬，组织区内评剧爱好者参加了第三届唐山评剧票友节，戏剧爱好者与外界进行了交流。

7月31日，在大兴宾馆举办了纪念梅兰芳诞辰110周年大型京剧演唱会，30余名京剧爱好者表演了自己的拿手唱段。

8月上旬，小评戏《欢乐梨乡》参加了北京市妇联系统文艺汇演。

8月，组织了“全国百杰书画家同贺采育葡萄节大型国画现场创作大奖赛”，来自全国28个省市的100余名国画家参加了比赛，我国著名书画家阿老、康宁担任了此次比赛的顾问，并亲临现场进行了指导。

9月13日，中央电视台在魏善庄梨园广场，举行了“春华秋实”激情广场大家唱活动，我国著名歌唱家李光羲、耿莲凤等参加了演出，中央电视台著名节目主持人刘璐担任了此次活动的主持人，并进行了现场录制。

为做好团河行宫复建的宣传工作，9月17日组织区内的文学业余作者召开笔会，布置了团河行宫畅想征文。

9月25日，在兴城广场举办了大型“庆祝中华人民共和国成立55周年快乐周末大家跳活动”，250余对交谊舞爱好者进行了现场表演，群众近万人观看了表演。

9月29日，大兴文联、兴创投资公司联合举办了大兴区第五届企业文化书画作品展，展出书画作品260余件，是5届企业文化书画作品展中规模最大、参与人数最多的一届。北京市文化局、北京市文联领导出席了剪彩仪式，得到了社会各界的好评。

10月29日，组织12名书画家参加了礼贤文化艺术节，为群众现场创作书画作品40余幅，受到了群众的热烈欢迎。

十几首原创歌曲在北京各类大奖赛中获奖，中央电视台各类晚会多次选用并播放。

区文化馆加强群文辅导，全年组织干部下乡辅导200余人次，到文化大院进行演出、辅导，采用联欢、培训骨干等多种形式对群众进行指导，并开设了戏剧培训班，对戏剧爱好者的唱腔、身段、文武场的器乐演奏进行专门的训练，提高了基层农村群众文化工作的水平。

农民艺术节

按照北京市农工委统一部署，大兴区在元旦、春节期间，举办了第14届农民艺术节。本届艺术节无论是内容、规模、质量、力度都创下了历届之最。艺术节活动紧密结合经济建设快速发展和城市化进程快速推进的实际，以节为媒，以活动为载体，把倡导时代精神、讴歌改革典范、鼓舞势气、振奋精神作为活动的主题，17项大型文化活动，各具特色、争芳吐艳：第14届农民艺术节开幕式暨《升腾的大兴——北京南海画院书画作品集》首发式；“四新大兴人”形象展示暨“健康文明之星”评比大赛；共建社区阅览室启动仪式；首都大学生艺术团“送文化下乡活动”；“青春、健康、文明、进步”第二届青年文化节闭幕式；庆新春秧歌、花会调演；“安定杯”第二届大型原创歌曲音乐会；CBP杯“创建文明大兴区、争做文明好少年”——首届“未来之星”评选活动；首届“十佳歌星”大赛及颁奖文艺晚会；第四届新秧歌大赛；戏曲、票友大赛；“相聚中华文化园、欢天喜地过大年”——中华文化园第三届旅游文化节暨春节庙会；纪念毛泽东同志诞辰110周年书画联谊笔会；新春佳节送书画、戏剧、电影到农家活动；第五届“京南花灯万盏，喜邀四海宾朋”大型灯展活动；参加北京市举行的农民艺术节开幕式暨“北京首届民间手工艺品大赛”；农民艺术节综合文化活动颁奖文艺晚会。

“快乐周末大家跳”大型广场交谊舞大赛

大兴区“企业文化书画展”现场

图书馆

区图书馆2004年办证2600个，接待读者18.4万人次，年图书流通25.5万册。举办各类型报告会70场，听众达2万人次。开展送书下乡260次。年接待读者咨询1300次，新建图书借阅点8个。

在“五一”、“六一”、“十一”节日期间，为读者开展娱乐性、趣味性的读书活动。“五一”期间，外借部与大兴广播电台联手举办的图书馆知识有奖在线竞猜活动，吸引了近百名听众的参与，幸运的听众还可获赠一张图书借阅卡。“六一”期间，少儿部除了送书进校园外，还举办了为期3天的有奖猜谜活动；为庞各庄第二中心小学建立了图书室，并赠送书籍、期刊1000余册，伴同学们度过一个愉快的节日。“十一”前夕，为兴丰街道、双河北里社区居委会建立了首个社区图书室，丰富了社区居民的文化生活。

少儿部通过大量的宣传与走访，使越来越多的学校加入到“红读”活动中来，使“红读”工作进展顺利。在科普表演中，大兴二中自编自导的《我这一天》荣获二等奖（一等奖空缺）。书面知识答题吸引近3000多人参加。“爱心捐赠”活动，仅大兴八小就捐赠书籍3000多册，学习用品50余件，玩具200多种。

为使广大农村读者及时了解到更新的农业科技信息，将每个农业特色书库配备的图书定期更换，并随时电话指导图书室管理员，如何为读者提供所需信息。针对有声信息利用的优势，及时购进一批光盘，送到每个特色书库，利用农闲进行播放，同时，还多次进行送科技下乡、科普赶集活动，一年来基本走遍了各镇的大小集市。

2004年，对读者办证采取了新的办卡制度，读者借还手续也逐步采取了计算机处理的办法。6月，开始对馆藏图书进行回溯加工。

基层文化建设

“农村文化大院建设重点工程”、城镇社区文化、农村电影“2131”工程，以及家庭“文化示范户”建设等，是区基层文化建设的重要组成部分，是提高全民思想道德素质和科学文化素质的基础性工程。

年初，首先召开了各镇宣传部长会议，重新制定了《2004年基层文化建设实施意见》，并以红头文件发到各个镇。《意见》对2004年基层文化工作做了具体、量化的规定。责任到人，奖罚分明。

农村文化大院建设重点工程　大兴区于2001年在北京市远郊区县中率先提出建设农村文化大院。经过近3年的努力，大兴区文化大院总数已经达到380多个，其中2004年新建文化大院57个。总投入资金约7000万元，建设面积达50万平方米。为使已建的和未建的文化大院上一个台阶，区文委有关领导和各镇主管领导组成检查小组，对文化大院进行工作检查和任务落实情况，及时监督和指导，力促各镇建立一套行之有效的文化大院管理机制。区文化馆、图书馆每月要深入基层，加大对农村文化大院辅导的力度。各镇依据区《2004年基层文化建设实施意见》制定本镇2004年文化大院的建设计划和标准，进行达标自查。

“文化示范户”　“文化示范户”就是以家庭为单位的、文化和文明程度达到一定水准的家庭个体。是整个基层文化工作的最小“细胞”。“文化示范户”抓得好与差，直接影响到文化大院重点工程建设，影响整个镇、街道办事处的文化建设，也影响到社会的稳定。2004年重新修订了“文化示范户”工程的建设标准。要求各镇进行摸底调查，确定本镇文化示范户扶植对象，如同抓农村文化大院工程建设一样，推出本地区具有榜样和带动作用的“文化示范户”。2004年要求每个镇、街道办事处文化示范户不少于20户。2004年底全区达到268户。

文化广场　建设具有一定规模的文化广场对于推动农村文化工作、丰富群众的文化生活具有重要作用。2004年底，14个镇已有8个镇建起了较大规模的文化广场，另外，还有一些村建起了村级文化广场，其中黄村镇桂村文化广场投资80余万元。

文体中心　17个镇和街道办事处都已建成了基本符合标准的文体中心。2004年，庞各庄、亦庄都建成了4000平方米以上高档次文体中心。

文化设施建设

2004年，大兴区委、区政府于2003年投资2亿元开工建设的总面积2.1万平方米的大兴文化中心仍在建设之中，预计2005年竣工。大兴文化中心集文化馆、图书馆、新华书店、影剧院于一体。

电影

2004年农村电影“2131”工程进展顺利。1月17日，大兴区文委主持召开了各镇电影宣传工作会，总结了2003年农村电影工作情况，并对完成“2131”工程作出突出贡献的乡镇给予了表彰和奖励，同时签订了2004年各镇“2131”放映责任书。对个别放映设备不足或放映设备坏损的乡镇，提出具体要求和解决措施。到2004年底，全区14个镇，都已配备了放映设备。

为促进农村“2131”工程的顺利开展，在人员紧张的情况下，免费为各镇放映电影78场，并免费为各镇培训放映人员。确保完成上级规定的4568场的放映任务，共完成放映任务4906场。

在没有影剧院的条件下，流动放映工作是艰苦的，但职工们克服种种困难圆满地完成全年放映任务。2004年，电影票房收入47万余元，场次1158场，为各镇免费放映电影78场，观看人次151158人次。除去各项开支（片租、演出费等）实际收入184359元，三产创收258058元。全年总收入606696.93元。

文化市场

突出重点，兼顾一般，强化管理，狠抓落实，较好地完成了全年工作任务，保持了全区文化市场的安全稳定，保障了文化市场的健康发展。

政务公开工作　区文委4月底建立了全程代办工作室，在人员紧张的情况下抽调专职人员负责全程办事代理工作，并把审批、执法中需要公开的事项做成展板上墙予以公布，建立了法规查询、审批、受理、代办流程和服务规范。同时完善了各项规章制度。根据行政许可法的要求，在清理审批环节、完善程序规定、认真落实审批时限规定的基础上，建立了三级审批制度，同时针对文化市场的特殊情况，开展了人性化服务。特别是场所验收在审批程序前2天内验收完毕的规定，方便了群众，减少了相对人的经济损失，受到广泛好评。全年完成各类审批120余项，未发生一起投诉，满意率100%。在年检审核方面，改变了过去的工作方式，由过去的经营单位在规定时间内到机关办理改为分片集中就近办理，提交材料由过去的7项减少到3项，特别是娱乐经营单位取消年检，根据经营单位继续经营意愿当场予以换证，既减少了企业的负担，又提高了办事效率。

安全工作　确保“两节”、“两会”的安全，联合公安、消防部门，对全区文化经营单位进行全面检查，对存在问题的单位给予警告、限期整改并回查，坚决消除隐患，确保安全。利用新闻媒体广泛宣传，对法人和主要负责人进行经营和安全生产法规教育，组织员工进行消防自救常识和消防器材使用的培训，在全区文化经营单位中掀起强化管理、合法经营、自查自纠和消防演练的小高潮。联合公安、消防部门组织文化经营单位开展夏季防火自查自纠活动。

“春雷行动”　年初，协调公安、工商、城管部门开展了打击游商兜售非法光盘、图书的“春雷行动”，共检查音像制品经营场所102家，收缴盗版音像制品5872张。开展了对音像制品零售企业的重新审核登记，突出解决零售门店过多过滥的问题，共清理掉不符合经营标准的音像制品经营单位19家。协调公安部门开展了查缴非法政治性出版物、非法卡通画册和64开“口袋本”图书的清理整顿。共查缴政治性非法书刊62册，有害卡通读物427册，淫秽图书29册，3名涉案人员分别被公安机关劳教和刑事拘留。

网吧专项整顿　为保护未成年人的身心健康，依法打击违法接纳未成年人、网上传播有害文化信息的违法行为，特别是依法打击“黑网吧”等违法经营行为，从2月份开始，会同相关部门联合开展了网吧专项整顿。整治工作中突出了两个重点：一是暑期特点，在坚持平时经常查、周有小检查、重点时段反复查、群众举报及时查的基础上，组成文化、公安、工商三部门的联合检查组，每周两次联合查，不同时段地往返检查，从手段和声势上给网吧经营者形成压力，使他们不敢违规。二是坚决打击“黑网吧”。该次专项整治工作把打击“黑网吧”作为工作重点，文化、公安、工商进行合理分工，分别发动，对网吧业主进行查访，专访学校和教师，深入社区、街道了解情况，在掌握第一手资料的基础上，逐户进行摸排，掌握其经营规律，共查处“黑网吧”11家，暂扣没收电脑19台。查处违法经营网吧3家，罚款10000元，停业整顿1家，责令整改8家。

校园周边的文化市场治理　先后两次对全区所有中小学校园周边的文化市场经营单位进行了调查，并制作了台账。在此基础上，对校园周边的歌舞娱乐场所、网吧、出版物经营单位进行重点检查，发现问题，从严、从重处罚。2004年，共检查场所21家，收缴盗版音像制品146张（盒），盗版图书217册，有害卡通读物13册，其中淫秽卡通1册。共查处大案、要案3起。

大兴区文化委员会

书记　　刘玉泉

主任　　刘玉泉

（戴振宇　刘梦侠　胡广文）

密　云　县

概　况

密云县总面积2229.45平方公里，2004年，有常住户籍人口总数为425703人，338个行政村，65个社区居民委员会。2004年，密云县国民经济实现持续、快速增长，社会事业取得全面进步，人民生活水平进一步提高，文化事业再创新局面。建主题公园16个，18个乡镇文化服务中心，镇、村级文化室306个、图书室116个，建立农村电影放映队30支。建筑面积5500平方米的文化馆新馆工程正在建设之中。以县文化馆、图书馆、电影管理中心等单位为龙头，以乡镇文化服务中心为枢纽，以村、社区文化室、文化大院为基础，以文化特色村、文化特色户为骨干的县、镇（乡）、村、户四级群众文化网络、公共图书馆网络、电影放映网络日益完善。建立了122人的文化志愿者队伍，389支业余文化团队。

县文化委员会机构设置：党政办公室、文化活动指导科、社会文化管理所、社会文化市场管理科。基层单位：密云文化馆、密云图书馆、文物管理所、密云大剧院、电影管理服务中心、北京新华书店密云县店。

2004年文化艺术发展

群众文化活动

全县各工委、各乡镇及各系统以县委“让基层活起来，让群众动起来”的文化工作指导思想，开展了丰富多彩、形式多样、内容健康向上的群众文化活动，形成了节日有高潮、季节有重点、月月有活动、村村有歌声、人人都参与的喜庆局面。文化活动的特点是大中小型相结合，专业与大众相结合，特色与一般相结合。

密云县第14届艺术节暨2004年春节系列文化活动期间，组织大型活动10项，各乡镇组织镇村两级文化活动400多场次，参与群众达20多万人次。“人民难忘的歌——纪念密云解放55周年激情广场大家唱”大型互动歌会活动，是中央电视台“激情广场”栏目组首次在北京郊区县举行，参与观众约2万人。艺术节期间县里还组织了北京歌剧舞剧院曲艺团来密云演出、城乡“手拉手”、农村优秀业余剧团艺术展示、密云县第二届迎春灯展等文化活动。

9月份以后，庆祝建党83周年和中华人民共和国成立55周年文化活动陆续展开。“共建美丽的密云”——密云县第二届外来务工人员歌手大赛、“密云县庆祝中华人民共和国成立55周年‘说密云、唱密云’文艺调演”、“密云县庆祝中华人民共和国成立55周年文艺演出”、“信合杯”戏曲演唱大赛、“我爱密云”征文、“照密云、画密云”作品征集、密云发展成就展等活动，效果好，形式新颖，主题突出，特色鲜明。

基层文化设施建设

密云县文化馆新馆建设是县重点工程，按照国家一级馆标准，新馆总建筑面积5480平方米，年底前完成了主体工程。新文化馆位置优越，布局合理、功能齐全、设施完备，是县文化设施建设的一大亮点。全县镇村两级新建2000平方米以上的大型文化广场28个、文化室74个，文化设施建设累计投资1100多万元。

密云县高岭镇在新落成的镇文化广场上举办国庆系列文化活动

农村业余文化队伍

按照普及与提高相结合的原则，各乡镇加强文化队伍建设，全县新建业余文化队伍11支，乡镇、村队文化骨干2000多人次接受了辅导、培训，127人的基层文化志愿者队伍为基层文化建设增添了活力。

密云县文化馆举办社区实用书法培训班

图书馆

在不老屯、西田各庄、河南寨3个镇建立了文化部文化信息资源共享工程接收点。2004年，密云县图书馆为太师屯、古北口等乡镇、驻地部队及宾阳、东莱园社区等基层单位28个服务点送书64次，图书流通近10万册次。读书活动丰富多彩。宣传服务周活动期间，密云图书馆充分发挥网络信息资源优势，开展专题讲座、报告会46场，参与读者达1500多人次。宣传优秀网站42个，并制作了本馆网页。全民读书月活动期间，组织了“我与图书馆”征文活动，共收到图书馆工作者和读者撰写的文章22篇，其中有5篇获市级优秀奖；组织了图书馆宣传口号（词）征集活动，共收到宣传口号200多条，其中1条获市级二等奖，县图书馆获得了组织奖。积极开展“红读”活动，加大对未成年读者的服务工作力度。在多次组织学习《关于进一步加强未成年人的思想道德建设的若干意见》的基础上，开展了调查问卷活动，共收到答卷300多份；组织了以环保为主题的青少年独幕剧比赛和读书小状元活动。由于活动内容新颖、生动活泼、效果较好，获得了组织奖。结合建党83周年和中华人民共和国成立55周年，开展各种形式的读者读书活动。“七一”举办了老年读者座谈会，以“七月的歌”为主题的优秀诗歌推荐活动；10月举办了以“伟人的风采”为主题的展览活动。

召开“五音大鼓”专家论证会

密云县文化委员会在实施民族民间文化保护工程过程中，重点对民间曲艺“五音大鼓”进行抢救、挖掘、整理工作，使这一鼓曲中的“野生稻”得到了有效保护。2004年，市文化局将其列入“北京市民族民间文化保护工程”。据考证，“五音大鼓”产生于清道光年间的河北省安次县，后在京津地区流传，直至今日其他地区均已失传，只有密云县蔡家洼村的“五音大鼓”演唱组合完整、伴奏乐器齐全。5种演奏乐器：三弦、四胡、打琴、瓦琴和鼓板，其中，瓦琴和打琴最具历史价值。由于蔡家洼村演唱“五音大鼓”的5位老艺人年事已高，“五音大鼓”面临失传的危险。为了将这一独特的艺术形式完整地继承和保留下来，密云县把实施“五音大鼓”抢救、挖掘、整理工程作为文化工作的重点内容，做得扎扎实实、认真细致，取得了完整的文字、音像资料。11月16日召开了“琴书泰斗”关学增、曲艺名家马聚泉及中国音乐学院、中国艺术研究院、中国曲艺家协会等单位的专家、学者参加的论证会。密云的“五音大鼓”因5件乐器保存完好，队伍阵容完整，曲牌保持原汁原味，被专家认定为“曲艺中的野生稻”，保留了传统文化的宝贵基因，有较高的艺术价值和研究价值。

农村电影“2131工程”

市县领导对密云县农村电影工作给予了极大关注，市委宣传部副部长王学勤和文化处领导来密云进行农村电影工作专题调研时，与密云镇李各庄村近千名农民一同观看了电影《英雄》。县委宣传部长向德春到本县不老屯镇就农村电影工作进行专题调研后，在密云县《宣传工作》上刊登了题为《不老屯镇农村电影“热映”的做法与分析》的文章，又以文件形式下发了《中共密云县委宣传部、密云县文化委员会关于进一步推动农村电影“2131工程”的通知》。领导的关怀极大鼓舞了县电影中心和全体农村电影放映员的工作热情，县电影中心在元旦、春节、“七一”、“十一”等节庆期间积极开展“科技电影月”和“庆祝中华人民共和国成立55周年电影周”等专题放映活动，2004年全县基层社区、村队共放映电影4916场，观众近160万人次，极大地丰富了广大人民群众的业余文化生活。密云大剧院积极配合县委、县政府中心工作，举办“安全生产电影周”、“爱国主义影片展映”、“反对邪教电影周”等放映活动，先后放映了《心动岁月》、《邓小平》、《张思德》等主旋律影片。2004年，密云县农村放映场次、人次均打破了密云县农村电影放映纪录。《北京日报》、《京郊日报》记者先后到密云采访农村电影放映的典型事例，并进行了报道。电影中心王亚琴主任在北京市农村电影“2131工程”总结表彰会上作典型发言，介绍了密云县农村电影工作的做法、经验和体会。县电影中心放映员王田顺同志荣获“全国优秀农村电影放映员”荣誉称号；王田顺、付德顺等9名农村电影放映员荣获北京市“百佳放映员”荣誉称号；县电影中心、冯家峪镇、北庄镇荣获2004年度北京市农村电影“2131工程”先进单位。县电影中心王亚琴主任当选为北京市电影发行放映协会常务理事和副会长。

群众文化活动取得好成绩

参加市第14届艺术节，密云县取得了历史以来的最好成绩。县文委组织穆家峪镇、檀营乡、密云镇和教委共5支秧歌队参加了北京第二届新秧歌大赛，密云镇2支秧歌队获得大赛三等奖，县教委少儿秧歌队荣获少儿风采奖，县文委获优秀组织奖。在北京市首届民间手工艺大展赛中，县文委组织收集了木板烫画、根雕、编织鞋等代表密云地域特色的41件民间手工艺精品参赛。其中木板烫画作者陈生存的《秋阳》等8幅作品获得银奖，卢宝泰的根雕作品《瑞麟》、《闲庭信步》获得铜奖。文化馆组织编排的舞蹈《欢庆锣鼓》获群众舞蹈大赛优秀表演奖，文化馆获组织奖。在北京市歌舞娱乐场所节目展演活动中，云湖度假村女声小合唱《拥抱明天》等5个节目获得优秀节目奖，县文委荣获组织工作二等奖。王金绵、王万亮的作品在全国第12届“群星奖”书法比赛中获优秀奖。文化馆积极组织县业余文艺骨干和文艺团队参加市举办的北京市青年歌手大赛、全国评剧票友大赛、“椿树杯”北京市社区京剧票友大赛、奥运火炬传递抓拍比赛等活动，获得各种奖项10余个。

文学创作

2004年文学协会参加北京市绿化委员会办公室、北京市文联、北京市作家协会联合举办的“关注森林”——著名文学艺术家北京绿化林业重点工程采风征文活动，李东明的报告文学《绿色变奏曲》获得报告文学类一等奖；王泉俊的诗歌《与树有关》、《云蒙山游踪》分别获得诗歌类作品一、二等奖，散文《抹不去的记忆》获得散文类作品二等奖；郑伯仑的散文《策杖云蒙》获得散文类作品三等奖，获奖率居全市之首。

文化市场

密云县文化娱乐市场发展较快，已初具规模。各类娱乐项目经营单位总数达到152家，一些新兴的娱乐项目正在兴起，2004年新审批文化娱乐场所40家，占2003年总数的三分之一。4家互联网上网服务营业场所，25家音像制品零售、出租营业场所获准营业。行政审批工作实行政府一站式办公，全程代理服务，为文化娱乐业发展提供了公开、公正、公平的发展平台。

建立长效管理机制　文化娱乐市场（包括网吧）按照“一手抓繁荣，一手抓管理”的方针，坚持依法行政、强化管理，实现了创一流的发展环境，加速推进文化产业跨越式发展的总目标。一是严格实行一岗双责，把安全工作放在首位；二是以网吧整治为契机，坚持“四严”管理原则，有效控制未成年人问题；三是探索文化娱乐经营项目、经营方式、娱乐内容创新，树立歌舞娱乐场所社会新形象；四是坚持各类场所法规培训制度，学习法规，提高依法经营水平；五是加强社会监督工作，聘请社会监督员21名，其中网吧监督员11名；六是发挥行业协会作用，加强行业自律。2004年成立了“密云县互联网上网服务营业场所协会”。协会成立后积极工作，充分发挥了行业自律作用：创立了网站，管理和技术资源共享，设立论坛，增强交流；举办了免费培训老年人上网活动，让老年人了解网吧、了解网络，一定程度上改变了对网吧的偏见；进一步改善了主管部门与业主之间的关系，减少了管理和稽查中的阻力。

治理整顿文化娱乐市场　县文委先后开展了文化娱乐场所安全大检查、安全规范经营联合大检查、消防安全专项治理、网吧专项治理、“迎国庆、创首善”综合整治县城秩序、“扫黄打非”专项治理等专项行动。专项治理活动期间，共出动执法人员400多人次，签订安全责任书484份，查出安全隐患27处，重大安全隐患5处，下达执法文书9份，责令停产或自行停产单位19家。共检查网吧521家次，受理群众举报案件18起，处理网吧接纳未成年人案件6起，取缔“黑网吧”2家，没收电脑设备16台；整治了7所中小学校园周边文化环境，取缔了一个非法演出团体；检查歌舞娱乐场所381家次、取缔文化场所12家、音像制品5065盒。在3次联合夜查中，重点对19家证照不全的场所进行检查，发出限期改正通知书4份，取缔私自设立的电子游戏厅1家，并就11家有证无照的娱乐场所，会同工商部门研究了解决办法。全年立案查处7起，罚款达3.4万元。同2003年相比，立案率增加2.3倍，罚款增加4.7倍。

迎春灯展“2·5”事故

2004年2月5日晚，在举办北京密云县第二届迎春灯展期间，因安全责任落实出现严重问题，发生云虹桥（后被媒体传为彩虹桥）上游人过多、秩序混乱、拥挤踩踏现象，造成37人死亡、多人受伤的重大责任事故。县文委有关责任人员受到党纪、行政处分。县文委作为迎春灯展承办单位之一，“2·5”事故后，积极配合国务院调查组工作，协助市、县政府做好善后处理工作，并按照县委、县政府工作部署，开展“思教训、抓整顿、促发展”主题教育活动，深刻吸取“2·5”教训，以“群众利益无小事”作为一切工作的第一要务，制订了党政领导对安全工作与业务工作的“一岗双责”责任制，向各乡镇、各单位转发了《北京市文化局关于对全市文化娱乐场所及大型文化活动开展安全大检查工作的紧急通知》，下发了《密云县文化委员会紧急突发事件应急处理预案》，进一步强化文化安全预防、检查制度，对全县所有文物保护单位、网吧等文化娱乐场所进行了安全大检查，健全了文化工作安全应急机制，为全县文化工作者走出“2·5”事故的阴影、再创密云县文化事业新辉煌奠定了基础。

密云县文化委员会

书记　王海燕（4月撤）
　　　张滨江（副书记，4月始主持工作）
主任　王海燕（4月撤）
　　　张滨江（常务副主任，4月始主持工作）

（潘智勇）

延　庆　县

概　况

延庆古称“妫川”，距离北京74公里。2004年，有15个乡镇，373个行政村，人口27.353万人，面积1992.5平方公里。延庆属大陆性季风气候，冬冷夏凉，年平均气温8摄氏度，是旅游休闲避暑的胜地，有北京的“夏都”之美誉。延庆生态环境优良，确定了“生态立县”的发展战略，加大了对植被的恢复和保护力度。延庆县的旅游资源丰富，有八达岭长城、龙庆峡、玉渡山、松山、古崖居、康西草原、妫海远航、硅化木地质公园、仓米古道等一大批旅游景区，年均接待游客近900万人次。同时，延庆县充分利用自身的冷凉优势，成功举办了9届消夏避暑节、10届冰雪旅游节、19届冰灯艺术节。

延庆县文化委员会机关设三科一室一队一中心：文化科、文化市场管理科、文物管理科、政办室、行政执法队、后勤服务中心。下属有8个单位：文化馆、图书馆、文物管理所、灵照寺管理处、电影管理处、山戎文化陈列馆、隆庆阁文物商店、新华书店。文委系统共有干部职工122人。

2004年，延庆县文化工作以建设和繁荣社会主义事业为总目标，以满足人民群众不断增长的文化需求和服务经济建设为根本出发点，紧密围绕消夏避暑节和冰雪旅游节，策划组织大型文化活动，打造“夏都”文化品牌，对外宣传延庆，促进区域经济发展；积极推进群众文化“四基建设”（基本文化阵地、基本文化队伍、基本文化活动和基本文化活动方式）；繁荣发展文化市场，为延庆三个文明建设作出了积极的贡献。本年度延庆县文委被县委县政府评为先进单位、信息工作先进单位、交通安全工作先进单位、市级爱国卫生先进单位。

2004年文化艺术发展

打造延庆特色品牌

延庆县文委紧密围绕消夏避暑节和冰雪旅游节，策划组织大型文化活动，积极打造“夏都”文化品牌，以大型文化活动为龙头，以节日活动为主线，坚持常年活动不间断，形成了良好的文化工作发展格局。

策划、组织第九届延庆冰雪旅游节开幕式　1月1日，由延庆县文委策划、组织的第九届延庆冰雪旅游节开幕式在夏都公园举行。文艺活动有群众狂欢、卡通乐队、篝火舞会、冰上游艺等。北京市副市长张茅致开幕辞，全国总工会副主席、书记处书记苏立清，中国扶贫基金会会长王郁昭，北京市委宣传部常务副部长王学勤，市文化局、市旅游局、市广播电视局、市体育局、市园林局、水资源局以及曾经在延庆工作过的老领导和县四套班子的领导参加了开幕式。参加开幕式的演职人员达300人，狂欢群众近1万人。

延庆县2004年元宵节花会展演　2月5日，延庆县文委策划、组织的延庆县2004年元宵节花会展演活动在县城北部环形路段上举行。县委书记侯君舒、政协主席王孝彬，副书记赵安良、孙文锴，县委常委、宣传部长赵艳霞等四套班子领导观看了花会展演活动。30档花会参加，演职人员达1800人，最大的55岁，最小的7岁，观众约35000人次。通过评选，利民街舞龙队、东外社区的筷子舞等12档花会获奖。

第九届延庆消夏避暑节开幕式　经过县文委策划、组织，第九届延庆消夏避暑节开幕式于6月19日在延庆县雅荷园文化广场成功举行。北京市副市长牛有成、市文化局局长降巩民、市广电局局长赵东鸣及县四套班子领导出席。埃及、利比亚、巴基斯坦大使馆等10余家驻华大使及夫人，中央电视台、北京电视台、《人民日报》、《光明日报》、新华社北京分社等70多家媒体的记者及观众共3000人参加了避暑节开幕式。开幕式上一台反映延庆名胜古迹、风光面貌的大型文艺演出高潮迭起，有舞龙、舞狮、歌舞等节目，著名歌唱家关牧村、相声艺术家李伯祥、杜国之等登台献艺。本届避暑节开幕式采用公开招标的方式，确定天津市文化产业发展有限公司中标承办，文化活动采用招投标的方式成功进行市场运作，这在北京市乃至全国尚属首次。消夏避暑节从6月19日开始，历时3个月，其间，县城及各旅游景区都安排了北方民间花会展演、民间手工艺制作、夏日文化广场、露天电影夜市等多种文艺活动。

北京市迎接圣火仪式在八达岭长城隆重举行　10月11日，“汇五岳圣火，祭始祖炎帝”北京市迎接圣火仪式在八达岭长城举行。延庆县文委参与了前期的策划、筹备及现场的布置和演出等活动。采自五岳之巅的圣火，将分别传递到北京、上海等全国18个省（市、区），于10月20日汇聚湖南省，共祭炎帝。市文化局及县有关领导出席圣火迎接仪式并参加圣火传递活动，副县长赵志萍主持迎接仪式。

“美丽的身影在延庆——环球洲际小姐金色假日之旅”活动　5月，延庆县文委与金色假日酒店联合举办了“美丽的身影在延庆——金色假日之旅”活动。接待“环球小姐”北京赛区进入决赛的30名选手来延庆游古崖居、龙庆峡，到小丰营村观看民间手工艺品表演及民俗活动。

“美丽的身影在延庆——环球洲际小姐金色假日之旅”活动

领导重视文化工作

本年度是文化工作备受关注的一年，延庆县委、政府领导多次到文委进行工作调研，召开了文化工作重要会议。

副县长赵志萍到文委调研　2月23日，副县长赵志萍到文委进行调研，听取了县文委主任赵学功

关于群众文化、文化市场，文物保护、文化产业四个方面的工作，对文委的工作给予了充分肯定，并鼓励文委新的领导班子再接再厉，再立新功。

县文委召开2004年文化工作会议 2月27日，县文委在文化馆多功能厅召开了2004年文化工作会。会议全面总结了2003年全县的文化文物工作，对2个先进集体、2名优秀干部、17名先进工作者进行了表彰。文委党委书记、主任赵学功部署了2004年文化文物工作。县委常委、宣传部长赵艳霞、副县长赵志萍出席会议并讲话，文委系统120名干部职工参加了大会。

全县乡镇文化工作会议 3月5日，县文委召开了延庆县乡镇文化工作会议，15个乡镇、城镇办事处等单位主管文化的领导和文化站长及县文化馆、图书馆、文物所、电影管理处等单位的领导共60人参加了会议。会上，县文委副主任张红玉总结了2003年乡镇文化工作，部署了2004年基层文化工作。对永宁镇文化站、大榆树镇文化站、城镇办事处社区管理科3个基层单位，旧县镇文化站、珍珠泉乡文化站、千家店镇文化站3个农村电影放映“2131”工程先进单位和9名先进工作者进行了表彰。县委常委、宣传部长赵艳霞、副县长赵志萍到会并讲话。

县委、县政府首次把乡镇文化工作纳入考核范围 为有效推动乡镇文化工作的开展，延庆县文委从4月份开始，起草制定了对乡镇文化工作考核办法和评分标准，这是延庆县委、县政府首次把乡镇文化工作纳入考核范围。

县委书记侯君舒到文委调研 9月3日，延庆县委书记侯君舒到文委调研。听取了县文委党委书记、主任赵学功关于群众文化、大型文化活动、文化市场、文化产业、文物保护、乡镇文化建设、重点工程建设的工作汇报。侯书记对文委这些年来开展的一系列工作给予了充分肯定，并希望文委继续坚持好的做法，加强区域文化特色建设。县文委领导班子、机关科室和下属单位负责人参加了会议。听取汇报后，侯君舒同志到文物所、文化馆、图书馆进行调研，与广大文化工作者进行了亲切交谈，希望文、图两馆继续加强阵地辅导与基层服务工作，为构建和谐延庆作出更大贡献。

文化工作全面发展

本年度延庆文化工作基础扎实，形式多样，内容创新。

文化馆副馆长白恩厚被评为北京市“群众文化明星” 1月9日，由北京市文化局主办的“群星耀华年——首届‘北京市群众文化明星’颁奖晚会”在朝阳区文化馆举行，北京市18个区县20名群文工作者被评为“群众文化明星”，延庆县文化馆副馆长白恩厚榜上有名。

参加北京市首届民间手工艺大赛获奖 1月9日，延庆县文委选送40件艺术作品，参加北京市首届民间手工艺大赛，其中木板雕刻获金奖，布袋娃娃获银奖，刺绣获铜奖，还有4件作品获优秀作品奖。

“五月的鲜花”群众歌咏活动 延庆县“五月的鲜花”群众歌咏活动在文化馆多功能厅举行。15个乡镇、20个社区、34个代表队、135个节目、260人参加了比赛。本次参赛的节目内容丰富，形式多样，有歌舞、戏曲、器乐、诗朗诵、快板等。经过初赛、复赛，最后，女声独唱《大地飞歌》、少儿舞蹈《腾飞》、河北梆子《大登殿》等10个节目分获一、二、三等奖。

夏日文化广场演出开幕 7月31日晚，第九届延庆消夏避暑节夏日文化广场文艺演出在妫川广场拉开帷幕。演出了舞蹈、合唱、小品、快板书、独唱等，节目大多是自编自演，以反映延庆发展变化为主要内容。县委常委、宣传部长赵艳霞，县文委主任赵学功、副主任孙立民等领导及观众2万多人观看了文艺演出。

延庆县老年艺术大学开学 6月5日，延庆县文化委员会、人事局联合开设的延庆县老年艺术大学在文化馆举行了开学典礼。常务副县长郭振清、副县长赵志萍、原人大主任刘明耀等领导及120名学员参加了开学典礼。副县长赵志萍任校务委员会主任，原人大主任刘明耀任名誉校长，文化馆馆长李新光任校长，具体工作由文化馆与人事局退休干部活动中心负责。艺术大学设立声乐、器乐、舞蹈、国画、文学创作、摄影、书法7个专业。典礼结束后，八达岭艺术团和退休干部活动中心的演员们表演了精彩的文艺节目。

参加“舞动北京”——首届“北京新秧歌”电视大赛 9月18日，延庆县文委组织县人事局退休干部活动中心秧歌队，代表延庆县参加了由北京市文化局、首都精神文明建设办公室、北京市广播电视局在丰台区莲花池公园举办的“舞动北京”——首届“北京新秧歌”电视大赛。

举办“辉煌的五十五年”大型国庆文艺演出 9月29日下午，由延庆县委、县政府主办，县文委承办的以“歌颂党、歌颂祖国、歌颂延庆”为主题的“辉煌的五十五年”大型国庆文艺演出在影剧院举行。

举办个人摄影、绘画艺术展 县文化馆本年度共举办艺术展览5次：张士学摄影艺术展、王世逸个人画展、社区教育中心书画学习师生作品展、犇

牛摄影协会交流展、延庆新旧面貌对比图片展。共展出作品512幅，得到了社会各界好评。

“首届全国声乐器乐舞蹈大赛决赛”在延庆举办　8月5日~14日“首届全国声乐器乐舞蹈大赛决赛”在延庆举办，文化馆作为1/4赛区接待了其中的声乐、器乐选拔赛。

文化下乡与阵地辅导相结合　为活跃群众业余文化生活，县文委积极开展送文艺下乡活动。在乡镇和社区举行文艺演出20余场次，演职人员1800人次，观众达60000人次。同时，坚持阵地建设与下乡辅导相结合，全年举办艺术骨干培训班13期，下乡辅导50次，辅导文学、书法等爱好者2000多人次，辅导新秧歌700多人次，交谊舞培训60人次，丰富了人民的文化生活，提高了业余文化队伍的整体水平。

市级文化保护项目“旱船”改造基本完成　延庆民间花会“旱船”作为北京市文化保护项目，在市文化局专项资金扶持和市局领导的关心下，2004年，延庆县文委对“旱船”进行了三次整体改造。改造后的“旱船”船体重量从25公斤减少到了12.5公斤，旱船外形、装饰、彩绘、材料选取、表演形式、音乐场记等都做了大胆的创新，实现了传统与现代风格的和谐统一，在参加各项大型活动中得到一致好评，并通过了市文化局验收。

延庆旱船在八达岭长城表演

“2131”电影放映工程全面完成　延庆县文委投入25万元，为各乡镇配备了17套放映设备，购买了35部电影拷贝，采取与乡镇签订责任书、与企业联姻等多种形式，全年放映电影4901场，观众167.9万人次，完成本年度电影“2131”放映任务的110%。

图书馆

红领巾读书活动　图书馆3月份召开“延庆县2004年‘红领巾读书’系列活动动员布置大会”。组织十一学校、第三小学等学校参加北京市中小学生科普短剧比赛、“爱心快递总动员”捐赠活动、网络智力大挑战等活动。2004年延庆县“红领巾读书”活动共获得市级奖项37个，其中集体奖11个，个人奖26个。

接受北京市少儿图书馆赠书　8月11日，北京市少儿图书馆给延庆县图书馆的少儿部下拨图书1184册，充实了少儿阅览室的书籍。

德国亚努兹·科查克图书馆人员到延庆图书馆考察　10月21日，德国亚努兹·科查克图书馆的康妮莉娅·迪耐特女士，在延庆县文委副主任孙立民的陪同下，对图书馆进行了详细考察。

首都图书馆为延庆安装“全国文化信息资源共享工程”接收设施　11月25日，首都图书馆工程技术人员，分别为延庆县图书馆和刘斌堡乡文化站安装了“全国文化信息资源共享工程”接收设施。

建设延庆文化网站，完成“妫川文学作品”录入工作　12月上旬，图书馆完成延庆文化网站“妫川文学作品”20万字的录入工作。

文化市场

县文委本着“一手抓管理，一手促繁荣”的方针，把监督管理与有效服务结合起来，发展繁荣文化市场。2004年，延庆县共有文化经营单位178家，其中音像店47家，出版物经营单位63家，字画店20家，娱乐场所27家，网吧6家，印刷厂15家。

获“北京市娱乐场所节目展演活动”优秀奖　2004年1月，北京市文化局组织全市歌舞娱乐场所节目展演，延庆县文委共推荐7个节目，其中延庆县八达岭温泉度假村选送的《蒙古人》和《奔腾》节目获优秀奖，延庆县文委获组织三等奖。

音像制品年检审核工作全面完成　2月，延庆县2003年度音像制品年检审核工作全面完成，参加年检的单位共有38家，其中合格33家，注销5家，新审批1家。

延庆文委行政执法队正式挂牌　3月21日，延庆县文化委员会行政执法队正式挂牌成立，人员编制15名。

开展法规宣传活动　全年开展法规宣传6次，发放宣传材料20000余份。

文化市场专项治理工作　延庆县文委2004年共完成12项专项治理工作。其中全国专项治理统一行动3次，分别是“扫黄打非”专项行动、网吧专项治理行动和音像制品专项治理行动。开展全市专项治理行动7次，包括冬季出版物专项治理、印刷复制企业专项治理、娱乐场所安全治理、校园周边专项治理、迎国庆·创首善专项治理、网吧专项治理统一行动周及“春雷行动”。延庆县级专项治理

2次，分别为恒生市场专项治理行动和禁毒行动。全年共检查各类场所972家次，出动执法人员986人次，受理举报10起，下达责令改正11个，收缴非法音像制品1000余张，图书期刊100余册，取缔游商摊点11个，取缔“黑网吧”5家。

延庆县文化委会

书记	鲁振忠（2月免）
	赵学功（2月任）
主任	鲁振忠（2月免）
	赵学功（2月任）

（朱　琳）

索 引

笔画索引

一画

二画

三画

四画

五画

六画

七画

八画

九画

十画

十一画

十二画

十三画

十四画

十五画

十六画以上

拼音索引

A

B

C

D

E

F

G

H

J

K

L

M

N

P

Q

R

S

T

W

X

Y

Z